Das Verständnis des Mittelspiels im Schach

John Nunn

Aus dem Englischen übertragen von Hans-Peter Hansen

GAMBIT

Die englische Originalausgabe erschien unter dem Titel *Understanding Chess Middlegames* bei Gambit Publications Ltd im Jahr 2011
Deutsche Erstausgabe bei Gambit Publications Ltd im Jahr 2012

ISBN-13: 978-1-906454-38-8
ISBN-10: 1-906454-38-8
(Englische Ausgabe: ISBN-13: 978-1-906454-27-2; ISBN-10: 1-906454-27-2).

VERTRIEB:
Weltweit: Central Books Ltd, 50 Freshwater Road, Chadwell Heath,
London RM8 1RX, England.
Tel +44 (0)20 8986 4854 Fax +44 (0)20 8533 5821. E-Mail: orders@Centralbooks.com

Gambit Publications Ltd, 27 Queens Pine, Bracknell, Berks RG12 0TL, England.
E-Mail: info@gambitbooks.com
Website (wird regelmäßig aktualisiert): www.gambitbooks.com

Englische Ausgabe editiert von Graham Burgess.
Deutsche Bearbeitung und Satz: Petra Nunn
Titelbild: Wolff Morrow
Gedruckt und gebunden von TJ Books Limited, Padstow, Cornwall, England

10 9 8 7 6 5 4 3

Inhalt

Angriffsspiel **100**

Verteidigungsspiel **146**

Bauernstruktur **164**

Typische Zentrumsbauernformationen **194**

Typische Fehler **214**

Zeichenerklärung

x	Schlagfall
+	Schach
++	Doppelschach
#	Matt
!!	brillanter Zug
!	starker Zug
!?	interessanter Zug
?!	zweifelhafter Zug
?	schwacher Zug
??	grober Fehler
0-0	kurze Rochade
0-0-0	lange Rochade
(*n*)	*n*-te Wettkampfpartie
1-0	die Partie endet mit einem Sieg von Weiß
½-½	die Partie endet remis
0-1	die Partie endet mit einem Sieg von Schwarz
(1-0, 63)	Weiß gewann im 63. Zug (usw.)

Einführung

Ausgangspunkt des vorliegenden Buchs war mein früheres Werk *Understanding Chess Endgames* aus dem Jahre 2009. Dort wählte ich 100 wichtige Endspielthemen aus und widmete jedem davon zwei Seiten. Später fragte ich mich, ob man das Mittelspiel nicht genauso behandeln könnte. Die Antwort auf diese Frage fiel positiv aus.

Für einen Schachautor ist es am schwierigsten, etwas über das Mittelspiel zu schreiben. Für ein Eröffnungsbuch gibt es bewährte Rezepte, wie das Repertoirebuch, die ihm eine Struktur an die Hand geben und den abzudeckenden Bereich abgrenzen. Das Mittelspiel ist dagegen ein riesiger und schlecht kartographierter Ozean und lässt sich nur schwer in einem einzigen Buch abhandeln. Auf den jedem Thema gewidmeten zwei Seiten kann man zwangsläufig nicht sehr tief in die Materie eindringen; über einige der einzelnen Themen gibt es sogar ganze Bücher. Meine Absicht bestand jedoch nicht darin, alle Aspekte des Mittelspiels in allen Einzelheiten zu untersuchen, sondern einen Überblick zu geben. Verschiedene Leser werden das vorliegende Buch wahrscheinlich auf unterschiedliche Weise verwenden. Für manche wird es als Einführung in viele bisher ungekannte Mittelspielkonzepte dienen, während es für fortgeschrittenere Spieler ein schnelles Repetitorium darstellen und eventuelle Wissenslücken aufzeigen kann.

Ich hoffe, dass alle Leser die Beispiele für lehrreich und unterhaltsam befinden werden. Besonders schwierig ist es für Mittelspielautoren, passende Beispiele zu finden. Da das Mittelspiel von Natur aus vertrackt ist, gibt es nur selten eine Partie, die von einem Thema dominiert wird. Häufig sind mehrere Themen miteinander verflochten, und im Lauf der Partie treten andere Ideen in den Vordergrund. Einige Autoren lösen dieses Problem, indem sie einfach alle Aspekte des Beispiels außer demjenigen, auf den sie sich konzentrieren, außer Acht lassen, aber dies kann irreführend sein. Der Leser neigt dazu, eine allzu einfache Auffassung vom Mittelspiel zu entwickeln und auf die Idee zu verfallen, dass er nur einen Plan wie „dominiere die schwarzen Felder“ finden muss und sich die Partie dann von ganz alleine spielen wird. In der Realität nehmen Partien selten einen so einfachen Verlauf, da der Gegner versuchen wird, diesen Plan zu stören, was eine Anpassung der Strategie auf die sich wandelnden Umstände auf dem Brett erforderlich machen wird. Im vorliegenden Buch habe ich eine andere Methode angewandt, bei der ich mich auf Schlüsselmomente und –entscheidungen konzentriere und die wichtigsten Konzepte so weit wie möglich in Worte zu fassen versuche. Es gibt wenig ausführliche Analysen, was aber nicht bedeutet, dass die Beispiele nicht sorgfältig analysiert wurden. Allzu oft findet man in der Schachliteratur eine allgemeine Beschreibung einer Partie, von der sich nach Überprüfung durch detaillierte Analyse herausstellt, dass sie ein völlig falsches Bild des Geschehens vermittelt. Im vorliegenden Fall untersuchte ich zunächst die Beispiele tiefschürfend mit Computerhilfe (Deep Fritz, Deep Rybka und die freie Engine Houdini, je nach Stellungstyp) und nahm diese Analyse als Ausgangspunkt für meine allgemeine Beschreibung des Partieverlaufs, wobei ich alle Varianten außer den allerwichtigsten unter den Tisch fallen ließ. Daher mögen einige Beispiele nicht so klar erscheinen, wie es in Lehrbüchern üblich ist, aber ich gebe lieber eine genaue Darstellung des Geschehens, als unbequeme Details unter den Teppich zu kehren.

Die Beispiele wurden nach Möglichkeit aus neueren Partien ausgewählt. Daher finden sich viele Partien mit den heutigen Stars wie Anand, Carlsen, Kramnik und Karjakin. Zumindest hoffe ich, dass der Leser diese 200 Beispiele für die Behandlung des Mittelspiels genießen wird, aber ich möchte noch ein paar Worte zum Aufbau des Buchs sagen, die an diejenigen gerichtet sind, die nicht nur aufs Geratewohl in die Materie hineinschnuppern wollen. Den Anfang machen zwei kurze Aufsätze, als Erstes „Mythen des Mittelspiels“. Darin wird davor gewarnt, dass einige wiederholt in Lehrbüchern anzutreffende Konzepte bestenfalls nur zum Teil wahr sind. Als typisches Beispiel dient der Mythos der Damenflügelmehrheit. Der zweite Aufsatz mit dem Titel „Die Verbundenheit aller Dinge“ zeigt, wie Mittelspielstellungen ganzheitlich zu betrachten sind, da Ereignisse auf einem Teil des Bretts drastische Auswirkungen auf die Situation auf einem anderen Teil des Bretts haben können und strategische Entscheidungen langfristige Konsequenzen nach sich ziehen können, die jede Facette der Partie beeinflussen. Es ist falsch, Stellungen in Chunks aufzuteilen und diese dann unabhängig voneinander zu betrachten. Wer so denkt, wird eine Menge wichtiger Ideen übersehen.

Danach folgen die 100 Mittelspielthemen, die sich über die acht Teile des Buchs erstrecken (Einzelheiten sind dem Inhaltsverzeichnis zu entnehmen). Jeder Teil beginnt mit einer zweiseitigen Einführung, die den Zusammenhang zwischen den darin behandelten Stellungen herstellt. Diese Einführungen sind wichtig und sollten vor der Beschäftigung mit den einzelnen Abschnitten in diesem Teil des Buchs sorgfältig gelesen werden. Die Auswahl der Beispiele erfolgte in erster Linie im Hinblick auf ihren Lehrwert mit besonderem Schwerpunkt auf dem jeweiligen Schlüsselaspekt. Es lohnt sich bestimmt, die ganze Partie durchzuspielen, da man dabei andere nützliche Tipps aufschnappen kann. So erscheint beispielsweise die Partie Anand-Swidler, Moskau 2009, in Abschnitt 15 über „Zentrumsbauern“, hätte aber ebenso gut auch in Abschnitt 76 über „Damenflügel- und Königsflügelmehrheiten“ oder gar in dem Aufsatz „Mythen des Mittelspiels“ stehen können. Hier wollte ich betonen, dass ein zusätzlicher Zentrumsbauer die Basis für einen Angriff am Königsflügel bilden kann, aber ich hätte auch die Machtlosigkeit der schwarzen Damenflügelmehrheit erwähnen können oder die Tatsache, dass der bei oberflächlicher Betrachtung attraktive Zentrumsvorposten auf d4 dem Nachziehenden bei der Verteidigung gegen die weißen Drohungen keine Hilfe war. Beim Durchspielen der Beispiele sollte man die anderen Mittelspielthemen, von denen im vorliegenden Buch die Rede ist, im Gedächtnis behalten, da einige davon in ein und demselben Beispiel auftauchen können.

Ich hoffe, dass der Leser dieses Buch aufschlussreich und unterhaltsam finden und in Zukunft das Mittelspiel aus einer breiteren Perspektive betrachten und die vielen Feinheiten, die sich in dieser Partiephase ergeben, besser würdigen wird.

John Nunn
September 2011

Mythen des Mittelspiels

Es gibt viele Mythen über das Mittelspiel. Unter dem Einfluss einiger namhafter Autoren sind ganze Generationen von Schachspielern Prinzipien verhaftet, die bestenfalls teilweise wahr und schlechtestenfalls zum größten Teil falsch sind. Über diese Mythen könnte man ein ganzes Buch schreiben, aber ich möchte mich hier nur auf ein Beispiel konzentrieren: den Mythos der Damenflügelmehrheit. Werfen wir beispielsweise einen Blick auf eine typische Stellung aus einem bekannten Lehrbuch aus der Mitte des 20. Jahrhunderts, Max Euwes *Urteil und Plan im Schach* (Erstveröffentlichung von de Gruyter im Jahre 1956). Euwe widmet der Damenflügelmehrheit ein ganzes Kapitel. Dies ist sein erstes Beispiel.

Botwinnik – Kmoch
Leningrad 1934

1 c4 c6 2 e4 d5 3 exd5 cxd5 4 d4 ♘f6 5 ♘c3 ♘c6 6 ♗g5 e6 7 c5 ♗e7 8 ♗b5 0-0 9 ♘f3 ♘e4 10 ♗xe7 ♘xe7 11 ♖c1 ♘g6 12 0-0 ♗d7 13 ♗d3 f5 14 b4

S

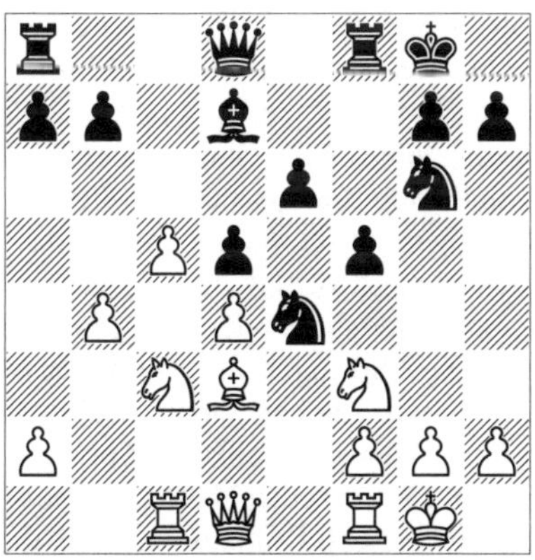

Es folgen einige Ausschnitte aus Euwes Kommentaren zu dieser Stellung:

„Bei materiellem Gleichstand ... kann man nicht feststellen, dass Weiß mehr Fortschritte gemacht hat als Schwarz; ganz im Gegenteil sieht der schwarze Springer, der sich in der weißen Bretthälfte häuslich eingerichtet hat, besonders bedrohlich aus.“

„Warum steht Weiß besser; warum kann man seinen Vorteil als gewinnbringend einstufen?“

„Weiß steht besser, da er über eine Bauernmehrheit am Damenflügel verfügt ... der vorderste Bauer der weißen Mehrheit ist am schwarzen d-Bauern vorbeigezogen, so dass die Bauernketten an entgegengesetzten Flügeln voneinander unabhängig sind.“

Vieles von dem, was Euwe, der ja einmal Weltmeister war, zu Papier brachte, hatte Hand und Fuß. In der Tat stieß er in den obigen Ausführungen auf einen Kernpunkt dieser Stellung, der aber dadurch verschleiert wird, dass eine Damenflügelmehrheit in seinen Augen stets einen Vorteil darstellt. Viele Autoren von Tarrasch bis Euwe waren der Meinung, dass das Schachspiel formalisierbar ist und definitiven, ja fast mathematischen, Regeln gehorcht. Das ist aber nicht wirklich der Fall, da jedes allgemeine Prinzip immer eine große Zahl von Ausnahmen haben wird. Leider gerieten die obengenannten Autoren, die beide sehr viel Lohnenswertes über das Schachspiel zu sagen hatten, in ihrem Formalisierungsbestreben manchmal auf Abwege, was sich auch auf weniger bedeutende Vertreter der schreibenden Zunft auswirkte, die häufig Prinzipien verbreiteten, die wenig oder gar keinen Sinn machen. Im vorliegenden Buch versuche ich häufig herauszustellen, dass alle Merkmale des Mittelspiels eine gute und eine schlechte Seite haben und diese Seiten nur durch eine Untersuchung der vorliegenden Stellung herausgearbeitet werden können. Man darf durchaus schachliche „Prinzipien“ kennen, sollte sie aber nur als Richtlinien ansehen, als Ausgangspunkt für eine Betrachtung der konkreten Situation auf dem Brett. Die besten modernen Autoren, wie Dworetski und Watson, bieten eine ausgewogenere Sicht von Mittelspielsituationen und betonen die Vorzüge von Flexibilität und Unvoreingenommenheit.

Nun werden wir die obige Stellung aus einer modernen Perspektive betrachten und versuchen, die ihr zugrundeliegende Logik ans Licht zu bringen. Euwe war mit der Wahl dieses Beispiels, das die Vorzüge der Damenflügelmehrheit herausstellen sollte, etwas unfair, da Weiß über eine ganze Palette positioneller Vorteile verfügt, von denen die meisten überhaupt nichts mit der Damenflügelmehrheit zu tun haben. Erstens fallen der rückständige Bauer e6 und das resultierende Loch auf e5 ins Auge. Zwar wird der Bauer e6 momentan durch den Springer auf e4 abgeschirmt, aber dieser Springer wird wahrscheinlich nicht ewig dort bleiben können, da Weiß ihn letztendlich mit f3 zum Rückzug oder Abtausch zwingen kann. Dann wird der Bauer e6 einem Angriff auf der offenen e-Linie mit voller Wucht ausgesetzt sein. Zweitens hat Schwarz einen schlechten Läufer auf d7 (siehe Abschnitt 30), der durch die weißfeldrige Zentrumsbauernkette stark eingeschränkt wird. Dieser Läufer hat herzlich wenig Aussicht auf Aktivität. Auf lange Sicht könnte er über e8 nach h5 gelangen, aber dazu müsste der Springer von g6 wegziehen, was ♘e5 gefolgt von f3 erlauben würde. Die Chancen des Nachziehenden auf Durchsetzung von ...e5 sind praktisch gleich Null, da er dazu das Feld e5 kontrollieren und den Bauern d5 stützen müsste, und selbst wenn ihm dies gelänge, würde er auf einem isolierten d-Bauern sitzen bleiben.

Die Damenflügelmehrheit ist in der Tat ein weiterer Pluspunkt, da er Weiß eine weitere Möglichkeit für aktives Spiel gibt. Neben dem Plan, den Zug f3 in die Wege zu leiten, verfügt Weiß auch über die Idee, einfach seinen Bauern nach b5 vorzurücken, wonach Schwarz sich irgendwann über den Vorstoß c6 Gedanken machen muss. Der Kernpunkt ist jedoch, dass dieser Vorteil für die Gesamteinschätzung der Stellung nebensächlich ist. Ich will Euwe für die Wahl dieses Beispiels nicht kritisieren, halte es aber für irreführend, sich auf einen eher unwichtigen Aspekt der Stellung zu konzentrieren und vorzugeben, dass dies den einzigen Grund für den Vorteil des Anziehenden darstellt. Schauen wir uns an, was in der Partie geschah:

14...♗e8 15 g3 ♖c8 16 ♖e1 ♕f6 17 a3 ♘e7 18 ♘e5 ♕h6 19 f3 ♘f2 20 ♕e2 ♘h3+ 21 ♔g2 g5

W

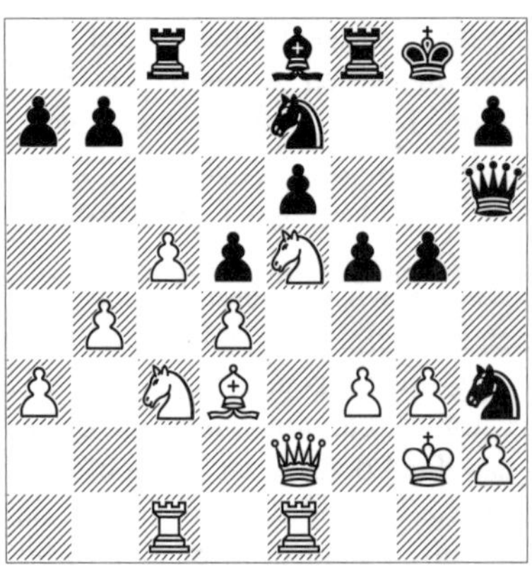

Interessanterweise stehen die weißen Damenflügelbauern weitestgehend auf den gleichen Feldern wie im vorhergehenden Diagramm; die Damenflügelmehrheit hat bislang in der Partie keine Rolle gespielt, außer vielleicht als eine Art versteckte Bedrohung. Die anderen positionellen Mängel der schwarzen Stellung haben sich dagegen stark auf das Geschehen ausgewirkt. Der Springer e4 wurde durch f3 verjagt und steht nun auf h3 unbeweglich auf dem Abstellgleis, und der weiße Springer besetzt das Loch vor dem rückständigen Bauern e6, der auf der halboffenen e-Linie unter schwerem Druck steht.

22 ♘b5

Die Schwäche des Nachziehenden auf den schwarzen Feldern macht sich bemerkbar. Schwarz kann den Springer nicht nach d6 lassen und muss ihn daher abtauschen, aber danach kann der Läufer von d7 aus den Druck auf den Bauern e6 verstärken.

22...♗xb5 23 ♗xb5 ♖f6 24 ♗d7 ♖d8

Nun kommt endlich die Damenflügelmehrheit zur Geltung. Die völlig unkoordinierten schwarzen Kräfte können gegen einen Vormarsch am Damenflügel nichts ausrichten.

25 b5 ♕h5 26 c6 ♖h6 27 ♔h1 1-0

Laut Euwe war der Vorteil des Anziehenden im ersten Diagramm gewinnbringend, aber das ist in Wirklichkeit eine gewaltige Übertreibung. Ja, Weiß steht besser, und es ist interessant, zu diesem Punkt zurückzugehen und einen vernünftigen Verteidigungsplan für Schwarz zu entwerfen. Die Partiefortsetzung zeigt, dass dem Schwarzen einfaches Abwarten nicht hilft, da Weiß seine Stellung auf vielerlei Art verbessern kann. Bei der Verteidigung einer schlechteren Stellung ist es unerlässlich, sich die Vorzüge der eigenen Stellung vor Augen zu führen und daraus das Beste zu machen (siehe Abschnitt 22). Der Haupttrumpf des Nachziehenden im ersten Diagramm besteht in dem aktiven Springer auf e4. Dieser Vorzug hat aber, wie wir gesehen haben, nur vorübergehenden Charakter, da Weiß den Springer letztendlich mit f3 vertreiben kann. Daraus folgt, dass Schwarz schnell handeln muss, bevor Weiß Gelegenheit bekommt, seine Stellung weiter zu verbessern. Der einzig mögliche aktive Plan, der von Euwe nicht erwähnt wird, besteht in ...b6. Dies ist ein gutes Beispiel dafür, dass man flexibel bleiben und nicht zu viel Gewicht auf allgemeine Prinzipien legen sollte. Gemäß einem solchen Prinzip sollte man sich auf der Seite, auf der man angegriffen wird, nicht schwächen, und in der Tat scheint ...b6 und dann ...bxc5 dem Weißen genau das zu geben, was er sich wünscht: einen Freibauern auf dem Damenflügel. Derartige Überlegungen berücksichtigen aber nur die statischen Faktoren der Stellung und lassen Faktoren wie Figurenaktivität und Zeit, die mindestens ebenso wichtig sein können wie die Bauernstruktur, völlig außer Acht.

Wenn Schwarz ...b6 und ...bxc5 spielt, wird Weiß die Wahl zwischen bxc5 und dxc5 haben, aber diese Züge haben beide ihre Nachteile. Im Fall von dxc5 wird Schwarz eine 2:0-Zentrumsmehrheit erhalten, und durch das Verschwinden des Bauern d4 verbessern sich die Chancen des Nachziehenden ungemein, mit ...e5 seine Zentrumsbauern in Bewegung zu setzen. Außerdem könnte Schwarz mit ...♕f6 den Punkt c3 angreifen, seine Dame aktivieren und die Postierung seiner Türme hinter seinen potenziell gefährlichen Zentrumsbauern vorbereiten. Natürlich könnte der resultierende Kampf zwischen den weißen Damenflügelbauern und den schwarzen Zentrumsbauern immer noch zugunsten von Weiß ausgehen, aber Schwarz könnte beträchtliche Aktivität entwickeln. Außerdem würde Weiß mit dieser Spielweise das Risiko einer möglichen Niederlage auf sich nehmen müssen. Die Alternative ist bxc5, aber dann könnte die schwarze Dame auf a5 ein aktives Feld finden. Außerdem könnte der Nachziehende mit ...♖c8 Druck auf c5 ausüben und danach vielleicht mit ...e5 den Verteidiger des Bauern c5 ablenken und den rückständigen Bauern e6 gegen den Freibauern auf c5 abtauschen. Das Zurückschlagen mit dem b-Bauern ist sicherer für Weiß, aber auch nicht sehr ehrgeizig. Eine plausible Variante lautet 14...b6 15 ♘c2 ♖c8 16 g3 a5 17 a3 axb4 18 axb4 bxc5 19 bxc5 ♕c7 gefolgt von ...♖a8 oder ...♖b8. Damit kann Weiß zwar einen sicheren, aber bescheidenen Vorteil behalten, aber Schwarz hat ordentliche Verteidigungschancen, da Weiß über keine unmittelbaren Möglichkeiten zur Vertreibung des Springers von e4 verfügt.

Diese Stellungsanalyse vermittelt einen Eindruck davon, in welchem Maße dynamische Überlegungen im Mittelspiel eine Rolle spielen. Es ist verlockend, sich auf statische Faktoren zu konzentrieren, was zum Teil daran liegt, dass diese keiner sorgfältigen Analyse bedürfen, aber Aktivität ist ein wichtiger und häufig unterschätzter Teil jeder Stellungsbeurteilung im Mittelspiel.

Schauen wir uns nun Euwes zweites Beispiel an.

Botwinnik – Konstantinopolski

Swerdlowsk 1943

1 e4 c6 2 d4 d5 3 exd5 cxd5 4 c4 ♘f6 5 ♘c3 e6 6 ♘f3 ♗e7 7 ♗g5 0-0 8 ♖c1 ♘c6 9 c5 ♘e4 10 ♗xe7 ♕xe7 11 ♗e2 ♗d7 12 a3

S

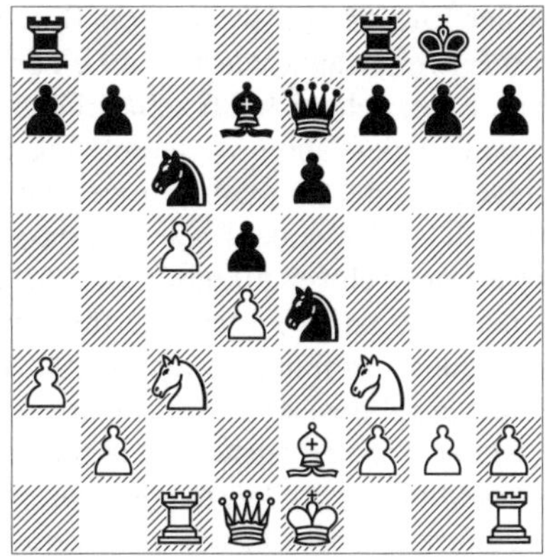

Diese Stellung ähnelt derjenigen aus dem vorigen Beispiel, aber hier steht der schwarze f-Bauer nicht auf f5, sondern auf f7, was eindeutig dem Nachziehenden zugutekommt. Konstantinopolski maß diesem Aspekt offensichtlich keine Bedeutung bei.

12...f5?

Dieser Zug, der all die negativen Merkmale der vorigen Stellung mit sich bringt, wird von Euwe mit Recht getadelt. Sein direkt aus Botwinniks Anmerkungen abgeschriebener Vorschlag 12...f6 13 b4 ♘xc3 14 ♖xc3 a6 15 0-0 ♖ad8 „mit der Idee, letztendlich ...e5 durchzudrücken," ist sicherlich nicht besser, da sich Schwarz nach 16 ♕d2 ♗e8 17 ♘h4! in einer sehr unbequemen Lage befindet. Wenn er 17...e5 spielt, ist nach 18 ♘f5 ♕c7 19 dxe5 fxe5 20 ♘d6 der weiße Springer so stark, dass Schwarz wahrscheinlich die Qualität geben muss, und nach 17...g5 18 ♖g3 ♔h8 19 ♘f3 gefolgt von h4 hat Weiß aktives Spiel am Königsflügel.

Wer die Analyse des vorhergehenden Beispiels gelesen hat, wird zweifellos den richtigen Plan für Schwarz erraten können. Der Nachziehende muss mit 12...b6! seinen Entwicklungsvorsprung (man beachte, dass Weiß noch nicht rochiert hat) zur Aktivierung seiner Figuren ausnutzen. Nach 13 b4 bxc5 14 bxc5?! ♖ab8 15 0-0 ♖b2 16 ♗d3 f5 (jetzt ist dies vernünftig, da die schwarze Figurenaktivität wichtiger ist als die Rückständigkeit des e-Bauern) 17 ♘a4 einigte man sich in Čabrilo-Z. Popović, Dubrovnik 2008, auf Remis, obwohl der Weiße die weit höhere Elo-Zahl aufwies. Eigentlich tat ihm der Nachziehende mit der Annahme des Remisangebots einen Gefallen, da Schwarz nun sicherlich besser steht. Seine Figuren stehen sehr aktiv, der Springer auf e4 ist stark, und der Bauer d4 steht unter Druck. Weiß sollte stattdessen 14 dxc5 spielen, aber danach kann man nur sagen, dass die resultierende Stellung zweischneidig ist.

Dass der Zug 12...b6 weder von Botwinnik noch von Euwe erwähnt wurde, gibt einen Hinweis darauf, wie sehr sich das schachliche Denken seit den 1950er Jahren weiterentwickelt hat. Heutzutage konzentriert man sich viel mehr auf Aktivität und ist sich vollauf bewusst, dass statische Vorteile nur schwer auszunutzen sind, wenn der Gegner über aktive Figuren verfügt, die die zur Ausbeutung von rein positionellen Vorteilen erforderlichen ruhigen Manöver unentwegt stören. Es ist auch bemerkenswert, wie schlecht es Anfang bis Mitte des 20. Jahrhunderts oft um die Verteidigungskunst bestellt war; man verteidigte sich passiv und tat wenig, um die Pläne des Gegners zu stören. Daher waren Spieler, die den Wert von Aktivität verstanden, wie Lasker, sehr erfolgreich, auch wenn ihre Erfolge häufig mit „Glück" oder irgendeinem anderen Fremdfaktor erklärt wurden – ein sicheres Indiz dafür, dass die Logik hinter ihrem Spiel einfach nicht verstanden wurde.

Die Partiefortsetzung gerät zu einer Demonstration von Botwinniks Können in technischen Stellungen.

13 ♗b5 ♘g5 14 ♗xc6 ♘xf3+ 15 ♕xf3 bxc6 16 ♕f4 ♖ae8 17 0-0 e5 18 ♕xe5 ♕xe5 19 dxe5 ♖xe5 20 f4 ♖e7 21 ♖fe1 ♖fe8 22 ♖xe7 ♖xe7 23 ♔f2 ♔f7 24 ♖d1 ♖e8 25 ♖d2 h6

W

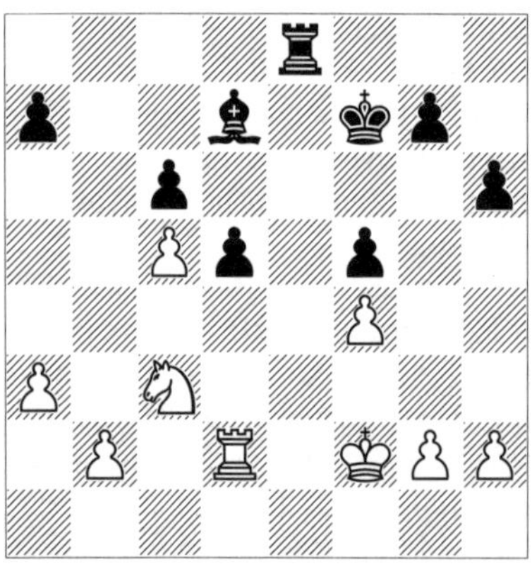

Inzwischen ist es klar, dass die Partie für Schwarz nicht besonders gut gelaufen ist. Ungeachtet der Veränderung der Stellungsstruktur ist er dank seines schlechten Läufers, der durch drei auf weißen Feldern festgelegte Bauern eingepfercht ist, nach wie vor positionell ernsthaft im Hintertreffen. Weiß gewann, indem er seinen König nach d4 stellte und seine Damenflügelmehrheit zur Bildung eines Freibauern verwendete.

26 ♖e2 ♖b8 27 ♔e3 ♖b3 28 ♔d4 ♔f6 29 ♘a2 ♖b8 30 b4 g5 31 g3 gxf4 32 gxf4 a6 33 ♘c3 ♖g8 34 a4 ♖g4 35 ♖f2 ♗e6 36 b5 axb5 37 axb5 cxb5 38 ♘xb5 ♖g1 39 ♘c3 ♔f7 40 ♖b2 ♖f1 41 ♘e2 ♖e1 42 ♔e5 d4 43 ♔xd4 ♔g6 44 ♘c3 ♔h5 45 ♖e2 ♖xe2 46 ♘xe2 ♔g4 47 ♔e5 ♗c8 48 ♘d4 h5 49 ♘xf5 ♗d7 50 ♘g7 ♗a4 51 f5 ♔g5 52 ♘e6+ 1-0

Ich möchte noch etwas bei diesen Beispielen verweilen, da es noch einen wichtigen Punkt gibt, der noch nicht erklärt worden ist. Wie wir gesehen haben, ist die Diagrammstellung auf Seite 11 für Schwarz zufriedenstellend, da er seinen Entwicklungsvorsprung dazu nutzen kann, den Anziehenden nicht zur Ruhe kommen zu lassen. Man stelle sich nun aber einmal vor, dass Weiß zwei zusätzliche Tempi hat, etwa für 0-0 und b4. Dann stünde er klar besser, aber warum ist das so? Jemand, der sich hauptsächlich auf die Bauernstruktur konzentriert, würde wahrscheinlich Euwes Interpretation wiederholen, dass der Vorteil des Weißen hauptsächlich in seiner Bauernmehrheit am Damenflügel besteht, während jemand, der mehr Wert auf Figurenaktivität legt, auf den besseren weißen Läufer verweisen würde. Diese Faktoren sind beide von Bedeutung, aber hier werde ich hauptsächlich auf die Frage der Damenflügelmehrheit eingehen. Ist an Euwes Erklärung, dass eine solche Mehrheit einen automatischen Vorteil bedeutet, schließlich doch etwas dran, oder liegt die Sache ganz anders?

Dies ist der zur Debatte stehende Stellungstyp.

S

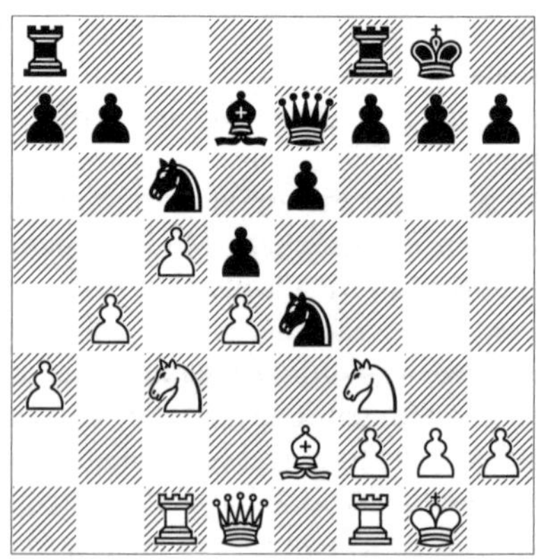

Um die Grundlage für den weißen Vorteil zu finden, müssen wir einen genaueren Blick auf die beiden Bauernmehrheiten werfen: die weiße 3:2-Mehrheit am Damenflügel und die schwarze 5:4-Mehrheit auf den Linien d bis h. Einer der Hauptvorteile einer Bauernmehrheit besteht darin, einen Freibauern bilden zu können. Dies ist jedoch eine Situation, in der die Drohung sehr häufig stärker ist als ihre Ausführung. Das Vorrücken einer Mehrheit und die Bildung eines Freibauern gehen oft allzu schnell nach hinten los, da der Freibauer der Verteidigung bedarf und schwach sein kann und daher mehr zu einer Belastung als einer Errungenschaft werden kann. Man stelle sich beispielsweise vor, dass Weiß seine Damenflügelbauern so vorrückt, dass sie auf a4, b5, c5 und d4 stehen, während Schwarz über Bauern auf a7, b7 und d5 verfügt. Die weiße Bauernmehrheit ist sehr solide, da die weiter vorgerückten Bauern auf b5 und c5 von ihren Nachbarn verteidigt werden. Außerdem nehmen die Bauern den schwarzen Figuren viele nützliche Felder; beispielsweise kann sich kein schwarzer Läufer auf c6 niederlassen. Daher ist eine derartige Struktur im Allgemeinen günstiger für Weiß als die gleiche Struktur ohne die b-Bauern, auch wenn Weiß in diesem Fall schon seinen Freibauern hat. Hier verfügt Schwarz über das Feld c6 für seine Figuren und die offene b-Linie für potenzielles Gegenspiel. Ganz ähnlich wird auch ein zu frühes Vorrücken des c-Bauern nach c6 häufig verkehrt sein, da dies den schwarzen Figuren Zugang zu zuvor gedeckten Feldern wie d6 gibt; außerdem hat der Bauer c6 nun seine Bauernunterstützung verloren und muss mit Figuren verteidigt werden.

Bauernmehrheiten sind aus drei Gründen nützlich: Sie ergeben einen Raumvorteil auf diesem Brettabschnitt, sie nehmen den gegnerischen Figuren wichtige Felder, und sie haben das Potenzial zur Bildung eines Freibauern. Der Freibauernaspekt ist nur einer der Vorzüge einer vorgerückten Bauernmehrheit, der mit Herannahen des Endspiels immer wichtiger wird. Die Ausnutzung einer Mehrheit im Mittelspiel hängt nur in den seltensten Fällen von der schnellen Bildung eines Freibauern ab, und wenn dies doch einmal der Fall ist, wie in der Endphase der Partie Botwinnik-Kmoch, dann nur deshalb, weil die Stellung des Verteidigers bereits ernsthaft geschwächt worden ist.

Noch einmal auf das vorhergehende Diagramm zurückkommend, sind die schwarzen Bauern eindeutig weit weniger zur Bildung eines nützlichen Freibauern befähigt als die weißen. Einfach ...e5 wird zu einem isolierten d-Bauern führen, der zwar ein Freibauer ist, aber leicht auf d4 blockiert werden kann. Daher muss Schwarz zuerst ...f6 und erst dann ...e5 spielen, was aber möglicherweise schwer zu bewerkstelligen ist, da Schwarz nicht nur das Feld e5 kontrollieren, sondern auch den Bauern d5 zuverlässig gedeckt halten muss. So wird ...e5 vielleicht überhaupt nicht möglich sein, wenn Weiß zu f4 kommt. Selbst wenn es Schwarz gelingt, ...f6 und ...e5 zu spielen, stellt sich die Frage, was er als Nächstes tun soll. Wenn Weiß entgegenkommend dxe5 spielen würde, hätte Schwarz nach ...fxe5 einen durch einen e-Bauern unterstützten Freibauern auf der d-Linie, der in der Tat eine Errungenschaft darstellen würde. Weiß wird indes einfach seinen Bauern auf d4 stehen lassen. In einigen Stellungen wird der Nachziehende vielleicht genug Druck auf d4 aufbauen können, um Weiß zu dxe5 zu zwingen, aber das wird hier bestimmt nicht passieren, da Schwarz keinen schwarzfeldrigen Läufer mehr hat und Weiß unterdessen mit b5 den Springer von c6 vertrieben haben wird. Damit bleibt dem Schwarzen nur die Wahl zwischen ...exd4, was wiederum zu einem isolierten d-Bauern führt, und ...e4, womit er sich nun eine 4:3-Mehrheit am Königsflügel verschafft. Die letztere Möglichkeit sieht am besten aus, aber nun ist zu erkennen, warum die grundlegende Struktur für Weiß günstig ist. Selbst wenn Schwarz all dies erreichen kann, so hat er doch nur nach mühseliger Vorbereitung und Aufwendung mehrerer Tempi seinen Bauern von e6 nach e4 bekommen können, und erst jetzt befindet sich seine Bauernmehrheit in einer Situation, die der weißen Bauernmehrheit entspricht.

Wie man sieht, wies Euwe zu Recht auf die Bedeutung der Tatsache hin, dass der weiße c-Bauer bereits am schwarzen d-Bauern vorbeigezogen ist, betonte aber nicht, dass der Unterschied in erster Linie ein **zeitlicher** ist: Schwarz kann die gleiche Art von Situation erreichen, aber erst nach langwieriger Vorbereitung.

W

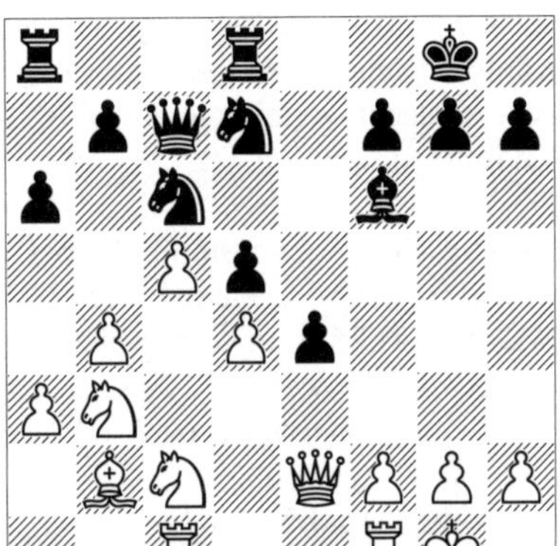

Vogt – Wl. Schmidt
Polanica Zdroj 1980

Diese Stellung ist ein viel gerechterer Test der jeweiligen Vorzüge von Königsflügel- und Damenflügelmajoritäten, weil der schwarze e-Bauer am weißen d-Bauern vorbeigegangen ist und sich somit in einer analogen Situation befindet wie der weiße c-Bauer. Euwe behauptete, dass Weiß selbst in einem Fall wie diesem im Vorteil sein sollte, da „die Erzwingung eines Freibauern am Königsflügel häufig das Vorrücken von Bauern erfordert, deren ordnungsgemäße Aufgabe im Schutz des Königs besteht“. Das kann ich einfach nicht glauben. Wenn Schwarz beispielsweise seinen f-Bauern leicht vorrücken könnte (was hier nicht der Fall ist, da der Läufer im Weg steht), dann würde ...f5-f4-f3 im Verein mit ...♘f8-g6 dem Nachziehenden gefährlichen Angriff auf den weißen König geben, ganz ohne seinen eigenen König maßgeblich zu exponieren. Dies ist der Grund dafür, warum die Vorzüge von Damenflügel- und Königsflügelmehrheiten im Mittel- und Endspiel verschieden sind. In einer sehr stark vereinfachten Stellung gibt es kaum Chancen auf einen Angriff auf den König, während ein entfernter Freibauer eine formidable Waffe darstellt. Im Mittelspiel führt jedoch das Vorrücken einer Königsflügelmehrheit häufig zu einem direkten Angriff auf den gegnerischen König, und da Matt das Spiel entscheidet, fällt die mögliche Bildung eines Freibauern auf dem Damenflügel nicht mehr ins Gewicht.

In Vogt-Schmidt sehen wir einen mehr oder weniger offenen Kampf zwischen den rivalisierenden Mehrheiten; die weiße Majorität ist einfacher vorzurücken, aber andererseits ist der schwarze Läufer potenziell besser, auch wenn er im Moment ungeschickt steht, weil er den f-Bauern verstellt.

20 a4 ♘f8

Schwarz beginnt ganz richtig mit der Überführung seines Springers in Richtung des gegnerischen Königsflügels, da er eventuell Drohungen gegen den schlecht verteidigten weißen König aufstellen müssen wird.

21 b5 ♘e7

Dieser Zug ist zufriedenstellend, aber selbst das einfache 21...axb5 22 axb5 ♘a5 23 ♘xa5 ♖xa5 24 ♖a1 ♖xa1 25 ♖xa1 ♘e6 gibt dem Nachziehenden etwas Übergewicht, da sein Springer nach f4 und möglicherweise nach d3 kommen wird.

22 ♗c3 axb5 23 axb5 ♘e6?

Übersieht eine Kombination, mit der Weiß Material gewinnt. Einfach 23...♕d7 gefolgt von ...♘e6-f4 gibt Schwarz klaren Vorteil: Die Drohungen gegen den weißen König nehmen zu, während nicht klar ist, wie Weiß am Damenflügel weiterkommen will.

24 ♗a5!

S

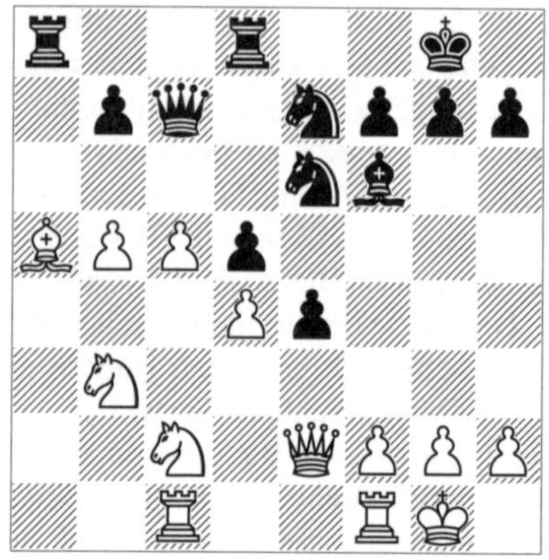

24...♖xa5 25 b6 ♕d7 26 ♘xa5 ♗xd4 27 ♘xd4 ♘xd4 28 ♕d2 ♘ec6 29 ♘xc6 ♘xc6

Weiß hat die Qualität für einen Bauern gewonnen, aber die Blockade seiner Damenflügelmehrheit in Kauf nehmen müssen, während Schwarz sich eine Bauernmehrheit im Zentrum gesichert hat. Weiß sollte etwas besser stehen, muss aber Genauigkeit walten lassen.

30 ♕f4?!

Weiß sollte 30 f3 spielen, was sowohl die schwarzen Bauern aufbricht als auch Linien für die weißen Türme öffnet.

30...h6?!

Besser ist 30...♕e7, um 31 f3? mit 31...e3 zu begegnen.

W

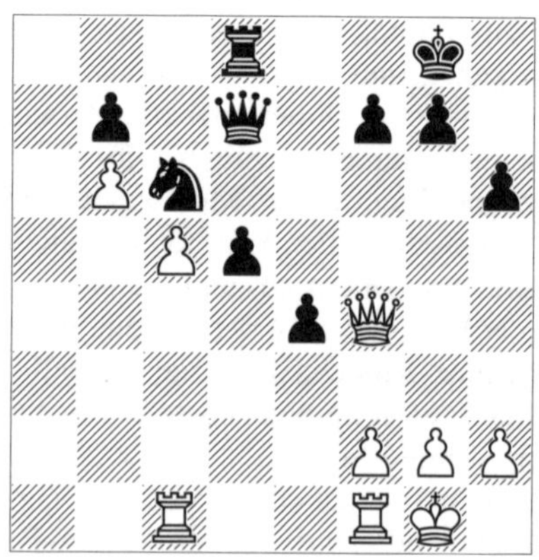

31 h3?!

Verpasst die letzte Chance, mit f3 die f-Linie zu öffnen.

31...♕e7!

Schwarz stößt auf die richtige Idee und hat nun mindestens gleiches Spiel.

32 ♖fe1 ♖e8 33 ♕d6

S

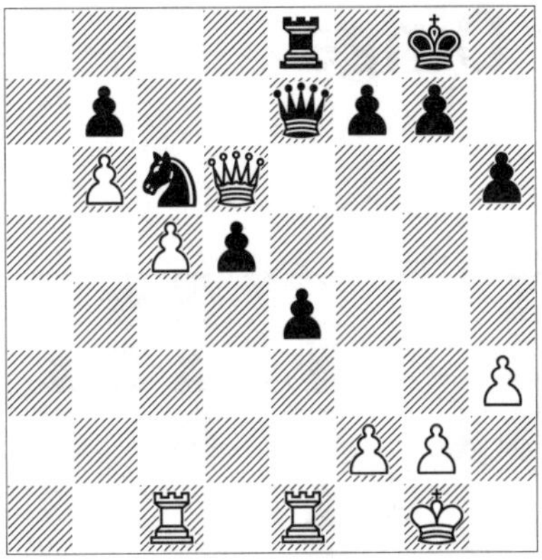

Der Damentausch hilft Weiß nicht viel. Der Springer auf c6 steht ausgezeichnet, da er sowohl die weißen Damenflügelbauern aufhält als auch die potenziell starken schwarzen Zentrumsbauern unterstützt.

33...d4 34 ♕xe7 ♖xe7 35 ♔f1 f5 36 ♔e2?!

Mit der Postierung des Königs vor den gegnerischen Bauern ist keine Entlastung zu erreichen. Weiß sollte stattdessen versuchen, mit 36 ♖a1 gefolgt von ♖a8+ seinen Turm zu aktivieren.

S

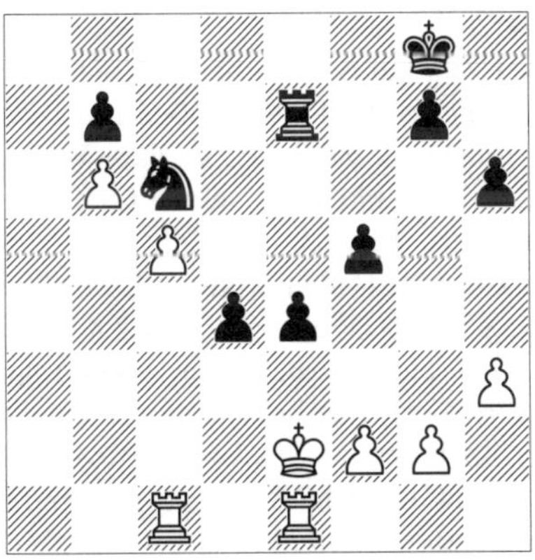

36...♔f7 37 g4?

Dies sieht nach Zeitnot aus, da Weiß einfach die Bauern zum Vorrücken provoziert.

37...f4

Die schwarze Bauernmehrheit marschiert weiter. Nun kann der Nachziehende zwei verbundene Freibauern bilden.

W

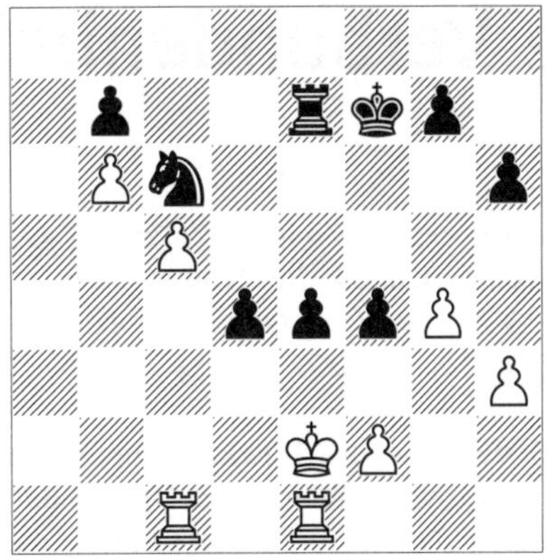

38 ♔d2 ♔f6 39 f3?

Gibt Schwarz zwei verbundene Freibauern.

39...e3+ 40 ♔d3 ♔e5 41 ♔c4 ♖d7 42 ♔d3 ♔d5 43 ♔e2 ♘e5 0-1

Trotz meiner vorherigen Warnung bezüglich allgemeiner Prinzipien werde ich nun eines formulieren: **Eine nicht durch einen anderen Stellungsvorteil unterstützte Damenflügelmehrheit stellt im Mittelspiel keinen Vorteil dar**. Die obigen Beispiele beschäftigen sich mit nur einem speziellen Typ von Bauernstruktur, aber in Abschnitt 76 (Seite 184) finden sich zwei weitere Beispiele mit ganz anderen Bauernstrukturen.

Man sollte sich also vor generellen Lehrbuchprinzipien, die vielleicht bestenfalls teilweise wahr sind, hüten und erkennen, dass in einer gegebenen Situation statische Überlegungen, wie die Bauernstruktur, nur einen Teil des Gesamtbilds darstellen und es fast immer notwendig ist, dynamische Faktoren wie Figurenaktivität und Angriffschancen zu berücksichtigen.

Ich könnte in ebenso großer Ausführlichkeit auf jedes der 100 Themen im vorliegenden Buch eingehen, aber das hätte den gegenwärtigen Umfang dieses Buches um ein Vielfaches gesprengt. Stattdessen überlasse ich es dem Leser, jedes Thema mit einem kritischen Auge zu betrachten und sich zu vergegenwärtigen, dass Schach keine Mathematik ist und nicht durch starre Gesetze beschränkt wird.

Die Verbundenheit aller Dinge

„Ich glaube, wie Sie wissen, ... an die grundlegende Verbundenheit aller Dinge“.
DOUGLAS ADAMS, *Dirk Gentlys Holistische Detektei*

Wäre Douglas Adams‘ Detektivfigur ein Schachspieler gewesen, so hätte er zweifellos das Mittelspiel sehr stark gespielt. Mit seinem Glauben, dass alle Dinge versteckte, tieferliegende Verbindungen teilen, hätte er einen der Hauptaspekte des Mittelspiels begreifen können, nämlich dass alle Teile des Bretts verbunden sind und dass sich Pläne, Strategien und taktische Schläge auf einem Brettabschnitt auf unerwartete Weise auf einen anderen Teil des Bretts auswirken können.

In der Eröffnung streben beide Seiten danach, ihre Figuren zu entwickeln und das Zentrum zu kontrollieren. Daher konzentriert sich der größte Teil des Spiels auf die Brettmitte. Im Endspiel kann das Geschehen auf nur einem Flügel stattfinden, und ein etwaiges Spiel auf beiden Flügeln ist oft nur durch den Faktor Zeit verbunden, wie beispielsweise in der gängigen Situation, in der sich beide Seiten ein Wettrennen zur Umwandlung eines Freibauern liefern. Das Mittelspiel ist insofern einzigartig, als das Spiel sich oft über das gesamte Brett ausdehnt. Die Verbindungen zwischen den verschiedenen Teilen des Bretts treten in taktischen Situationen besonders klar zu Tage. So ist es beispielsweise bei einem Opferangriff am Königsflügel nicht ungewöhnlich, dass ein Turm von der a-Linie auf die andere Seite des Bretts schwenkt (siehe Semerow-Kriwko auf Seite 129 und Tiwjakow-Le Quang auf Seite 223). Es ist aber vielleicht noch interessanter, wenn strategische Entscheidungen Auswirkungen haben, die sich über das ganze Brett erstrecken. Es folgt ein berühmtes Beispiel.

Botwinnik – Capablanca
AVRO, Rotterdam 1938

1 d4 ♘f6 2 c4 e6 3 ♘c3 ♗b4 4 e3 d5 5 a3 ♗xc3+ 6 bxc3 c5 7 cxd5 exd5 8 ♗d3 0-0 9 ♘e2 b6 10 0-0 ♗a6 11 ♗xa6 ♘xa6 12 ♗b2?! ♕d7

Dies ist eine der berühmtesten Partien der gesamten Schachgeschichte. In Anbetracht dessen möchte ich nicht die zahlreichen früheren Analysen wiederholen, sondern auf einen speziellen Aspekt der Partie aufmerksam machen.

W

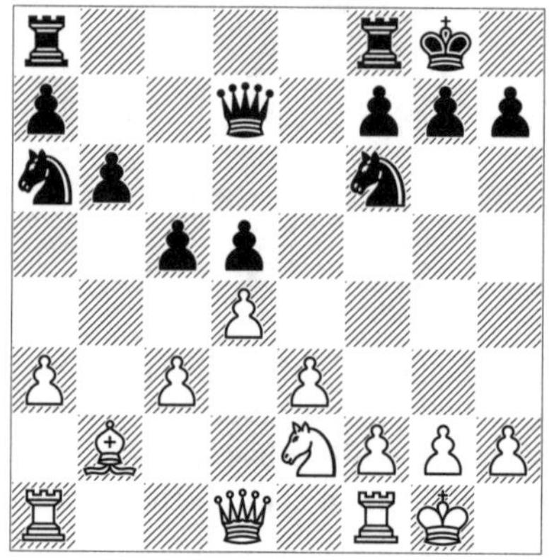

Weiß steht hier nicht sonderlich gut. Er hat eine Bauernmehrheit im Zentrum, die er vielleicht letztendlich mit etwa f3, ♘g3 und e4 ausnutzen kann, aber sein Damenflügel ist schwach, und der Läufer auf b2 steht schlecht.

13 a4!?

Dieser Zug hat weitreichende Konsequenzen. Eine Alternative ist 13 ♕d3, aber nach 13...♕a4 ist der Bauer a3 blockiert, so dass Weiß nicht mehr die Möglichkeit hat, seinen Läufer über a3 zu aktivieren. Mit a4 ist Weiß bereit, den a-Bauern zu opfern, aber wenn Schwarz ihn einkassiert, gewinnt Weiß Zeit und hat außerdem immer die Gelegenheit, später ♗a3 zu spielen. Es ist normalerweise besser, mit einem Bauern weniger über aktives Spiel zu verfügen, als bei materiellem Gleichstand eine passive und leblose Stellung zu verwalten.

13...♖fe8 14 ♕d3 c4 15 ♕c2

S

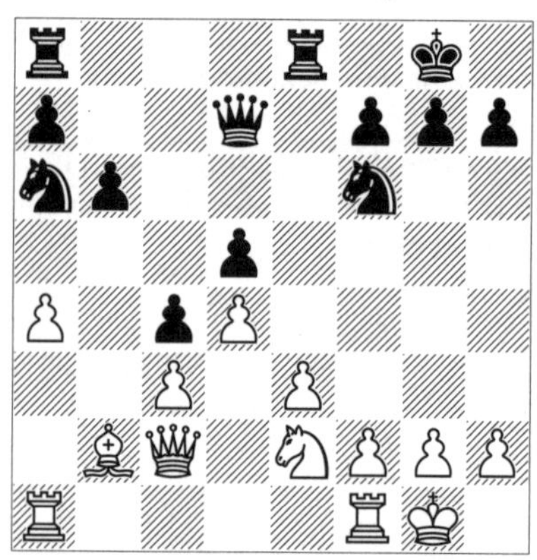

15...♘b8

Schwarz schluckt den Köder und will sich durch Überführung seines Springers nach b3 den Bauern a4 schnappen. Die letzten drei Züge von Schwarz sind in verschiedenen Kommentaren allesamt kritisiert worden, aber komischerweise hat *Deep Fritz 12* an keinem davon etwas auszusetzen. Heutzutage würde man das wahrscheinlich als Beweis für Schummeleien des Schwarzen ansehen.

16 ♖ae1 ♘c6 17 ♘g3 ♘a5 18 f3 ♘b3 19 e4 ♕xa4 20 e5 ♘d7 21 ♕f2 g6 22 f4 f5 23 exf6 ♘xf6 24 f5 ♖xe1 25 ♖xe1 ♖e8 26 ♖e6 ♖xe6 27 fxe6 ♔g7 28 ♕f4 ♕e8 29 ♕e5 ♕e7

W

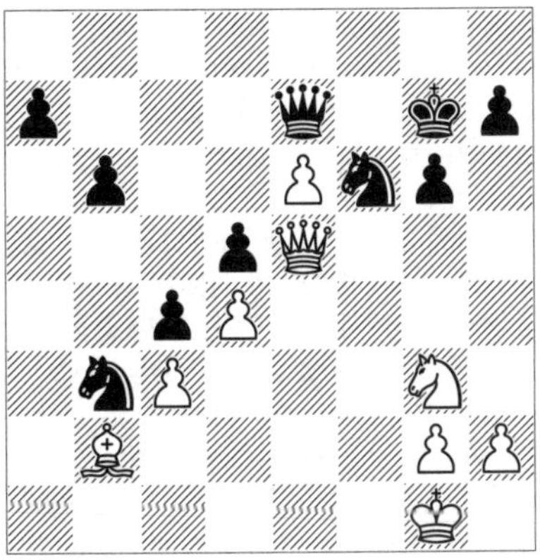

Hier brachte Botwinnik eine der berühmtesten Kombinationen aller Zeiten an.

30 ♗a3!! ♕xa3 31 ♘h5!!

Es hat fast den Anschein, als ob dieser auf den beiden Turmlinien erfolgende Doppelschlag uns die Verbundenheit der verschiedenen Teile des Bretts vergegenwärtigen will.

31...gxh5 32 ♕g5+ ♔f8 33 ♕xf6+ ♔g8 34 e7 ♕c1+

W

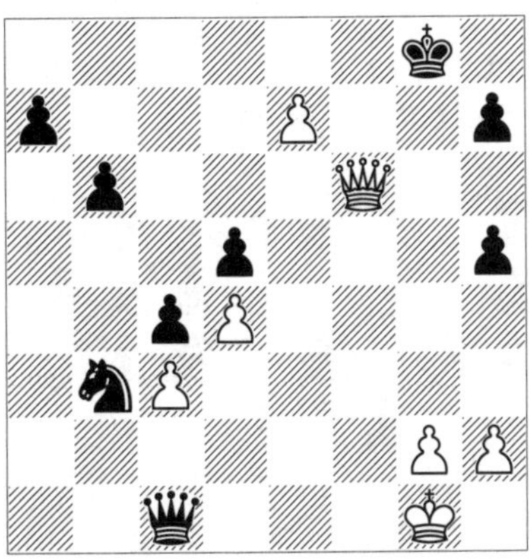

35 ♔f2 ♕c2+ 36 ♔g3 ♕d3+ 37 ♔h4 ♕e4+ 38 ♔xh5 ♕e2+ 39 ♔h4 ♕e4+ 40 g4 ♕e1+ 41 ♔h5 1-0

Betonen möchte ich hier, dass die Kombination mit 30 ♗a3!! nicht nur ein bloßes Zufallsprodukt war, das Botwinnik einfach so in den Schoß fiel. Er hätte zwar den speziellen Nutzen von a3-a4 nicht voraussehen können, war sich aber bei diesem Zug sicherlich bewusst, dass die Verfügbarkeit des Feldes a3 einen potenziellen Pluspunkt darstellte. Er war bereit, das langfristige Potenzial seines Läufers, der wegen der Bauern auf c3 und d4 wenig Aussichten hatte, auf der langen Diagonale große Wirkung zu entfalten, durch ein Bauernopfer zu steigern. Ein auf der Diagonale a3-f8 aktiv postierter Läufer würde die Stärke des Vorrückens der Zentrumsbauern ungemein erhöhen, und es ist leicht zu sehen, wie dies zu einem Königsangriff führen könnte, wie es denn auch in der Partie geschah. Dies ist ein gutes Beispiel dafür, wie eng alle Teile des Bretts im Mittelspiel miteinander verflochten sind. Durch einen unscheinbaren Bauernzug am Damenflügel vermochte Botwinnik die Stärke seines Spiels im Zentrum zu erhöhen, was mehr oder weniger direkt zu einem Angriff auf den gegnerischen König führte.

Kavalek – Uhlmann

Interzonenturnier, Manila 1976

1 e4 e6 2 d4 d5 3 ♘c3 ♗b4 4 e5 ♘e7 5 a3 ♗xc3+ 6 bxc3 c5 7 a4

S

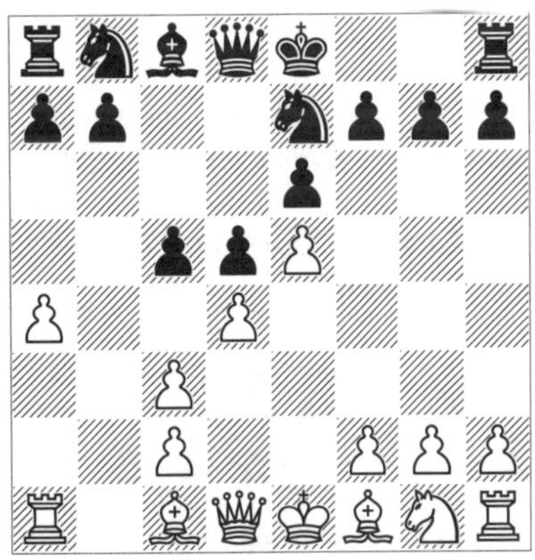

Trotz der großen Unterschiede zur Stellung aus der Partie Botwinnik-Capablanca haben die Ideen eine gewisse Ähnlichkeit. Wenn Weiß auf a4 verzichtet, kann der Nachziehende das Feld a4 selbst besetzen, entweder mit ...♕a5-a4 oder mit ...♗d7-a4. Dies verringert die langfristige Aktivität des schwarzfeldrigen weißen Läufers und gibt Schwarz zusätzliche Felder, die er zur Ausnutzung der schwachen weißen Damenflügelbauern verwenden kann. Dies ist eine Frage der Eröffnungstheorie. Wer mit Weiß oder Schwarz Französisch spielt, ist sich der Bedeutung des Vorstoßes a4 sehr wohl bewusst. Wie in Botwinnik-Capablanca lässt Weiß mit dem Zug a4 durchblicken, dass er bereit ist, diesen Bauern in einem späteren Stadium zu opfern.

7...♘bc6 8 ♘f3 ♕a5 9 ♗d2 ♗d7 10 ♗e2 c4 11 ♘g5 h6 12 ♘h3 0-0-0 13 ♘f4 ♔b8 14 0-0 ♘c8

W

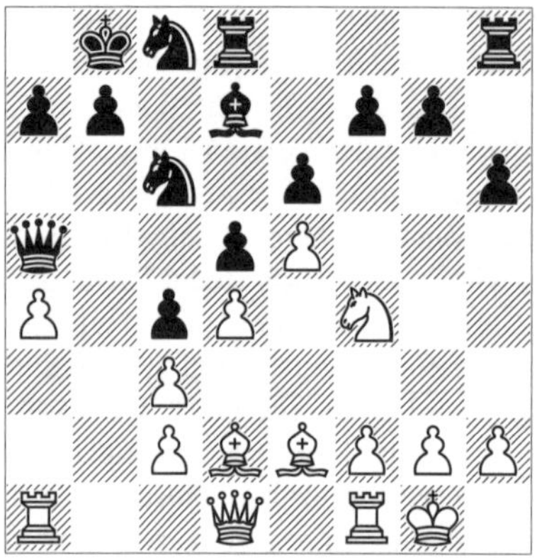

Schwarz will mit ...♘b6 den Bauern a4 gewinnen. Hier ist die Kompensation des Weißen für den a-Bauern vielleicht weniger offensichtlich als in Botwinnik-Capablanca, da sein Läufer momentan auf d2 steht und nicht sofort das Potenzial der Diagonale a3-f8 nutzen kann. Außerdem gibt es hier keine bewegliche Bauernmehrheit. Der Plan des Nachziehenden, den a-Bauern zu schlagen, ist jedoch recht langsam, und Weiß kann die Zeit zum Angriff auf den verwundbaren schwarzen Königsflügel verwenden.

15 ♘h5 ♖hg8 16 ♗g4 ♘b6 17 ♖e1 ♘xa4 18 ♖e3 b5 19 ♖f3 ♗e8 20 ♖g3 ♘e7

S

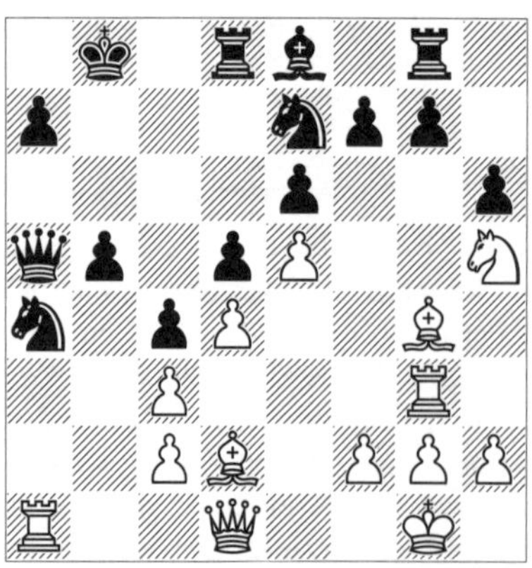

Vorerst hat Schwarz die weißen Drohungen am Königsflügel abwehren können, aber nun kann Weiß seinen Läufer nach a3 überführen, da der Bauer c3 durch den Turm gedeckt ist.

21 ♗c1 ♘g6 22 ♗a3 ♔a8 23 ♕d2 ♕c7 24 ♗h3 ♗d7 25 ♗d6 ♕c6 26 ♖f1!

Weiß steht bereit, die schwarze Stellung mit f4-f5 aufzuhebeln. Schwarz hat nicht nur Sorgen mit seinen schwachen schwarzen Feldern, sondern auch mit dem Springer auf a4 (entsprechend dem Springer b3 in Botwinnik-Capablanca), der außer Spiel ist und nicht an der Verteidigung teilnehmen kann.

26...♗c8 27 f4 f5 28 exf6 gxf6 29 f5! exf5 30 ♗b4 ♕b6 31 ♗xf5 a5 32 ♗xa5? ♕xa5 33 ♗xg6 f5? 34 ♘f4 ♖g7

Weiß hat den geopferten Bauern zurückgewonnen und entscheidenden Vorteil erzielt. Schwarz muss sich mit zahlreichen Bauernschwächen, einem schlechten Läufer und einem exponierten König abplagen.

35 ♖e3 ♕b6 36 ♗e8 ♖d6 37 ♖b1 ♗d7 38 ♕e1 ♔a7 39 ♖b4 ♕d8 40 ♗xd7 ♕xd7 41 ♖b1 ♔b6 42 ♕e2 ♔c6 43 ♖e1 ♕a7 44 ♖e6 ♕d7 45 ♕f3 ♘b6 46 ♖xd6+ ♔xd6 47 ♕h5 1-0

In diesem Beispiel war erneut zu sehen, wie das frühe Vorrücken a4 und die spätere Überführung des Läufers nach a3 sich als entscheidende Elemente des Erfolgs des weißen Angriffs auf den schwarzen Königsflügel erwiesen, was wiederum die Vernetzung des Spiels auf den beiden Flügeln demonstriert.

Es folgt ein weiteres Beispiel mit einigen anderen Ideen.

Kholmow – Sardarow

Juniorenmannschaftsmeisterschaft der UdSSR, Riga 1954

1 d4 ♘f6 2 c4 c5 3 d5 e6 4 ♘c3 exd5 5 cxd5 d6 6 ♘f3 g6 7 e4 ♗g7 8 ♗e2 0-0 9 0-0 ♖e8 10 ♘d2 ♘a6 11 ♗xa6? bxa6

W

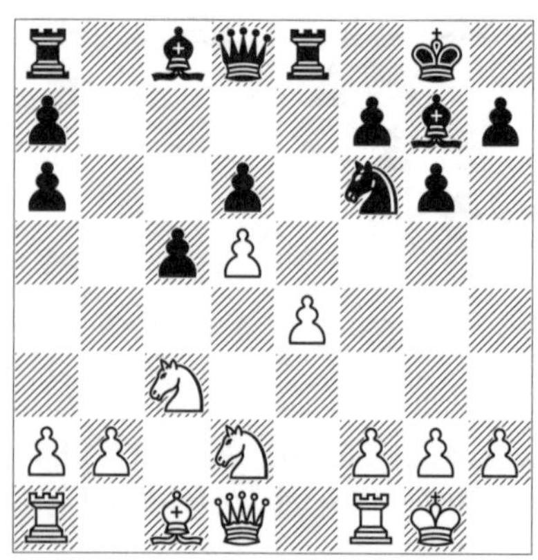

Heutzutage weiß jeder, der sich mit Weiß oder Schwarz auf das Moderne Benoni einlässt, dass man in Stellungen wie dieser nicht auf a6 tauschen soll. Warum das so ist, lässt sich aber gar nicht so leicht erklären. Auf den ersten Blick sieht der Tausch in der Tat ziemlich gut aus. Weiß verpasst dem Nachziehenden einen isolierten Doppelbauern auf einer Turmlinie (was ganz allgemein den schlechtesten Fall darstellt), aber das ist nicht der einzige augenscheinliche Vorteil des Schlagens auf a6. In diesem Abspiel spielt Weiß in der Regel f3, um den Bauern e4 zu stützen und den Springer d2 zu befreien. Dann sieht der von seiner eigenen Zentrumsbauernkette f3-e4-d5 eingeschränkte weißfeldrige weiße Läufer normalerweise ziemlich „schlecht" aus, so dass sein Abtausch gegen einen potenziell nützlichen Springer verlockend erscheint. Da Weiß in der Diagrammstellung nur f3, ♘c4 und ♗f4 zu spielen braucht, um eine Gewinnstellung zu erhalten, darf Schwarz keine Zeit verlieren. Um zu erklären, warum diese Stellung für Schwarz völlig in Ordnung ist, muss man das ganze Brett betrachten und verstehen, wie Damenflügel und Königsflügel miteinander zusammenhängen.

Betrachten wir eine plausible Zugfolge: 12 f3 ♘d7 13 ♘c4 ♘e5 (der Springer kommt gerade rechtzeitig an, um ♗f4 zu verhindern) 14 ♘xe5 ♗xe5.

W

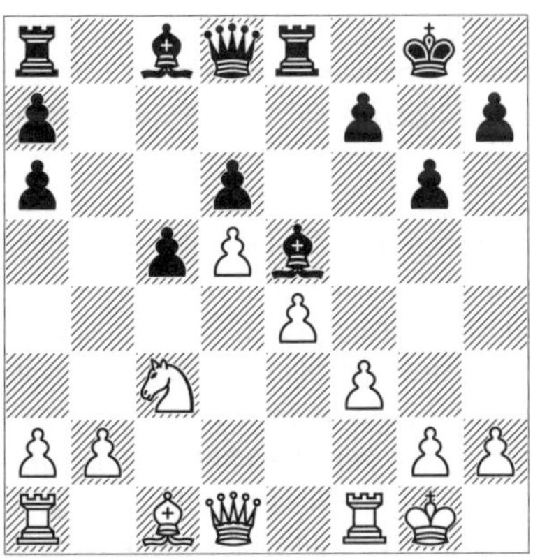

In dieser Stellung verfügt der Nachziehende über die ernsthafte Drohung 15...♕h4 16 f4 (16 g3 ♗xg3 17 hxg3 ♕xg3+ 18 ♔h1 ♖e5 19 f4, und nun gewinnt 19...♗g4!, aber nicht 19...♖h5+?? 20 ♕xh5 gxh5 21 ♖g1) 16...♗d4+ 17 ♔h1 ♗xc3 18 bxc3 ♖xe4. Das Einstreichen des Bauern e4 auf Kosten der Aufgabe des Läufers g7 ist häufig sehr riskant, aber nicht hier, da Weiß einige Züge benötigen wird, um seinen Läufer und seine Dame auf die lange Diagonale zu bringen. Wie kann Weiß dieser Drohung begegnen? Da der natürliche Zug 15 ♗e3 keine Verteidigung darstellt, ist Weiß mehr oder weniger dazu gezwungen, seine Dame auf die zweite Reihe zu stellen, damit er das Läuferopfer auf g3 mit ♕g2 beantworten kann. Sowohl 15 ♕c2 als auch 15 ♕e2 sind jedoch mit Mängeln behaftet. Nach 15 ♕c2 f5 kann Weiß kaum 16 exf5 ♗xf5 spielen, da das schwarze Läuferpaar dann furchtbar stark werden würde und Schwarz dem weißfeldrigen Läufer überdies mit ...c4 einen Vorposten auf d3 sichern könnte. Am besten ist daher wahrscheinlich 16 ♗e3, aber nach 16...♖b8 steht der Anziehende unter unangenehmem Druck, da Schwarz über mehrere aktive Pläne verfügt, wie etwa ...f4 gefolgt von ...g5-g4, oder ...a5 gefolgt von ...♗a6, oder einfach ...fxe4. 15 ♕e2 führt nach 15...♖b8 16 ♗e3 f5 zu ähnlich gelagerten Problemen, da 17 exf5 ♗g7! (droht 18...♖xe3) 18 ♔h1 ♗xf5 Schwarz starken Druck gibt.

Die Hauptsache ist hier, dass Schwarz nach dem Tausch auf a6 gute Möglichkeiten hat, durch Kombination eines Spiels auf allen drei Brettabschnitten Aktivität zu entwickeln: auf dem Königsflügel mit ...♕h4, auf dem Damenflügel mit ...♖b8 und Druck auf b2 und im Zentrum mit dem Hebel ...f5. Jede dieser Möglichkeiten ist für sich gesehen harmlos, wird aber in Kombination mit den anderen gefährlich, da Weiß die Aktivität des Nachziehenden nicht auf dem ganzen Brett eindämmen kann. Bemerkenswert ist auch, dass Weiß in einigen Abspielen seinen weißfeldrigen Läufer schmerzlich vermisst, beispielsweise wenn Schwarz ...f5 spielt.

12 ♖e1

Weiß verlegt sich auf eine andere Methode zur Deckung von e4, um ♘c4 vorzubereiten. Dies schwächt zwar nicht die schwarzen Felder so wie f3, hat aber andere Mängel.

12...♘g4

Legt den Finger genau auf den Nachteil des letzten Zuges von Weiß, nämlich die Vernachlässigung der Deckung von f2. Da Schwarz mit 13...♕h4 sofort zu gewinnen droht, muss Weiß sofortige Defensivmaßnahmen treffen.

13 h3 ♘e5

Verhindert ♘c4 und nimmt das schwache Feld d3 aufs Korn.

14 ♕e2?!

Es ist riskant, die Dame direkt dem schwarzen Turm gegenüberzustellen. Besser ist 14 ♘f3, um den gefährlichen Springer e5 abzutauschen, wonach Weiß immer noch gute Chancen auf gleiches Spiel hat.

14...f5

Da 15 exf5 nun wegen 15...♘f3+ verliert, muss Weiß den Bauern nach f4 vorrücken lassen.

15 b3 f4

W

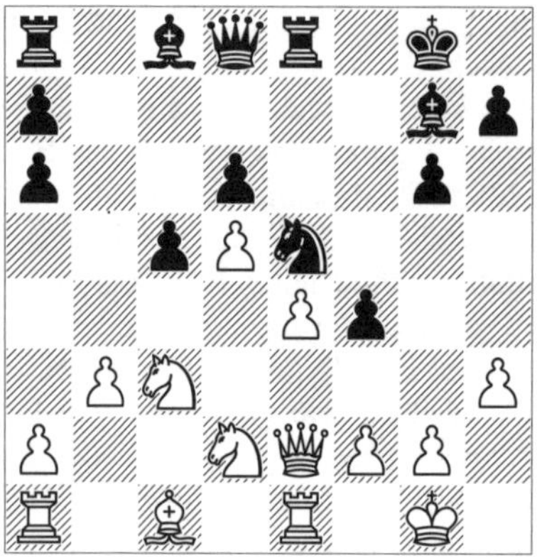

Die weiße Zentrumsmehrheit ist durch den Springer e5 zuverlässig blockiert, während der Nachziehende Angriffschancen am Königsflügel auf der Basis von ...g5-g4 hat. Der einzige echte Plan für Weiß besteht darin, den gefährlichen Springer e5 abzutauschen.

16 ♗b2 g5 17 ♘f3?!

S

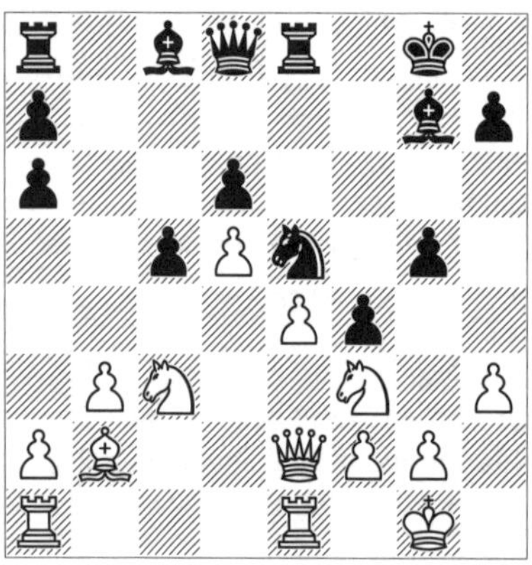

Weiß hätte 17 ♘d1 vorschalten sollen, aber selbst dann erhält Schwarz mit 17...g4 18 hxg4 ♗xg4 19 f3 ♗d7 gefolgt von ...♕g5 gute Angriffschancen am Königsflügel.

17...g4 18 ♘xe5 ♗xe5

Zum Leidwesen des Weißen ist der Springer auf e5 nun durch einen ebenso gefährlichen Läufer abgelöst worden. Wenn er genug Zeit hätte, könnte er auch diese Figur abtauschen, aber er befindet sich in Schwierigkeiten, da Schwarz bereits über ernsthafte Drohungen am Königsflügel verfügt.

19 hxg4 ♕h4 20 ♘a4

Nach 20 ♘d1?! f3! 21 ♕xf3 ♗xg4 22 g3 ♕h5 23 ♕h1 ♕xh1+ 24 ♔xh1 ♗xd1 25 ♗xe5 ♗f3+ gewinnt Schwarz eine Figur.

20...f3!

W

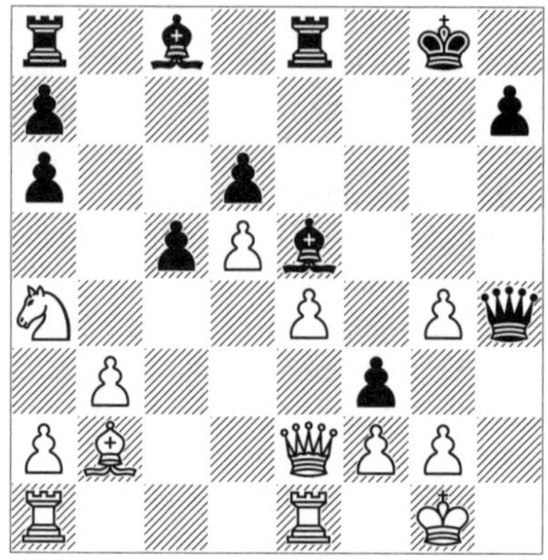

0-1

Die Aufgabe kommt vielleicht etwas früh, aber nach 21 ♕xf3 hat Schwarz den lehrreichen Gewinnweg 21...♕h2+ 22 ♔f1 ♗d7! (nachdem der König durch ein Schach auf der h-Linie nach f1 getrieben wurde, bringt sich der Läufer für einen Schlag vom Damenflügel aus in Stellung) 23 ♕h3 (23 ♔e2 ♗b5+ 24 ♔d2 ♖f8 25 ♗xe5 ♕xe5 26 ♕e3 ♗xa4 27 bxa4 ♕b2+ gewinnt für Schwarz) 23...♗b5+ 24 ♖e2 ♕f4!, und Weiß hat keine Verteidigung.

Wichtig sind hier die Denkprozesse am Brett. Man sollte nicht einen Teil des Bretts vom Rest isolieren und strategische Elemente gesondert betrachten. Strategische Entscheidungen wie die Aufgabe eines Läufers für einen Springer zwecks Verdopplung der gegnerischen Bauern haben oft langfristige Auswirkungen auf dem gesamten Brett. Eine Beurteilung der Entscheidung, die sich nur auf die kurzfristigen Konsequenzen stützt, kann sehr wohl unzureichend sein. Es ist wichtig, sich eine ganzheitliche Sicht des Mittelspiels anzueignen und immer ein Auge auf unerwartete Verbindungen auf dem Schachbrett zu behalten.

Materielle Ungleichgewichte

Da im Mittelspiel eine breite Palette von Vor- und Nachteilen eine Rolle spielt, kann sich die Beurteilung einer gegebenen Stellung als recht kompliziert erweisen. Der erste Schritt ist jedoch immer die Betrachtung der Materialverteilung. Bei materiellem Gleichstand sind andere Faktoren zu berücksichtigen, aber im vorliegenden Kapitel werden wir uns auf Situationen mit materiellem Ungleichgewicht konzentrieren. Eine solche Situation kann sich ergeben, wenn eine Seite einen materiellen Vorteil hat, aber auch, wenn die beiden Spieler verschiedene Materialtypen besitzen, selbst wenn diese beim standardmäßigen „Punktezählen“ (Dame = 9, Turm = 5, Läufer oder Springer = 3 und Bauer = 1) gleichwertig sind. So kann eine Seite beispielsweise einen Springer und die andere drei Bauern ihr Eigen nennen; dies ist ein Ungleichgewicht, auch wenn sich beim Abzählen jeweils eine Summe von drei Punkten ergibt.

Ein wichtiges materielles Ungleichgewicht, das in der Praxis häufig entsteht, ist der Vorteil der **Qualität**, d. h. Turm gegen Läufer oder Turm gegen Springer. Die Seite mit dem Turm hat zwei Punkte mehr, aber die Ausnutzung dieses Vorteils kann sich alles andere als einfach gestalten. In der Regel ist es notwendig, dem Turm Gelegenheiten zum Einbruch in die gegnerische Stellung zu geben, wie in Swidler-Timofejew (Seite 24). Noch schwieriger wird es, wenn die Seite mit der Leichtfigur einen Bauern für die Qualität hat. Dann beträgt das Defizit nur noch einen Punkt, der durch positionelle Faktoren aufgewogen werden kann. Carlsen-Iwantschuk (Seite 25) zeigt, wie das Fehlen von offenen Linien den Turm bzw. die Türme behindern kann und wie der Ausgang der Schlacht von der Möglichkeit zur Linienöffnung abhängen kann.

Im Mittelspiel sind zwei Leichtfiguren fast immer mehr wert als ein Turm und in der Regel besser als Turm und Bauer, selbst wenn sich in beiden Fällen auf der üblichen Materialskala ein Wert von sechs Punkten ergibt. In Tscheparinow-Vallejo Pons (Seite 26) hat Weiß beträchtliche Angriffschancen als Kompensation, aber beim Vorliegen eines materiellen Ungleichgewichts ist die Initiative besonders wichtig. Durch das Opfer von ein paar Bauern konnte Schwarz seine Kräfte koordinieren, wonach sich die Leichtfiguren als viel stärker erwiesen als der Turm. In Bologan-Caruana (Seite 27) ist die Situation ganz anders. Hier hat Schwarz einen Turm und einen Bauern für zwei Springer, was für den Turm den günstigsten Fall darstellt, besonders wenn es den Springern an stabilen Feldern mangelt. Selbst in diesem relativ vorteilhaften Fall sind Turm und Bauer jedoch nur etwas mehr wert als die beiden Springer. In der Partie konnten die Türme nach einem Fehler der Springerpartei vernichtende Aktivität entwickeln.

Ein Figurenopfer in der Eröffnung oder im frühen Mittelspiel führt häufig zu dem Ungleichgewicht von Figur gegen drei Bauern. Hier kommt es stark auf die Initiative an. Im Mittelspiel stellen drei nicht weit vorgerückte Bauern keine große Gefahr dar, so dass sich die Figur als stärker erweist. Anders verhält es sich jedoch, wenn die Bauern mit Angriffschancen gegen einen exponierten gegnerischen König gekoppelt sind, wie Kokarew-Najer (Seite 28) demonstriert. V.Damjanović-Newednitschi (Seite 29) zeigt die Kehrseite der Medaille. Ohne Damen hat Weiß, der die drei Bauern hat, nicht viele Angriffschancen. Es sind aber immer noch genug Figuren auf dem Brett, um dem Nachziehenden etwas aktives Spiel zu geben, durch das er den Anziehenden daran hindern kann, langsam seine Bauern vorzuschieben. Schwarz hat die etwas besseren Aussichten und kann permanenten Druck ausüben, was den Anziehenden letztendlich zu Fall bringt.

Häufig begegnet man auch dem Materialvorteil von Dame gegen Turm und Leichtfigur, was einen Vorteil von einem Punkt darstellt. In den meisten Fällen kommen Abtauschoperationen der Seite mit dem materiellen Übergewicht zugute, aber im vorliegenden Fall ist die Abwicklung in ein Endspiel nicht unbedingt eine Erfolgsgarantie, da dann stets die Gefahr einer **Festung** besteht, also einer Situation, in der die Stellung des Verteidigers bombensicher und unangreifbar ist. Daher muss sich die Damenpartei vergewissern, dass nach den angestrebten Figurentauschoperationen keine Festung entsteht. Ein Beispiel für gute Technik ist die Partie Iwantschuk-Nisipeanu (Seite 30), in der Iwantschuk sicherstellt, dass Schwarz keine Festung aufbauen kann, indem er die Felder unterminiert, auf denen sich der Läufer häuslich einrichten könnte. Wenn die Seite mit Turm und Leichtfigur einen Mehrbauern hat, ist die materielle Lage punktemäßig ausgeglichen. In diesem Fall erweist sich häufig die

Initiative als entscheidender Faktor. Die Dame ist im Angriff am wirkungsvollsten, und wenn sie in eine passive Rolle gezwungen wird, können die gegnerischen Kräfte leicht die Oberhand gewinnen. Ein gutes Beispiel hierfür ist die Partie Leitão-Caruana (Seite 31). Schwarz ergreift früh die Initiative, aber in einem entscheidenden Moment schnappt sich der Anziehende einen Bauern, statt sich Gegenspiel zu verschaffen, was zu einer schnellen Niederlage führt.

Zwei Türme sind im Allgemeinen etwas mehr wert als die Dame, aber es kommt auf den Stellungstyp an. Die Türme mögen eine ruhige Stellung, in der sie einen verwundbaren Bauern nach dem anderen angreifen können. Da die Türme einen Bauern zweimal angreifen können, die Dame ihn aber nur einmal verteidigen kann, ist der Ausgang einer solchen Auseinandersetzung abzusehen. Die Seite mit der Dame braucht aktives Spiel, um die Turmpartei nicht zur Ruhe kommen zu lassen. Iwantschuk-Leko (Seite 32) demonstriert, was passiert, wenn das Spiel sich beruhigt, und zeigt auch, dass die Türme offene Linien brauchen, um aktiv werden zu können. Die Dame kann sich am besten in Szene setzen, wenn Angriffschancen auf den gegnerischen König bestehen, da sie mit Schachgeboten gegen einen exponierten König Zeit gewinnen und zahlreiche Gabelmotive ins Spiel bringen kann. In Drejew-Zhou Jianchao (Seite 33) nutzt Weiß das Angriffspotenzial der Dame weidlich aus. Dieses Beispiel illustriert auch das Prinzip, dass Dame und Springer bei einem Angriff auf den gegnerischen König häufig sehr gut zusammenarbeiten.

Interessant ist das Ungleichgewicht von Dame gegen drei Leichtfiguren. Dies ist zwar theoretisch materiell ausgeglichen, aber in den meisten Mittelspielstellungen haben die Leichtfiguren die Oberhand. Die Dame sieht sich ähnlichen Problemen gegenüber wie gegen zwei Türme; die Leichtfiguren können sich allmählich auf Angriffsziele einschießen, die die Dame alleine nicht decken kann. Ein typisches Beispiel ist die Partie Najer-Awruch (Seite 34), in der die Damenpartei sogar noch einen Mehrbauern hat. Zu Beginn sind die Leichtfiguren schlecht koordiniert und müssen sich den Nachstellungen der Dame erwehren, aber schon nach einem einzigen Ausrutscher gelingt es ihnen, einen konzertierten Angriff auf einen wichtigen Bauern zu starten. Im folgenden Beispiel, Worobjow-Beschukow (Seite 35), ist die Materialverteilung die gleiche, aber hier hat die weiße Dame die Oberhand. Entscheidend ist der Unterschied, dass hier noch viele Bauern auf dem Brett sind und die Bauernstruktur nicht festgelegt ist, so dass Weiß seine Bauern dazu verwenden kann, den gegnerischen Leichtfiguren wirksame Felder zu nehmen und den Nachziehenden allmählich zu ersticken.

Die Aufgabe der Dame gegen zwei Leichtfiguren stellt ein erhebliches Opfer dar. Die einzig adäquate Kompensation ist in den meisten Fällen ein direkter Königsangriff. In Swetuschkin-Landa (Seite 36) gibt Weiß die Dame, um den gegnerischen König in der Brettmitte festzuhalten. Es braucht zwar einige Zeit, bis der Angriff seine volle Wucht erreicht, aber Schwarz kann wenig unternehmen, während die weißen Figuren eine Treibjagd auf den feindlichen König veranstalten. Als Warnung für jene, die sich Hals über Kopf in solche Opfer stürzen, zeigt die Partie Al Modiahki-Kweinis (Seite 37), wie ein auf den ersten Blick verlockend aussehendes Opfer nach hinten losgehen kann. Weiß scheint für sein Opfer gute positionelle Kompensation zu haben, aber Schwarz versteht die Schlüsselelemente der Stellung und kann das ehrgeizige Spiel des Weißen durch genaue Verteidigung widerlegen.

Die nächsten beiden Abschnitte beschäftigen sich mit der alltäglichen Situation, in der eine Seite einen Mehrbauern besitzt. Dabei sollte man unbedingt Flexibilität an den Tag legen, da in einigen Fällen, wie in Carlsen-Adams (Seite 38), die richtige Strategie darin besteht, an dem Bauern festzuhalten, selbst wenn man dafür vorübergehende Unannehmlichkeiten in Kauf nehmen muss. In anderen Fällen, wie in Carlsen-Kramnik (Seite 39), besteht der richtige Plan darin, den materiellen Mehrbesitz zwecks Erzielung eines positionellen Vorteils oder Ergreifung der Initiative zurückzugeben. Wenn man den Mehrbauern behaupten will, muss man sich unbedingt vergewissern, dass man ihn auch behalten kann. Nur allzu leicht kann man seine Figuren auf passive Felder stellen, um den Bauern zu behalten, nur um ihn dann später unter weniger günstigen Umständen doch aufgeben zu müssen, wonach man schlechter dran ist als bei sofortiger Rückgabe des Bauern.

Wenn man einen Bauern weniger hat, sollte man versuchen, aus den Vorzügen der Stellung das Beste zu machen und nach Gegenspiel suchen. In Kramnik-L. Dominguez (Seite 40) profitierte Schwarz von seinem Springervorposten und seiner Damenflügelmehrheit und konnte dank einiger Ungenauigkeiten seines Gegners eine nahezu hoffnungslose Stellung retten. Wenn man kein aktives Spiel bekommen kann, gestaltet sich die Aufgabe deutlich schwieriger, da man sich darauf beschränken muss, den Plänen des Gegners entgegenzuwirken und ihm Steine in den Weg zu legen. Mit genau dieser Strategie konnte sich Schwarz in Iwantschuk-Leko (Seite 41) ins Remis retten.

In den nächsten beiden Abschnitten wird der ewige Kampf von Läufer gegen Springer behandelt. Diese beiden Figuren sind zwar beide drei Punkte wert, aber ihre Stärke schwankt in Abhängigkeit von der jeweiligen Stellung und insbesondere der Zentrumsbauernstruktur. Stellungen mit offenem Zentrum begünstigen die Läufer, wohingegen Stellungen mit blockiertem Zentrum die Springer in der Vorhand sehen. In Miles-Timman (Seite 42) zeigt sich der auf einer leeren langen Diagonale auf den gegnerischen König zielende Läufer von seiner besten Seite. Anand-Radjabow (Seite 43) ist ein interessantes Beispiel, da der Läufer gut zu stehen scheint, aber durch die Bauernstruktur in seiner Wirkung eingeschränkt wird.

Wie immer sollte man sich bewusst sein, dass es auch Ausnahmen gibt und die obigen allgemeinen Prinzipien lediglich Richtlinien darstellen. Im nächsten Abschnitt werden einige scheinbar paradoxe Leichtfigurenabtausche betrachtet. In Nisipeanu-Radjabow (Seite 44) gibt Weiß einen starken Läufer für den gegnerischen Springer, um das schwarze Zentrum sofort unter Druck zu setzen. In Finocchiario-Van Oosterom (Seite 45) geschieht das Gegenteil: Ein gut postierter Springer wird gegen einen unwirksamen Läufer getauscht, da Schwarz so jegliche Gegenspielmöglichkeiten ausschalten kann.

In Abschnitt 12 wird schließlich das Läuferpaar unter die Lupe genommen. Zwei Läufer sind in einer recht breiten Palette von Mittelspielstellungen besser als jede andere Leichtfigurenkombination. Ihre Kraft in offenen Stellungen ist weithin bekannt, aber sie entfalten auch in vielen halboffenen Stellungen große Wirkung, was hauptsächlich darauf zurückzuführen ist, dass ein Läufer, der keinen Gegenspieler mehr hat, sehr stark werden kann. Ein gutes Beispiel für die Ausnutzung des Läuferpaars ist Movsesian-Gaschimow (Seite 46). Man beachte, wie der weißfeldrige weiße Läufer, der zunächst über wenig Aussichten zu verfügen scheint, sich letztendlich zu einem regelrechten Monster entwickelt. In Gelfand-Eljanow (Seite 47) ist das Gegenteil zu sehen: Hier kann Eljanow dank seines Entwicklungsvorsprungs und seiner guten Zentrumskontrolle die Läufer durch Etablierung von starken Vorposten für seine Springer abwürgen.

1 Mehrqualität

W

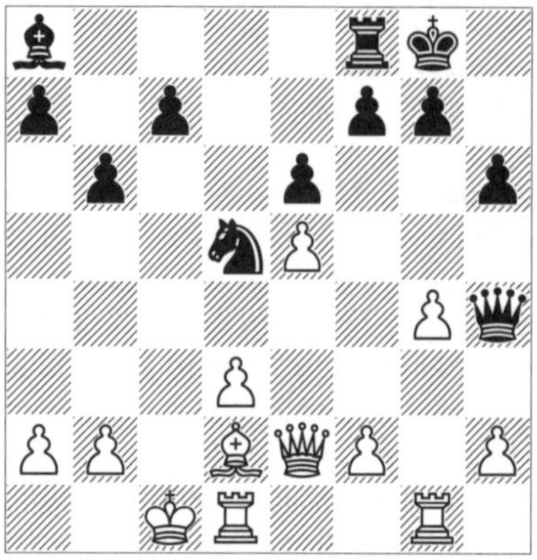

Swidler – Timofejew

Russische Meisterschaft, Moskau 2009

Weiß hat eine ganze Qualität mehr und steht auf Gewinn, aber in der Praxis werden derartige Stellungen oft falsch behandelt. Swidler gibt ein gutes Beispiel für die richtige Methode. Türme brauchen offene Linien, um ihre maximale Wirkung zu entfalten. Da es gegenwärtig keine solchen Linien gibt, besteht eines der Ziele des Anziehenden darin, sich eine zu verschaffen. Man beachte, dass Schwarz in Gestalt seines aktiven Läufers und seines sicher postierten Zentrumsspringers über etwas positionelle Kompensation verfügt. Wenn man materiell im Vorteil ist, begeht man häufig den typischen Fehler, Zeit zu verschwenden und zu glauben, dass sich die Stellung von alleine gewinnen wird. Wenn Schwarz genug Zeit hätte, könnte er durch das Vorrücken seiner Damenflügelbauern Gegenspiel bekommen, etwa mittels ...c5, ...♖c8 und ...b5, was die Aufgabe des Anziehenden erschweren würde. Daher sollte Weiß versuchen, unverzüglich aktives Spiel für seine Türme zu entwickeln, aber ohne dabei unnötige Risiken auf sich zu nehmen.

20 f4!

Dieser Zug verteidigt den angegriffenen h-Bauern und bereitet zugleich die Öffnung einer Linie mit f5 vor. Man beachte, dass 20 g5? h5 falsch ist, da Schwarz dann mit ...g6 den Königsflügel vollständig verbarrikadiert und Weiß keine Linie für seine Türme öffnen können wird.

20...♖d8 21 ♖df1

Einfacher als 21 f5 exf5 22 gxf5 ♘f4; es besteht kein Grund, sich auf Verwicklungen einzulassen.

21...c5 22 f5

Wegen der Drohung 23 fxe6 fxe6 24 g5 h5 25 g6 muss Schwarz nun etwas unternehmen.

22...♘b4 23 ♗xb4 cxb4

W

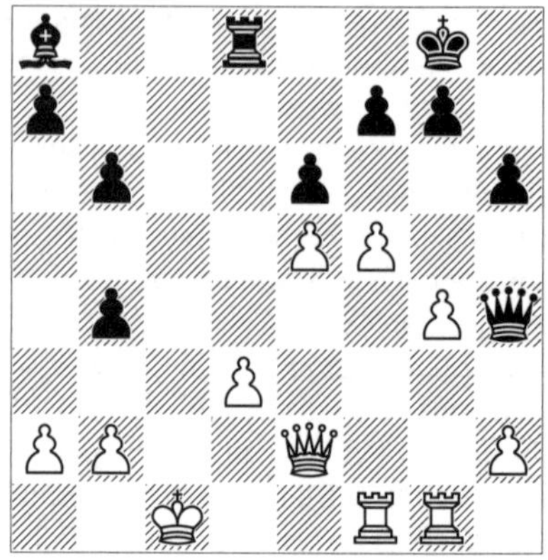

24 ♕f2

Eine weitere typische Strategie bei materiellem Mehrbesitz besteht darin, auf Vereinfachungen zu spielen. Nach 24...♕xf2 25 ♖xf2 ♖xd3 26 ♖d1 werden auch die Türme getauscht, wonach der andere weiße Turm mit entscheidender Wirkung auf der c-Linie eindringt.

24...♕e7 25 ♕e3!

Der Tausch auf e6 ist zwar nicht schlecht, aber Weiß findet einen noch stärkeren Zug. Die Verzögerung des Tausches gibt Weiß die zusätzliche Möglichkeit, mit f6 den schwarzen Königsflügel aufzubrechen.

25...b3 26 ♔b1

Um auf 26...bxa2+ den König mit 27 ♔a1 sicher im Eck zu verstecken.

26...♕b4 27 a3 ♕b5 28 ♖d1

28 fxe6 fxe6 29 ♖g3 behält den Turm auf der offenen f-Linie und bereitet das Eindringen auf dem schwarzen Königsflügel mit g5-g6 vor, aber Swidlers Methode ist gut genug.

28...♕c5 29 d4 ♕d5 30 ♖g3

Ein Richtungswechsel. Weiß nimmt den Bauern b3 aufs Korn und zwingt Schwarz, unter ungünstigen Umständen die Damen zu tauschen.

30...♕e4+ 31 ♕xe4 ♗xe4+ 32 ♔c1

Weiß braucht ...♖c8+ nicht zu fürchten, da er ♖c3 erwidern kann.

32...exf5 33 gxf5 ♗xf5

Schwarz nimmt den Bauern, aber nun wird der Freibauer auf der d-Linie zu einer Macht.

34 d5 ♖e8 35 d6 ♔f8 36 ♖xb3 ♗d7 37 ♖e3 ♖e6

37...f6 trifft auf die Erwiderung 38 e6!.

38 ♖dd3 ♔e8 39 ♖c3 a5 40 ♔d2 1-0

Gegen ♖c7-b7 ist kein Kraut gewachsen.

W

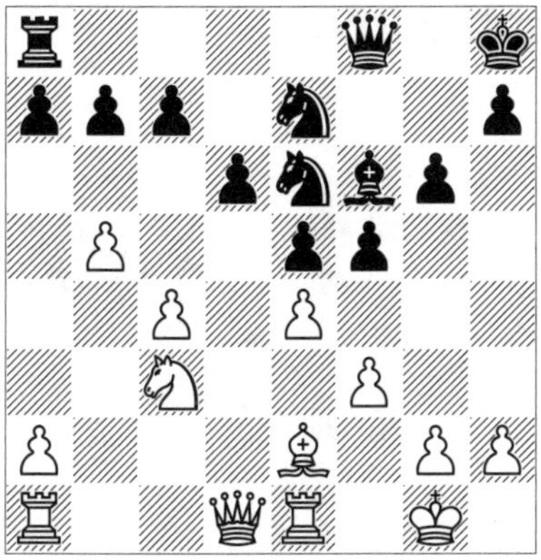

Carlsen – Iwantschuk

Foros 2008

Dieser Fall ist schwieriger. Schwarz hat einen Bauern für die Qualität; zudem ist der weiße Läufer durch seine eigenen Bauern blockiert, so dass der Anziehende fast keine Kontrolle über die schwarzen Felder hat. Außerdem hat Weiß keine unmittelbaren Aussichten auf die Öffnung einer Linie für seine Türme. Objektiv ist die Stellung ausgeglichen.

19 c5!

Carlsen opfert einen zweiten Bauern, um seinen Läufer zu befreien. Dies ist eine gute Entscheidung, da Schwarz sonst mit ...♘c5 den Bauern blockieren und dann langsam durch das Vorrücken seiner Königsflügelbauern einen Angriff vorbereiten könnte. Wie zuvor ist es unerlässlich für Weiß, etwas Positives zu unternehmen; bei abwartendem Spiel würde Schwarz lediglich seine Stellung ungehindert verbessern können.

19...♘xc5 20 ♗c4

Auf Kosten eines Bauern ist der weiße Läufer aktiv geworden und schielt nun in die schwarze Stellung hinein. Insbesondere kann der Springer c5 nicht mehr ohne Weiteres auf den Königsflügel überwechseln, da das Feld e6 durch den Läufer gedeckt ist.

20...♗g5 21 ♕e2! ♕h6 22 ♖ad1

Weiß darf die Aktivierung des schwarzen Läufers über e3 oder d2 nicht zulassen. Die Passivität dieses Läufers ist der Hauptmangel der schwarzen Stellung. Wenn der Nachziehende dieses Problem lösen könnte, wäre er klar im Vorteil.

22...♖f8 23 a4 b6

Schwarz versucht, a5 nebst b6 mit Unterminierung des Bauern d6 zu verhindern.

24 g3

Nimmt dem Läufer Felder und bereitet ♔g2 zur Konsolidierung des weißen Königsflügels vor.

24...♕h3 25 ♕g2 ♕h6 26 ♕e2 ♕h3 27 ♔h1

Weiß spielt auf Gewinn.

27...♘d7?!

Der Beginn eines schlechten Plans, der die Überführung dieses Springers auf den Königsflügel beinhaltet. Es ist unwahrscheinlich, dass der schwarze Angriff stark genug sein wird, um ein Matt zu erzwingen, und durch den Abzug des Springers wird der schwarze Damenflügel anfällig. Besser ist 27...♕h6 oder 27...♕h5 mit ausgeglichenem Spiel.

28 ♖a1!

S

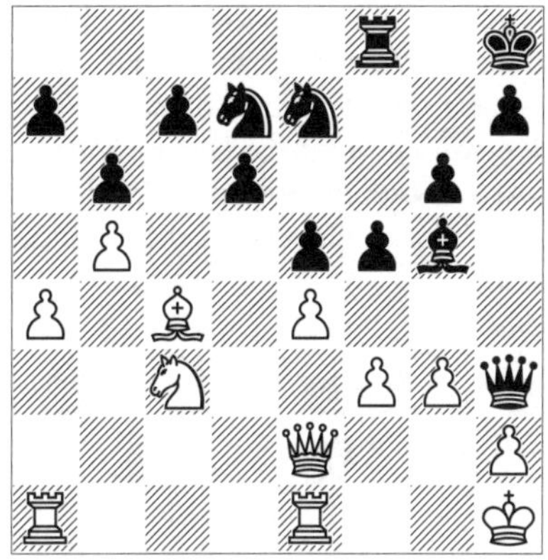

Der Schwenk des Turms nach a2 ist ein hervorragender Plan, da er auf der zweiten Reihe gute Verteidigungsdienste leistet und den eventuellen Vorstoß a5 unterstützt.

28...♕h6 29 ♖a2 ♘f6 30 ♔g2?

Genauer ist 30 ♗e6!.

30...♘h5?

Verpasst die Chance zu 30...f4!, was nach 31 ♗e6 fxg3 32 hxg3 ♘h5 33 ♗g4 ♘xg3 34 ♔xg3 ♗f4+ 35 ♔g2 ♕h2+ 36 ♔f1 ♕h1+ die Punkteteilung erzwingt.

31 ♘d5 ♘xd5 32 ♗xd5

Nun steht Weiß klar besser. Der schwarze Angriff ist harmlos, und Weiß hat gute Chancen am Damenflügel, wo er a5 spielen oder mit ♖c2 den c-Bauern angreifen kann.

32...♗f4 33 ♕f2 fxe4 34 ♗xe4 ♕g5 35 ♖c2 d5?

Diese taktische Wendung öffnet die Stellung und lässt die weißen Türme ausbrechen. Besser ist 35...♖f7, obwohl Weiß nach 36 ♗b7 seine Stellung leicht verbessern kann, etwa mit ♖e4 oder ♗c8-g4.

36 ♗xd5 ♗xg3 37 hxg3 ♘f4+ 38 ♔f1 ♘xd5 39 ♖ce2!

Nach 39...♖f5 40 g4 oder 39...♖e8 40 f4 geht der e-Bauer verloren.

39...♕f6 40 ♖xe5 ♕xf3 41 ♕xf3 ♖xf3+ 42 ♔e2 ♖f5 43 ♖xf5 gxf5 44 ♔d3 c5 45 ♖e5 ♘b4+ 46 ♔d2 1-0

Zwei Leichtfiguren sind im Allgemeinen in allen Partiephasen mehr wert als ein Turm. Im Mittelspiel sind zwei Leichtfiguren in den allermeisten Fällen mehr wert als Turm und Bauer, im Endspiel aber ungefähr gleich stark. In fast jeder Situation sind zwei Läufer besser als andere Leichtfigurenkombinationen. Der entscheidende Unterschied zwischen dem Mittelspiel und dem Endspiel besteht darin, dass die durch die beiden Leichtfiguren gegebenen Angriffschancen nur im Mittelspiel relevant sind und sich dann als besonders wertvoll erweisen, wenn die Damen noch auf dem Brett sind. Außerdem werden im Partieverlauf in der Regel Linien geöffnet, was die Kraft der Türme erhöht.

W

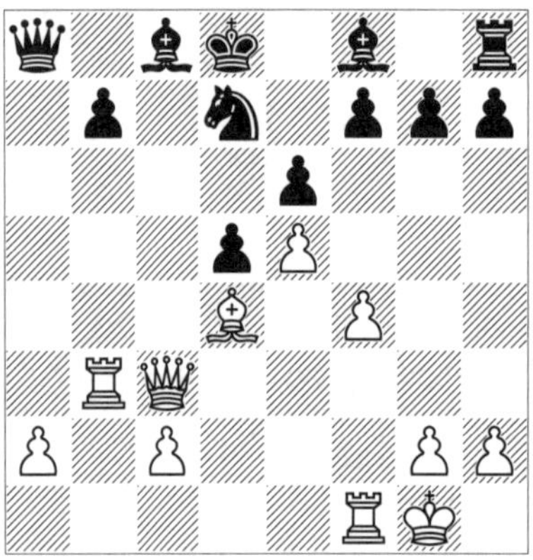

Tscheparinow – Vallejo Pons
Olympiade, Dresden 2008

Schwarz hat zwei Leichtfiguren für einen Turm, ist aber mit der Entwicklung im Rückstand und hat eine etwas exponierte Königsstellung. Er kann jedoch durch Aktivierung seiner Figuren, selbst auf Kosten von einem oder zwei Bauern, in Vorteil kommen.

19 f5 b6

Befreit den Läufer c8 und ermöglicht die Entwicklung des Läufers f8 nach c5.

20 fxe6

20 ♗xb6+ ♘xb6 21 ♖xb6 ♕a3 ist sehr gut für Schwarz.

20...fxe6 21 ♕e3 ♕c6 22 ♖c3 ♗c5!

Nach dem materialistischen 22...♘c5 23 ♖f7 bliebe Schwarz unter Druck. Mit dem Partiezug bereitet der Nachziehende die Hergabe der Königsflügelbauern zugunsten von Figurenaktivität vor.

23 ♖f7 ♗a6 24 ♗xc5 bxc5 25 ♕g5+ ♔c8 26 ♕xg7 ♖d8

W

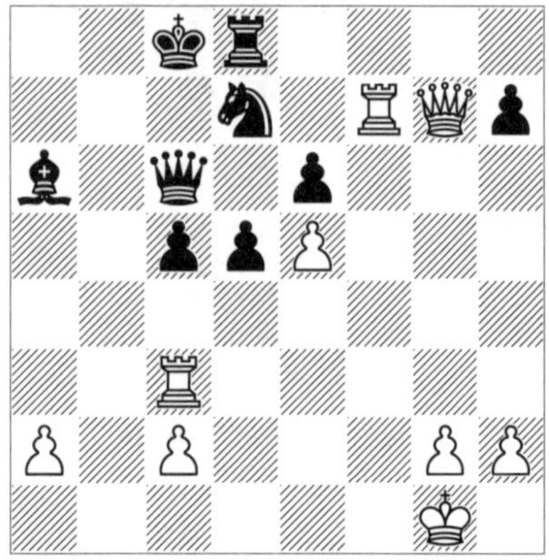

Läufer und Springer von Schwarz sind auf der Materialskala ebenso sechs Punkte wert wie Turm und Bauer von Weiß, aber Schwarz steht klar besser. Die weiße Initiative hat sich verflüchtigt; nun erhält sogar der Nachziehende Angriffschancen, während Weiß unter seinen vielen schwachen Bauern zu leiden hat.

27 ♕xh7?

Besser ist 27 h3, wenngleich Schwarz nach 27...c4 nebst ...d4 vorzüglich steht.

27...d4?

Verpasst den sofortigen Gewinn mit 27...♕a4!, wonach die exponierte Königsstellung Weiß zum Verhängnis wird; z. B. 28 ♖f2 ♕d4 gefolgt von ...♕d1+ oder 28 ♖cf3 ♕d4+ 29 ♖f2 ♕d1+.

28 ♖g3 c4

Die beweglichen Bauern sind ein Haupttrumpf des Schwarzen.

29 ♖f1

Weiß muss zum Rückzug blasen.

29...♕c5 30 ♔h1 ♕xe5 31 ♖g8 ♗b7 32 ♖xd8+ ♔xd8 33 ♕h4+ ♔c7 34 ♖e1 ♕g7 35 ♕f2 e5

Eine typische Situation, in der die Leichtfiguren den Turm übermannen. Weiß hat kein aktives Spiel und kann nur abwarten, während Schwarz seine Stellung verbessert. Man beachte, wie die Drohungen gegen den weißen König die Beweglichkeit der weißen Figuren stark einschränken.

36 ♕e2 ♗c6 37 a4 c3 38 a5 e4 39 ♖d1 ♘c5 40 a6 e3 41 ♕f1 ♘e6

Droht mit 42...e2 43 ♕xe2 ♘f4 sofort zu gewinnen.

42 ♖b1 e2 43 ♕f2 ♕g4 44 ♕f7+ ♔d6 45 ♕f2 ♔c5 46 ♕g3 ♕xg3 47 hxg3 d3 48 cxd3 c2 49 ♖c1 ♔d4 50 ♔g1 ♔e3 0-1

S

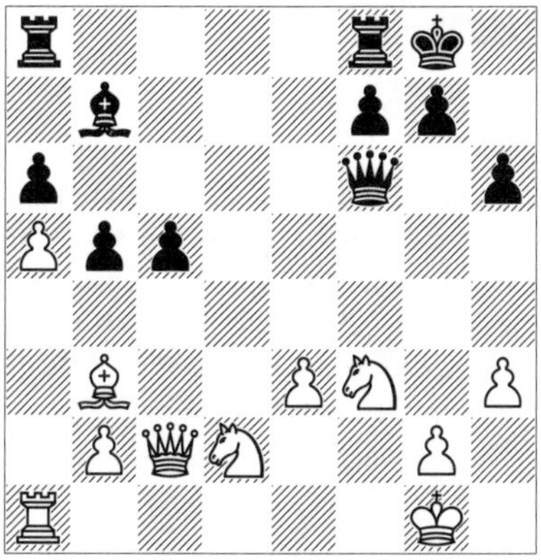

Bologan – Caruana
Reggio Emilia 2009/10

Wiederum stehen zwei Leichtfiguren Turm und Bauer gegenüber, aber dieser Fall ist ganz anders gelagert. Erstens hat Weiß zwei Springer, das schlechteste Leichtfigurenpaar in einer Stellung wie dieser, die offen ist und den Springern keine Stützpunkte bietet. Zweitens ist die Stellung den schwarzen Türmen wie auf den Leib geschneidert, da sich sowohl auf der e-Linie als auch insbesondere auf der offenen d-Linie attraktive Posten anbieten. Drittens hat Weiß keinerlei Angriffschancen. Diese Faktoren wiegen den Vorteil, den die beiden Leichtfiguren im Mittelspiel bieten, mehr als auf; die Stellung ist etwas besser für Schwarz. Weiß ist indes noch längst nicht verloren; eine wichtige Frage wird sein, ob sein Läufer Aktivität entwickeln können wird.

25...c4 26 ♗a2 ♖ad8 27 ♖e1 ♖fe8?!

Nach dieser leichten Ungenauigkeit kann Weiß mehr Aktivität entwickeln, als nötig gewesen wäre. Mit 27...♖d3 28 ♗b1 ♖fd8 29 ♕c1 ♖3d7 war etwas Übergewicht zu behaupten.

28 e4?!

Auch Weiß greift fehl. Er will seinen Läufer mit b3 aktivieren, was er aber nicht sofort tun kann, da 28 b3? wegen 28...c3 nebst ...♗xf3 verliert. Daher blockiert Weiß zunächst den Läufer b7, aber dieser Plan hat einen taktischen Haken. Weiß sollte sich von der Idee der Öffnung der Diagonale a2-g8 verabschieden und stattdessen den Läufer mit 28 ♗b1! auf die parallele Diagonale b1-h7 verlegen. Dann gibt 28...g6 29 e4 ♖e6 30 e5 oder 28...♖d3 29 b3 ♗xf3 30 ♘xf3 ♖xb3 31 ♕h7+ ♔f8 32 ♘d4 ♖b2 33 ♗e4! Weiß genug Aktivität, um das Gleichgewicht zu wahren.

28...♖d3 29 b3?

Die logische Folge des vorigen Zuges von Weiß, aber 29 ♗b1 ist immer noch die richtige Idee, obgleich sie hier nicht mehr so wirkungsvoll ist wie einen Zug zuvor, da der Bauer e4 die Diagonale nach h7 verstellt.

29...♖ed8 30 ♘f1

30 bxc4 ist auch nicht besser, da Schwarz nach 30...♖c3 31 ♕b2 ♖xf3 32 e5 ♕g5 33 ♘xf3 ♗xf3 mit der Drohung ...♖d2 sehr starken Angriff erhält.

30...♖c3 31 ♕b1

S

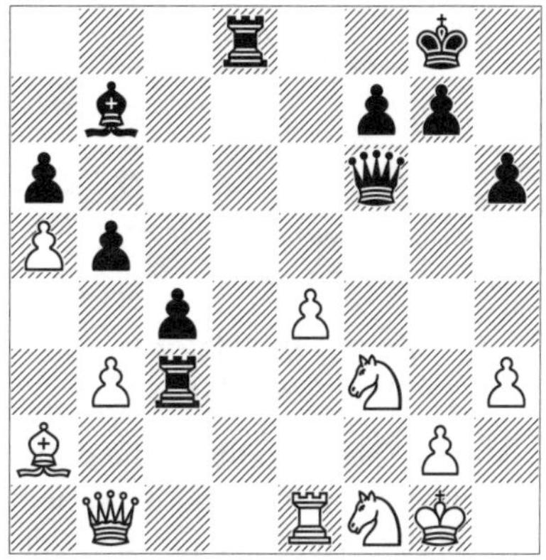

31...♖dd3 32 bxc4 ♖xf3!

Dies widerlegt den Plan des Weißen, da seine schlecht koordinierten und im Abseits stehenden Figuren der schwarzen Drohungen nicht Herr werden können.

33 gxf3 ♖xf3

Mit der Drohung 34...♕g5+ nebst ...♖f2.

34 ♖e2 ♖xh3?

Richtig ist 34...♕g5+!. Nach 35 ♖g2 (35 ♔h2 ♗c8 36 ♖g2 ♕f4+ ist auch für Schwarz gewonnen) 35...♕c5+ 36 ♔h2 ♗c8 37 ♘g3 ♗xh3! 38 ♖g1 ♗g4 (mit der Drohung 39...♖f2+ 40 ♖g2 ♗f3) 39 ♖g2 h5 nebst ...h4 hat Schwarz entscheidenden Angriff.

35 ♕e1?!

Bessere Verteidigungschancen bietet 35 ♕b2!.

35...bxc4?

35...b4! 36 ♗b1 ♖f3 37 ♘g3 g6 mit der Absicht ...h5-h4 gibt Schwarz unangenehmen Druck.

36 ♗b1?

Nach dem offensichtlichen 36 ♗xc4 hat Weiß ausgezeichnete Remischancen.

36...c3

Nun ist der Nachziehende wieder deutlich im Vorteil.

37 ♖e3 ♕g5+ 38 ♘g3??

Mit 38 ♔f2 bleibt Weiß in der Partie.

38...h5 39 ♔g2 ♕g4 40 ♖xc3 h4 41 ♖b3 hxg3 0-1

3 Figur für drei Bauern

S 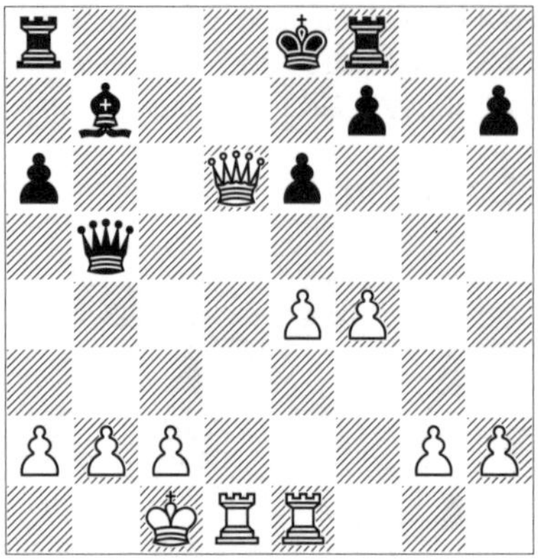

Kokarew – Najer
Ulan Ude 2009

Dies ist eine Theoriestellung, die sich aus einem Figurenopfer in der Najdorf-Variante des Sizilianers ergibt. Weiß hat für die Figur drei Bauern, die aber noch nicht sehr weit vorgerückt sind. Im Allgemeinen bieten drei solche Bauern im Mittelspiel nicht genug Kompensation für eine Figur, außer wenn andere Faktoren eine Rolle spielen. Im vorliegenden Fall ist der schwarze König exponiert und der Turm f8 außer Spiel, was die Waage leicht zugunsten des Weißen ausschlagen lässt.

19...♖c8?!

Dies ist eine Ungenauigkeit, da Schwarz sich mit dem Turm zu früh festlegt. Eine bessere Verteidigung ist 19...♕c6 20 ♕d2 ♕c7! mit der Drohung ...♖d8.

20 ♖e3

Droht mit 21 ♖c3 sofort zu gewinnen. Die Antwort ist erzwungen.

20...♕c6 21 ♕d2 ♕c7 22 ♖c3 ♕e7 23 ♖xc8+ ♗xc8

Der Turmtausch hilft dem Weißen, da Schwarz auf dem untätigen Turm f8 sitzenbleibt.

24 ♕c3 ♕b7 25 ♖d4 ♗d7 26 b3

Wenn man drei Bauern für eine Figur besitzt, ist es wichtig, sich keine Schwächen zuzuziehen, die der Figurenpartei ein Angriffsziel bieten. Außer wenn die Bauern schon weit vormarschiert sind, sollte man sie vorsichtig vorrücken und dabei darauf achten, dass keine unnötigen Schwächen entstehen.

26...f6 27 a4 ♔f7 28 ♕d3 ♔e7 29 e5

Der schwarze König steht niemals wirklich sicher. Hier macht sich Weiß die Schwäche des h-Bauern zunutze.

29...f5?

Danach kann Weiß g4-g5 spielen, was seine Chancen im Endspiel stark verbessert, da er am Königsflügel einen entfernten Freibauern bilden kann. Besser ist 29...fxe5 30 ♕xh7+ ♖f7 31 ♕h4+ ♔e8 32 ♕h8+ ♔e7 33 ♕xe5 ♕xg2, wonach Weiß immer noch Vorteil hat, aber wenigstens Gegenspielmöglichkeiten vorhanden sind.

30 g4!

S 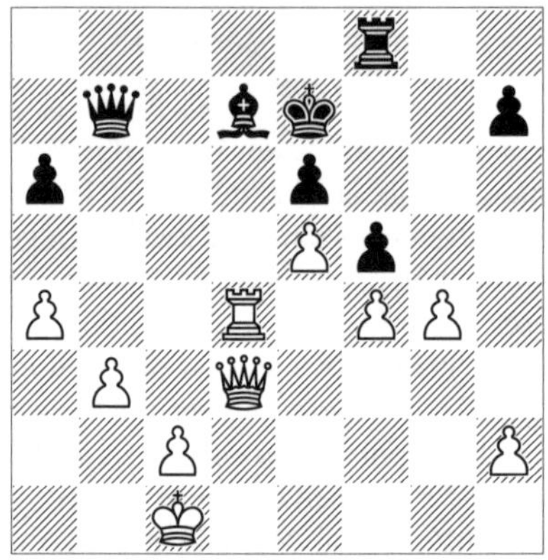

30...♔e8

Da 30...fxg4 31 ♕xh7+ ♖f7 32 ♕h4+ ♔f8 33 ♔b2! mit der Folge ♕xg4 oder ♖d6 Weiß entscheidenden Vorteil gibt, muss Schwarz das weitere Vorrücken des Bauern zulassen.

31 g5

Schwarz ist verloren. Er hat immer noch kein Gegenspiel, da der weiße König und alle weißen Bauern sicher stehen. Infolgedessen kann der Nachziehende nur zusehen, wie Weiß seine Stellung verbessert, etwa durch ♖d6 mit Angriff auf den schwachen a-Bauern.

31...♖f7 32 ♖d6 ♕b4 33 ♕d2

Deckt f4 und bietet Damentausch an. Wenn Schwarz ablehnt, kann Weiß leicht Fortschritte machen, beispielsweise mit ♔b2, a5 und ♖b6.

33...♕xd2+ 34 ♔xd2 ♗c8 35 h4 h5

Dies verhindert das weitere Vorrücken des h-Bauern, überlässt Weiß aber einen gedeckten Freibauern.

36 b4 ♖b7 37 c3 ♔e7

Nun verfügt Weiß über eine entscheidende Abwicklung, aber die Stellung war ohnehin jenseits von Gut und Böse.

38 ♖xa6 ♖d7+ 39 ♖d6 ♖xd6+ 40 exd6+ ♔xd6 41 b5 e5 42 fxe5+ ♔xe5 43 a5 ♔d6 44 a6 ♔c7 45 ♔e3 ♗d7 46 c4 ♔b6 47 g6 ♗e6 48 c5+ ♔xb5 49 a7 1-0

S

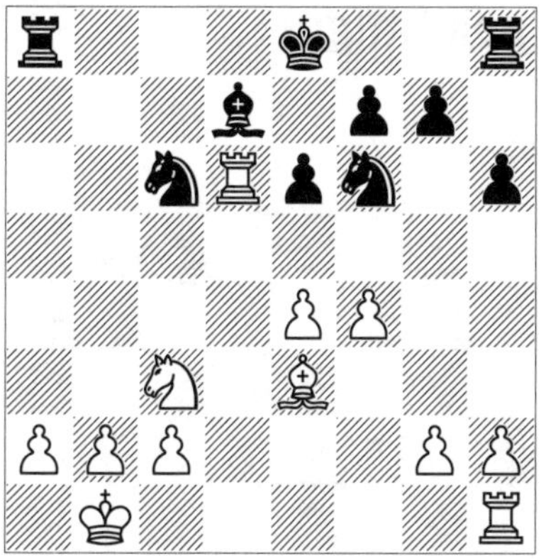

V. Damjanović – Newednitschi
Bukarest 1996

Diese Stellung ergibt sich ebenfalls aus einem Figurenopfer im Sizilianer, ist aber günstiger für Schwarz als das vorhergehende Beispiel. Erstens sind die Damen bereits getauscht, so dass Schwarz sich keine Sorgen um seinen König machen muss. Zweitens ist die schwarze Bauernstruktur am Königsflügel intakt, während Weiß aufpassen muss, da sein Bauer e4 etwas schwächelt (Weiß hätte seinen f-Bauern lieber auf f3, was sein Zentrum festigen und dem Schwarzen weniger Gegenspielmöglichkeiten geben würde). Trotzdem ist die Kraft der drei verbundenen Damenflügelbauern nicht zu unterschätzen, selbst wenn sie im Moment noch alle auf der zweiten Reihe stehen. Die Stellung ist ungefähr ausgeglichen.

16...♘e7

Schwarz will mit ...♗c6 den Bauern e4 aufs Korn nehmen und stellt seine Springer daher so auf, dass im Fall von weißem e5 das Feld d5 besetzt werden kann.

17 ♖hd1 ♗c6 18 ♗b6 ♘d7

Da sich 18...0-0?? wegen 19 ♗d8 verbietet, muss Schwarz die Mattdrohung durch diesen Springerrückzug parieren.

19 ♗f2 ♖c8

Weiß hat seine Figuren aktiv aufgestellt und kann ihre Position wohl kaum noch verbessern. Also ist es Zeit, mit dem Vorrücken der Damenflügelbauern zu beginnen.

20 a4 ♘f6 21 ♗h4?!

Dieser Zug verteidigt indirekt den Bauern e4 (nach 21...♘xe4? 22 ♖xc6 und 21...♗xe4? 22 ♗xf6 gewinnt Weiß). Er gibt indes dem Nachziehenden die ideale Gelegenheit zur Lösung seines Hauptproblems, nämlich des untätigen Turms auf h8, mit ...♖g8 und ...g5. Eine bessere Alternative zur Verteidigung des Bauern e4 besteht in 21 ♖6d4, was das Gleichgewicht bewahrt.

21...♖g8! 22 ♗xf6

Weiß will sich seine Königsflügelbauern nicht mit ...g5 aufbrechen lassen und tauscht lieber seinen Läufer, was aber dem gegnerischen Turm eine Linie öffnet.

22...gxf6 23 g3 f5

Durch Unterminierung des Bauern e4 erhält Schwarz im Zentrum Felder für seine Figuren.

24 e5 ♘d5 25 ♘xd5?!

Dies macht die Aufgabe des Schwarzen leichter. Nun kommt sein Läufer nach e4, was den Anziehenden an die Verteidigung des Bauern c2 binden wird, während der Turm g8 mit ...h5-h4 ins Spiel gebracht werden kann. Bessere Chancen bietet 25 ♘b5.

25...♗xd5 26 b3 ♗e4

W

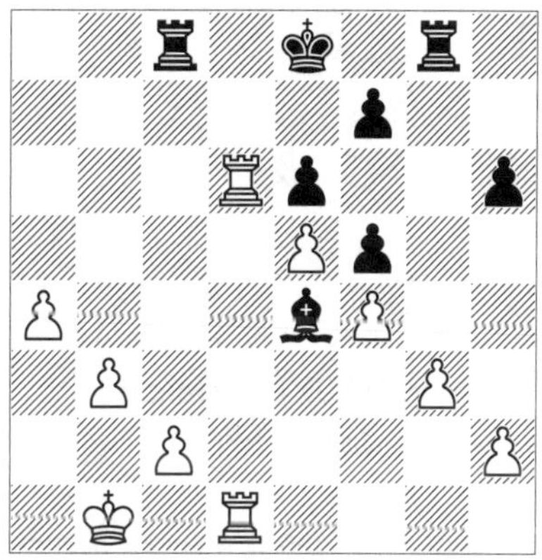

27 ♖6d2 h5 28 ♔b2 h4 29 ♖g1

29 gxh4 ♖g4 30 ♖f2 ♖xh4 31 a5 ♖h3 nebst ...♖hc3 ist ebenfalls gut für Schwarz.

29...♔e7

Da die weißen Türme nicht mehr auf der d-Linie verdoppelt sind, kann Schwarz die Grundreihe räumen und seinen Turm g8 ins Spiel bringen.

30 c4 ♖cd8 31 ♖xd8 ♖xd8 32 ♔c3?

Dies verliert auf der Stelle, da Schwarz sich einen Freibauern auf der h-Linie verschaffen kann. Weiß ist zwar in der Defensive, hat aber nach der besten Verteidigung 32 gxh4 immer noch Remischancen. Eine mögliche Variante lautet 32...♖d2+ 33 ♔c3 ♖d3+ 34 ♔b4 ♖f3 35 a5 ♖xf4 36 h5 ♖h4 37 a6 f4 38 ♔c3 f3 39 b4 ♖xh5 40 ♔d4 ♗a8 41 b5 ♖xh2 42 b6 ♖b2 43 b7 ♗xb7 44 axb7 ♖xb7 45 ♖f1 mit klarem Remis.

32...♖d3+ 33 ♔b4 h3! 34 a5 ♖d2 35 a6 ♖xh2 36 ♖a1 ♖g2 37 ♔b5 ♖xg3 38 a7 h2 39 a8♕ ♗xa8 40 ♖a7+ ♗b7 41 ♖xb7+ ♔f8 0-1

4 Dame gegen Turm und Leichtfigur

Eine Dame ist mehr wert als Turm und Leichtfigur, aber es ist oft schwierig, solche Stellungen zu gewinnen. Die Abwicklung in ein Endspiel ist nicht unbedingt eine Erfolgsgarantie, da Turm und Läufer in vielen Stellungen eine Festung aufbauen können, in der alles gedeckt ist und die stärkere Seite keine Fortschritte machen kann. Daher ist beim Tausch von Figuren tunlichst darauf zu achten, dass sich keine Festungssituation ergibt.

W

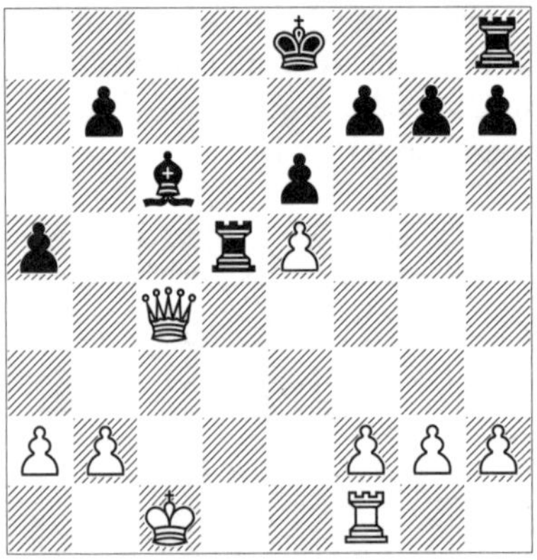

Iwantschuk – Nisipeanu
Foros 2007

19 ♖d1!

Ein genauer Zug. Statt den angegriffenen Bauern e5 zu verteidigen, tauscht Weiß lieber sofort die Türme, was Schwarz zum Zurückschlagen mit dem Läufer zwingt. Danach bleibt der Bauer a5 verwundbar.

19...0-0

Nicht 19...♖xe5? 20 ♕d4 ♖d5 21 ♕xg7, und Weiß gewinnt Material.

20 ♖xd5 ♗xd5 21 ♕a4 ♗xg2

Es gibt keine perfekte Lösung für Schwarz. Nach 21...b6 sind die Damenflügelbauern anfällig, und nach 22 f3 g6 23 b3 droht Weiß ♕d7-c7.

22 ♕xa5 ♗d5

Der schwarze Läufer steht nach wie vor gut, aber nun verfügt Weiß über eine Damenflügelmehrheit, mit der er sich einen Freibauern schaffen kann. Dies ist ein wichtiger Schritt, wenn man ein Endspiel mit Dame gegen Turm und Läufer für sich entscheiden will.

23 f4 f6

Schwarz versucht, sich durch Öffnung der f-Linie für den Turm Gegenspiel zu verschaffen.

24 f5!

S

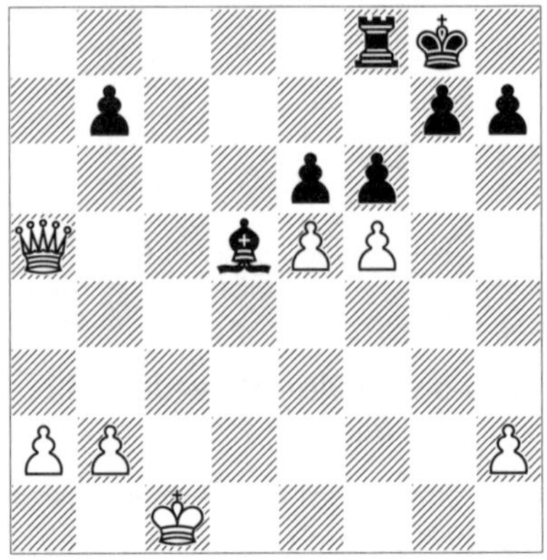

Durch dieses vorübergehende Bauernopfer wird der gegnerische Läufer entwurzelt. Die gegen die Dame spielende Partei sollte versuchen, ihre Figuren auf zuverlässig verteidigte Felder zu stellen, da die Dame ungedeckte Figuren leicht mit Gabeltricks einkassieren kann.

24...fxe5 25 fxe6 ♗xe6 26 b3

Der Anziehende muss die Damenflügelbauern behalten, wenn er sich Gewinnchancen bewahren will.

26...e4

Da Schwarz den Bauern b7 nicht vernünftig verteidigen kann, sucht er mit dem e-Bauern Gegenspiel.

27 ♕b5 ♗f7 28 ♕xb7 e3 29 ♕b5 h6

Nach 29...♖e8 30 ♔d1 kommt Weiß gerade rechtzeitig, um den Bauern zu stoppen.

30 ♔d1 g5 31 ♕e2 ♖d8+ 32 ♔e1 ♖d2

32...♖e8 33 ♕d3 e2 34 a4 ist leicht gewonnen für Weiß, da der e-Bauer keine ernsthafte Gefahr darstellt.

33 ♕xe3 ♖xa2 34 b4 ♖xh2 35 b5

Der b-Bauer ist zu stark. Schwarz ist nicht in der Lage, seinen Läufer für ihn zu geben.

35...♖b2 36 b6 g4

36...♗d5 37 ♕c1! ♖b3 38 ♕c2 mit der Drohung, den Bauern mittels 39 ♕xb3 umzuwandeln, gewinnt ebenfalls für Weiß.

37 ♕xh6 ♖b1+

Nach 37...g3 38 ♕g5+ ♔h7 39 ♕h4+ gewinnt Weiß den Bauern mit Schach.

38 ♔f2 ♖b3 39 ♕c6 1-0

Schwarz wird für den weißen Bauern seinen Turm hergeben müssen.

Leitão – Caruana

Olympiade, Chanty-Mansijsk 2010

1 d4 ♘f6 2 c4 g6 3 ♘f3 ♗g7 4 g3 d5 5 cxd5 ♘xd5 6 ♗g2 ♘b6 7 ♘c3 ♘c6 8 e3 0-0 9 0-0 ♖e8 10 ♖e1

Dieser Zug ist zwar recht häufig gespielt worden, macht aber einen etwas gekünstelten Eindruck, da es nicht klar ist, ob der Turm auf e1 auch am besten platziert ist.

10...a5

Langfristig plant Schwarz den Zentrumshebel ...e5, aber er beeilt sich damit nicht, sondern verbessert zuerst seine Stellung am Damenflügel.

11 ♕e2 ♗e6 12 ♖d1?!

Dies verliert Zeit und gibt Schwarz die Möglichkeit, die Initiative zu ergreifen.

12...♗c4 13 ♕c2 ♘b4 14 ♕b1 e5!

W

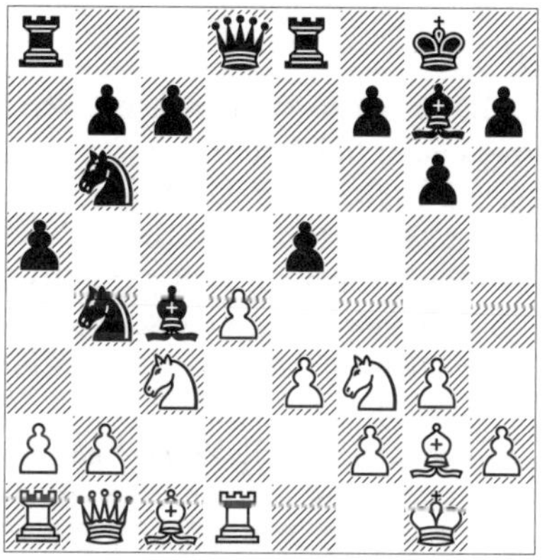

Dieser starke Zug bereitet das folgende Damenopfer vor, wonach Weiß genau spielen muss, um das Gleichgewicht zu halten.

15 a3

Eine andere Schlüsselvariante lautet 15 b3 exd4 16 bxc4 (16 exd4 ♗e6 17 ♗f4 ♗f5 ist besser für Schwarz, da seine Figuren sehr aktiv sind) 16...dxc3 17 ♖xd8 ♖axd8 (Schwarz hat nur einen Turm für die Dame, aber seine stürmische Initiative und der gefährliche Bauer c3 verbürgen ihm mindestens Ausgleich) 18 ♕b3 c2 19 ♘d4 ♖xd4 20 exd4 ♖e1+ 21 ♗f1 ♗xd4 22 a3 ♗xa1 23 ♗h6 ♗g7 24 axb4 ♗xh6 25 ♕xc2 axb4 mit wahrscheinlichem Remis.

Die taktische Pointe des schwarzen Spiels besteht in 15 dxe5? ♕xd1+! 16 ♘xd1 ♗d3 mit Qualitätsgewinn.

15...exd4 16 axb4 dxc3 17 ♖xd8 ♖axd8 18 ♕c2

Weiß kann mit 18 bxc3 ♖d1+ 19 ♗f1 ♗xf1 (19...♖xf1+ 20 ♔g2 ♗xc3 21 bxa5 ♖d1 22 g4 kann nur besser für Weiß sein) 20 ♕c2 ♗e2+ 21 ♔g2 ♗f1+ Remis forcieren, was nunmehr am sichersten gewesen wäre.

18...axb4 19 ♘d2

Eine traurige Notwendigkeit. Weiß muss eine Figur geben, da tödlich 19...b3 droht und 19 bxc3 (19 b3? verliert sofort wegen 19...♗d3 20 ♕a2 ♖a8) 19...b3 20 ♕b2 ♖d1+ 21 ♗f1 ♖xf1+ 22 ♔g2 ♘d5 Schwarz klaren Vorteil gibt.

19...cxd2 20 ♗xd2

S

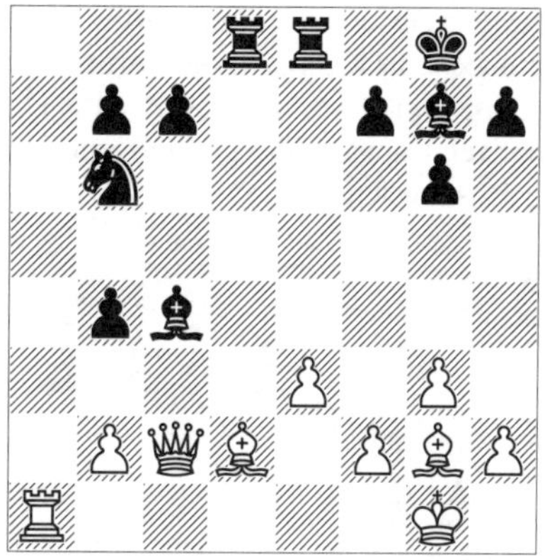

Nun hat Schwarz Turm, Springer und Bauer für die Dame. Die vorliegende Stellung ist zwar materiell ausgeglichen, zeigt aber die Hauptschwäche der Dame auf: Ihre Kraft ist stark eingeschränkt, wenn sie keine Angriffsziele hat. Es ist für die Damenpartei sehr wichtig, die Initiative zu behalten, die aber hier wegen der aktiven schwarzen Figuren und der weißen Grundreihenschwäche definitiv in den Händen des Schwarzen ist.

20...♖a8 21 ♖xa8 ♖xa8 22 ♗xb7?

Weiß schnappt sich einen „heißen“ Bauern, gießt aber damit noch Öl ins Feuer. Am besten ist 22 h4!, und nach 22...♖a1+ 23 ♔h2 b3 24 ♕e4 ♗xb2 25 ♕e8+ ♔g7 26 h5 hat Weiß genug Gegenspiel am Königsflügel, um die Balance zu wahren. Diese Variante unterstreicht erneut, wie wichtig es für die Damenpartei ist, über aktives Spiel zu verfügen.

22...♖a1+ 23 ♗c1

Oder 23 ♔g2 ♗f1+ 24 ♔f3 ♘c4 25 ♗xb4 ♘e5+ 26 ♔f4 ♘d3+ 27 ♔f3 ♖c1 28 ♕a4 ♘e5+ 29 ♔f4 ♖c4+ 30 e4 ♘d3+ 31 ♔f3 ♘xb4, und Schwarz steht klar besser.

23...b3 24 ♕d1?

Das ist Selbstmord, aber auch 24 ♕d2 ♗e6 25 ♔g2 ♘c4 26 ♕d1 h5 ist hoffnungslos. Weiß kann sich nicht rühren, und Schwarz wird nach Sicherung seines Königs mit ...♔h7 den Bauern b2 einkassieren und seinen eigenen Bauern umwandeln.

24...♗xb2 0-1

5 Dame gegen zwei Türme

Zwei Türme sind etwas mehr wert als eine Dame, aber es kommt stark auf die Stellung an. Die Türme profitieren von offenen Linien und der Möglichkeit, gegnerische Bauern aufs Korn zu nehmen. Sie tun sich schwer, wenn sie mehrere Aufgaben gleichzeitig erfüllen müssen, und können nicht leicht zum Angriff übergehen, wenn sie mit Verteidigungsdiensten beschäftigt sind. Daher ist ein sicherer König für die Turmpartei sehr wichtig. Im Umkehrschluss sollte die Damenpartei danach trachten, die gegnerische Königsstellung zu schwächen.

W

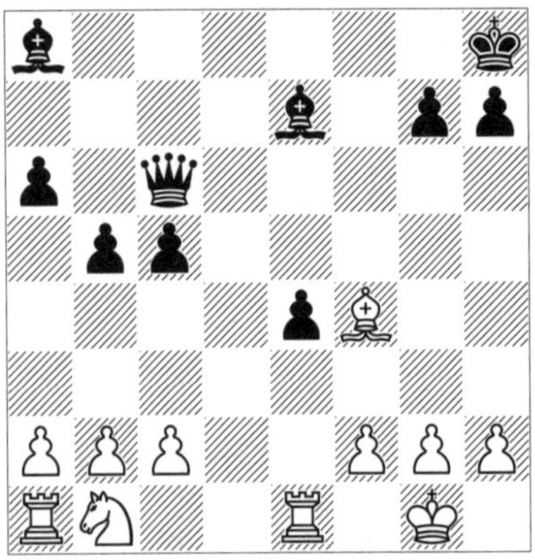

Iwantschuk – Leko
Morelia/Linares 2008

21 ♗e3

Schwarz muss unbedingt daran gehindert werden, mit ...e3 die lange Diagonale zu öffnen.

21...♕f6 22 c3

Ein wichtiger Moment. Weiß hat geringfügigen Materialvorteil, ist aber mit der Entwicklung im Rückstand. Schwarz sollte genug Spiel haben, um das Gleichgewicht zu wahren, darf aber nicht abwarten, bis Weiß seine Entwicklung abschließt und Linien öffnet.

22...♗d6?!

Schwarz will g3 erzwingen, aber diese Schwäche ist nicht so schlimm, da der Bauer e4 die lange Diagonale blockiert. Ein effektiverer Weg zur Erlangung von Gegenspiel am Königsflügel besteht in 22...h5!.

23 ♘d2 ♕e5?!

Nach diesem Fehlgriff erhält Weiß klaren Vorteil. Besser ist 23...♗c6!?, was die Öffnung der a-Linie verhindert.

24 g3 h6

Nun ist es für 24...♗c6? bereits zu spät wegen 25 ♗f4 ♕e6 26 ♗xd6 e3 27 ♖xe3 ♕xd6 28 ♖ae1 g5 29 ♘e4 ♕d5 30 f3 mit großem Vorteil für Weiß.

W

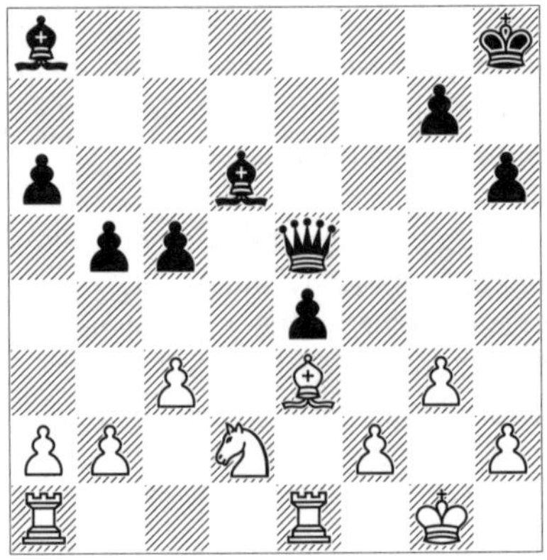

25 a4!

Die Öffnung einer zweiten Linie verschafft den Türmen mehr Spielraum.

25...♗c6 26 axb5 axb5 27 ♘b3?

Richtig ist 27 c4!. Danach verliert 27...♕xb2? wegen 28 ♖a6!, während nach der Fortsetzung 27...b4 28 ♖a6 ♕e8 29 ♘b3 die schwarzen Bauern zu einer leichten Beute der weißen Figuren werden.

27...♗f8 28 ♖ed1 ♗d5! 29 h4 ♔g8

Daran ist nichts auszusetzen, aber am sichersten ist 29...♗xb3 30 ♖d8 ♔g8 31 ♖aa8 ♕f5, wonach Weiß lediglich ein Endspiel mit einem Mehrbauern erreichen kann, das aber wegen der ungleichfarbigen Läufer remis ist.

30 ♘c1 g5 31 hxg5 hxg5 32 ♖a5 ♕c7 33 ♖a6 ♕f7 34 ♖b6 ♗e7?!

Das ist zu passiv. Das Gleichgewicht bewahrt 34...♗g7! mit der Absicht ...♗e6-h3 mit Drohungen gegen den weißen König. Im Fall von 35 ♗xg5 hat Schwarz dann nach 35...♗d4! 36 cxd4 e3 mindestens Remis.

35 ♖xb5 ♗e6 36 ♖b8+ ♔g7 37 ♖b7 ♔h6 38 ♖e1?

Ein schwerer Fehler. Sehr stark ist 38 ♘e2! gefolgt von ♖b6, da 38...♗h3 gut mit 39 ♖d8! nebst eventuellem Schach auf h8 beantwortet werden kann.

38...♕f6?

Nach 38...♗h3! mit der Drohung 39...♕f3 verfügt Schwarz über gefährliche Drohungen, da 39 ♔h2 ♗g4 gefolgt von ...♗f3 sehr unangenehm ist.

39 ♖b6! ♕f5 40 ♘b3 ♔h5 41 ♘d2 ♗d7 42 ♖a1 ♗d8 43 ♖b8 1-0

Die Dame entfaltet ihre ganze Kraft, wenn sie in mehreren Richtungen gleichzeitig angreifen und dadurch Gabeldrohungen aufstellen kann. Dabei sind ungedeckte feindliche Figuren besonders anfällig, und wenn der gegnerische König exponiert steht, steigen die Chancen auf eine tödliche Gabel drastisch an.

W

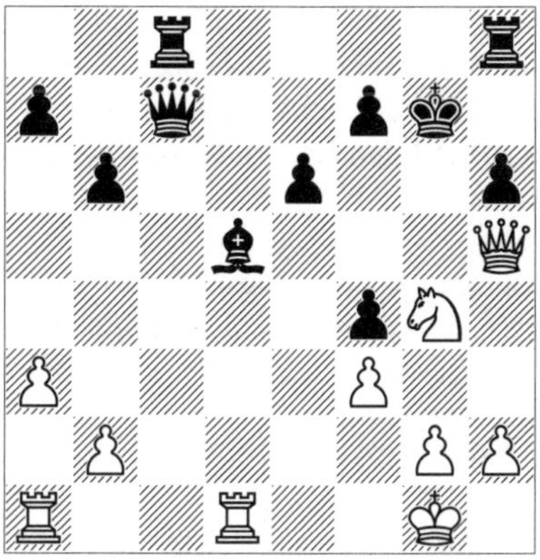

Drejew – Zhou Jianchao
Moskau 2008

Weiß hat bereits einen Bauern ins Geschäft gesteckt, um Drohungen gegen den schwarzen König aufzustellen, aber trotz der Schwächung des schwarzen Königsflügels gibt es keinen sofortigen Knockout, da die schwarze Dame das Feld e5 kontrolliert.

28 ♖ac1!

Eine gut kalkulierte Abwicklung. Weiß bietet zwei Türme für die schwarze Dame an, erhält aber dafür Zugang zum Feld e5. Es mag den Anschein haben, dass der weiße König sich eines Angriffs der schwarzen Türme erwehren müssen wird, da er sich gegenwärtig nur auf den ersten beiden Reihen bewegen kann, aber Weiß hat ausgearbeitet, dass der Nachziehende diesen Faktor nicht ausnutzen kann.

28...♕xc1

Schwarz hat keine Wahl, da Weiß nach etwa 28...♕d8 29 ♖xc8 ♕xc8 30 ♕e5+ ♔h7 31 ♕xf4 ♕f8 32 ♖c1 nebst ♖c7 ohne materielle Opfer sehr starken Angriff erhält.

29 ♕e5+!

Es ist wichtig, diesen Zug jetzt zu spielen, da die weiße Dame nach 29 ♖xc1? ♖xc1+ 30 ♔f2 ♖c2+ 31 ♔e1 f5 vom Feld e5 abgeschnitten ist. Dann bringt 32 ♘e5 ♔f6 33 ♕g6+ ♔xe5 34 ♕g7+ ♔d6 35 ♕xh8 ♖xg2 dem Anziehenden allerhöchstens einen winzigen Vorteil ein.

29...♔h7

Oder 29...♔g8 30 ♖xc1 ♖xc1+ 31 ♔f2 ♖c2+ 32 ♔e1 ♗c4 33 ♕xf4 mit entscheidenden Drohungen wie 34 ♘f6+ ♔f8 35 ♕d6+ ♔g7 36 ♘h5+ ♔h7 37 ♕g3 oder einfach 34 ♘e5.

30 ♖xc1 ♖xc1+ 31 ♔f2 ♖c2+ 32 ♔e1 ♖c1+

Nach 32...♖hc8 33 ♕xf4 f5 34 ♕xh6+ ♔g8 35 ♕g6+ ♔f8 36 ♘e3 ♖c1+ 37 ♔f2 ♗a2 38 h4 wird der h-Bauer die Partie entscheiden, da der weiße Springer jegliches schwarze Gegenspiel neutralisiert.

33 ♔d2 ♖hc8 34 ♕xf4

Sehr stark ist auch 34 ♕f6 ♔g8 35 ♘xh6+ ♔h7 36 ♘xf7 ♔g8 37 ♘e5.

S

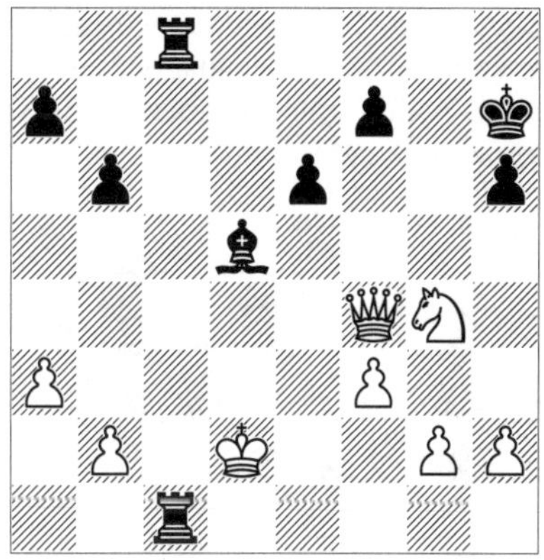

Es wird oft gesagt, dass Dame und Springer besonders gut zusammenarbeiten. Man sollte dies nicht als generelles Prinzip auffassen; in offenen Stellungen sind Dame und Läufer häufig stärker als Dame und Springer. Es stimmt jedoch, dass Dame und Springer bei einem direkten Angriff auf den gegnerischen König brandgefährlich sind. In diesem Fall verfügt der Angreifer über große Flexibilität, da der Springer Felder beider Farben angreifen kann.

34...f5

Im Fall von 34...♖8c2+ gehen Schwarz nach 35 ♔e3 ♖e1+ 36 ♔d3 die Schachgebote aus.

35 ♕xh6+ ♔g8 36 ♕g6+ ♔f8 37 ♘e5 ♖1c7

Nun kann der weiße König nach f4 flüchten, etwa im Fall von 37...♖8c2+ 38 ♔e3 ♖e1+ 39 ♔f4.

38 ♕f6+ ♔e8

Oder 38...♔g8 39 ♘g6 gefolgt von ♘e7+ mit Materialgewinn.

39 ♔e3 ♖d8 40 h4 1-0

Schwarz ist weitgehend gelähmt und kann den Vormarsch des h-Bauern nicht aufhalten.

6 Dame gegen drei Leichtfiguren

Eine Dame ist neun Bauern wert, genauso viel wie drei Leichtfiguren, aber der Schein trügt. In der großen Mehrzahl von Mittelspielstellungen sind drei Leichtfiguren mehr wert als eine Dame. Im Endspiel beginnt die Dame ihre volle Stärke zu zeigen und ist den Leichtfiguren häufig mindestens ebenbürtig.

Im Mittelspiel zeigen sich die Figuren bei einem direkten Angriff auf den gegnerischen König von ihrer besten Seite. In anderen Situationen bevorzugen die Figuren ruhige Stellungen, in denen sie gegnerische Bauern oder andere Schwächen aufs Korn nehmen können. Wenn die Damenpartei kein Gegenspiel hat, können die Figuren häufig einen gegnerischen Bauern nach dem anderen einsammeln.

W

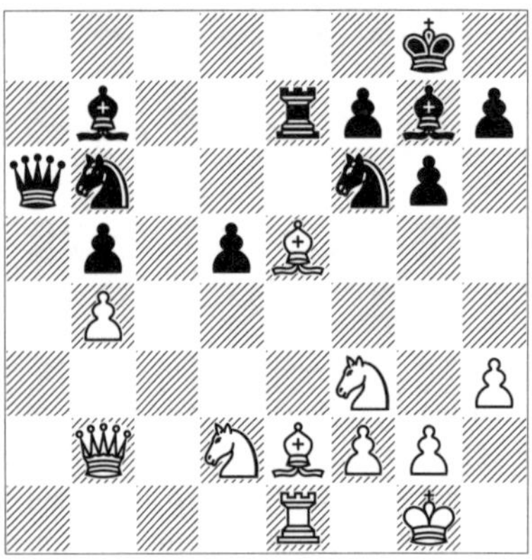

Najer – Awruch
Netanya (Schnellpartie) 2009

In dieser ungefähr ausgeglichenen Stellung wird der schwarze Mehrbauer durch den weißen Druck auf der langen Diagonale aufgewogen. Weiß beschloss nun, seine Dame für drei Leichtfiguren zu geben. Objektiv gesehen gibt ihm das keinen Vorteil, zwingt Schwarz aber zu genauem Spiel.

27 ♗xf6!? ♘a4 28 ♗xg7 ♘xb2 29 ♗xb2

Wenn es Weiß gelingt, die Stellung zu stabilisieren und das Feld d4 zu blockieren, wird er besser stehen. Letztendlich wird er seine Figuren auf den schwachen Bauern b5 richten, ihn gewinnen und sich einen Freibauern verschaffen.

29...♕a4

Die beste Chance. Schwarz stört mit seiner Dame die Koordination der weißen Figuren.

30 ♗c3 ♕a3?

Weiß muss nun zwar einige vorübergehende Unannehmlichkeiten in Kauf nehmen, wird aber seine Figuren reorganisieren und die Koordination seiner Kräfte wiederherstellen können. Besser ist 30...♕c2! 31 ♗d4 ♗c6 32 ♗e3 (sonst kann der Anziehende seinen Turm nicht befreien) 32...♗d7, was den Bauern b5 verteidigt und dem Läufer das aktive Feld f5 in Aussicht stellt. Damit hält Schwarz die Balance, da das offensichtliche 33 ♘d4? schlecht ist wegen 33...♕c3 mit Angriff auf den Bauern b4 und der Drohung 34...♖xe3.

31 ♘b1!

Ein überraschend wirkungsvoller Zug. Weiß will mit ♘d4 seinen Turm befreien und dann ♖d1 spielen, wonach der Bauer b5 bereits in Gefahr schweben wird.

31...♕a2 32 ♘d4

S

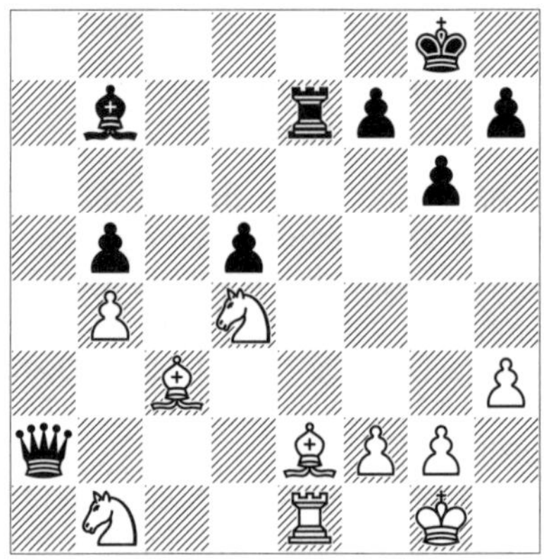

32...f6

Das stört den Weißen nicht, aber auch der hartnäckigere Zug 32...♖e4, der 33 ♘d2 wegen 33...♖xd4 verhindert, sollte auf lange Sicht keinen Unterschied machen, da Weiß mit 33 ♔f1 gefolgt von ♖d1 und ♗d3 auch dann seine Figuren befreien kann.

33 ♘d2 ♕a8 34 ♘2b3

Nun wird der Turm nach a1 gehen und den Läufer e2 unter Tempogewinn entfesseln.

34...♗c8 35 ♖a1 ♖a7 36 ♖c1

Weiß will die Türme nicht tauschen, da Damen in vereinfachten Stellungen stärker sind.

36...♖a3

Schwarz kann den Bauern b5 nicht retten.

37 ♗xb5

Die Partie ist gelaufen; Schwarz hat kein wirkungsvolles Gegenspiel und wird den Vormarsch des weißen b-Bauern nicht bekämpfen können.

37...♗f5 38 ♗c6 ♕d8 39 ♘c5 ♗e4 40 b5 ♕b6 41 ♘d7 ♕a7 42 b6 1-0

Die Figuren setzen sich nicht immer durch. Selbst im Mittelspiel brauchen sie offene Linien (im Fall von Läufern) und stabile Felder (im Fall von Springern), um echte Kraft zu entwickeln. Wenn zu viele Bauern auf dem Brett sind, kann die Dame die Figuren zuweilen hinter einem Bauernwall einpferchen.

Worobjow – Beschukow

Russische Meisterschaft, Krasnodar 2002

1 e4 c5 2 ♘f3 ♘c6 3 d4 cxd4 4 ♘xd4 e6 5 ♘c3 ♕c7 6 ♘db5 ♕b8 7 ♗e3 a6 8 ♗b6 axb5 9 ♘xb5 ♗b4+ 10 c3 ♗a5 11 ♘c7+ ♕xc7 12 ♗xc7 ♗xc7 13 ♕g4 g6 14 ♗d3 ♘ge7 15 0-0 0-0 16 a4!

S

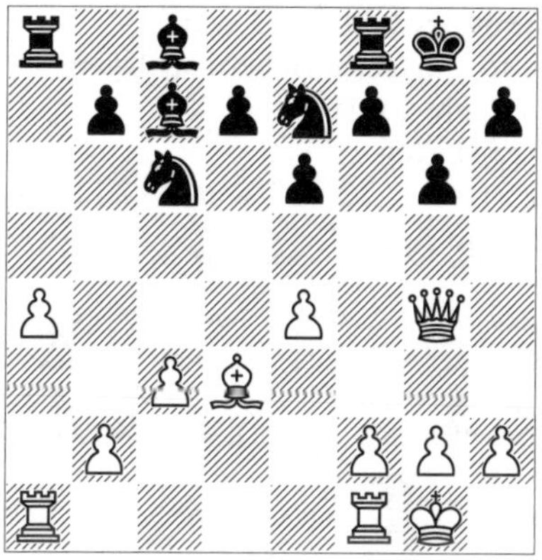

Nach einer scharfen Eröffnungsvariante ist die Materialverteilung Dame gegen drei Leichtfiguren entstanden. Das Problem des Schwarzen liegt hier in der großen Zahl von Bauern auf dem Brett, die es seinen Leichtfiguren schwer macht, Aktivität zu entwickeln. Weiß kann durch Vorrücken seiner Bauern den schwarzen Springern alle ordentlichen Felder nehmen und dadurch Zeit zur Verbesserung seiner Stellung am Damenflügel gewinnen.

16...d6?!

Nach diesem passiven Zug bleiben die schwarzen Leichtfiguren auf den ersten drei Reihen stecken. Besser ist es, mit 16...d5 um Raum zu kämpfen, bevor die weißen Damenflügelbauern zu weit vorgerückt sind.

17 ♕e2 ♗d7

17...♘e5 ist reine Zeitverschwendung, wenn Weiß 18 ♗b5 gefolgt von f4 erwidert.

18 b4 ♖fc8 19 a5 d5

Endlich wird Schwarz im Zentrum aktiv, aber er hat einige Zeit verloren und die weißen Bauern bedrohlich vorrücken lassen.

20 a6 b6?

Schwarz sollte den weißen Bauern nicht auf a6 belassen. Der Bauer kann zwar blockiert werden, stellt aber eine permanente Gefahr dar und bindet so die schwarzen Figuren. Besser ist 20...bxa6 21 ♗xa6 ♖d8, aber nach 22 g3! (hält den schwarzen Springer nach Abtausch auf d5 von f4 fern) behält Weiß etwas Vorteil.

21 f4! ♖e8

Auch 21...dxe4 22 ♗xe4 ♖a7 23 ♖ad1 ist sehr schlecht für Schwarz.

22 e5 ♘a7 23 b5

S

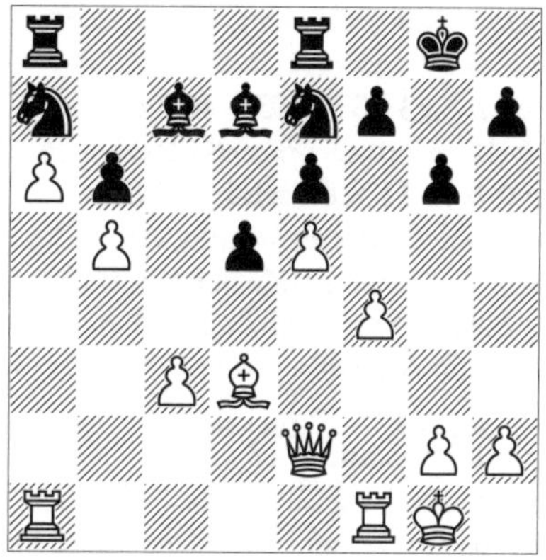

Der Anziehende mauert die schwarzen Leichtfiguren völlig ein und kommt damit entscheidend in Vorteil. Nun braucht er nur noch mit c4 das Zentrum aufzubrechen.

23...♗d8 24 ♖ac1 ♖c8 25 c4 dxc4 26 ♖xc4!

Die dynamischste Methode. Weiß gibt einen Bauern, dringt aber mit seiner Dame ins gegnerische Lager ein.

26...♗xb5

Auch 26...♖xc4 27 ♗xc4 nebst ♖d1 ist hoffnungslos für Schwarz.

27 ♖xc8 ♗xd3 28 ♕xd3 ♘exc8

Nach der Folge 28...♘axc8 29 ♕b5 ♖f8 30 ♖c1 ist Schwarz völlig gelähmt.

29 ♕d7 ♖f8 30 g4!

Während die schwarzen Kräfte voll und ganz mit der Bändigung des a-Bauern beschäftigt sind, bringt Weiß am Königsflügel den entscheidenden Schlag an.

30...b5

30...♗e7 verliert wegen 31 f5 ♖d8 32 ♕c7.

31 f5 ♗b6+ 32 ♔h1 exf5

Auch 32...♖d8 33 ♕b7 ist für Weiß gewonnen.

33 gxf5 g5 34 f6

Der schwarze König ist wehrlos.

34...♖d8 35 ♕f5 h6 36 e6 ♖f8 37 e7 1-0

7 Dame gegen zwei Leichtfiguren

Die Hergabe der Dame gegen zwei Leichtfiguren stellt ein beträchtliches Opfer dar, das mehr oder weniger einer ganzen Figur gleichzusetzen ist. Ein solches Opfer lässt sich nur rechtfertigen, wenn die Kompensation erheblich ist, wie ein gefährlicher Angriff auf den König, ein bärenstarker Freibauer oder ein massiver positioneller Vorteil.

Swetuschkin – Landa

Europameisterschaft, Rijeka 2010

1 e4 c6 2 ♘c3 d5 3 ♘f3 ♘f6 4 e5 ♘e4 5 ♘e2 ♕b6?! 6 d4 c5 7 dxc5 ♕xc5 8 ♘ed4 ♘c6 9 ♗b5 ♗d7 10 0-0 e6 11 ♗e3 ♕b4 12 c4!

Nach zweifelhafter Eröffnungsbehandlung des Schwarzen hat Weiß gefährliche Initiative erhalten. Mit diesem kräftigen Zug will er Linien für einen direkten Angriff auf den schwarzen König öffnen.

12...♕xb2 13 cxd5 ♘c3

Nach 13...exd5 14 ♖b1 ♕xa2 15 e6! fxe6 16 ♗xc6 bxc6 (16...♗xc6 17 ♘e5 ist keine Verbesserung für Schwarz) 17 ♘e5 ist Schwarz hilflos gegen die vielen Drohungen wie 18 ♕h5+, 18 ♕f3 und 18 ♘xd7 ♔xd7 19 ♕g4.

W

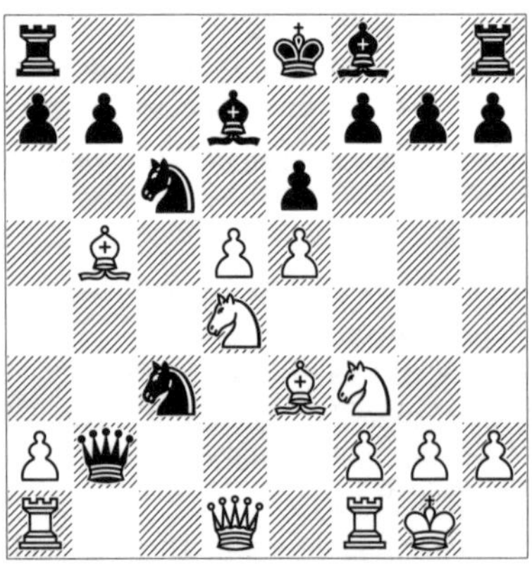

Der entscheidende Moment der Partie. Weiß entscheidet sich nun richtigerweise für das Opfer seiner Dame gegen Läufer und Springer. Im Gegenzug wird er großen Entwicklungsvorsprung erhalten und den schwarzen König in der Brettmitte festhalten können. Es sei darauf hingewiesen, dass die weiße Kompensation im Wesentlichen positionell ist, Schwarz aber trotz des Fehlens unmittelbarer Drohungen den aufziehenden Sturm nicht abwenden kann. Man beachte, dass 14 dxc6?! mit 14...bxc6 beantwortet wird.

14 dxe6! ♘xd1 15 exd7+ ♔d8

Oder 15...♔xd7 16 ♖fxd1 ♔c7 17 ♖db1 ♕a3 18 ♖b3 ♕a5 19 ♖c1, und Weiß bricht auf c6 durch.

16 ♖axd1 ♘xd4 17 ♘xd4

Es droht unter anderem 18 ♖d2 ♕a3 19 ♖c2 a6 (sonst ♖fc1) 20 ♘e6+! fxe6 21 ♗b6+ ♔e7 22 ♖c8.

17...♗c5 18 ♗c4!

Weiß will auf f7 schlagen und dann entweder e6 oder ♘e6+ folgen lassen.

18...♗xd4

18...♖f8 scheitert an 19 ♘c6+ bxc6 20 ♗xc5 ♖h8 21 ♗d6! nebst ♗xf7 und e6.

19 ♗xd4 ♕c2 20 ♗xf7 ♔xd7

Schwarz muss den Bauern schlagen, da sonst e6 tödlich sein wird.

21 ♗c5+! ♔c6

Oder 21...♔c7 22 ♖c1 ♕a4 23 ♖fd1 mit entscheidendem Angriff.

W

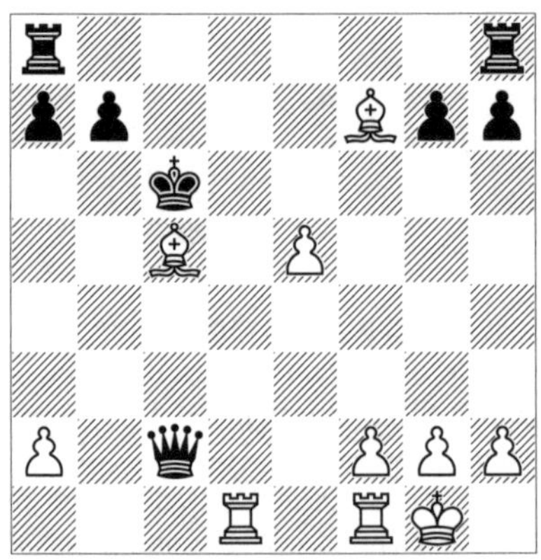

22 ♗e3 ♔b5

Auch nach der Fortsetzung 22...♕a4 23 ♖d6+ ♔c7 24 ♖d4 ♕a5 25 ♖c1+ ♔b8 26 e6 a6 27 e7 gewinnt Weiß.

23 ♖b1+ ♔a6 24 ♖fc1 ♕a4 25 ♖c4!

Falsch ist 25 ♗c4+? b5, und Schwarz entkommt.

25...♕a3 26 ♗c1 ♕a5

26...♕xa2 wird mit 27 ♖c6+ beantwortet.

27 ♗d2 ♕a3

Oder 27...♕xd2 28 ♖a4+ ♕a5 29 ♗c4+ b5 30 ♗xb5+ ♔b6 31 ♗e2+, und Weiß hat eine Figur mehr.

28 ♖c3 ♕a5 29 ♗c4+ b5 30 ♗xb5+ ♕xb5 31 ♖a3+ ♔b6 32 ♗e3+ 1-0

Nach 32...♔c6 33 ♖c3+ wird Weiß eine Figur mehr behalten.

Es ist wichtig hervorzuheben, dass das Opfer der Dame gegen zwei Leichtfiguren eine beträchtliche Verpflichtung darstellt und die Kompensation wirklich beträchtlich sein sollte. Etwas Druck und ein paar vereinzelte Drohungen reichen da nicht.

Al Modiahki – Kweinis
Reykjavik 2008

1 e4 c5 2 ♘f3 e6 3 c4 ♘c6 4 ♘c3 ♘f6 5 ♗e2 ♕c7 6 0-0 a6 7 d4 cxd4 8 ♘xd4 ♗b4 9 ♕d3 ♕d6?!

Normal ist 9...0-0, aber der provokative Zug des Schwarzen bringt Weiß dazu, seine Dame zu opfern.

W

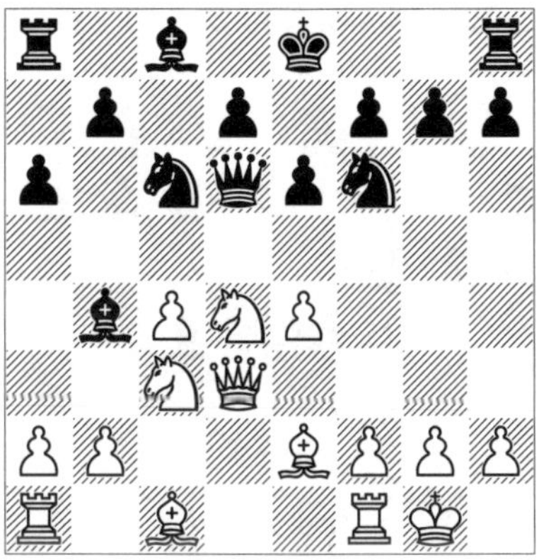

10 ♘xc6 ♕xd3 11 ♘xb4?

Der Weiße lässt sich von seinem Optimismus hinreißen. Mit dem einfachen 11 ♗xd3 dxc6 (11...bxc6 12 e5 ♘g4 13 ♗f4 f6 14 exf6 ♘xf6 15 ♘a4 ist ebenfalls günstig für Weiß) 12 e5 ♘d7 13 ♗f4 konnte er sich bescheidenen Endspielvorteil sichern.

11...♕d6 12 ♘d3

Auf den ersten Blick scheint Weiß erheblichen Druck auszuüben. Er hat großen Entwicklungsvorsprung, droht 13 e5 und entwickelt in einem Abspiel wie etwa 12...♕c7 13 e5 ♘g8 14 ♘e4 ♘e7 15 ♘d6+ ♔f8 16 c5 sehr gefährliche Initiative. Schwarz muss sich einen guten Verteidigungsplan einfallen lassen. Hierbei konzentriert er sich auf den schwächsten Aspekt seiner Stellung, nämlich die mangelnde Kontrolle über die schwarzen Felder, und unternimmt Schritte zur Behebung dieses Missstands.

12...e5!

Dies pariert die Drohung e5 und hindert den Anziehenden zugleich an der Verstärkung seiner schwarzfeldrigen Umklammerung.

13 c5

Nach 13 f4 ♕d4+ 14 ♔h1 d6 stellt Schwarz einen weiteren Bauern auf ein schwarzes Feld, und die exponierte Stellung der schwarzen Dame ist nicht leicht auszunutzen.

13...♕e6 14 f4

Wenn man beträchtlichen Materialvorteil besitzt, hat man immer die Möglichkeit, einen Teil des Mehrbesitzes zurückzugeben, um die gegnerische Initiative zu neutralisieren. Dies kann beispielsweise in der Variante 14 ♘b4 d6 15 ♘bd5 ♘xd5 16 ♘xd5 ♕g6 17 ♘c7+ ♔e7 18 ♘xa8 ♗h3 19 cxd6+ ♔xd6 20 ♗f3 ♖xa8 passieren; Schwarz hat immer noch Dame gegen Turm und Leichtfigur und ist nicht mehr mit der Entwicklung im Rückstand.

S

14...d6 15 f5

Nach 15 fxe5 dxe5 16 ♗g5 ♕c6 17 ♗xf6 gxf6 18 ♘d5 ♗e6 19 ♘xf6+ ♔e7 20 ♖ac1 ♕a4 kann sich Schwarz konsolidieren.

15...♕d7 16 ♗g5

Nach 16 ♗e3 dxc5 17 ♘xc5 ♕e7 hat Schwarz nichts zu befürchten.

16...dxc5?

Gibt Weiß eine Chance. Mit 16...♕c6! war seine Aktivität im Zaum zu halten.

17 ♖fd1?

Besser ist 17 ♖ad1!, da 17...♕c7 18 ♘xe5! ♕xe5 (18...0-0 19 ♗xf6 gxf6 20 ♘g4 ist ebenfalls unklar) 19 ♗f4 ♕e7 20 ♗d6 ♕d8 21 e5 Weiß ausreichende Kompensation gibt.

17...♕c7 18 ♗xf6 gxf6 19 ♘d5

Weiß hat wenigstens einen Springer nach d5 bringen können, aber es ist zu spät. Mittlerweile ist seine Initiative im Abnehmen begriffen, und er kann den Nachziehenden nicht an der Beendigung seiner Entwicklung hindern.

19...♕d6 20 b4 c4 21 ♘f2 0-0 22 ♘g4 ♔h8 23 ♗xc4 b5 24 ♗b3 ♗b7 25 ♘gxf6 ♖ac8 26 h3 ♗xd5 27 ♘xd5 ♕h6 28 a4 ♖g8 29 ♔h2 ♕h4 30 ♘e3 ♕xe4 31 ♘g4 h5 0-1

Die Handhabung von Stellungen mit einem Mehrbauern ist nicht leicht, da es in einigen Fällen besser ist, an dem Materialvorteil festzuhalten, während es in anderen Fällen eine gute Idee ist, ihn zwecks Übernahme der Initiative zurückzugeben. Es folgt ein Beispiel für jeden Fall, wobei ersichtlich ist, dass selbst Großmeister mit dieser Art von Entscheidung ihre Schwierigkeiten haben. Der beste Ratschlag lautet, sich beider Möglichkeiten bewusst zu sein und flexibel zu bleiben.

Carlsen – Adams

Weltcup, Chanty-Mansijsk 2007

1 d4 ♘f6 2 c4 e6 3 ♘c3 ♗b4 4 ♕c2 d5 5 a3 ♗xc3+ 6 ♕xc3 dxc4 7 ♕xc4 b6 8 ♗f4 ♗a6 9 ♕xc7 ♕xc7 10 ♗xc7 0-0 11 ♘f3 ♖c8 12 ♗f4 ♘bd7

W

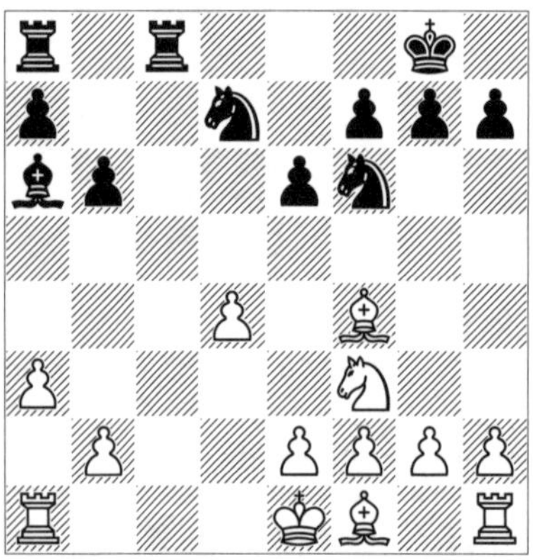

Schwarz hat einen Bauern geopfert und dafür sowohl beträchtlichen Entwicklungsvorsprung als auch das mögliche Einbruchsfeld c2 für seinen Turm erhalten.

13 ♘d2!?

Weiß hat es schwer, seine Entwicklung voranzutreiben; so gibt beispielsweise 13 e3 ♗xf1 14 ♖xf1 ♖c2 15 ♖b1 ♖ac8 dem Nachziehenden gutes Spiel, da der Turm c2 unvertreibbar ist. In der Erkenntnis, dass der Schlüssel zur Kompensation des Schwarzen in der Schwäche des Feldes c2 besteht, beschließt Carlsen, dieses Feld durch Überführung des Springers nach a1 zu kontrollieren! Dabei muss er seine Entwicklung aufschieben, was aber von Adams nicht ausgenutzt werden kann. Im vorliegenden Beispiel hat die Behauptung des Bauern Vorrang gegenüber Figurenaktivität, aber man sollte sorgfältige Berechnungen anstellen, bevor man sich auf einen derartigen Plan einlässt.

13...♖c2 14 ♖b1 ♖ac8 15 ♘b3! ♗c4 16 ♘a1! ♗a2 17 ♘xc2 ♗xb1 18 ♘a1

Bemerkenswerterweise hat der Nachziehende keine Kompensation für den Bauern und kann den Weißen nicht daran hindern, mit ♗d2 und e3 seine Königsflügelfiguren zu befreien.

18...♘d5 19 ♗d2 e5 20 e3!

Dies ist stärker als 20 dxe5 ♘xe5 21 e3 ♗d3 mit Gegenspiel für Schwarz.

20...exd4 21 exd4 ♘b8

Schwarz will den Bauern d4 angreifen, was den Anziehenden aber nicht beunruhigt.

22 f3 ♘c6 23 ♗c4 ♖d8 24 ♔f2 ♗f5 25 ♘b3

S

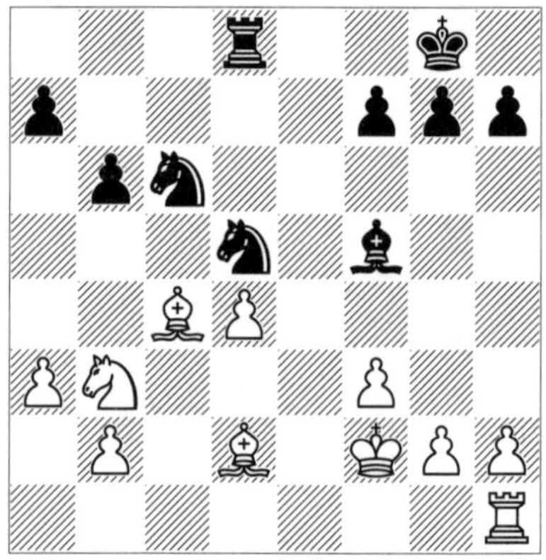

Die Stellung hat sich normalisiert, und Weiß hat immer noch seinen Mehrbauern. Der isolierte d-Bauer bringt zwar einige technische Probleme mit sich, aber das Läuferpaar sollte die Aufgabe des Anziehenden etwas einfacher gestalten.

25...♗e6 26 ♖c1 f6 27 a4! a5

Wenn Weiß zu a5 kommt, wird er die a-Linie für seinen Turm öffnen können. Daher verhindert Adams das weitere Vorrücken dieses Bauern, was jedoch den Bauern b6 schwächt.

28 ♗c3 ♗f7 29 ♘d2 ♘de7

Nun kann Weiß den d-Bauern einfach mit 30 ♖d1! verteidigen, da 30...♘xd4?! 31 ♗xf7+ ♔xf7 32 ♘c4 ♘ec6 33 ♘xb6 für Weiß gewinnt. In diesem Fall hat der Anziehende einfach einen gesicherten Mehrbauern. Carlsen gab jedoch mit **30 ♗f1?! ♘xd4 31 ♖e1 ♘dc6 32 ♘c4** den d-Bauern her und behielt nur leichten Vorteil aufgrund seines Läuferpaars, den er nach langem Kampf in einen Sieg verwandeln konnte (1-0, 77).

W

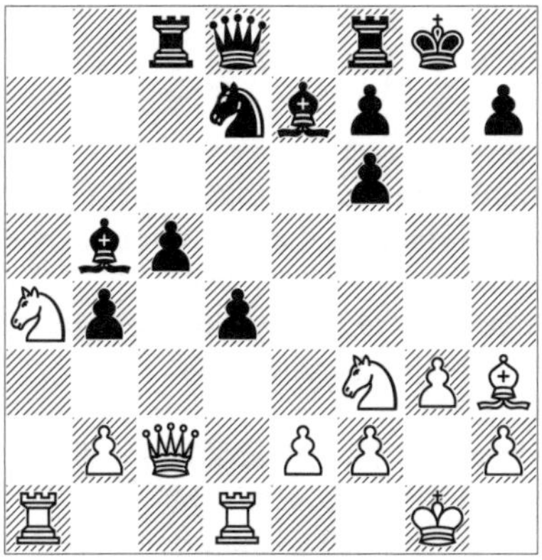

Carlsen – Kramnik

Wijk aan Zee 2010

Schwarz hat einen Mehrbauern, für den Weiß aber mehr als ausreichend entschädigt ist, da seine Figuren aktiv stehen und die schwarze Bauernstruktur am Königsflügel ramponiert ist. Weiß kann seine Stellung leicht mit 21 b3 gefolgt von ♘b2-c4 verbessern, was die schwarzen Bauern blockiert und den Nachziehenden in eine unangenehme Situation bringt. Stattdessen will Weiß seine Stellung unter Tempogewinn verbessern, wobei er aber die Rückgabe des Mehrbauern nicht auf der Rechnung hatte.

21 ♗f5?! ♘e5!

Trotz der zahlreichen kommenden Verwicklungen ist dies ein Schlüsselmoment. Nach der Behauptung des Mehrbauern mit 21...h6 kann Weiß nach 22 b3 eine noch günstigere Version des obigen Abspiels erreichen, da sein Läufer schon auf dem aktiven Feld f5 steht. Stattdessen erkannte Schwarz, dass es in dieser unausgeglichenen Stellung nicht so sehr auf Material ankommt, sondern auf Figurenaktivität. Der Textzug ist nicht nur aus objektiven Gründen stark, sondern auch aus psychologischer Warte. Statt einfach positionell zu spielen, steht Weiß nun vor der schwierigen Entscheidung, ob er den Bauern h7, den Turm c8 oder gar nichts schlagen soll.

22 ♗xh7+?!

Die Abspiele 22 b3 d3 23 ♕c1 dxe2 24 ♖xd8 ♘xf3+ 25 ♔g2 e1♘+ und 22 ♗xc8 d3 sind kompliziert, aber letztendlich günstig für den Nachziehenden. Am besten ist daher vielleicht die Fortsetzung 22 ♘xe5 fxe5 23 b3. Danach kompensiert die weißfeldrige Blockade den Mehrbauern, obwohl die Chancen des Nachziehenden deutlich besser als in der Stellung im Ausgangsdiagramm sind, da seine Bauern nicht mehr verdoppelt sind.

22...♔g7 23 ♘xe5 fxe5 24 ♗f5 ♖c6

W

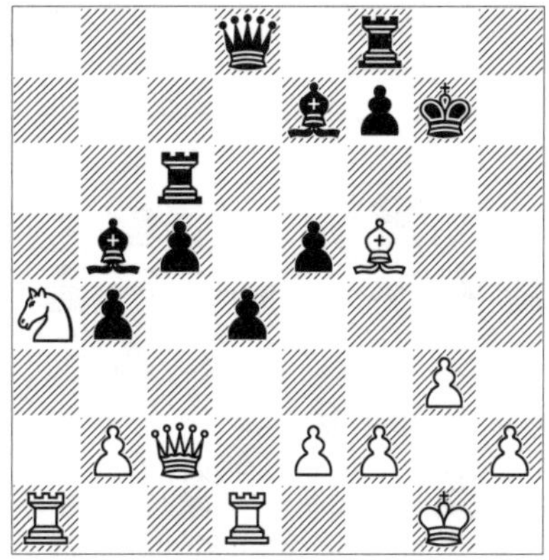

Durch die Rückgabe des Bauern hat Schwarz seine Figuren aktiviert und seine Bauernstruktur verbessert. Weiß hat nun nicht mehr die Zeit, die Stellung seines Springers langsam zu verbessern, da der Nachziehende bereits droht, durch Turmverdopplung auf der h-Linie einen Angriff zu starten. In der Tat muss nun schon eher Weiß auf Ausgleich bedacht sein.

25 ♕e4 ♖h8!

Schwarz spielt konsequent auf Aktivität und bietet einen weiteren Bauern an. Weiß nimmt das Opfer an, da Schwarz nach 26 b3 ♖ch6 über gefährliche Drohungen verfügt.

26 ♕xe5+ ♗f6 27 ♕e4 ♖e8 28 ♕g4+ ♔f8

Die einzige wirkliche Hoffnung des Weißen besteht in der exponierten Stellung des schwarzen Königs, die aber dank des Läufers f6, der sich als hervorragende Verteidigungsfigur entpuppt, überraschend schwer auszunutzen ist.

29 ♗e4 c4!

Dieses Opfer ist ein weiterer Schlag für Weiß. Schwarz opfert die Qualität, um seine Bauern in Bewegung zu setzen und Drohungen auf der langen Diagonale aufzustellen.

30 ♗xc6 ♗xc6 31 ♕h5 ♖e5 32 ♕h6+ ♔e7?

Sehr stark ist 32...♔g8!; z. B. 33 ♕f4 ♕d5 34 f3 ♗g5 35 ♕g4 d3 mit starker Initiative.

33 e4 d3 34 ♕e3 ♗xe4 35 ♘b6?

Ein Patzer. 35 ♖e1 gibt dem Weißen gute Rettungschancen, da das sehr komplizierte Abspiel 35...♗c6 36 ♕c5+ ♕d6 37 ♕xc4 d2 38 ♖ed1 ♖e4 39 ♕c5 ♖e2 40 ♔f1 ♕xc5 41 ♘xc5 ♗b5 42 ♔g2 ♗d4 43 ♘e4 ♗c6 44 ♔f1 ♖xe4 45 ♖xd2 wahrscheinlich zum Remis führt. Diese Verteidigung war jedoch am Brett praktisch unmöglich zu finden.

35...♗b7

Nun fällt der Springer.

36 ♕f4 ♕xb6 37 ♕xc4 ♖e2 38 ♖f1 0-1

9 Minusbauer

S

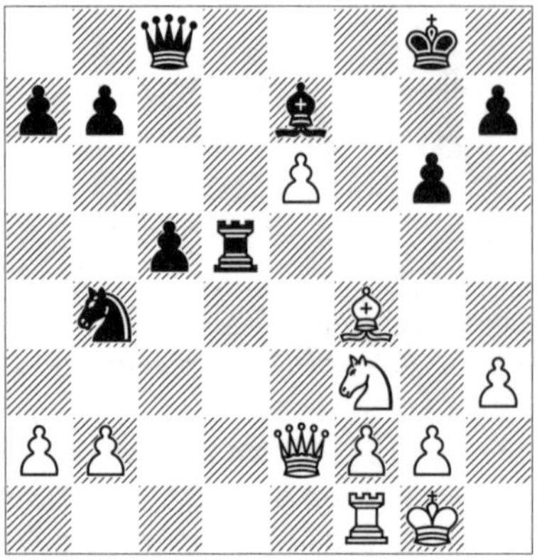

Kramnik – L. Dominguez
Olympiade, Dresden 2008

Weiß hat einen klaren Mehrbauern und einen gefährlichen Freibauern auf e6; außerdem steht der schwarze König recht unsicher. Trotz dieser Nachteile darf Schwarz die Hoffnung nicht aufgeben. Bei der Verteidigung einer schlechteren Stellung sollte man als Erstes nach einem günstigen Stellungsmerkmal Ausschau halten. Hier gibt es einen Hoffnungsschimmer für Schwarz, da er seinen Springer nach d3 stellen und mit ...c4 stützen kann, wonach der Rappe durch seine Kontrolle über Felder wie c1 und e1 die Aktivierung des weißen Turms erschwert. Außerdem verfügt Schwarz über eine Bauernmehrheit am Damenflügel. Zudem ist Damentausch für ihn günstig, denn dann wäre der e-Bauer weniger gefährlich, da er durch den König blockiert werden könnte. Ferner fiele die exponierte Stellung des schwarzen Königs nicht mehr ins Gewicht, während die Bauernmehrheit gutes Gegenspiel sichern würde.

29...♘d3 30 ♗g3 c4?!

Dieser Zug ist zwar thematisch, aber wegen einer versteckten taktischen Pointe minderwertig. Besser ist 30...♕c6, da dann 31 ♕e4 mit 31...♖d6! beantwortet werden kann, wonach Weiß entweder den Rückzug antreten oder in den für Schwarz günstigen Damentausch einwilligen muss.

31 ♕e4

Weiß zentralisiert korrekterweise seine Dame.

31...♕c6 32 ♘d4?

Hier hatte der Anziehende die Chance, mit 32 b3! den wichtigen Springer d3 auf der Basis der taktischen Pointen 32...b5? 33 ♘d4 ♕c5 34 ♘xb5 und 32...cxb3? 33 ♘d4 ♕c4 34 ♕f3 nebst ♕f7+ zu unterminieren.

32...♕c5 33 ♘c2

Kramnik will den Springer nach e3 überführen, um den Bauern c4 anzugreifen.

33...♕c6!

Eine gute Verteidigung, mit der ein Damentauschangebot vorbereitet wird.

34 ♘e3?!

Wiederum ist 34 b3! wirkungsvoller, obwohl der Nachziehende nun mit 34...♘c5 35 ♕xc4 ♘xe6 36 ♕xc6 bxc6 gefolgt von ...♖d2 mit etwas Gegenspiel für den Bauern weiterkämpfen kann.

34...♖c5

Mittlerweile hat Weiß einen erheblichen Teil seines Vorteils eingebüßt.

35 ♕g4 b5

W

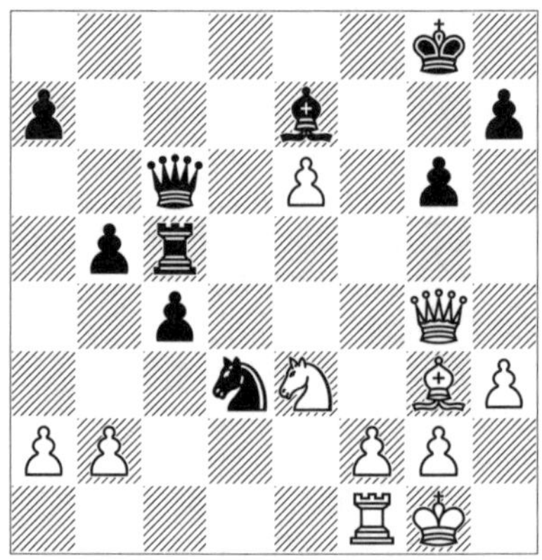

Die Damenflügelbauern tasten sich vor.

36 f4?

Weiß spielt auf Königsangriff, verschenkt aber damit nicht nur den letzten Rest seines Vorteils, sondern gibt Schwarz auch noch die Initiative. Korrekt ist immer noch 36 b3!.

36...♕e4! 37 ♕f3

Weiß hat keine Wahl, da er nach 37 ♘c2? ♖f5 den Bauern e6 einbüßt, wonach Schwarz mit seinen aktiven Figuren und dem starken Springer klar besser steht.

37...♕xf3 38 ♖xf3 ♖c6!

Riskant ist 38...♘xb2? wegen 39 f5.

39 f5 gxf5 40 ♘xf5 ♗c5+ 41 ♔h2 ♖xe6

Schwarz hat seinen Bauern zurückgewonnen und steht nun etwas besser.

42 b3 h5 43 bxc4 bxc4 44 ♗c7 ♖e2?!

44...♖a6 ist unangenehm für Weiß.

45 ♗d6 ♗b6 ½-½

Hier einigte man sich auf Remis, auch wenn Schwarz nach wie vor etwas besser steht.

S

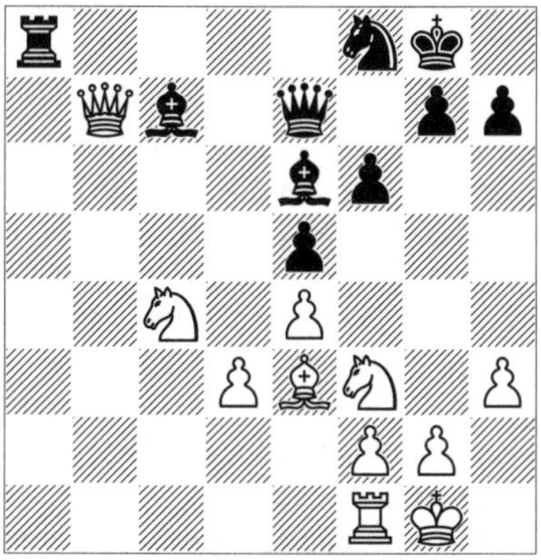

Iwantschuk – Leko
Naltschik 2009

Schwarz hat einen Bauern weniger und sollte sich wiederum fragen, über welche Vorteile er hier verfügt. Er hat das Läuferpaar, was aber nicht viel wert ist, da es kaum offene Linien gibt. Das wichtigste positive Merkmal besteht vielleicht darin, dass der weiße Mehrbauer auf der d-Linie rückständig und nur schwer konstruktiv zu verwenden ist.

Im Gegensatz zum vorhergehenden Beispiel hat Schwarz keine realen Aussichten auf aktives Spiel. Daher muss er versuchen, den weißen Vorteil einzuschränken und jeglichen Plan zur Verwertung des Mehrbauern zu behindern. Ein derartiges „wachsames Abwarten" ist sehr häufig in Situationen effektiv, in denen die Seite mit dem Mehrbauern über keinen offensichtlichen Gewinnplan verfügt. Der Verteidiger schwächt sich nicht mit panischen Bauernzügen und hält seine Stellung einfach solide und flexibel. Dann obliegt es der Partei mit dem Materialvorteil, einen Plan zur Vergrößerung des Vorteils zu finden.

25...♖d8 26 ♖c1 ♖d7

26...♖xd3?? verliert wegen 27 ♘cxe5.

27 ♘e1 ♗a5!

Es mag merkwürdig erscheinen, einen der beiden Läufer abzutauschen, ist aber eine hervorragende Entscheidung. Der schwarzfeldrige Läufer des Nachziehenden ist untätig, da er größtenteils durch die eigenen Bauern blockiert wird. Außerdem erfüllte der Springer auf e1 die nützliche Funktion, den Bauern d3 zu verteidigen, was den anderen weißen Figuren mehr Bewegungsfreiheit verschaffte. Mit dem Verschwinden dieses Springers wird immer eine weiße Schwerfigur an der Verteidigung des Bauern d3 kleben. Schließlich geben die ungleichfarbigen Läufer dem Schwarzen Hoffnung, durch Abtausch aller anderen Figuren ein Remis zu erreichen.

28 ♕b1 ♗xe1 29 ♖xe1 ♕d8 30 ♗b6 ♕b8 31 ♕c2 ♘g6 32 ♖a1 h6!

Da Weiß im Augenblick nichts droht, nutzt Schwarz die Gelegenheit, seinen König sicher auf h7 zu verstecken. Derartige kleine Verbesserungen der Stellung mögen zwar keine sofortigen Auswirkungen zeitigen, erweisen sich aber auf lange Sicht häufig als nützlich. Sie sind typisch für das „wachsame Abwarten".

33 ♗e3 ♔h7 34 ♘b6 ♖d8 35 ♖a3 ♕d6

Schwarz behält das Feld d4 streng unter Kontrolle, damit Weiß seinen rückständigen Bauern nicht vorrücken kann.

36 ♖c3 ♗f7 37 ♘a4 ♖a8

W

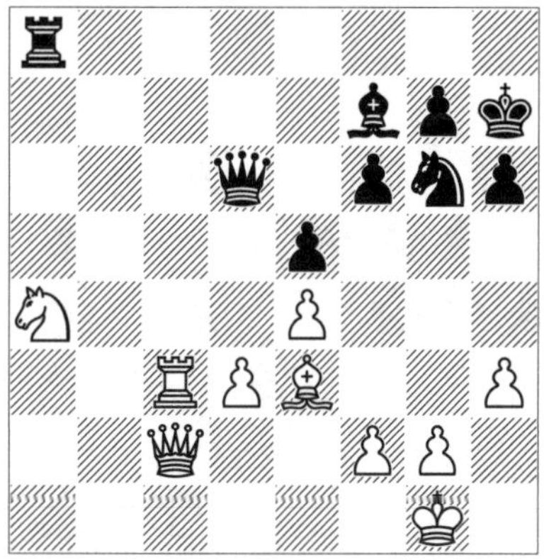

Weiß hat seine Stellung durch normales Manövrieren nicht verbessern können und gibt dem Nachziehenden nun die Chance, die Materialverteilung zu verändern.

38 ♖c7 ♗b3 39 ♖xg7+ ♔xg7 40 ♕xb3

Im Ergebnis der Abwicklung hat Weiß zwei Bauern für die Qualität, aber keine Freibauern, so dass Schwarz problemlos Remis halten sollte. Wenn Weiß seinen Springer nach f5 bringen könnte, wäre Schwarz in Schwierigkeiten, aber dies ist unmöglich.

40...♖b8 41 ♕c4 ♘f4 42 ♘c5

Auch 42 ♗xf4 ♖b1+ 43 ♔h2 exf4 44 f3 ♖b4 45 ♕c2 h5 46 ♘c3 ♕c5 ist sicher für Schwarz, da sein König gut steht und der weiße Springer nicht so einfach aktiviert werden kann.

42...♖c8 43 ♔h2 ♖c6

Bereitet ...♘e6 mit weiterer forcierter Abwicklung vor.

44 ♕b5 ♘e6 45 ♘xe6+ ♕xe6 46 f4 ♖d6

Die Gefahr ist vorüber; Schwarz macht nun bequem Remis.

47 ♗c5 ♕d7 48 ♕b8 ♖xd3 49 fxe5 fxe5 50 ♕xe5+ ♔h7 51 ♗b4 ♕g7 52 ♕f4 ♕g5 53 ♕b8 ♕g8 54 ♕f4 ♕g5 55 ♕b8 ½-½

Im Allgemeinen ist ein Läufer etwas mehr wert als ein Springer, was man auch so ausdrücken kann, dass Stellungen, die günstiger für Läufer sind, häufiger vorkommen als Stellungen, die günstiger für Springer sind. Läufer mögen offene Stellungen, insbesondere solche, in denen das Zentrum frei von Bauern ist. Springer bevorzugen blockierte Stellungen, insbesondere solche, in denen das Zentrum mit Bauern bevölkert ist. Diese Faustregeln haben indes zahlreiche Ausnahmen, von denen wir einige im nächsten Abschnitt sehen werden. Das folgende Beispiel ist eine perfekte Demonstration der traditionellen Stärken des Läufers.

W

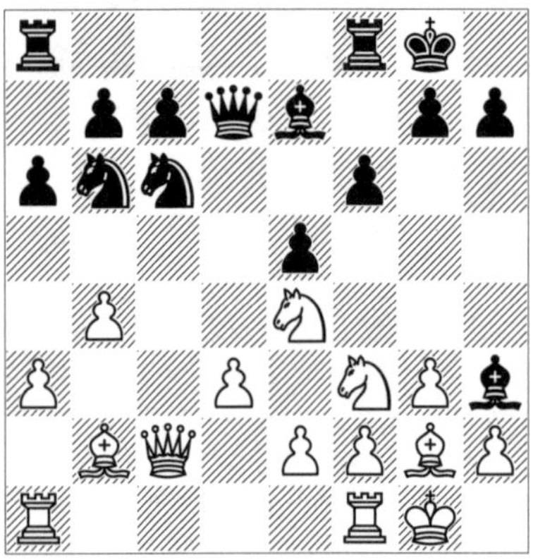

Miles – Timman
Tilburg 1984

14 ♘c5

Schwarz muss nehmen, da er sonst einen Bauern verliert, was Weiß den Vorteil von Läufer gegen Springer sichert.

14...♗xc5 15 ♗xh3 ♕xh3 16 ♕b3+ ♔h8 17 bxc5 ♘d7 18 d4

Schlecht ist 18 ♕xb7? wegen 18...♕e6!, wonach die weiße Dame in Schwierigkeiten gerät. Stattdessen spielt Weiß auf Bauerntausch im Zentrum und Vergrößerung des Einflussbereichs seines Läufers auf der langen Diagonale.

18...♖ab8

Es drohte 19 ♕xb7 ♕e6 20 ♕xc7, da nun ...♘xc5 nicht mehr geht. Daher muss Schwarz ein Tempo für die Verteidigung des b-Bauern aufwenden.

19 dxe5 ♘dxe5 20 ♘xe5 fxe5

20...♘xe5 21 ♗xe5 fxe5 22 ♖ad1 ist günstig für Weiß, da Schwarz nicht auf der d-Linie opponieren kann, ohne seinen b-Bauern zu verlieren.

21 ♖ad1 ♖f6

Dieser Zug droht ...♖h6, gibt Weiß aber die Chance, ein weiteres Hindernis auf der langen Diagonale aus dem Weg zu räumen.

22 f4! ♖xf4 23 ♖xf4 exf4 24 ♕f7 ♖g8 25 ♖f1!

Eine hübsche Pointe. Da 25...fxg3? wegen 26 ♕xg7+ ♖xg7 27 ♖f8# verliert, kann Weiß auf f4 mit dem Turm zurückschlagen und seine Dame in ihrer gegenwärtigen aktiven Stellung belassen.

25...♕g4 26 ♖xf4 ♕g5

Nun strahlt der Läufer seine maximale Wirkung aus, aber die Partie muss trotzdem erst noch gewonnen werden.

27 ♔g2?!

Dies stellt eine nette Falle auf, in die Schwarz hineintappt, aber genauer ist 27 ♖e4!. Dann führt 27...♕xc5+? 28 ♔g2 durch Zugumstellung zur Partie zurück, aber auch nach der besten Verteidigung 27...h6 28 ♔g2 ♔h7 29 ♗c3 ♕g6 30 ♕c4 behält Weiß lästigen Druck.

27...♕xc5?

Schwarz sollte mittels 27...♘d8! 28 ♕c4 (28 ♕xc7?? ♘e6) 28...♕e7 den Druck abschwächen und den Springer näher an den Königsflügel bringen.

W

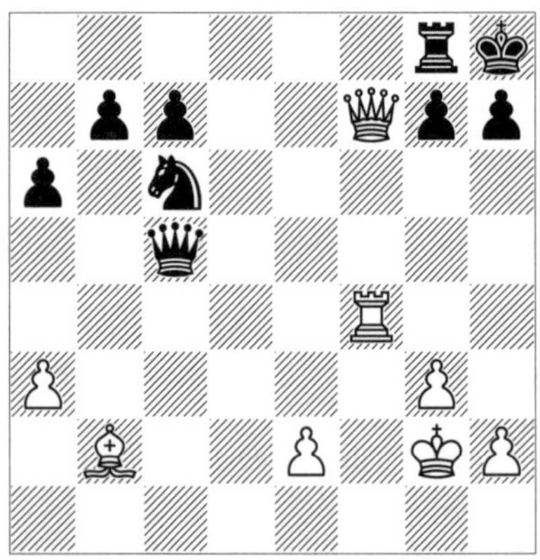

28 ♖e4!

Urplötzlich hat Weiß entscheidenden Angriff. Die unmittelbaren Drohungen lauten 29 ♖e8 und 29 ♕xg7+ ♖xg7 30 ♖e8+ nebst Matt im nächsten Zug.

28...♕f8 29 ♕h5 ♘e7

Der Nachziehende will 30 ♖h4 mit 30...♕f5 beantworten, aber mit einer letzten Finesse wird die schwarze Verteidigung überlastet.

30 ♕g5! ♘g6

30...♘c6 verliert wegen 31 ♖h4 (mit der Drohung 32 ♖xh7+) 31...♕f7 32 ♕h6 ♕f5 33 e4.

31 ♕xg6 1-0

W

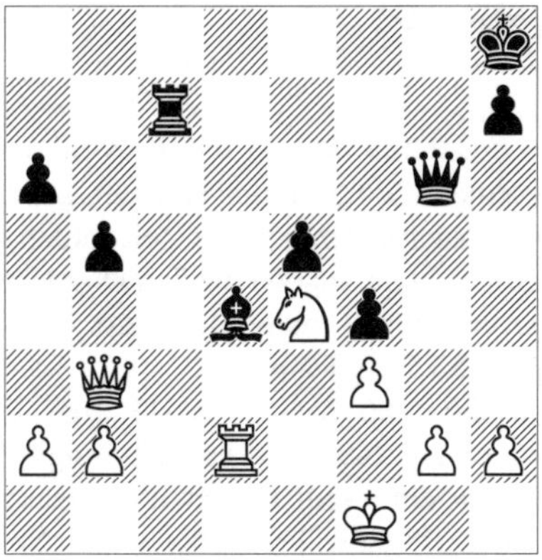

Anand – Radjabow
Linares 2009

Auf den ersten Blick sieht die schwarze Stellung völlig zufriedenstellend aus. Der weiße Springer hat auf e4 ein schönes Plätzchen gefunden, aber auch der schwarze Läufer steht aktiv. Dieses Beispiel illustriert jedoch einen wichtigen Punkt: Eine Figur steht nur dann wirkungsvoll, wenn sie auch tatsächlich etwas ausrichten kann. Der Läufer d4 sieht gut aus, schießt aber in einer vereinfachten Stellung nur ins Leere. Außerdem ist er durch den Bauern e5 in seiner Beweglichkeit eingeschränkt. Der Springer ist besser manövrierfähig und kann leichter Drohungen aufstellen. Häufig wird viel Aufhebens um die angebliche Überlegenheit von Dame und Springer gegen Dame und Läufer gemacht. Dies ist oft übertrieben, aber hier liegt ein Fall vor, in dem dieses Prinzip einige Gültigkeit besitzt.

34 ♖c2 ♖c6 35 ♕d3 ♔g7 36 b3

Weiß entfernt die potenziellen Angriffsziele des Läufers.

36...h6 37 g4!

Stellt Schwarz vor eine unangenehme Wahl. Wenn er den Bauern ignoriert, erhält Weiß eine Bauernmehrheit am Königsflügel, aber wenn er auf g3 tauscht, erhält Weiß die Möglichkeit zu späterem g4 und ♘g3-f5.

37...fxg3

Nach 37...♕e6 38 h4 ♕d7 (38...♕c8? erlaubt die sofortige Überführung des Springers mit 39 ♘d6) 39 h5 muss Schwarz schon aufpassen; so verliert zum Beispiel 39...♕c7?? wegen 40 ♘g5! hxg5 41 ♕g6+ ♖xg6 42 ♖xc7+ mit Qualitätsgewinn.

38 hxg3 ♕e6 39 ♔g2 ♕c8 40 ♖xc6 ♕xc6 41 ♕d2

Nun kann Schwarz nicht mit seiner Dame eindringen. Es wird klar, dass er seine Stellung nicht verbessern kann. Der scheinbar aktive Läufer hat keine nützlichen Alternativfelder.

41...♕e6

Wenn Schwarz das Vorrücken des g-Bauern durch 41...h5 zu verhindern versucht, bringt die Fortsetzung 42 ♕g5+ ♕g6 43 ♕e7+ ♕f7 44 ♕d8 gefolgt von ♘d6 ihn in eine sehr unangenehme Lage.

42 g4

Nun wird die Möglichkeit ♘g3-f5 Realität.

42...♕c6 43 ♘g3 ♔h7 44 ♘f5 ♗b6

Mit der Drohung ...e4, der aber leicht zu begegnen ist.

45 ♕d3 ♔h8 46 ♕e2 ♗c7

Da 46...♗d4 47 ♘xd4 exd4 48 ♕e5+ ♔g8 49 ♕xd4 ♕c2+ 50 ♕f2 Weiß einen klaren Mehrbauern gibt, muss der Läufer den Bauern e5 von einem passiveren Feld aus decken.

47 ♕d2

S

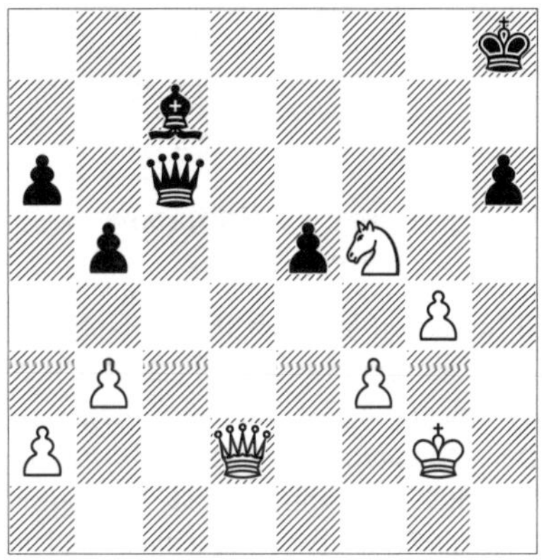

47...♔h7 48 ♘e7

Die Beweglichkeit des Springers stellt den Nachziehenden wieder vor Probleme.

48...♕c5?

Die letzte Chance war 48...♕d6 49 ♕c2+ e4 50 ♕xe4+ ♔h8 in der Hoffnung auf etwas Gegenspiel auf der Diagonale b8-h2, aber nach 51 ♕e3 ♕h2+ 52 ♔f1 sollte Weiß letztendlich immer noch gewinnen.

49 ♕d3+ ♔h8 50 ♕d7

Dame und Springer bauen zusammen einen entscheidenden Angriff auf.

50...e4 51 ♕e8+

Schneller gewinnt der Computervorschlag 51 ♔h3! exf3 52 ♕e8+ ♔g7 53 b4!.

51...♔g7 52 ♘f5+ ♔f6 53 ♕xe4

Weiß streicht unter Bewahrung seiner anderen Vorteile einen Bauern ein. Schwarz ist verloren.

53...♗b6 54 ♔h3 h5 55 g5+! ♔xg5 56 ♘e7

Droht 47 ♕h4+ ♔h6 48 ♕f6+ gefolgt von Matt.

56...♔f6 57 ♘d5+ ♔g7 58 ♕e5+ ♔h6 59 ♕f6+ ♔h7 60 ♕f7+ ♔h6 61 ♘e7 1-0

11 Läufer gegen Springer (2)

Die allgemeinen Regeln hinsichtlich Läufer und Springer gelten zwar in der Mehrzahl aller Stellungen, aber es gibt viele Ausnahmen, und wie immer haben die Erfordernisse spezifischer Stellungen Vorrang vor allgemeinen Prinzipien.

W

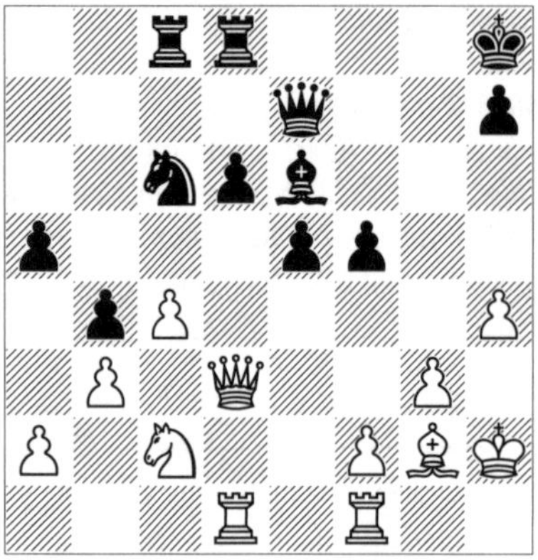

Nisipeanu – Radjabow
Medias 2010

Weiß hat einen leichten theoretischen Vorteil angesichts der Bauernstruktur, da der schwarze d-Bauer rückständig ist, was aber wegen der Aktivität der schwarzen Figuren nicht leicht in etwas Greifbares umzumünzen ist. Weiß muss sich Gedanken machen über Ideen wie ...e4 gefolgt von ...♘e5 mit Überführung des Bauern auf den etwas anfälligen weißen Königsflügel oder einfach ...f4, was den Springer von e3 fernhält und dem schwarzen Läufer eine Diagonale öffnet. Die Ausnutzung von Vorteilen dreht sich sehr oft um die Eliminierung von Gegenspiel, wobei gut überlegte Tauschoperationen enorm helfen können.

23 ♗xc6!

Die Hergabe des Fianchettoläufers für einen Springer läuft der Intuition zuwider, besonders wenn dabei kein Doppelbauer entsteht, stellt aber hier die ideale Lösung für Weiß dar. Die Chancen des Nachziehenden auf aktives Spiel mit ...♘d4 oder ...e4 und ...♘e5 werden beseitigt. Überdies gewinnt Weiß Zeit zur Verstärkung seines Drucks. Dagegen hat Schwarz nach 23 ♘e3?! f4 24 ♘d5 ♕g7 gefolgt von ...♖g8 gutes Gegenspiel.

23...♖xc6 24 f4

Der Schlüsselzug, der ...f4 verhindert. Nun kann Weiß seinen Springer nach e3 und d5 überführen, ohne dass sich der schwarze Springer auf d4 niederlässt. Wenn Schwarz seinen Läufer nach e4 bugsieren könnte, würde Weiß den Abtausch seines Läufers bitter bereuen, aber dafür wird dem Nachziehenden die Zeit fehlen, da er mit aller Macht gegen den weißen Druck auf seine Zentrumsbauern ankämpfen muss.

24...♖cc8 25 ♕e3 ♕g7

25...e4 26 ♕b6 ♕c7 27 ♕d4+ ♕g7 28 ♖f2 führt zu einem für Schwarz sehr ungünstigen Endspiel, in dem sein Läufer über wenig Perspektiven verfügt, während der weiße Springer auf e3 goldrichtig stehen wird.

W

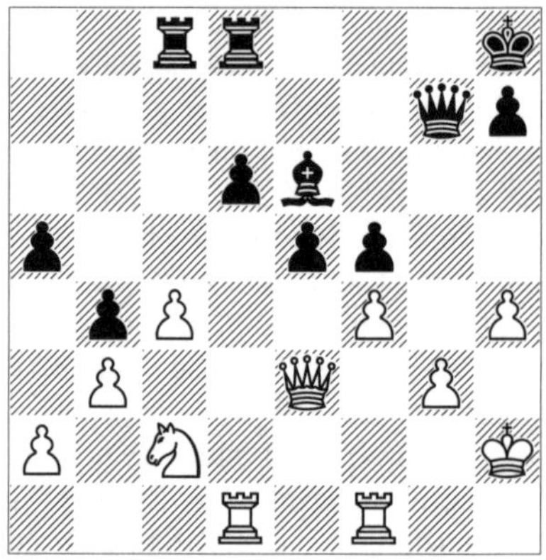

26 ♖f2 ♖d7?!

Schwarz stand unter schwerem Druck, aber dies führt zu einem schnellen Zusammenbruch. Die einzige Chance besteht in 26...d5; nach 27 ♖fd2 (die Alternativen 27 cxd5 ♖c3 28 ♕xe5 ♕xe5 29 fxe5 f4! 30 gxf4 ♖h3+ 31 ♔g1 ♗xd5 und 27 fxe5 dxc4 28 ♖xd8+ ♖xd8 29 bxc4 ♖d1 geben Schwarz auf Kosten eines Bauern Gegenspiel) 27...♖e8 28 cxd5 ♗xd5 29 ♘xb4 ♗xb3 30 ♕xb3 axb4 31 ♕xb4 ♖g8 32 ♖g2 hat Weiß einen Bauern mehr, muss aber für den Sieg noch hart arbeiten.

27 ♘d4!

Nun findet der Springer eine noch effektivere Route. Neben dem unmittelbaren Angriff auf e6 und f5 droht nach ♘b5 auch der Bauer d6 unter Beschuss zu geraten. Schwarz ist verloren.

27...♕g4 28 ♖dd2 ♖e8 29 ♘b5

Das gewinnt Material.

29...d5 30 ♘d6! ♖ed8

30...♖xd6 verliert angesichts der Antwort 31 ♕xe5+.

31 ♕xe5+ ♕g7 32 c5 ♕xe5 33 fxe5 ♖c7 34 ♖c2 d4 35 ♖fd2 f4 36 gxf4 d3 37 ♖xd3 ♗f5 38 ♘f7+ ♔g7 39 ♖g2+ 1-0

S

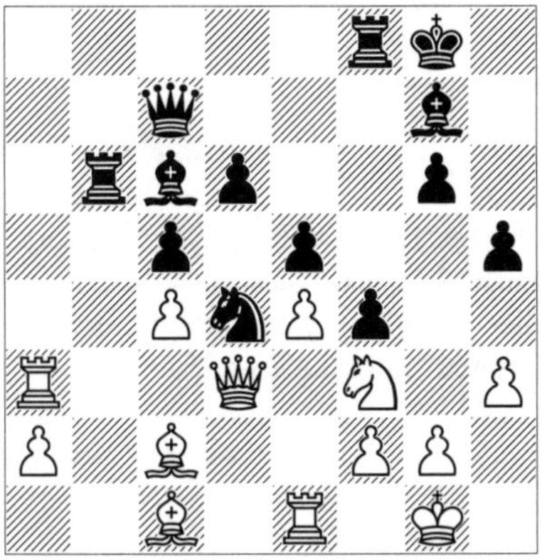

Finocchiario – Van Oosterom
Fernschachweltmeisterschaft 1996-2001

Schwarz ist definitiv im Vorteil, da die beiden weißen Bauern am Damenflügel isoliert sind, während die schwarze Bauernstruktur nur durch den rückständigen Bauern auf d6 beeinträchtigt wird. Allerdings ist der Bauer d6 an sich nicht schwach, da Weiß ihn nicht angreifen kann; er ist vielmehr unbeweglich und somit weniger wert als ein gesunder Bauer. Wenn Weiß seinen Springer nach d5 bringen könnte, lägen die Dinge anders, aber der Springer ist gegenwärtig weit von diesem Feld entfernt und kann auch nicht gut dorthin gelangen. Man könnte versucht sein, den dominanten Springer auf d4 als einen der Vorteile des Schwarzen aufzulisten, aber man sehe nur, was als Nächstes passiert.

30...♘xc2!

Auf den ersten Blick sieht dieser Abtausch hirnrissig aus, da Schwarz seine aktivste Leichtfigur gegen den theoretisch schlechten Läufer tauscht. Durch Verhinderung des Tauschs auf d4 stabilisiert Schwarz jedoch die Stellung und nimmt dem Anziehenden im Grunde genommen jedes mögliche Gegenspiel. Durch Angriff auf den Bauern c4 wird Schwarz den weißen Springer an der Wanderung nach d5 hindern können, während die schwarze Bauernkette den verbleibenden weißen Läufer so stark einengt, dass er kaum als guter Läufer gerechnet werden kann. Nach Vereitelung des weißen Gegenspiels kann Schwarz daran gehen, seinen Vorteil durch Vorrücken seiner Königsflügelbauern auszunutzen. Wenn er stattdessen etwa 30...♕d7 spielt, so gibt 31 ♘xd4 cxd4 (31...exd4 32 e5 ist unklar) 32 ♖b3 ♖b7 33 ♖xb7 ♗xb7 34 ♗a3 nebst c5 dem Weißen etwas Gegenspiel. Man beachte, wie der Tausch auf d4 die Bauernstruktur auflockert und dem Anziehenden die Möglichkeit zu c5 bzw. e5 gibt, was Schwarz an der ruhigen Ausnutzung seines Vorteils hindert.

31 ♕xc2 ♖fb8 32 ♕d3 ♗f8 33 ♖b3 ♕b7 34 ♘d2

Nach 34 ♖xb6 ♕xb6 35 ♘h4 ♗e8 nebst ...♗e7 wird der Springer wieder zurückgetrieben.

34...♖a8 35 ♕b1 ♖aa6 36 ♖xb6 ♖xb6 37 ♕d3 ♖a6 38 a3

Nach 38 ♕c2 ♗d7 39 ♘b1 ♗e6 verhindert der Angriff auf den Bauern c4 das Manöver ♘c3-d5.

38...♖b6 39 ♕e2 ♗d7 40 ♔h2 ♗e6 41 ♕d1 ♗h6 42 ♕f3 ♕f7

W

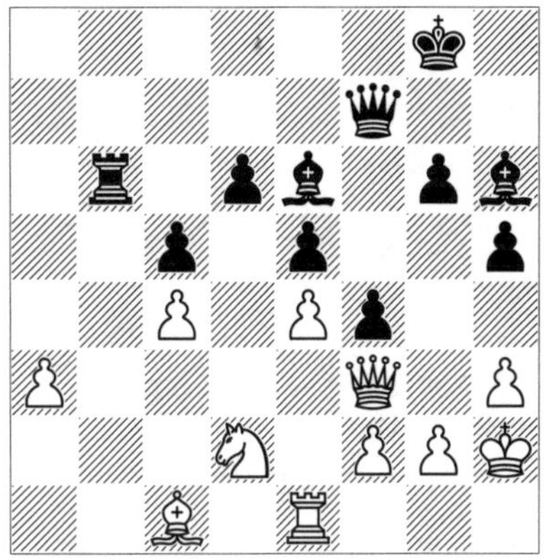

Der zweifache Angriff auf c4 bindet den weißen Springer an das Feld d2 und lähmt dadurch beide weiße Leichtfiguren.

43 ♕c3 g5 44 ♖h1 ♔h7

Da 44...g4 45 hxg4 hxg4 46 ♔g1 Weiß etwas Aktivität gibt, verbessert Schwarz zunächst seine Stellung, bevor er ...g4 spielt.

45 ♔g1 ♔g6 46 ♕d3 ♕d7 47 ♕c2 ♗f8 48 ♔h2 ♗e7 49 ♗b2 ♖a6 50 ♖a1 ♕a4 51 ♕d3 g4 52 ♖c1 ♖b6 53 ♗c3 ♔f7

Der König geht nach e7, um den schwarzfeldrigen Läufer von der Verteidigung des Bauern d6 zu entbinden.

54 ♖a1 ♗g5 55 ♔g1 ♔e7 56 ♔h1 ♖b8 57 ♖g1 ♗h4 58 ♖f1 gxh3 59 gxh3

Auch nach 59 g3 ♗g5 60 ♖g1 fxg3 61 ♖xg3 ♖g8 gewinnt Schwarz.

59...♕a6

Strebt nach c8, um den Bauern h3 einzukassieren.

60 a4 ♖g8 61 a5 ♕c8 62 ♔h2 ♖g7 63 ♖g1

63 a6 ♗g3+ 64 ♔g1 ♕g8! ist für Schwarz gewonnen.

63...♖xg1 64 ♔xg1 ♗xh3

Gewinnt einen Bauern, ohne den Druck aufzuheben.

65 ♕f3 ♕g8+ 66 ♔h2 ♗c8 67 ♕g2 ♕xg2+ 68 ♔xg2 ♗a6 69 ♘f3 ♗f6 70 ♘d2 ♔d7 71 ♔f3 ♔c6 72 ♔e2 ♔b7 73 ♔d3 ♔a7 0-1

In offenen Stellungen sind zwei Läufer bekanntlich besser als Läufer und Springer. Dies gilt aber auch für viele halboffene Stellungen.

W

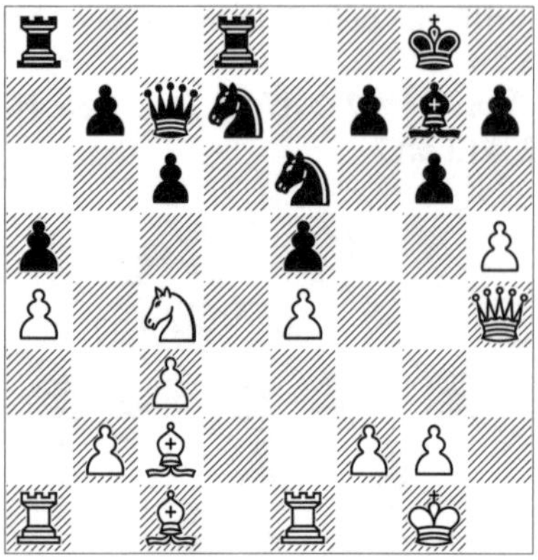

Movsesian – Gaschimow
Spanische Mannschaftsmeisterschaft, Sabadell 2008

Weiß steht besser, da er das Läuferpaar hat und der schwarze Läufer durch den Bauern e5 eingeschränkt wird. Das Hauptproblem der Springer besteht in ihrem Mangel an aktiven Feldern.

20 g3

Nimmt den Springern das Feld f4. Nun verfügen sie nur noch über c5 als aktiveres Feld, können aber von dort aus lediglich auf einen Sprung nach d3 hoffen. Diese eine aktive Möglichkeit kann Weiß indes immer verkraften. Die Stärke des Läuferpaars liegt oft eher in ihrer potenziellen denn in ihrer gegenwärtigen Kraft. Mit jedem Bauerntausch und jeder Linienöffnung kann ihr Einfluss nur zunehmen. Hier scheint der Läufer c2 nicht sonderlich aktiv zu sein, aber er erfüllt eine nützliche Funktion, indem er die schwarzen Springer fernhält und dadurch Gegenspiel eliminiert. Später kann er vielleicht selbst auf der Diagonale a2-g8 eine aktivere Rolle spielen.

20...♗f6 21 ♕h3 ♘dc5 22 hxg6 hxg6 23 ♗h6!

Weiß vermeidet den Abtausch eines Läufers durch ...♘d3. Nach 23 ♔g2? ♘d3 24 ♗xd3 ♖xd3 25 ♖h1 ♖ad8 hat Schwarz weniger Probleme, da der Angriff auf der h-Linie für sich alleine ungefährlich ist.

23...♕e7

Nun wird 23...♘d3 mit 24 ♖ed1 beantwortet, wonach der Springer wieder den Rückzug antreten muss.

24 ♔g2 ♘g5 25 ♕g4 ♕e6 26 ♕xe6 ♘gxe6 27 ♗e3

Durch den Damentausch hat Schwarz seine Probleme nicht gelöst, da seine Figuren nach wie vor an die Verteidigung der vom weißen Springer angegriffenen Bauern gebunden sind.

27...♘d7

Entbindet den Läufer von der Verteidigung des Bauern e5.

28 ♖ed1 ♗e7 29 f4

S

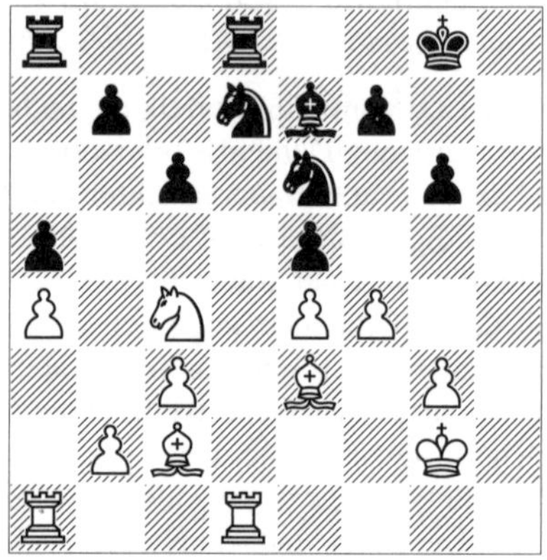

Der Druck nimmt zu.

29...♗c5

Der Anziehende kann dem Läufertausch ausweichen.

30 f5 ♘ef8 31 ♗g5 f6 32 ♗h6

Droht ♗b3, wonach der schwarze König in ein tödliches Kreuzfeuer gerät.

32...♔f7 33 ♗b3 ♔e7 34 ♖h1

Es droht 35 ♗xf8+ ♘xf8 36 fxg6 ♘xg6 37 ♖h7+.

34...g5 35 ♗g7 ♔e8

Um ♖h6 in einigen Varianten mit ...♗e7 zu beantworten, aber der schreckliche Druck der weißen Läufer ist zu groß.

36 ♖ad1 ♔e7 37 ♔f3 b5 38 ♘e3 ♗xe3

Sonst spielt Weiß ♘g4.

39 ♔xe3 ♘c5?! 40 ♗xf8+!

Zu guter Letzt verschwindet einer der Läufer, aber es ist zu spät für Schwarz, da die weiße Stellung forciert gewonnen ist.

40...♔xf8

Oder 40...♖xf8 41 ♖h7+ ♔e8 42 ♗e6 ♖d8 43 ♗f7+! ♖xf7 44 ♖xd8+ ♔xd8 45 ♖xf7, und Weiß gewinnt die Qualität.

41 ♖h8+ ♔e7 42 ♖h7+ ♔e8 43 ♖dh1 ♖d3+ 44 ♔e2 ♖ad8 45 ♖g7 ♖d2+ 46 ♔f3 ♖8d3+ 47 ♔g4 ♔f8 48 ♖g8+ 1-0

W

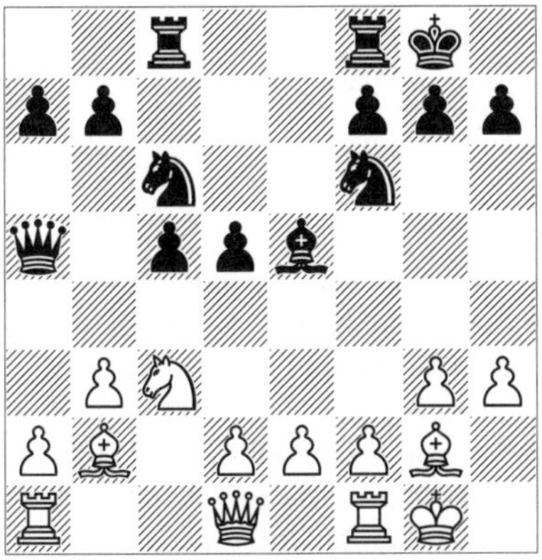

Gelfand – Eljanow
Naltschik 2009

Weiß hat das Läuferpaar, aber hier übt der Nachziehende dank seiner aktiven Figuren und seiner größeren Zentrumskontrolle Druck aus. Ein besonderes Problem für den Anziehenden besteht darin, dass er kein gutes Feld für seine Dame hat.

14 ♖c1

Mit der hinterlistigen Drohung 15 f4 ♗xc3 16 ♗xc3, da nun 16...♕d8 wegen 17 ♗xf6 und 18 ♖xc5 einen Bauern verliert.

14...♕a6!

Schwarz pariert die Drohung, da nun 15 f4 ♗xc3 16 ♗xc3 ♘e4 sehr unbequem für Weiß ist.

15 a4

Ein hässlich aussehender Zug, aber Weiß wollte ...b5 verhindern.

15...♖fe8 16 ♗a3

Entfesselt den Springer und greift die beiden Bauern auf c5 und d5 an.

16...♗xc3 17 dxc3

Schwarz hat seinen anderen Läufer hergegeben, gewinnt aber durch den Angriff auf e2 Zeit zur Ausnutzung der Schwäche der weißen Damenflügelbauern.

17...♘a5 18 ♖e1 c4! 19 bxc4

Weiß muss tauschen, da 19 b4 ♘b3 ihn den Bauern a4 kostet.

19...♘xc4

Der Springer auf c4 beherrscht den schwarzfeldrigen Läufer vollkommen.

20 ♖a1 ♕e6

Schwarz zentralisiert seine Dame, um d5 zu verteidigen und den Druck gegen e2 aufrechtzuerhalten. Außerdem liegt nun ...♘e4 in der Luft.

21 ♗c1 b6!

Kleine Züge machen häufig einen großen Unterschied. Schwarz verhindert etwaiges Gegenspiel gegen seinen Damenflügel auf der Basis von ♕d4 und vielleicht a5.

22 ♕d4 ♘a5

Droht ...♘b3 und räumt c4 für den Turm.

23 ♕d3 ♘e4 24 ♗b2 ♘c4

W

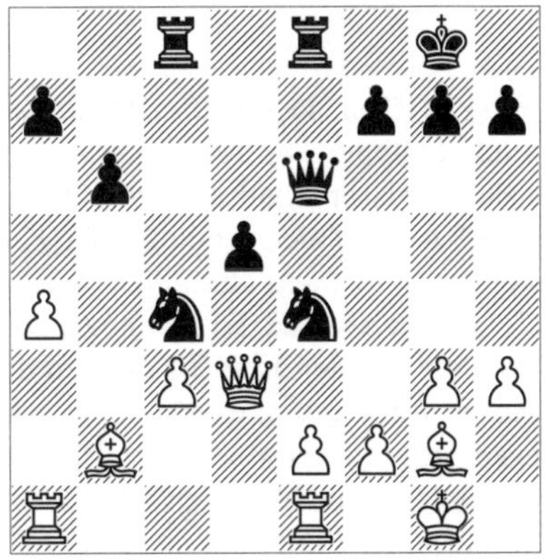

Eine perfekte Darstellung der Kraft der Springer. Sie stehen beide auf hervorragenden Feldern, von denen sie nicht vertrieben werden können. Der schwache Bauer c3 wird wahrscheinlich in wenigen Zügen fallen.

25 ♗c1 ♘e5 26 ♕a6 h5

Bevor Schwarz den Bauern c3 nimmt, erzwingt er eine weitere Schwäche auf dem weißen Königsflügel.

27 ♗e3

27 h4 ♘g4 28 f3 ♘c5 gefolgt von ...♘e3 ist hoffnungslos für Weiß.

27...h4 28 g4 ♖xc3 29 ♗d4

29 ♗xe4 dxe4 30 ♖ec1 trifft auf die überraschende Widerlegung 30...♖xe3! 31 fxe3 ♘xg4! 32 ♕c4 ♕g6 33 hxg4 ♕xg4+ 34 ♔f1 ♕g3! mit entscheidendem Angriff. Auch 29 ♕xa7 ♖xe3! 30 fxe3 ♕h6 31 ♖a3 ♕d6 32 ♖ea1 ♘c4 gefolgt von ...♕g3 ist sehr unangenehm für Weiß.

29...♖c4?

29...♘xg4! gibt Schwarz nach 30 hxg4 ♕xg4 oder 30 ♗xc3 ♘gxf2! gewinnbringenden Angriff.

30 ♗xe5?

Mit 30 ♗xe4 ♖xd4 31 ♗g2 bleibt Weiß in der Partie.

30...♕xe5 31 ♕xa7

Im Bestreben, den verlorenen Bauern zurückzugewinnen, lässt der Anziehende einen vernichtenden Schlag am Königsflügel zu.

31...♘xf2! 32 ♔xf2 ♕g3+ 33 ♔f1

33 ♔g1 ♖xg4 34 hxg4 h3 ist für Schwarz gewonnen.

33...♖f4+ 34 ♗f3 ♕xh3+

34...♖xe2! führt forciert zum Matt, aber der Partiezug gewinnt leicht genug.

35 ♔g1 ♕g3+ 36 ♔h1 ♖xf3 0-1

Strategie

Es ist häufig zu lesen, dass die Spielführung im Mittelspiel in zwei Kategorien eingeteilt werden kann: **Taktik** und **Strategie**. Die Taktik, die sich mit kurzfristigem forciertem Spiel beschäftigt, umfasst die meisten Standardkombinationen, wie diejenigen auf Basis von Gabeln und Fesselungen. Im vorliegenden Werk werden die grundlegenden Kombinationstypen nicht abgehandelt, da dies nur eine Wiederholung des in meinem älteren Buch *Einführung in die Schachtaktik* (Gambit, 2004) behandelten Materials bedeuten würde. Die Strategie dreht sich um langfristige Ziele; strategischer Natur sind beispielsweise die meisten Entscheidungen über Veränderungen der Bauernstruktur und die Frage, ob der Abtausch von Figuren erstrebenswert ist oder nicht. Strategie und Taktik schließen sich keineswegs gegenseitig aus und sind in der Praxis oft miteinander verflochten. So wird etwa ein strategischer Vorteil durch taktische Mittel erzielt oder eine Strategie durch eine taktische Pointe gerechtfertigt.

Das Konzept des **Plans** nimmt in der Schachstrategie eine Schlüsselstellung ein. Anfänger ziehen oft ihre Figuren ziellos umher und halten nur nach Gelegenheiten zu Materialgewinn oder Mattdrohungen Ausschau. Fortgeschrittenere Spieler stellen aber keine Figuren mehr ein oder lassen unnötigerweise ein Matt zu. Wie soll man nun gegen solche Gegner spielen, wenn keine taktischen Wendungen verfügbar sind? Man muss einen Plan entwerfen, wobei man sich im Allgemeinen überlegen sollte, wie man die Stellung zu seinen Gunsten verändern könnte und wie man diese Veränderung herbeiführen kann. Wenn man beispielsweise über eine 3:2-Bauernmehrheit am Damenflügel verfügt, könnte das Ziel in der Bildung eines Freibauern bestehen, wobei im Rahmen der Einzelheiten des Plans auszuarbeiten ist, wie man die Bauern so vorrückt, dass man diesen Freibauern auch bekommt. Das Ziel muss nicht unbedingt positionell sein; es könnte sich um einen Angriff auf den feindlichen König handeln, wobei zu den Einzelheiten des Plans dann die Verfrachtung von Figuren in die Nähe der Stellung des gegnerischen Königs gehört. Andere typische Pläne sind der Abtausch einer passiven Figur gegen eine aktive, die Erzwingung einer Schwäche in der gegnerischen Stellung durch das Vorrücken eines Bauern oder die Erlangung größerer Zentrumskontrolle. Alle diese Pläne sind positioneller Natur, aber genauso wichtig sind negative Pläne, bei denen man versucht, den Gegner an der Verwirklichung seiner Ideen zu hindern. In der Praxis sieht man häufig Pläne, die eine Kombination beider Typen darstellen: Man versucht, seine eigenen Absichten zu verwirklichen und gleichzeitig die Pläne des Gegners zu frustrieren. Die Partie Malachatko-Wolokitin (Seite 50) ist ein gutes Beispiel für diese Situation, da Schwarz den gefährlichen weißen Bauernvorstoß f4 verhindern muss und gleichzeitig versucht, die schwarzen Felder am Königsflügel zu dominieren. Sehr hilfreich ist die Kenntnis typischer Pläne bei bestimmten Zentrumsbauernstrukturen. In Miroschnitschenko-Safarli (Seite 51) konnte Weiß einen für das Moderne Benoni charakteristischen Plan in die Tat umsetzen.

Zielloses Spiel ist häufig darauf zurückzuführen, dass man einfach keinen Plan fassen kann. Wenn man keinen Weg zur Verbesserung seiner eigenen Stellung finden kann, lautet ein guter Tipp, dass man stattdessen versuchen sollte, die Pläne des Gegners vorherzusehen und zu verhindern. Eine derartige Negativtaktik mag Angriffsspielern vielleicht nicht gefallen, aber man kann nicht in jeder Partie Vorteil haben, und ohne Vorteil wird es vielleicht unmöglich sein, einen positiven Plan zu finden. Ein Beispiel für diese Art des Denkens ist die Partie Jussupow-Nunn (Seite 52). In jedem Fall sollte man keinen Plan wählen, der die eigene Stellung verschlechtert. Das kann leicht passieren, wenn man irrtümlich glaubt, im Vorteil zu sein, wie in Giri-Karjakin (Seite 53).

Ceteris paribus ergibt die Kontrolle über das Zentrum einen fast automatischen Vorteil. Die Partie Movsesian-Panarin (Seite 54) zeigt, dass die totale Beherrschung des Zentrums das Opfer von etwas Material, im vorliegenden Fall der Qualität, wert sein kann. Selbst ein einziger Mehrbauer im Zentrum kann die Basis eines Vorteils bilden. Ein typisches Beispiel hierfür ist die Partie Anand-Swidler (Seite 55). Der weiße e-Bauer wird durch die schwarze Damenflügelmehrheit aufgewogen, aber im Mittelspiel ist ein zusätzlicher Bauer im Zentrum häufig wertvoller als ein Bauer am Damenflügel. In der Partie konnte Anand dank seiner besseren Bauernstruktur einen gefährlichen Königsangriff starten.

Wie bereits gesagt, beruhen viele Pläne auf der Verbesserung der Stellung einer Figur. In dem typischen Beispiel Swetuschkin-Wang Yue (Seite 56) identifiziert Schwarz seine passivsten Figuren und bringt sie auf wirkungsvollere Felder. Manchmal kann man seine eigenen Leichtfiguren aktivieren und zugleich die des Gegners einschränken. Ein perfektes Beispiel liefert die Partie Anand-Leko (Seite 57), in der der Vorstoß c4-c5 nicht nur den schwarzen Läufer auf b7 beerdigt, sondern auch das Feld c4 für die weißen Leichtfiguren räumt. Anand nutzt dies aus, indem er zunächst seinen Springer und später den Läufer nach c4 stellt, um einen tödlichen Angriff auf den Bauern f7 aufzubauen.

Die Kontrolle von mehr Raum stellt generell einen Vorteil dar, insbesondere wenn noch viele Figuren auf dem Brett sind. Wer mehr Raum besitzt, hat mehr Manövrierfreiheit für seine Figuren und kann leichter von einem Teil des Bretts auf einen anderen umschalten. Ein Extrembeispiel ist die Partie Witjugow-Ganguly (Seite 58). Selbst in Stellungen ohne blockiertes Zentrum kann sich ein Raumvorteil immer noch als Pluspunkt erweisen, obwohl der Vorteil wahrscheinlich nur vorübergehender Natur sein wird. Die Partie Almasi-Macieja (Seite 59) ist ein Beispiel für die Ausnutzung eines Raumvorteils in einer offenen Stellung zur Einleitung eines schnellen Angriffs auf den gegnerischen König.

In einigen Stellungen kann sich die Realisierung eines Vorteils als schwierig erweisen, etwa da die Stellung blockiert ist oder alle potenziellen Angriffsziele gedeckt sind. Dann muss man vielleicht **lavieren**, d. h. seine Stellung nach und nach verbessern. Das Lavieren beruht in der Regel nicht auf einem einzigen Plan, da Flexibilität wichtig ist, umfasst aber häufig ein Spiel auf mindestens zwei Brettabschnitten. Nunn – Milner-Barry (Seite 60) ist ein gutes Beispiel. Komplizierter liegen die Dinge in der Partie Gelfand-Wang Yue (Seite 61), in der Weiß eine scheinbar unbedeutende Schwäche am Damenflügel erzwingt, bevor er sich wieder dem Königsflügel widmet. Am Ende spielt ebendiese Damenflügelschwäche bei der Gewinnführung eine entscheidende Rolle.

Der nächste Abschnitt beschäftigt sich mit der Abwicklung ins Endspiel. Hierfür kann es verschiedene Beweggründe geben, aber einer der gängigsten ist die Entschärfung eines gegnerischen Königsangriffs. In Westerinen-Hort (Seite 62) bedient sich Schwarz einer taktischen Zugfolge, um den Damentausch zu erzwingen, was ihm dank seines Läuferpaars zum Vorteil gereicht. Etwas anders liegt der Fall in Bologan-Bauer (Seite 63); hier profitiert Weiß von einem Generalabtausch, da er mit seinem Turm in die schwarze Stellung eindringen kann.

Zuweilen konzentriert sich das Spiel auf einen engen Brettbereich. Dann kann der Rest des Bretts leicht völlig in Vergessenheit geraten. In dem interessanten Beispiel Grischuk-Iwantschuk (Seite 64) scheint sich alles um den schwarzen Druck am Königsflügel auf der g-Linie zu drehen. Nach einem Fehler des Anziehenden kann Schwarz jedoch durch ein Bauernopfer mit seiner Dame über a3 eindringen. Diesen jähen Richtungswechsel kann die weiße Stellung nicht verkraften. Die Partie Petrosjan-Larsen (Seite 65) ist ein klassisches Beispiel für ein Spiel auf dem gesamten Brett.

Der **Minoritätsangriff** ist eine Strategie, die am häufigsten in Damenbauernеröffnungen anzutreffen ist, wenn der weiße c-Bauer gegen den schwarzen e-Bauern getauscht worden ist. Dabei rückt Weiß seinen a- und b-Bauern gegen die schwarzen Bauern auf a7, b7 und c6 vor (zwei Bauern gegen drei, daher der Name). Nach weißem a4 und b5 hat Schwarz in der Regel die Wahl, den Abtausch bxc6 bxc6 zuzulassen, womit er sich einen rückständigen c-Bauern einhandelt, oder auf b5 mit ...c5 oder ...cxb5 zu reagieren, was jeweils im Allgemeinen zur Vereinzelung seines d-Bauern führt. Ein Modellbeispiel für den Minoritätsangriff ist die Partie Van Wely-Short (Seite 66). Der Minoritätsangriff war einst sehr gefürchtet und wird immer noch mit Respekt behandelt, aber mittlerweile sind Standardmethoden zur Abschwächung seiner Wirkung weithin bekannt. Erstens kann Schwarz den Angriff einfach ignorieren und einen Gegenangriff auf den weißen Königsflügel starten. Zweitens kann Schwarz den Zug b4 mit ...b5 beantworten. Danach ist der Bauer c6 rückständig, was aber vielleicht keine Rolle spielt, wenn Schwarz mit dem Folgemanöver ...♘d7-b6-c4 die halboffene c-Linie blockieren kann. Schließlich kann Schwarz ...b6 spielen und b5 mit ...c5 beantworten, was den isolierten Bauern nach Tausch auf c5 vermeidet. Diese Strategie erweist sich in Timman-Short (Seite 67) als sehr effektiv, da die hängenden Bauern durch die aktiven schwarzen Figuren kompensiert werden.

Im nächsten Abschnitt geht es um schlechtere Stellungen. Die Beispiele demonstrieren zwei der wichtigsten Verteidigungsthemen: Liquidierung und Suche nach Gegenspiel. Der sich im Vorteil befindende Spieler hat es viel einfacher, wenn er die Stellung vollkommen unter Kontrolle hat, kann aber vielleicht schon durch geringfügiges Gegenspiel von der reibungslosen Ausbeutung seines Vorteils abgelenkt werden. In Nielsen-Caruana (Seite 68) hält Schwarz eine schlechtere Stellung, indem er Gegenspiel entwickelt und zugleich überlegten Figurentausch anstrebt. In der Partie Carlsen-Gaschimow (Seite 69) zeigt Schwarz, wie wichtig es für den Verteidiger ist, flexibel zu sein. Nach langer sorgfältiger Verteidigung kann sich Gaschimow den halben Punkt sichern.

S

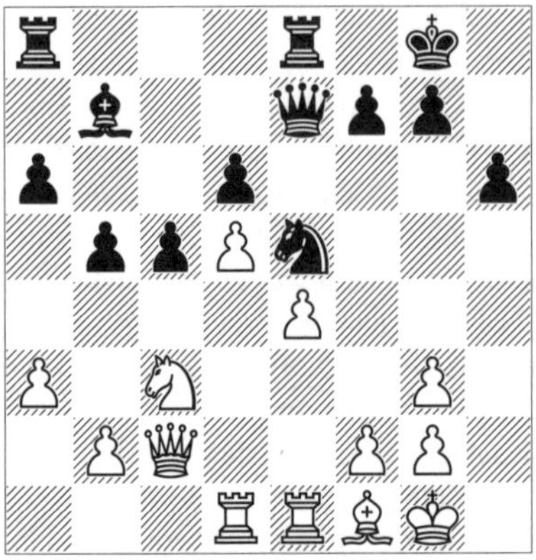

Malachatko – Wolokitin
Ukrainische Meisterschaft, Charkow 2004

Schwarz steht dank des weißen Doppelbauern auf der g-Linie bequem. Wenn der Bauer g3 auf h2 stünde, könnte Weiß f4 spielen und ...♘g4 mit h3 beantworten, wonach ein Durchbruch im Zentrum mit e5 möglich wäre. In der vorliegenden Stellung kann f4 mit ...♘g4 beantwortet werden, da der Springer dann schwer von g4 zu vertreiben wäre. Nichtsdestotrotz muss Schwarz einen Weg finden, um seine Stellung zu verbessern. Als Erstes sollte man immer schauen, was der Gegner vorhat. Hier kann Weiß mit ♗e2 gefolgt von f4 und ♗f3 seine Stellung stark verbessern. Als Gegenmaßnahme ergreift Schwarz selbst die Initiative am Königsflügel.

23...h5!

Nun trifft 24 ♗e2 h4 25 f4? auf die Entgegnung 25...hxg3! 26 fxe5 ♕h4 27 ♗f3 ♖xe5 mit zwei Bauern und gefährlichem Angriff für eine Figur (die unmittelbare Drohung lautet ...g5-g4). Die Ausführung eines strategischen Plans hängt häufig von einer taktischen Pointe ab.

24 ♕d2 h4 25 ♕f4

Weiß beabsichtigt ...hxg3 mit ♕xg3 zu beantworten, wonach f4 wieder möglich wäre. Die Stellung der Dame gibt Schwarz jedoch die Möglichkeit, f4 mehr oder weniger permanent zu stoppen.

25...g5! 26 ♕e3 hxg3 27 ♕xg3 ♕f6

Der Zug f4 rückt in immer weitere Ferne, insbesondere da Schwarz ...♘g6 spielen kann. Der einzige echte Nachteil des schwarzen Plans besteht in der Schwächung des Feldes f5, aber ein dort (nach einigen Vorbereitungszügen) auftauchender Springer kann mit ...♗c8 und ...♗xf5 abgetauscht werden.

28 ♖e3

Nun wird Weiß ♗e2, ♖f1 und wieder f4 spielen, wenn er ungestört bleibt. Bis jetzt war der Nachziehende hauptsächlich in der Defensive, aber nun hat er die Chance, selbst die Initiative zu übernehmen.

28...♔f8!

Schwarz will den König nach e7 oder d7 stellen und die Türme auf den Königsflügel bringen, was wiederum f4 verhindert und selbst einen Königsangriff startet.

29 b4 c4 30 ♘e2

Der Springer strebt nach f5. 30 a4 trifft auf die Erwiderung 30...g4 31 axb5 ♔e7 32 bxa6 ♗xa6 33 b5 ♗c8 gefolgt von ...♖h8 mit entscheidendem Angriff.

30...♔e7 31 ♘d4 ♖h8 32 ♘f5+ ♔d7

W

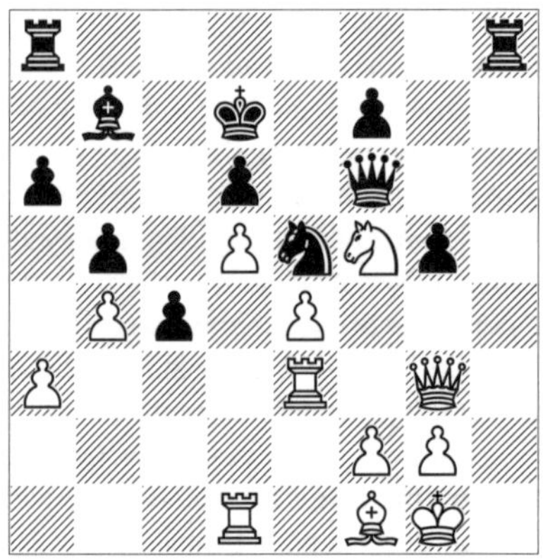

33 ♖c3 ♔c7 34 ♕e3 ♗c8 35 f3?

Die einzige Chance ist 35 ♘g3, wenngleich Schwarz nach der Fortsetzung 35...g4 36 ♖dc1 ♕h4 37 ♗d3 ♗d7 38 ♗c2 ♘g6 großen Vorteil behält.

35...♗xf5 36 exf5 ♕xf5 37 ♖d4 ♕b1?!

Schwarz erschwert sich unnötigerweise seine Aufgabe. Einfach 37...♕h7 38 ♕xg5 f5 39 ♔f2 ♖ag8 40 ♕e3 ♕g7 gibt ihm gewinnbringenden Angriff.

38 ♕xg5 ♖ag8 39 ♕e7+ ♔c8 40 ♖d2?

Das verliert sofort. Der einzige Zug ist 40 ♖h4, aber dann sollte Schwarz nach 40...♕d1! 41 ♕xd6 ♖xh4 42 ♕xa6+ ♔d8! 43 ♕f6+ ♔d7 44 ♕xh4 ♘xf3+ 45 ♖xf3 ♕xf3 mit einer Qualität mehr gewinnen.

40...♖h1+! 41 ♔xh1 ♕xf1+ 42 ♔h2 ♖h8+ 43 ♔g3 ♕e1+ 44 ♖f2 ♖g8+ 0-1

Der Anziehende wird in wenigen Zügen matt gesetzt.

Zur Entwicklung eines Plans kann man sich auf Analogien stützen. Wenn man die Pläne kennt, die in ähnlichen Stellungen zur Verfügung stehen, kann man vielleicht einen davon auf die Situation auf dem Brett übertragen. Dabei gibt häufig die Bauernstruktur den Ausschlag.

W

Miroschnitschenko – Safarli
Moskau 2008

Diese Stellung ging aus einem Dameninder hervor, aber die Bauernstruktur ist die gleiche wie im Modernen Benoni. Weiß hat eine Bauernmehrheit im Zentrum; sein Hauptplan basiert auf e4-e5. Dieser Zug kann durch Figuren, etwa mit ♗f4, oder durch den Bauernzug f4 unterstützt werden. Schwarz muss versuchen, das Feld e5 zu kontrollieren, um den weißen Vorstoß zu verhindern. Momentan sind die Chancen ungefähr ausgeglichen.

13 e4 ♘g4

13...♕b6 14 h3 ♖ac8 15 ♗e3 ♕b7 16 ♗f1! ist günstig für Weiß. Er hat ...b4 verhindert, während Schwarz sich über ♗f4 oder a4 Sorgen machen muss.

14 h3

Ein sehr natürlicher Plan, mit dem Weiß f4 als Unterstützung für das Endziel e5 durchsetzen kann.

14...♘ge5 15 ♘xe5 ♘xe5 16 f4 ♘d7?!

So behält Schwarz zwar die Kontrolle über e5, aber der Springer steht auf d7 nicht sehr aktiv. Besser ist 16...♘c4!, da sich 17 b3?? wegen 17...♗d4+ 18 ♔h2 ♕a5 mit Gewinn verbietet. Da der Springer auf c4 die Entwicklung des Läufers c1 erschwert, sollte sich Weiß wahrscheinlich auf 17 e5 dxe5 18 b3 einlassen, obwohl die Stellung nach 18...♘d6 19 fxe5 ♖e8 20 ♗f4 g5 völlig unklar ist.

17 ♗e3

Mit dem Springer auf d7 hat Weiß keine Entwicklungsprobleme.

17...♖c8 18 ♔h2

S

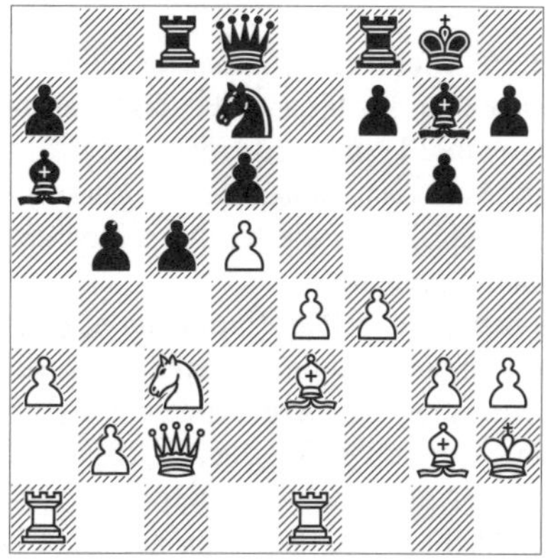

Weiß belässt seinen Turm vorerst auf a1, was wegen der ungedeckten Stellung des Läufers a6 den Zug ...b4 verhindert. In der analogen Variante des Modernen Benoni wird der Läufer in der Regel nicht auf dieses Feld gestellt. Diesen Faktor macht sich der Anziehende zunutze, um das schwarze Spiel am Damenflügel aufzuhalten. Analogien sind nie perfekt; man sollte sich immer überlegen, wie sich etwaige Unterschiede bemerkbar machen.

18...h5?

Viel besser ist das natürliche 18...♖e8. Nach dem Partiezug kann Weiß wiederum durch Analogie mit dem Modernen Benoni den richtigen Plan finden. In Benoni-Abspielen mit f4 opfert Weiß häufig einen Bauern, indem er e5 spielt und dann nach ...dxe5 mit f5 fortsetzt. Diese Idee ist hier sehr wirkungsvoll; Weiß räumt e4 für seine Figuren, bildet einen Freibauern auf der d-Linie und blockiert den Läufer g7. Man beachte, dass sich 18...h5? dann als ernsthafte Schwächung des schwarzen Königsflügels erweist, da Weiß nach f5 bereits mit dem Schlagen auf g6 droht.

19 e5! dxe5 20 f5 ♕b6 21 ♕f2?!

Verpasst 21 d6! ♕xd6 22 ♖ad1 ♕e7 23 fxg6 mit gewinnbringendem Angriff; beispielsweise 23...♘f6 24 ♘d5 ♘xd5 25 ♗xd5, und der Bauer f7 fällt.

21...♕f6 22 ♘e4 ♕xf5 23 ♕e2 ♘b6 24 ♘xc5 ♖xc5 25 ♗xc5 ♖d8 26 ♖ad1 ♘c4?!

Mehr Widerstand leistet 26...♕d7, obwohl der Freibauer auf der d-Linie nach 27 ♗xb6 axb6 28 d6 zu stark ist.

27 ♗e7 ♖e8 28 d6 ♗c8 29 b3 ♘b6 30 ♕xb5 ♗d7 31 ♕f1 ♕e6 32 a4 a5 33 b4! axb4 34 a5 ♘a4 35 ♗d5 ♕f5 36 ♕g2 ♖c8 37 ♖f1 ♕c2 38 ♖d2 ♕c3 39 ♖xf7 ♔h8 40 ♗g5 ♘c5 41 ♖c2 1-0

14 Wenn man keinen Plan findet

Dies ist ein wichtiges Thema, da jeder Spieler zuweilen auf das Problem stößt, dass man auf das Brett starrt und keinen ansprechenden Plan fassen kann. Man ist unentschlossen, gerät in Zeitnot und macht Züge, die häufig schlechter sind als einfaches Abwarten.

Dass man keinen Plan finden kann, ist häufig auf eine Fehlbeurteilung der Stellung zurückzuführen. Man mag das Gefühl haben, im Vorteil zu sein, kann aber keinen Weg sehen, diesen zu vergrößern oder auszunutzen. Hier liegt das Problem vielleicht darin, dass man gar nicht besser steht und seine Erwartungen dementsprechend zurückschrauben sollte. Statt nach einem großen Vorteil zu suchen, sollte man nach einem Weg zur Bewahrung eines leichten Übergewichts suchen. Zumindest sollte man sicherstellen, dass man keinen Zug macht, der zu Nachteil führt. Dieses Problem ergibt sich häufig, weil man ein paar Züge zuvor definitiv besser stand, aber nun keinen guten Plan sehen kann. Es ist oft nicht einfach, sich einzugestehen, dass man den Vorteil ganz oder teilweise weggeworfen hat, aber wenn man die Stellung nicht objektiv beurteilt, werden weitere Fehler nicht lange auf sich warten lassen.

Spieler, die einen aktiven Stil pflegen, reagieren oft schlecht auf passive Stellungen, da sie immer nach einem Plan suchen, der ihre eigene Stellung verbessert. In ungünstigen Stellungen ist es jedoch häufig so, dass jeder Versuch, Aktivität zu entwickeln, lediglich die Stellung schwächt. Dann sollte man sich überlegen, wie der Gegner seine Stellung verbessern könnte, und Gegenmaßnahmen ergreifen.

S

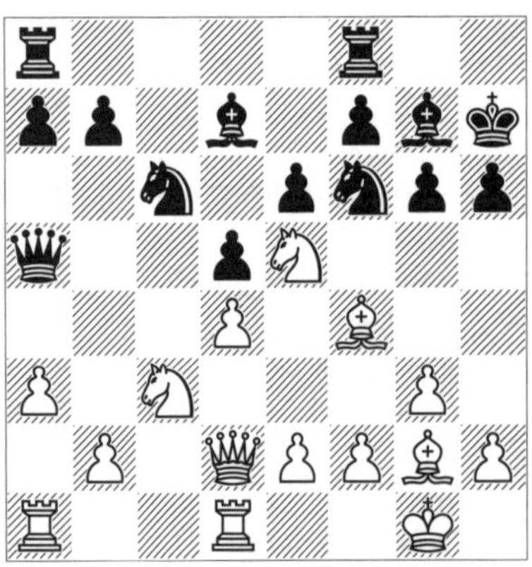

Jussupow – Nunn
Olympiade, Novi Sad 1990

Weiß steht etwas besser, da alle seine Leichtfiguren sinnvoll postiert sind, während der Läufer d7 durch die Bauern e6 und d5 blockiert ist. Schwarz hat jedoch eine sehr feste Stellung und steht sicherlich nicht unter viel unmittelbarem Druck. Man stellt schnell fest, dass Schwarz selbst nichts Aktives unternehmen kann. Die Frage lautet also, worauf Weiß hoffen kann.

Als Erstes sollte ins Auge fallen, dass Weiß über die unmittelbare taktische Drohung ♘xc6 gefolgt von ♘xd5 mit Bauerngewinn dank der ungedeckten schwarzen Dame verfügt. Die Lösung dieses unmittelbaren Problems besteht darin, auf e5 zu tauschen und dann die Dame wegzuziehen.

Längerfristig umfasst der Hauptplan des Weißen die Öffnung der Stellung und Aktivierung des Läufers g2 mittels e4. Dies ist jedoch mit einem gewissen Risiko verbunden, da Weiß sich damit einen isolierten d-Bauern einhandelt. Die einfachste Gegenmaßnahme besteht darin, den weißfeldrigen Läufer nach c6 ziehen zu können, um dem weißen Läufer die lange Diagonale streitig zu machen. Dies deutet wiederum darauf hin, dass der Abtausch auf e5 die richtige Entscheidung darstellt. Danach besteht der Plan des Nachziehenden darin, Figuren zu tauschen, seine Türme zu entwickeln und Weiß daran zu hindern, unter günstigen Umständen e4 zu spielen. Dies ist natürlich ein negativer Plan, der nur die Neutralisierung der Absichten des Weißen anstrebt, aber man muss sich eben nach der Stellung auf dem Brett richten. Wenn kein aktives Spiel möglich ist, sollte man nichts übers Knie brechen.

16...♘xe5 17 ♗xe5

Nach 17 dxe5 ♘g4 ist der Bauer e5 schwach.

17...♕b6 18 ♖ac1 ♖ac8 19 e3

Die einzige Chance des Weißen auf aktives Spiel ist 19 e4, aber nach 19...♘xe4 20 ♘xe4 dxe4 21 ♗xe4 ♗a4 22 ♖e1 f6 23 ♗f4 f5 24 ♗f3 ♗xd4 25 ♗xh6 ♖xc1 26 ♖xc1 ♗xf2+! hat Schwarz nichts zu befürchten.

19...♖fd8 20 ♗f1 ♘e8

Strebt weiteren Figurentausch an.

21 ♗xg7 ½-½

Ich nahm das Remisangebot des Weißen an, da die Stellung nach 21...♔xg7 22 ♗d3 ♘d6 völlig ausgeglichen ist. Schwarz hat sich durch die Vereinfachungen des Drucks auf seine Stellung entledigt; nach weiterem ...♖c7 und ...♖dc8 werden wahrscheinlich weitere Figuren vom Brett verschwinden.

Der wichtigste Rat ist vielleicht, dass man dann, wenn man keinen guten Plan findet, wenigstens nicht auf einen schlechten verfallen sollte.

S

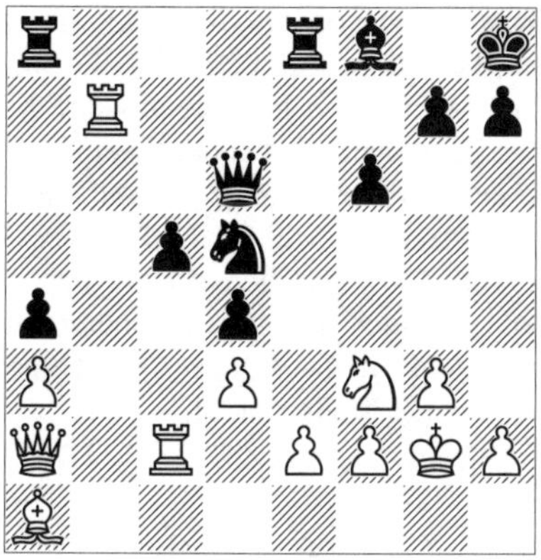

Giri – Karjakin

Amber-Turnier, Schnellpartie, Monaco 2011

Diese Stellung ist nicht leicht zu beurteilen; die Meinungen der die Partie verfolgenden Großmeister gingen sehr weit auseinander. Am auffälligsten ist der eingemauerte Läufer auf a1, der momentan sehr wenig leistet. Allerdings ist auch der schwarze Läufer nicht gerade ein Ausbund von Aktivität, während alle anderen weißen Figuren gut stehen. Unter dem Strich ist die Stellung ungefähr ausgeglichen, aber einige GMs meinten, dass Schwarz besser stehen sollte, da es keine offensichtliche Lösung für das Problem des Läufers a1 gibt.

25...g5?

Außer wenn Schwarz selbst für eine sorgt! Dies ist ein gutes Beispiel für die verheerenden Konsequenzen von aktivem Spiel in einer Stellung, die dafür nicht stark genug ist. Schwarz will mit ...g4 den Springer vertreiben und dann ...♕c6 folgen lassen, aber die Gegenüberstellung des Läufers auf a1 und des Königs auf h8 hätten die Alarmglocken läuten lassen sollen.

Schwarz sollte bescheidener mit 25...♖eb8 fortsetzen mit der Idee, den aktiven Turm auf b7 abzutauschen oder zu vertreiben. Nach 26 ♕b1 (auch 26 ♖cb2 ♖xb7 27 ♖xb7 ♕c6 ist ausgeglichen) 26...♖xb7 27 ♕xb7 ♖b8 28 ♕a7 ♖b1 29 ♗b2 ♕e6 30 h3 ♘b6 steht das Spiel gleich.

26 e4!

Giri lässt sich die Chance nicht entgehen, die Schwächung der langen Diagonale auszunutzen.

26...dxe3

Die beste Wahl, da 26...♘e7? das attraktive Finale 27 ♖xc5 ♕xc5 28 ♗xd4 ♕c6 29 ♘xg5 ♕xb7 30 ♗xf6+ ♗g7 31 ♗xg7+ ♔xg7 32 ♕f7+ ♔h6 33 ♕xh7+ ♔xg5 34 ♕g7+ ♘g6 35 f4+ ♔h5 36 g4+ ♔xg4 37 ♕xg6+ ♔xf4 38 ♕g3# erlaubt. Mit 26...♖e7?! 27 ♕b1 ♖ae8 stellt Schwarz die Falle 28 exd5? g4 auf, wonach er entkommt, aber nach 28 ♖b5! bleibt seine Stellung problematisch.

27 ♘xg5 ♔g8?

Angezeigt war 27...♘f4+! 28 ♔g1 (28 gxf4 ♕c6+ 29 ♔g3 ♕xb7 30 ♗xf6+ ♗g7 31 ♘f7+ ♔g8 32 ♘d6+ ♕b3 33 ♘xe8 ♖xe8 34 ♗xg7 ♕xa2 35 ♖xa2 ♔xg7 ist sehr remisträchtig) 28...exf2+ 29 ♖xf2 ♖e1+ 30 ♖f1 ♖xf1+ 31 ♔xf1 ♕xd3+ 32 ♔f2 ♕d5 33 ♕xd5 ♘xd5 mit immer noch sehr guten Remischancen.

28 ♘e4?

Verpasst die sofortige Entscheidung 28 ♖b6! ♕xb6 29 ♕xd5+ ♔h8 30 ♖b2 ♕a6 31 ♖b7 mit anschließendem Matt.

28...♕e6

W

29 ♖d7?!

Mit 29 ♗xf6 exf2 30 ♖xf2 ♘e3+ 31 ♔f3 ♕xa2 32 ♖xa2 ♘d5 33 ♗g5 kann Weiß ein günstiges Endspiel erreichen.

29...♖ad8?

Das verliert sofort. Der einzige Zug ist 29...c4!. Nach 30 ♖xc4 ♗e7 31 ♖b7 ♖ab8 32 ♖xb8 ♖xb8 33 ♕e2 behält Weiß dank der Aktivität seines Läufers auf der langen Diagonale Vorteil, aber Schwarz kann immer noch heftige Gegenwehr leisten.

30 ♖xd5 ♕xd5 31 ♕xd5+ ♖xd5 32 ♘xf6+ ♔f7 33 ♘xd5 e2 34 ♗c3 e1♕ 35 ♗xe1 ♖xe1 36 ♘c3 1-0

S

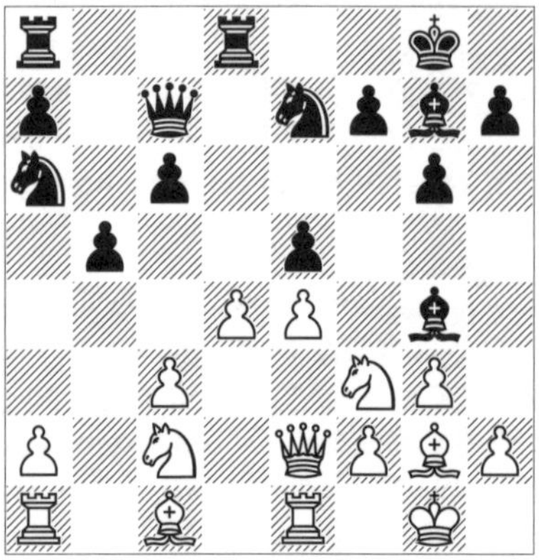

Movsesian – Panarin
Russische Mannschaftsmeisterschaft, Dagomys 2010

Im Mittelspiel ist ein Zentrumsbauer im Allgemeinen stärker als ein Flügelbauer. Hier ist Weiß im Vorteil dank seines Mehrbauern im Zentrum und des schlecht stehenden schwarzen Springers a6, der über wenig aktive Aussichten verfügt.

15...exd4

Schwarz gibt seinen Halt im Zentrum auf in der Hoffnung, dadurch das weiße Bauernduo auf d4 und e4 aufbrechen zu können.

16 cxd4 c5 17 ♗f4 ♕d7 18 d5!

Das widerlegt die Idee des Schwarzen. Weiß will seine Zentrumsbauern selbst auf Kosten der Qualität behalten. Wenn Schwarz auf a1 zugreift, wird er nicht nur mit den weißen Bauern, sondern überdies auch noch mit einem exponierten Königsflügel zu kämpfen haben. Ein typisches Abspiel ist 18...♗xa1 19 ♖xa1 c4 20 d6 ♘c6 21 a4! bxa4 22 ♕xc4 ♗xf3 23 ♗xf3 g5 24 ♗xg5 ♘e5 25 ♕e2 ♘c5 26 ♗e7 mit klarem Vorteil für Weiß.

18...c4

Schwarz hofft, mit ...♘c5 und ...♘d3 seinen Springer a6 aktivieren zu können.

19 ♕e3!

Eine hervorragende Erwiderung, die nicht nur den Springer f3 entfesselt und somit 20 ♘e5 droht, sondern auch die schwarze Idee ...♘c5 verhindert.

19...♗xf3

Schwarz ist zu diesem Abtausch gezwungen, um ♘e5 zu verhindern, aber nun kommen auf der langen weißfeldrigen Diagonale neue Probleme auf ihn zu.

20 ♗xf3 b4?!

Die schwarzen Damenflügelbauern sind weit weniger wirkungsvoll als die weiße Zentrumsbauernmasse. Zentrumsbauern sind besser, da sie durch ihr Vorrücken eher gegnerische Figuren angreifen können und dabei häufig einen Angriff auf den gegnerischen König ermöglichen. Nach 20...♗xa1 21 ♖xa1 f6 22 ♕c3 ♖f8 23 ♕a3 ♕b7 24 ♖b1 sind die zahlreichen Vorteile des Weißen (Läuferpaar, freier d-Bauer, Springer auf dem Weg nach d4 und dann c6 oder e6) viel mehr wert als die schwarze Mehrqualität.

21 ♖ab1

S

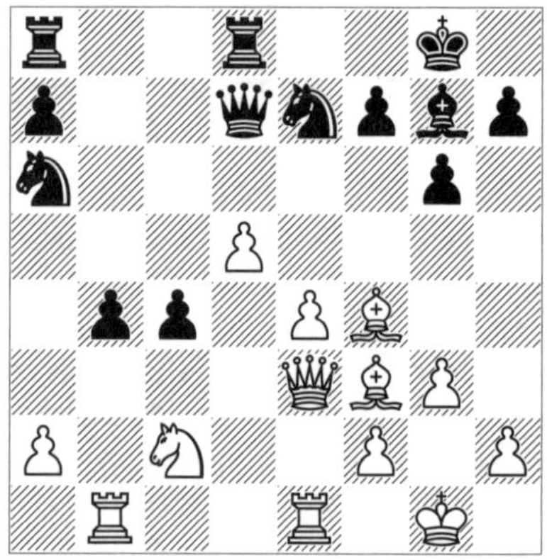

Entfernt den Turm aus der Schusslinie des Läufers und gewinnt durch Angriff auf den Bauern b4 Zeit.

21...♕a4 22 ♘d4 ♘c5

Der Springer entkommt schließlich von a6, aber es ist zu spät, da die weißen Zentrumsbauern zum Vormarsch bereit sind.

23 d6 ♘d3 24 e5

Dieser Mehrzweckzug blockiert die lange schwarzfeldrige Diagonale und droht daher mit dem Schlagen auf e7 und öffnet außerdem die Diagonale des Läufers f3, der nun den Turm auf a8 angreift.

24...♘xe1 25 ♖xe1

Der Nachziehende hat vorübergehend eine Qualität mehr, aber mit diesen Zentrumsbauern ist die weiße Stellung gewonnen.

25...♘f5 26 ♘xf5 gxf5 27 ♗xa8 ♖xa8 28 e6

Ein vernichtender Schlag; Schwarz kann nicht nehmen, da 28...fxe6 29 ♕xe6+ ♔h8 30 d7 gefolgt von ♕e8+ das Matt forciert.

28...♕e8 29 d7 ♕xe6 30 ♕d2 1-0

Nach 30...♕f6 31 ♖e8+ kann Schwarz die Segel streichen.

W

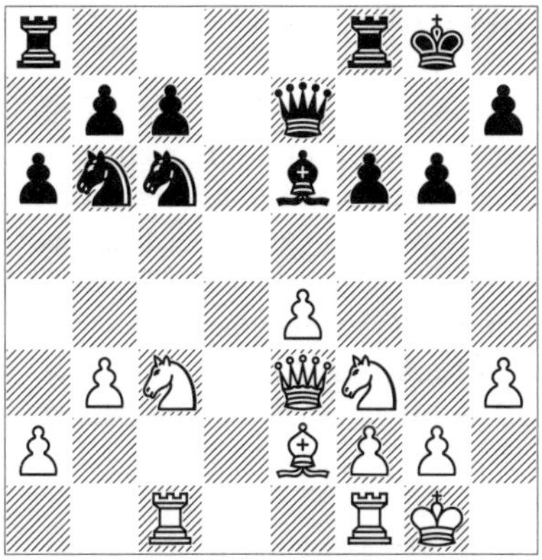

Anand – Swidler
Moskau 2009

Schon ein einziger Mehrbauer im Zentrum kann einen Vorteil sichern, auch wenn dieser eventuell nur geringfügig ist. Hier ist die Stellung nahezu ausgeglichen, aber Weiß behält aufgrund seines e-Bauern etwas Übergewicht. Die schwarzen Damenflügelbauern können vielleicht im Endspiel eine wesentliche Rolle spielen, aber im Mittelspiel ist die weiße Zentrumsmehrheit wichtiger, und das nicht nur, weil sie mehr Einfluss und Raum im Zentrum bietet, sondern auch, weil sie die Grundlage für einen Angriff auf den leicht geschwächten schwarzen Königsflügel bilden könnte.

18 ♖fe1 ♖ad8 19 ♗f1

Der Anziehende will seinen Springer von f3 wegziehen und durch Vorrücken seines f-Bauern einen Angriff beginnen; dieser bescheidene Zug entzieht den Läufer einem möglichen Angriff durch ...♘d4.

19...♗f7 20 ♘h2

Wenn Weiß ungestört bliebe, könnte er mit einer Kombination von ♘g4 und f4-f5 reale Drohungen am Königsflügel aufstellen.

20...♗e6

Der schwarze Läufer kehrt nach e6 zurück und steht bereit, den Springer zu schlagen, wenn er auf g4 auftaucht. Problematisch ist dabei indes, dass Schwarz mit dem Läufer weitere Zeit verliert, wenn Weiß f4-f5 durchsetzen kann.

21 f4 ♘d4?

Ein ernster Fehler, der den Weißen kampflos zu f5 kommen lässt. Rein optisch steht der Springer auf d4 aktiv, richtet aber dort in Wirklichkeit wenig aus und kann sich nicht in die Verteidigung des bedrohten Königsflügels einschalten. Viel zweckmäßiger ist 21...♖fe8, was zumindest vorerst f5 verhindert, da 22 f5? nach 22...♗xf5 einfach einen Bauern verliert.

22 f5 ♗f7

Da 22...gxf5? Schwarz nach 23 exf5 eine Figur kostet, muss der Läufer sich zurückziehen.

23 ♘g4 gxf5

Dies ist offensichtlich riskant, aber Schwarz hatte keinen besseren Zug. Weiß drohte, mit ♕h6 den Druck zu verstärken, wonach der Durchbruch e5 in der Luft läge. Dank der schlechten Stellung des Springers d4 hat Schwarz nicht mehr die Möglichkeit, mit ...♘e5 den gefährlichen Springer g4 abzutauschen. 23...♘c6 kommt nun zu spät, da nach 24 ♘e2! ♘e5 25 ♘h6+ ♔g7 26 ♘xf7 ♔xf7 27 ♘f4 das Feld e6 schrecklich schwach ist.

24 ♘h6+ ♔h8

24...♔g7 25 ♕xd4 ♔xh6 26 exf5 ♖xd4 27 ♖xe7 ♖d7 28 ♖xd7 ♘xd7 29 ♘e4 gibt Weiß ein sehr günstiges Endspiel.

25 ♕f2!

S

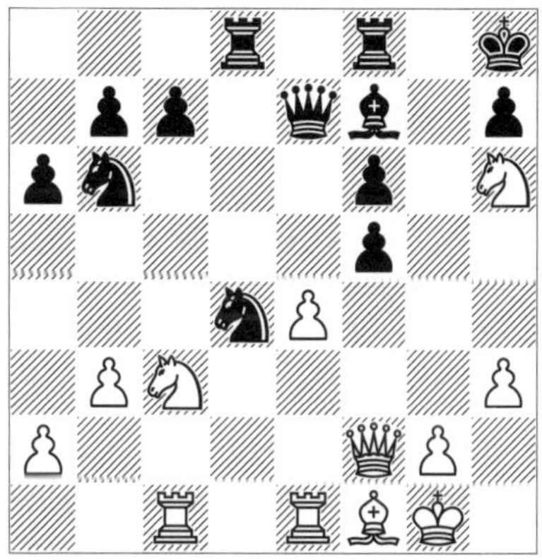

25...fxe4?

Dieser Patzer verliert sofort. Schwarz sollte 25...♗h5 26 ♘d5 ♕d6 27 ♘xb6 ♕xb6 28 exf5 oder 25...f4 26 ♕xf4 ♕e5 27 ♕f2 versuchen, wenngleich Weiß in beiden Varianten dank des zerrütteten schwarzen Königsflügels definitiven Vorteil behält.

26 ♖xe4 ♕d6

Nach 26...♘e6 27 ♕e3 ♖fe8 28 ♖e1 gewinnt Weiß dank der tödlichen Fesselung auf der e-Linie eine Figur, während andere Züge Schwarz nicht helfen, sowohl mit dem Angriff auf d4 als auch mit dem potentiellen Matt auf f6 fertig zu werden.

27 ♖d1 c5 28 ♘xf7+ ♖xf7 29 b4!

Die schlechte Stellung des Springers d4 erweist sich nun als fatal, da er nicht vernünftig zu retten ist.

29...f5 30 bxc5 fxe4 31 ♕xf7 ♘f3+ 32 ♕xf3 1-0

S

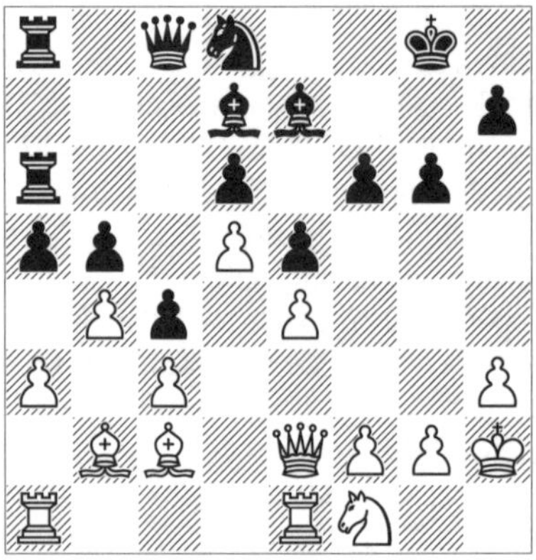

Swetuschkin – Wang Yue
Moskau 2007

Viele Pläne umfassen die Verbesserung der Aktivität einer einzigen Figur. Die vorliegende Stellung ist ungefähr ausgeglichen, wobei der Haupttrumpf von Schwarz in seinem Druck auf der a-Linie besteht. Weiß will auf ...axb4 immer axb4 erwidern, da cxb4 den weißen a-Bauern rückständig machen und den schwarzen c-Bauern in einen gedeckten Freibauern verwandeln würde. Somit hindert der Druck auf der a-Linie den Weißen an der Aktivierung seines Läufers b2 durch ♗c1-e3, da ♗c1 mit ...axb4 beantwortet würde. Da Weiß trotz seiner etwas eingeschränkten Bewegungsfreiheit nicht unter realem Druck steht, muss Schwarz einen Plan zur Verbesserung seiner Stellung finden. Ein guter Ausgangspunkt ist dabei, nach einer momentan nicht viel leistenden Figur zu suchen und zu schauen, ob man sie auf ein aktiveres Feld stellen kann. Hier stehen sowohl der Springer d8 als auch der Läufer e7 nicht berauschend. Daher konzentriert sich Schwarz darauf, diese Figuren auf bessere Felder zu überführen. Das Manöver ...♗f8-h6 kommt durchaus in Betracht, aber Schwarz entscheidet sich für den ebenso guten Plan ...♘f7 nebst ...♗d8-b6.

26...♘f7 27 ♘e3?!

Hier und in den nächsten Zügen wählt Weiß den falschen Plan. Er strebt nach Spiel am Königsflügel auf der Basis von f4, was aber kaum zu etwas führen kann, wenn Schwarz das Feld e5 fest unter Kontrolle hat. Korrekt ist 27 bxa5 ♖xa5 28 ♘e3 mit der Idee, mit a4 die Bauern auf der a- und b-Linie zu liquidieren. Dies neutralisiert den schwarzen Druck auf der a-Linie.

27...♗d8 28 ♖f1 ♗b6 29 ♖ae1 ♔g7 30 ♗b1 axb4

Da Weiß die a-Linie aufgegeben hat, kann Schwarz die Bauern auch tauschen. Er kann zwar im Moment nicht mit einem Turm eindringen, aber die weißen Läufer sind an die Verteidigung der Felder a1 und a2 gebunden.

31 axb4 ♕e8

Um 32 f4 mit 32...exf4 33 ♖xf4 ♕e5 zu beantworten.

32 g3?!

Bereitet f4 vor, schwächt aber den Bauern h3.

32...♕c8!

Erzwingt eine unangenehme Entscheidung.

33 g4?!

Danach steckt Weiß in echten Schwierigkeiten. Besser ist 33 h4, obwohl sich nach 33...h5 gefolgt von ...♘h6 der Zug f4 wegen der empfindlichen Schwächung von g4 verbietet.

S

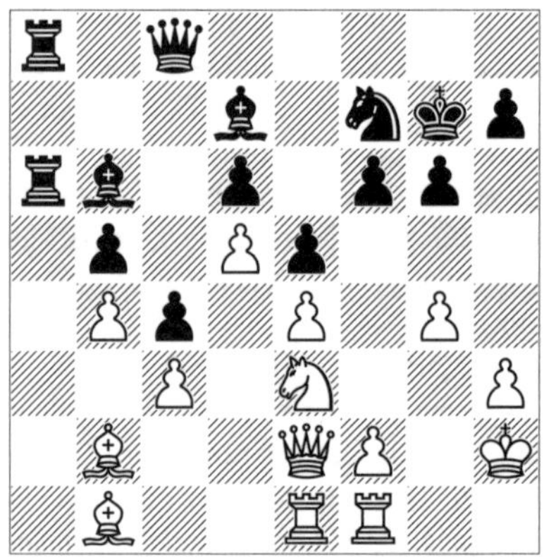

33...♗xe3

Der Plan des Schwarzen ist aufgegangen: Er tauscht seinen von e7 gekommenen schlechten Läufer gegen einen aktiven weißen Springer ab.

34 fxe3

34 ♕xe3 wird mit einem weiteren Plan zur Verbesserung der Stellung einer Figur beantwortet: 34...g5 nebst ...♘h8-g6-f4 und schließlich ...h5.

34...♕d8 35 ♖f3 ♕e7 36 ♖ef1 ♖f8 37 ♕g2

Nun gibt 37...h5! Schwarz in allen Abspielen entscheidenden Vorteil: 38 ♖g3 (nach 38 gxh5 ♘g5 gewinnt Schwarz Material, während 38 ♖xf6 hxg4 39 h4 ♕xf6 40 ♖xf6 ♔xf6 nebst ...♖h8 auch für Schwarz gewinnt) 38...hxg4 39 hxg4 ♖h8+ 40 ♔g1 ♘g5 mit anschließender Überführung der Schwerfiguren auf die h-Linie führt zu entscheidendem Angriff für Schwarz. In der Partie folgte **37... ♖aa8?!** mit leichtem Übergewicht, das er schließlich in einen Sieg umwandeln konnte (0-1, 81).

S

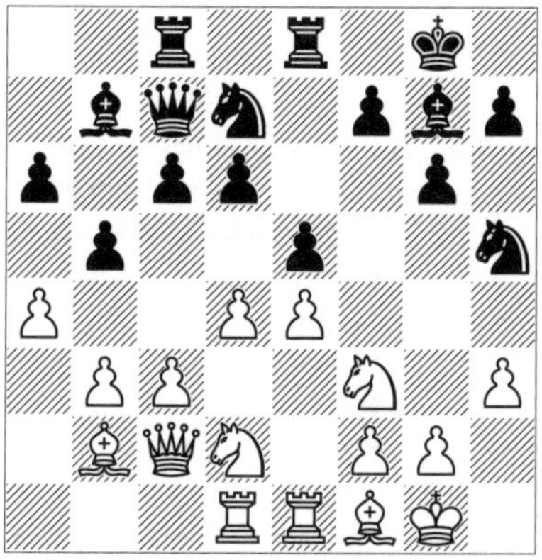

Anand – Leko

Amber-Turnier, Blindpartie, Nizza 2009

Manchmal kann sich die Aktivität einer einzigen Figur schon als entscheidend erweisen. Daher kann ein Plan, mit dem einer Schlüsselfigur ein aktives Feld gesichert wird, zum Wendepunkt der Partie werden. In der vorliegenden typischen Spanisch-Stellung ist es Weiß gelungen, sein Zentrumsbauernduo auf d4 und e4 intakt zu halten. Dies gibt ihm zwar leichtes Übergewicht, aber der Nachziehende hat keinen Grund zur Klage, da er die Entwicklung reibungslos beendet hat. In einer Hinsicht ist er sogar gegenüber dem Weißen in Vorteil: Sein Läufer g7 steht aktiv, während keiner der weißen Läufer einen großen Beitrag leistet. Das Hauptproblem für beide Seiten besteht darin, ihren Leichtfiguren gute Positionen zu sichern, wobei Schwarz im Hinblick auf den Läufer b7 vor besonders großen Schwierigkeiten steht.

20...bxa4?

Der Nachziehende versucht seine Probleme mit der Brechstange zu lösen, kann damit aber nicht ausgleichen. Gesünder ist es, mit 20...♘f4 gefolgt von ...♘e6 den Springer zu zentralisieren und abzuwarten.

21 bxa4 d5

In Situationen, in denen viele Schlagfälle möglich sind, ist in der Regel derjenige im Vorteil, der am Zug ist. Durch Wahl der korrekten Schlagreihenfolge kann Weiß die Stellung zu seinen Gunsten klären. Sein Plan zerfällt in drei Elemente: Er will den Läufer b2 aktivieren, den Läufer b7 passiv halten und dem Springer d2 gute Felder sichern.

22 dxe5 ♘xe5 23 ♘xe5 ♗xe5 24 c4!

Dies verhindert die Aktivierung des Läufers b7 durch ...c5.

24...dxe4

Noch schlechter ist 24...dxc4 25 ♗xe5 nebst ♘xc4.

25 c5!

S

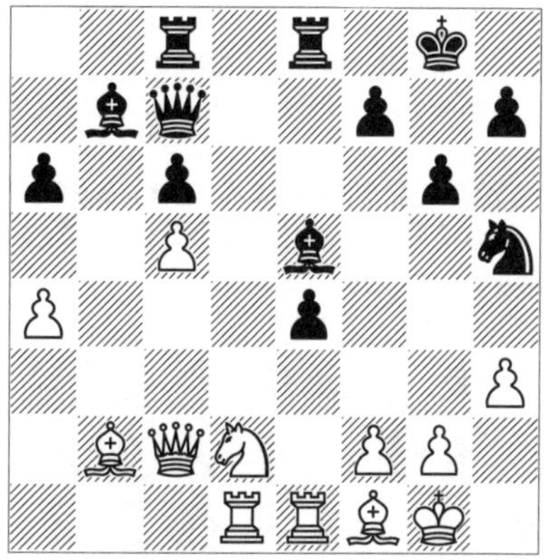

Der entscheidende Zug. Weiß braucht den Bauern e4 nicht sofort zurückzunehmen und verwendet das Tempo stattdessen zur Absicherung seiner strategischen Ziele. Der weiße Springer hat nun einen schönen Vorposten auf d6, während der Läufer b7 völlig aus dem Spiel ausgeschlossen ist.

25...♗xb2

Schwarz kann den Mehrbauern nicht behaupten, da 25...f5 nach 26 ♕b3+ ♔f8 27 ♗xe5 ♖xe5 28 ♘c4 nebst ♘d6 Material verliert. Der springende Punkt ist, dass 25...e3 26 ♖xe3 ♗h2+ 27 ♔h1 ♖xe3 28 fxe3 zu nichts führt, da 28...♘g3+? 29 ♔xh2 ♘xf1++ 30 ♔g1 ♘xe3 an 31 ♕c3 scheitert.

26 ♕xb2 e3

Da nun 26...f5 27 ♘xe4! ♖xe4 28 ♖xe4 fxe4 29 ♗c4+ ♔f8 30 ♕h8+ ♔e7 31 ♕xh7+ katastrophal ist, muss Schwarz den Bauern zurückgeben. Mit ...e3 lockert er wenigstens die weiße Bauernstruktur etwas auf.

27 fxe3 ♖cd8 28 ♘c4 ♖xd1 29 ♖xd1 ♕e7 30 ♘d6!

Der Plan des Weißen hat wunderbar funktioniert; er hat nun entscheidenden Vorteil. Das unmittelbare Angriffsziel ist der schwache Bauer auf f7.

30...♖d8

Nach 30...♕xe3+ 31 ♕f2 ♕xf2+ 32 ♔xf2 ♖d8 33 ♖b1 ♗a8 34 ♗xa6 ist die weiße Stellung dank des a-Bauern gewonnen.

31 ♕d4

31 ♗c4! ♖f8 32 ♘xf7 ♖xf7 33 ♖f1 gewinnt sofort, aber Anands Methode ist ebenfalls ausreichend.

31...♖f8 32 ♗c4 ♗c8 33 ♖b1 ♘g3 34 e4 ♕g5

Erlaubt ein hübsches Finale, in dem Weiß eine Qualität erobert.

35 ♗xf7+! ♖xf7 36 ♕h8+ 1-0

17 Raumvorteil

Witjugow – Ganguly
Olympiade, Chanty-Mansijsk 2010

1 c4 ♘f6 2 ♘c3 g6 3 e4 d6 4 d4 ♗g7 5 f3 0-0 6 ♗e3 ♘c6 7 ♘ge2 a6 8 ♕d2 ♖b8 9 ♖c1 e6 10 ♘d1 ♖e8 11 g3 ♘e7 12 ♗g2

S

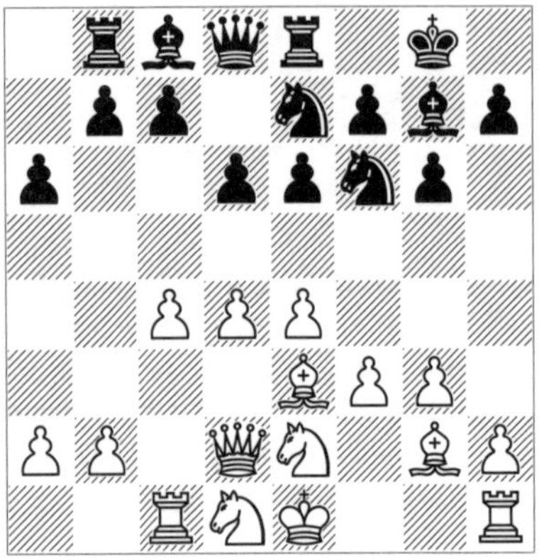

Schwarz hat die Eröffnung passiv behandelt und dem Anziehenden ein breites Bauernzentrum überlassen. Ein solches Zentrum muss schleunigst angegriffen werden, da Weiß sonst Zeit hat, seine Entwicklung abzuschließen und seinen Raumvorteil zu konsolidieren.

12...b5?!

Eine effektivere Methode zum Angriff auf das weiße Zentrum besteht in 12...b6 nebst ...c5.

13 c5 b4 14 ♘f2 a5 15 0-0 ♗a6 16 ♖fd1

Weiß bringt seine letzte Figur ins Spiel. Ein großer Raumvorteil wie dieser bietet Flexibilität und Manövrierfreiheit und verbürgt in der Regel einen automatischen Vorteil, wenn er behauptet werden kann. Schwarz kann seinen Läufer a6 abtauschen, was aber seine Probleme nicht lösen würde, da dann sein Damenflügel anfällig werden würde.

16...♘d7

In der Hoffnung auf ...dxc5 gefolgt von ...♘e5, was Weiß aber leicht verhindern kann.

17 f4 d5 18 e5

Das blockierte Zentrum zementiert den weißen Raumvorteil und nimmt Schwarz jede Chance auf einen effektiven Angriff auf die weißen Zentrumsbauern.

18...♘f5 19 ♔h1 ♖a8 20 ♘g1

Da der Springer auf e2 über wenig Perspektiven verfügt, bereitet der Anziehende seine Überführung nach f3 oder h3 vor. Außerdem kann Schwarz nun seinen weißfeldrigen Läufer nicht mehr abtauschen. Dieser Läufer mag zwar aktiv erscheinen, aber Weiß kann leicht um die von ihm kontrollierten Felder herumspielen, was bedeutet, dass er ins Leere schießt.

20...♘b8 21 g4 ♘xe3

Nach 21...♘h4 22 ♗h3 muss sich Schwarz über f5 nebst ♗g5 Sorgen machen.

22 ♕xe3 f5

Schwarz unternimmt selbst etwas; sonst spielt Weiß ♘f3, ♗h3, ♖g1 und schließlich f5.

23 gxf5 gxf5

Die schwarzen Läufer leiden unter Raummangel.

24 ♕h3 ♘c6

Weiß wird stets mehr Feuerkraft auf dem Königsflügel versammeln können als Schwarz, da der Läufer a6 vollkommen vom Königsflügel abgeschnitten ist und Weiß dank seines Raumvorteils seine Figuren leichter in Stellung bringen kann.

25 ♗f3 ♖e7 26 ♖d2 ♕f8 27 ♕h4 ♘d8 28 ♘fh3

S

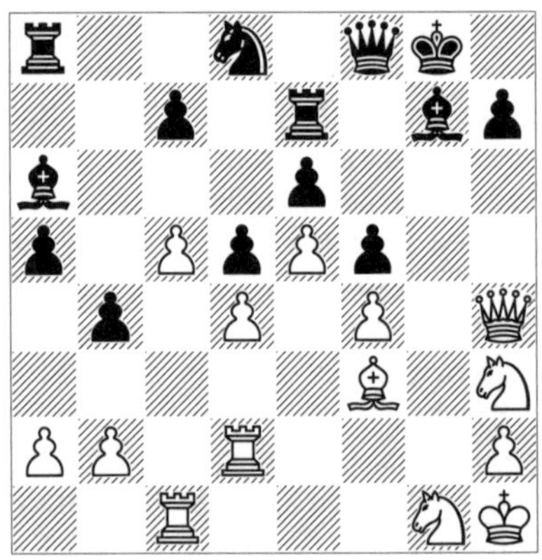

28...c6 29 ♗h5 ♖aa7 30 ♘f3 ♗h6 31 ♖g1+ ♖g7 32 ♘fg5

Wer Raumvorteil hat, sollte unnötige Tauschaktionen vermeiden. Daher tauscht Weiß hier die Türme nicht.

32...♔h8

32...♗xg5 33 fxg5 hilft nicht, da Weiß ♘f4, ♗d1 und ♘h5-f6 folgen lassen kann.

33 ♗f3 ♖g6 34 ♖dg2

Mit der Drohung 35 ♘xh7.

34...♕e7 35 ♕h5 ♗xg5 36 ♘xg5 ♕g7 37 ♘xh7 1-0

Nach 37...♕xh7 38 ♕xg6 gewinnt Weiß leicht.

Z. Almasi – Macieja

Olympiade, Chanty-Mansijsk 2010

1 e4 c5 2 ♘f3 ♘c6 3 d4 cxd4 4 ♘xd4 g6 5 c4 ♘f6 6 ♘c3 d6 7 ♗e2 ♘xd4 8 ♕xd4 ♗g7 9 ♗e3 0-0 10 ♕d2 a5 11 ♖d1 ♗e6

W

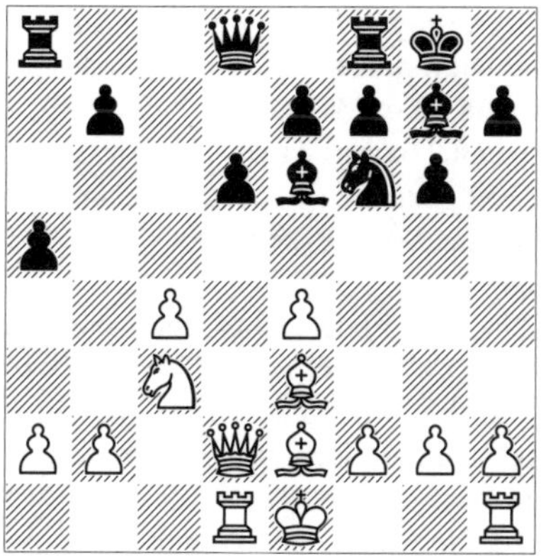

Trotz des weißen Raumvorteils kann Schwarz seine Entwicklung problemlos beenden. In dieser Stellung spielt der Raumvorteil eine Rolle, reicht aber für einen automatischen Vorteil nicht aus; es hängt viel davon ab, ob Weiß ihn in etwas Signifikanteres umwandeln kann. In der Partie kann Weiß ungeachtet der beträchtlichen Öffnung der Stellung durch dynamisches Spiel sein räumliches Übergewicht behaupten. Im Gegensatz zu Raumvorteil in geschlossenen Stellungen, der in der Regel dauerhaft ist und sich am besten durch Manövrieren ausnutzen lässt, wird Raumvorteil in offeneren Stellungen oft durch Umwandlung in eine andere Art von Vorteil oder sogar einen direkten Angriff ausgenutzt.

12 0-0 a4

Wegen des Vorrückens des a-Bauern kann Weiß den Bauern c4 nicht mit b3 stützen, ohne Linienöffnungen am Damenflügel zuzulassen.

13 f4 ♕a5 14 ♗d4

Es ist wichtig, die lange Diagonale zu besetzen, da sonst nach späterem b3 der Springer c3 zu anfällig wäre.

14...♕b4?!

Schwarz will a3 erzwingen, wonach Weiß den Bauern c4 nicht mehr durch b3 verteidigen können wird, aber die auf dieses Manöver verwendete Zeit gibt Weiß die Chance, seinen Vorteil zu vergrößern. Besser ist 14...♖fc8 15 b3 axb3 16 axb3 ♕a3, wenngleich Weiß Übergewicht behält.

15 a3 ♕a5

15...♕b3?! 16 ♖de1! ist schlecht für Schwarz, da er nach 16...♗xc4?? 17 ♗d1 die Dame verliert.

16 ♕e3

Droht mit 17 ♗b6 ♕a6 18 ♘d5 sofort zu gewinnen.

16...♖ac8

16...♘d7? verliert wegen 17 ♗xg7 ♔xg7 18 f5 gxf5 19 exf5 ♗xf5 20 ♖d5.

17 ♗b6 ♕a8 18 c5

Der schwache Bauer c4 verschwindet, und in der resultierenden offeneren Stellung behält Weiß seinen Raumvorteil und verfügt zudem über die aktiveren Figuren.

18...dxc5 19 ♗xc5 ♖fe8 20 ♖d2 ♘d7?!

Schwarz hat keinen wirklich zufriedenstellenden Plan, aber 20...b5 öffnet wenigstens eine Linie für die Dame.

21 ♗b4 ♘b8

Mit der Absicht ...♘c6 gefolgt von ...♘a5, aber Schwarz kommt nicht zur Ausführung dieses Plans.

22 f5!

S

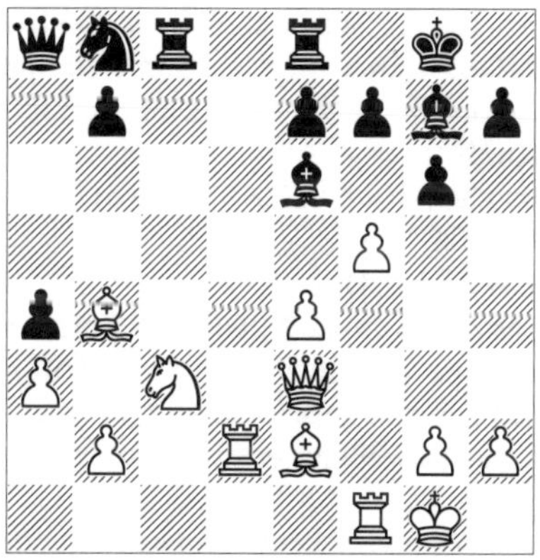

Da die schwarzen Figuren schlecht stehen, ergreift Weiß die Gelegenheit, durch das Vorrücken seiner Bauern seinen Raumvorteil in einen Königsangriff umzuwandeln.

22...♗b3 23 ♘d5 ♘c6 24 ♘b6 ♕a7 25 ♗c5 ♖cd8 26 ♘d7 ♕a8 27 ♗b6 ♖c8?!

Nun schlägt der weiße Angriff durch. Nach 27...♕c8 28 ♗xd8 ♖xd8 29 f6 ♖xd7 30 ♗g4 e6 31 fxg7 ♖xd2 32 ♕xd2 muss Weiß noch seinen Materialvorteil realisieren.

28 e5! ♘a5 29 e6 gxf5 30 ♖xf5

Mit Angriff auf a5 und f7.

30...♖c1+ 31 ♔f2 ♘c6 32 ♖xf7 ♔h8 33 ♕e4

Mit der tödlichen Drohung ♗d3.

33...♖h1 34 h3 1-0

W

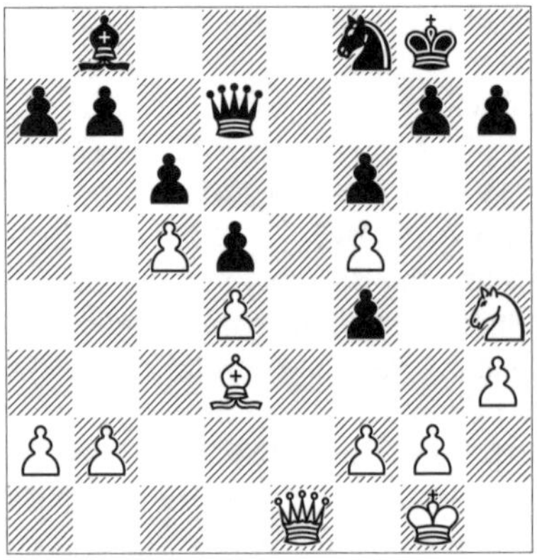

Nunn – Milner-Barry
Oxford 1971

In dieser ziemlich symmetrischen Stellung verfügt Weiß über einige kleine Vorteile: Er kontrolliert zumindest im Moment die e-Linie, hat mehr Raum am Damenflügel und den einflussreicheren Läufer. Wenn es Schwarz jedoch gelingt, mit der Dame auf der e-Linie zu opponieren, wird der weiße Vorteil stark schrumpfen.

33 ♗c2!

Strebt nach d1 und h5, ohne dabei die e-Linie zu blockieren.

33...♔f7 34 ♗d1 ♔g8?

Ein ernster Fehler. Mit dem Läufer auf h5 wird Weiß die Stellung dauerhaft im Griff haben. Der Nachziehende sollte ♗h5 mit 34...g6 verhindern, wonach Weiß nur etwas besser steht.

35 ♗h5

Nun hat Schwarz kein Gegenspiel und muss seine Dame auf d7 oder d8 halten, damit die weiße Dame nicht auf e7 oder e8 eindringt, während ein Springerzug ♕e6 erlauben würde. Weiß muss trotz des durch die Kontrolle über die e-Linie gegebenen Vorteils lavieren, um Fortschritte zu machen. Eine gängige Idee besteht darin, auf einem anderen Teil des Bretts zu spielen; hier bietet sich dafür der Damenflügel an. Weiß will mit b4-b5 mehr Linien öffnen und seinem Gegner einen schwachen Bauern auf c6 oder d5 verpassen.

35...♕d8 36 b3 ♗c7 37 b4 ♕d7 38 ♗e8 ♕d8 39 a4 a6

39...♗e5 hilft nicht, da sich Weiß mit 40 dxe5 ♕xe8 41 e6 einen furchterregenden gedeckten Freibauern verschafft.

40 ♕e2

Da Schwarz kein Gegenspiel hat, kann sich der Weiße Zeit zur Verbesserung seiner Stellung lassen, bevor er b5 spielt. Der Textzug verhindert die Aktivierung des schwarzen Läufers unter Tempogewinn durch ...♗a5.

40...♗b8 41 ♘f3

Gut ist auch sofort 41 b5, aber Weiß ist geduldig und bringt zuerst den abseits stehenden Springer näher ans Spielgeschehen.

41...g6

Der Nachziehende sucht Gegenspiel. Wenn er mit 41...♗c7 abwartet, wird 42 b5 axb5 43 axb5 cxb5 44 ♗xb5 ♕a8 45 ♗e8 ♕d8 46 ♗a4 gefolgt von ♗b3 bald den Bauern d5 gewinnen.

42 h4

Nun, da Schwarz ...g6 gespielt hat, kann Weiß auch am Königsflügel aktiv werden.

42...♔g7 43 h5 g5

W

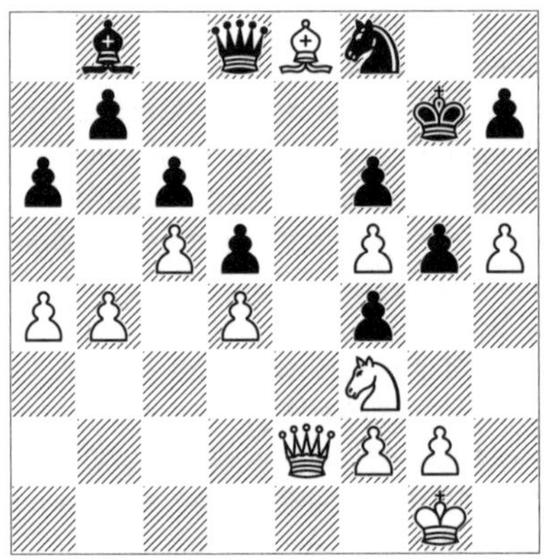

44 h6+! ♔g8

44...♔xh6 verliert wegen 45 ♘xg5 fxg5 46 ♕h5+ ♔g7 47 ♕f7+ ♔h8 48 ♕xf8#.

45 ♘h2

Überführt den Springer nach g4.

45...♕c7 46 f3 ♔h8 47 ♘g4 ♕d8 48 ♗f7

Es gibt viele Wege zum Sieg.

48...♗c7 1-0

Ich beabsichtigte 49 a5 ♕d7 (49...♗b8 50 ♕e8 ♕xe8 51 ♗xe8 ♗c7 52 ♘xf6 ist nur Zugumstellung) 50 ♗e8 ♕d8 51 ♗h5 (51 ♗xc6 bxc6 52 ♕xa6 ♕e7 53 ♔f2 gewinnt auch) 51...♔g8 (oder 51...♗b8 52 ♕e8) 52 ♕e8 ♕xe8 53 ♘xf6+ ♔h8 54 ♗xe8 mit leichtem Sieg, da Schwarz weder seinen König noch seinen Springer bewegen kann.

W

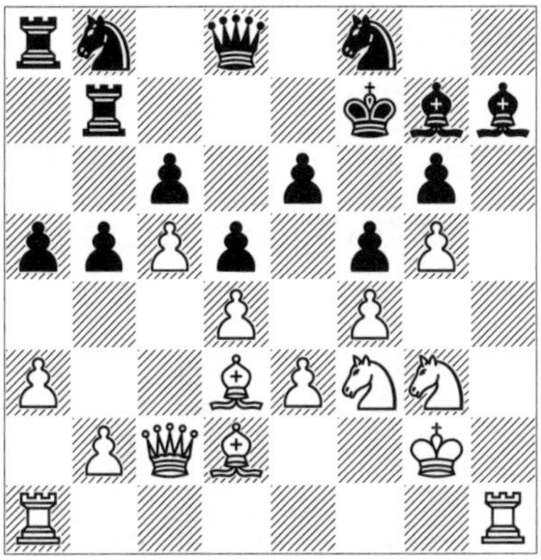

Gelfand – Wang Yue

Medias 2010

Weiß ist dank seines Raumvorteils offensichtlich im Vorteil, kann dies aber wegen der blockierten Stellung nicht sofort ausnutzen. Um Fortschritte zu machen, muss Weiß lavieren, indem er durch Umgruppierung seiner Figuren verschiedene Drohungen aufstellt, die den Druck auf die gegnerische Stellung verstärken.

28 ♖h3

Der erste Schritt besteht in der Verdreifachung der Schwerfiguren auf der h-Linie. Dies ist am wirkungsvollsten, wenn die Dame hinter den beiden Türmen steht.

28...♔g8 29 ♖ah1 ♖aa7 30 ♔f1 ♕e8 31 ♗e1 ♗h8 32 ♖h6 ♗g7 33 ♖6h4 ♗h8 34 ♖1h3 ♖e7 35 ♕h2 ♖eb7 36 ♖h6 ♖e7

Schwarz hat die unmittelbaren Drohungen auf der h-Linie abwehren können. Es sieht nun ganz danach aus, als ob Weiß nur mit Hilfe eines Opfers durchbrechen können wird. Es ist wichtig, sich nicht zu übereilen; wenn man ein Opfer bringen will, sollte man sicherstellen, dass man zunächst alle Figuren ideal aufstellt. Gelfands nächster Schritt ist ein Angriff auf den Bauern a5, um diesen zum Vorrücken nach a4 zu bewegen. Dies macht das Feld b4 für einen weißen Springer frei und eröffnet langfristig die Gelegenheit zu einem Spiel am Damenflügel mit b3. Das Lavieren basiert häufig auf einem Spiel auf zwei verschiedenen Brettbereichen.

37 ♘e2 ♖eb7 38 ♘c1 ♖e7 39 ♘b3 a4

Im Fall von 39...♕d8 erzwingt 40 ♕d2 so oder so den Vormarsch des a-Bauern.

40 ♘c1 ♖eb7 41 ♗e2 ♖e7 42 ♘d3 ♖eb7

Nun stehen die weißen Figuren so gut wie möglich: Der Läufer kann nach h5 gehen, während der Springer d3 sich den Umständen entsprechend nach e5 oder b4 wenden kann.

43 ♘h4!

Mit der Drohung 44 ♘xg6 ♘xg6 45 ♗h5 ♖g7 46 ♘e5 – deshalb hat Weiß den Springer auf d3 gelassen und ihn nicht zuerst nach b4 gezogen.

43...♗g7

Der einzige Weg, der Drohung zu begegnen, aber nun hat Weiß ein anderes Opfer in petto.

44 ♖xh7! ♘xh7

44...♔xh7? 45 ♘xg6+ ♔g8 46 ♖h8+ ♔f7 47 ♘de5+ ♗xe5 48 fxe5 führt zu einem schnellen Matt.

45 ♘xg6 ♘d7 46 ♗h5 ♕d8 47 ♘b4

Macht von den Möglichkeiten am Damenflügel Gebrauch, um den schwachen Bauern c6 anzugreifen.

47...♖c7

W

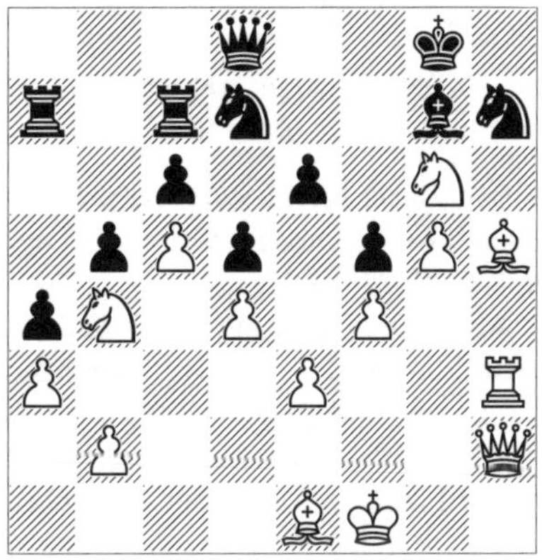

48 ♘h8!! ♘df8

Die kritische Variante ist 48...♔xh8 (48...♗xh8 verliert wegen 49 ♗f7+! ♔xf7 50 ♖xh7+ ♗g7 51 g6+! ♔f8 52 ♖xg7) 49 ♗f7 ♘df8 50 ♖xh7+! ♘xh7 51 g6 ♗h6! 52 ♕xh6 ♖xf7 53 gxf7 ♖xf7 54 ♘xc6, und Schwarz wird nicht mit dem Freibauern auf der c-Linie und den Drohungen gegen seinen König fertigwerden können.

49 ♘f7 ♖xf7 50 ♗xf7+ ♖xf7 51 ♖xh7 ♕e8

Oder 51...♘xh7 52 g6 ♖c7 53 ♕xh7+ ♔f8 54 ♗h4! ♕e8 55 ♗g5 mit leichtem Sieg für Weiß.

52 ♖h3

Neben seinen anderen Vorteilen hat Weiß nun einen klaren Mehrbauern. Der Sieg kommt langsam, aber sicher.

52...♘g6 53 ♕e2 ♖c7 54 ♕h5 ♔f7 55 ♕h7 ♕g8 56 ♕xg8+ ♔xg8 57 ♘d3 ♖a7 58 ♔e2 ♔f7 59 ♘b4 ♘e7 60 ♔d1 ♖a8 61 ♔c2 ♖g8 62 ♘d3 ♖a8 63 ♖h7 ♘g6 64 b3 ♘f8 65 ♖h2 axb3+ 66 ♔xb3 ♔e8 67 ♖a2 ♔d7 68 a4 bxa4+ 69 ♖xa4 ♖xa4 70 ♔xa4 ♔c8 71 ♗a5 ♘g6 72 ♘b4 ♔d7 73 ♘a6 ♔c8 74 ♗c7 ♗f8 75 ♔a5 ♔b7 76 ♗d6 ♗e7 77 ♗xe7 ♘xe7 78 ♘b4 ♘g8 79 ♘d3 ♘e7 80 ♘c5 ♘g8 81 g6 ♘f6 82 g7 1-0

19 Abwicklung ins Endspiel

W

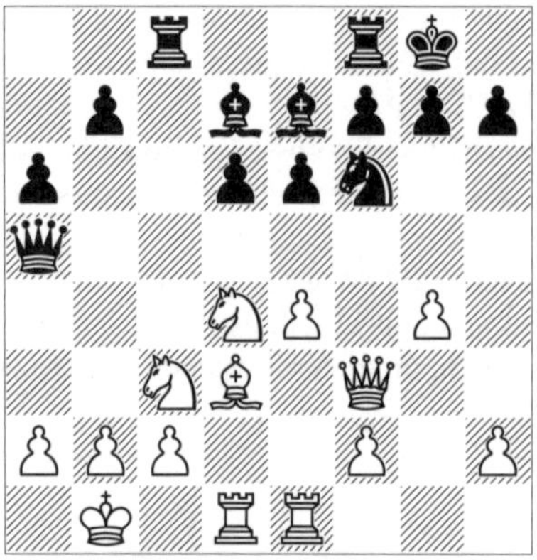

Westerinen – Hort
Dortmund (3) 2007

In dieser zweischneidigen Sizilianisch-Stellung beginnt Weiß einen gefährlichen Angriff:

14 e5!? dxe5 15 ♘b3

Nach Abzug der Dame hat Weiß Ideen auf der Basis von g5 und ♗xh7+. Schwarz kann sich mit 15...♕c7 16 g5 ♘e8 passiv verteidigen, da für Weiß nichts Klares in Sicht ist, aber Hort findet eine bessere Lösung, die auf der Abwicklung in ein Endspiel beruht. Mehrere Faktoren deuten darauf hin, dass dies die beste Möglichkeit ist: Schwarz hat dank seines Läuferpaars und seiner besseren Bauernstruktur einen langfristigen positionellen Vorteil (Weiß hat durch das Vorrücken des g-Bauern seine Königsflügelbauern kompromittiert), und eine Abwicklung wird die weißen Angriffschancen zunichtemachen. Später werden wir uns in Abschnitt 60 das verwandte Thema der Verteidigung durch Abtausch einzelner Angriffsfiguren ansehen, aber hier betrachten wir umfangreichere Tauschoperationen, die schnurstracks zu einem Endspiel führen.

15...♕b4! 16 g5

Nach 16 a3 ♕xg4 17 ♕xg4 ♘xg4 18 ♗xh7+ ♔xh7 19 ♖xd7 ♗h4 20 ♖xb7 ♗xf2 gewinnt Schwarz einen Bauern.

16...♗c6

Dies ist alles Teil einer forcierten taktischen Zugfolge.

17 ♕h3 ♕g4 18 ♗xh7+ ♔h8

Dies ist die Stellung, die Schwarz vorhergesehen hatte. Weiß muss die Damen tauschen, da er sonst eine Figur verliert.

19 ♗f5+ ♕xh3 20 ♗xh3 ♘h7 21 g6

Da 21 ♖xe5 ♘xg5 22 ♖e3 ♖cd8 deutlich besser für Schwarz ist, verwendet der Anziehende seinen g-Bauern, um die schwarzen Bauern aufzubrechen.

21...♘g5 22 ♖xe5 ♘xh3 23 ♖h5+ ♔g8 24 ♖xh3 fxg6

W

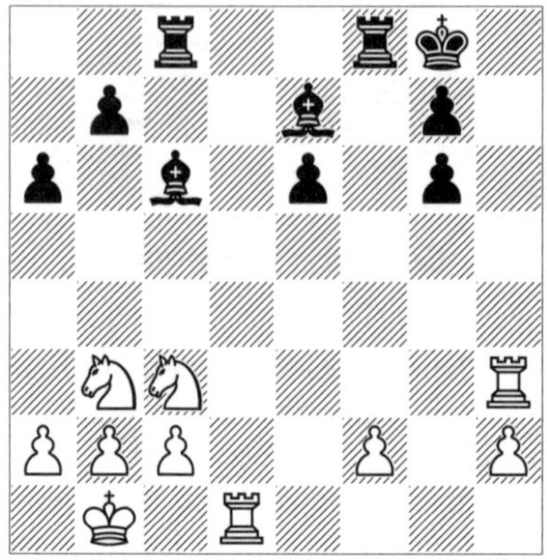

Die Abwicklung hat sich als sehr gut für Schwarz erwiesen, da seine beiden Läufer in dieser offenen Stellung den weißen Springern klar überlegen sind. Es ist schwer zu sagen, ob sein Vorteil den Sieg garantiert, aber in jedem Fall steht Weiß vor einer beschwerlichen Verteidigung, während Schwarz ohne jedes Risiko auf Gewinn spielen kann. Im 15. Zug musste Schwarz einigen Aufwand in die Berechnung der Taktik stecken, was sich aber nun bezahlt macht.

25 ♘d4 ♖xf2 26 ♘xe6?

Bessere Remischancen bietet 26 ♘xc6 ♖xc6 27 a3. Weiß hat zwar einen Bauern weniger, aber die schwarzen Bauern sind zersplittert und wenigstens ist einer der bedrohlichen Läufer vom Brett verschwunden.

26...♗f3 27 ♖g1 ♗f6?

Vernichtend ist 27...g5!, da der weiße Turm nach dem kommenden ...g4 kein gutes Fluchtfeld hat. Nach ♖hg3 steckt der Turm in der Falle, während ♖h5 mit ...g3 beantwortet werden kann.

28 ♘f4 ♗xc3 29 ♘xg6!

Nun muss Schwarz die Drohungen ♘e7+ und ♖h8+ abwehren.

29...♗g4 30 ♖hg3??

Dieser Patzer verliert sofort. Nach 30 ♖xc3 ♖xc3 31 bxc3 sollte die Partie Remis ausgehen.

30...♗f6!

Die Widerlegung, da Schwarz nun seine Türme auf der siebten Reihe verdoppeln kann.

31 ♖xg4 ♖cxc2 32 ♖b4 ♖xb2+ 33 ♖xb2 ♖xb2+ 34 ♔c1 ♖xa2 35 ♖g4 ♖xh2 36 ♔d1 b5 37 ♘f4 ♖h4 0-1

W

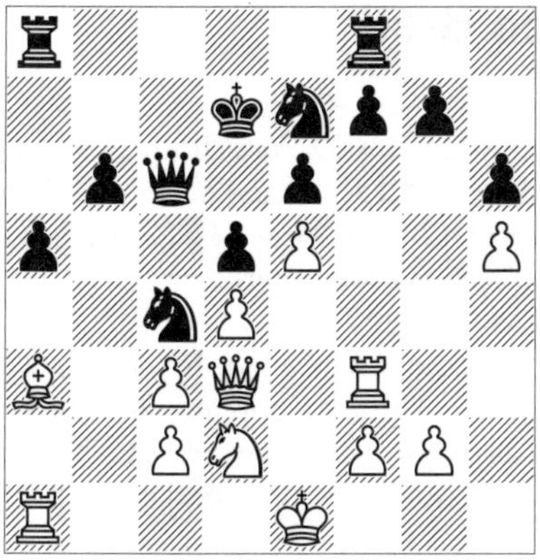

Bologan – Bauer
Enghien-les-Bains 1999

Die Neutralisierung eines gegnerischen Angriffs ist nicht der einzige Grund für eine Abwicklung ins Endspiel. In dieser recht unklaren Stellung hat Weiß einen aktiven Läufer auf a3 und Chancen auf einen Angriff auf die Königsflügelbauern mit ♕h7, aber seine Damenflügelbauern sind zerrüttet, und Schwarz hat einen Freibauern auf der a-Linie. Aufgrund des letztgenannten Faktors könnte man denken, dass ein Endspiel für Schwarz günstig wäre, was aber nicht unbedingt der Fall ist. Der Läufer a3 kann den a-Bauern blockieren, und wenn Weiß mit einem Turm eindringen kann, könnte der Nachziehende Schwierigkeiten bekommen. Die Beurteilung einer Abwicklung hängt daher in hohem Maße von der exakten Stellung danach ab. Man muss sorgfältige Berechnungen anstellen, um sicherzugehen, dass das Ergebnis günstig sein wird.

21 ♘xc4 dxc4

Erzwungen, da 21...♕xc4? 22 ♕h7 ♖g8 23 ♖xf7! ♕xc3+ 24 ♔e2 ♕xa1 (24...♖ae8 25 ♗xe7 ♕c4+ 26 ♔f3 ♕c3+ 27 ♔g4 ♕xd4+ 28 f4 ist auch für Weiß gewonnen) 25 ♖xe7+ ♔c6 26 ♖xe6+ Weiß Mattangriff gibt.

22 ♕h7 ♘f5?

Dieses Qualitätsopfer sieht natürlich aus, da es die weiße Dame einsperrt, lässt aber eine für Weiß günstige Abwicklung zu. Besser ist 22...♖h8! 23 ♕xg7 ♕e4+ 24 ♖e3 ♕f5. Nach 25 ♗xe7 ♔xe7 26 ♖f3 ♖ag8 27 ♕xh8 ♕e4+ 28 ♖e3 ♕xe3+ 29 fxe3 ♖xh8 ergibt sich ein Endspiel mit einem Mehrbauern für Weiß, aber in einem reinen Turmendspiel ist der entfernte Freibauer auf der a-Linie recht gefährlich und sollte Schwarz ein Remis verbürgen.

23 d5!

Der Beginn einer taktischen Operation, die ein günstiges Endspiel erzwingt. Weder 23 ♗xf8? ♕e4+! 24 ♔d2 (24 ♔f1?? verliert nach einem Springerschach die Dame) 24...♖xf8 25 ♖a4 ♖c8 noch 23 ♖xf5? ♕e4+ 24 ♔d2 ♕xf5 25 ♕xf5 exf5 26 ♗xf8 ♖xf8 27 ♔e3 geben Weiß Vorteil.

23...♕xd5

23...♕a4? verliert wegen 24 ♖xf5 exf5 25 ♕xf5+ ♔e8 26 e6 mit gewinnbringendem Angriff.

24 ♖d1

Gewinnt die Dame, aber da die weiße Dame in der Falle sitzt, läuft dies lediglich auf einen indirekten Damentausch hinaus.

24...♕xd1+ 25 ♔xd1 ♖h8 26 ♕xh8 ♖xh8

W

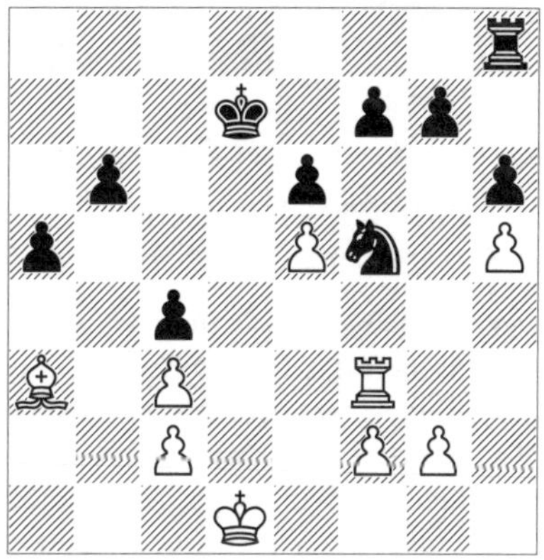

Weiß hat einen Bauern ins Geschäft gesteckt, um die Damen zu tauschen, aber dafür kann er nun mit dem Turm in die gegnerische Stellung eindringen.

27 g4 ♘h4 28 ♖xf7+ ♔c6 29 ♖xg7

Mit einem Mehrbauern und aktiven Figuren sollte Weiß gewinnen.

29...♔d5?!

Dies macht Weiß das Leben einfach. Mehr Widerstand leistet 29...♘f3, aber auch dann wird Weiß nach der präzisen Fortsetzung 30 ♔e2 ♘xe5 31 f4 ♘d7 32 ♖g6! ♔d5 33 f5 ♘c5 34 f6 a4 35 f7 ♖f8 36 ♖g7 ♔e5 37 g5! hxg5 38 h6 ♔f6 39 ♗c1 gewinnen.

30 ♖f7

Der Springer wird von f3 ferngehalten und läuft nun Gefahr, gefangen zu werden.

30...♖g8 31 f3 ♘xf3

Verzweiflung, aber es gab nichts Besseres. Nun gewinnt Weiß dank seiner Mehrfigur leicht.

32 ♖xf3 ♖xg4 33 ♖f6 ♖g1+ 34 ♔d2 ♖g2+ 35 ♔c1 ♔xe5 36 ♖xh6 ♖h2 37 ♗e7! b5 38 ♔b2 ♔d5 39 ♖h8 e5 40 h6 ♔e6 41 h7 ♔f7 42 ♗d6 1-0

Wenn sich der größte Teil der Kampfhandlungen auf einem Teil des Bretts abspielt, kann man leicht den Rest des Bretts vergessen.

S

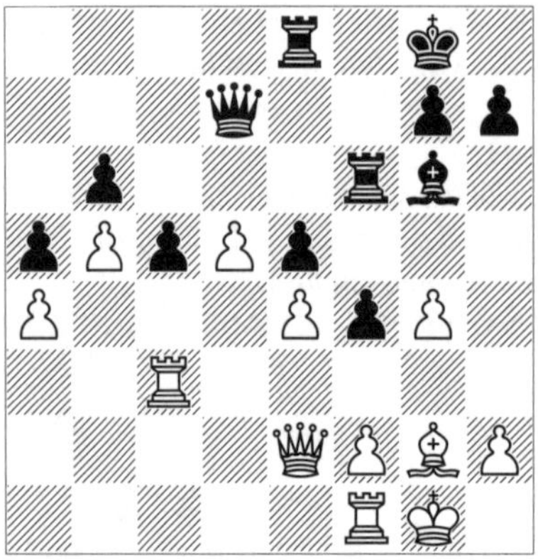

Grischuk – Iwantschuk
Amber-Turnier, Schnellpartie, Monaco 2011

Schwarz steht aus zwei Gründen etwas besser. Erstens spielt sich das Geschehen nur auf dem Königsflügel ab, wo ihm der vorgeschobene f-Bauer Raumvorteil gibt, und zweitens ist der schwarze Läufer aktiver. Es ist jedoch noch ein langer Weg von der gegenwärtigen Stellung zum Sieg.

28...♗f7 29 f3

Weiß hat gute Verteidigungschancen, da der Nachziehende nur auf enger Front angreifen kann.

29...g5 30 h4!?

Weiß könnte mit seinem König zum Damenflügel laufen und am Königsflügel einfach stillhalten, entscheidet sich aber dafür, sich durch Aktivierung seines Läufers dynamisch zu verteidigen.

30...gxh4 31 ♗h3 ♖g6 32 ♔f2 h5 33 ♖h1 ♕e7

Weiß darf nicht gxh5 spielen, was mit ...♖g3 beantwortet werden würde, aber ebenso würde Schwarz lieber nicht ...hxg4 spielen, da nach ♗xg4 der weiße Läufer aktiv und der Bauer h4 schwach wird.

34 ♖cc1 ♔h7 35 ♖cg1 ♖eg8

Im Moment hat Weiß alles unter Kontrolle, da er dem Plan ...♗e8-d7 durch Turmverdopplung auf der h-Linie begegnen kann.

36 ♔f1?!

Das ist Zeitverschwendung. Möglich war 36 ♖g2 ♗e8 (36...c4 kann mit 37 ♖c1 beantwortet werden) 37 ♕c4 (verhindert Tricks auf der Basis von ...c4) 37...♗d7 38 ♖gh2, wonach schwer zu sehen ist, wie Schwarz Fortschritte machen kann, da 38...hxg4 39 ♗xg4 ♖xg4 nach 40 d6! ♕f6 41 ♕d5! ♖8g7 42 fxg4 ♖xg4 43 ♖h3 ♔g7 44 ♖1h2 nur zu gleichem Spiel führt.

36...♔h6?!

Verpasst die Chance zu 36...♗e8!, wonach Weiß für die Turmverdopplung auf der h-Linie keine Zeit mehr hat, da sowohl auf 37 ♖g2 als auch auf 37 ♖h2 die starke Entgegnung 37...c4! folgt.

37 ♖g2?

Die richtige Idee, aber die falsche Ausführung. Korrekt ist 37 ♖h2, da der Anziehende nach 37...c4 38 ♕xc4 ♕a3 39 ♗g2! (darum musste das Feld g2 frei bleiben) 39...hxg4 40 ♖xh4+ ♔g7 41 ♖gh1! zum Remis ausreichendes Gegenspiel hat.

S

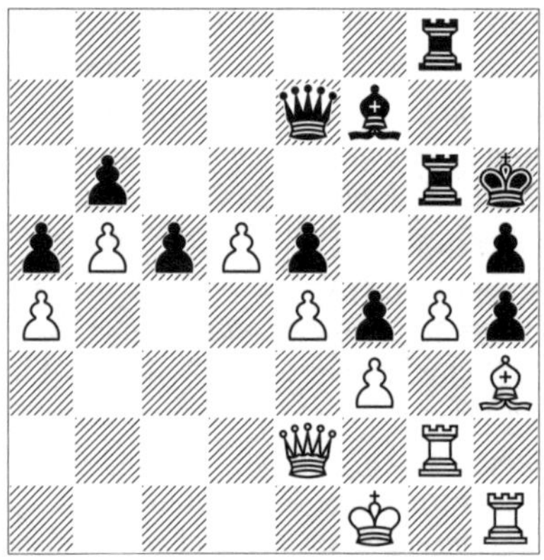

37...c4!

Mit allen Kampfhandlungen am Königsflügel war es leicht für Grischuk, diese Möglichkeit zu vergessen. Durch das Opfer eines Bauern kann Schwarz mit seiner Dame auf a3 eindringen und den weißen König vom Damenflügel aus belästigen. Wegen seines unbeweglichen Läufers kann Weiß seine Kräfte nicht umgruppieren, um diesem neuen Angriff zu begegnen.

38 ♕xc4 ♕a3 39 ♖f2?!

Lässt einen forcierten Gewinn zu. Die beste Chance ist 39 ♕e2, aber nach 39...♕a1+ 40 ♕e1 ♕xa4 41 ♔g1 ♕xb5 42 ♕xh4 ♖g5 hat Schwarz einen Bauern mehr und klaren Vorteil.

39...hxg4 40 ♗xg4 ♖xg4! 41 fxg4 ♖xg4

Es gibt keine Verteidigung gegen die vielen Drohungen.

42 ♕e2 ♗h5 43 ♖f3 ♕c1+ 44 ♕e1 ♕c4+ 45 ♔f2 ♕c2+ 0-1

Schwarz setzt in wenigen Zügen matt.

W

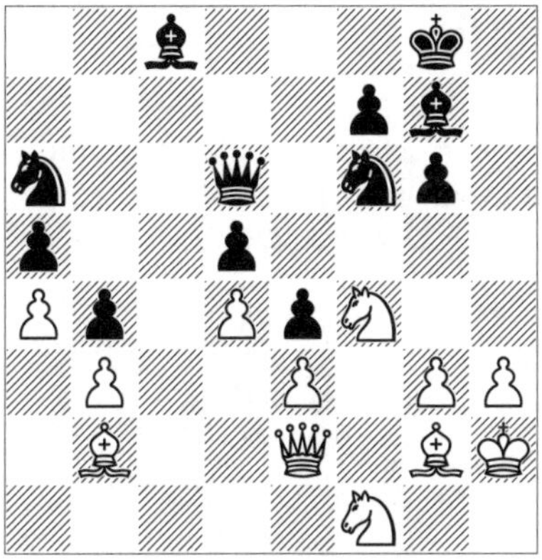

Petrosjan – Larsen
Santa Monica 1966

Der Vorteil von Schwarz gründet sich auf drei Hauptfaktoren. Erstens hat Weiß mehr Bauerninseln als Schwarz (siehe Abschnitt 73), was u. a. zur Folge hat, dass der Bauer g3 schwach ist; zweitens kontrolliert Schwarz mehr Raum, und drittens ist der schwarzfeldrige weiße Läufer schlecht, was wegen der größtenteils festgelegten Bauernstruktur wahrscheinlich auch so bleiben wird. Schwarz hat es jedoch nicht leicht, gegen sorgfältige Verteidigung seine Stellung zu verbessern. Dazu muss er auf dem ganzen Brett spielen.

29 h4

Damit will Weiß ...g5 verhindern, schwächt aber das Feld g4.

29...♘c7 30 ♗h3 ♗xh3 31 ♘xh3 ♗f8

Der Läufer wird nach d6 gehen, um den Bauern g3 aufs Korn zu nehmen.

32 ♔g2 ♕c6 33 ♕d1 ♗d6 34 ♘f2 ♘e6 35 ♗c1

Der Läufer begibt sich nach e1, um das Feld g3 zu stützen.

35...♘g7

Der Hauptangriffsbereich ist der Königsflügel, und das Hauptangriffsziel ist g3. Indem er seine Dame auf der c-Linie hält, verhindert der Nachziehende jedoch nicht nur Gegenspiel, sondern zwingt Weiß auch, die Einbruchsfelder c1 und c2 zu bewachen.

36 ♗d2 ♘f5 37 ♔h3 ♕c8 38 ♔g2?

Übersieht eine taktische Pointe. Besser ist 38 ♕c1.

38...♔g7?

Larsen hatte vor der Zeitkontrolle noch einige Minuten übrig, übersah aber trotzdem den forcierten Gewinnweg 38...♘h5 39 ♘h1 ♘hxg3! 40 ♘hxg3 ♘xh4+ 41 ♔h2 ♘f3+ 42 ♔g2 ♘g5! gefolgt von ...♕h3+ mit entscheidendem Angriff.

39 ♘h1?

Besser ist immer noch 39 ♕c1.

39...♘h6

39...♗xg3! 40 ♘hxg3 ♘xh4+ 41 ♔h2 ♘f3+ 42 ♔g2 ♘g5 ist ein weiterer Gewinnweg auf der Basis des gleichen Themas.

40 ♗e1

Nun, da g3 sicher verteidigt ist, funktionieren Opfer nicht mehr. Das Spiel geht wieder zur normalen „Tagesordnung" über.

40...♕a6

Die Dame lugt über die a-Linie in die weiße Stellung und behält zugleich die Felder c6 und c8 auf der c-Linie unter Kontrolle, um eine Aktivierung der weißen Dame zu verhindern.

41 ♘f2 ♘f5

Es droht 42...♕xf1+.

42 ♕d2 ♗b8

Damit Weiß sich um ...♕d6 Sorgen machen muss. Schwarz konzentriert sich zwar hauptsächlich auf den Königsflügel, nutzt aber für seine Manöver das gesamte Brett.

43 ♘d1 ♘g4 44 ♔g1

S

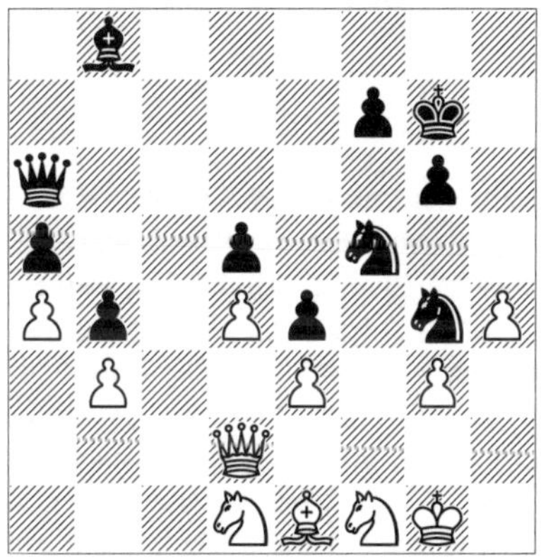

44...f6 45 ♔g2 g5 46 ♘f2 ♘gh6 47 hxg5

Nach 47 h5 g4 nebst ...♔f7 und ...♘g7 wird Schwarz den Bauern h5 abholen.

47...fxg5 48 ♘d1 ♔g6 49 ♘h2 g4

Schwarz will seinen König nach g5 und seine Springer nach f5 und h5 stellen.

50 ♕c2 ♗d6 51 ♘f1 ♘g8 52 ♘h2 ♘f6 53 ♘f1 ♔h5

Schneller gewinnt 53...♘h7! nebst ...♘g5-f3, aber Larsens Methode ist gut genug.

54 ♘h2 ♔g5 55 ♘f1 ♘h5 56 ♗f2 ♘f6 57 ♗e1 ♘h5 58 ♗f2 ♕a8!

Das letzte Glied im Plan von Schwarz. Er will die Dame nach h8 stellen und dann auf g3 opfern. Dieses Manöver betont, wie effektiv Schwarz die gesamte Breite des Bretts genutzt hat.

59 ♗e1 ♕h8 60 ♕c6 ♗xg3! 61 ♗xg3 ♘hxg3 0-1

Nach 62 ♘xg3 ♕h3+ 63 ♔f2 ♕xg3+ 64 ♔e2 ♕xe3+! gewinnt Schwarz zwei Bauern.

21 Der Minoritätsangriff

Van Wely – Short
Wijk aan Zee 2010

1 d4 ♘f6 2 c4 e6 3 ♘f3 d5 4 ♘c3 ♘bd7 5 cxd5 exd5 6 ♗g5 c6 7 e3 ♗e7 8 ♕c2 0-0 9 ♗d3 ♖e8 10 h3 ♘f8 11 ♗f4 a5 12 0-0 ♘g6 13 ♗h2 ♗d6 14 ♗xd6 ♕xd6 15 ♖fe1 ♗e6

W

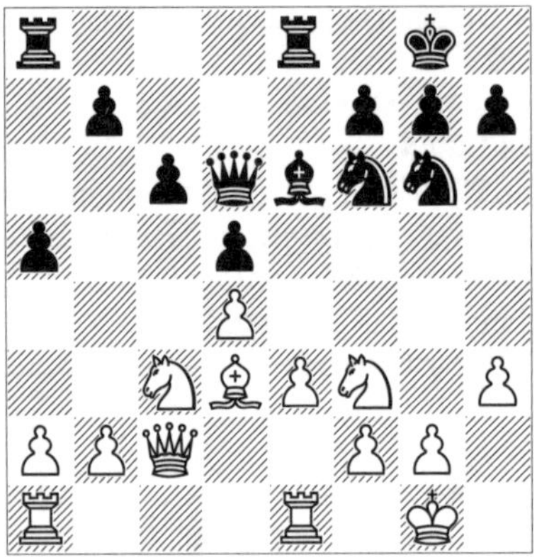

In Stellungen mit dieser Art von Damengambit-Bauernstruktur hat Weiß üblicherweise die Wahl zwischen zwei möglichen Plänen: Er kann entweder den Zentrumshebel e4 anstreben oder a3, ♖ab1 und b4-b5 spielen. Hier bringt e4 Weiß außer einem isolierten Doppelbauern nichts ein. Daher empfiehlt sich eine Offensive am Damenflügel. Dies wird **Minoritätsangriff** genannt, da Weiß mit zwei Damenflügelbauern auf drei schwarze losgeht. Schwarz beantwortet diesen Plan manchmal mit Gegenspiel am Königsflügel, was hier aber schwierig ist, da die schwarzfeldrigen Läufer schon abgetauscht worden sind.

16 a3 ♖e7 17 ♖ab1 ♖ae8 18 b4 axb4 19 axb4 ♗d7 20 b5

Der Sinn des weißen Bauernvormarsches besteht darin, dem Nachziehenden einen schwachen Damenflügelbauern zu verpassen. Wenn Schwarz auf b5 schlägt, verbleibt er mit zwei isolierten Bauern auf der b- und d-Linie, aber wenn er den Abtausch bxc6 bxc6 zulässt, erhält er einen rückständigen c-Bauern.

20...♘e4

Manchmal kann Schwarz auf b5 mit ...c5 reagieren, aber hier führt 20...c5 21 dxc5 ♕xc5 22 ♖ec1 ♖c8 23 ♕b2 ♕d6 24 ♘a4 gefolgt von ♕d4 zu klarem Vorteil für Weiß.

21 bxc6 bxc6 22 ♖b6

Der Anziehende hat dem Gegner nicht nur einen schwachen Bauern zugefügt, sondern auch seine Figuren sehr aktiv aufgestellt. Im Gegensatz dazu steht der schwarze Läufer passiv.

22...♘xc3 23 ♕xc3 ♕f6

W

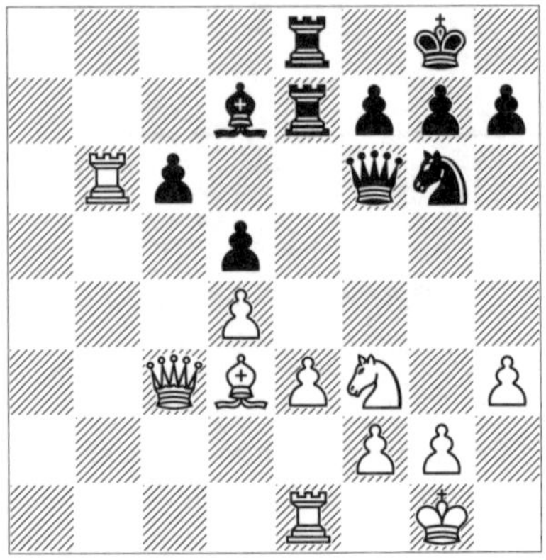

Schwarz hat kein Gegenspiel und muss sich mit der hartnäckigen Verteidigung einer Stellung mit wenig Aussicht auf Aktivität begnügen. Die Drohung ...♗xh3 ist nur ein Nadelstich, der Weiß keine echten Unannehmlichkeiten bereitet.

24 ♗xg6

Mit dem Abtausch dieses Springers verschwindet die letzte Hoffnung des Schwarzen auf ernsthaftes Gegenspiel am Königsflügel.

24...♕xg6

24...hxg6 25 ♘e5 ♖c8 26 ♕c5 ist schrecklich für Schwarz.

25 ♔f1

Umgeht die Falle 25 ♘e5?? ♖xe5 26 dxe5 ♗xh3 mit Gewinn für Schwarz.

25...f6

Schwarz hat den Springer von e5 fernhalten können, aber der Vorposten auf c5 ist ebenso verlockend.

26 ♖a1 ♕h5 27 ♘e1 ♕f5

Schwarz stellt eine weitere einzügige Drohung auf, hat aber nichts mehr zu melden, nachdem der weiße König das Feld h2 erreicht hat.

28 ♔g1 ♕g5 29 ♔h2 ♕f5

Nun muss Schwarz sich wieder auf passive Verteidigung beschränken.

30 ♘d3 ♕e6 31 ♔g1 ♖c8 32 ♖b7 ♖f7 33 ♖aa7 ♗e8 34 ♕b4 ♖d8 35 ♘c5 ♕c8 36 ♕b6 h5 37 ♖c7 ♖xc7 38 ♖xc7 ♕a8 39 ♖a7 ♕c8 40 ♖b7 ♗f7 41 ♕a7 ♖f8 42 ♘d7

Letztendlich ist Materialverlust nicht zu vermeiden.

42...♖e8 43 ♘xf6+ gxf6 44 ♖xf7 ♕f5 45 ♖g7+ ♔h8 46 ♕f7 1-0

Timman – Short

Kandidatenwettkampf (3), El Escorial 1993

1 d4 d5 2 c4 e6 3 ♘c3 ♘f6 4 ♗g5 ♗e7 5 e3 0-0 6 ♘f3 h6 7 ♗h4 b6 8 ♗e2 ♗b7 9 ♗xf6 ♗xf6 10 cxd5 exd5 11 0-0 c6 12 b4

S

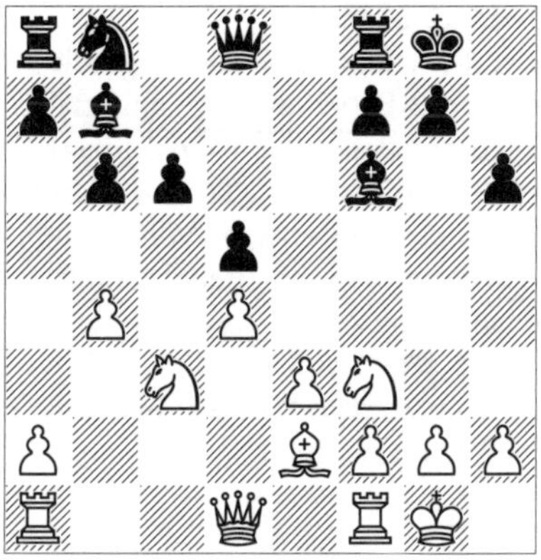

Der Minoritätsangriff ist keine Erfolgsgarantie: Schwarz verfügt über verschiedene Gegenpläne. Einer davon besteht darin, auf b4 mit ...b5 zu antworten und dann einen Springer nach b6 und c4 zu bringen; bei einem anderen, der in der vorliegenden Partie zur Anwendung kommt, bereitet Schwarz auf b5 die Erwiderung ...c5 vor.

12...♖e8 13 ♕b3 a5

Der Anziehende wird sogar zum Vorrücken des b-Bauern gedrängt.

14 b5?!

Besser ist 14 bxa5 ♖xa5 15 a4 mit etwas Druck auf der b- und c-Linie.

14...c5 15 dxc5 bxc5 16 ♖ac1 ♗xc3?!

Mit 16...a4! war am leichtesten zu demonstrieren, dass Weiß nichts aus der Eröffnung herausgeholt hat. Nach 17 ♘xa4 c4 18 ♕c2 ♘d7 19 ♘c3 ♖a3 20 ♕d2 ♘c5 21 ♘d4 ♕a5 nebst ...♘e6 ist Schwarz für den Bauern vollauf entschädigt.

17 ♕xc3 ♘d7 18 ♖fd1

In der ersten Wettkampfpartie spielte Timman 18 ♖c2, aber nach 18...♕b6 19 ♖d1 ♖e7 20 h3 ♖ae8 hatte Schwarz ausgeglichen.

18...♕b6

Der Minoritätsangriff hat Weiß keine konkreten Vorteile eingebracht. Schwarz hat zwar hängende Bauern im Zentrum (siehe Abschnitt 69), aber diese können sich auch leicht als stark erweisen.

19 ♗f1 ♖ac8 20 h3 ♘f6 21 ♘d2 c4!?

Dynamisch gespielt. Schwarz schwächt das Feld d4, schränkt aber den weißen Läufer ein und öffnet eine Diagonale für seine Dame. Der Zug ist objektiv nicht stärker als andere Fortsetzungen, stellt Weiß aber vor komplizierte Probleme.

22 a4 ♖e6 23 ♖c2 ♖ce8 24 ♘f3?!

Die Anpeilung des Feldes d4 sieht logisch aus, aber nun kann Schwarz gefährliche Figurenaktivität entwickeln. Besser ist 24 ♘b1 mit der Absicht ♕d4 gefolgt von ♘c3.

24...♘e4 25 ♕a1 ♖f6

W

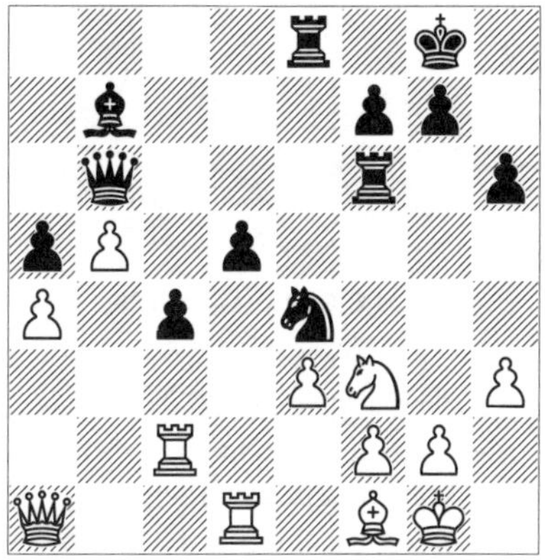

26 ♖d4?

Nach diesem zweiten Fehler kann Schwarz den weißen Königsflügel aufbrechen und die ungedeckte Stellung des Turms c2 ausnutzen. Logischer ist 26 ♘d4, obwohl Schwarz auch hier mit 26...♗c8 gefolgt von ...♖g6 gutes Spiel am Königsflügel erhält.

26...♖xf3! 27 gxf3 ♕g6+ 28 ♗g2

Erzwungen, da sowohl 28 ♔h1 ♘g3+ 29 fxg3 ♕xc2 als auch 28 ♔h2 ♘g5 29 ♕d1 ♘xf3+ 30 ♕xf3 ♕xc2 für den Anziehenden hoffnungslos sind.

28...♘g5 29 ♖c1 ♘xf3+ 30 ♔f1

Auch 30 ♔h1 ♘xd4 31 ♕xd4 ♕g5 32 ♕a7 ♕e7 ist günstig für Schwarz, auch wenn Weiß geringe Remischancen behält.

30...♘h2+ 31 ♔g1 ♘f3+ 32 ♔f1 ♘xd4 33 ♕xd4 ♕f5

Schwarz hat einen Mehrbauern, dessen Verwertung allerdings wegen des schlechten Läufers noch einige Arbeit erfordert.

34 ♔g1 ♖e5! 35 ♕a7 ♕c8 36 ♔f1

36 ♕xa5 ♖g5 37 ♔f1 d4! 38 ♗xb7 ♕xb7 39 ♖xc4 ♕g2+ 40 ♔e2 d3+! gibt Schwarz gewinnbringenden Angriff.

36...♖g5 37 ♕d4 ♕f5 38 f4 ♖g6 39 ♔f2 ♔h7 40 ♖d1 ♕c2+ 41 ♖d2 ♕xa4 42 b6 ♕b4 43 ♖b2 ♕e7 44 ♖a2 ♕h4+ 0-1

S

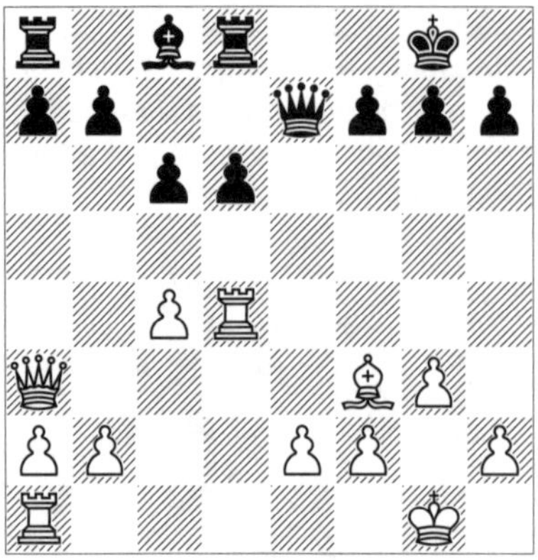

P.H. Nielsen – Caruana
Amsterdam 2010

Schwarz steht schlechter, da der Bauer d6 auf der halboffenen d-Linie leicht angegriffen werden kann. Weiß kontrolliert außerdem mehr Raum, was aber nicht sehr wichtig ist, da bereits mehrere Leichtfiguren abgetauscht worden sind. Eine Stellung wie diese ist leicht zu verlieren, da Schwarz kein offensichtliches Gegenspiel hat. Caruana rettet sich jedoch mit zwei Ideen, die auf viele schlechtere Stellungen anwendbar sind: die Suche nach Gegenspiel und die Abschwächung des Drucks durch Vereinfachungen.

20...♗e6

Entwickelt eine Figur und greift den Bauern c4 an, so dass Weiß selbst dann, wenn er ♖ad1 spielt, nicht sofort einen Bauern zu gewinnen droht.

21 b3

Das ist früher oder später nicht zu umgehen, da Weiß sonst nie auf d6 zu schlagen drohen wird.

21...a5!

Der Auftakt eines ausgezeichneten Verteidigungsplans. Schwarz wird ♖ad1 mit ...c5 beantworten, wonach er den d-Bauern mit ...♖a6 decken kann, während er durch das Vorrücken des a-Bauern nach a4 nicht nur das Material auf dem Brett reduzieren, sondern auch die a-Linie für eventuelles späteres Gegenspiel öffnen wird. Züge wie dieser bekommen vielleicht nicht so viel Applaus wie brillante Opfer, sind aber genauso lehrreich.

22 ♖ad1 c5

Es sieht schrecklich aus, den d-Bauern dauerhaft rückständig zu machen, aber nur so ist Bauernverlust zu vermeiden. Eine einzige Schwäche ist in der Regel an und für sich nicht tödlich, aber Schwarz muss sicherstellen, dass er Weiß keine Zeit lässt, seine Stellung zu verbessern und an einer anderen Stelle eine weitere Schwäche zu provozieren.

23 ♖4d3 a4 24 ♕c1

Einstweilen kann Weiß keine Fortschritte machen, da der d-Bauer dreimal angegriffen und dreimal gedeckt werden kann. Die einzige Chance des Anziehenden, seinen Vorteil zu vergrößern, liegt am Königsflügel, aber die Vorbereitung eines Bauernsturms auf diesem Brettabschnitt wird offensichtlich einige Zeit in Anspruch nehmen.

24...h6 25 ♕d2 axb3 26 axb3 ♖a3

Schwarz nutzt die offene a-Linie zum Gegenangriff auf den Bauern b3.

W

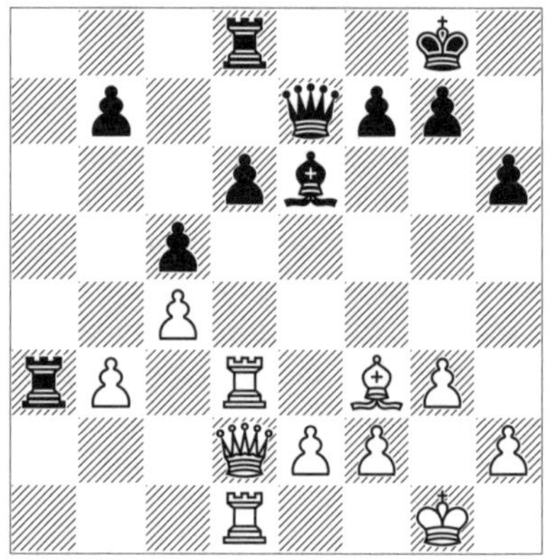

27 ♕b2

Vertreibt den Turm von a3, verringert aber den Druck auf d6 etwas. Offenbar kann Weiß seinen Gegner nicht in die Art von vollkommen passiver Stellung zwingen, die ihm Zeit gibt, um am Königsflügel Fortschritte machen.

27...♖a6 28 h4 ♖b8!

Ein weiterer hervorragender Verteidigungszug. Da der Druck auf d6 momentan schwächer ist, ergreift Schwarz die Gelegenheit zur Durchsetzung von ...b5, wonach Weiß mit einem schwachen Damenflügelbauern verbleiben wird.

29 ♕d2 b5

Schwarz hat vollkommen ausgeglichen, weil nach Tausch auf b5 der Bauer b3 ebenso schwach ist wie der Bauer d6.

30 ♖xd6 ♖xd6 31 ♕xd6 ♕xd6 32 ♖xd6 bxc4 33 bxc4 ♗xc4 34 ♖c6 ♖e8!

Die letzte Feinheit. 34...♖b5?! stellt den Turm passiv und gibt Weiß Grund, mit 35 ♖c8+ ♔h7 36 ♗e4+ g6 37 h5 weiterzuspielen.

35 ♖xc5 ♗xe2 36 ♗xe2 ♖xe2 37 ♔f1 ½-½

S

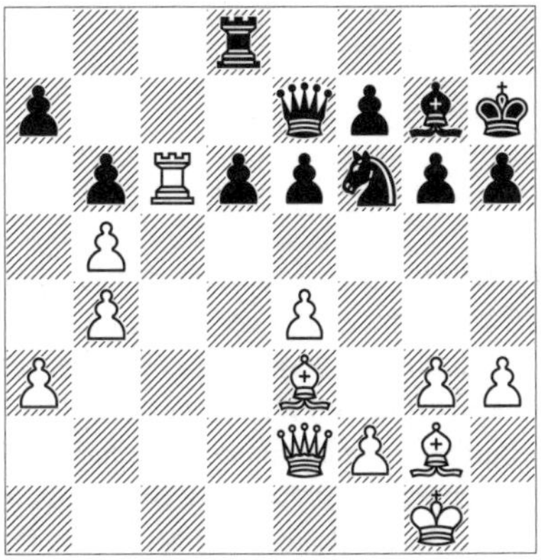

Carlsen – Gaschimow
Baku 2008

Diese Stellung sieht für Schwarz sehr unattraktiv aus. Weiß hat das Läuferpaar in offener Stellung, einen vorzüglichen Vorposten für seinen Turm auf c6 und den automatischen Plan, mit a4-a5 den schwarzen Damenflügel aufzubrechen. Wie immer sollte der Verteidiger nach für ihn günstigen Stellungselementen suchen. Hier gibt es nur ein solches: Durch Ausnutzung seiner Bauernmehrheit im Zentrum kann er vielleicht mit ...d5 einen Freibauern bilden.

22...♘e8!

Das sofortige 22...d5? ist schlecht wegen 23 e5 ♘e8 24 ♗d4, was den d-Bauern blockiert und die schwarzen Leichtfiguren aus dem Spiel ausschließt. Mit dem Springerabzug verhindert Schwarz die Erwiderung e5 und droht somit ...d5. Wenn Weiß nun ein paar Züge Zeit bekommt, wird er seinen Vorteil durch Vorrücken des a-Bauern vergrößern. Es ist daher wichtig, ihn nicht zur Ruhe kommen zu lassen.

23 ♗d2?!

Die Idee, durch Räumung der e-Linie den Zug ...d5 wegen der Fesselung nach exd5 zu verhindern, ist richtig, aber die Ausführung ist ungenau. Besser ist 23 ♗c1!, um nach 23...♗d4 mit 24 ♕d2 ♗g7 25 a4 Zeit zu gewinnen.

23...♗d4!

Schwarz demonstriert ein weiteres wichtiges Attribut des Verteidigers: Flexibilität. Nachdem Schwarz den weißen Läufer zur Aufgabe der Diagonale g1-a7 veranlasst hat, besetzt er sie selbst mit seinem Läufer, der gegebenenfalls durch ...e5 gesichert werden kann. Dadurch wird die Wirkung von a4-a5 stark abgeschwächt, da der Bauer b6 nun sicher gedeckt it. Weiß kann natürlich die schwarzfeldrigen Läufer tauschen, aber dann verbleibt er mit einem durch den Bauern e4 blockierten passiven Läufer.

24 a4 e5 25 h4

Da Weiß nach 25 a5 ♘c7 gefolgt von ...♘e6 nichts erreicht, spielt er mit der Idee, den schwarzen Königsflügel durch h5 zu schwächen.

25...♘f6

Da 25...♘c7 26 h5 gefolgt von ♗h3 Weiß etwas Druck am Königsflügel gibt, unternimmt Schwarz sofort etwas gegen das weitere Vorrücken des weißen h-Bauern.

W

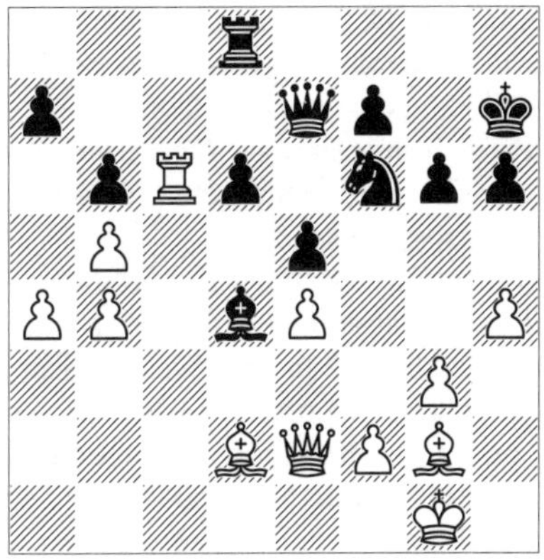

26 ♗f3 ♕e6?!

Schwarz spielt auf Verhinderung von h5, fesselt aber seinen eigenen d-Bauern und beraubt sich somit des Gegenspiels mit ...d5. Die einfachste Lösung ist 26...d5! 27 exd5 e4 gefolgt von ...♖xd5, wonach die aktiven schwarzen Figuren gleiches Spiel garantieren.

27 ♔g2

27 h5 gxh5 28 ♗xh5? scheitert an 28...♕h3!, aber 27 ♗e3! ♗xe3 28 ♕xe3 gibt Weiß etwas Vorteil, da a5 nicht zu verhindern ist.

27...♖d7 28 ♕c4

Nun ist 28 ♗e3 ♗xe3 29 ♕xe3 ♕a2 okay für Schwarz, da der Bauer a7 nach 30 a5 bxa5 gedeckt ist.

28...♕xc4 29 ♖xc4

Das Endspiel verspricht Weiß wenig, da der Läufer d4 eine so wirkungsvolle Verteidigungsfigur ist.

29...♔g7 30 ♗c1 h5 31 ♗g5 ♘h7 32 ♗d2 ♘f6 33 ♖c6 ♘g4 34 ♗e1 ♘f6 35 a5

Endlich kommt dieser Vorstoß, dem Schwarz aber leicht begegnen kann.

35...d5 36 exd5 ♘xd5 37 ♗d2 ♘e7 38 ♗g5!?

Ein hübscher Versuch, der aber das Gleichgewicht nicht stören kann.

38...♘xc6 39 bxc6 ♖c7 40 ♗d8 ♖c8 41 c7 e4!

Räumt e5 für den Läufer.

42 ♗xe4 ♗e5 43 ♗b7 ♖xc7 44 ♗xc7 ♗xc7 45 a6 b5 46 ♗c6 ♗d6 47 ♗xb5 ½-½

Aktivität

Die Begriffe **aktiv** und **passiv** können sich auf eine einzelne Figur oder die ganze Stellung beziehen. Unter einer **aktiven Stellung** versteht man eine Stellung, die sich auf vielerlei Art verbessern lässt und die Aufstellung von Drohungen strategischer oder taktischer Natur erlaubt, die dem Gegner Probleme bereiten werden. Eine **passive Stellung** ist durch einen Mangel an konstruktiven Plänen gekennzeichnet, in der man sich auf Defensivmaßnahmen beschränken muss. Stellungen können aus einer Reihe von Gründen passiv werden, von schlechterer Bauernstruktur bis hin zu schlechter Figurenkoordination, aber in jedem Fall kann eine passive Stellung ein schwerwiegendes Problem darstellen. Ein typisches Beispiel ist die Partie Tomaschewski-Khairullin (Seite 72), in der Schwarz nach einem fehlerhaften Springerrückzug in eine passive Stellung gedrängt wird. Weiß konnte durch stetige Verstärkung des Drucks eine Gewinnstellung erreichen.

Es ist leicht, in Passivität zu verfallen, wenn der Gegner Material opfert und man denkt, dass man sich auf die Behauptung des Materialvorteils beschränken kann. Dies ist häufig falsch, da der Gegner vielleicht Zeit bekommt, sich weitere Kompensation für das Opfer zu sichern. Vielfach ist es nach einem gegnerischen Opfer am besten, noch energischer um Aktivität zu kämpfen, selbst wenn dies ein Gegenopfer erfordert. Ein hervorragendes Beispiel für diese Strategie ist Berndt-Nielsen (Seite 73).

Ein weiteres ziemlich abstraktes Konzept ist die **Initiative**, worunter zu verstehen ist, dass man direkte Drohungen aufstellen kann, die den Gegner nicht zur Ruhe kommen lassen. Wer im Besitz der Initiative ist, kann seine Stellung unter Zeitgewinn verbessern, da er eine Drohung nach der anderen aufstellen und dabei häufig seine Figuren aktivieren kann. Ein gutes Beispiel ist die Partie Adams-Howell (Seite 74), in der ein gut überlegtes Bauernopfer von Adams zu einem anschwellenden Angriff führte, der schnell seine eigene Dynamik entwickelte. Die Partie McShane-Carlsen (Seite 75) zeigt, dass die Initiative nicht auf einem Angriff auf den gegnerischen König zu beruhen braucht. Das Trommelfeuer weißer Drohungen kulminierte schließlich im Gewinn eines wichtigen Bauern.

Einer der Schlüsselfaktoren im Mittelspiel ist die Aktivität einzelner Figuren. Viele der traditionellen Mittelspielthemen, wie Vorposten und schlechte Läufer, sind einfach Spezialfälle des generellen Prinzips, dass aktive Figuren besser sind als passive. Jede Figur hat ihre eigene Charakteristik; so hängt etwa die Aktivität der Türme von der Möglichkeit der Kontrolle einer offenen Linie ab. Topalow-Anand (Seite 76) zeigt, wie sich verdoppelte Türme auf einer offenen Linie ganz alleine als entscheidend erweisen können. In diesem Fall führte die Aktivität der Türme schnell zu entscheidenden Drohungen, aber auch wenn es keinen sofortigen Gewinnweg gibt, kann man durch die Kontrolle einer offenen Linie eine eiserne Umklammerung der gegnerischen Stellung arrangieren, die früher oder später zu Materialgewinn führen wird. Ein Beispiel hierfür ist Mista-Gdanski (Seite 77).

Die Besetzung einer offenen Linie führt oft zum Auftauchen eines Turms auf der siebten Reihe. Dies wird oft als Endspielthema erachtet, erweist sich aber oft auch im Mittelspiel als gleichermaßen wirkungsvoll. Genau wie im Endspiel greift ein solcher Turm noch nicht bewegte Bauern auf der gegnerischen zweiten Reihe an, und wenn die Bauern vorrücken, können sie verwundbar werden, wie in Schirow-Sumets (Seite 78). Im Gegensatz zu der entsprechenden Endspielsituation kann ein Turm auf der siebten Reihe im Mittelspiel häufig zu einem direkten Königsangriff beitragen. In Swetuschkin-Baklan (Seite 79) übt der schwarze Turm auf e2 in Zusammenarbeit mit den anderen Figuren unerträglichen Druck auf den weißen Königsflügel aus.

Vorposten sind Felder in vorgerückter Position, von denen eine Figur nicht durch gegnerische Bauern vertrieben werden kann. Springer sind bei der Ausnutzung von Vorposten besonders effektiv, wie in Leko-Navara (Seite 80) zu sehen ist. Manchmal ist es möglich, einen Vorposten zu bilden. Kassimdschanow-Megaranto (Seite 81) zeigt, wie das passieren kann. Der Plan des Weißen beinhaltet die Bildung und Besetzung eines Vorpostens auf d6.

Die Kraft eines Springers auf einem vorgeschobenen Vorposten kommt so häufig vor, dass sich ein Blick auf einige weitere Beispiele lohnt. Ein Springer auf einem Vorposten auf der sechsten Reihe garantiert sehr oft einen entscheidenden Vorteil, was zuweilen sogar ein Materialopfer rechtfertigt. In Asarow-Socko (Seite 82) opferte Weiß eine Figur für zwei Bauern und einen Springer auf der sechsten

Reihe, was ihm mehr als genug Kompensation gab. Ein ähnliches Szenario ist in Swidler-Berg (Seite 83) zu sehen – ein auf d5 etablierter Springer im Sizilianer. Dass dies ein geläufiges Motiv ist, macht es nicht weniger wirkungsvoll, wenngleich dieser Fall insofern etwas ungewöhnlich ist, als Weiß zu einem Bauernopfer bereit war, um seinen Springer auf das Schlüsselfeld zu bringen.

Eine einzige schlecht stehende Figur kann die ganze Stellung vergiften. Ein typisches Beispiel ist ein schwarzer Springer auf a5, der von einem weißen Bauern auf d5 aus dem Spiel gehalten wird. Diese Situation kann sich in verschiedenen Eröffnungen ergeben, wie im Geschlossenen Spanier und im Königsinder. In diesen Eröffnungen ist es ratsam, den Springer so schnell wie möglich zu reaktivieren, aber wenn in der Zwischenzeit am Königsflügel etwas passiert, kann Schwarz praktisch mit einer Figur weniger spielen, wie in Malachatko-Owetschkin (Seite 84). Nicht nur Springer können deplatziert sein; in Grischuk-Gelfand (Seite 85) geht Schwarz an einem abseits stehenden Läufer zugrunde.

Ein **schlechter Läufer** wird durch seine eigenen Bauern behindert, ein **guter Läufer** dagegen nicht. In der Ausgangsstellung von Eljanow-Malachow (Seite 86) hat Weiß eine lange Bauernkette von c5 bis g5, in der alle Bauern schwarzfeldrig festgelegt sind. Der Läufer d2 wird infolge der dadurch bedingten ernsthaften Behinderung für den Rest der Partie nur eine Statistenrolle spielen. Das weniger extreme Beispiel Nijboer-Jakowenko (Seite 87) zeigt, dass schon zwei auf der gleichen Farbe wie der Läufer festgelegte Bauern ein großes Handicap darstellen können.

Man sollte sich stets vor Augen halten, dass es von jedem Schachprinzip Ausnahmen gibt und sich ein theoretisch schlechter Läufer zuweilen als effektiv erweisen kann. Wenn die Seite mit dem schlechten Läufer großen Raumvorteil hat, wie in Radjabow-Eljanow (Seite 88), ist der Läufer vielleicht nicht so stark eingeschränkt, da er über großen Manövrierraum verfügt. Eine weitere Ausnahme ergibt sich, wenn der schlechte Läufer außerhalb der Bauernkette steht, und insbesondere dann, wenn er einige schwache Felder ausnutzen kann, wie die Partie Kusubow-Ulibin (Seite 89) belegt.

Zur Ausbeutung eines Vorteils muss man häufig Linien öffnen, damit die eigenen Figuren maximale Aktivität entwickeln und schwache Punkte in der gegnerischen Stellung aufs Korn nehmen können. Die Standardmethode zur Linienöffnung ist ein Bauernvorstoß. Die Partie Brynell-Wedberg (Seite 90) zeigt, dass das Aufbrechen der gegnerischen Verteidigung einen Bauern wert sein kann. In Iwantschuk-Barejew (Seite 91) öffnete Weiß Linien, indem er einen Bauernvorstoß mit einem Opfer verband.

Da die Aufgabe eines Bauern nur ein bescheidenes Materialopfer darstellt, ist es nicht ungewöhnlich, einen Bauern für Figurenaktivität zu opfern. In der Eröffnung wird ein solches Opfer häufig als **Gambit** bezeichnet. Die Partie Kriworutschko-Smirin (Seite 92) ist ein gutes Beispiel dafür, wie man durch ein gut überlegtes Gambit seinen Entwicklungsvorsprung vergrößern und große Figurenaktivität entwickeln kann. In So-Navara (Seite 93) dient das weiße Bauernopfer nicht nur zur Aktivierung der Figuren, sondern auch zur Beschädigung der gegnerischen Bauernstruktur. In diesem Beispiel erhält Weiß ungewöhnlich langfristige Kompensation, deren Früchte er erst 20 Züge später erntet.

Zuweilen blockiert ein einziger Bauer die eigenen Figuren und hindert sie daran, Aktivität zu entwickeln. Wenn man diesen Bauern vorrücken kann, ist es vielleicht möglich, die latente Kraft der eingesperrten Figuren freizusetzen. Solche Bauernzüge werden als **Befreiungszüge** bezeichnet. In Grischuk-Gelfand (Seite 94) dreht sich die ganze Partie darum, ob Schwarz den Befreiungszug ...e5 durchsetzen kann. Wenn ihm dies gelingt, sind seine Probleme vorüber. Die Durchsetzung eines Befreiungszugs kann sogar ein Bauernopfer wert sein. In Ikonnikow-Maiwald (Seite 95) konnte Schwarz mit dem überraschenden Bauernopfer ...d5 seinen eingesperrten Läufer befreien und das Blatt wenden.

Es sind bereits ein paar Situationen erörtert worden, in denen ein Opfer zur Entwicklung von Figurenaktivität dient, aber solche Opfer sind nicht auf diese Spezialfälle beschränkt. Besonders häufig sind positionelle Qualitätsopfer, die in der Regel zur Beseitigung einer wichtigen gegnerischen Leichtfigur dienen. Sie sind im Allgemeinen wirkungsvoller, wenn es keine offenen Linien gibt, obwohl manchmal eine einzige offene Linie erträglich ist, wenn die gegnerischen Türme nicht auf ihr eindringen können. So kommt es in der Partie Van Wely-Topalow (Seite 96), in der die unangenehme Stellung des weißen Königs zusätzliche Kompensation liefert. Almasi-Erdos (Seite 97) ist ein interessanter Fall, da die Kompensation keine Drohungen gegen den gegnerischen König einschließt, sondern lediglich auf positionellen Faktoren wie Figurenaktivität und einem Freibauern beruht.

Die Palette positioneller Opfer ist so breit, dass ich mich hier auf einige Beispiele beschränken muss. In Lopez Martinez-del Rio (Seite 98) brachte Schwarz eine ganze Serie positioneller Opfer und stand am Ende mit nur zwei Leichtfiguren für die Dame da, während Weiß in Anand-Wang Hao (Seite 99) eine Figur für zwei Bauern hergab, dafür aber eine gefährliche bewegliche Bauernmasse erhielt.

Ein großer Teil der Spielführung im Mittelspiel basiert auf Aktivität. Dies bezieht sich nicht nur auf die Aktivität einzelner Figuren, sondern auch auf die Aktivität der Stellung insgesamt und deren Potenzial für positive Unternehmungen. In einer passiven Stellung ohne konstruktiven Plan wird der Gegner nach Belieben manövrieren können und früher oder später einen Weg finden, um Fortschritte zu machen.

S

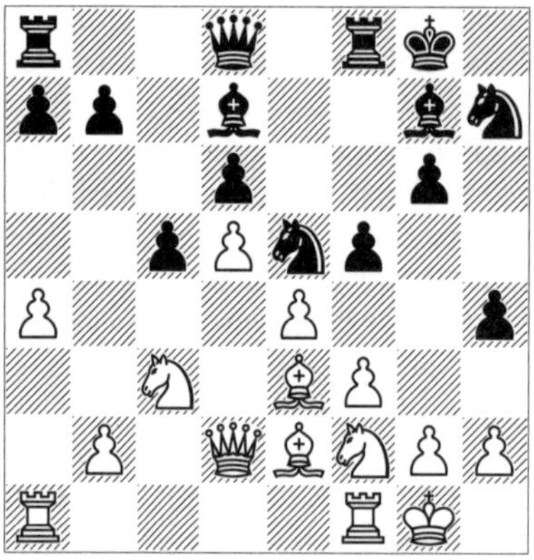

Tomaschewski – Khairullin
Europameisterschaft, Rijeka 2010

In dieser Königsindisch-Stellung basiert die Strategie des Nachziehenden auf Figurenaktivität, während Weiß auf sein Bauernübergewicht im Zentrum und seine feste Stellung vertraut. Das Hauptrisiko für Schwarz besteht darin, dass er in eine passive und strategisch schlechtere Stellung schlittern wird, wenn seine Aktivität zu nichts führt.

16...♕f6

16...a6 17 ♔h1 ♖e8 18 ♖g1! mit der Idee g4 ist günstig für Weiß.

17 exf5 gxf5 18 ♘h3

Ein Schlüsselzug, der ...f4 verhindert.

18...♘g6?

Danach gerät Schwarz in eine passive Lage. Am flexibelsten ist 18...♖ae8, was den Springer auf dem aktiveren Feld e5 hält. In diesem Fall steht Weiß nur etwas besser.

19 f4!

Dies ist wegen der Drohung ...f4 ohnehin am natürlichsten, schränkt aber auch die schwarzen Leichtfiguren stark ein. Man sieht schnell, dass es dem Nachziehenden an einem positiven Plan mangelt. Wenn Schwarz seinen Springer auf e5 stehengelassen hätte, würde sich der Zug f4 wegen der Antwort ...♘g4 verbieten.

19...a6 20 ♗f2 ♖ae8 21 ♔h1!

Wenn der Gegner sich auf passives Spiel beschränken muss, kann man fast immer irgendwie Fortschritte machen. Hier will Weiß letztendlich mit ♖g1 und g3 einen direkten Angriff auf der g-Linie einleiten.

21...♖f7 22 a5 ♖fe7 23 ♗h5 ♘hf8 24 ♖g1! ♗h6 25 g3 ♔h8?!

Nun hat der Anziehende die uneingeschränkte Herrschaft über die g-Linie. Aber selbst nach der besten Verteidigung 25...hxg3 26 ♖xg3 ♖g7 gerät Schwarz nach 27 ♖ag1 ♖ee7 28 ♘g5 ♗e8 29 h4 unter schweren Druck (man beachte, dass 29...♘xh4? wegen 30 ♗xe8 ♖xe8 31 ♖h3 verliert).

26 gxh4 ♘xh4

W

27 ♗xe8?

Nach diesem ernsthaften Fehler erhält Schwarz eine Rettungschance. Tödlich ist 27 b4! mit Eröffnung einer zweiten Front am Damenflügel. Nach 27...♗g7 28 bxc5 ♕xc3 29 ♕xc3 ♗xc3 30 ♗xh4 ♗xa1 31 ♖xa1 bricht die schwarze Stellung zusammen.

27...♗xe8?

27...♘f3! ist die Rettung, da Weiß nach 28 ♕d3 ♘xg1 29 ♗xd7 ♘xh3 30 ♕xh3 ♖xd7 31 ♗h4 ♕g6 32 ♖g1 ♕h7 höchstens etwas besser steht.

28 ♘g5

Nun ist der Anziehende wieder auf dem richtigen Weg und führt die Partie überzeugend zum Sieg.

28...♘hg6 29 ♖ae1 ♖xe1 30 ♖xe1 ♗f7 31 ♘xf7+ ♕xf7 32 ♗g3 ♗g7 33 ♕e3 ♗d4 34 ♕f3 ♔g8 35 ♖e2 ♕h7 36 ♘a4 ♕d7 37 ♘b6 ♕b5 38 h4 ♕xa5 39 ♘c4 ♕d8 40 h5 ♘h8 41 ♖g2 ♔f7 42 ♕d3 1-0

Nach einem Materialopfer des Gegners verfällt man häufig in passives Denken. Man denkt sich, dass man mit dem Materialvorteil schon gewinnen wird, wenn man sich nur hartnäckig verteidigt. In vielen Stellungen ist dies jedoch verfehlt. Passives Spiel nach einem Opfer gibt dem Gegner häufig nur Gelegenheit, seine Stellung zu verbessern und seine Kompensation zu vergrößern. Dies gilt insbesondere für positionelle Opfer. In vielen Fällen besteht die richtige Lösung darin, selbst aggressiv zu spielen, selbst wenn dies ein Gegenopfer mit sich bringt. Aktives Denken ist in Stellungen mit Materialvorteil ebenso wichtig wie in jeder anderen Situation.

Berndt – P.H. Nielsen

Bundesliga 2005/06

1 e4 c5 2 ♘f3 d6 3 d4 cxd4 4 ♘xd4 ♘f6 5 ♘c3 a6 6 ♗c4 e6 7 ♗b3 ♘bd7 8 ♕e2 b5 9 ♗g5 ♗b7 10 0-0-0 ♖c8 11 ♖he1 ♖xc3!? 12 bxc3 ♕a5 13 f3 b4?!

Dieser natürliche Zug gewinnt wegen des ungedeckten Läufers auf g5 den Bauern c3. Besser ist indes 13...d5!, da die Komplikationen nach 14 exd5 ♗a3+ 15 ♔b1 ♘xd5 16 ♘xb5! axb5 17 ♗xd5 ♕xc3 18 ♗c1 ♗xc1 19 ♔xc1 ♕a1+ 20 ♔d2 ♕d4+ 21 ♔c1 auf ein Remis hinauslaufen.

14 ♕e3 bxc3 15 ♔b1

Einstweilen ist der schwarze Angriff ungefährlich, da ...♕a3 mit ♕xc3 beantwortet werden kann, aber wenn Schwarz mit ...♗e7, ...0-0 und ...♖b8 seine Entwicklung abschließen kann, wird er hervorragende Kompensation für die Qualität erhalten. Dies muss der Weiße unbedingt verhindern.

15...♗e7

W

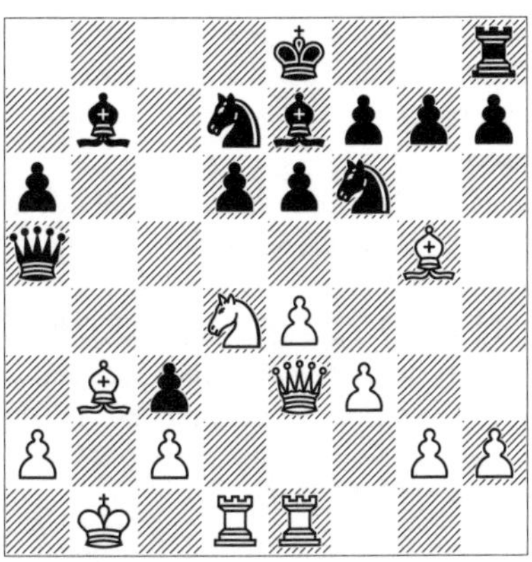

16 ♘f5!

Der Schlüsselzug. Mit einem Figurenopfer übernimmt Weiß die Initiative und lässt sich nicht in eine passive Stellung drängen.

16...exf5 17 exf5 ♘e5 18 f4 ♘c6

Die beste Verteidigung. 18...0-0? verliert wegen 19 fxe5 ♘g4 20 ♕d4! ♗xg5 21 ♕xd6 nebst e6.

19 ♗xf6 gxf6 20 ♖d5 ♕b4?

Danach kann Weiß seine Initiative verstärken. Eine bessere Verteidigung ist 20...♕c7 21 ♕xc3 ♔d7, wenngleich Weiß nach 22 ♖dd1 ♕b6 23 ♔a1 dank seiner aktiven Figuren und der unangenehmen Stellung des schwarzen Königs etwas Vorteil behält. Man beachte, wie das weiße Opfer selbst nach der besten schwarzen Verteidigung die Stellung verwandelt hat. Statt sich gegen die schwarzen Drohungen am Damenflügel zu verteidigen, hat Weiß die Initiative übernommen und setzt nun den Nachziehenden unter Druck.

21 a3! ♕xa3 22 ♕xc3

S

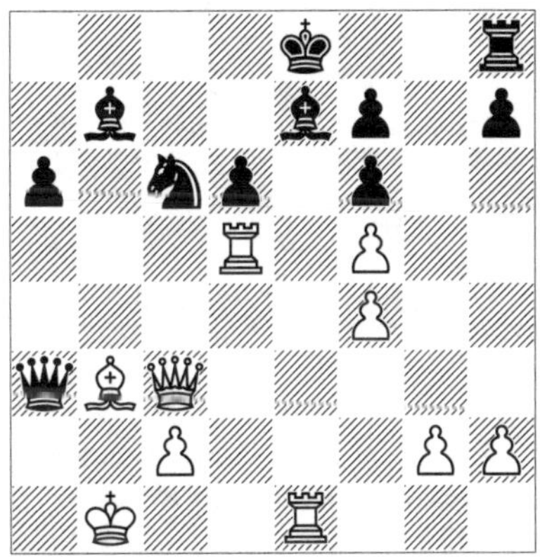

Schwarz steckt in Schwierigkeiten, da seine Dame nun im Abseits steht.

22...♔f8?

Die letzte Chance bestand in 22...♕b4, aber nach 23 ♕xb4 ♘xb4 24 ♖xd6 ♗xg2 (24...♘c6 25 ♖xf6 0-0 26 ♖xc6 ♗xc6 27 ♖xe7 ♗xg2 28 f6 gewinnt für Weiß) 25 c3 ♘c6 26 ♗a4 0-0 27 ♖d2 ♗h3 28 ♗xc6 sollte Weiß auf lange Sicht gewinnen.

23 ♖e4!

Mit der entscheidenden Drohung ♖a4, die den Schwarzen zur Hergabe von Material zwingt.

23...♘e5 24 fxe5 dxe5

24...♗xd5 verliert wegen 25 ♕c8+ ♔g7 26 ♖g4+ ♔h6 27 ♕c3 mit schnellem Matt.

25 ♕c7 ♗xd5 26 ♕c8+ ♔g7 27 ♖g4+ ♔h6 28 ♕c3! 1-0

Wer im Schach „die Initiative hat", kann Drohungen aufstellen, die den Gegner nicht zur Ruhe kommen lassen. Das ist für den Gegner sehr unangenehm, da er bei jedem Zug die Konsequenzen der Ausführung dieser Drohungen berechnen muss. Der Inhaber der Initiative kann durch Aufstellen einer Drohung nach der anderen die Stellung seiner Figuren unter Zeitgewinn verbessern. In der folgenden Partie bedient sich Michael Adams dieser Technik, um einen tödlichen Königsangriff zu starten.

W

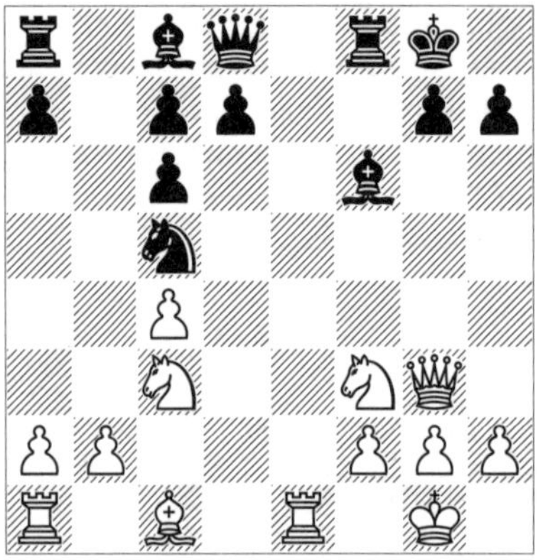

Adams – D. Howell
London 2010

14 ♗g5

Entwickelt eine Figur und bereitet den Abtausch des aktiven Läufers auf f6 vor.

14...♘d3?

Gesünder ist 14...d6.

15 ♖e3!

Der Schlüsselmoment. Durch das Opfer des b-Bauern kann Weiß die Initiative ergreifen und sie für den Rest der Partie behalten. Dagegen steht Schwarz nach 15 ♖e2?! ♗xg5 16 ♘xg5 ♘f4 17 ♖e3 d5 ordentlich.

15...♘xb2

Nun funktioniert 15...♗xg5 16 ♘xg5 ♘f4 nicht, da Schwarz nach 17 ♖f3 ♕f6 18 ♖e1 auf die Drohung ♖e4 reagieren muss.

16 ♖ae1

Der einzige Makel der schwarzen Stellung besteht darin, dass er den Läufer c8 noch nicht entwickelt hat. Durch andauernde Aufstellung von Drohungen kann Weiß seinen Gegner daran hindern, diesen Läufer effektiv zu entwickeln. Unmittelbar droht 17 ♖e7! ♗xe7 18 ♖xe7 mit tödlichem Angriff auf g7 oder einfach 17 ♘e4.

16...♗xg5

Schlecht ist 16...♗a6, da nach 17 ♖e7 ♗xc3 18 ♖1e3 ♘d1 19 ♘e5 ♕xe7 20 ♗xe7 ♘xe3 21 ♗xf8 ♗xe5 22 ♕xe5 ♖xf8 23 ♕xe3 ♗xc4 24 ♕xa7 der Freibauer auf der a-Linie die Partie entscheidet.

17 ♘xg5

Droht erneut ♖e7.

17...♕f6 18 ♖f3 ♕d8

Die Dame muss wieder zurückgehen, weil 18...♕d6 wegen 19 ♕h4 h6 20 ♘f7! ♖xf7 21 ♖e8+ verliert.

19 ♘ce4

Nun muss Schwarz u. a. die Drohung 20 ♘f6+ ♖xf6 21 ♖xf6 parieren.

19...♗a6

W

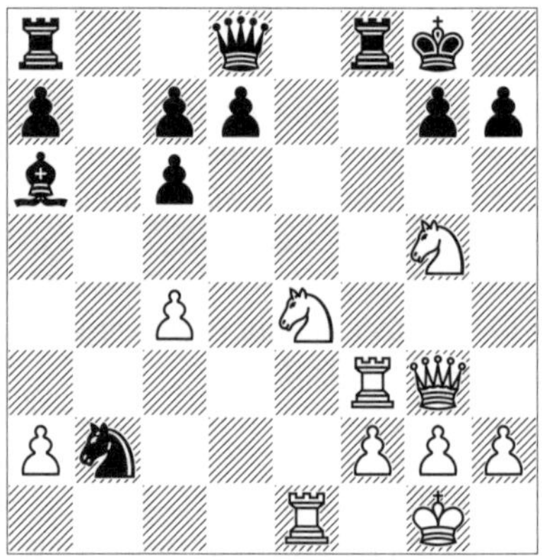

Nun deckt der Turm a8 das Feld e8, aber der Läufer entfaltet immer noch keine richtige Aktivität.

20 ♘xh7!

Weiß hat so viel Zeit gewonnen, dass er einen Opferangriff auf den schwarzen König vom Stapel lassen kann.

20...♖xf3

Nach 20...♔xh7 21 ♘g5+ ♔g8 22 ♖xf8+ ♕xf8 23 ♕h3 lässt das Matt nicht mehr lange auf sich warten.

21 gxf3 ♔xh7 22 ♘g5+ ♔g8 23 ♕h4 ♗xc4

Endlich greift der Läufer ins Spiel ein, aber es ist zu spät: Der weiße Angriff ist bereits entscheidend.

24 ♕h7+ ♔f8 25 ♖e5

Droht 26 ♖f5+.

25...♗e6 26 ♕h8+ ♔e7 27 ♕xg7+ ♔d6

Oder 27...♔e8 28 ♕f7#.

28 ♘e4# (1-0)

W

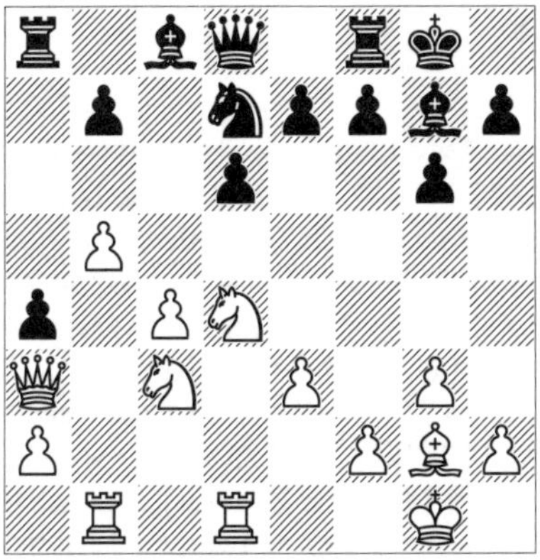

McShane – Carlsen
London 2010

Es sei nachdrücklich darauf hingewiesen, dass die Initiative nicht nur durch einen Königsangriff ausgenutzt werden kann. So kann der andauernde Druck beispielsweise letztendlich zu Materialgewinn führen. In der vorliegenden Stellung hat Weiß Entwicklungsvorsprung und aktiv postierte Figuren, während Schwarz auf das Läuferpaar und ein mögliches starkes Feld für seinen Springer auf c5 pocht. Um Schwarz daran zu hindern, sich zu konsolidieren und seine Entwicklung abzuschließen, muss Weiß mit unmittelbaren Drohungen arbeiten.

17 ♘e4

Verhindert ...♘c5 und droht, mit 18 c5 die Stellung zu öffnen.

17...♕b6

Sicherer ist 17...♕a5. Der Textzug ist bei richtiger Fortsetzung zwar nicht schlecht, aber es ist riskant, die Dame gegenüber dem Turm b1 zu postieren.

18 ♘c6! ♖e8?!

Zu passiv; besser ist 18...bxc6 19 bxc6 ♕a5 20 cxd7 ♗xd7 21 c5 ♗g4 22 ♖dc1 dxc5 23 ♖xc5 ♕a6. Weiß hat aufgrund seiner aktiven Türme leichtes Übergewicht, aber das Läuferpaar gibt Schwarz Gegenchancen.

19 ♘b4

Da nun ♘d5 gefolgt von c5 droht, vertreibt Schwarz den Springer von e4, selbst wenn er dabei eine Schwächung seiner Stellung in Kauf nehmen muss.

19...f5 20 ♘c3 ♕c5?!

Danach kann Weiß seine Initiative ausbauen und dem Schwarzen ernsthafte Probleme bereiten. Besser ist 20...e6 21 ♘d3 ♘c5, auch wenn Weiß beträchtlichen Druck behält.

21 ♘xa4!

Ein gut überlegter Zug, der einige taktische Verwicklungen vom Zaun bricht, die den Nachziehenden einige Züge lang beschäftigt halten werden.

21...♕a7 22 ♘a6

S

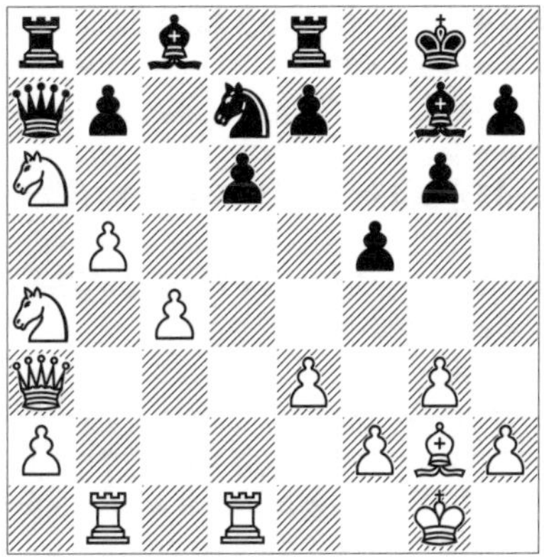

Nur so kann Weiß Figurenverlust vermeiden, aber nun droht auch 23 ♘c7.

22...bxa6 23 b6 ♘xb6

Da Weiß nach 23...♕b8 24 ♕b3 ♔h8 25 ♗xa8 ♕xa8 26 b7 Material gewinnt, muss Schwarz die Figur sofort zurückgeben.

24 ♖xb6 ♖b8 25 c5

Weiß nutzt seine Initiative auf typische Weise, indem er die neue Drohung 26 ♕b3+ aufstellt und damit die schwarze Antwort erzwingt.

25...♗e6 26 ♖db1

Nun drohen 27 ♖b7 und 27 cxd6.

26...dxc5 27 ♖b7 ♖xb7 28 ♖xb7 ♕a8 29 ♘xc5 ♕c8

Da 29...♗f7 nach 30 ♖xe7 zwei Bauern verliert, ist dies erzwungen.

30 ♕xa6

Weiß hat einen Bauern gewonnen, bleibt aber vor allem im Besitz der Initiative, was seine ansonsten schwierige technische Aufgabe ungemein erleichtert.

30...♗f7 31 ♗c6 ♖d8 32 ♘d7

Die weißen Figuren sind sehr aktiv. Die Hauptdrohung lautet 33 ♕b6 gefolgt von ♖c7 mit Damenfang. Die schwarzen Läufer sind auf dem Königsflügel abgeschnitten und können das Spiel in der Nordwestecke des Bretts nicht beeinflussen.

32...♖xd7

Gibt weiteres Material, aber die Stellung war so oder so hoffnungslos.

33 ♗xd7 ♕c1+ 34 ♕f1 ♕xf1+ 35 ♔xf1 ♗c4+ 36 ♔g1 ♗xa2 37 ♗a4 e5 38 f3 ♗h6 39 ♗b3+ 1-0

Topalow – Anand

Bilbao 2008

1 d4 ♘f6 2 c4 e6 3 ♘f3 b6 4 g3 ♗a6 5 ♕c2 ♗b7 6 ♗g2 c5 7 d5!?

Dieses Bauernopfer hat Schwarz einige Probleme bereitet.

7...exd5 8 cxd5 ♘xd5 9 0-0 ♗e7 10 ♖d1 ♕c8 11 a3 ♘f6?!

Heutzutage wird 11...♘c7 von der Theorie als gesünder erachtet.

12 ♗g5 d5

Danach kann Weiß definitiv einigen Vorteil erreichen. Am populärsten ist 12...0-0 13 ♘c3 ♖d8, obwohl Weiß auch hier nach 14 ♘h4 gute Kompensation für den Bauern erhält.

13 ♗xf6!

Weiß spielt auf Rückgewinn des Bauern auf d5 und sichert sich zugleich die Kontrolle über die offene d-Linie.

13...♗xf6 14 ♘c3 ♗xc3 15 bxc3 ♘a6 16 ♘h4 g6

Wenn der Nachziehende versucht, den Bauern mit 16...♕e6 17 ♘f5 0-0 zu behaupten, gewinnt 18 c4 ihn unter noch günstigeren Umständen zurück.

17 ♗xd5 ♗xd5 18 ♖xd5 0-0 19 ♖ad1

S

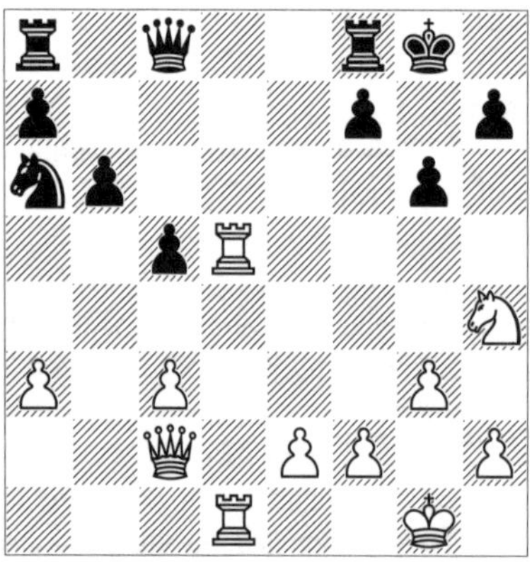

Nach der Wiederherstellung des materiellen Gleichgewichts ist Weiß wegen seiner Kontrolle über die d-Linie klar im Vorteil.

19...♘c7

Die Überführung des Springers nach e6 lässt Schwarz davon träumen, irgendwann ...♖d8 spielen zu können.

20 ♖d7 ♘e6 21 ♕e4 ♕e8?

21...♖d8? scheitert an 22 ♖xd8+ ♘xd8 23 ♕e8+ ♔g7 24 ♖d7. Mit dem Damenzug nach e8 droht Schwarz, durch Opponieren des anderen Turms auf d8 den weißen Vorteil zu neutralisieren, was sich allerdings als zu langsam erweist. Schwarz hatte zwei bessere Ideen:

1) 21...c4 22 ♕f3 ♕c5 23 ♘g2 ♖ae8 (nach 23...♕xa3 24 ♖xf7 ♖xf7 25 ♕xa8+ ♘f8 26 ♕d5 ♕xc3 27 ♘e3 fällt der Bauer c4, wonach die exponierte Stellung des schwarzen Königs Weiß definitiven Vorteil gibt) 24 ♘e3 ♘g5 25 ♕d5 ♕xd5 26 ♖1xd5 ♘e4 27 ♖d4 ♘xc3 28 ♖xc4 ♖c8 mit nur leichtem Endspielvorteil für Weiß.

2) 21...♘d4 22 ♕e7 ♘c6 23 ♘f5 ♘xe7 (23...gxf5? 24 ♕g5+ ♔h8 25 ♖1d5 gibt Weiß gewinnbringenden Angriff) 24 ♘xe7+ ♔g7 25 ♘xc8 ♖fxc8 26 e4, und der weiße Vorteil bleibt bis ins Endspiel bestehen, aber Schwarz hat recht gute Rettungschancen.

22 ♘f3 c4

Damit gibt Schwarz zu, dass sein letzter Zug Zeitverschwendung war, aber nach 22...♘d4 23 ♘e5 ♘c6 24 f4 ♘xe5 25 fxe5 ♕e6 26 ♖1d6 ♕h3 27 ♖c7 mit schrecklichem Druck oder 22...♖d8 23 ♕b7 ♖xd7 24 ♖xd7 mit Bauerngewinn hat er auch nichts zu lachen.

23 ♕h4!

S

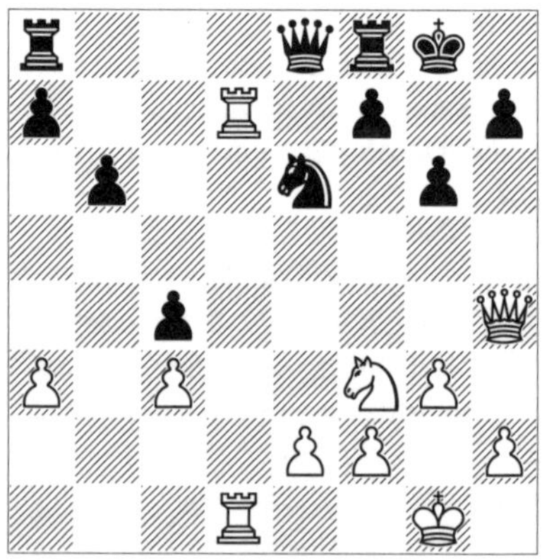

Es gibt keine Verteidigung gegen die Drohungen 24 ♕h6 nebst 25 ♖1d4! oder 24 ♖1d6 nebst 25 ♖xe6!.

23...♘c5

Auch 23...♖d8 24 ♘e5 ist vernichtend.

24 ♖e7 ♖d8 25 ♖f1! 1-0

In Anbetracht von 25...♕c6 26 ♘g5 h5 27 ♘xf7! ♖xf7 28 ♖xf7 ♔xf7 29 ♕xd8.

W

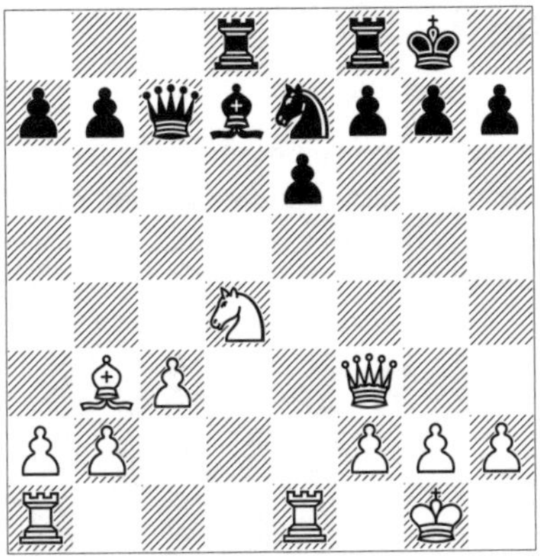

Mista – Gdanski

Polnische Meisterschaft, Warschau 2010

Momentan ist Weiß etwas im Vorteil. Seine Figuren stehen aktiver, und Schwarz hat es nicht leicht, die Aktivität seines Läufers zu verbessern. Am einfachsten ist 17 ♖ad1 mit der Idee ♕g3, da die weiße Damenflügelmehrheit sich im Endspiel eher als Pluspunkt erweisen wird.

17 ♖e3?!

Stattdessen spielt Weiß auf Angriff auf der Basis irgendeiner Kombination von ♕h5, ♖h3 und ♗c2. Schwarz hat aber keine Schwächen in seinem Lager und kann die Drohungen leicht neutralisieren, wonach die weißen Figuren schlecht stehen.

17...♘g6

Nun kann 18 ♕h5 mit 18...♘f4 beantwortet werden.

18 ♗c2

Weiß verlegt sich auf eine andere Taktik und zieht zuerst den Läufer, so dass der Springer nach ♕h5 wegen des Matts auf h7 gefesselt ist.

18...e5!

Schwarz nutzt seine Chance zu aktivem Spiel.

19 ♘f5 ♗c6 20 ♗e4?

Tödliche Inkonsequenz. Nachdem Weiß sich für einen Angriff entschieden hatte, musste er auch damit weitermachen. Bei der Vorbereitung seines Angriffs hat er nämlich die Stellung seiner Figuren kompromittiert, da der Turm auf e3 nichts leistet, wenn kein Angriff zustande kommt. Insbesondere hat Weiß die d-Linie aufgegeben, die eines der wichtigsten Merkmale der Stellung verkörpert.

Richtig ist 20 ♕h5!; nach der Fortsetzung 20...♗xg2 (20...♖fe8 21 ♖h3 h6 22 ♘xg7! ♔xg7 23 ♕xh6+ ♔f6 24 ♖h5 wird zu Dauerschach führen) 21 ♖g3 ♖d2 22 ♗b3 ♗d5 23 ♕g5! ♗xb3 24 ♕xd2 ♗e6 25 ♕d6 ergibt sich eine unklare Position, in der der Nachziehende für sein kleines Materialopfer hinreichend entschädigt ist, aber wahrscheinlich nicht mehr.

20...♖d2 21 b4 ♖fd8

Innerhalb von zwei Zügen ist für Weiß alles verkehrt gelaufen. Er hat keinen Angriff, und Schwarz hat die uneingeschränkte Kontrolle über die offene d-Linie.

22 g3 ♗xe4 23 ♕xe4 f6

W

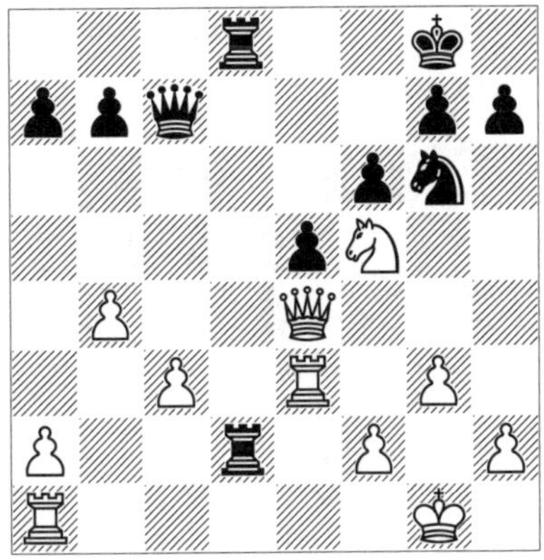

Schwarz kann langsam spielen, da der Anziehende seine Herrschaft über die d-Linie nicht bestreiten kann. Mit dem Partiezug befestigt er den Bauern e5, um mit ...♘e7 die einzige aktive weiße Figur abtauschen zu können.

24 c4 ♘e7 25 c5

Die weiße Damenflügelmehrheit ist hier völlig irrelevant. Schwarz hat die Stellung vollkommen unter Kontrolle.

25...♘xf5 26 ♕xf5 ♕c6 27 a3 ♖8d4 28 ♖c1 g6 29 ♕f3 a6 30 ♔g2 ♔f7

Da die Damen früher oder später vom Brett verschwinden werden, verbessert Schwarz seine Königsstellung. Wenn der Gegner kein aktives Spiel hat, kann man sich den Luxus derartiger Züge erlauben.

31 h4 h5 32 ♖b3 ♖a2

Nach 32...e4 33 ♕e3 ♖4d3 34 ♖xd3 ♖xd3 35 ♕f4 ♖xa3 kann Weiß mit 36 ♕h6 etwas Gegenspiel erhalten. Die systematische Spielweise des Nachziehenden lässt kein Gegenspiel zu und ist daher zweckmäßiger.

33 ♔g1 ♖dd2 34 ♖f1 ♕xf3 35 ♖xf3 ♔e6

Schwarz hat die Kontrolle über die offene Linie in die Kontrolle über die siebte Reihe transformiert.

36 ♖c1 e4 37 ♖f4 f5

Der weiße Turm befindet sich in einer tragikomischen Stellung.

38 c6 bxc6 39 ♖xc6+ ♖d6 40 ♖xd6+ ♔xd6 41 f3 ♖xa3 42 fxe4 ♖xg3+ 43 ♔f2 ♖g4 0-1

Bei einem „Turm auf der siebten Reihe“ denkt man normalerweise ans Endspiel, aber ein solcher Turm kann auch im Mittelspiel einen großen Vorteil darstellen. Genau wie im Endspiel kann der Turm gegnerische Bauern auf der siebten Reihe aufs Korn nehmen und sie dann, wenn sie die Flucht nach vorne antreten, von hinten angreifen.

S

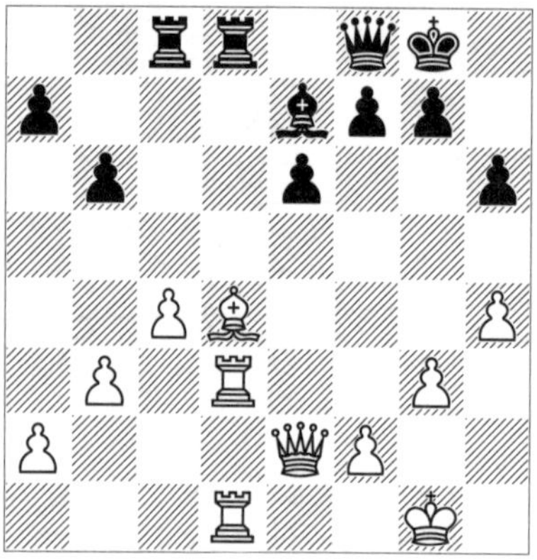

Schirow – Sumets
Warschau (Schnellpartie) 2008

Weiß hat leichten Vorteil, da er seine Türme bereits auf der d-Linie verdoppelt hat und sich seine Damenflügelmehrheit im Fall von mehrfachem Figurentausch im Endspiel als wertvoll erweisen kann. Dieser Vorteil verbürgt zwar momentan nur leichtes Übergewicht, aber Schwarz muss aufpassen, dass Weiß seine größere Kontrolle über die d-Linie nicht zum Eindringen mit einem Turm nutzt.

25...♗c5?

Schwarz will die Situation schnell klären, übersieht dabei einen wichtigen Punkt und erlaubt dem Anziehenden die Besetzung der siebten Reihe mit seinem Turm. Er sollte lieber selbst mit 25...♖d6! Turmverdopplung anstreben. Danach führt das Opfer 26 ♗xg7?! ♔xg7 27 ♕g4+ (nicht 27 ♕e5+? f6 mit Gewinn für Schwarz) 27...♔h7 28 ♖xd6 ♗xd6 29 ♕e4+ allerhöchstens zum Remis. Selbst nach der gesünderen Erwiderung 26 a4 ♖cd8 27 a5 ♕e8 ist Schwarz dem Ausgleich sehr nahe.

26 ♗xc5 bxc5 27 ♖d7!

Einen solchen Zug, bei dem sich eine Figur entlang einer Linie zu einer gleichartigen gegnerischen Figur hin bewegt, aber auf halbem Wege stoppt, kann man leicht übersehen. Hier kann der weiße Turm eine beherrschende Stellung einnehmen; Schwarz muss bereits auf die Bedrohung seines a-Bauern reagieren.

27...a5 28 ♕f3

S

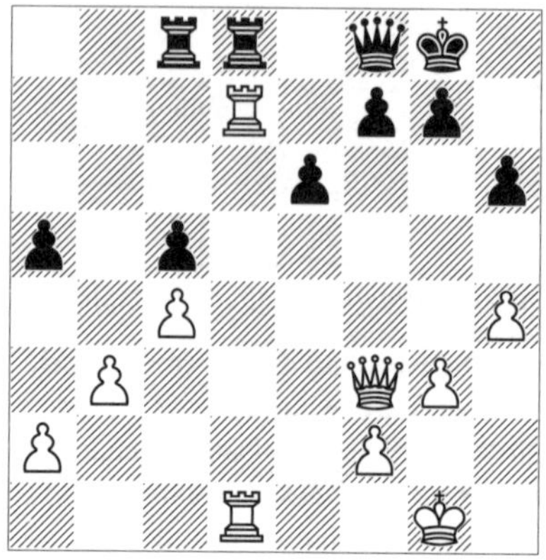

Nun wird Schwarz auch durch den seitlichen Angriff auf f7 in seinen Möglichkeiten eingeschränkt.

28...♖xd7?!

Die letzte Verteidigungschance ist 28...♕e8. Nach 29 ♕b7 ♖a8 30 ♔g2 steht Schwarz unter schwerem Druck, aber es ist kein sofortiger Gewinn für Weiß zu sehen.

29 ♖xd7 a4

Da 29...♖a8 wegen 30 ♖xf7 verliert, ist ♖a7 mit Gewinn des a-Bauern nicht zu verhindern. Daher gibt Schwarz den Bauern freiwillig her, was aber kaum einen Unterschied macht.

30 bxa4

Nun gesellt sich zu den anderen positionellen Vorteilen des Weißen auch noch ein gefährlicher entfernter Freibauer.

30...♕e8 31 ♕d3

Noch stärker ist 31 ♖b7!, da 31...♖a8 mit der hübschen taktischen Pointe 32 ♖e7! ♕f8 33 ♖xf7! beantwortet werden kann.

31...e5 32 a5

Der Freibauer ist zu stark. Die Versuche des Nachziehenden, den weißen König zu entblößen, werden von Weiß leicht abgewehrt.

32...e4 33 ♕d2 e3 34 fxe3 ♕e5 35 ♔h2 ♖c6 36 ♕d5 ♕b2+

Schwarz hat nur ein Racheschach, da der weiße König auf h3 sicher steht.

37 ♔h3 ♖f6 38 ♖d8+ ♔h7 39 ♕e4+ 1-0

39...g6 40 ♕e8 führt zum Matt und 39...♖g6 40 h5 zu Turmverlust.

Aus der Kontrolle einer offenen Linie resultiert häufig ein Turm auf der siebten Reihe. Dies kann im Mittelspiel noch gefährlicher sein als im Endspiel, da ein Turm auf der siebten Reihe häufig die Grundlage für einen direkten Königsangriff bilden kann.

S

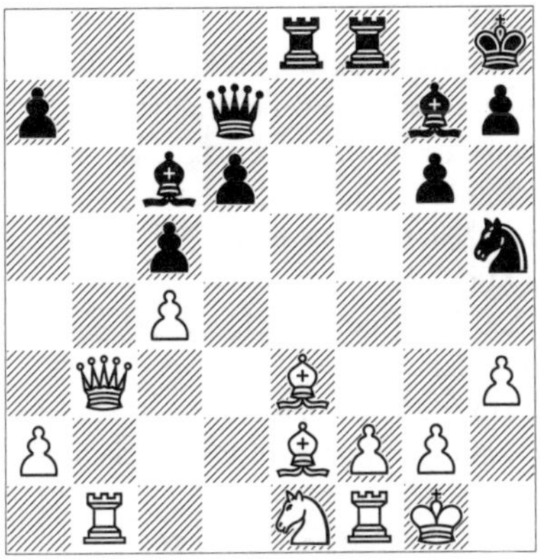

Swetuschkin – Baklan

Rumänische Mannschaftsmeisterschaft, Eforie Nord 2009

Schwarz hat deutlichen Vorteil, da seine Figuren, insbesondere seine Türme, viel aktiver stehen als ihre weißen Pendants. Er muss allerdings einen Weg zur Erzielung von Fortschritten finden, bevor Weiß die Mängel in seiner Stellung beheben kann. Dazu will er die Öffnung der e-Linie erzwingen, damit sein Turm e8 in die weiße Stellung eindringen kann.

24...♘f4 25 ♗g4

Nach 25 ♗xf4 ♖xe2 gelangt der Turm schon auf die siebte Reihe.

25...♕f7 26 ♗xf4

Weiß beschließt, den permanent seinen Königsflügel bedrohenden Springer sofort zu beseitigen.

26...♕xf4

Mit der Drohung 27...♗e5 28 g3 ♕e4, was Material gewinnt.

27 ♗f3

Der natürlichste Zug, der den gefährlichen Läufer c6 zu neutralisieren versucht.

27...♗d7

27...♗xf3 28 ♘xf3 ♖e2 ist unwirksam, weil der Anziehende einfach 29 ♖fe1 spielen kann. Die Bewahrung des Läufers ist gefährlicher und stellt in der Tat die direkte Drohung 28...♗e6 29 ♗d5 ♗xd5 30 cxd5 c4 auf, wonach der c-Bauer sehr stark ist.

28 ♗d5

Weiß pariert die Drohung, lässt dabei aber das Feld e2 ungedeckt, so dass der schwarze Turm e8 in die weiße Stellung eindringen kann.

28...♗f5

Nach sofortigem 28...♖e2 kann Weiß sich mit 29 ♘f3 verteidigen.

29 ♖d1?!

Die beste Chance ist 29 ♘d3 auf der Basis der taktischen Pointe, dass 29...♕g5 30 ♖be1 ♗xh3? nach 31 ♖xe8 ♖xe8 32 f4 ♕g3? (oder 32...♕g4 33 ♘f2) 33 ♘e5! ♕xb3 34 ♘f7+ ♔g8 35 ♘xd6+ Material verliert. Besser ist 29...♕h4, aber dann verhindert 30 ♖be1 das Eindringen des Turms und überlässt dem Nachziehenden nur bescheidenen Vorteil.

29...♖e2

W

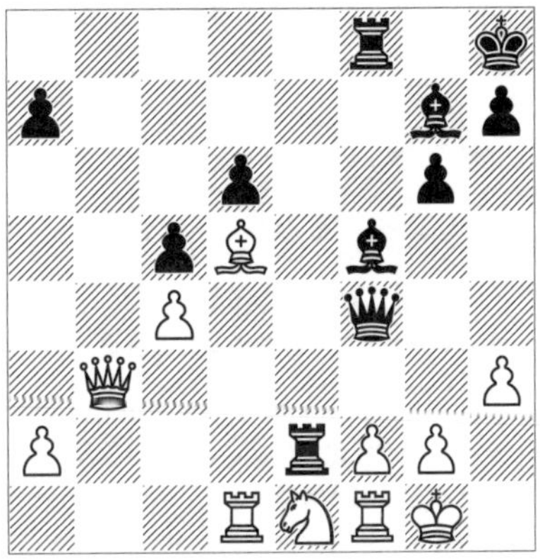

Von der siebten Reihe aus setzt der Turm nicht nur den a-Bauern unter Druck, sondern ist auch bei der Aufstellung direkter Drohungen gegen den weißen König behilflich.

30 a4

Die einfache Aufgabe des a-Bauern mit 30 ♕f3 ♕xf3 31 ♘xf3 ♖xa2 ist trostlos, aber nach dem Partiezug erhält Schwarz ein freies Tempo zur Verstärkung seines Drucks am Königsflügel.

30...♗e5 31 g3 ♕h6 32 ♘d3?

Dies schneidet die weiße Dame vom Königsflügel ab und garantiert somit den Erfolg des schwarzen Angriffs. Auch das bessere 32 ♕f3 ist indes nach 32...♖b2 sehr unangenehm für Weiß.

32...♗d4 33 ♘f4

Oder 33 h4 g5 34 hxg5 ♕xg5 35 ♘f4 ♗c2 36 ♕f3 ♖xf2! (ein typischer Durchbruch, bei dem der Turm auf der siebten Reihe eine Hauptrolle spielt) 37 ♖xf2 ♖xf4 38 ♕xf4 ♕xf4 39 gxf4 ♗xd1 40 a5 ♔g7 mit leicht gewonnenem Endspiel für Schwarz.

33...♗c2 34 ♕f3 ♗xd1 0-1

Vorposten

Ein Vorposten ist ein Feld in der gegnerischen Bretthälfte, von dem eine Figur nicht durch einen gegnerischen Bauern vertrieben werden kann. Ein Vorposten kann bei dauerhafter Besetzung großen oder gar entscheidenden Vorteil verleihen.

S

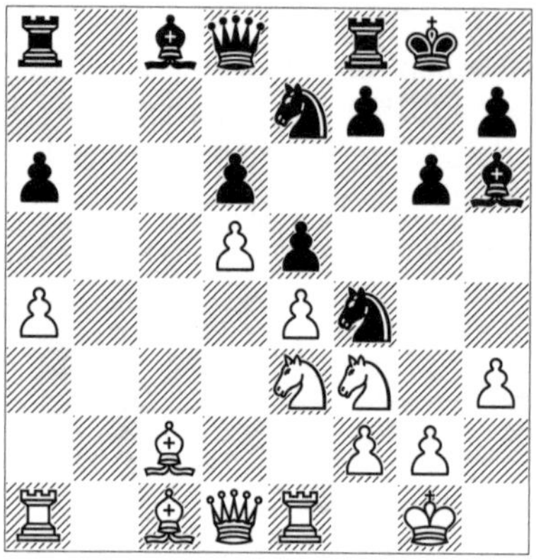

Leko – Navara
Olympiade, Dresden 2008

Diese Stellung ergab sich aus einem Geschlossenen Spanier, sieht aber wie ein missratener Königsinder aus. Weiß hat bereits am Damenflügel Linien geöffnet, während das schwarze Gegenspiel am Königsflügel noch in den Kinderschuhen steckt. Der potenzielle Vorposten auf c6 ist wichtig, da er mit ♘c4-a5-c6 besetzt werden könnte.

24...f5

Dies ist zwar unerlässlich, wenn Schwarz aktives Spiel aufziehen will, hat aber auch den Nebeneffekt, dass das Feld e6 geschwächt wird. Das kann Weiß momentan nicht ausnutzen, muss aber von beiden Spielern im Gedächtnis behalten werden.

25 ♘c4?!

Genauer ist 25 ♖b1, da es wichtig ist, die offene Linie zuerst zu besetzen.

25...fxe4 26 ♗xe4 ♖a7?!

Nun nehmen die Schwierigkeiten des Schwarzen zu. Er sollte 26...♗f5 oder 26...♖b8 versuchen.

27 ♖b1 ♖c7

Auf 27...♘f5 folgt 28 ♗xf4 ♗xf4 29 ♕d3 (mit der Drohung 30 ♖b6 – ein Beispiel für einen Turmvorposten) 29...♖c7 30 ♘a5, wonach der Springer den Vorposten auf c6 erreicht.

28 ♕b3

Einfach und stark. Weiß verteidigt den Springer als Vorbereitung für ♗a3.

28...♗f5?

Schwarz sollte 28...♘f5 versuchen, obgleich Weiß nach 29 ♗xf4 ♗xf4 30 ♘a5 mit Zielrichtung c6 beträchtlichen Vorteil behält.

29 ♗xf4

Leko wählt einen einfachen Plan, der die Ausbeutung des Feldes e6 beinhaltet. Der komplizierte taktische Schlag 29 ♘fxe5! ist wahrscheinlich noch stärker, aber manchmal ist es besser, einfach und sicher zu spielen.

29...exf4

29...♗xf4 verbietet sich, da 30 ♘cxe5! nun sonnenklar ist.

30 ♗xf5 ♘xf5 31 ♘a5

Nun kann Weiß sowohl c6 als auch e6 besetzen.

31...♕d7 32 ♘c6 ♕f7 33 ♖e6

S

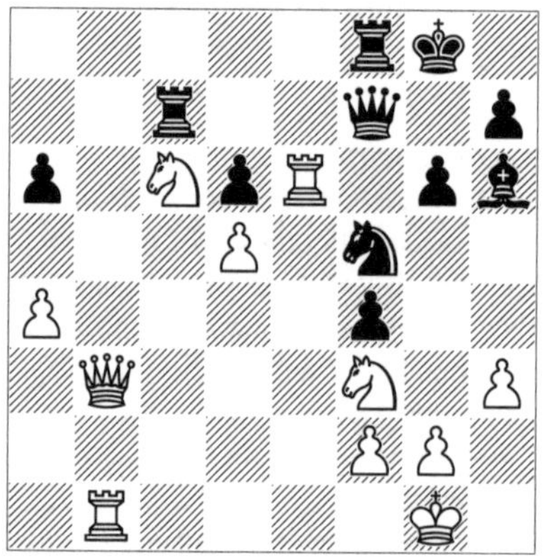

Wegen des seitlichen Drucks auf d6 kann Schwarz den Turm nicht einfach mit ...♘g7 wieder hinauswerfen.

33...♖fc8 34 ♖be1

Die weißen Figuren auf c6 und e6 kontrollieren so viele Felder, dass Schwarz sich kaum rühren kann.

34...♗f8

Nach 34...♖b7 35 ♕d3 ♖a8 36 ♘d2 gefolgt von a5 und ♘c4-b6 ergäbe sich noch ein weiterer Vorposten!

35 ♘g5 ♕d7 36 ♕f3 ♘g7 37 ♖f6

Ein typischer Vorteil eines Turmvorpostens besteht darin, dass der Turm Druck ausüben oder sich horizontal bewegen kann.

37...♖e8 38 ♖xe8 ♕xe8 39 ♖xf4 ♖b7 40 ♖e4 ♕c8 41 g4 1-0

Schwarz gab sich geschlagen. Nach ♖f4 gefolgt von ♘e4-f6+ wäre es ohnehin bald vorbei gewesen.

W

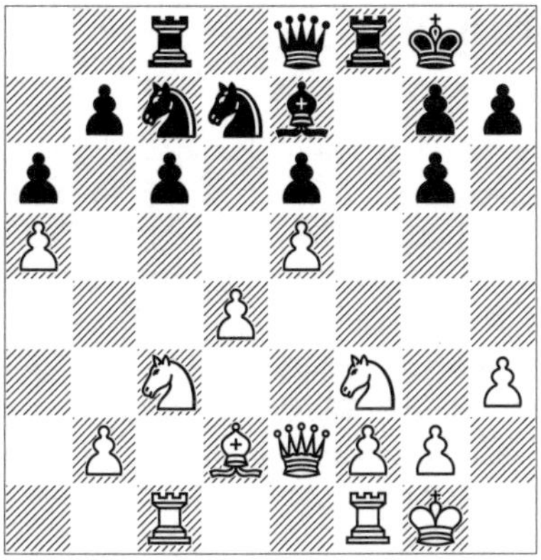

Kassimdschanow – Megaranto
Olympiade, Dresden 2008

Manchmal bedarf die Ausnutzung eines potenziellen Vorpostens einiger Vorbereitung. Hier hat Weiß dank seines Raumvorteils klaren Positionsvorteil, muss aber noch Fortschritte machen. Der potenzielle Vorposten auf d6 wird momentan vom schwarzen Läufer kontrolliert.

18 ♘e4

Die Drohung, mit ♗g5 die Läufer zu tauschen, wird von Schwarz pariert.

18...h6 19 ♗c3 g5 20 ♘fd2

Der Springer ist auf dem Weg nach c4, um den Druck auf d6 zu verstärken.

20...♕g6 21 f3 ♖cd8 22 ♘c4 ♘b5

Wiederum kann Schwarz genügend Feuerkraft aufbringen, um das Eindringen eines Springers auf d6 zu verhindern. Weiß beschließt nun, b4 gefolgt von ♘c5 vorzubereiten (c5 ist ebenfalls ein Vorposten, da der Springer nicht durch einen Bauern vertrieben werden kann). Der Druck auf e6 und b7 wird Schwarz zum Tausch auf c5 zwingen. Danach kann Weiß durch Zurückschlagen mit dem Bauern seine Kontrolle über d6 verstärken.

23 ♖cd1

Weiß verbessert zuerst die Stellung seiner Türme, da Schwarz kein Gegenspiel hat und seine Stellung nicht verbessern kann.

23...♔h8 24 ♖d3 ♔g8 25 ♖fd1 ♔h8 26 ♕e1

Nun steht Weiß zu b4 bereit.

26...♔g8 27 b4 ♔h8 28 ♖b3

Aber nicht sofort 28 ♘c5?? wegen 28...♘xc5 29 bxc5 ♗xc5. Daher muss der anfällige Turm zunächst auf ein sichereres Feld gehen.

28...♔g8 29 ♕e2

Nun besteht das Problem in 29 ♘c5?? ♘xc5 30 bxc5 ♕c2 mit Materialgewinn. Daher überdeckt Weiß das Feld c2 mit der Dame (man beachte, dass er mit seinem vorhergehenden Zug als Vorbereitung für dieses Manöver vorsorglich den Bauern b4 gedeckt hat).

29...♔h8 30 ♗f2 ♔g8 31 ♔h1

Weiß lässt sich weiterhin Zeit; diese Züge richten sich gegen ein Gegenspiel mit ...h5 und ...g4.

31...♔h8 32 ♘c5

Endlich ist der Anziehende zum Eindringen bereit. Schwarz muss nehmen, da er den Bauern b7 nicht decken kann.

32...♘xc5 33 bxc5

Weiß hat den potenziellen Vorposten auf d6 in einen echten verwandelt und steht zu seiner Besetzung bereit.

33...♖d5 34 ♘d6

S

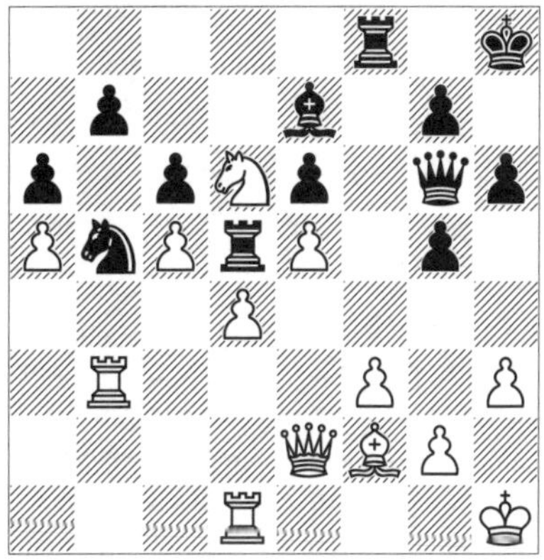

34...♗d8?

Bis hierher hat sich Schwarz gut verteidigt, da er erkannt hatte, dass eine Abwartepolitik angezeigt war, aber nun gerät er in Panik und gibt den lebenswichtigen Bauern b7 her, wonach seine übrigen Damenflügelbauern schwach werden. Er sollte sich weiterhin mit 34...♖b8 passiv verteidigen, wonach Weiß noch einen Weg zur Verbesserung seiner Stellung finden müsste. Eine Idee bestünde darin, einen Turm nach e4 zu überführen und letztendlich etwas am Königsflügel zu unternehmen, aber Weiß hätte noch eine Menge Arbeit.

35 ♘xb7 ♗c7 36 ♘d6 ♗xa5

Sonst verbleibt Schwarz mit einem Bauern weniger, aber die Entfernung des Bauern a5 gibt Weiß eine Route zum Eindringen in die schwarze Stellung.

37 ♕e4 ♕h5

37...♕xe4 38 fxe4 ♖xd6 39 exd6 ♖xf2 40 ♖a1 ♗d8 41 ♖xa6 ist ebenfalls hoffnungslos für Schwarz.

38 ♖a1 ♗c3 39 ♘xb5! ♗xa1 40 ♘c7 g4

Oder 40...♖d7 41 ♕xc6 gefolgt von ♘xe6 mit drei verbundenen Freibauern im Zentrum.

41 ♘xe6 ♖e8 42 ♘xg7! ♔xg7 43 ♖b7+ ♔f8 44 ♕h7 1-0

28 Der dominante Springer

W

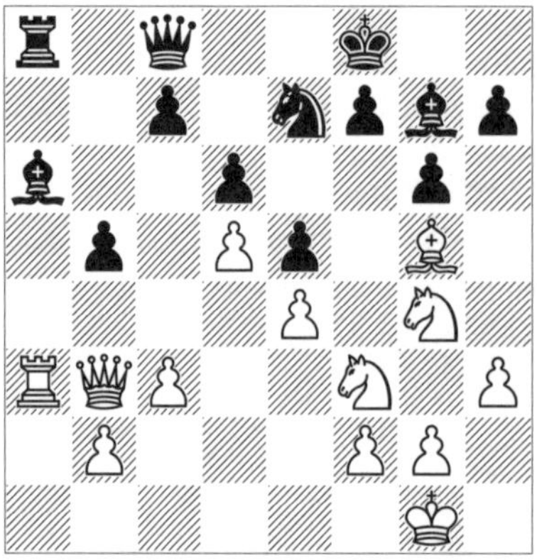

Asarow – B. Socko
Ostrau 2009

Ein auf der sechsten Reihe zuverlässig befestigter Springer beherrscht in der Regel die Stellung und kann eine Partie ganz alleine entscheiden. Die Etablierung eines solchen Springers kann sogar ein materielles Opfer wert sein. In der Diagrammstellung deutet nichts auf einen Springer auf der sechsten Reihe hin, aber Weiß findet ein kreatives Figurenopfer, das auf die Besetzung des Feldes e6 abzielt.

24 ♕b4

Angesichts der Drohung 25 ♗xe7+ ♔xe7 26 ♘gxe5 zieht Schwarz nun den anfälligen Springer weg.

24...♘g8

24...♕d8 25 ♖a5! ist ebenfalls sehr unangenehm, da nun erneut ♗xe7+ droht (denn nun verliert ...♕xe7 wegen ♕a3 eine Figur).

25 ♘gxe5!

Hier ist das Figurenopfer. Schwarz muss auf Materialgewinn spielen, da er sonst einfach kompensationslos einen Bauern einbüßt.

25...♗xe5

Noch schlechter ist 25...f6 26 ♘c6 fxg5 27 ♘xg5, da Weiß dann gleich zwei Springer auf der sechsten Reihe erhält!

26 ♘xe5 f6 27 ♘f3 fxg5 28 ♘xg5

Weiß hat zwei Bauern für die Figur, aber vor allen Dingen einen wunderschönen Vorposten auf e6 für seinen Springer.

28...h6?

Der Nachziehende macht sich zu große Sorgen um den h-Bauern und treibt den Springer sogar noch auf das Wunschfeld. Die beste Verteidigung ist 28...c5, was entweder Zeit gewinnt oder den Bauern d5 beseitigt, der den Vorposten e6 stützt. Danach ist 29 dxc6 ♕xc6 30 ♕b3 ♘h6 (30...♖a7 31 ♘e6+ ♔e8 32 ♘d4 ♕c4 33 ♕xc4 bxc4 34 ♘b5 ♗xb5 35 ♖xa7 gibt Weiß großen Endspielvorteil) 31 ♕e6 ♖e8 32 ♖xa6 ♕xa6 33 ♕d7 d5 34 ♕xh7 dxe4 35 ♕xh6+ ♔e7 36 ♘xe4 viel besser für den Weißen, der aber für den vollen Punkt noch arbeiten muss.

29 ♘e6+ ♔e7

W

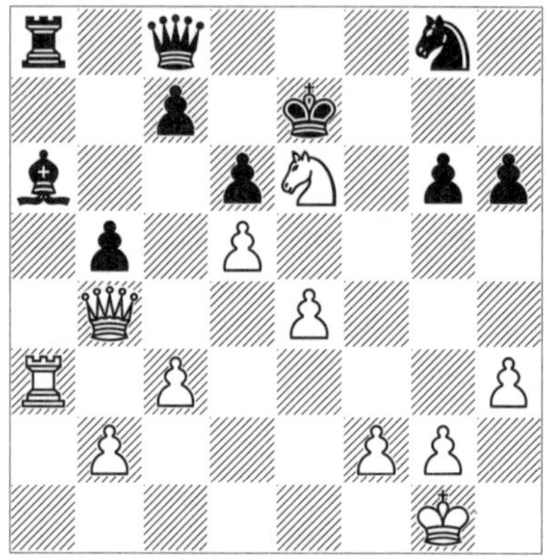

Obgleich Weiß über keine unmittelbaren Drohungen verfügt, ist die schwarze Stellung hoffnungslos. Der Springer e6 lähmt die gesamte schwarze Stellung und kann nicht von einer schwarzen Figur beseitigt werden. Innerhalb von wenigen Zügen kann Weiß nun Dame und Turm für einen entscheidenden Angriff in Stellung bringen.

30 c4

Macht dem Turm den Weg nach f3 frei und bereitet die Einschaltung der Dame in den Angriff über c3 vor.

30...c5 31 ♕c3 ♘f6 32 ♕g3

32 e5! gewinnt sofort, aber der Partiezug ist gut genug.

32...♗b7

32...♕g8 33 e5 ist vernichtend.

33 ♖f3

Angesichts von Drohungen wie 34 ♖xf6 ♔xf6 35 ♕c3+, 34 ♕xg6 und 34 e5 hat Schwarz keine Überlebenschancen.

33...♕h8 34 ♘f4

Der Springer verlässt seinen Posten, um auf g6 einen verheerenden Schlag zu landen.

34...♔d7 35 ♘xg6 ♕d8 36 ♕h4 ♘e8 37 ♖f7+ ♔c8 38 ♘e7+ 1-0

39 ♘c6+ gewinnt die schwarze Dame.

Ein stabiler Springervorposten auf der fünften Reihe ist vielleicht nicht so vernichtend wie auf der sechsten Reihe, aber immer noch eine größere Errungenschaft. Der archetypische Fall eines Springers auf der fünften Reihe ergibt sich dann, wenn Weiß im Sizilianer ♘d5 spielen kann; in der Tat drehen sich viele Abspiele des Sizilianers um die Kontrolle dieses Felds. Wenn Schwarz den Springer sofort abtauschen kann, bringt ♘d5 dem Weißen vielleicht nicht viel ein, aber wenn der Springer einige Züge auf d5 bleiben kann, so kann er großen Einfluss auf den Spielverlauf nehmen (eine der wenigen Ausnahmen hiervon ergibt sich in der Sweschnikow-Variante, in der Schwarz als Kompensation für den Springer d5 über das Läuferpaar und ein starkes Zentrum verfügt).

W

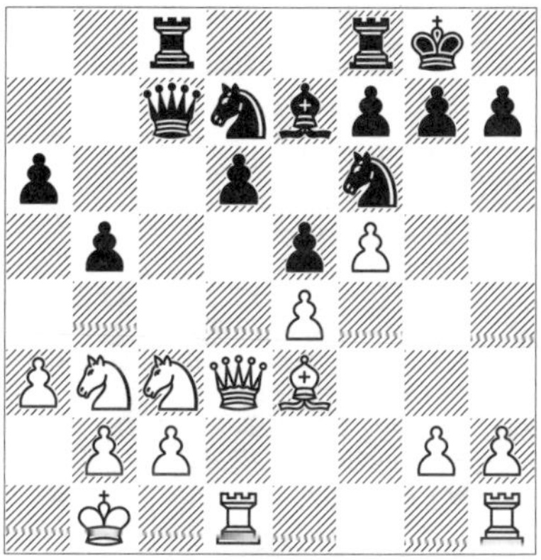

Swidler – E. Berg
Europapokal für Vereinsmannschaften, Plowdiw 2010

Der schwarze Springer auf f6 steht bereit, einen auf d5 auftauchenden Springer sofort wegzuhacken, und wird von einem weiteren Springer gestützt, falls Weiß ♗g5 und ♗xf6 spielen sollte.

18 g4!

Weiß findet den Schlüssel zur Sicherung eines Vorteils. Die Annahme des Bauernopfers ist erzwungen (sonst spielt Weiß g5 nebst ♘d5), aber dann kann der weiße Springer ungeschoren das Feld d5 besetzen. Das Bauernopfer führt nicht zu schnellen Drohungen; die weiße Kompensation beruht vielmehr auf den langfristigeren Vorteilen des Springers d5 und den Drohungen auf der g-Linie, was dem Weißen sehr gutes Spiel für den Bauern gibt.

18...♘xg4 19 ♘d5 ♕d8 20 ♖hg1 ♘xe3

Da sowohl 20...♘gf6? 21 ♗h6 als auch 20...♘df6? 21 ♗b6 ♕d7 22 ♕e2 Material kosten, hat Schwarz kaum eine Wahl, aber nun hat er einen Springer weniger, der sich um das Monster auf d5 kümmern kann.

21 ♕xe3 ♔h8

Da 21...♘f6 22 ♕h6 g6 23 ♖g3 für Weiß gewinnt, muss Schwarz seinen König im Eck verstecken.

22 ♕a7

Aussichtsreich ist auch 22 ♘a5!?, da 22...♘f6? wegen 23 ♖xg7 ♔xg7 24 ♘b7 ♕d7 25 ♕g5+ ♔h8 26 ♘xf6 verliert. Der Partiezug, der den Springer d7 fesselt und so ...♘f6 verhindert, gibt Weiß ebenfalls etwas Vorteil.

22...♖a8 23 ♕b7 ♗f6

Entfesselt den Springer, macht aber den Bauern d6 anfällig.

24 ♕c6 ♗e7 25 ♖d3

S

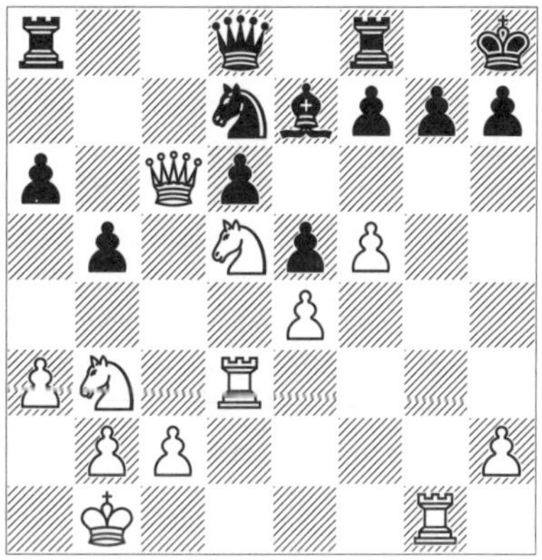

25...♘f6?

Hartnäckiger ist 25...♖g8, aber auch hier behält Weiß nach 26 ♕b7 ♗f8 27 ♖c3 eine Menge Druck für den Bauern.

26 ♘xf6 gxf6

26...♗xf6 27 ♖xd6 ♕e7 28 ♖d7 ♖ac8 29 ♕b7 ♕e8 30 ♖gd1 ist ebenfalls sehr schlecht für Schwarz.

27 ♖dg3

Schwarz hat den Springer d5 abtauschen können, aber dafür seine Bauernstruktur verunstalten und seinen König exponieren müssen.

27...♕c8?

Die letzte Chance bestand in 27...♖c8 28 ♕xa6 ♕c7.

28 ♕d5 ♕c4 29 ♕b7 ♖ae8 30 ♘a5 ♕c8 31 ♕d5 ♕c5 32 ♕b3

Verpasst den sofortigen Gewinn durch 32 ♕d2! ♖c8 (oder 32...♖g8 33 ♕g2) 33 ♕h6 ♕xc2+ 34 ♔a2 ♖g8 35 ♕xh7+, aber der Partiezug führt ebenfalls zum Sieg, wenn auch langsamer.

32...♖g8 33 ♕xf7 ♕xg1+ 34 ♖xg1 ♖xg1+ 35 ♔a2 ♖gg8 36 ♘c6 ♗d8 37 ♕d7 ♗b6 38 ♘e7 ♖d8 39 ♕c6 ♗g1 40 ♘xg8 ♔xg8 41 h3 1-0

Schlecht stehende Figuren

Eine einzige schlecht stehende Figur kann die ganze Stellung ruinieren. Zur Ausnutzung einer derartigen Situation leitet man im Allgemeinen Kampfhandlungen auf einem anderen Teil des Bretts ein.

Malachatko – Owetschkin

Woronesch 2008

1 c4 e5 2 ♘c3 ♗b4 3 e3 ♗xc3 4 bxc3 d6 5 d4 c5 6 ♗d3 ♘c6 7 ♘e2 f5 8 e4 ♘ge7?!

Ziemlich inkonsequent. Logischer ist 8...f4, um die Stellung weiterhin geschlossen zu halten. Dann ist 9 g3? schlecht wegen 9...f3 10 ♘g1 cxd4 11 ♘xf3 ♗g4 mit Problemen für Weiß.

9 d5 fxe4?

Und das ist definitiv verkehrt, da der weißfeldrige weiße Läufer nun sehr gefährlich wird. Schlecht ist auch 9...♘b8?, da 10 f4 die Stellung in einem Moment öffnet, da Weiß beträchtlichen Entwicklungsvorsprung besitzt. Die beste Chance ist 9...♘a5 10 exf5 ♗xf5 11 ♘g3 ♗xd3 12 ♕xd3 0-0, wonach Weiß wegen des schlecht stehenden Springers auf a5 etwas Vorteil hat, aber Schwarz ist noch in der Partie.

10 ♗xe4 ♘a5 11 ♕d3

S

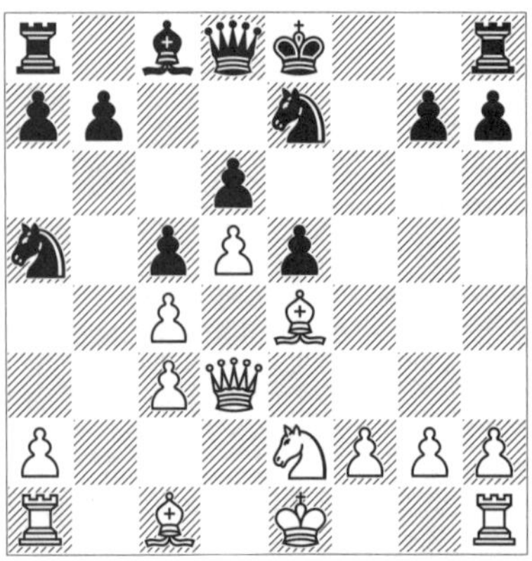

Hier steckt Schwarz in ernsthaften Schwierigkeiten. Alle seine Probleme sind auf den Springer a5 zurückzuführen, der gegenwärtig überhaupt nicht ziehen kann. Es dauert einige Züge, um ihn über b7 und d8 wieder ins Spiel zu führen, und selbst dann steht der Springer nicht gerade mitten im Kampfgetümmel.

11...h6

Die Stellung des Springers auf a5 ließe sich nur durch einen Angriff auf den Bauern c4 ausnutzen, aber dafür ist die schwarze Stellung nicht robust genug; z. B. 11...♕d7 12 0-0 ♕a4 13 ♘g3 ♘xc4 (13...♕xc4 14 ♕f3 nebst ♘h5 oder ♗g5 ist ebenfalls schrecklich für Schwarz) 14 ♗g5 h6 15 ♗g6+ ♔d7 16 ♗xe7 ♔xe7 17 ♗h5, und Schwarz muss sich nicht nur mit Drohungen gegen seinen König auf der Basis von ♕g6, sondern auch mit dem möglichen Materialverlust nach ♗d1 (wonach ...♕a6 mit ♗e2 beantwortet wird) beschäftigen.

12 f4

Solange der Anziehende schnell handelt, wird er am Königsflügel effektiv eine Figur mehr haben.

12...0-0 13 0-0 ♗f5 14 ♘g3 ♗xe4 15 ♘xe4 b6

Versucht den Springer wieder ins Spiel zu bringen, aber es ist schon viel zu spät.

16 ♗d2

Mit der Drohung 17 fxe5 dxe5 18 ♖xf8+ ♕xf8 19 ♖f1.

16...♕d7 17 fxe5 dxe5

W

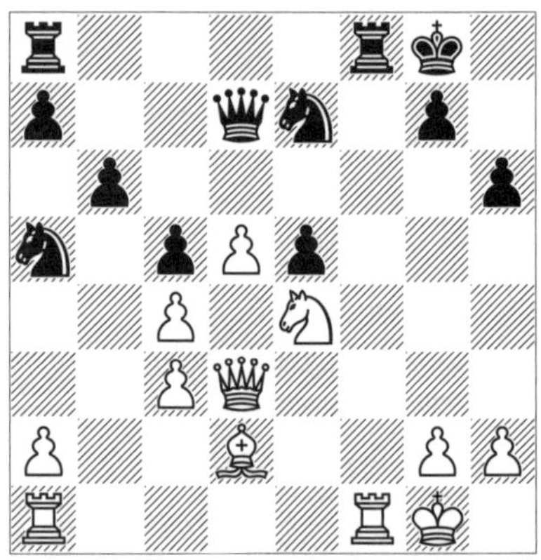

18 ♗xh6!

Dieser Schlag leitet einen tödlichen Angriff gegen den schwarzen König ein.

18...♖xf1+

18...gxh6 19 ♘f6+ ♖xf6 20 ♖xf6 gewinnt für Weiß nach 20...♖f8 21 ♕g3+ oder 20...♘f5 21 ♖f1.

19 ♖xf1 ♖f8 20 ♘f6+!

Schwarz wird nicht mit dem Verlust nur eines mickrigen Bauern davonkommen.

20...♖xf6

20...gxf6 verliert auf der Stelle wegen der Replik 21 ♕g3+.

21 ♖xf6 gxf6 22 ♕g3+ ♘g6

Oder 22...♔f7 23 ♕g7+ ♔e8 24 ♕f8#.

23 ♕xg6+ ♔h8 24 d6 ♘b7 25 ♗f8 1-0

Am häufigsten handelt es sich bei der schlecht stehenden Figur um einen Springer, aber manchmal trifft es auch einen Läufer.

S

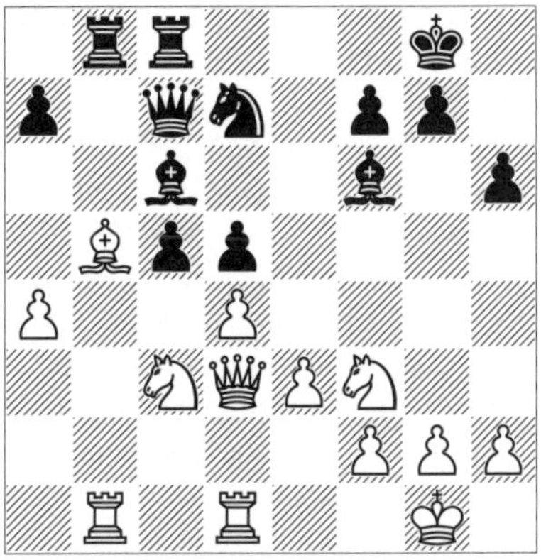

Grischuk – Gelfand
Naltschik 2009

Diese Stellung ist dem Ausgleich sehr nahe. Weiß hat Aussichten auf einen kleinen Vorteil, da Schwarz nach dem Tausch der Bauern c5 und d4 mit einem isolierten d-Bauern verbleiben würde, aber Schwarz hat alle Figuren ins Spiel gebracht und verfügt über das Läuferpaar (zumindest für den Moment), so dass dies kein großes Problem darstellen sollte.

18...cxd4 19 exd4 ♗a8?!

Schwarz vermeidet den Läufertausch, beerdigt dabei aber seinen Läufer auf einem völlig unangebrachten Feld. Am einfachsten ist 19...♗xb5 20 ♘xb5 ♕a5! 21 ♕f5 ♕xa4 22 ♕xd7 a6 mit Ausgleich nach 23 ♘e5 ♗xe5 24 dxe5 ♖d8 25 ♕c6 ♖xb5 26 e6! fxe6 27 ♕xe6+ ♔h8 28 ♖a1. Wenn Schwarz den Läufer unbedingt behalten will, ist 19...♗b7 besser, da Weiß nach 20 ♕f5 g6! 21 ♕xd7 ♕xd7 22 ♗xd7 ♖xc3 die Entfesselung mit ...♖c7 nicht verhindern kann.

20 ♕f5 ♕xc3

Auch 20...♖d8 21 ♖bc1 ♕d6 22 ♗d3 g6 23 ♕h3 gibt Weiß leichtes Übergewicht.

21 ♕xd7 ♕c7 22 ♕f5 ♖b6 23 ♘e5

Weiß hat definitiv die Initiative übernommen; Schwarz leidet an seinem abseits stehenden Läufer.

23...g6 24 ♕f4 ♗g5?!

Dies vertreibt die Dame, wird aber nach späterem h4 seitens des Weißen zu Zeitverlust führen. Besser ist 24...♗b7, um zu versuchen, den Läufer zu reaktivieren.

25 ♕g4 a6?

Dies hätte zu einer schnellen Niederlage führen können. 25...♗f6 ist unschön, aber die beste Chance.

W

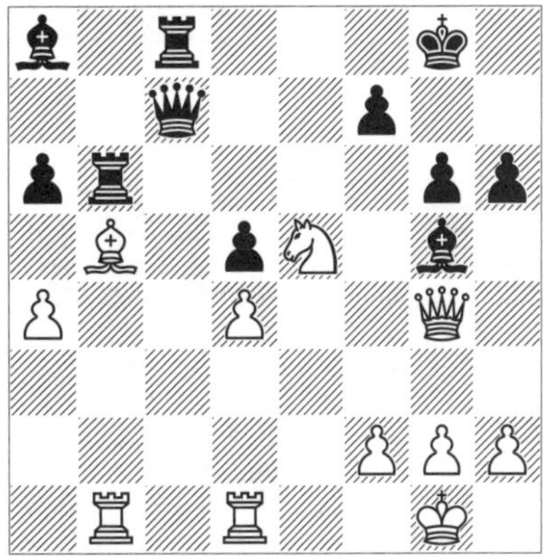

26 h4?

26 ♗d3! gibt Weiß eine Gewinnstellung, da Schwarz die vielen Drohungen nicht parieren kann; z. B. 26...♖cb8 27 h4 ♗f6 28 ♖bc1 gefolgt von ♘d7, oder 26...♖xb1 27 ♖xb1 mit Gewinn des Bauern a6.

26...♗f6

26...axb5? 27 hxg5 ist nach 27...h5 28 ♕f4! oder 27...hxg5 28 ♖xb5 wegen des Freibauern und der Drohungen gegen den feindlichen König für Weiß gewonnen.

27 ♗d3 ♖xb1 28 ♖xb1 h5 29 ♕f4 ♗xe5 30 dxe5

Schwarz hat die unmittelbare Krise überlebt, aber sein schlecht stehender Läufer ist nach wie vor ein ernstes Handicap.

30...♖e8?!

Besser ist 30...a5 31 ♕g5 ♖e8, aber nach 32 ♖c1 ♕b6 33 ♗b5 bleibt der Nachziehende unter Druck.

31 ♖c1 ♕d7

Nach der Folge 31...♕b7 32 e6! ♖xe6 33 ♖c7 ♖f6 34 ♖xb7 ♖xf4 35 ♖b8+ gewinnt Weiß eine Figur, während 31...♕b6 32 a5! ♕e6 (32...♕xa5 verliert wegen 33 e6!) 33 ♖c7 ♖e7 34 ♖xe7 ♕xe7 35 ♗xa6 auch keine Überlebenschancen bietet.

32 ♗xa6 d4 33 ♗c4 ♕f5 34 ♕xf5 gxf5 35 ♖d1 ♖xe5 36 ♖xd4

Weiß hat einen klaren Freibauern mehr und die bessere Bauernstruktur am Damenflügel. Schwarz kämpft noch eine Weile, aber die Stellung ist hoffnungslos.

36...♗c6 37 ♗b3 ♖e1+ 38 ♔h2 ♖b1 39 ♗d5 ♗xd5 40 ♖xd5

Schwarz wird angesichts seiner schwachen Königsflügelbauern noch mehr Material verlieren.

40...♖b4 41 g3 f4 42 a5 fxg3+ 43 fxg3 ♖a4 44 ♖xh5 ♔g7 45 ♖f5 ♔g6 46 g4 f6 47 h5+ ♔g7 48 g5 fxg5 49 ♖xg5+ ♔f6 50 ♖b5 1-0

W

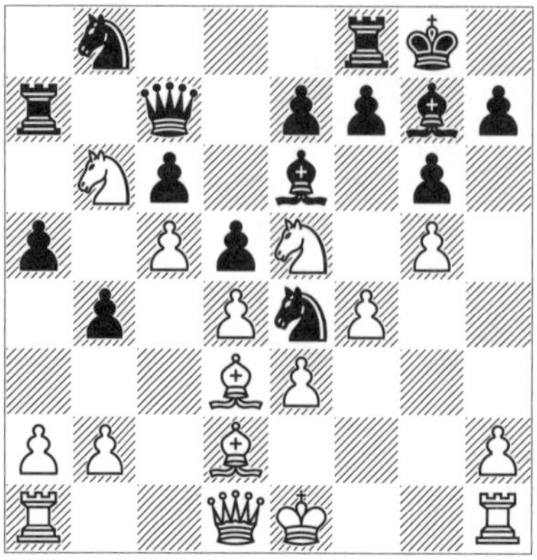

Eljanow – Malachow
Weltcup, Chanty-Mansijsk 2009

In der Eröffnung hatte Weiß auf Raumgewinn gespielt und hierzu auf beiden Brettseiten seine Bauern vorgestoßen. Gefährlich ist dabei, dass die Bauernkette von c5 bis g5 den Wirkungsbereich des schwarzfeldrigen Läufers stark einschränkt. Ein durch seine eigenen Bauern behinderter Läufer wird als **schlechter Läufer** bezeichnet. Der weiße Läufer auf d3, der durch seine eigenen Bauern nicht behindert wird, ist ein Beispiel für einen **guten Läufer**. Man beachte, dass der Läufer e6 trotz der beiden weißfeldrig festgelegten schwarzen Bauern nicht besonders schlecht ist, da er leicht auf f5 aktiv werden kann. Momentan halten sich die Vor- und Nachteile des weißen Plans die Waage, aber er muss aufpassen, dass der schlechte Läufer nicht zum beherrschenden Stellungsfaktor wird.

15 ♕e2 f6 16 ♘f3?

Dieser passive Zug ist bereits ein ernster Fehler. Mit 16 ♗xe4 fxe5 (16...dxe4 17 gxf6 exf6 18 ♘ec4 ist etwas besser für Weiß; er hat einen schlechten Läufer, aber die schwachen Felder b6 und d6 fallen mehr ins Gewicht) 17 ♗c2 exd4 18 exd4 ♗f5 19 ♗xf5 ♖xf5 20 ♕e6+ konnte Weiß eine mindestens ausgeglichene Stellung erreichen.

16...♘d7

Tauscht die einzige aktive weiße Leichtfigur ab.

17 ♘xd7 ♕xd7 18 gxf6

Eine traurige Notwendigkeit, da 18 0-0-0? wegen 18...fxg5 19 fxg5 ♗g4 verliert.

18...exf6 19 0-0-0 ♗f5

Weiß hat für seinen untätigen schwarzfeldrigen Läufer keine Kompensation. Ein schlechter Läufer geht oft mit Schwächen auf Feldern der anderen Farbe einher; so ist hier z. B. das Feld e4 fest in schwarzer Hand.

20 ♖dg1?

Besser ist 20 ♗e1, obwohl Schwarz in jedem Fall klar im Vorteil ist. Der Partiezug ist ein Fehler, da Schwarz nun den weißfeldrigen weißen Läufer gegen einen Springer tauschen kann. Die Nachteile eines schlechten Läufers können oft kaschiert werden, wenn der andere Läufer noch auf dem Brett ist. Nach dem Verschwinden des guten Läufers gibt es vielleicht keine Möglichkeit mehr, um die Kontrolle der resultierenden schwachen Felder zu kämpfen.

20...b3! 21 a3

21 axb3 a4 gibt Schwarz vernichtenden Angriff.

21...♘f2!

Da 22 ♗xf5 ♕xf5 wegen der Mattdrohung auf c2 Material kostet, kann Weiß den Abtausch seines weißfeldrigen Läufers gegen einen Springer nicht vermeiden.

22 ♕xf2 ♗xd3

W

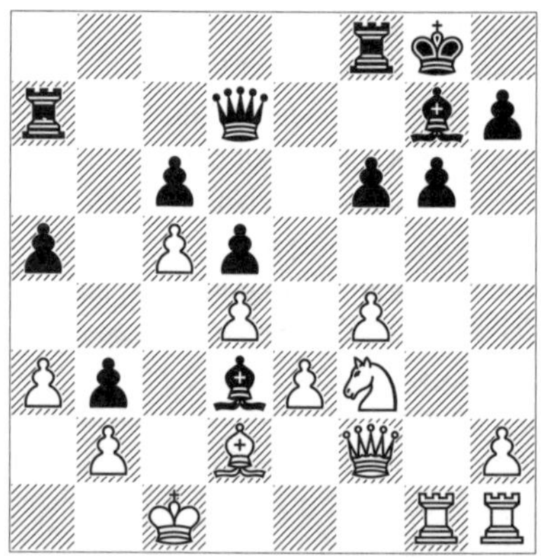

Die Stellung ist ein Alptraum für den schlechten Läufer. Seine Aktivität ist praktisch gleich null, während Schwarz sich auf den geschwächten weißen Feldern ausbreitet.

23 h4 h5 24 ♖g3 ♗f5 25 ♗c3 a4 26 ♘d2 ♔h7 27 ♖hg1 ♗h6 28 ♘b1

Weiß kann nur abwarten.

28...♖e8 29 ♗d2 ♗g4 30 ♘c3 ♕f5 31 ♗e1

Nach sorgfältiger Vorbereitung bricht Schwarz nun auf den Feldern mit der Farbe des schlechten Läufers durch.

31...♗xf4! 0-1

Schwarz gewinnt nach 32 exf4 ♖e2! 33 ♘xe2 ♕c2#.

S

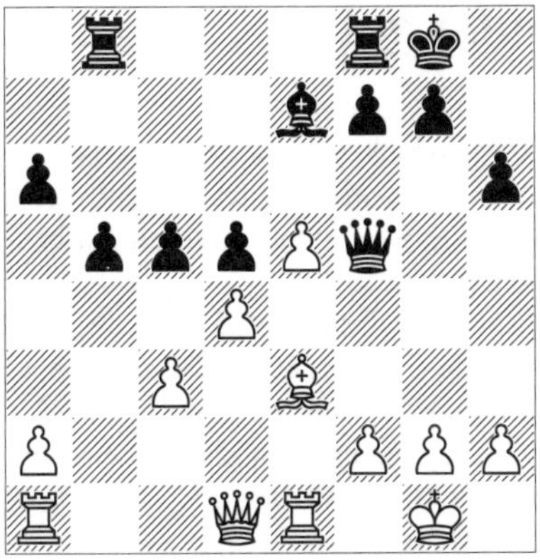

Nijboer – Jakowenko
Spanische Mannschaftsmeisterschaft, Sabadell 2008

Nach ungünstigem Eröffnungsverlauf ist der Anziehende auf einem schlechten Läufer sitzengeblieben, während alle anderen Leichtfiguren vom Brett verschwunden sind. Seine Haupthoffnung auf Gegenspiel ist ein Angriff auf der Basis des Vorrückens seiner Bauernmehrheit am Königsflügel. Schwarz muss auf der Hut sein, um diesen Plan zunichte zu machen.

21...c4

Ein mutiger Zug. Schwarz hat keine Angst vor den weißen Königsflügelbauern und zementiert seinen Vorteil am Damenflügel, wo er letztendlich einen Freibauern bilden können wird.

22 g4 ♕d7 23 f4 f5!

Ein typisches Verfahren zur Entschärfung einer Bauernlawine und ein gutes Gegenbeispiel für das zweifelhafte Prinzip, dass man auf dem Flügel, auf dem man angegriffen wird, seine Bauern nicht anrühren sollte. Wenn Weiß gxf5 spielt oder den Bauern auf f5 stehen lässt, werden nicht nur seine Bauern blockiert, sondern es wird auch noch ein weiterer Bauer (f4) auf einem schwarzen Feld festgelegt. Die einzige Hoffnung auf Aktivierung des Läufers besteht in exf6 gefolgt von f5, aber die Öffnung der e-Linie eröffnet Schwarz eine weitere Angriffsstraße und gibt ihm Zugang zum schwachen Feld e4.

24 exf6

Weiß hält dies für das kleinere Übel.

24...♗xf6 25 a3

Weiß versucht die Bauern zumindest vorübergehend aufzuhalten. 25 f5 b4 gibt Schwarz einen gedeckten Freibauern und isoliert den Bauern d4.

25...♗h4!

Eine der kleinen Feinheiten, die den Unterschied zwischen einem kleinen und einem großen Vorteil ausmachen. Wegen des Angriffs auf den Bauern g4 muss der Turm nach f1 gehen, aber danach kann Schwarz die Kontrolle über die e-Linie an sich reißen.

26 ♖f1 ♖be8 27 ♕f3 ♖e4

Erneut sieht man, wie ein schlechter Läufer Auswirkungen hat, die über die mangelnde Beweglichkeit dieser Figur hinausgehen. Da der Läufer und die Bauern Felder der gleichen Farbe kontrollieren, sind die Felder der anderen Farbe schwach und bieten den gegnerischen Figuren Vorposten.

28 f5 ♖fe8 29 ♗f4

Die Hoffnung, den Läufer auf e5 zu aktivieren, wird durch den nächsten Zug von Schwarz zunichte gemacht.

29...♗f6 30 ♖a2

Der Plan 30 ♕g3 nebst h4 und g5 wird durch 30...♕e7 vereitelt.

30...♕e7

W

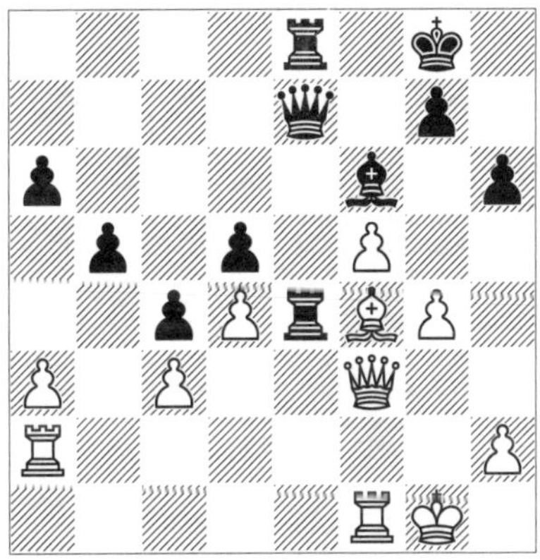

Der Nachziehende beherrscht die Stellung vollkommen und braucht nur noch ...a5 und ...b4 zu organisieren, um die weiße Verteidigung zu zerschlagen.

31 ♔g2 ♔h7 32 h3 a5 33 ♖b2

Versucht ...b4 zu verhindern, aber das Heilmittel ist auch nicht besser als die Krankheit.

33...♕xa3 34 ♖xb5 ♖e2+ 35 ♔h1?

Das verliert sofort, aber auch nach dem besten Zug 35 ♔g1 sollte Schwarz mit 35...♖e1 36 ♖xd5 ♕a1! 37 ♗e5 (37 ♗d2 ♖xf1+ 38 ♕xf1 ♕b2 39 ♕d1 ♕b8! 40 ♕f3 ♕b1+ 41 ♕f1 ♕c2 gibt dem Schwarzen gewinnbringenden Angriff) 37...♖xf1+ 38 ♕xf1 ♕xc3 gewinnen, da sein a-Bauer zu stark ist.

35...♖c2 36 g5 ♖xc3 37 ♕g4

Nun verliert 37 g6+ ♔h8 38 ♕xd5 wegen 38...♖c2 mit der Mattdrohung 39...♕xh3+.

37...♗xg5 38 f6 ♗xf6 39 ♖xd5 ♖xh3+ 40 ♔g2 ♖h4 41 ♕f5+ ♔h8 42 ♗e5 ♗xe5 43 ♖xe5 ♖b8 44 ♖fe1 ♖f8 0-1

31 Wenn ein schlechter Läufer gut ist

Es ist wichtig, bei der Beurteilung der Stärke von Läufern flexibel zu bleiben. Es genügt nicht, einfach die auf den Feldern der gleichen Farbe wie der Läufer festgelegten Bauern abzuzählen, da die konkreten Möglichkeiten des Läufers häufig wichtiger sind als reine Arithmetik. Es gibt einige generelle Situationen, in denen sich theoretisch schlechte Läufer als überraschend effektiv erweisen können. Der erste dieser Fälle ergibt sich, wenn der Spieler mit dem schlechten Läufer über großen Raumvorteil verfügt. Infolgedessen kann der schlechte Läufer über eine Menge Manövrierraum verfügen, was die einschränkende Wirkung der Bauern stark reduziert.

S

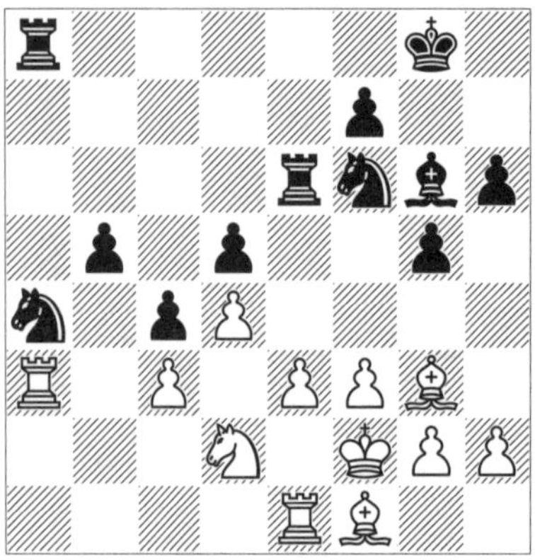

Radjabow – Eljanow
Astrachan 2010

Der schwarze Läufer ist insofern schlecht, als der schwarze c- und d-Bauer weißfeldrig festgelegt sind, er steht aber auf einer brauchbaren Diagonale. Der theoretisch gute weiße Läufer auf f1 ist gegenwärtig die schlechteste Leichtfigur auf dem Brett, da er kaum aktiv werden kann.

25...♘d7 26 h4?!

Weiß sollte die Chance nutzen, mit 26 e4 um Raum zu kämpfen.

26...f5!

Dies schränkt den Läufer g6 ein, aber es ist wichtiger, den Befreiungszug e4 zu verhindern.

27 hxg5 hxg5 28 f4 g4

Ein weiterer Bauer landet auf einem weißen Feld, aber nun ist der gute weiße Läufer auf f1 völlig eingekerkert. Es ist klar, dass nur Schwarz über aktive Möglichkeiten verfügt, da er letztendlich mit ...b4 durchbrechen oder auf der a-Linie eindringen könnte.

29 ♖b1 ♖a5 30 ♗e2 ♖ea6 31 ♗h4

Der schlechte weiße Läufer kann sich außerhalb der Bauernkette bewegen und ist besser als der gute Läufer.

31...♘ab6 32 ♖xa5 ♖xa5 33 ♗d8 ♗e8!

Durch diese indirekte Verteidigung von b5 kann Schwarz den weißen Läufer mit ...♖a8 vertreiben. Der schlechte Läufer spielt eine wichtige Rolle bei der Unterstützung des schwarzen Spiels am Damenflügel.

34 ♔e1 ♖a8

W

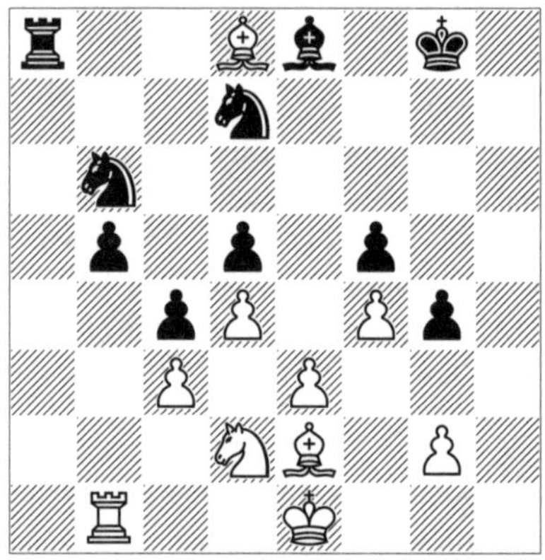

35 ♗e7?!

Weiß will seinen Läufer nach b4 stellen, um einen Durchbruch am Damenflügel zu verhindern, aber nun kann der schwarze Turm eine beherrschende Stellung auf der siebten Reihe einnehmen. Allerdings behält Schwarz auch nach 35 ♗c7 ♖a7! 36 ♗d8 (36 ♗d6 ♘c8 37 ♗b4 ♖a2 ist wiederum unangenehm für Weiß) 36...♘a4 37 ♖a1 ♘b8 erheblichen Druck, wenngleich Weiß die Partie vielleicht halten können wird.

35...♔f7 36 ♗b4 ♖a2 37 ♗d1 ♔e6 38 ♖c1 ♘b8! 39 ♖c2 ♖a1 40 ♖b2 ♘a6 41 ♖b1 ♖a2 42 g3

Schwächt den g-Bauern, aber 42 ♗e2 ♘xb4 43 ♖xb4 ♘a4 44 ♘b1 g3! 45 ♔d1 ♘b2+ 46 ♔e1 ♘d3+ 47 ♗xd3 cxd3 48 ♘d2 ♖c2 ist hoffnungslos für Weiß.

42...♘d7 43 ♗e2 ♘xb4 44 ♖xb4 ♘f6 45 ♔d1 ♖a1+ 46 ♖b1 ♖xb1+ 47 ♘xb1 ♘e4 48 ♗f1 ♘xg3 49 ♗g2 ♘e4 50 ♔e2 ♔d6 51 ♗xe4

Weiß wird endlich seinen schrecklichen „guten“ Läufer los, aber es ist zu spät.

51...dxe4 52 ♘a3 ♔c6 53 ♘c2 ♔b6 54 ♔f2 ♔a5 55 ♔g3 ♔a4 56 d5 ♗d7 0-1

Wenn es im gegnerischen Lager einen schwachen Farbkomplex gibt, ist ein Läufer der gleichen Farbe zwar theoretisch schlecht, aber häufig die beste Figur zur Ausbeutung der Schwächen. Dies gilt besonders dann, wenn der Gegner keinen Läufer mehr hat, mit dem er die geschwächten Felder verteidigen kann.

W

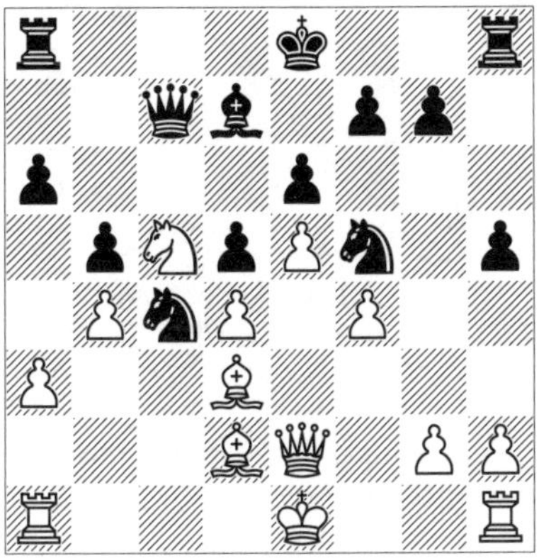

Kusubow – Ulibin
Triest 2010

23 ♗c3

Der schwarzfeldrige Läufer des Anziehenden scheint wenig Aussichten auf Aktivität zu haben; in der Tat besteht seine einzige echte Aufgabe momentan in der Deckung des Bauern d4. Wegen der schwarzfeldrigen Schwächen im schwarzen Lager steht diesem Läufer jedoch vielleicht eine glorreiche Zukunft bevor. Man beachte, dass der schwarze Läufer in beiden Sinnen des Wortes wirklich schlecht ist, da er von seinen eigenen Bauern eingesperrt wird und Schwarz diese Situation nicht wirklich ändern kann. Seine einzige echte Hoffnung besteht darin, dass Weiß wegen des blockierten Stellungscharakters keine Fortschritte machen können wird.

23...♖a7 24 0-0 g6 25 ♖f3

Durch Überführung seines Turms nach h3 bringt Weiß die Möglichkeit g4 ins Spiel.

25...♗c6 26 ♖h3 ♖h6

Weiß will auf f5 schlagen und seinen schwarzfeldrigen Läufer über e1 und h4 nach f6 bringen, braucht sich aber damit nicht zu beeilen, weil Schwarz kein Gegenspiel hat.

27 ♕f2 ♕e7 28 ♗e1 ♔f8 29 ♗c2

Räumt die d-Linie, damit der Turm von d1 aus den d-Bauern verteidigen kann, wonach die Dame den Weg von e1 nach h4 frei machen kann.

29...♔g8 30 ♖d1 ♖a8

Der Versuch, mit 30...a5 aktiv zu werden, würde nach 31 ♗xf5 exf5 32 bxa5 ♘xa5 33 ♗xa5 ♖xa5 34 ♖e1 gefolgt von e6 mit Gewinnstellung für Weiß nur nach hinten losgehen.

31 ♕e2 ♖h7 32 ♗xf5 exf5 33 ♗h4 ♕e8 34 ♖e1

Ein nützlicher Zug, der jegliches Gegenspiel mit ...a5 im Keim erstickt, da 34...a5 35 bxa5 ♖xa5 36 e6 fxe6 37 ♕xe6+ ♕xe6 38 ♖xe6 vernichtend ist.

34...♗d7 35 ♗f6 ♗e6

Blockiert den e-Bauern und ermöglicht eventuelles Gegenspiel mit ...a5.

36 ♖d1 a5

Wenn Schwarz sich mit 36...♖a7 weiter passiv verteidigt, gewinnt Weiß mit 37 ♖dd3 ♖a8 38 ♖dg3 ♔f8 39 ♖g5 gefolgt von einem Opfer auf h5.

37 bxa5 ♖xa5 38 ♖b3

S

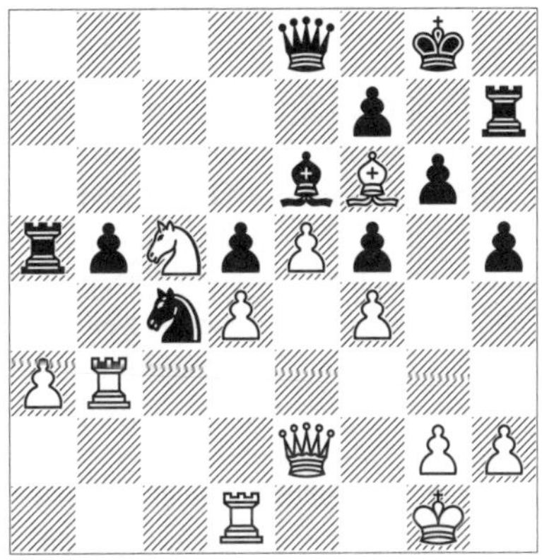

Die Schwierigkeiten des Schwarzen beschränken sich nicht nur auf eine Bretthälfte. Aufgrund des weißen Läufers auf f6 ist der schwarze Turm auf h7 permanent vom Damenflügel abgeschnitten. Daher wird Weiß dann, wenn er auf diesem Flügel Linien öffnen kann, effektiv einen Turm mehr haben. Der Kontrast zwischen den beiden theoretisch schlechten Läufern ist bemerkenswert.

38...♗d7?! 39 ♕d3?!

Verpasst den sofortigen Gewinn mit 39 ♘xd7 ♕xd7 40 ♖db1 gefolgt von a4 nebst Eindringen der Türme.

39...♖h6 40 h3 ♖h7 41 ♖db1?!

In diesem und im vorhergehenden Zug gewann auch ♘xd7, aber nun zieht Schwarz den Läufer weg, was diese Chance zunichtemacht.

41...♗c8 42 ♕c3

Der Plan des Weißen besteht in ♕b4 gefolgt von ♖c3 und dann a4, wiederum mit Öffnung der a-Linie.

42...♕c6 43 ♕b4 ♕a8 44 ♖c3 ♘d2 45 ♘b3 ♘xb3 46 ♖bxb3 ♗d7 47 ♖c7 ♗e6 48 ♕e7 1-0

W

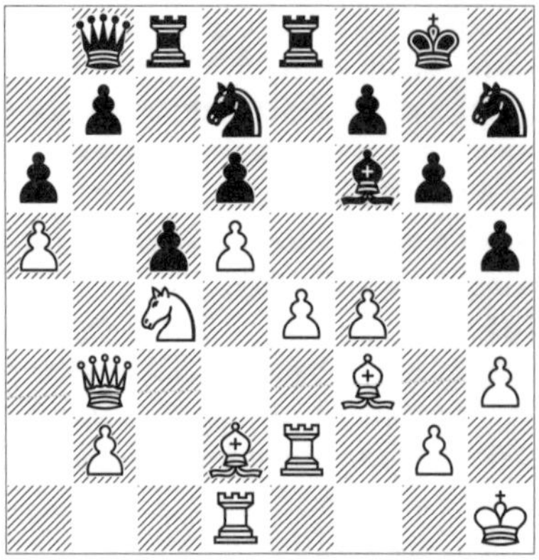

W

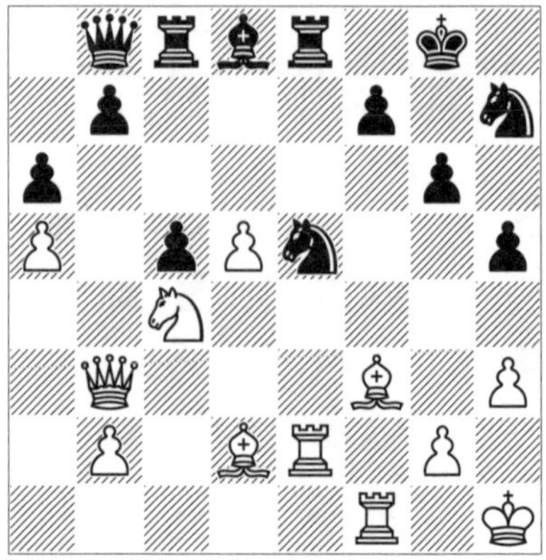

Brynell – Wedberg
Schwedische Mannschaftsmeisterschaft 2006/07

Weiß steht offensichtlich klar besser, da er viel mehr Raum kontrolliert und seine Figuren viel aktiver stehen. Überdies hat er das Läuferpaar und übt lästigen Druck auf d6 aus. Die Partie muss aber erst noch gewonnen werden. So wie in vielen Stellungen, in denen eine Seite über beträchtlichen Vorteil verfügt, besteht der Schlüssel zur Verwertung des Vorteils in der Öffnung von Linien. Durch Öffnung der Stellung und Entfernung der hinderlichen Bauern gibt Weiß seinen Figuren Gelegenheit, schwache Punkte in der gegnerischen Stellung aufs Korn zu nehmen. Es gibt in der Regel zwei Methoden zur Öffnung von Linien: durch einen Bauernvorstoß oder durch ein Opfer.

Hier besteht der offensichtliche Weg zur Öffnung von Linien im Zentrumsbauernvorstoß e5, aber Weiß braucht sich mit diesem Zug nicht zu beeilen. Zunächst muss er herausfinden, wo nach der Öffnung der Stellung die Hauptschwäche in der schwarzen Stellung zu finden ist. Dabei handelt es sich um das Feld f7, das nur durch den schwarzen König verteidigt wird. Wenn Weiß e5 und d6 spielen kann, wird seine Dame schon nach f7 schielen, während der Läufer von d5 aus helfen kann. Zur Verstärkung des Angriffs sollte mindestens ein Turm auf der f-Linie stehen. Die weiße Stellung ist so stark, dass es mehr als einen Weg zum Erfolg gibt; der von ihm gewählte sollte ohne Weiteres zum Gewinn reichen.

34 ♖de1 ♗h4 35 ♖f1 ♗d8 36 e5!

Die Zeit ist reif für den Durchbruch. Da Schwarz den weißen Springer nicht auf d6 landen lassen kann, muss er den Bauern e5 schlagen.

36...dxe5 37 fxe5 ♘xe5

Nach der Öffnung der Stellung muss Weiß die richtige Angriffsfortsetzung wählen.

38 ♖fe1?

Weiß lässt sich durch die verlockende Fesselung auf der e-Linie von der Hauptschwäche f7 ablenken und gibt Schwarz eine flüchtige taktische Möglichkeit. Der einfachste Weg zum Sieg besteht in konsequentem Spiel gegen f7 mittels 38 d6!; nach 38...♗f6 39 ♘xe5 ♖xe5 40 ♖xe5 ♗xe5 41 ♗d5 ♕xd6 (auch 41...♖f8 42 ♗h6 ist hoffnungslos für Schwarz) 42 ♖xf7 ♔h8 43 ♕xb7 bricht die schwarze Stellung zusammen. Auch die Öffnung weiterer Linien durch das Opfer 38 ♗xh5! ist entscheidend: 38...gxh5 39 ♕g3+ ♔h8 40 ♘xe5 mit gewinnbringendem Angriff.

38...♗c7?

Nun steht Weiß wieder auf Gewinn. Nach der Springerentfesselung 38...♗g5! muss sich Weiß mit einem bescheidenen Vorteil zufriedengeben: 39 ♗xg5 (39 ♖xe5 ♗xd2 40 ♖xe8+ ♖xe8 41 ♖xe8+?! ♕xe8 42 ♘xd2 ♕e1+ ist mindestens ausgeglichen für Schwarz) 39...♘xf3 40 ♕xf3 ♘xg5 41 ♕f6 ♘h7 42 ♕f2 ♖xe2 43 ♕xe2 ♕f4 mit guter Kompensation für den Bauern, aber ordentlichen Remischancen für Schwarz.

39 d6!

Dieser Linien öffnende Zug ist vernichtend, da er den f-Bauern fesselt und somit die Deckung des Springers mit ...f6 verhindert.

39...♗xd6 40 ♘xd6 ♕xd6 41 ♗c3 c4

Blockiert die Diagonale a2-g8, um ...f6 spielen zu können, treibt die Dame aber auf ein anderes gefährliches Feld.

42 ♕xb7 f6 43 ♗d5+ ♔h8 44 ♖xe5! fxe5 45 ♖xe5 ♖xe5 46 ♕xc8+ ♔g7 47 ♕e6 1-0

Nach 47...♕xe6 48 ♗xe6 ♔f6 49 ♗xc4 ♔f5 50 ♗xe5 ♔xe5 51 ♗xa6 gewinnt Weiß leicht.

W

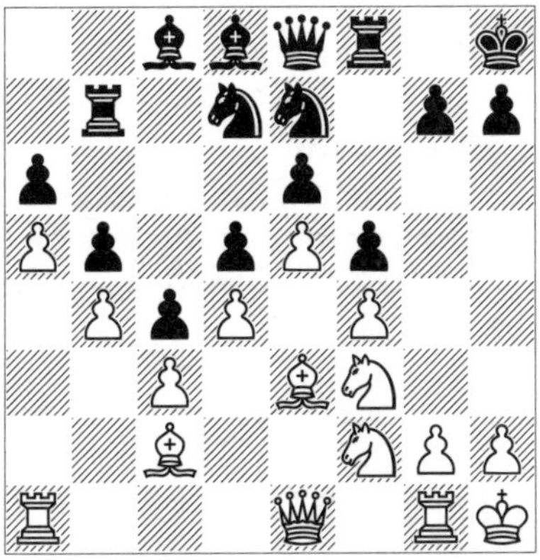

Iwantschuk – Barejew
Dubai (Schnellpartie) 2002

Die Stellung ist fast gänzlich blockiert; nur auf dem Königsflügel ist aktives Spiel möglich. Weiß hat aufgrund seines Raumvorteils das bessere Spiel, kann aber nur auf enger Front angreifen, was dem Nachziehenden gute Verteidigungschancen gibt. Dieses Beispiel demonstriert beide Hauptmethoden zur Öffnung von Linien: Zuerst bereitet Weiß g4 zur Öffnung der g-Linie vor, und später gelingt ihm der abschließende Durchbruch mit Hilfe eines Opfers.

23 ♕e2 ♖g8

Der Springer d7, der den Einsatz der schwarzen Damenflügelfiguren verhindert, wird auf den bedrohten Königsflügel überführt.

24 h3 ♘f8 25 g4 ♘fg6

Einstweilen kann Weiß keine Fortschritte machen, da das Feld f5 hinreichend verteidigt ist und der Zug g5 seine Angriffsfront zu sehr verkleinern würde. Daher verbessert er seine Stellung, indem er die Türme verdoppelt.

26 ♖g2 ♖f8 27 ♖ag1

Mit dieser Schlüsselentscheidung bietet Weiß einen Bauern an, um am Königsflügel Linien zu öffnen.

27...fxg4?!

Besser war das abwartende 27...♖c7, da die Annahme des Bauernopfers Weiß gefährlichen Angriff auf der h-Linie gibt.

28 hxg4 ♘xf4

Nach 28...♖xf4? 29 ♖h2 ♖f8 30 ♖g3 gefolgt von ♖gh3 erhält der Anziehende sehr starken Angriff.

29 ♗xf4 ♖xf4 30 ♖h2 ♘g6 31 ♖g3 ♘f8

Auch 31...♔g8 32 ♕f1 ♘f8 33 ♕h3 g6 34 ♕h6 ♖ff7 35 ♔g2 gefolgt von g5 und ♘g4 ist sehr unangenehm für Schwarz.

32 g5

Noch stärker ist die Fortsetzung 32 ♕e3! ♖ff7 33 ♖gh3, da die schwarze Stellung nach 33...g6 34 g5 gefolgt von ♘g4-f6 unter unerträglichen Druck gerät.

32...♔g8 33 ♘h3 ♖f5

Schwarz muss die Qualität geben, da 33...♖ff7 wegen 34 g6! ♘xg6 35 ♗xg6 hxg6 36 ♘hg5 gefolgt von ♖gh3 verliert.

34 ♗xf5 exf5 35 ♘f4 ♕c6

Schwarz hat eine sofortige Katastrophe vermieden, bleibt aber völlig passiv. Der Weiße verbessert nun seine Stellung, indem er den Druck gegen d5 verstärkt und seinen König auf den Damenflügel bringt.

36 ♖gh3 g6 37 ♖h6 ♗e6 38 ♕g2 ♖g7 39 ♘e1 ♖d7 40 ♘c2 ♕b7 41 ♘e3 ♕c6 42 ♖2h4 ♗e7 43 ♔g1 ♗d8 44 ♔f1 ♗e7 45 ♔e2 ♗d8 46 ♔d2 ♗e7 47 ♔c2 ♗d8 48 ♔b2 ♗e7

48...♗c7 49 ♕h1! ♗d8 50 ♘xg6! hxg6 51 ♖h8+ ♔f7 52 ♖4h7+ ♔e8 53 ♖xf8+ ♔xf8 54 ♕h6+ führt zu schnellem Matt.

W

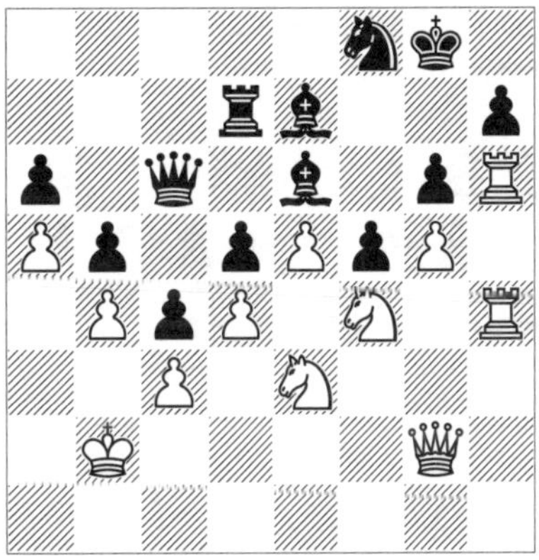

49 ♖xh7!

Öffnet mit Hilfe eines Opfers Linien.

49...♘xh7 50 ♘xg6 ♗d8 51 ♘f4?!

51 ♖h6 und erst dann ♘f4 ist sofort vernichtend.

51...♘xg5?

Nur mit 51...♘f8 war noch Gegenwehr zu leisten, wenngleich Weiß mit 52 ♖h6 ♖h7 53 ♘xf5 ♕d7 54 ♘xe6 ♘xe6 55 g6 ♖xh6 56 ♘xh6+ ♔f8 57 ♕f3+ ♔g7 58 ♕h5 nebst ♘f5+ oder ♘f7 gewinnen kann.

52 ♖h6

Nun ist alles vorbei, da sich die offenen Linien vor dem schwarzen König als tödlich erweisen.

52...♖g7 53 ♘xf5 ♖f7 54 ♖xe6

Die Bemühungen des Weißen werden mit dem völligen Zusammenbruch der schwarzen Stellung belohnt.

54...♕d7 55 ♖g6+ ♔f8 56 e6 ♕c7 57 ♘xd5 1-0

Da die Hergabe eines Bauern nur eine recht bescheidene materielle Investition darstellt, kann man einen Bauern für weniger greifbare Vorteile opfern als etwa eine Figur, wie beispielsweise Entwicklungsvorsprung oder eine Schwächung der gegnerischen Bauernstruktur.

Kriworutschko – Smirin

Europameisterschaft, Plowdiw 2008

1 e4 c5 2 ♘f3 e6 3 d4 cxd4 4 ♘xd4 a6 5 ♘c3 ♕c7 6 ♗d3 ♗c5 7 ♘b3 ♗e7 8 0-0 ♘f6 9 f4 d6 10 e5!?

Weiß kann es mit 10 a4 oder 10 ♕f3 ruhiger angehen lassen, aber dieses positionelle Bauernopfer ist gefährlich für Schwarz. Für den Bauern erhält Weiß Entwicklungsvorsprung und treibt die Dame ins Abseits, was das Fundament für einen direkten Königsangriff bildet.

S

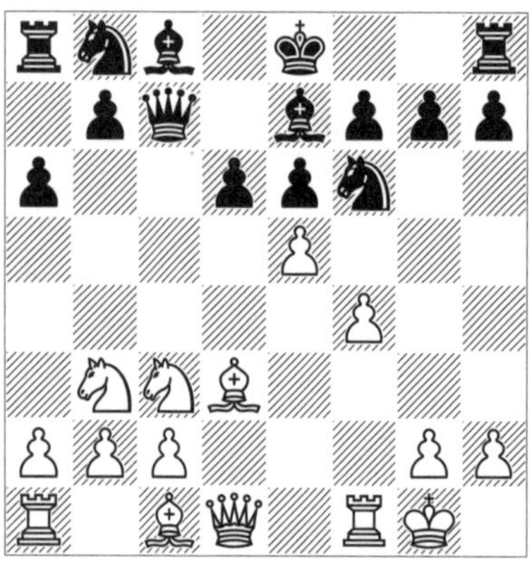

10...dxe5

10...♘fd7?! 11 ♕g4 0-0 12 ♕h3 g6 13 exd6 ♗xd6 14 ♘e4 gibt Weiß ohne Opfer Angriffschancen.

11 fxe5 ♕xe5?!

Die Annahme des Opfers ist riskant. Besser ist 11...♘fd7, wenngleich Weiß nach 12 ♕g4 g6 13 ♗h6 ♘xe5 14 ♕g3 genug Spiel für den Bauern bekommt.

12 ♗f4 ♕h5 13 ♗e2 ♕h4?

Dies erweist sich als fatal, aber auch nach 13...♕g6 14 h4! steckt Schwarz in Schwierigkeiten; zum Beispiel 14...h6 15 h5 ♕h7 16 ♗d3 ♕g8 17 ♕e2 oder 14...♘d5 15 ♗h5 ♘xc3 16 bxc3 ♕e4 17 ♗xb8 g6 18 ♗d6 gxh5 19 ♗xe7 ♔xe7 20 ♕xh5 mit gewinnbringendem Angriff für Weiß.

14 g3 ♕h3 15 ♘e4!

Mit der Drohung 16 ♘xf6+ nebst 17 ♗g4. Indem Weiß den Gegner nicht zur Ruhe kommen lässt, kann er den schwarzen König im Zentrum festhalten.

15...e5

15...♘xe4 16 ♗g4 kostet die Dame, und nach 15...♘bd7 16 ♘d4! mit der Drohung, durch ♘g5 oder ♘f2 die Dame zu fangen, hat Schwarz keine gute Verteidigung.

16 ♘d6+!

Eine gewaltige Verbesserung gegenüber dem vorher gespielten 16 ♘g5. Durch ein Figurenopfer wird Schwarz an der Rochade gehindert.

16...♗xd6 17 ♕xd6

S

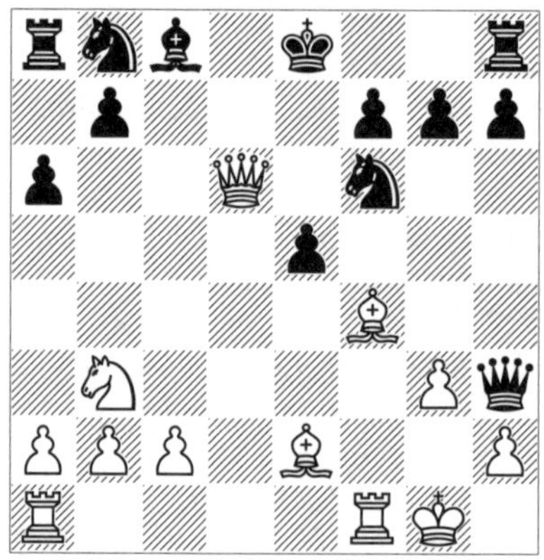

17...♘bd7

Oder 17...exf4 18 ♖ad1! ♘c6 19 ♗f3 ♗d7 (19...♗e6 20 ♗xc6+ bxc6 21 ♕xc6+ ♔e7 22 ♕d6+ ♔e8 23 ♖xf4 gibt Weiß gewinnbringenden Angriff) 20 ♖fe1+ ♔d8 21 ♘c5, und die schwarze Stellung bricht zusammen.

18 ♖fe1 ♘e4

18...♕e6 19 ♗xe5 ♕xd6 20 ♗xd6 ist trotz des Damentauschs für Weiß gewonnen.

19 ♕b4 f5 20 ♗f3!

Erneuert das Angebot einer Figur, um die e-Linie aufzubrechen.

20...exf4 21 ♗xe4 fxe4 22 ♖xe4+ ♔d8

Das verliert sofort, aber auch 22...♔f7 scheitert an 23 ♖e7+ ♔g6 24 ♕e4+ ♔h5 25 ♖f1 fxg3 26 ♕e2+ ♔g6 27 ♕d3+ ♔h6 28 ♕e3+ ♔h5 29 hxg3, wonach der schwarze König hoffnungslos exponiert ist.

23 ♖d1

Droht 24 ♕b6#.

23...♕h6 24 ♖d6 1-0

Positionelle Bauernopfer können sehr langfristig angelegt sein. Im folgenden Beispiel wird ein Bauer für Kompensation geopfert, die erst 20 Züge später ausgebeutet wird.

So – Navara

Wijk aan Zee 2011

1 d4 ♘f6 2 c4 g6 3 ♘f3 ♗g7 4 g3 d5 5 cxd5 ♘xd5 6 ♗g2 ♘b6 7 ♘c3 ♘c6 8 e3 0-0 9 0-0 ♖e8 10 ♖e1 a5 11 ♕e2 a4

Genauer ist wahrscheinlich 11...♗e6, wie in Leitão-Caruana auf Seite 31.

12 ♖d1 ♗e6?!

Nun ist dies riskant, da Weiß ein gefährliches Bauernopfer bringen kann. Sicherer ist 12...♗g4.

13 d5!

Weiß gibt einen Bauern, um die Initiative zu ergreifen.

13...♘xd5 14 ♘b5

Wegen der Drohung 15 e4 muss nun die Dame wegziehen.

14...♕c8 15 ♘g5 ♖d8 16 ♘xe6 fxe6

W

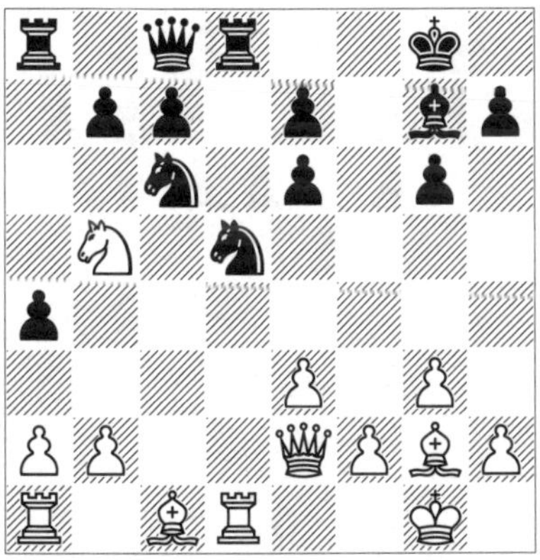

Für den Bauern hat Weiß sich das Läuferpaar gesichert und der schwarzen Bauernstruktur dauerhaften Schaden zugefügt. Weiß hat keinen direkten Angriff, aber seine positionelle Kompensation wiegt definitiv schwerer als der materielle Mehrbesitz. Solche Stellungen sind für den Verteidiger sehr deprimierend, da es nicht wahrscheinlich ist, dass sich die Bauernstruktur ändern wird. Schwarz sieht sich einer langwierigen Verteidigungsaufgabe gegenüber mit wenig Aussicht auf aktives Spiel.

17 ♖b1 ♔h8 18 ♗h3

Aussichtsreich ist auch das geradlinige 18 e4 ♘f6 19 ♗e3.

18...♘f6 19 ♗d2 ♖a6?!

Mit einer solchen Stellung kann es sehr leicht bergab gehen; den Vorzug verdient hier der Zug 19...♘e4, um von d6 aus den starken Springer b5 zu vertreiben. Der Abtausch der bestplatzierten Angriffsfigur ist eine geläufige Verteidigungsstrategie.

20 ♗c3

Durch den Tausch der schwarzfeldrigen Läufer würde Schwarz seiner besten Leichtfigur beraubt.

20...♖d5 21 ♖xd5 ♘xd5 22 ♗xg7+ ♔xg7 23 ♕c4

Droht Figurengewinn durch 24 ♕xd5 und nimmt indirekt die schwarzen Bauern e6 und c7 aufs Korn.

23...♘f6 24 ♖d1

Nach 24 ♗xe6?! ♘e5! 25 ♗xc8 ♘xc4 26 ♖c1 ♘d6 27 ♘xd6 cxd6 hat Schwarz mehr Verteidigungschancen.

24...♔f7 25 ♕f4!

Gut ist auch die langsamere Spielweise mit 25 a3!, so dass Weiß nach 25...♖b6 26 ♘c3 auf a4 mit dem Springer schlagen kann (26...♖xb2? 27 ♘xa4 kostet Schwarz Material).

25...♖b6 26 ♕xa4 ♘e5 27 ♘d4 c5 28 ♕c2 ♖d6 29 f4!?

S

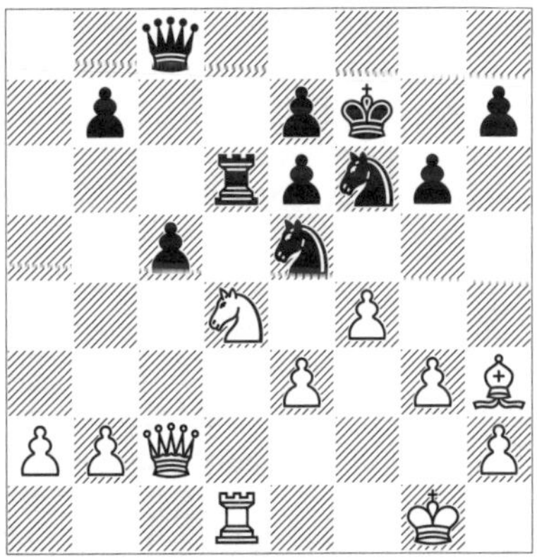

29...♘eg4

Erzwungen, da 29...♘ed7? wegen 30 ♘xe6! ♖xe6 31 ♗xe6+ ♔xe6 32 ♕c4+ ♔f5 33 e4+! ♘xe4 34 ♕d5+ verliert.

30 ♖e1 b6?

Die letzte Chance ist 30...♖d5, aber nach 31 b4 b6 32 ♘f3 bleibt Schwarz unter schwerem Druck.

31 ♘f3 ♕d7

Materialverlust ist nicht zu vermeiden, da es keine gute Verteidigung gegen die Drohungen 32 e4 und 32 ♘e5+ gibt. So ist etwa 31...♖d8 32 ♕c4 ♔g7 33 e4 entscheidend.

32 ♗xg4 ♘xg4 33 h3

Gewinnt eine Figur.

33...♘xe3 34 ♖xe3 1-0

S

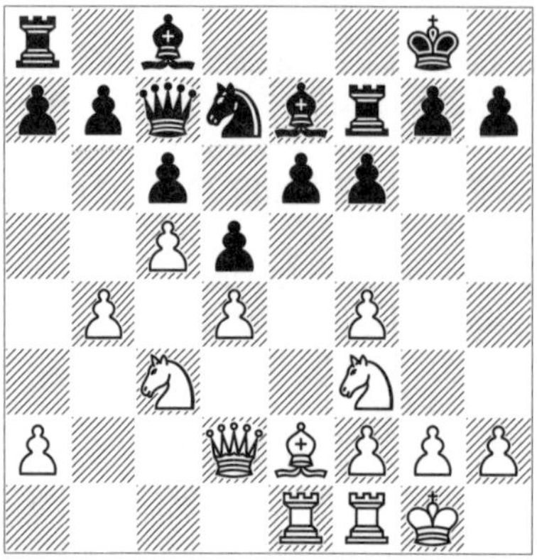

Grischuk – Gelfand

Kandidatenwettkampf (5), Kasan 2011

Schwarz hat einen rückständigen Bauern auf einer halboffenen Linie und darüber hinaus einen schlechten weißfeldrigen Läufer. Dies sollte sich zu einem Vorteil für Weiß summieren, aber alles hängt davon ab, ob Schwarz den Befreiungszug ...e5 durchsetzen kann. Wenn ihm dies gelingt, würden die beiden angesprochenen Probleme sich mit einem Schlag in Luft auflösen. Für die nächste Partiephase sind die Fronten abgesteckt; beide Seiten konzentrieren ihre Figuren auf das Feld e5.

13...♘f8

Das sofortige 13...e5? ist schlecht wegen 14 dxe5 fxe5 15 ♘xd5! cxd5 16 ♕xd5 ♘f8 17 ♘xe5 ♗e6 18 ♕e4 ♖f6 19 ♗c4, wonach Weiß für die Figur drei Bauern und gefährliche Initiative hat.

14 ♗d3 ♗d7 15 g3 ♖e8 16 ♖e3 ♗d8 17 ♖fe1

Das Feld e5 wird momentan von fünf weißen Figuren, aber nur drei schwarzen kontrolliert. Schwarz kann jedoch seine Gesamtsumme mit ...♕b8, ...♗c7 und ...♖fe7 auch auf fünf erhöhen. Daher wird Weiß auf lange Sicht möglicherweise eine weitere Figur auf e5 richten müssen, um den Befreiungsvorstoß zu verhindern.

17...♕b8 18 ♘a4!

Ein guter Zug, der c3 für die Dame räumt und die Möglichkeit ♘b2-d3 mit Verstärkung der Kontrolle über e5 eröffnet. Weiß muss auch längerfristig denken. Selbst wenn er ...e5 verhindern kann, bleibt die Frage, wie er seine Stellung verbessern will. Der logischste Plan besteht darin, a4 und b5 anzustreben, um auf dem Damenflügel eine zweite Front zu bilden. Schwarz hätte in seiner gedrückten Stellung Probleme, Drohungen auf zwei verschiedenen Brettabschnitten abzuwehren.

18...♗c7 19 ♘b2 ♖fe7 20 ♕c3 ♖d8

Gelfand hat erkannt, dass er ...e5 nicht direkt durchsetzen kann, und probiert eine andere Idee. Er will mit ...♗e8-h5xf3 seinen schlechten Läufer abtauschen und die weiße Kontrolle über e5 abschwächen.

21 ♗f5

Das führt zu nichts, ist aber an und für sich kein Fehler. Weiß hat es überraschend schwer, Fortschritte zu erzielen und dabei die Kontrolle über e5 zu behalten. So kann sich Schwarz etwa im Fall von 21 a4 ♗e8 22 b5 ♗h5 23 ♘h4 wiederum mit 23...e5 befreien, da die komplizierte Variante 24 ♘f5 ♖f7 25 fxe5 fxe5 26 dxe5 ♘e6 27 ♕c2 ♖df8 ihm für den Bauern aktives Spiel gibt.

21...♖f7 22 ♗g4?!

S

Danach kann Schwarz seine Stellung befreien. Weiß hätte nach d3 zurückkehren und einen anderen Plan versuchen sollen.

22...e5! 23 ♗xd7 exf4 24 ♗e8 fxe3 25 ♕xe3 ♘g6 26 ♗xf7+ ♔xf7 27 ♕e6+ ♔f8 28 ♕h3

Sonst spielt Schwarz ...♖e8.

28...♕c8!

Gelfand ist wachsam und macht mit dem Textzug alle weißen Chancen zunichte.

29 ♕xc8

29 ♕xh7? verliert nach 29...♔f7 30 ♕h5 ♖h8 Material, da Weiß eine Qualität geben muss, um seine Dame zu retten.

29...♖xc8 30 ♔f1 ♖e8 31 ♖b1 ♔e7 32 ♘d3 a6 33 a4 ♔d7 34 b5 axb5 35 axb5 cxb5 36 ♖xb5 ♖b8 37 ♘b4 ♘e7 38 ♘e1 ♘c6 39 ♘xc6 ½-½

W

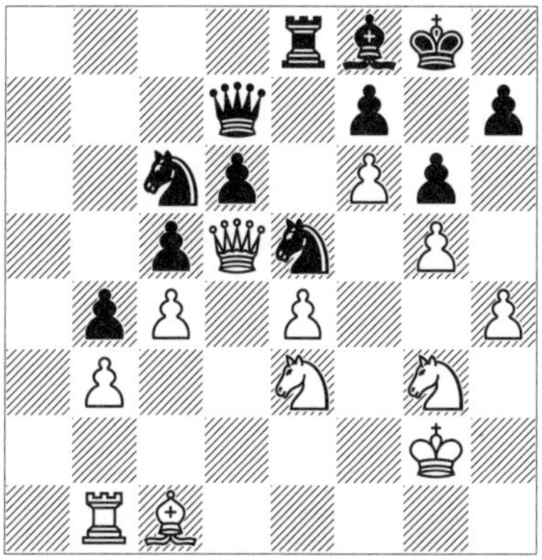

Ikonnikow – Maiwald
Havanna 2004

Befreiungszüge sind nicht immer so offensichtlich wie im vorigen Beispiel. In der vorliegenden Stellung ist der schwarze Läufer durch das Vorrücken der weißen Königsflügelbauern auf f8 beerdigt worden, aber Weiß muss aufpassen, da auch sein König etwas luftig steht. Außerdem hat Schwarz auf e5 einen Springer felsenfest verankert. Insgesamt sollte Weiß etwas besser stehen, da Schwarz momentan praktisch mit einer Figur weniger spielt, aber die Stellung erfordert einige Sorgfalt.

35 ♕d1?

Weiß hätte die Dame nie von d5 weggezogen, wenn er die Antwort gesehen hätte. Besser ist 35 ♗b2 mit der Drohung ♖a1, obwohl Schwarz mit der hübschen Idee 35...♘d4! 36 ♗xd4 ♘d3 Gegenspiel suchen kann mit der Pointe, dass 37 ♖f1 cxd4 38 ♕xd4 ♘c5 unangenehmerweise b3 und e4 angreift.

35...d5!

Diesen Zug hatte Weiß mit vier das Feld d5 kontrollierenden Figuren wahrscheinlich noch nicht einmal angedacht, aber er erweist sich als überraschend effektiv. Durch das Opfer eines Bauern bringt Schwarz seinen Läufer nach d6, von wo aus er auf den ziemlich entblößten weißen Königsflügel zielt.

36 ♘xd5

Es gibt keine gute Variante für Weiß:

1) 36 ♕xd5? ♕c8 37 ♕d1 ♘d4 38 ♘e2 ♘ef3 gibt Schwarz entscheidenden Angriff.

2) 36 exd5? ♘d4 mit der Drohung 37...♘ef3 gibt Schwarz sehr starken Angriff.

3) Nach 36 cxd5 ♘d4 37 ♗b2 ♘ef3 38 ♗xd4 ♘xh4+ 39 ♔h2 cxd4 40 ♘g4 h6! 41 gxh6 g5 gefolgt von ...♗d6 steht Schwarz besser.

36...♘d4

Mit der Drohung 37...♘ef3, was h4 angreift und ...♕g4 vorbereitet.

37 ♗e3

S

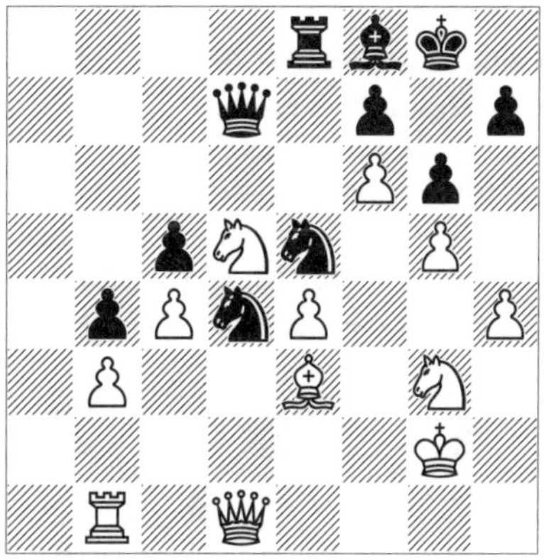

37...♘ec6?!

Dieser unnötig passive Zug lässt Weiß vom Haken. 37...♘ef3! 38 ♗xd4 ♘xh4+ 39 ♔h2 cxd4 gefolgt von ...♗d6 ist sehr unangenehm für Weiß. Man beachte, wie sich die Auswirkungen des Befreiungszuges ...d5 in allen Varianten bemerkbar machen und wie stark der Läufer nach seinem Eintreffen auf d6 ist.

38 ♗xd4

Die Aufgabe des schwarzfeldrigen Läufers sieht riskant aus, ist aber bei richtiger Fortsetzung nicht schlecht. Auch 38 h5 ♗d6 39 hxg6 hxg6 40 ♗f4 bewahrt das Gleichgewicht.

38...♘xd4 39 ♖a1 h5 40 ♘e3?

Nun spielt zur Abwechslung Weiß zu passiv. 40 gxh6 ♗d6 41 h5 gibt ihm ausreichend Gegenspiel.

40...♗d6

Jetzt bekommt Schwarz die schwarzen Felder unter Kontrolle und beginnt die weiße Stellung immer mehr unter Druck zu setzen.

41 ♘ef1 ♕e6 42 ♖a2 ♕e5 43 ♔h3

43 ♖f2 verhindert das Eindringen der Dame auf f4, aber nach 43...♖a8 nebst ...♖a3 bricht die weiße Stellung so oder so zusammen.

43...♕f4

Nun steht der Nachziehende auf Gewinn. Maiwald macht kurzen Prozess.

44 ♖a6 ♗e5 45 ♖a7 ♖f8 46 ♖e7 ♘f3 47 ♕d7

Oder 47 ♔g2 ♘xh4+ 48 ♔h3 ♘f3 49 ♔g2 ♘xg5 mit Gewinn für Schwarz.

47...♗d4! 48 ♘h1 ♕xh4+ 0-1

Es folgt 49 ♔g2 ♘e1#.

Van Wely – Topalow
Wijk aan Zee 2006

1 d4 d5 2 c4 c6 3 ♘f3 ♘f6 4 ♘c3 a6 5 a4 e6 6 ♗g5 h6 7 ♗h4 dxc4 8 e3?!

Dies ist zweifelhaft, da das folgende Qualitätsopfer für Schwarz aussichtsreich ist. Weiß sollte stattdessen 8 e4 oder 8 a5 versuchen.

8...b5! 9 axb5 cxb5 10 ♗xf6 gxf6 11 ♘xb5 axb5 12 ♖xa8 ♗b4+ 13 ♔e2 ♗b7 14 ♖a1 f5

W

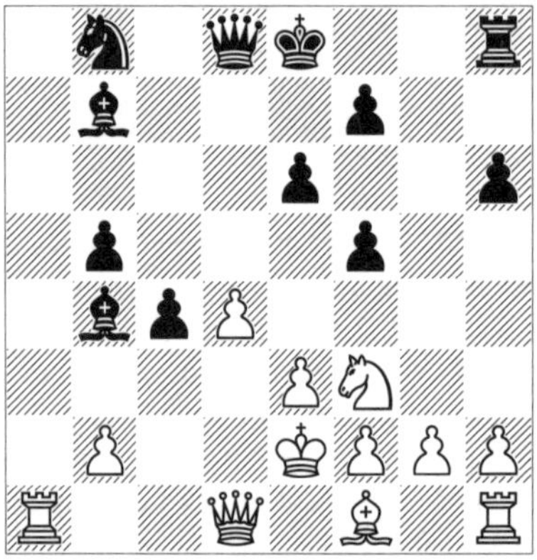

Schwarz hat eine ganze Qualität geopfert, verfügt aber dank seiner aktiven Läufer und der schlechten Stellung des weißen Königs über genug Kompensation. Der Anziehende ist jedoch nicht chancenlos. Er hat keine echten Schwächen, und wenn er seine Figuren entwirren kann, wird sich sein Materialvorteil als entscheidend erweisen.

15 ♘e5?!

Das ist bereits ein Ausrutscher. Flexibler ist 15 ♖g1 mit der Drohung g3 gefolgt von ♗g2.

15...♖g8 16 f4

Weiß will das Feld f2 für seinen König frei machen, aber 16 f3? ist schlecht wegen 16...f6. Der Partiezug schwächt jedoch das Feld e4 empfindlich.

16...♘c6 17 ♘f3

17 ♘xc6 ♗xc6 18 ♔f2 e5! gibt Schwarz gefährlichen Angriff, da sowohl 19 dxe5? ♕h4+ 20 ♔g1 ♗c5 als auch 19 fxe5? ♕h4+ 20 ♔g1 ♕e4 für Schwarz gewinnen.

17...♘a5 18 ♔f2 ♘b3 19 ♖a7 ♗e4?!

Eine gesündere Fortsetzung des Angriffs ist 19...♕b6 20 ♖a2 ♔e7.

20 ♖a2?

Zu passiv. Nach 20 g3! hat Schwarz viel mehr Probleme, sein Opfer zu rechtfertigen.

20...e5!!

Ein brillanter Durchbruch, der Schwarz in allen Abspielen klaren Vorteil gibt.

21 fxe5 f4 22 ♗e2

22 exf4? verliert wegen 22...♗xf3 23 gxf3 ♗d2.

22...fxe3+ 23 ♔xe3

S

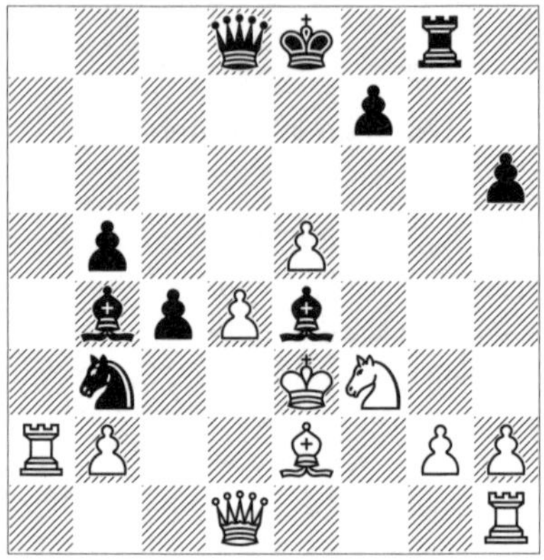

23...♕d5?!

Sehr stark ist 23...♗b7 24 ♔f2 ♕b6.

24 g3

24 ♖g1? ♘xd4! 25 ♘xd4 ♕xe5 26 ♘f3 ♗xf3+ 27 ♔xf3 ♕f5+ 28 ♔e3 ♗c5+ 29 ♔d2 ♖g6 gibt Schwarz gewinnbringenden Angriff.

24...♘xd4?!

Mit 24...♖g4! gefolgt von ...♗f5 kann Schwarz etwas Vorteil behalten.

25 ♘xd4?

25 ♖a8+! ♕xa8 26 ♕xd4 ♗f5 27 ♖d1 gibt das Material zurück, um die weißen Figuren ins Spiel zu bringen. Danach sind beide Könige gleichermaßen exponiert, so dass Schwarz keinen Vorteil mehr beanspruchen kann.

25...♗xh1 26 ♗f3 ♕xe5+ 27 ♔f2 ♗c5 28 ♗xh1 ♗xd4+ 29 ♔f1 ♖g5

Weiß steckt in großen Schwierigkeiten, da Schwarz einen Bauern mehr hat und starke Initiative behält.

30 ♗f3 ♔f8 31 ♔g2 ♕e3 32 ♔h3 ♔g7?!

32...♕f2 33 ♕e2 ♕xe2 34 ♗xe2 ♖f5 gefolgt von ...♖f2 ergibt ein für Schwarz gewonnenes Endspiel.

33 b3 cxb3 34 ♖a3 b4 35 ♖xb3 ♗c3 36 ♕e2 ♕c5 37 ♕d3?! ♕c8+ 38 ♔g2 ♖a5 39 ♕c2 ♕e6 40 ♕b1?

Hartnäckiger ist 40 h4.

40...♖a1 41 ♕c2 ♗d4 42 ♗d1 ♕e1 43 ♗f3 ♕f1# (0-1)

W

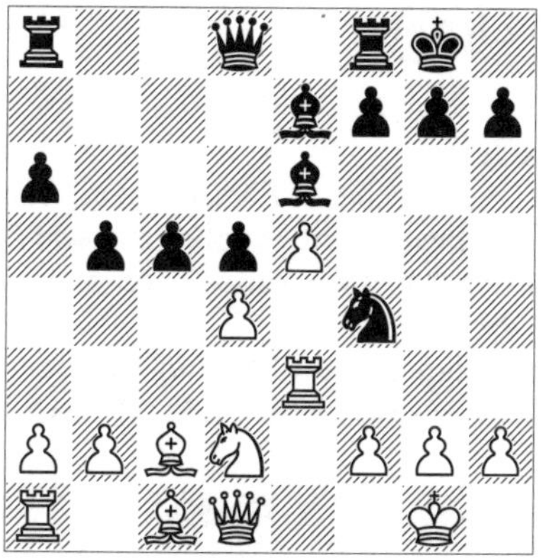

Z. Almasi – Erdos

Kroatische Mannschaftsmeisterschaft, Šibenik 2008

Diese aus dem Offenen Spanier entstandene Stellung sieht für Schwarz zufriedenstellend aus. Er hat das weiße Zentrum bereits mit ...c5 angegriffen, während die weißen Damenflügelfiguren noch auf ihren Ausgangsfeldern festsitzen. Weiß fand jedoch seine einzige Gelegenheit, auf Vorteil zu spielen.

16 ♖g3!?

Droht 17 ♘b3 mit Angriff auf f4 und c5.

16...♗h4?!

Wahrscheinlich erwartete Schwarz einen Zug des weißen Turms, aber das war nicht Almasis Idee. Gesünder ist 16...cxd4 17 ♘f3 d3! 18 ♗xd3 ♘xd3 19 ♕xd3 ♖e8 20 ♗h6 g6 mit ungefähr ausgeglichener Stellung.

17 ♘f3!

Die Überraschung. Das Qualitätsopfer ist zwar nicht ganz klar, gibt Weiß aber die Initiative, wonach Schwarz sich genau verteidigen muss.

17...♗xg3 18 hxg3 ♘g6 19 dxc5

Für die Qualität hat Weiß einen Freibauern und die Kontrolle über die schwarzen Felder. Am wichtigsten ist jedoch, dass die schwarzen Figuren nicht sehr aktiv sind, da es keine offenen Linien für die Türme gibt, während der Springer auf g6 im Abseits steht. Objektiv ist die Stellung nur ganz leicht besser für Weiß, aber schon eine kleine Ungenauigkeit könnte Schwarz großen Ärger einbringen.

19...♗g4 20 ♕d4 ♕d7

Eine gute Verteidigung. Schwarz stellt Läufer und Dame auf aktivere Felder und bereitet die Einschaltung der Türme ins Spiel vor.

21 ♗xg6

Ein überraschender, aber guter Zug. Da der Nachziehende nach ...♖fe8 unangenehmen Druck auf e5 auszuüben drohte, gewinnt Weiß durch die Beseitigung des Springers nicht nur Zeit, sondern schränkt auch das schwarze Gegenspiel ein. 21 c6? ist falsch wegen der Antwort 21...♕xc6 22 ♗xg6 ♕xg6.

21...hxg6 22 c6 ♕f5

Das ist mehr oder weniger erzwungen, da Schwarz nach 22...♕c8?! 23 ♘g5 den Bauern d5 nicht gut verteidigen kann; so verliert zum Beispiel 23...♗e6? wegen 24 ♕h4.

23 ♘g5

S

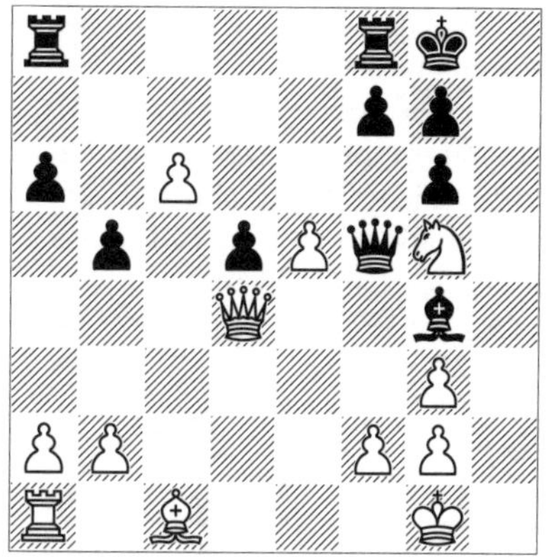

Der Schlüsselzug, der mit 24 f3 den Läufer zu fangen droht.

23...♖fe8?!

Angezeigt war 23...♖ac8 24 f3 ♖xc6 25 ♗f4! ♗h5 (25...♖c4 26 fxg4 ♖xd4 27 gxf5 gxf5 28 ♘f3 ♖e4 29 ♖d1 gibt Weiß dank des schwachen d-Bauern Endspielvorteil) 26 g4 ♗xg4 27 fxg4 ♕xg4 28 ♖f1 ♖c4, obwohl Weiß nach 29 ♕d2 Vorteil behält, wiederum wegen des schwachen d-Bauern.

24 ♗f4

Nun kann der Turm nach c1 gehen, und der c-Bauer beginnt wie eine echte Bedrohung auszusehen, während der schwarze Läufer im Abseits bleibt.

24...♗e2 25 c7 ♖ac8 26 ♖c1 b4?

Nach der Aufgabe des Bauern d5 ist die Partie gelaufen. Am besten ist 26...♕d3, aber mit 27 ♕b6 ♗g4 28 ♕xa6 ♕e2 29 b3 behält Weiß großen Vorteil.

27 ♕xd5 ♗b5 28 ♘e4 g5 29 ♘xg5 ♖e7 30 ♕d8+ ♖e8 31 ♕d6 ♕d3 32 ♕xb4

Sammelt einen weiteren Bauern ein.

32...f6 33 ♘f3 fxe5 34 ♗xe5 ♕d5 35 ♕g4 ♕f7 36 ♖d1 ♗c6 37 ♘g5

Weiß hat nicht nur Materialvorteil, sondern auch einen direkten Angriff auf den schwarzen König.

37...♕g6 38 ♕c4+ ♔h8 39 ♖d4 1-0

Lopez Martinez – del Rio

La Roda 2009

1 e4 g6 2 d4 ♗g7 3 c4 d6 4 ♘c3 e5 5 ♘ge2 c6 6 ♗e3 ♘f6 7 h3 exd4 8 ♘xd4 0-0 9 g3 d5 10 exd5 cxd5 11 ♗g2

Weiß opfert einen Bauern, um seine Entwicklung voranzutreiben. Das reicht zwar zur Bewahrung des Gleichgewichts, wird ihm aber wohl kaum Vorteil einbringen.

11...dxc4 12 ♘db5 ♘c6 13 0-0 ♗f5!

Das erste positionelle Opfer. Das Feld d3 ist ein offensichtlicher Schwachpunkt, aber wenn Schwarz ihn sofort besetzen will, muss er eine Qualität ins Geschäft stecken.

14 ♗c5 ♗d3 15 ♗xf8 ♗xf8

W

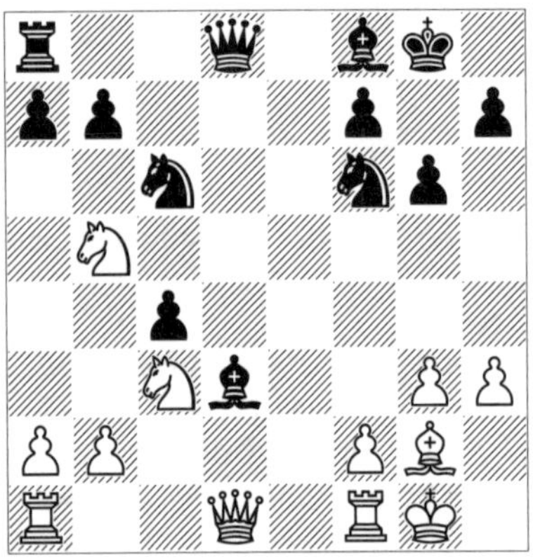

Ein typisches positionelles Opfer. Schwarz hat keinen unmittelbaren Angriff, aber er hat seine Figuren aktiviert und Zeit gewonnen, während der weiße Springer b5 sich nun auf das unschöne Feld a3 zurückziehen müssen wird.

16 ♖e1 a6 17 ♘a3 ♘d4

Hält den Springer a3 im Abseits.

18 ♖c1 ♗h6

Um seine Figurenaktivität in einen direkten Angriff umzuwandeln, muss Schwarz in der weißen Stellung Schwächen provozieren. Nach diesem Zug muss Weiß entweder mit dem Turm nach a1 zurückgehen oder mit f4 Angriffsziele am Königsflügel erzeugen.

19 f4

19 ♖a1 trifft auf die bärenstarke Erwiderung 19...b5!, was eine weitere Qualität anbietet. Wenn Weiß auf a8 schlägt, sieht er sich einem tödlichen Schachgebot auf f3 gegenüber, während der vorrückende b-Bauer in jedem Fall verheerenden Schaden anrichten wird.

19...♘h5

Eine gut berechnete Entscheidung. Schwarz nutzt die Schwäche auf g3 sofort aus, auch wenn dies dem Anziehenden etwas Gegenspiel erlaubt.

20 ♘d5 ♘xg3!

Schwarz ignoriert die Drohung ♖e8+ einfach.

21 ♖e8+ ♕xe8 22 ♘f6+ ♔f8 23 ♘xe8 ♖xe8

W

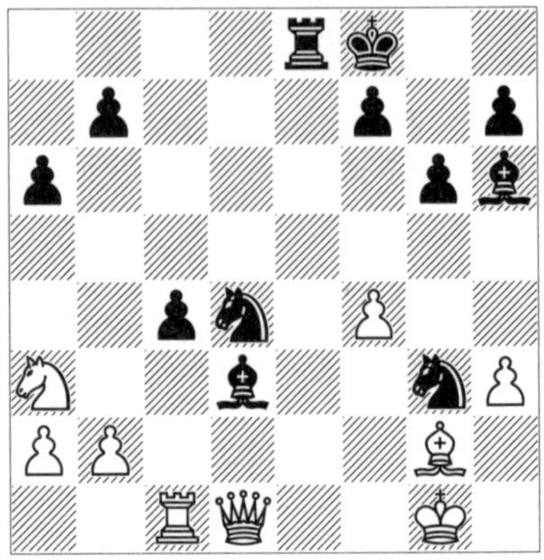

Nun hat Schwarz zwei Leichtfiguren und zwei Bauern für die Dame, was normalerweise nicht genug wäre, aber man schaue sich nur die Aktivität seiner Leichtfiguren an! Die unmittelbare Drohung lautet 24...b5.

24 ♖xc4 ♗xc4 25 ♘xc4

Das ist die einzige Chance, da nun wenigstens der abseits stehende Springer ins Spiel zurückfindet. Schwarz hat jedoch dank seiner aktiven Figuren und seines Drucks auf den schwarzen Feldern großen Vorteil.

25...b5! 26 ♔f2

Der Springer hat kein gutes Feld; z. B. 26 ♘d2 ♗xf4 27 ♘b3 ♘de2+ 28 ♔f2 ♗e3+ oder 26 ♘e5 ♘ge2+ 27 ♔h1 ♗xf4 28 ♘d3 ♘g3+ 29 ♔g1 ♘de2+, jeweils mit entscheidendem Angriff für Schwarz.

26...♘gf5 27 ♘d6 ♖e2+!

Da 28 ♔g1 wegen 28...♖xg2+ verliert, muss Weiß die Dame geben, aber das schwarze Spiel birgt noch eine weitere Pointe.

28 ♕xe2 ♘xe2 29 ♘xf5 ♘xf4 30 ♘xh6 ♘xg2 31 ♘g4

Der springende Punkt ist, dass 31 ♔xg2 f5 32 ♔f3 ♔g7 zu einem gewonnenen Bauernendspiel führt.

31...♘f4 32 ♔e3 ♘xh3 33 ♘e5 f5 34 b4 g5 35 ♘d3 g4 36 ♘c5 f4+ 37 ♔e4 f3 38 ♔e3 f2 39 ♔e2 g3 40 ♔f1 ♘g5 41 ♔e2 ♘f3 42 ♘e4 ♘h2 0-1

Anand – Wang Hao

Wijk aan Zee 2011

1 d4 ♘f6 2 c4 e6 3 ♘c3 ♗b4 4 f3 d5 5 a3 ♗xc3+ 6 bxc3 c5 7 cxd5 ♘xd5 8 dxc5 ♕a5 9 e4 ♘e7 10 ♗e3 0-0 11 ♕b3 ♕c7 12 ♗b5 ♘ec6 13 ♘e2 ♘a5 14 ♕b4

Am Vortag hatte Kramnik gegen Wang Hao 14 ♕a4 gespielt, aber nach 14...a6 15 ♗d3 ♘d7 16 ♗c2 ♘xc5 stand Schwarz bequem.

14...e5 15 0-0 ♗e6?

15...♘a6 16 ♗xa6 bxa6 17 ♖fd1 ♗e6 war in Moskalenko-Deltschew, Benidorm 2007, zufriedenstellend für Schwarz. Anand hatte zweifellos eine Verbesserung vorbereitet, die er aber bis zur Verfassung des vorliegenden Werks noch nicht verraten hat.

Der Textzug sieht natürlich genug aus; in der Tat hatte Schwarz in Cebalo-Marinković, Budva 2009, nach 16 ♖fd1 ♗b3 17 ♖d6 ♘bc6 18 ♗xc6 bxc6 19 c4 ♖ab8 keinerlei Probleme. Anand führt jedoch etwas anderes im Schilde.

16 ♘d4!

S

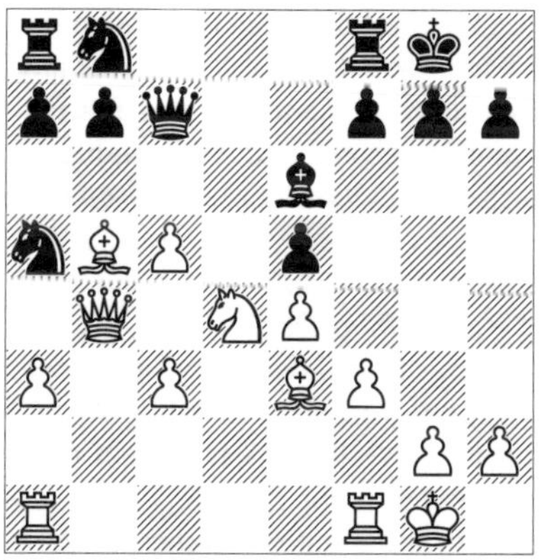

Dieses positionelle Opfer einer Figur für zwei Bauern, das Teil von Anands Vorbereitung auf seinen WM-Kampf gegen Kramnik im Jahre 2008 war, gibt Weiß gute praktische Chancen.

16...exd4

Die Annahme ist erzwungen, da 16...♗d7 17 ♘f5 Weiß klaren Vorteil gibt.

17 cxd4

Zwei Bauern wiegen normalerweise eine Figur nicht auf, aber hier hat Weiß mehrere positionelle Vorteile. Die beiden Bauern sind Teil einer starken Zentrumsbauernmasse, er kontrolliert viel mehr Raum, seine Läufer sind sehr aktiv, und schließlich steckt der schwarze Springer a5 im Abseits fest. Das sind alles positionelle Faktoren. Ähnliche Vorteile bilden häufig die Grundlage für positionelle Opfer.

17...♘bc6

17...a6 18 ♗e2 ♖e8 verhindert vorerst d5, aber nach 19 ♕c3 ♘d7 20 ♖ab1 hält Weiß den Druck aufrecht.

18 ♕c3 ♘e7

Bereitet das Gegenopfer 19 d5? ♗xd5 vor, aber Weiß befestigt einfach seine Bauern.

19 ♖fd1 ♖ad8?!

Der falsche Turm. Besser ist 19...♖fd8, wonach der Anziehende mit 20 ♗f2 ♘ac6 21 ♖ab1 etwas Vorteil erhält, die Lage aber undurchsichtig bleibt.

20 ♗f2

S

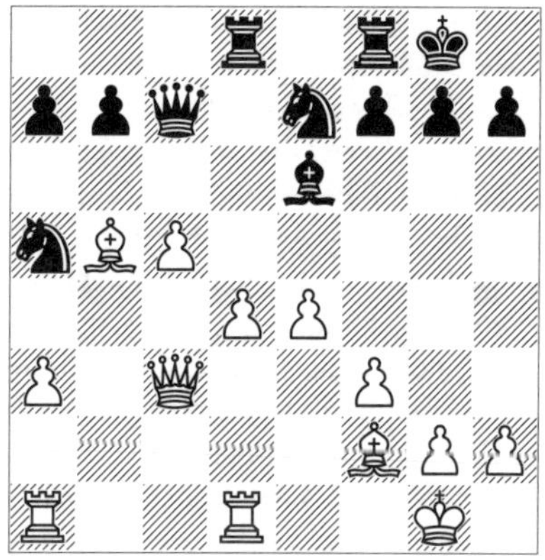

20...a6?

Nun ist Schwarz verloren. Schlecht ist auch 20...♘ac6? wegen 21 ♗g3 ♕a5 22 ♕xa5 ♘xa5 23 ♗d6 mit Materialgewinn für Weiß (hier nutzt Weiß die Stellung des Turms auf f8 aus). Am besten ist 20...b6!, da Schwarz nach 21 c6 a6 22 ♗xa6 ♘axc6 23 d5 ♗xd5 24 exd5 ♖xd5 wenigstens noch kämpfen kann, wenngleich das Läuferpaar dem Weißen beträchtlichen Vorteil verbürgt.

21 ♗g3 ♕c8 22 ♗f1 b6

Der Springer a5 wird Schwarz Material kosten, da 22...♘ac6 wegen 23 ♗d6 nebst d5 verliert.

23 ♖ab1 ♘b3 24 ♖xb3 ♗xb3 25 ♕xb3 bxc5 26 d5

Weiß steht wegen der größeren Aktivität seiner Figuren, der Anfälligkeit der Bauern c5 und a6 und des gefährlichen Freibauern auf der d-Linie auf Gewinn.

26...♘g6 27 ♕b6 f5 28 ♗xa6 ♕d7 29 ♗b5 ♕f7 30 exf5 ♕xf5 31 ♕xc5 ♖c8 32 ♕d4 ♖fd8 33 a4 1-0

Angriffsspiel

Dieses Kapitel, das zahlreiche Beispiele für brillantes Angriffsspiel enthält, werden viele Spieler als den unterhaltsamsten Teil des Buchs erachten. Gut angreifen zu können, ist jedoch nur eine von vielen wichtigen Mittelspielfähigkeiten. Wer alle Stellungstypen gut behandeln kann, hat viel mehr Flexibilität bei der Wahl eines Plans. Nach dieser Warnung wenden wir uns dem unterhaltsamen Teil zu.

Anfänger sind gut beraten, so schnell wie möglich zu rochieren. Es ist überraschend, wie viele Großmeister sich Ärger einhandeln, indem sie mit ihrem König in der Mitte steckenbleiben. Ein gutes Beispiel dafür ist die Partie Bacrot-Mamedjarow (Seite 102). In den meisten Fällen ist eine frühe Rochade wünschenswert, aber es gibt auch Ausnahmen. Bezeichnend ist die Partie Hillarp Persson-Tiwjakow (Seite 103). Schon vor der schwarzen Rochade beginnt sich Weiß für einen Angriff am Königsflügel zu rüsten. Tiwjakow erkennt, dass eine Rochade in den weißen Angriff hinein Selbstmord wäre, und kann die durch die frühen weißen Bauernvorstöße erzeugten Schwächen ausbeuten.

Die nächsten Abschnitte beschäftigen sich mit typischen Angriffsideen gegen den kurz rochierten König. Das Läuferopfer auf h7 (oder auf h2 für Schwarz) ist eines der geläufigsten Verfahren zur Öffnung des Königsflügels und ist auf allen Spielebenen regelmäßig anzutreffen. Nach der typischen Folge mit schwarzem ...♔xh7 und weißem ♘g5+ muss Schwarz zwischen ...♔g8 und ...♔g6 wählen (...♔h6 ist nur in seltenen Fällen möglich). Jegjasarjan-Asrjan (Seite 104) ist ein Beispiel für den Rückzug auf die erste Reihe. Die Korrektheit eines Läuferopfers auf h7 hängt häufig von der Zahl unterstützender Kampfeinheiten ab. Dame und Springer sind in der Regel unerlässlich, aber außerdem (unter der Annahme, dass Weiß das Opfer bringt) kann das Opfer durch einen Turm auf e1, einen Bauern auf e5 und einen Läufer auf c1 oder f4 untermauert werden. Je mehr dieser Unterstützungseinheiten vorhanden sind, desto eher ist das Opfer korrekt. Im vorliegenden Beispiel ist das Opfer korrekt, da der schwarze Läufer b7 eine gute Unterstützungseinheit darstellt, während die weißen Figuren unbeholfen stehen. In Moissejenko-I. Nowikow (Seite 105) wagt sich der König nach g6, was aber durch einen unerwarteten Schlag am Damenflügel widerlegt wird (siehe auch Abschnitt 20). Die nächsten beiden Beispiele zeigen einige ungewöhnliche Läuferopfer auf h7. In Nguyen Ngoc-Kanep (Seite 106) ist das Opfer korrekt, selbst wenn es Weiß an den üblichen Unterstützungseinheiten mangelt, während sich das Schlagen auf h7 in Smirin-Woloschin (Seite 107) selbst ohne die Standardfolge ♘g5+ als tödlich erwies.

Eine weitere potenzielle Schwachstelle ist g7, ein gängiges Angriffsziel bei Königsangriffen. Häufig können die Figuren ganz natürlich gegen g7 in Stellung gebracht werden, z. B. durch ♕e1-g3 oder das Ziehen eines Springers nach f5. In Schengelia-Beletski (Seite 108) stellt die Dame auf g3 im Verein mit einem Läufer auf b2 und einem Turm auf der siebten Reihe tödliche Drohungen auf. Eine andere Kombination von Angriffseinheiten mit einem Springer auf f5 und einem Läufer auf der langen Diagonale ist in Mamedow-Schomojew (Seite 109) zu sehen.

Die nächsten beiden Abschnitte behandeln Opfer auf anderen Feldern am Königsflügel. Wenn ...h6 geschehen ist, kann ein Läuferopfer auf h6 mit Gewinn von zwei Bauern und Angriff für die Figur möglich sein. Wiederum erweist sich oft die Zahl der Unterstützungseinheiten als Schlüsselfaktor. In Almasi-Michalewski (Seite 110) kann Weiß mit entscheidender Wirkung einen Turm auf den Königsflügel schwenken, aber Radjabow-Swidler (Seite 111) ist ein Grenzfall, in dem Weiß gerade noch über genug Ressourcen verfügt, um das Opfer korrekt zu machen. Die Schwäche von f7 ist gut bekannt; dieser Punkt kann vor oder nach der Rochade ein Angriffsziel darstellen. Kempinski-Postny (Seite 112) ist ein Beispiel für ein Opfer auf f7 zur Entblößung des unrochierten Königs, während Majorow-Borowikow (Seite 113) den analogen Fall mit rochiertem König zeigt.

Einige Opfer sind mit bestimmten Eröffnungen assoziiert, wie das Springeropfer auf d5 im Sizilianer. Ein klares Beispiel ist E. Berg-Li Chao (Seite 114), in dem die Korrektheit des Opfers nicht in Zweifel steht, aber Maslak-Grandelius (Seite 115) ist ein Grenzfall, in dem die Chancen nach dem Opfer ausgeglichen bleiben. Stellwagen-Najditsch (Seite 116) ist ein Beispiel für ein korrektes Läuferopfer auf e6. Der Sieg stellt sich indes bei derartigen Opfern nicht automatisch ein; Radjabow-Gelfand (Seite 117) zeigt eine erfolgreiche Verteidigung. Für den Sizilianer charakteristisch ist auch das Springeropfer auf f5. In dem typischen Beispiel Asarow-Jobawa (Seite 118) dient das Opfer dazu, den gegnerischen König in der Mitte festzunageln. Das Springeropfer auf f5 taucht zuweilen unerwartet auf und kann selbst dann funktionieren, wenn Schwarz schon rochiert hat, wie die Partie Wolokitin-Newednitschi (Seite 119) belegt.

Auch der Nachziehende kann im Sizilianer opfern, wenngleich seine Möglichkeiten etwas beschränkter sind. Am wichtigsten ist das Qualitätsopfer ...♖xc3, das Schwarz in dem klaren Beispiel Abergel-Negi (Seite 120) ausgezeichnete Kompensation in Form von Angriffschancen bietet. Schirow-Anand (Seite 121) ist ein Grenzfall, in dem Weiß etwas Gegenspiel hat.

Die folgenden Abschnitte beschäftigen sich mit allgemeineren Angriffskonzepten. In Stellungen mit entgegengesetzten Rochaden entwickelt sich die Partie häufig zu einem Wettrennen konkurrierender Flügelangriffe. Iwantschuk-Gelfand (Seite 122) zeigt, wie ein Angriff gut durch Figuren unterstützt werden muss; in diesem Beispiel führte der schwarze Angriff nur zu einem Schachgebot, der weiße dagegen zum Matt. In diesen Situationen zählt jedes Tempo. Wie die Partie Sax-Gallagher (Seite 123) zeigt, muss man eventuell Material opfern, um dem Gegner zuvorzukommen.

Einen essentiellen Teil mancher Angriffe bildet der Schwenk eines Turms auf der dritten Reihe, wie in Scharijasdanow-Petuchow (Seite 124), aber wenn der Angriff scheitert, kann der Turm schlecht stehen, wie in Radulski-Almasi (Seite 125).

Eine Methode zur Erzeugung einer Schwäche in der gegnerischen Königsstellung besteht im Vorrücken eines Bauern. Manchmal reicht dafür schon ein Bauer, wie in Van Oosterom-Bang (Seite 126), während in anderen Fällen, wie etwa B. Sawtschenko-Nikolenko (Seite 127), die gegnerische Königsstellung durch eine ganze Bauernphalanx aufgerissen wird.

Angriffe haben mehr Aussichten auf Erfolg, wenn in der Nähe des gegnerischen Königs mehr eigene Figuren stehen als gegnerische. Daher sollte man sicherstellen, den Angriff mit der größtmöglichen Feuerkraft zu führen. In Vescovi-Radjabow (Seite 128) nahm Schwarz eine Auszeit, um seine Türme in den Angriff einzuschalten, während Weiß in dem besonders lehrreichen Beispiel Semerow-Kriwko (Seite 129) eine Gelegenheit verpasste, einen abseits stehenden Turm auf den Königsflügel zu werfen, und dadurch den Erfolg seines Angriffs gefährdete. Die andere Methode zur Gewährleistung einer numerischen Überlegenheit auf dem Hauptkampfschauplatz besteht darin, die Überführung von Verteidigungsfiguren zu verhindern. In Nunn-S. Williams (Seite 130) hält ein überraschender Läuferzug den schwarzen Turm im Abseits, während Weiß in Zhao Jun-Xiu Deshun (Seite 131) mit einer spektakulären Opferserie die schwarze Stellung in zwei Teile schneidet.

Ein Angriff steht und fällt häufig mit einer offenen Linie gegenüber der feindlichen Königsstellung. Manchmal erfolgt die Linienöffnung durch Bauernvorstöße, aber es können auch drastischere Methoden erforderlich sein. In Aleksandrow-Sandipan (Seite 132) bringt Weiß ein Bauernopfer, aber Gonzalez Zamora-Zapata (Seite 133) ist ein noch drastischeres Beispiel, da Weiß hier zur Öffnung der g-Linie eine ganze Figur ins Geschäft steckt.

Ein Königsfianchetto hat gute und schlechte Seiten. Positiv ist vor allem die Verteidigungskraft des Läufers, aber der Angreifer kann die Königsstellung vielleicht mit seinem h-Bauern oder durch Abtausch des Fianchettoläufers schwächen. In Riasantsew-Kokarew (Seite 134) beruht der weiße Angriff auf der Öffnung der h-Linie und der Verdreifachung der Schwerfiguren, während sich Weiß in Sablotski-Khismatullin (Seite 135) verschiedener Techniken zur Exponierung des schwarzen Königs bedient.

Die zur gegnerischen Königsstellung führende lange Diagonale stellt oft eine nützliche Angriffsstraße dar, auf der sich eine Dame-Läufer-Batterie als entscheidend erweisen kann, wie in Tschatalbaschew-Sarić (Seite 136). In der eigentümlichen Partie Nikolić-Baramidze (Seite 137) sind beide Spieler auf der langen Diagonale schwach.

Nicht alle Opfer sind eindeutig richtig oder falsch; dazwischen gibt es eine beträchtliche Grauzone. In Grenzfällen stellen sich leicht Fehler ein. So übersieht Weiß in Nisipeanu-Reinderman (Seite 138) einen schwierigen Gewinnweg, siegt aber trotzdem, als Schwarz an seiner einzigen Rettungschance vorbeigeht. In Sutovsky-Kramnik (Seite 139) reicht das weiße Opfer höchstens zum Ausgleich, aber eine lange Verteidigung ist manchmal selbst für einen Weltklassemann wie Kramnik zu schwierig.

Die restlichen Abschnitte zeigen heldenhafte Angriffsmethoden. In Rapport-Rogić (Seite 140) und Swidler-Vallejo Pons (Seite 141) war eine ganze Kaskade von Opfern erforderlich, um die gegnerische Verteidigung zu durchbrechen. Die Angriffe in Beljawski-Nakamura (Seite 142) und Motyljow-Radjabow (Seite 143) sind wegen ihrer Dauer bemerkenswert. Schließlich muss der Angreifer manchmal sehr viel Fantasie mitbringen, um zum Erfolg zu gelangen. In Akopjan – Vachier-Lagrave (Seite 144) war ein bizarr aussehender Läuferzug der Schlüssel zum Angriff, während in Korobow-Vocaturo (Seite 145) ein schockierendes Turmopfer zu einem heftigen Angriff führte.

König in der Mitte

Bacrot – Mamedjarow
Naltschik 2009

1 e4 c5 2 ♘f3 e6 3 d4 cxd4 4 ♘xd4 ♘c6 5 ♘c3 a6 6 ♘xc6 bxc6 7 ♗d3 d5 8 0-0 ♘f6 9 ♖e1 ♗e7 10 e5 ♘d7 11 ♕g4 g6 12 ♘a4 c5 13 c4 ♕a5 14 ♕d1

S

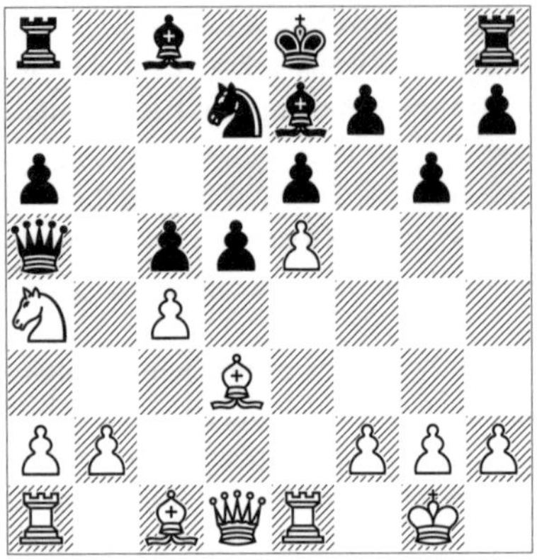

Ein kritischer Moment. Schwarz muss sich mit der Drohung des Weißen befassen, das Zentrum mit cxd5 zu öffnen.

14...dxc4?!

14...0-0 ist riskant, da sich Schwarz nach 15 cxd5 exd5 16 b3 andauernd über die Möglichkeit e6 Sorgen machen muss. Daher ist es sinnvoll, den Zug cxd5 verhindern, aber nicht so, da Weiß nun nicht nur den schwarzen König in der Mitte festhalten, sondern auch die d-Linie für den Angriff nutzen kann.

Richtig ist 14...d4!. Im Fall von 15 ♗e4 ♖b8 16 ♗h6 löst Schwarz dann einfach mit 16...♗f8 seine Probleme. Da die d-Linie geschlossen ist und der Springer a4 abseits steht, sind die weißen Angriffschancen ungefährlich.

15 ♗e4 ♖b8 16 ♗h6

Der weiße Angriff ist viel wichtiger als der verdoppelte schwarze Mehrbauer.

16...♖b4?

Das Spiel auf Gewinn des b-Bauern geht nun aber wirklich zu weit. Besser ist 16...♗b7 oder 16...♗f8 17 ♗d2 ♕c7 18 f4 ♗e7, wenngleich Weiß bescheidenen Vorteil behält, da nach dem Fall des Bauern c4 die schwarzen Bauern am Damenflügel schwach sein werden.

17 ♘c3 ♖xb2 18 ♕c1 ♖b8

Nach 18...♖b6 19 ♗d2! gerät die schwarze Dame in die Bredouille.

19 ♗c6!

S

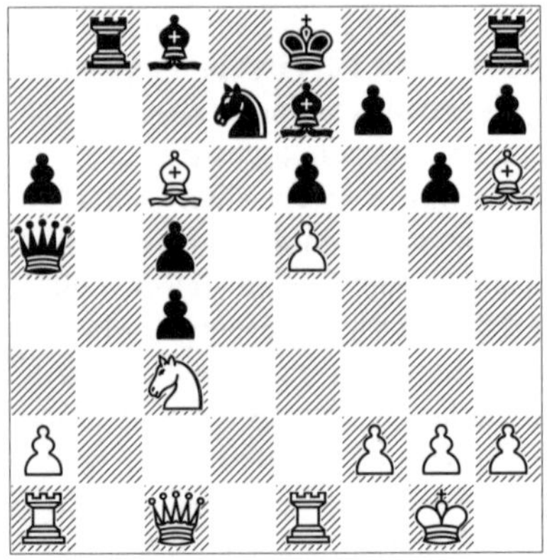

Durch die Überführung des Läufers auf die Diagonale a4-e8 wird der gegnerische König in der Mitte festgenagelt.

19...♗b7

19...♗f8 20 ♗xf8 ist nach 20...♔xf8 21 ♕h6+ ♔e7 22 ♘e4 oder 20...♖xf8 21 ♘e4 sehr gut für Weiß.

20 ♗a4 ♔d8

Schwarz gibt die Rochade auf und versucht seinen Springer zu entfesseln, aber seine Aussichten sind düster.

21 ♖d1 ♗d5 22 ♕c2 ♖b4

Schwarz will den Druck durch ein Qualitätsopfer auf a4 mindern, was aber seine Probleme nicht löst.

23 ♗d2!

Da der Läufer nicht mehr auf h6 zur Verhinderung der Rochade gebraucht wird, kann er sich ein anderes Betätigungsfeld suchen.

23...♗a8

23...♖xa4 verliert wegen 24 ♘xd5 ♕b5 25 ♘c3.

24 ♗e1 ♖xa4 25 ♘xa4 ♕b5

Nach 25...♕c7 26 ♘b2 ♗d5 27 ♘xc4 gefolgt von ♘e3 ist Schwarz materiell im Nachteil und hat immer noch eine schlechte Königsstellung.

26 ♖ab1 ♕c6 27 f3 ♔e8

Dies erlaubt eine tödliche Kombination, aber angesichts der großen Aktivität der weißen Türme auf den beiden offenen Linien ist die Partie ohnehin gelaufen.

28 ♖xd7! ♔xd7

Auch nach 28...♕xd7 29 ♖b8+ ♗d8 30 ♖xa8 gewinnt Weiß.

29 ♕d1+ ♔c8

Noch schlechter ist 29...♔c7 30 ♗a5+.

30 ♘b6+ ♔b7 31 ♘d5+ 1-0

Normalerweise sollte man den König nicht ohne guten Grund länger als nötig in der Mitte stehenlassen, aber manchmal ist das eine gute Idee.

Hillarp Persson – Tiwjakow

Meisterschaft der Europäischen Union, Liverpool 2008

1 e4 c5 2 ♘f3 ♘c6 3 ♗b5 d6 4 ♗xc6+ bxc6 5 0-0 ♗g4 6 h3 ♗h5 7 ♖e1 e6 8 d3 ♘f6 9 ♘bd2 ♘d7 10 ♘f1 ♗e7

W

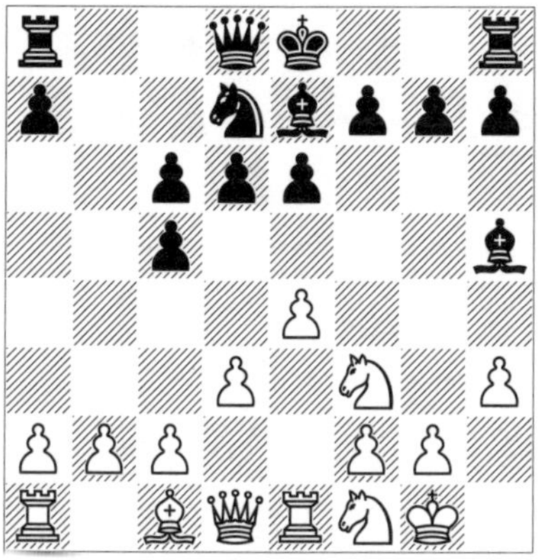

11 g4?!

Weiß expandiert am Königsflügel mit der Absicht, den schwarzen König nach späterer kurzer Rochade anzugreifen. Problematisch ist an diesem einseitigen Plan, dass Schwarz gar nicht kurz zu rochieren braucht, zumindest nicht in naher Zukunft. Weniger verpflichtend ist 11 ♘g3 ♗g6 12 b3 gefolgt von ♗b2.

11...♗g6 12 ♘g3 f6!?

Möglich ist auch 12...h5 mit der Idee, die h-Linie zu öffnen, aber Tiwjakows Plan ist hochinteressant. Er lässt weißen Raumgewinn am Königsflügel zu, da sein König angesichts des relativ blockierten Zentrums auf e8 sicher stehen wird.

13 ♘h4 ♗f7 14 f4

Da das Hineinrochieren in das Vorrücken der weißen Königsflügelbauern kaum anzuraten ist, verstärkt Schwarz langsam seine Stellung im Zentrum, ohne sich mit dem König festzulegen. Wenn Weiß seine Bauern zwecks Linienöffnung nach vorne wirft, kann Schwarz stattdessen lang rochieren und die offenen Linien zu einem Angriff auf den weißen König nutzen. Das bringt das weiße Spiel am Königsflügel effektiv zum Stillstand, so dass Schwarz Zeit zur Verbesserung seiner Stellung und zur Entwicklung von Gegenspiel erhält. Man beachte, dass Schwarz die Idee der kurzen Rochade nicht für immer aufgibt, was ein größeres Zugeständnis darstellen würde. Vielmehr ist es durchaus möglich, dass er letztendlich doch kurz rochieren wird, aber nur, wenn dies sicher ist.

14...e5

Lässt vorübergehend einen Springer nach f5, der aber alsbald wieder mit ...g6 vertrieben werden wird.

15 ♘hf5

15 f5 c4 16 ♘f3 cxd3 17 cxd3 d5 gibt Schwarz aktives Spiel im Zentrum.

15...♗f8

W

16 fxe5

Weiß treibt seinen Angriff voran und will ...g6 mit ♘h6 beantworten. Auch nach einem Springerrückzug steht Schwarz gut, so ist etwa nach 16 ♖f1 g6 17 ♘e3 exf4 18 ♖xf4 ♗h6 19 ♖f1 0-0 20 ♕e2 d5 von einem weißen Angriff nichts zu sehen, während das schwarze Spiel im Zentrum von den Läufern unterstützt wird.

16...fxe5 17 ♕f3 g6 18 ♘h6

Auch 18 ♘e3 ♗g7 19 ♖f1 0-0 ist günstig für Schwarz.

18...♗e6

Der Springer sitzt auf h6 fest. Wenn Weiß ihn nicht unterstützen kann, wird er ernsthafte Probleme bekommen.

19 ♖f1 ♕e7 20 ♔g2 ♗g7

Langsam, aber sicher entwickelt der Nachziehende seine Figuren. Der weiße Angriff verläuft im Sande.

21 ♗e3 ♖b8 22 b3?

Die Öffnung der langen Diagonale zeitigt unselige Konsequenzen, aber Weiß stand so oder so sehr schlecht.

22...♖f8 23 ♕d1 ♖f4!

Gewinnt Material.

24 ♖xf4 exf4 25 ♗xf4 ♕f6 0-1

Wer braucht schon die Rochade!

Das Läuferopfer auf h7 (oder entsprechend auf h2 für Schwarz) ist eine der gängigsten Angriffsideen am Königsflügel. Es gibt viele einfache Fälle, in denen nach dem Opfer ♘g5+ und ♕h5 (bzw. ...♘g4+ und ...♕h4) mit schnellem Matt oder entscheidendem Materialgewinn folgt. Dieses Szenario ist so geläufig, dass sich Beispiele erübrigen. Es gibt jedoch auch zahlreiche Fälle, in denen das Opfer auch dann, wenn es nicht sofort entscheidend ist, korrekt ist.

Jegjasarjan – Asrjan

Armenische Meisterschaft, Jerewan 2006

1 d4 ♘f6 2 c4 c5 3 ♘f3 cxd4 4 ♘xd4 e6 5 ♘c3 ♗b4 6 ♕b3 ♘a6 7 ♗d2 0-0 8 e3 b6 9 ♗e2 ♗b7 10 0-0 ♗e7 11 ♖fd1 ♖c8 12 ♖ac1 d5 13 a3?! ♘c5 14 ♕a2 dxc4 15 ♗xc4 ♗d6 16 ♗e1?

S

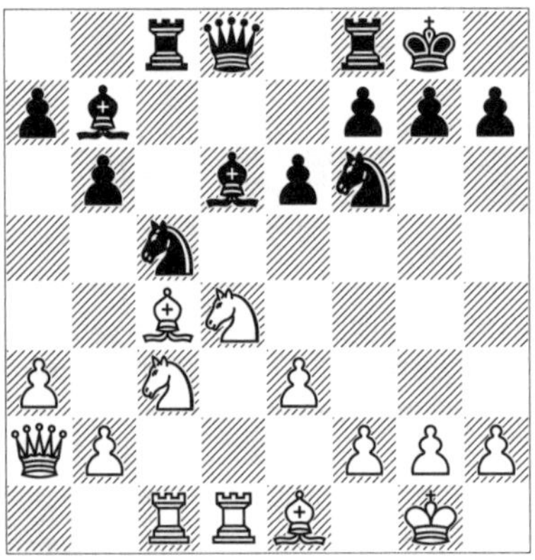

Diese Stellung ist typisch: Schwarz erhält für die Figur zwei Bauern und jagt den weißen König in die Mitte, wonach der schwarze Angriff viel schwerer wiegt als der weiße Materialvorteil.

16...♗xh2+!

Hier ist das Opfer korrekt. Trotz des Fehlens einiger Unterstützungseinheiten, die das Opfer sonst korrekt machen (wie ein Bauer auf e4 oder ein sofort in den Angriff einschaltbarer Turm), erweist sich die Kraft des Läufers auf der langen Diagonale als entscheidender Faktor.

17 ♔xh2 ♘g4+ 18 ♔g1

Dieser Rückzug des Königs ist die einzige Chance. Manchmal kann der König sich nach g3 oder h3 hinauswagen, aber hier führt das zu einer schnellen Niederlage nach 18 ♔g3 ♘xe3! 19 ♘f3 (19 fxe3 ♕g5+ nebst Matt) 19...♘xd1 20 ♖xd1 ♘e4+ 21 ♔h3 (21 ♔h2 ♕c7+) 21...♕f6 mit entscheidendem Angriff für Schwarz oder 18 ♔h3 ♕g5 19 ♘f3 ♕h5+ 20 ♔g3 ♗xf3 21 gxf3 ♕h2+ 22 ♔xg4 f5+ 23 ♔g5 ♕h6#.

18...♕h4

Da der Bauer f2 gedeckt ist, gibt es hier kein Matt, aber Weiß kann den Verlust des Bauern g2 nicht vermeiden.

19 b4 ♕h2+ 20 ♔f1 ♕xg2+ 21 ♔e2 ♘d7

W

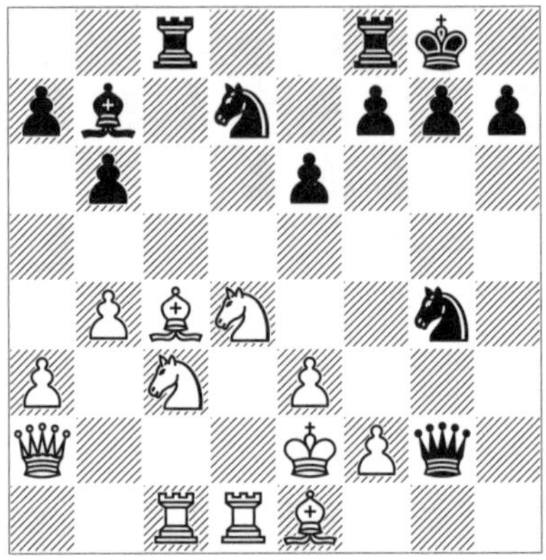

Mit der Drohung ...♘de5 gefolgt von ...♗f3+. Schwarz hat entscheidenden Vorteil, da die meisten seiner Figuren in Angriffsstellungen stehen, während Weiß nicht nur an der exponierten Stellung seines Königs, sondern auch an der Anfälligkeit seines Läufers c4 laboriert.

22 ♔d2

Der König macht einen Fluchtversuch, aber nun streicht der Nachziehende einen dritten Bauern ein.

22...♘xf2 23 ♗xf2 ♕xf2+ 24 ♗e2

Auch 24 ♘ce2 ♘e5 25 ♗xe6 ♘f3+ 26 ♔d3 ♖cd8! ist hoffnungslos.

24...♘e5

Mit mehreren Drohungen: z. B. 25...♘c4+, 25...♘f3+ oder einfach 25...♖fd8 mit Einschaltung der letzten Figur in den Angriff.

25 ♖f1 ♕h2

Nicht 25...♘c4+?, was wegen 26 ♕xc4 verliert, aber Schwarz kann die Fesselung einfach aufrechterhalten.

26 ♘cb5 ♗d5 27 ♕b1 ♘c4+ 28 ♖xc4 ♖xc4 29 ♘c3 ♖xc3! 30 ♔xc3 e5 31 ♘f5 ♕xe2 32 ♘e7+ ♔h8 33 ♖d1

33 ♘xd5 verliert wegen 33...♖c8+ 34 ♔b3 ♕c4+.

33...♕c4+ 34 ♔d2 ♗f3 0-1

W

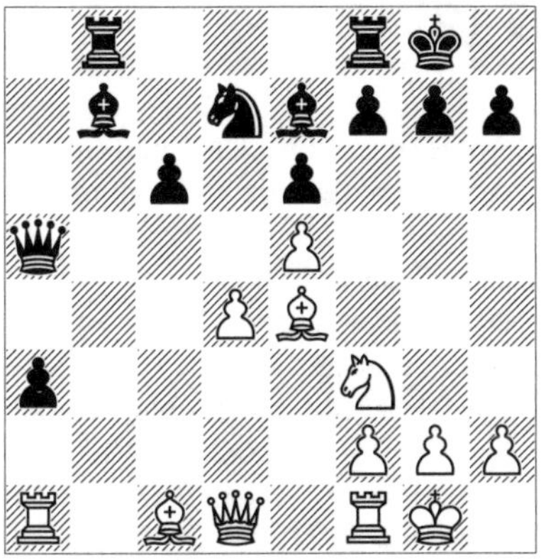

Moissejenko – I. Nowikow
Montreal 2004

Für den geopferten Bauern hat Weiß gefährliche Initiative mit Angriffschancen gegen den schlecht verteidigten schwarzen Königsflügel. Dieses Beispiel demonstriert, dass die Hauptverteidigung gegen das Läuferopfer auf h7 nebst ♘g5+ in einem Ausflug des Königs nach g6 besteht.

18 ♗xa3!

Der Auftakt einer spektakulären Kombination, bei der der Anziehende Spiel am Königsflügel mit einem direkten Königsangriff kombiniert.

18...♗xa3?

Objektiv sollte der Nachziehende 18...♕d8 spielen, aber nach 19 ♗xe7 ♕xe7 20 ♖a7 hat Weiß aufgrund seiner besseren Bauernstruktur und viel aktiveren Figurenstellung großen Positionsvorteil.

19 ♗xh7+!

Nach der Ablenkung des schwarzen Läufers von e7 kann der weiße Springer nun nach g5 gehen, was dieses Läuferopfer möglich macht.

19...♔xh7

Man sollte stets auch die Ablehnung des Opfers in Betracht ziehen, aber hier wird 19...♔h8 durch 20 ♘g5 g6 21 ♕g4 ♔g7 22 ♘xe6+! ♔xh7 23 ♕h4+ ♔g8 24 ♘g5 nebst Matt widerlegt.

20 ♘g5+ ♔g6

Hier ist 20...♔g8 hoffnungslos wegen 21 ♕h5 ♖fe8 22 ♕xf7+ ♔h8 23 ♖ae1 nebst ♖e3, wonach Schwarz trotz seiner beiden Mehrfiguren hilflos ist. Daher muss sein König nach vorne gehen, aber da 20...♔h6 wegen 21 ♕d3 ♘f6 (bezüglich 21...♔xg5 siehe die nächste Anmerkung) 22 ♖xa3 ♕d5 23 exf6 ♕xg5 24 ♕e4 verliert, ist der Partiezug erzwungen.

21 ♕d3+

Entsprechend der genauen Situation kann die Verteidigung ...♔g6 mit ♕d3+, ♕g4 oder h4 beantwortet werden. In der vorliegenden Stellung ist die erstgenannte Möglichkeit am stärksten.

21...f5

21...♔xg5 verliert wegen 22 f4+ (22 ♕h7 gewinnt auch) 22...♔h6 23 ♕h3+ ♔g6 24 f5+ exf5 25 ♖xf5 ♘f6 26 ♖af1! mit entscheidenden Drohungen.

22 ♘xe6

Weiß hat nicht nur wie üblich eine, sondern zwei Figuren weniger, aber wenn er auf a3 eine davon zurückgewinnen kann, wird er für die andere Figur zwei Bauern und sehr starken Angriff haben.

22...♖a8

Schwarz versucht den Läufer a3 zu behaupten. Falls stattdessen 22...♖fe8, so gewinnt 23 ♖xa3 ♕b4 24 ♘f4+ ♔h7 25 ♕xf5+ ♔g8 26 ♖h3.

23 ♖fb1!

S

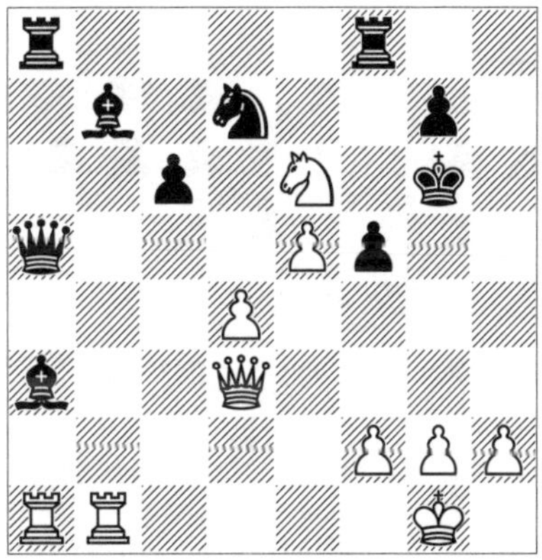

Der Schlüsselzug, da es keine gute Verteidigung gegen den Angriff auf den Läufer b7 gibt.

23...♖fb8

In Kassimdschanow-Lesiège, Olympiade, Istanbul 2000, spielte Schwarz 23...♗c8, was aber den Turm a8 ungedeckt ließ, und gab nach 24 ♖b3 mit der vernichtenden Drohung 25 ♖bxa3 auf.

24 ♘f4+

Nun, da der Turm f8 den Königsflügel im Stich gelassen hat, kann Weiß seinen Königsangriff wieder aufnehmen.

24...♔f7 25 ♕xf5+ ♔e7 26 ♕e6+ ♔d8 27 ♕g8+ ♘f8

Attraktive Mattbilder entstehen nach 27...♔c7 28 ♘e6# und 27...♔e7 28 ♘g6#.

28 ♘e6+ ♔c8 29 ♘xf8 ♕d8 30 ♖xa3 1-0

Nach 30...♖xa3 31 ♕e6+ ♔c7 32 ♕f7+ ♔c8 33 ♕f5+ ♔c7 34 ♘e6+ schlägt Weiß die Dame mit Schach.

Läuferopfer auf h7 (2)

Nguyen Ngoc – Kanep
Olympiade, Chanty-Mansijsk 2010

1 d4 ♘f6 2 ♘f3 e6 3 c3 c5 4 ♗f4 ♘c6 5 e3 d5 6 ♘bd2 ♗d6 7 ♗g3 0-0 8 ♗d3 ♕e7 9 ♘e5 ♘d7?!

Definitiv ein Fehler. Schwarz schickt sich an, in eine der subtilsten bekannten Eröffnungsfallen zu tappen.

10 ♘xd7 ♗xd7?

Objektiv besser ist 10...♕xd7, da dann die gleiche Fortsetzung wie in der Partie, 11 ♗xd6?! (mit 11 ♕c2 kann Weiß etwas Übergewicht behaupten) 11...♕xd6 12 dxc5 ♕xc5 13 ♗xh7+ ♔xh7 14 ♕h5+ ♔g8 15 ♘e4, nach 15...g6 16 ♕g5 ♕e7 17 ♘f6+ ♔g7 18 ♘h5+ nur Remis ergibt.

11 ♗xd6 ♕xd6 12 dxc5 ♕xc5

W

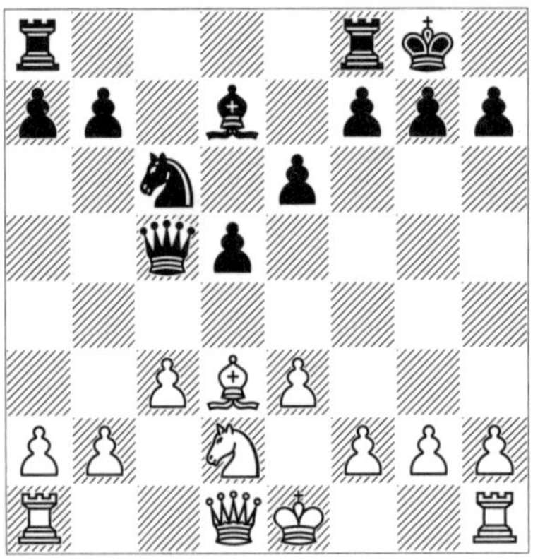

13 ♗xh7+!

Dies ist erstaunlicherweise korrekt, obwohl Weiß überhaupt keine Unterstützungsfiguren für seinen Angriff zu haben scheint. Der Springer kann jedoch unter Tempogewinn nach g5 gehen, wonach Weiß seinen Gegner mit Drohungen beschäftigen kann und genug Zeit gewinnt, um seine Reserven heranzuführen.

13...♔xh7 14 ♕h5+ ♔g8 15 ♘e4

Durch die Fesselung auf der fünften Reihe gewinnt Weiß ein wichtiges Tempo.

15...♕c4

Nach 15...g6 16 ♘xc5 gxh5 17 ♘xd7 behält Weiß einen Bauern mehr, was erklärt, warum der Läufer auf d7 schlechter steht als auf c8.

16 ♘g5 ♖fd8

16...♕d3 verliert wegen 17 e4 ♖fd8 18 ♖d1 ♕c4 19 ♕xf7+ ♔h8 20 f4!, wonach Schwarz die Drohung ♖f1-f3 nicht parieren kann. Es ist kurios, wie der Anziehende mit Dame und Springer die schwarzen Kräfte nahezu vollkommen lähmen kann.

17 ♕xf7+ ♔h8 18 ♕h5+

Das ist am besten, aber 18 h4 ist ebenfalls stark. Nach der Folge 18...♘e5 (18...♕d3 verliert wegen 19 e4! mit der Drohung 20 ♖h3) 19 ♕h5+ ♔g8 20 0-0-0 ♕xa2 21 ♕h7+ ♔f8 22 ♕h8+ ♔e7 23 ♕xg7+ ♔d6 24 ♘e4+ ♔c6 25 ♕xe5 ♕a1+ 26 ♔d2 ♕xb2+ 27 ♔e1 hatte Weiß in der Partie Prié-Swetuschkin, Französische Mannschaftsmeisterschaft 2009, bei anhaltendem Angriff einen Mehrbauern und einen gefährlichen Freibauern auf der h-Linie.

18...♔g8 19 ♖d1!

S

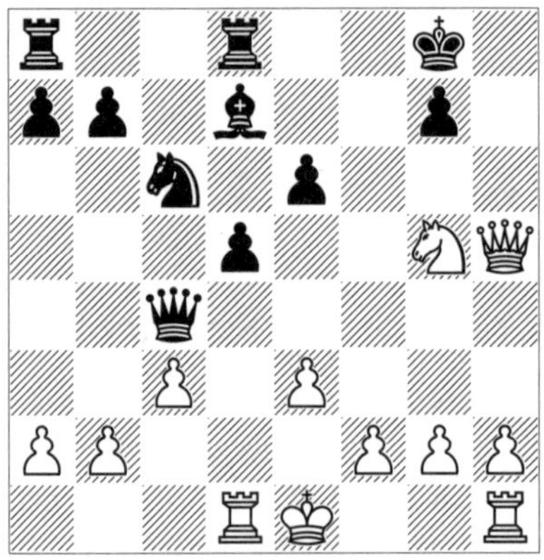

Diese genaue Fortsetzung des Angriffs schaltet die Verteidigungsmöglichkeit ...♕d3 aus. Auch hier hat Schwarz den ziemlich langsamen Drohungen h4 und ♖h3 oder auch f4 und ♖f1-f3 nichts entgegenzusetzen.

19...d4

Auch nach 19...b5 20 h4 und 19...♕xa2 20 0-0 ist Schwarz mausetot.

20 ♕f7+ ♔h8 21 h4 ♕d5

An diesem Punkt hätte Weiß einfach mit 22 e4 gefolgt von ♖h3 gewinnen können. Stattdessen spielte er **22 0-0? ♕f5 23 ♕xf5 exf5 24 ♘f7+ ♔g8 25 ♘xd8 ♖xd8 26 exd4**, was ihm immerhin noch beträchtlichen Endspielvorteil einbrachte. Letztendlich konnte Weiß tatsächlich gewinnen, aber erst, nachdem Schwarz das Remis ausgelassen hatte: **26...♗e6 27 b3 ♔f7 28 ♖fe1 b5 29 ♔h2 a5 30 ♖d3 a4 31 ♖f3? axb3 32 axb3 b4 33 ♖fe3? ♗xb3 34 cxb4 ♗c4 35 ♖f3 ♔f6 36 ♖f4 ♘xd4?? 37 ♖ee4 ♘e6 38 ♖xc4 ♘xf4 39 ♖xf4 ♖d2 40 g3 ♖b2 41 ♔g2 g6 42 ♔f3 ♔e5 43 ♔e3 1-0**.

Auf das Läuferopfer auf h7 muss nicht unbedingt ♘g5+ folgen. Ein anderer gängiger Beweggrund für das Opfer ist Zeitgewinn zur Verdopplung von Schwerfiguren auf der h-Linie.

Smirin – Woloschin

Tschechische Mannschaftsmeisterschaft 2003/04

1 e4 c5 2 ♘f3 e6 3 d4 cxd4 4 ♘xd4 a6 5 ♘c3 ♕c7 6 ♗d3 ♘f6 7 0-0 ♗e7 8 ♔h1 b5 9 f4 b4?!

Solider ist 9...d6. Der Zug ...b4 gibt Weiß die Chance, mit a3 seinen Turm a1 zu aktivieren.

10 ♘b1 ♗b7 11 ♘d2 d6 12 a3 bxa3 13 ♖xa3 ♘c6 14 ♖c3 0-0?

Besser ist 14...♖c8, wenngleich Weiß wegen des schwachen a-Bauern positionellen Vorteil behält.

W

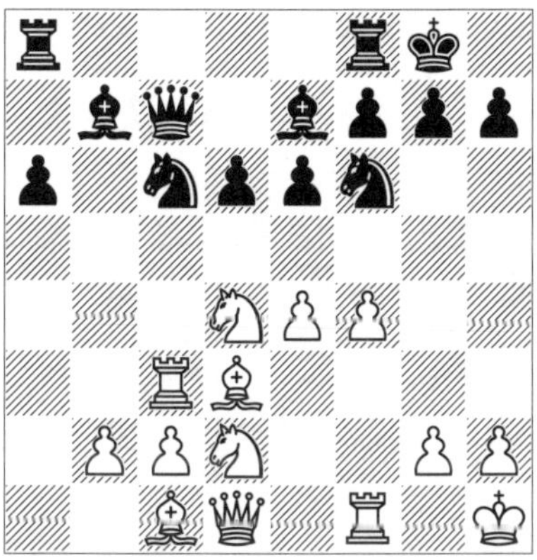

In diesem Beispiel ist das Läuferopfer auf h7 zunächst ziemlich verschleiert, da sich der Turm hinter dem Läufer versteckt, welcher überdies nicht sofort nach h7 gehen kann.

15 e5!

Nun muss der Springer f6 ziehen, wonach alles für den Hammerschlag auf h7 bereitsteht.

15...dxe5 16 fxe5 ♘d7

Da 16...♕xe5 eine Figur verliert, muss der Nachziehende eine Verteidigungsfigur vom Königsflügel abziehen. Der alternative Springerzug 16...♘d5 ist auch nicht besser, da Weiß dann mit 17 ♗xh7+! ♔xh7 18 ♕h5+ ♔g8 19 ♖h3 f5 (19...f6 20 ♘2f3 f5 21 ♘xe6 ist auch für Weiß leicht gewonnen) 20 ♘xf5! ♖xf5 21 ♖xf5 exf5 22 e6 gewinnt.

17 ♗xh7+!

Danach kann Weiß ohne Zeitverlust mit Dame und Turm auf der h-Linie aufmarschieren. Da einige andere weiße Figuren zur Unterstützung des Angriffs bereitstehen, sehen die Aussichten des Nachziehenden äußerst düster aus.

17...♔xh7 18 ♕h5+ ♔g8 19 ♖h3 f6

Nach 19...f5 20 ♘xf5! gewinnt Weiß wie in der Anmerkung zum 16. Zug von Schwarz.

20 ♘4f3?!

Gut genug, aber 20 ♘f5! ist noch vernichtender, da Weiß nach 20...♕xe5 (20...exf5 21 e6 nebst Matt) 21 ♘h6+ ♔h7 22 ♕g4 gxh6 23 ♘f3 ♕g5 24 ♗xg5 fxg5 25 ♕h5 ♖f6 26 ♘xg5+ in wenigen Zügen matt setzt.

20...f5

Die einzige vernünftige Verteidigung gegen die Drohung 21 ♘g5!.

21 ♘e4!

S

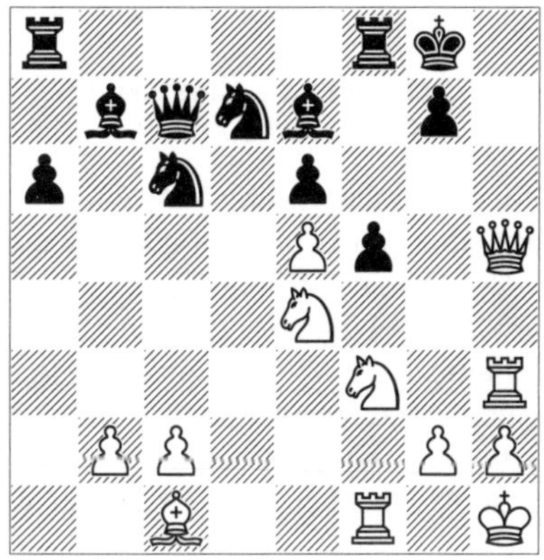

Dieser hübsche Zug erneuert die Drohung, einen Springer nach g5 zu stellen, was die Annahme des Opfers erzwingt. Nach der Öffnung der f-Linie kann Weiß jedoch mit einer Serie von Schachgeboten die schwarze Dame gewinnen.

21...fxe4 22 ♕h7+ ♔f7 23 ♘g5++ ♔e8 24 ♕g6+?!

Aus später klar werdenden Gründen ist 24 ♕h5+! genauer.

24...♔d8 25 ♘xe6+ ♔c8 26 ♖xf8+ ♗xf8?

Angezeigt war 26...♘xf8 (wegen dieses Angriffs auf die Dame wäre das Schach auf h5 im 24. Zug genauer gewesen) 27 ♕e8+ ♕d8 28 ♘xd8 ♔c7! gefolgt von ...♖xd8. Objektiv ist die Stellung immer noch für Weiß gewonnen, aber wenigstens kann Schwarz noch weiterspielen.

27 ♕e8+

Nach diesem Zwischenschach ist die Partie gelaufen.

27...♘d8 28 ♘xc7 ♔xc7 29 e6 ♘xe6 30 ♕xe6 ♗d6 31 ♖c3+ ♘c5 32 ♗e3 ♖f8 33 ♕xd6+ 1-0

S

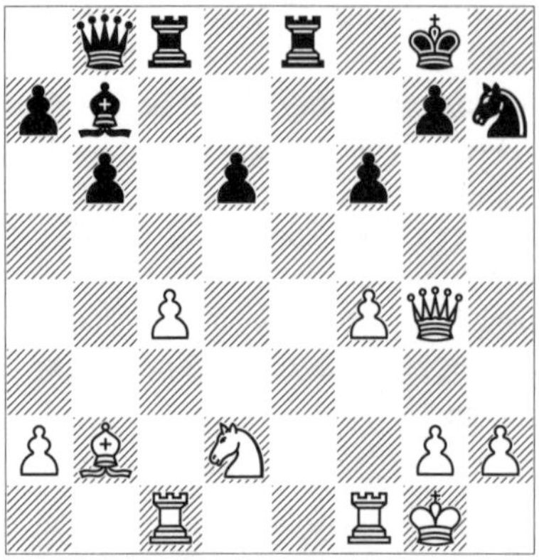

Schengelia – Beletski
Bundesliga 2008/09

Die Stellung ist ungefähr ausgeglichen. Weiß zielt mit Dame und Läufer auf g7, aber momentan ist der schwarze Königsflügel ausreichend verteidigt. Der Anziehende tut sich schwer, eine weitere Figur in den Angriff einzuschalten, und muss außerdem aufpassen, da wegen des fehlenden f-Bauern das Feld g2 auch nicht völlig sicher ist und die Möglichkeit ...♖e2 beachtet werden muss.

22...d5

Das ist zwar an sich kein Fehler, aber der Beginn eines riskanten Plans. Schwarz sollte zuallererst Schritte zur Sicherung seines Königsflügels unternehmen, bevor er sich um sein eigenes aktives Spiel bemüht. Zu erreichen war dies einfach mit 22...♕c7 gefolgt ...♕f7, was die Felder f6 und g7 bewacht und gleichzeitig den isolierten Bauern c4 aufs Korn nimmt. Ein Gefühl für Gefahr ist im Schach sehr wichtig; selbst wenn keine unmittelbaren Drohungen zu parieren sind, ist es oft wichtig, als Versicherung gegen zukünftige taktische Unfälle eine brüchige Verteidigung zu flicken.

23 ♖c3 dxc4?!

Danach kann der Anziehende seinen Springer kostenlos in eine aktivere Stellung bringen. Besser ist 23...♕d6!, was f6 verteidigt und die Dame aktiviert. Dann würden weitere Angriffsversuche des Weißen nach hinten losgehen; zum Beispiel 24 ♖g3?! ♕c5+ 25 ♔h1 ♖c7 26 cxd5 ♕xd5, wonach schon eher der Schwarze Angriffschancen hat.

24 ♘xc4

Dank der aktiven Stellung des weißen Springers droht nun 25 ♖g3 ♕c7 (25...♖e7 26 ♗a3 gefolgt von ♘d6 gewinnt auch) 26 ♘d6 mit Materialgewinn.

24...♖xc4?

Schwarz versucht seine Probleme taktisch zu lösen, was aber daran scheitert, dass Weiß eine neue Gelegenheit zum Angriff auf g7 bekommt. Mittlerweile ist genaue Verteidigung vonnöten; angezeigt ist 24...♗a6 25 ♕d1 (25 ♖g3 ♖c7 ist in Ordnung für Schwarz) 25...♔h8! 26 ♕c2 (droht 27 ♖h3) 26...♘f8!, wonach die Drohungen des Weißen im Sande verlaufen, da er wegen des Drucks auf den Springer c4 seine Kräfte nicht leicht umgruppieren kann.

25 ♖xc4 ♗a6 26 ♖d4!

Das ist die Widerlegung: Das Opfer des Turms f1 gibt dem Weißen Zeit, durch Eindringen auf d7 das empfindliche Feld g7 von der Seite anzugreifen.

26...♗e2 27 ♕g3 ♗xf1 28 ♖d7 ♘g5

W

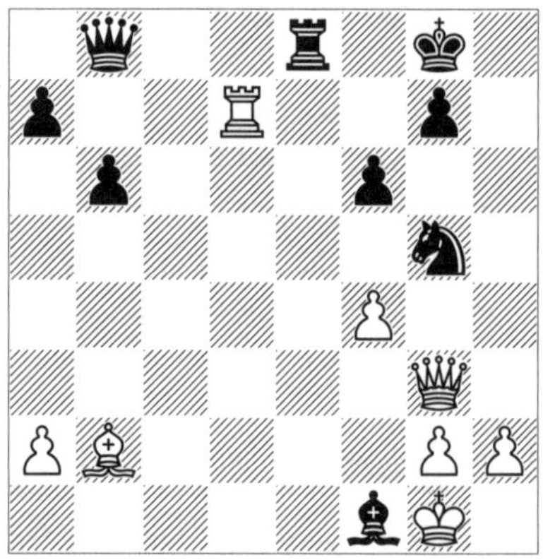

Darum hat Schwarz die weiße Dame nach g3 getrieben. Nach 29 fxg5 kann Schwarz nun die Damen tauschen und entkommen.

29 ♖xg7+!

Wie so oft bei einem Angriff auf g7 spielt der Läufer auf der langen Diagonale eine Schlüsselrolle.

29...♔f8

29...♔xg7 30 ♕xg5+ leitet zur Partie über.

30 ♕h4

Wegen der Mattdrohung auf h8 muss Schwarz nun zugreifen.

30...♔xg7 31 ♕xg5+ ♔h7 32 ♗xf6

Schneller geht es mit 32 ♕f5+! ♔g8 33 ♕g6+ ♔f8 34 ♕xf6+ ♔g8 35 ♕g7#.

32...♕b7 33 ♕h5+ ♔g8 34 ♕xe8+ ♔h7 35 ♕h5+ ♔g8 36 ♕h8+ ♔f7 37 ♕g7+ 1-0

W

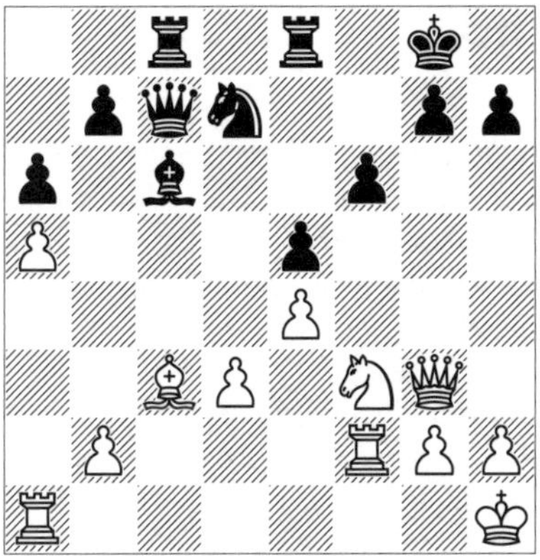

Mamedow – Schomojew

Moskau 2009

Gegenwärtig steht das Spiel gleich. Die weißen Figuren stehen am Königsflügel aggressiver, aber der schwache rückständige Bauer auf d3 kann von den schwarzen Figuren leicht angegriffen werden. Bei passivem Spiel von Weiß wird Schwarz die weißen Bauernschwächen ausnutzen können. Der Anziehende spielt daher folgerichtig auf Drohungen am Königsflügel.

24 ♘h4

Dieser Springer will von f5 aus das Feld g7 angreifen. Weiß kann nicht erwarten, nur mit Dame und Springer die schwarze Verteidigung zu durchbrechen, hofft aber den Nachziehenden zumindest zu binden. Der Läufer c3 steht auf der langen Diagonale, wird aber gegenwärtig durch die solide schwarze Bauernkette g7-f6-e5 blockiert.

24...♔h8 25 ♘f5?!

Objektiv besser ist 25 ♗b4, um den schwarzen Springer an der Besetzung des Feldes c5 zu hindern.

25...♘f8?

Eine grobe Fehleinschätzung. Der Springer soll von g6 aus den Bauern g7 abschirmen, kann aber durch das Vorrücken des weißen h-Bauern leicht vertrieben werden, so dass dieser Plan der schwarzen Verteidigung überhaupt nicht hilft. Korrekt ist 25...♘c5!, was die weiße Hauptschwäche aufs Korn nimmt. Nach etwa 26 h4 ♖ed8 27 ♖f3 ♗e8! kommt der weiße Angriff nicht in Gang.

26 ♖e1?!

Genauer ist 26 h4!, da das von Schwarz nicht leicht zu bekämpfende Vorrücken des h-Bauern nach h6 nicht nur den Druck auf g7 erhöht, sondern auch die zum schwarzen König führende lange Diagonale schwächt.

26...♘g6

Möglich ist auch 26...♘e6 mit Verstärkung der Verteidigung von g7.

27 h4 ♘f4?

Nach diesem Fehler neigt sich die Waagschale definitiv zugunsten von Weiß. 27...♗d7 28 h5 ♗xf5 29 exf5 ♘f4 30 h6 ♕f7 ist ungefähr ausgeglichen.

28 h5!

Der Auftakt zu einem fantasievollen Plan, auf g7 durchzubrechen.

28...♘xh5

Auch 28...h6 29 ♘xh6! ist sehr gut für Weiß, da 29...gxh6? wegen 30 ♖xf4 exf4? 31 ♗xf6+ ♔h7 32 ♕g6# verliert.

29 ♕h4 ♘f4?

W

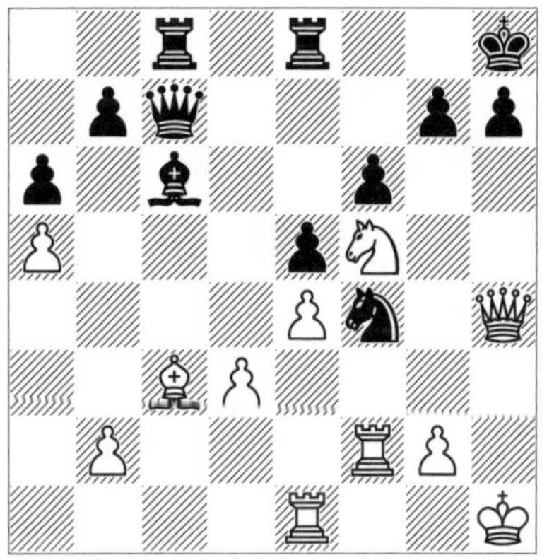

30 ♖xf4!

Mit diesem Vorbereitungsopfer wird der Läufer c3 aktiviert.

30...exf4 31 ♘xg7!

Das zweite Opfer vervollständigt die Zerstörung der den weißen Läufer einschränkenden Bauernkette und gibt Weiß gewinnbringenden Angriff.

31...♔xg7 32 ♕xf6+ ♔g8 33 ♕g5+?!

Einfacher gewinnt 33 ♕h8+ (oder auch 33 ♖f1) 33...♔f7 34 ♕xh7+ ♔f8 (34...♔e6 verliert wegen 35 ♕f5+ ♔e7 36 ♗e5) 35 ♗b4+ ♖e7 36 e5 nebst e6.

33...♔f7 34 ♖f1 ♖e7 35 ♖xf4+ ♔e8 36 ♗b4

Trotz der Ungenauigkeit ist die weiße Stellung gewonnen.

36...♖d8?!

36...♕e5 37 ♖f8+ ♔d7 38 ♖f5 ♕g7 39 ♗xe7 ♕xg5 40 ♗xg5 gibt Weiß ein gewonnenes Endspiel, aber der Partiezug ist noch schlechter.

37 ♗xe7 ♕xe7 38 ♕h5+ ♔d7 39 ♖f7 ♕xf7 40 ♕xf7+ ♔c8 41 ♕f5+ ♖d7 42 d4 1-0

Läuferopfer auf h6

Wenn Schwarz seinen Königsflügel mit ...h6 geschwächt hat, ist ein weißes Läuferopfer auf h6 nicht ungewöhnlich. Normalerweise sichert sich Weiß dann mit dem Folgezug ♕xh6 zwei Bauern und Angriff für den Läufer. Wie bei vielen dieser Opfer zur Zerstörung der Bauerndeckung des Königs lautet die Gretchenfrage, ob die Dame mit anderen Figuren unterstützt werden kann, da eine Dame auf sich allein gestellt im Allgemeinen einen Angriff nicht abschließen kann. Bei diesen zusätzlichen Kräften kann es sich um einen zum Sprung nach f5 oder g5 bereiten Springer oder einen auf die g- oder h-Linie schwenkbaren Turm handeln.

W

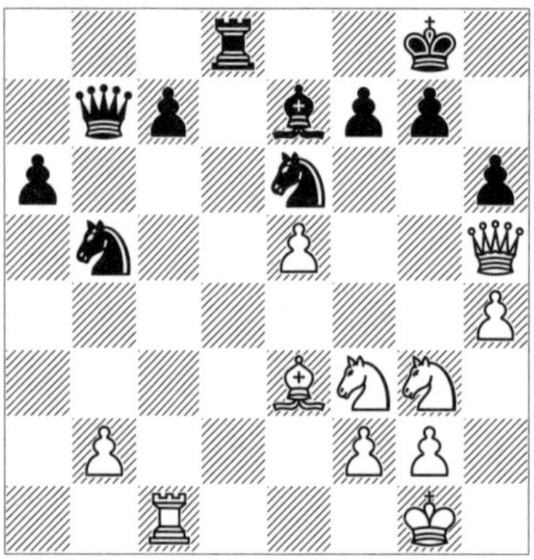

Z. Almasi – W. Michalewski
Heviz 2008

Angesichts der Ansammlung der weißen Figuren am Königsflügel kommt das Opfer auf h6 ernsthaft in Betracht. Die Korrektheit dieses Opfers ist jedoch zweifelhaft, da das durch ♘f5 oder ♘h5 angreifbare Feld g7 gedeckt ist und ein auf g5 auftauchender Springer einfach abgetauscht werden kann. Zugunsten des Weißen schlägt zu Buche, dass er seinen Turm mittels ♖c4 und ♖g4 in den Angriff einschalten kann, obgleich Schwarz die Route des Turms auf den Königsflügel in einigen Varianten mit ...♘bd4 schließen kann. Der offensichtliche Opferversuch 25 ♗xh6 gxh6 26 ♕xh6? trifft auf die gute Erwiderung 26...♘bd4!, was sowohl f5 deckt als auch einen der weißen Springer abtauschen will. Das Opfer ist korrekt, erfordert aber von Weiß etwas Raffinesse.

25 ♗xh6 gxh6 26 ♘f5!

Üblicherweise folgt auf ♗xh6 sofort ♕xh6, aber hier ist es wichtiger, den Turm nach g4 zu bekommen, wozu die Verteidigung ...♘bd4 ausgeschaltet werden muss. Das gelingt mit ♘f5, was durch den Angriff auf den Läufer e7 ein Tempo gewinnt und daher das Feld d4 ohne Zeitverlust deckt.

26...♗f8 27 ♖c4

Mit der tödlichen Drohung 28 ♖g4+ nebst 29 ♕xf7, der Schwarz durch Deckung von f7 zu begegnen versucht.

27...♖d7

Oder 27...c5 28 ♖g4+ ♔h7 29 ♘g5+ ♘xg5 30 hxg5, und es gibt keine Verteidigung gegen die Drohung 31 g6+.

28 ♘xh6+

Nun, da der Turm auf der vierten Reihe steht, schlägt der Anziehende den h-Bauern, damit sich der schwarze König nicht dahinter verstecken kann. Weit weniger klar ist 28 ♖g4+ ♔h7 wegen 29 ♘g5+ ♘xg5 30 hxg5 ♕c6.

28...♗xh6 29 ♕xh6 ♘bd4

29...♖d4 scheitert an 30 ♘xd4 ♘bxd4 31 ♖xd4! ♘xd4 32 ♕g5+ ♔h7 (sonst holt ♕d8+ den Springer ab) 33 ♕h5+ ♔g7 34 ♕g4+ und 35 ♕xd4 mit zwei Mehrbauern für Weiß.

30 ♘xd4 ♘xd4

W

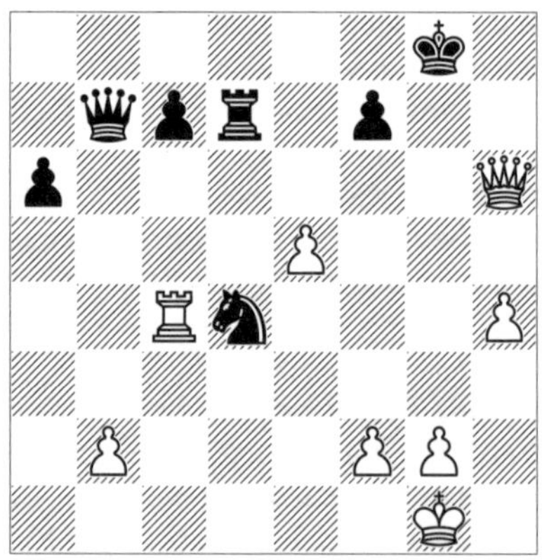

31 e6!

Diese hübsche Pointe rechtfertigt die Kombination des Weißen. Nach dem offensichtlichen 31...fxe6 verbleibt Weiß nach 32 ♖xd4! ♖xd4 33 ♕xe6+ ♔h7 (nach anderen Zügen kann Weiß sofort eine Gabel anbringen) 34 ♕f7+ nebst 35 ♕f6+ und 36 ♕xd4 wiederum mit zwei Mehrbauern.

31...♖d5 32 exf7+ ♔xf7 33 ♖xc7+! 1-0

Nach 33...♕xc7 34 ♕h7+ geht die schwarze Dame verloren.

Das Läuferopfer auf h6 führt zuweilen zu einem sofortigen Sieg, aber es gibt auch viele Fälle, in denen seine Korrektheit schwer zu beurteilen ist.

W

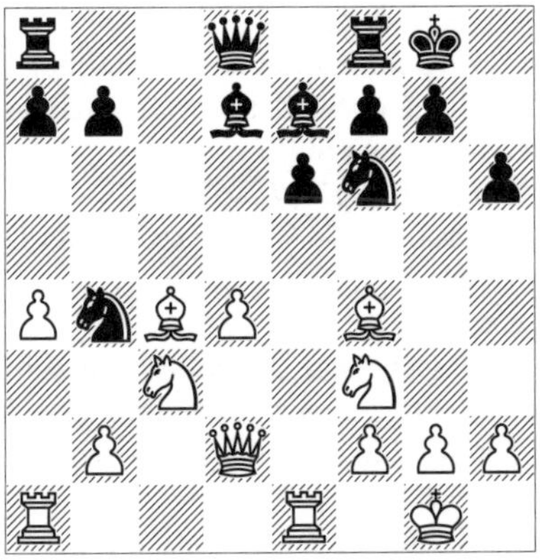

Radjabow – Swidler
Morelia/Linares 2006

14 ♗xh6!

Eine korrekte Entscheidung, obwohl die Folgen des Opfers in diesem Fall nicht so leicht einzuschätzen sind. Alle weißen Figuren außer dem Turm a1 sind im Spiel, stehen aber für einen Angriff auf den schwarzen König nicht gerade ideal. Schwarz verfügt über eine ansehnliche Zahl von Figuren in der Nähe seines Königs, aber der Turm auf f8 verhindert das natürlichste Verteidigungsmanöver ...♗f8-g7. Im vorliegenden Fall führt das Opfer nicht zum Matt, aber Weiß erhält mit drei Bauern und Initiative für den Läufer mehr als genug Kompensation.

14...♖c8

Vor der Annahme des Opfers bringt Schwarz unter Tempogewinn seinen Turm ins Spiel.

15 ♗b3 gxh6 16 ♕xh6 ♘h7

Es gibt nichts Besseres:

1) Nach 16...♘d3 17 ♘g5 gibt es keine Antwort auf die Drohungen 18 ♘ce4 und 18 ♖e3.

2) 16...♘g4 17 ♕f4 f5 18 ♖xe6 ♔g7 19 ♖e2 ähnelt dem Partieverlauf, da Weiß drei Bauern für den Läufer bekommt und Schwarz ein langfristiges Problem mit seinem exponierten König hat.

3) 16...♖e8 17 ♖e5! ♘g4 18 ♕h5 ♘xe5 19 ♘xe5 ♖f8 20 ♖e1! gefolgt von ♖e3 sieht langsam aus, ist aber in Wirklichkeit tödlich.

17 ♖e5 f5

Erzwungen, da sonst 18 ♖h5 gewinnt.

18 ♖xe6 ♗xe6 19 ♗xe6+ ♔h8 20 ♗xc8 ♖f6

20...♕xc8 21 ♘e5 ist für Schwarz verloren.

21 ♕h5 ♕xc8 22 ♖e1

Im Mittelspiel stellen die drei Bauern für Schwarz keine besondere Gefahr dar, aber die generell schlechte Koordination seiner Figuren und die andauernden Probleme mit seinem König geben Weiß anhaltende Initiative.

22...♗f8

Nach 22...♖e6 23 ♘e5! ♘c2 24 d5 ♘xe1 25 dxe6 ♕xe6 26 ♘g6+ ♔g7 27 ♘f4 ♕d6 28 ♕e2 ♘xg2 29 ♔xg2 hat Weiß bei guter Stellung einen Bauern mehr.

23 ♘e5 ♔g8

W

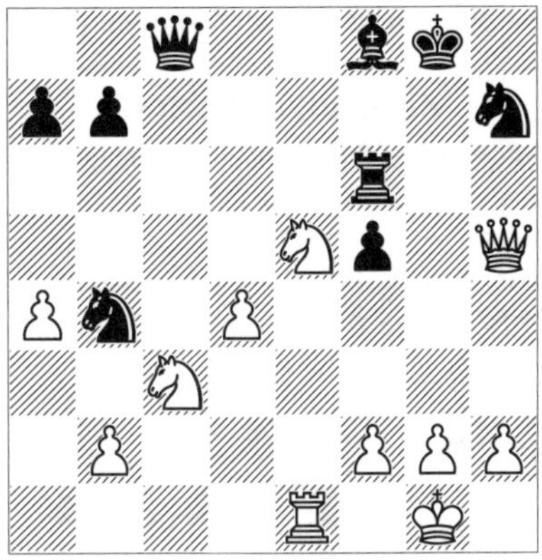

24 ♕d1?

Weiß will seine Dame nach b3 überführen, was aber unnötig passiv ist. Der flexiblere Zug 24 h4! gibt Weiß großen Vorteil, da er jegliche Grundreihengefahren ausschaltet und der h-Bauer später im Angriff eine direkte Rolle spielen kann. Die unmittelbare Drohung lautet 25 ♖e3 f4 26 ♘e4 mit entscheidendem Angriff.

24...♘g5? 25 ♕b3+?

25 ♕c1! gewinnt Material, da neben dem Angriff auf den Springer g5 auch 26 ♘d5! droht.

25...♔g7 26 h4 ♘f7 27 ♘e2 ♘xe5 28 dxe5 ♖c6?

Nach diesem Ausrutscher verkehrt Schwarz wieder in Schwierigkeiten. Nach 28...♖h6 stünde Weiß nur leicht besser.

29 ♘f4 ♗e7 30 ♕g3+ ♔h7 31 ♕f3 ♕e8 32 g3 ♕f7?

Mehr Widerstand leistet der Zug 32...a5, aber die schwarze Stellung ist so oder so sehr schwierig.

33 e6! ♕f6

Nach 33...♕e8 ist 34 ♖e5 sehr unangenehm für Schwarz, da 34...♖c5 zum Verlust des Bauern auf b7 führt.

34 ♕h5+ ♔g8 35 ♕e8+ ♕f8 36 ♕g6+ ♕g7 37 ♕xf5 ♖c5 38 ♕e4 ♘c6 39 ♘d5 ♕xb2 40 ♕f5 ♖c1 41 ♘xe7+ 1-0

Anfängern gelingt es oft, ihre Gegner mit e4, ♗c4 und ♕h5 auf f7 matt zu setzen, aber gegen Unfälle auf f7 (bzw. f2 für Weiß) sind auch starke Spieler nicht gefeit. Der Bauer f7 ist in der Eröffnung ein schwacher Punkt, da er nur durch den König gedeckt ist und ein Opfer auf diesem Feld unweigerlich den König ins Freie zieht. Selbst Großmeister können einem solchen Opfer auf den Leim gehen, insbesondere wenn es etwas außergewöhnlich ist, wie im folgenden Beispiel.

Kempinski – Postny
Griechische Mannschaftsmeisterschaft, Kallithea 2009

1 d4 d5 2 c4 c6 3 ♘c3 ♘f6 4 e3 a6 5 ♘f3 ♗f5 6 ♕b3 b5 7 c5 a5 8 ♘e5 a4 9 ♕d1 ♘fd7?

W

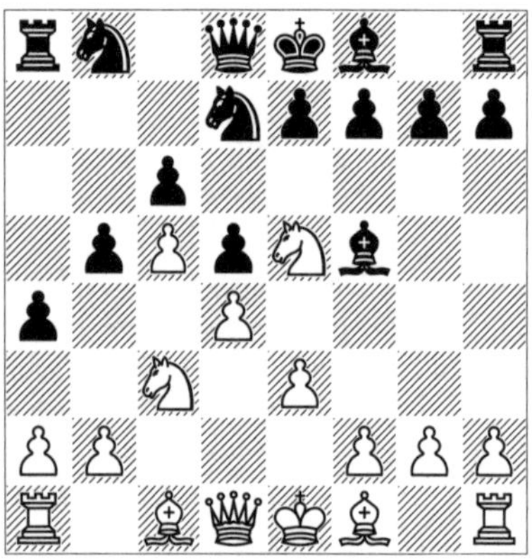

10 ♘xf7! ♔xf7 11 ♕f3

Nun muss Schwarz entweder die Figur zurückgeben oder seinen König weiter „entwickeln".

11...♔e6

11...e6 12 g4 ♕f6 13 gxf5 ♕xf5 14 ♕g3 gefolgt von ♗h3 ist ebenfalls gut für Weiß, da er dank seines Raumvorteils seine Figuren leichter entwickeln kann. Außerdem kommen ihm die leichte Öffnung der Stellung und die unbequeme Stellung des schwarzen Königs zugute.

Der andere Königszug 11...♔g6? ist schlechter wegen 12 g4 ♗c2 13 ♔d2 mit Läuferfang.

12 g4 ♗g6 13 g5

Wegen der Drohung ♗h3+ muss der Läufer umkehren.

13...♗f5 14 ♗g2

Droht Matt in zwei Zügen durch das attraktive Damenopfer 15 ♕xd5+!. Da der Springer d7 keine Züge hat, muss Schwarz die Figur auf alle Fälle zurückgeben.

14...♘xc5 15 dxc5

Nach der Kombination ist die Stellung materiell ausgeglichen, aber der schwarze König fühlt sich auf e6 sehr unwohl.

15...g6 16 0-0 ♗g7 17 ♖d1

Mit der Drohung 18 ♘xd5 cxd5 19 ♖xd5 oder einfach 18 e4.

17...♗xc3

Nur so lassen sich die unmittelbaren Drohungen abwehren, aber nun werden die schwarzen Felder im Lager des Nachziehenden sehr schwach.

18 bxc3 ♘a6

W

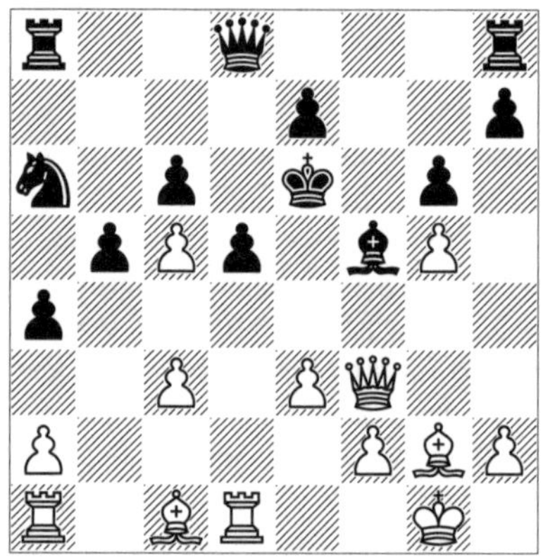

19 c4!

Weiß führt den Angriff mit großem Elan; durch das Opfer zweier Bauern öffnet er Linien, um an den feindlichen König heranzukommen. Sofort 19 e4?! ist schlechter wegen 19...dxe4.

19...bxc4 20 e4! ♗xe4

Nun verliert 20...dxe4 wegen 21 ♕e2 nebst ♕xc4+.

21 ♗h3+ ♗f5 22 ♗xf5+ gxf5 23 ♖e1+ ♔d7 24 ♕xf5+ ♔e8

24...♔c7 verliert wegen 25 ♖b1 nebst ♗f4+.

25 g6

Der schwarze König ist wieder auf seinem Ausgangsfeld angelangt, aber der weiße Angriff geht mit ungebrochener Kraft weiter.

25...hxg6

25...♖f8 verliert wegen 26 ♕e6 hxg6 27 ♗g5.

26 ♕xg6+ ♔d7 27 ♕e6+ ♔e8 28 ♕xc6+ ♔f7 29 ♕e6+ ♔e8 30 ♗g5 ♘xc5 31 ♕c6+ 1-0

Nach 31...♘d7 32 ♗xe7 ♕xe7 33 ♕xa8+ erleidet Schwarz massive Materialverluste.

Die Schwäche des Feldes f7 (bzw. f2 für Weiß) wird durch die kurze Rochade vermindert, da dann auch der Turm bei der Verteidigung mithilft. Die Schwäche kann aber später wieder zum Vorschein kommen, wenn der Turm wegzieht.

Majorow – Borowikow

Neustadt an der Weinstraße 2009

1 d4 d5 2 c4 c6 3 ♘c3 ♘f6 4 e3 e6 5 ♘f3 ♘bd7 6 ♕c2 ♗d6 7 b3 0-0 8 ♗e2 b6 9 0-0 ♗b7 10 ♗b2 ♕e7 11 ♖ac1 ♖ac8 12 ♕b1?! a6 13 ♖fd1 ♖fd8 14 ♗f1?!

Weiß hat die Eröffnung sehr passiv behandelt. Nun kann Schwarz die Initiative im Zentrum übernehmen.

14...c5 15 cxd5 exd5 16 g3 c4! 17 a4 cxb3 18 ♘d2 h5

Diese Art von Vorstoß ist nicht sehr risikoreich, da Schwarz die Initiative am Königsflügel behauptet. Auch wenn es nicht sofort klar ist, was der Abtausch der h-Bauern bewirkt, die Unterminierung der Verteidigung der weißen Königsstellung vergrößert die Chance eines erfolgreichen schwarzen Angriffs.

19 ♘xb3 h4 20 ♕d3 hxg3 21 hxg3 ♘g4 22 ♕f5 ♘h6?!

Aggressiver ist 22...♘df6.

23 ♕d3?

Vorzuziehen war 23 ♕f3, um mit der Dame den anfälligen Königsflügel zu verteidigen.

23...♕g5 24 ♗g2 ♘f6 25 ♘d2 ♘hg4 26 ♘e2 ♕h6 27 ♗a3

S

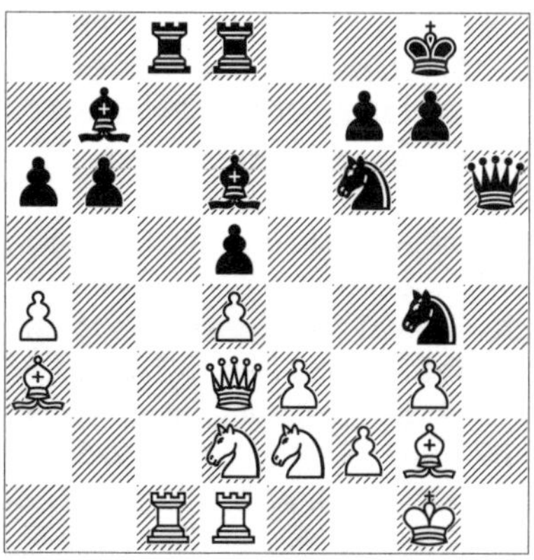

Schwarz hat starken Angriff, da er wegen des Verschwindens der h-Bauern mit der Dame auf h2 eindringen kann. Da Weiß jedoch eine Reihe von Verteidigungsfiguren am Königsflügel hat, ist nach dem Schach auf h2 keine entscheidende Fortsetzung zu sehen. Der Schlüssel zum Angriff besteht in einem Opfer auf dem geschwächten Feld f2. Dies führt zur Zerschlagung der weißen Bauernstruktur am Königsflügel und bei richtiger Fortsetzung zu großem Vorteil für Schwarz. Hier soll das Opfer nicht den weißen König ins Freie ziehen, sondern die weißen Bauern aufbrechen und Schwarz Zeit geben, seine verbleibenden Angriffskräfte in Stellung zu bringen.

27...♘xf2! 28 ♔xf2 ♘g4+ 29 ♔g1?

Danach wird Weiß mit einem zweiten Hammerschlag am Königsflügel erledigt. Besser ist der Fluchtversuch 29 ♔e1, wenngleich Schwarz nach 29...♘xe3 30 ♔f2 ♘g4+ 31 ♔e1 ♗xa3 32 ♕xa3 ♘e3 33 ♗f3 ♘xd1 34 ♖xc8 ♖xc8 35 ♔xd1 ♖e8 (mit der Drohung, auf e3 einzudringen) 36 a5 b5 37 ♘f4 ♕g5 dank seines materiellen Vorteils und der Möglichkeiten, mit seinen Schwerfiguren einzudringen, klaren Vorteil behält.

29...♗xg3!

W

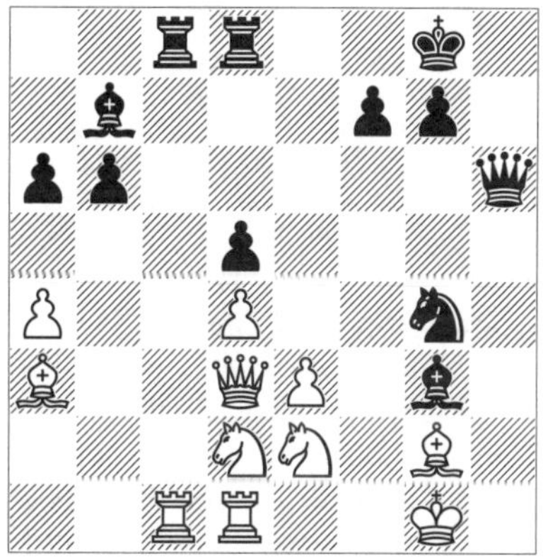

Ohne diesen Zug würde das schwarze Opfer nicht viel einbringen, aber durch die Entfernung des letzten Schutzbauern wird der weiße König tödlich exponiert.

30 ♘xg3

30 ♘f3 ♗f2+ 31 ♔f1 ♗xe3 32 ♖xc8 ♗xc8 33 ♕c3 ♖e8 gibt Schwarz drei Bauern und massiven Angriff für die Figur.

30...♕h2+

Schwarz hat dieses Schachgebot bis zum effektivsten Moment hinausgezögert.

31 ♔f1 ♕xg3

Nun hat Weiß keine Verteidigung, da sowohl f2 als auch e3 angegriffen sind.

32 ♕e2 ♘xe3+ 33 ♔g1 ♘xd1 34 ♖xc8 ♖xc8 35 ♘f3

Nach 35 ♕xd1 ♕e3+ 36 ♔h1 ♖c6 schaltet sich der Turm mit tödlicher Wirkung in den Angriff ein, aber nach dem Textzug bleibt Weiß materiell hoffnungslos im Rückstand.

35...♘c3 36 ♕e7 ♕c7 0-1

E. Berg – Li Chao
Wettkampf China-Schweden, Peking 2006

1 e4 c5 2 ♘f3 d6 3 d4 cxd4 4 ♘xd4 ♘f6 5 ♘c3 a6 6 ♗g5 e6 7 f4 ♕c7 8 ♕f3 b5 9 ♗d3 ♘bd7 10 0-0-0 b4?!

Zwingt Weiß praktisch zu einem korrekten Opfer auf d5. Sicherer ist 10...♗b7.

11 ♘d5

S
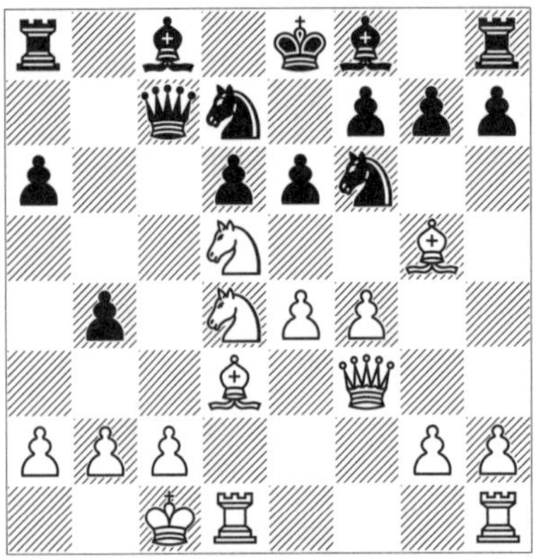

Ein typisches Springeropfer auf d5 im Sizilianer. Für die Figur erhält Weiß einen Bauern und hält den schwarzen König in der Mitte fest. Wichtig ist die Feststellung, dass Weiß nicht sofort starke Drohungen aufstellen muss, da Schwarz das Problem seines exponierten Königs nicht schnell lösen kann.

11...exd5 12 ♖he1!

Das ist genauer als 12 exd5?, da der weiße Angriff nach 12...♗e7! 13 ♖he1 ♔f8 14 ♘f5 ♗d8 15 ♘xg7 h6! nicht durchschlägt.

12...♗b7

Nun trifft 12...♗e7 auf die Erwiderung 13 ♘f5! ♔f8 14 ♘xe7 ♔xe7 15 e5 dxe5 16 fxe5 ♘xe5 17 ♕g3 mit Rückgewinn der Figur bei gewaltigem Angriff.

13 exd5+ ♔d8 14 ♘c6+

Nach dem Springeropfer auf d5 ergibt sich in der Regel die Möglichkeit eines Springerzuges nach c6. In einigen Fällen ist es besser, diese Idee in Reserve zu halten, aber hier gewinnt Weiß Zeit, da nach dxc6 der Springer d7 angegriffen ist.

14...♗xc6 15 dxc6 ♘b6

Auch nach 15...♘c5 16 ♗xf6+ gxf6 17 ♗c4 nebst ♕h5 erhält Weiß kreuzgefährlichen Angriff.

16 ♗h4!?

Weiß lässt es gemächlich angehen; dieser Zug bringt Ideen wie g4-g5 oder ♗f2 ins Spiel. Das direktere 16 ♗xf6+ gxf6 17 ♕h5 ist ebenfalls gefährlich, aber für den Verteidiger ist es immer unangenehm, sich mit mehreren Angriffsmöglichkeiten beschäftigen zu müssen.

16...♖c8

Es gibt nichts Besseres. Nach 16...a5 17 ♗b5 ♗e7 18 g4 wird Schwarz allmählich zurückgedrängt, während 16...♗e7 mit 17 g4 d5 18 ♗f2 ♗d6 19 g5 ♗xf4+ 20 ♔b1 ♗xg5 21 ♕g2! h6 22 h4 ♕xc6 23 hxg5 hxg5 24 ♕xg5 beantwortet wird, wonach Weiß für seine Bauern sehr starken Angriff hat.

W
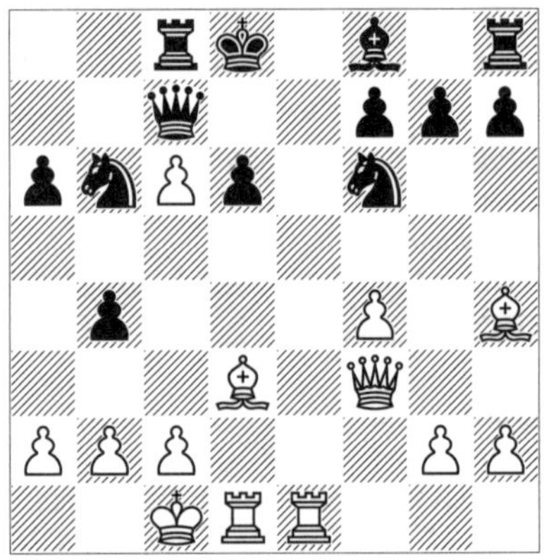

17 ♗xa6?!

Nach 17 ♗xf6+ gxf6 18 ♗e4 f5 19 ♗xf5 ♕xc6 20 ♕h5 steht Weiß praktisch auf Gewinn, da das offensichtliche 20...♖c7 wegen 21 ♕g5+ ♗e7 22 ♖xe7! ♖xe7 23 ♕f6 verliert.

17...♖a8?

Schwarz hätte den Läufer nicht nach b7 gehen lassen sollen. Am besten ist 17...♕xc6, wonach Weiß mit 18 ♕e2! d5 19 ♗xf6+ gxf6 20 ♗xc8 ♔xc8 21 ♕a6+ klaren Vorteil behält, aber der Nachziehende noch Verteidigungschancen hat.

18 ♗b7 ♖xa2 19 ♔b1 ♖a5 20 ♖e5! ♘a4

Weiß gewinnt auch nach 20...♘c4 21 ♗xf6+ gxf6 22 ♖e4 ♖c5 23 ♕e2 und 20...♖a7 21 ♕e3.

21 ♕e4 ♖xe5 22 fxe5 ♕b6

Droht mit 23...♘c3+ zu gewinnen, aber diese Falle ist leicht zu vereiteln.

23 ♖d4! ♘c5 24 ♕d5 b3 25 exd6 bxc2+ 26 ♔xc2 ♘xb7 27 ♗xf6+! 1-0

Nach 27...gxf6 28 c7+ ♔d7 29 ♕f5+ lässt das Matt nicht mehr lange auf sich warten.

Maslak – Grandelius

Olmütz 2009

1 e4 c5 2 ♘f3 d6 3 d4 cxd4 4 ♘xd4 ♘f6 5 ♘c3 a6 6 ♗g5 e6 7 f4 ♘bd7 8 ♕f3 ♕c7 9 0-0-0 b5 10 ♗d3 ♗b7 11 ♖he1 ♕b6 12 ♘d5!?

S

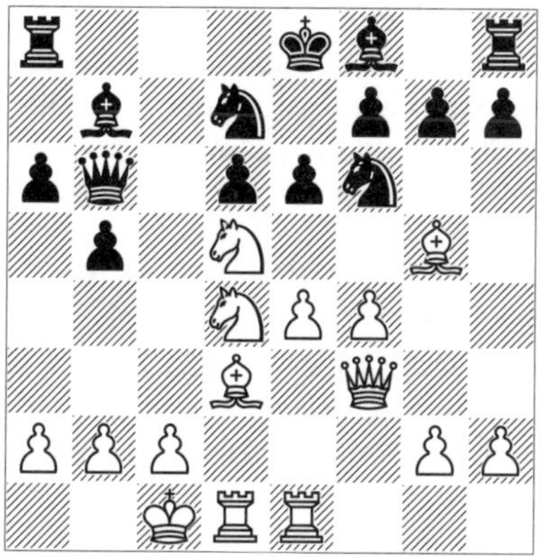

Dieses Opfer ist seit seiner Einführung durch Maja Tschiburdanidse gegen Dwojris im Jahre 1980 oft wiederholt worden. Dabei konzentrierte sich die Aufmerksamkeit hauptsächlich auf 12...♕xd4, aber das Schlagen des Springers d5 kommt auch in Betracht, wie die vorliegende Partie zeigt.

12...exd5 13 ♘c6! dxe4!

Das ist die einzig spielbare Fortsetzung (in der Stammpartie wurde der Nachziehende nach dem schwächeren Zug 13...♗xc6? überzeugend an die Wand gespielt). Weiß behält gefährliche Initiative, aber es ist nicht leicht, den Angriff zum Abschluss zu bringen.

14 ♗xe4 ♘c5 15 ♗xf6 gxf6 16 ♕h3!

Einen Monat vorher folgte in der Partie Blomqvist-Grandelius, Schwedische Meisterschaft, Kungsör 2009, 16 ♗f5+?! ♘e6 17 ♕h5 ♗xc6 18 ♗xe6 ♖a7! 19 ♗d7++?! ♔xd7 20 ♕f5+ ♔c7 21 ♕xf6 ♕f2 22 ♕xh8 ♕xf4+ 23 ♔b1 ♕h6, wonach der Nachziehende seinen Materialvorteil konsolidierte und letztendlich gewann. Eine andere Idee ist 16 ♗d5+ ♔d7 17 ♕h5 ♔c7 18 ♕xf7+ ♘d7 19 ♖d3 ♗xc6 20 ♗xc6 ♕xc6 21 ♖c3 ♕xc3 22 bxc3, aber das ist auch nicht sehr klar.

Dieses Beispiel zeigt, dass auch Weiß genau spielen muss, da seinem Angriff sehr wohl die Puste ausgehen kann, wenn er den falschen Plan wählt. Im Allgemeinen ist die Aufgabe des Verteidigers jedoch schwieriger als die des Angreifers, was auf viele im Grenzbereich liegende Opfer zutrifft. Ein Fehler in der Verteidigung, und die Partie ist gelaufen, während ein Fehler im Angriff in der Regel nur das Gleichgewicht verschiebt und die Hauptschlacht noch auszufechten ist.

16...♘e6

Der einzige Zug.

17 ♗g6! ♔d7 18 ♗xf7 ♔xc6 19 ♕xe6 ♕d8

Nach einer mehr oder weniger erzwungenen Zugfolge hat sich eine unübersichtliche Situation ergeben, in der Weiß bedrohlichen Angriff behält, aber nichts Klares in Sicht ist.

20 ♕e3 ♕d7 21 ♕c3+ ♔b6 22 ♕xf6

S

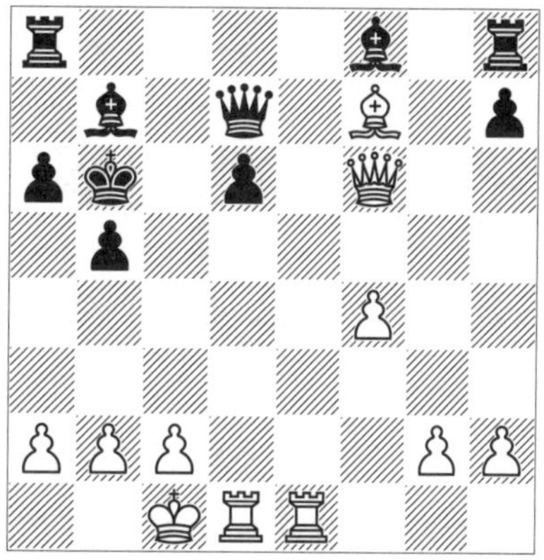

Der Turm auf h8 sitzt in der Falle, daher muss Schwarz etwas Material geben.

22...♗xg2?

Wie so häufig führt der anhaltende Druck auf den Verteidiger letztlich zu einem Fehler. Nach 22...h5! 23 ♗e6 ♗g7 24 ♗xd7 ♗xf6 25 ♖xd6+ ♔c7 26 ♖xf6 ♔xd7 27 ♖f7+ ♔c6 28 ♖ee7 hat Weiß drei Bauern und Initiative für die Figur, aber mit nur einem Freibauern ist es zweifelhaft, ob er reale Gewinnchancen besitzt.

23 ♖g1! ♗c6 24 ♗e6?

Verpasst den klaren Gewinn 24 ♖de1! (droht 25 ♗e6 nebst ♕xh8) 24...d5 (noch schlechter ist 24...♕c7 25 ♗b3) 25 ♗e6 ♕c7 26 ♕xh8 ♕xf4+ 27 ♔b1 mit klarer Mehrqualität für Weiß.

24...♕e7 25 ♕d4+ ♔c7 26 ♖de1 ♗h6 27 ♗d5?

27 ♗g8! ♕h4 28 ♕xh8 ♗xf4+ 29 ♔b1 ♗xh2 30 ♖gf1 gibt Weiß soliden Materialvorteil.

27...♕d7 28 ♗xc6 ♔xc6 29 ♕f6 ♗xf4+ 30 ♕xf4 ♖ae8

Es ist eine materiell ausgeglichene Stellung entstanden, in der Weiß aufgrund des schwachen schwarzen d-Bauern und seiner sichereren Königsstellung etwas Positionsvorteil behält. Weiß konnte am Ende tatsächlich gewinnen (1-0, 63), aber erst nach langem Kampf.

Stellwagen – Naiditsch
Wijk aan Zee 2003

1 e4 c5 2 ♘f3 d6 3 d4 cxd4 4 ♘xd4 ♘f6 5 ♘c3 a6 6 ♗c4 e6 7 ♗b3 b5 8 ♗g5 ♗e7 9 ♕f3 ♕c7 10 e5 ♗b7 11 exd6 ♗xd6 12 ♕e3 h6?

Dieser Zug provoziert Weiß zu einem gefährlichen Opfer auf e6. Korrekt ist 12...♗c5, was den Springer fesselt und somit das Läuferopfer auf e6 verhindert. In diesem Fall wäre die Stellung ungefähr ausgeglichen.

13 ♗xf6 gxf6

W

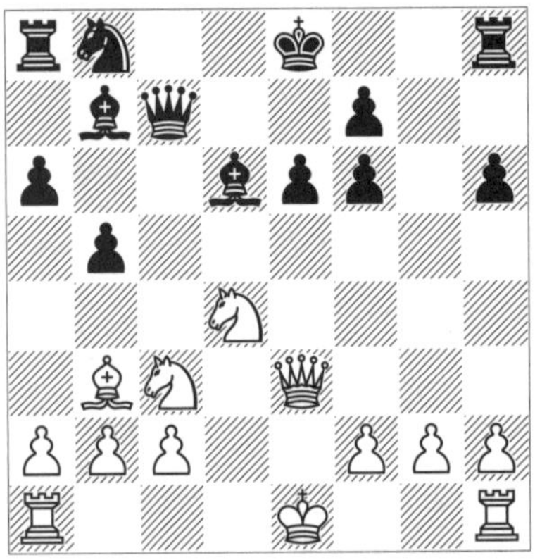

14 ♗xe6!

Das einfache 14 ♘d5 ♗xd5 15 ♗xd5 ♖a7 16 ♗f3 gibt Weiß leichten positionellen Vorteil, aber das Figurenopfer ist viel energischer.

14...fxe6 15 ♘xe6

Ein typisches Ergebnis des Läuferopfers auf e6 ist das Erscheinen eines Springers auf e6, der Schwarz an beiden Rochaden hindert. Wenn Weiß für die Figur zwei Bauern erhält und den Springer auf e6 behaupten kann, ist die Kompensation fast immer ausreichend. Im vorliegenden Fall hat Weiß mehr als genug Kompensation, da seine Türme mehr oder weniger sofort auf die Mittellinien gelangen können.

15...♕e7 16 0-0-0

Die einzige echte Hoffnung von Schwarz besteht darin, durch Besetzung des Feldes e5 mit einer Figur den Springer e6 loszuwerden. In der Partie versucht er es mit dem Läufer, da Weiß im Fall der Überführung des Springers nach e5 mittels 16...♘d7 17 ♖he1 ♘e5 mit 18 ♘e4! ♗xe4 19 ♕xe4 ♖c8 20 ♕d5 ♔d7 21 ♘g7! gefolgt von ♘f5 gewinnt.

16...♔f7 17 ♖he1 ♗e5 18 f4

Das ist gut genug, aber noch besser ist 18 ♘d4 (mit der Drohung 19 f4) 18...♕c7 19 ♕h3, da Schwarz das Eindringen der Dame auf e6 oder h5 nicht verhindern kann.

18...♕xe6 19 fxe5

Der dominante Springer e6 ist verschwunden, aber Weiß hat dank seiner Kontrolle über die Mittellinien und der Drohungen gegen den schwarzen König entscheidenden Vorteil.

19...♕xe5

Nach 19...fxe5 20 ♖f1+ ♔e8 21 ♕c5! (droht ♕c7 oder ♖d6) 21...♘d7 22 ♕c7 ♕c6 23 ♖xd7 ♕xc7 (23...♕xd7 24 ♕xe5+) 24 ♖xc7 ♗xg2 25 ♖e1 hat Weiß einen Bauern mehr und aufgrund seiner aktiven Türme großen positionellen Vorteil.

W

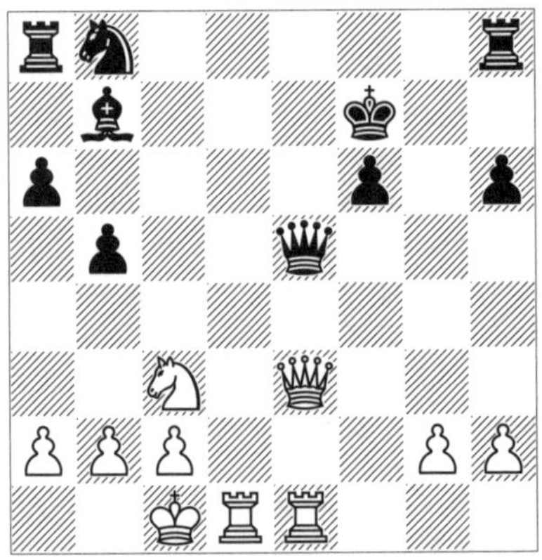

20 ♕b6! ♕f4+ 21 ♔b1 ♗c6 22 g3 ♕f5

Oder 22...♕c4 23 ♕c7+ ♗d7 24 ♕b7 ♕c6 25 ♖xd7+ ♕xd7 26 ♕xa8 mit Gewinn für Weiß.

23 ♕c7+ ♗d7

23...♔g6 verliert wegen 24 ♘e2! h5 25 ♘f4+ ♔h6 26 ♖d6.

24 g4

Sehr gut ist auch sofort 24 ♕b7.

24...♕f3

Nach 24...♕xg4 25 ♕b7 sammelt Weiß den Turm a8 ein.

25 ♘d5 ♖c8 26 ♕d6

Alle weißen Figuren rotten sich gegen den hilflosen schwarzen König zusammen.

26...♗xg4 27 ♖e7+ ♔g6

27...♔f8 28 ♖c7+ ♔g8 29 ♘xf6+ mit schnellem Matt.

28 ♘f4+ ♕xf4 29 ♕xf4 ♗xd1 30 ♕e4+ 1-0

Auf 30...f5 folgt 31 ♖e6+ mit Matt in wenigen Zügen.

Radjabow – Gelfand

Europäische Mannschaftsmeisterschaft,
Göteborg 2005

1 e4 c5 2 ♘f3 d6 3 d4 cxd4 4 ♘xd4 ♘f6 5 ♘c3 a6 6 ♗g5 e6 7 f4 ♘bd7 8 ♗c4 ♕b6 9 ♕d2 ♕xb2 10 ♖b1 ♕a3

W

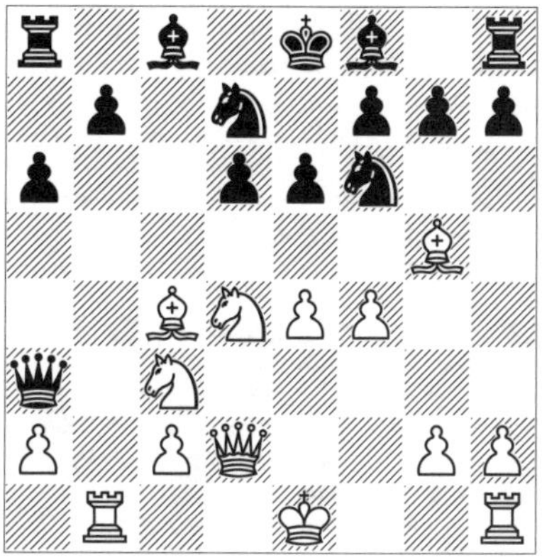

In dieser Version der Bauernraubvariante (mit den zusätzlichen Zügen ♗c4 und ...♘bd7) hat Weiß das Problem, dass das natürliche 11 0-0? nach 11...♕c5 eine Figur verliert. Sein Spiel lässt sich nur durch das Opfer des Läufers auf e6 rechtfertigen, das aber nicht besonders klar ist.

11 ♗xe6 fxe6 12 ♘xe6 ♔f7

Der einfache Weg, die Drohung ♘c7+ zu parieren.

13 f5

Dieses Läuferopfer auf e6 ist weit weniger klar als im vorhergehenden Beispiel. Momentan hat Weiß nur einen Bauern für die Figur, und es gibt keine zum schwarzen König führenden offenen Linien. Trotzdem gibt der dominante Springer auf e6 dem Anziehenden fast zufriedenstellendes Spiel für die Figur. Schwarz könnte leicht in Panik geraten und sich von der weißen Initiative überwältigen lassen. Gelfands sorgfältige Verteidigung ist ein Musterbeispiel für die Behandlung derartiger Stellungen. Er achtet darauf, Weiß keine taktischen Möglichkeiten zu geben, und bringt nach und nach seine Figuren heraus, auch wenn er dabei einen Bauern hergeben muss.

13...♕a5

Ein vorsichtiger und flexibler Zug, der die Dame von dem anfälligen Feld a3 entfernt und zugleich die Felder c7 und d8 deckt. Primitive Versuche zur Entfernung des Springers e6 funktionieren nicht; so gibt z. B. 13...♘c5?! 14 0-0 ♘xe6? 15 fxe6+ ♗xe6 16 ♖xb7+ ♗e7 17 ♘d5 Weiß gewinnbringenden Angriff.

14 0-0 b5

Bereitet die Entwicklung des Läufers nach b7 vor.

15 a4 ♗b7!

Schwarz ist zur Aufgabe eines Bauern bereit, um seine Damenflügelfiguren ins Spiel zu bringen.

16 axb5 ♖c8 17 bxa6 ♗xa6 18 ♖f3 ♗e7

Schwarz aktiviert langsam, aber sicher seine Figuren.

19 ♖g3 ♖hg8

Die Stellung ist schon nebenlösig, da auch 19...♖xc3 20 ♕xc3 ♕xc3 21 ♖xc3 ♘xe4 22 ♖c6 ♘xg5 23 ♘xg5+ ♗xg5 24 ♖xa6 ♗e7 etwas besser für Schwarz ist.

20 ♕e1

S

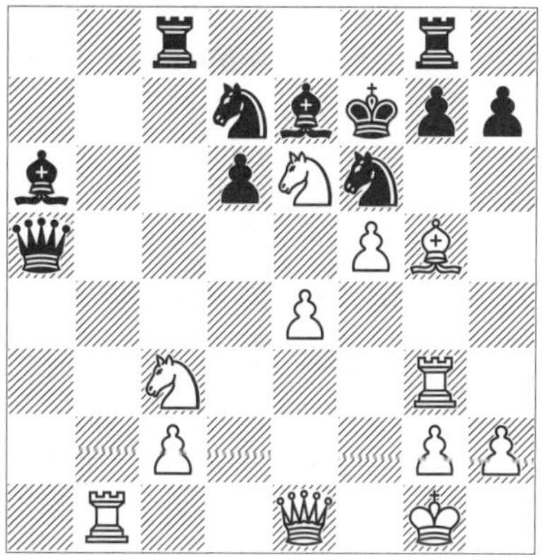

20...♗c4!

Mit diesem Zug soll der Springer e6 beseitigt werden, selbst wenn der schwarze König dadurch in die Brettmitte gezogen wird.

21 ♖a1

Auch 21 ♗d2 ♗xe6 22 fxe6+ ♔xe6 23 ♘b5 ♕b6+ 24 ♗e3 ♕a6 25 ♗f2 ♖c4 ist günstig für Schwarz.

21...♕b6+ 22 ♗e3 ♕c6

Nun hat Weiß Probleme, Kompensation für die Figur zu finden. Schwarz hat alle seine Figuren entwickelt und steht bereit, den stolzen weißen Springer zu eliminieren.

23 ♘d4 ♕c7 24 ♘f3

Weiß hat mit seiner wichtigsten Errungenschaft den Rücktritt antreten müssen; nun kann Schwarz seinen Materialvorteil konsolidieren.

24...♖ge8 25 ♖a7 ♕b8 26 ♗d4 ♗f8 27 ♕c1 ♖c7 28 ♖a5 ♔g8

Die Krönung der Verteidigung. Der Nachziehende bringt seinen König schließlich in Sicherheit und steht nun bereit, die Initiative zu übernehmen.

29 ♕g5 ♘xe4 30 ♘xe4 ♕b1+ 31 ♔f2 ♕f1+ 0-1

45 Springeropfer auf f5 im Sizilianer

Das Springeropfer auf f5 kommt fast ausschließlich im Sizilianer vor. Für die Figur erhält Weiß in der Regel einen Bauern, etwas Zeit und eine offene Linie. Im Vergleich zu anderen Figurenopfern im Sizilianer ist die Kompensation, die Weiß nach dem Opfer auf f5 erhält, oft langfristigerer Natur.

Asarow – Jobawa

Europapokal für Vereinsmannschaften, Kemer 2007

1 e4 c5 2 ♘f3 d6 3 d4 cxd4 4 ♘xd4 ♘f6 5 ♘c3 ♘c6 6 ♗c4 e6 7 ♗e3 ♗e7 8 ♕e2 a6 9 0-0-0 ♕c7 10 ♗b3 ♘a5 11 g4 b5 12 g5 ♘xb3+ 13 axb3 ♘d7

W

14 ♘f5!?

Diese Idee ist schon seit den 1960er Jahren bekannt. Sie soll zwar laut Theorie Weiß keinen Vorteil einbringen, ist aber in den Händen eines Angriffsspielers nach wie vor eine gefährliche Waffe, wie die vorliegende Partie belegt.

14...exf5 15 ♘d5 ♕d8 16 exf5 ♗b7

Schwarz muss den fulminanten Springer d5 schleunigst beseitigen. Falsch ist 16...0-0? wegen 17 f6 gxf6 18 gxf6 ♗xf6 19 ♘xf6+ ♕xf6 20 f4, wonach vernichtend ♗d4 folgt.

17 f6 gxf6 18 ♖he1 ♗xd5 19 ♖xd5

Auf den ersten Blick kann Weiß kaum genug für die Figur haben, insbesondere da er noch nicht einmal einen Bauern dafür bekommen hat. In der Praxis hat er jedoch aus dieser Stellung heraus eine Punktausbeute von etwas mehr als 50% erzielt, und selbst die Theorie ist der Meinung, dass Weiß jedenfalls nicht schlechter stehen sollte.

19...♖g8

Sehr wichtig ist, dass 19...0-0? wegen 20 gxf6 ♗xf6 (20...♘xf6 21 ♖g5+ ♔h8 22 ♗d4 ist tödlich) 21 ♖g1+ ♔h8 22 ♖h5 nebst ♖xh7+ verliert. Da Schwarz seinen König so oder so in der Mitte belassen muss, versucht er wenigstens seinen Königsturm zu aktivieren.

20 gxf6

Auch andere Abspiele, wie 20 ♗f4 ♔f8 21 ♕h5, führen zu ungefähr gleichem Spiel.

20...♘xf6 21 ♖f5

S

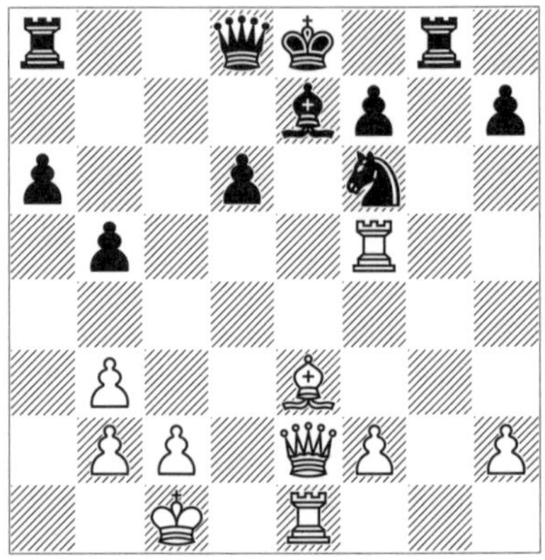

Schwarz muss aufpassen, da Weiß mit 22 ♗b6 zu gewinnen droht.

21...♖g6?

Bereits ein schwerer Fehler. Bessere Verteidigungszüge sind 21...♘g4 und 21...♖b8.

22 ♗b6! ♕d7 23 ♕f3

Durch den Doppelangriff auf a8 und f6 gewinnt Weiß das geopferte Material zurück, wonach Schwarz wegen seiner exponierteren Königsstellung Probleme hat.

23...♖c8?

Nach 23...♖b8 24 ♖xf6 ♖xb6 25 ♕a8+ ♕d8 26 ♖xe7+ ♔xe7 27 ♖xf7+ ♔xf7 28 ♕xd8 hat Weiß definitiven Vorteil, da Schwarz den d-Bauern aufgeben muss, um die Türme zu verbinden, aber dies war trotzdem die beste Chance.

24 ♖xf6

Nun ist Schwarz verloren, da er den weißen Angriff durch nichts kompensieren kann.

24...d5 25 ♖xg6 hxg6 26 ♕f6 ♕b7 27 b4

Mit der tödlichen Drohung ♗c5.

27...♖c4 28 f3 1-0

Verhindert ...♖e4 (wegen ♕h8+ gefolgt von fxe4), wonach es gegen ♗c5 keine Verteidigung gibt.

Das Figurenopfer auf f5 erfolgt in der Regel, wenn der gegnerische König noch in der Mitte steht, was aber nicht immer der Fall ist. Man sollte flexibel sein und immer daran denken, dass Standardopfer auch in ungewöhnlichen Situationen vorkommen können.

W

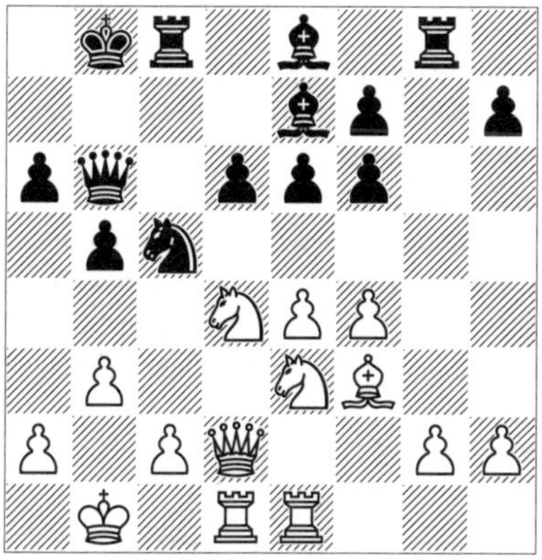

Wolokitin – Newednitschi
Slowenische Mannschaftsmeisterschaft, Murska Sobota 2006

In dieser typischen Sizilianisch-Stellung steht der schwarze König etwas exponiert, aber die solide schwarze Zentrumsbauernstruktur scheint die weißen Kräfte im Zaum halten zu können. Bestimmte Faktoren sind jedoch für Weiß günstig, insbesondere der auf den schwarzen Damenflügel gerichtete Läufer f3 und die zentralisierten weißen Türme, die im Fall einer Öffnung des Zentrums gut stünden. Durch ein Figurenopfer kann Weiß sowohl die geringfügige Wackligkeit der schwarzen Verteidigung als auch die latenten Vorteile seiner eigenen Stellung ausnutzen.

21 ♘df5!

Dieses überraschende Opfer aktiviert die weißen Figuren und führt zu gefährlichem Angriff.

21...exf5

Wegen des Doppelangriffs auf e7 und d6 muss Schwarz das Geschenk annehmen.

22 ♘d5 ♕a7 23 exf5

Genau wie im vorigen Beispiel bilden der dominante Springer d5 und der Druck auf der e-Linie wichtige Komponenten der weißen Kompensation.

23...♗d8

Bis hierher waren die Züge des Schwarzen erzwungen, aber wie soll Weiß nun den Angriff fortsetzen?

24 ♘xf6!

Das ist die Schlüsselidee: Weiß schnappt sich einen dritten Bauern für die Figur und öffnet zugleich die d-Linie für seinen anderen Turm.

24...♗xf6 25 ♕xd6+ ♕c7 26 ♕xf6

Wenn Schwarz nicht rasch etwas unternimmt, wird er ganz bestimmt verlieren, da sich der Läufer f3 und die Möglichkeiten ♖e7 und ♖d6 als entscheidend erweisen werden, wenn Weiß auch nur ein Tempo zur Verfolgung seines Angriffs erhält.

26...♗d7?

Zu langsam. Der einzige Zug ist 26...♘d7 mit Angriff auf die Dame und den Bauern c2. Dann ergibt 27 ♕d6 (nach 27 ♕b2 ♘c5 hat Weiß nichts Besseres, als nach f6 zurückzukehren, da er mit der Dame auf dem passiven Feld b2 den Angriff nicht zum Abschluss bringen können wird) 27...♘c5 28 ♕xc7+ ♖xc7 29 ♖d8+ ♖c8 30 ♖d6 klaren Endspielvorteil für Weiß dank seiner drei gesunden Bauern und starken Initiative für die Figur, aber wenigstens kann Schwarz noch weiterspielen.

27 ♖d6?

Übersieht überraschenderweise den klaren Gewinn mit 27 ♖e7!, wonach Schwarz nicht seine Bauern auf der siebten Reihe verteidigen und der Drohungen am Damenflügel Herr werden kann; so verliert etwa 27...♖gf8 wegen 28 ♕d4 ♖cd8 29 ♕d5. Nach dem Fall des f- und h-Bauern wird Weiß sage und schreibe fünf Bauern für die Figur haben.

S

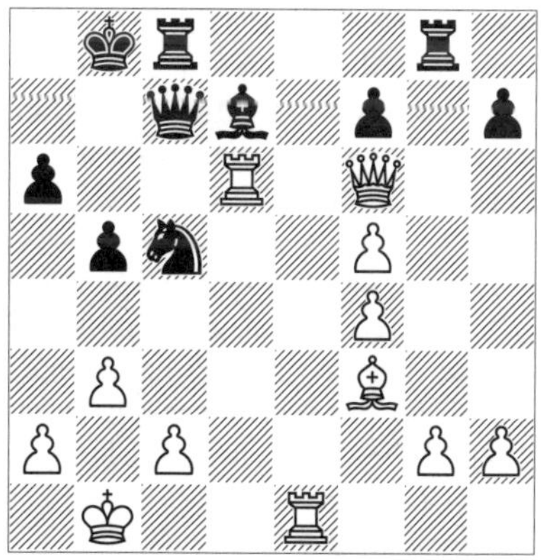

27...♘b7?

Selbstmord. Der einzige Zug ist 27...♗e6!, wonach Weiß nichts Besseres hat, als mit 28 ♖ed1 ♘b7 29 ♖c6 ♕xf4 30 ♖b6 ♖c7 31 ♖xb7+ ♖xb7 32 ♗xb7 ♔xb7 33 ♕e7+ ♕c7 34 ♕xc7+ ♔xc7 35 fxe6 fxe6 36 g3 in ein Turmendspiel mit einem Mehrbauern überzugehen. Das sollte vielleicht gewonnen sein, sieht aber nicht so einfach aus; zumindest hätte der Nachziehende noch kämpfen können.

28 ♖xd7 1-0

28...♕xd7 29 ♖e7 ist katastrophal.

Viele Opfer können mit beiden Farben gespielt werden, aber das Qualitätsopfer ...♖xc3 wird mit überwältigender Mehrheit von Schwarz im Sizilianer gebracht. In einigen Fällen verfolgt es rein positionelle Ziele, aber in diesem Abschnitt untersuchen wir die Situation, in der Weiß lang rochiert hat und das Opfer zu einem direkten Angriff auf den weißen König führt.

W

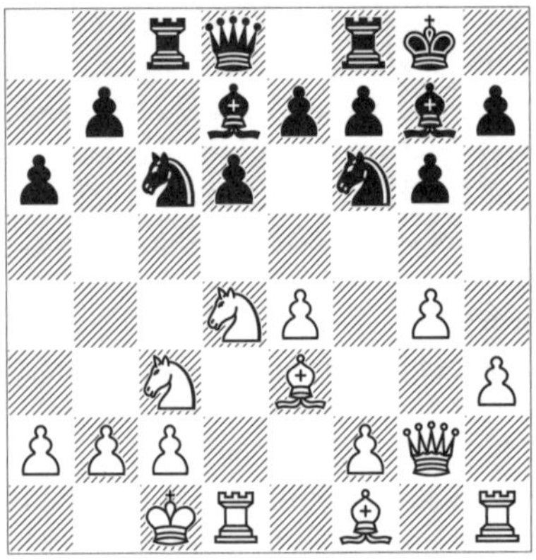

Abergel – Negi
Cappelle la Grande 2010

In dieser Konturen des Sizilianischen Drachen aufweisenden Stellung hat der Anziehende seine Dame ziemlich exzentrisch nach g2 gestellt. Durch die Abseitsstellung der Dame gewinnt ein mögliches Qualitätsopfer auf c3 sehr an Kraft und stellt bereits eine Gefahr dar.

12 ♗e2?

Weiß ignoriert die Drohung und gerät sofort in eine kritische Lage. Es gab zwar keine wirklich verlockenden Züge, aber Weiß hätte wenigstens 12 ♘b3 versuchen können, um die Art von Katastrophe, wie sie in der Partie vorkommt, zu vermeiden.

12...♘xd4 13 ♗xd4

13 ♖xd4 ♕a5 ist sehr unangenehm für Weiß.

13...e5!

Die Pointe. Durch Vertreibung des Läufers von d4 bereitet Schwarz das Qualitätsopfer auf c3 vor. Trotz der Verstellung des Drachenläufers durch den Bauern e5 erhält Schwarz für sein Opfer ausgezeichnetes Spiel.

14 ♗e3 ♖xc3 15 bxc3 ♕a5

Es ist bereits ersichtlich, dass Weiß in großen Schwierigkeiten steckt. Die Bauern c3 und a2 sind angegriffen, und nach 16 ♔b2 ♖c8 17 ♗d2 ♗e6 18 c4 ♕b6+ 19 ♔c1 (auch 19 ♔a1 ♗xc4 20 ♗xc4 ♖xc4 ist katastrophal) 19...♕c6 20 ♕f3 (sonst gewinnt ...♗xc4) 20...♘xe4 ist die weiße Stellung ein totales Wrack.

16 g5

Vertreibt den Springer von f6, so dass er wenigstens nicht später auf e4 schlagen kann, wie in der vorigen Variante.

16...♘h5

Weiß ist mehr oder weniger zum Schlagen des Springers gezwungen, da dieser sonst nach f4 gehen kann, aber damit verschwindet eine der wenigen Figuren, mit denen Weiß den Damenflügel abstützen kann.

17 ♗xh5 gxh5

W

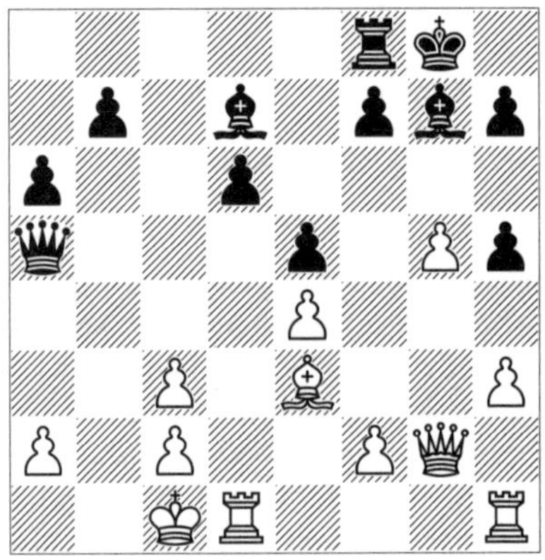

18 ♕f1

Ein ziemlich verzweifelter Versuch, die Dame wieder in den Kampf einzuschalten. 18 ♔b2 ♖c8 19 ♗d2 ♗e6 20 ♖a1 verteidigt vorübergehend alles, aber nach 20...d5 21 a4 b5 22 ♔c1 bxa4 wird Weiß nicht lange überleben.

18...♖c8 19 c4 ♗e6 20 ♕d3

Auch 20 c5 dxc5 21 ♕d3 c4 22 ♕d6 c3 ist hoffnungslos für Weiß.

20...♗xc4 21 ♕xd6

Die Dame hat sonst keine Felder, aber nun kann der schwarzfeldrige Läufer über f8 wieder ins Spiel kommen.

21...♕xa2 22 ♕d7 ♕a3+ 23 ♔d2 ♕a5+ 24 ♔c1 ♗e6 25 ♕xb7 ♗f8

Alle schwarzen Figuren sind auf den weißen König gerichtet. Weiß hat keine Chance.

26 ♖he1 ♗b4 0-1

Die Mattdrohung auf a1 ist nicht vernünftig abzuwehren.

Die beste Chance des Weißen nach dem Qualitätsopfer auf c3 besteht häufig darin, selbst aktives Spiel zu entwickeln, da die langfristigen Chancen in der Regel für Schwarz günstig sind.

S

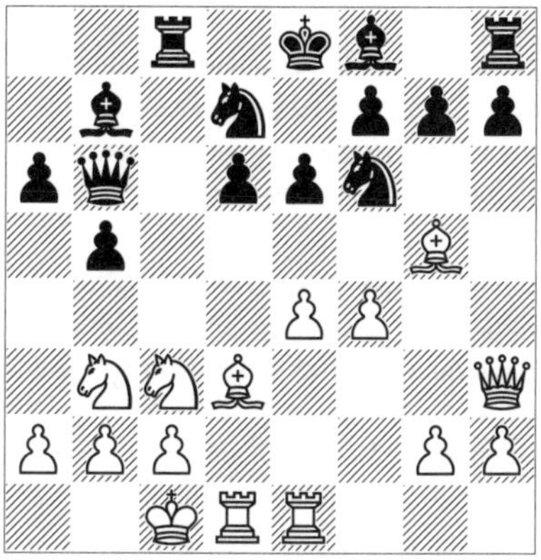

Schirow – Anand
Morelia/Linares 2008

13...♖xc3!?

Dies ist ein Grenzfall. Objektiv ist das Opfer in dieser Stellung vielleicht nicht ganz korrekt. Es stellt Weiß indes vor unangenehme Probleme, und es ist immer schwer, als Anziehender in einem so frühen Partiestadium in die Defensive gedrängt zu werden.

14 bxc3 ♕c7 15 ♔b1 ♗e7

Der Entwicklung gebührt Vorrang. Der Bauernraub 15...♕xc3? ist ein schwerer Fehler, da der Anziehende nach 16 e5 dxe5 (16...♘d5 17 f5 ist auch nicht besser) 17 ♗xf6 gxf6 18 ♗xb5! gewinnt.

16 e5!

Schirow erkennt die Gefahr: Wenn Schwarz mit ...e5, ...0-0 und ...♖c8 seine Entwicklung beenden kann, wird Weiß kein aktives Spiel haben, während die schwarze Initiative am Damenflügel weiter anschwellen wird. Er beschließt daher, selbst aktiv zu werden.

16...dxe5 17 f5?

Verpasst die beste Variante 17 fxe5! ♘d5 18 ♗xe7 ♔xe7 (nach 18...♘xc3+ 19 ♔a1 ♘xd1 20 ♗b4 steckt der schwarze König in der Mitte fest) 19 ♖d2 ♘xe5 20 ♕g3 ♘xd3 21 ♕xc7+ ♘xc7 22 cxd3 mit etwas Vorteil für Weiß im Endspiel, das allerdings schwer zu gewinnen ist.

17...♘d5

Beide Seiten haben Angriffschancen gegen den feindlichen König. Es entspinnt sich ein ungefähr ausgeglichener Kampf.

18 ♗xe7 ♔xe7 19 fxe6 fxe6?!

Dieses automatische Schlagen ist falsch. Mit 19...♘xc3+! 20 ♔c1 (20 ♔a1 verliert wegen der Replik 20...♘xd1! mit der Mattdrohung ...♕c3+) 20...♘f6 21 ♖d2 e4! kann Schwarz die Initiative übernehmen.

20 ♕g3 g6

Nun kann 20...♘xc3+ mit 21 ♔a1 beantwortet werden, da g7 mit Schach hängt.

21 ♖d2 ♖c8 22 ♕g5+

Es gibt viele Varianten, die zu Dauerschach führen, wie 22 ♕h4+ ♘7f6 23 ♖f2 e4 24 ♗xe4 ♘xc3+ 25 ♔c1 ♕e5! 26 ♖xf6! ♘xa2+ 27 ♔b1 ♘c3+ 28 ♔c1.

22...♔e8

W

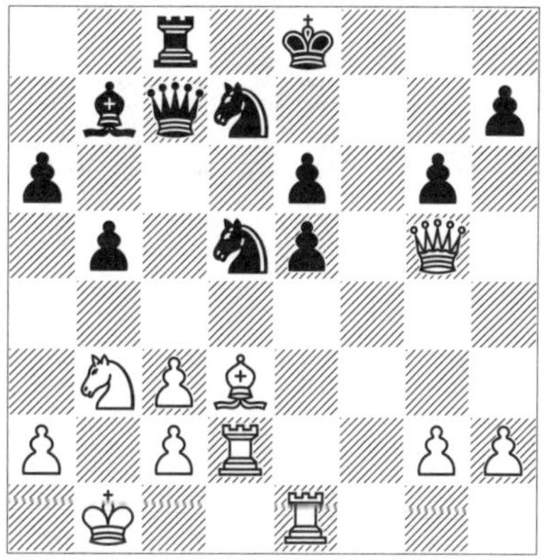

23 ♕g4?

Greift den Bauern e6 an, der aber unter Tempogewinn gedeckt werden kann. 23 ♕h6 oder 23 ♕h4 wahrt die Balance.

23...♘xc3+ 24 ♔a1 ♗d5

Dies konsolidiert unerwarteterweise die Stellung des Schwarzen und droht ...♕d6 gefolgt von ...♕a3.

25 ♖e3

Hübsch ist die Variante 25 ♕b4 a5 26 ♕xa5? ♖a8!.

25...♘f6 26 ♕h4 ♕e7

Noch stärker ist die Fortsetzung 26...♕g7!, um nach ...e4 Drohungen auf der langen Diagonale aufzustellen.

27 ♗f1?

Das verliert sofort, aber auch 27 ♕g3 e4 28 ♗e2 b4 gibt Weiß keine echten Rettungschancen, da es seinen Figuren an jeglicher Aktivität mangelt.

27...♗xb3 28 cxb3 ♘ce4! 29 ♖b2

29 ♖xe4 ♕a3 30 ♗d3 ♘xe4 31 ♕xe4 ♕c1+ ist für Schwarz gewonnen.

29...♖c1+ 30 ♖b1 ♕c5 0-1

Wenn die Könige auf entgegengesetzten Flügeln stehen, werden sie oft durch Bauernvorstöße angegriffen. Diese Strategie wäre normalerweise zu riskant, wenn die Könige auf dem gleichen Flügel stünden.

Iwantschuk – Gelfand

Amber-Turnier, Schnellpartie, Nizza 2010

1 e4 e5 2 ♘f3 ♘f6 3 ♘xe5 d6 4 ♘f3 ♘xe4 5 ♘c3 ♘xc3 6 dxc3 ♗e7 7 ♗e3 0-0 8 ♕d2 ♘d7 9 0-0-0 ♖e8 10 h4

S

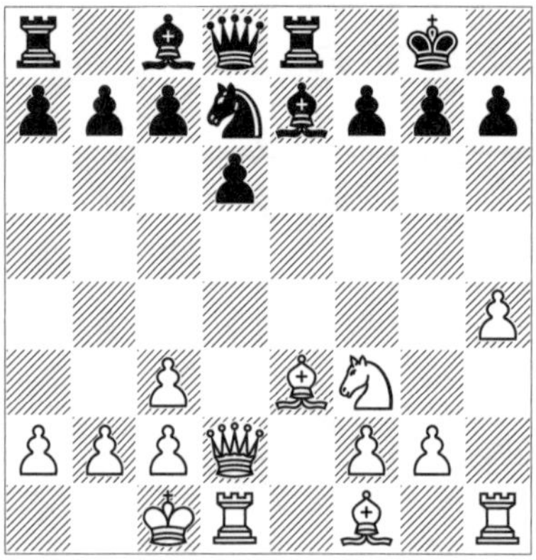

10...c6 11 ♔b1 ♕a5?!

Dies sieht zweifelhaft aus, da Weiß schon freiwillig ♔b1 gespielt hat. Logischer erscheint 11...♘f6, um den Läufer c8 zu befreien.

12 h5 h6

Schwarz verhindert das Vorrücken des weißen Bauern nach h6, das eine permanente Mattgefahr darstellen würde.

13 ♗d3 ♗f8 14 g4!

Weiß wirft einen zweiten Bauern nach vorne. Für Angriffe bei entgegengesetzten Rochaden ist typisch, dass der Angreifer seine Türme leicht hinter den vorrückenden Bauern postieren kann. Hier steht der Turm h1 bereits goldrichtig, und der andere Turm kann jeden Augenblick nach g1 schwenken.

14...♘f6?!

Eine bessere Verteidigung ist 14...♘b6, wenngleich Weiß nach 15 ♘d4 ♘d5 16 c4 ♕xd2 17 ♗xd2 ♘f6 18 f3 etwas Vorteil hat.

15 g5 ♗e6

Dies ist auf den ersten Blick unangenehm für Weiß, da er nicht mit 16 c4 Damentausch zulassen will und 16 b3? offensichtlich wegen 16...♘d5 schlecht ist.

16 a3!

Problematisch ist an diesem Zug scheinbar, dass Schwarz mit ...♕d5 den Springer angreifen und Matt in zwei Zügen drohen kann, aber Weiß hat alles genau berechnet.

16...♘g4

Die beste Chance, da das sofortige 16...♕d5 17 c4 ♕xf3 18 gxf6 ♕xf6 19 ♗d4 ♕f3 20 ♖dg1 dem Anziehenden für den Bauern gewaltigen Angriff gibt.

17 gxh6 ♕d5 18 ♕e2!

Weiß pariert die Mattdrohung und verteidigt zugleich den angegriffenen Springer. Es stellt sich heraus, dass das Eindringen der schwarzen Dame auf a2 und a1 nicht viel einbringt.

18...♕a2+ 19 ♔c1 ♕a1+ 20 ♔d2 ♕xb2 21 ♖dg1

S

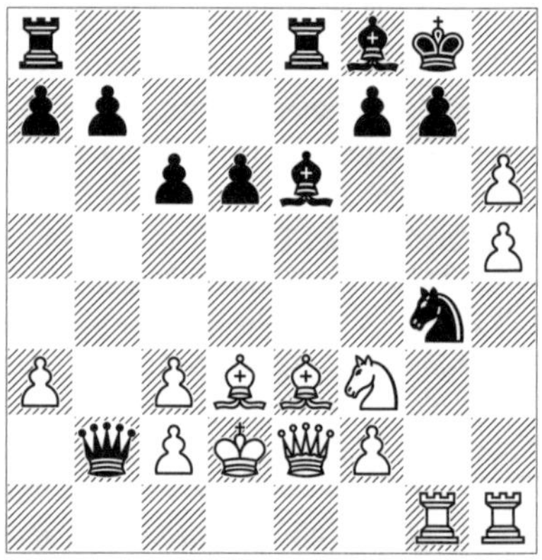

Mit der tödlichen Drohung 22 ♘d4 (oder 22 ♘h4). Der weiße Bauernangriff hat sich als effektiver erwiesen als der schwarze Figurenangriff.

21...♗d7

21...c5 verhindert ♘d4, aber dann gewinnt Weiß mit 22 ♘g5! ♘xh6 23 ♘xe6 ♖xe6 24 ♖b1 ♕xa3 25 ♖a1 und 26 ♖hb1 mit Damenfang.

22 ♖xg4! ♗xg4 23 ♘g5

Droht Matt durch 24 h7+ ♔h8 25 ♘xf7#.

23...♗e6 24 ♗d4 ♕a2 25 ♖g1

Die gesamte weiße Streitmacht beteiligt sich am Angriff. Schwarz hat keine Chance.

25...c5 26 ♗h7+ ♔h8 27 hxg7+ ♗xg7 28 ♘xf7+ ♗xf7 29 ♗xg7+ ♔xh7 30 ♕d3+ ♔g8 31 ♗f6+ ♔f8 32 ♕xd6+ 1-0

Sax – Gallagher

Mitropa-Cup, Baden 1999

1 e4 c5 2 ♘f3 d6 3 d4 cxd4 4 ♘xd4 ♘f6 5 ♘c3 a6 6 f3 e5 7 ♘b3 ♗e6 8 ♗e3 ♗e7 9 ♕d2 0-0 10 0-0-0 b5

Heutzutage ist 10...♘bd7 am populärsten.

11 g4 b4

W

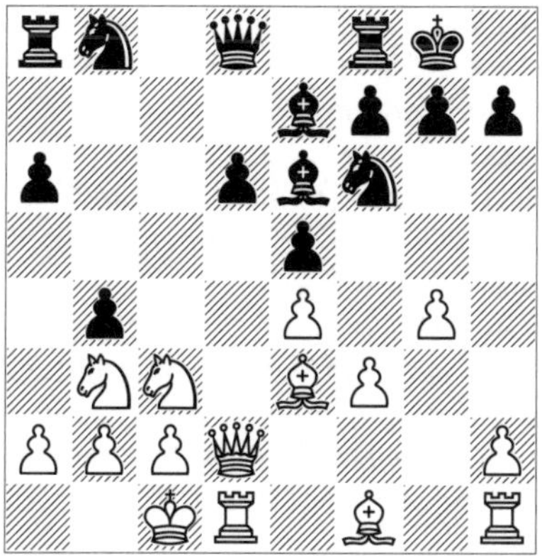

In dieser Partie greifen beide Seiten mit ihren Bauern an, was bei entgegengesetzten Rochaden häufig der Fall ist. Der Ausgang der Partie hängt davon ab, wessen Bauern zuerst Feindberührung bekommen, aber auch davon, welche Seite die von den vorgerückten Bauern in die gegnerische Rochadestellung gerissenen Löcher am besten ausnutzen kann.

12 ♘d5 ♗xd5 13 exd5 a5 14 ♔b1 ♕c7

Schwarz beeilt sich nicht mit ...a4, sondern entwickelt zunächst einige Figuren. Das sofortige 14...a4 ist weniger flexibel, da Schwarz nach 15 ♘c1 mit 15...♕a5 den Bauern b4 verteidigen muss.

15 g5

Aussichtsreich ist die Fortsetzung 15 ♘c5!. Dann gibt 15...dxc5 16 d6 ♕xd6 17 ♕xd6 ♗xd6 18 ♖xd6 Weiß vorzügliches Spiel für den Bauern, während nach 15...a4 16 g5 ♘h5 17 ♘e4 der weiße Springer viel aktiver steht.

15...♘fd7 16 h4 ♘b6 17 h5 a4 18 ♘c1 ♘c4 19 ♗xc4 ♕xc4 20 g6

Die weißen Bauern kommen zuerst an, erfahren aber zunächst noch wenig Unterstützung durch die eigenen Figuren.

20...♘d7 21 gxh7+ ♔h8 22 ♖hg1 b3

Nun ist Schwarz an der Reihe.

23 axb3?

Kritisch ist das Abspiel 23 cxb3 axb3 24 ♘xb3, wonach Schwarz zwar Angriffschancen auf den offenen Linien am Damenflügel hat, es aber nicht klar ist, ob er das Bauernopfer rechtfertigen kann.

23...axb3 24 ♘xb3 ♕a4

Da nun dreizügig Matt droht, eröffnet Weiß seinem König einen Fluchtweg. Sein Problem besteht darin, dass sein Angriff auf einer engeren Front abläuft als der schwarze, da nur die g-Linie für Angriffszwecke verfügbar ist.

25 ♕g2 ♗f6

Da der Anziehende nur mit Dame und Turm angreift, kann Schwarz die Mattdrohung auf g7 leicht parieren. Der schwarze Angriff ist flexibler, da sich seine Figuren leichter daran beteiligen können.

26 ♗g5?

Der offensichtlichste Versuch, aber nun kann Schwarz forciert gewinnen. Besser ist 26 ♔c1, aber 26...♖fc8 ist immer noch sehr aussichtsreich für Schwarz.

S

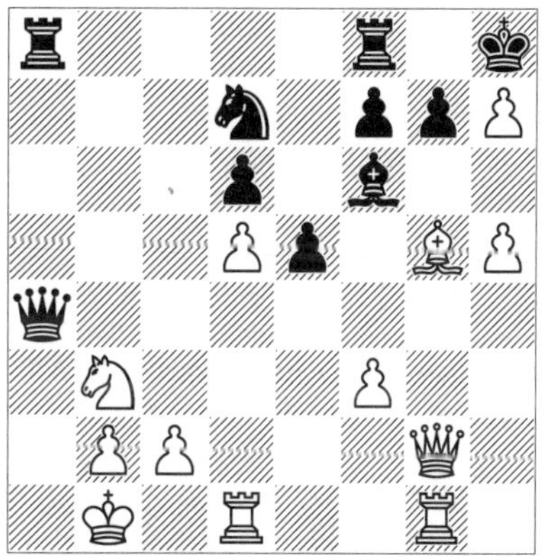

26...♘c5!

Der schwarze Angriff ist ein Tempo schneller als der weiße.

27 ♗xf6

Auch nach 27 h6 ♖fc8 gewinnt Schwarz.

27...♕a2+ 28 ♔c1 ♘xb3+ 29 cxb3 ♖fc8+ 30 ♔d2 ♕a5+!

Verkehrt ist 30...♕xb2+?, da Schwarz nach 31 ♔e1 die Damen tauschen muss, damit er nicht matt gesetzt wird.

31 ♔e3 ♕b6+ 32 ♔e2

32 ♔d2 ♕b4+ 33 ♔e3 ♕f4+ 34 ♔d3 ♕d4+ ist für Schwarz gewonnen.

32...♖c2+ 33 ♖d2 ♖xd2+ 34 ♔xd2 ♕d4+ 0-1

Der weiße König wird schnell zur Strecke gebracht: 35 ♔c2 ♖c8+ 36 ♔b1 ♕d3+ 37 ♔a2 ♖a8# oder 35 ♔e2 ♕xb2+ 36 ♔d3 ♕d4+ 37 ♔e2 ♖a2+ 38 ♔f1 ♕a1#.

Scharijasdanow – Petuchow
Russische Mannschaftsmeisterschaft, Sotschi 2004

1 c4 c6 2 e4 d5 3 exd5 cxd5 4 d4 ♘f6 5 ♘c3 e6 6 ♘f3 ♗e7 7 cxd5 ♘xd5 8 ♗d3 ♘c6 9 0-0 0-0 10 ♖e1 ♘cb4?!

Schwarz sollte sich nicht so früh auf diesen Zug festlegen, da Weiß nun ungestört ♘e5 spielen kann. Flexiblere Alternativen sind 10...♗f6 und 10...♘f6.

11 ♗b1 ♘f6 12 ♘e5 ♗d7

Weiß hat gute Aussichten auf einen gefährlichen Angriff, wird aber ohne weitere Verstärkungen wohl nicht durchbrechen können. Da momentan kein schwarzer Springer auf d5 steht, ergibt sich die Möglichkeit eines Turmschwenks über e3 nach g3 oder h3. Es sei betont, dass ein derartiges Manöver Risiken in sich birgt: Im Fall eines Scheiterns des Angriffs wird der Turm schlecht stehen. In diesem Fall überwiegen die Vorteile jedoch die Risiken.

13 ♗g5

Genauer erscheint 13 ♖e3! gefolgt von ♖g3, da Schwarz in einigen Varianten ohne die Provokation ♗g5 den Zug ...g6 spielen muss, wonach der Läufer dann unter Einsparung eines Tempos direkt nach h6 gehen könnte.

S

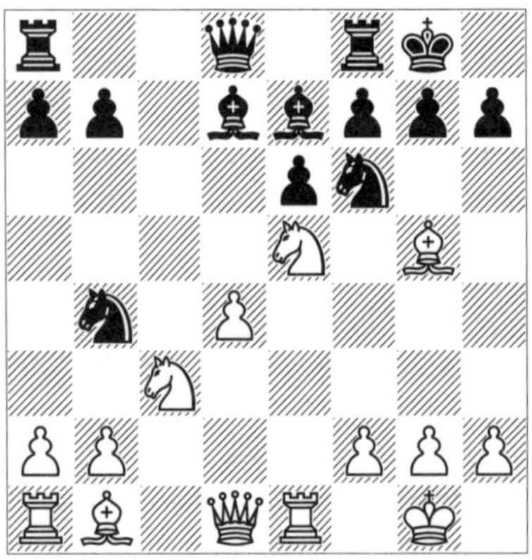

13...♖c8?

Dieser automatische Zug ist zu sorglos und lässt Weiß freie Hand. Eine erfolgreiche Verteidigung steht und fällt oft damit, dass man die Gefahr früh genug erkennt. Angezeigt ist 13...♗c6 14 ♖e3 g6 15 ♖g3 ♘d7! 16 ♗h6 ♘xe5 (erzwungen, da Weiß sonst ganz wie in der Partie auf g6 durchbricht) 17 ♗xf8 ♔xf8 18 dxe5 ♕xd1+ 19 ♘xd1 ♖d8 20 ♘c3 ♖d2, wonach Schwarz noch einen Bauern für die Qualität bekommen wird und seine aktiven Figuren ausreichende Kompensation für das kleine materielle Defizit gewähren.

14 ♖e3! g6

Das ist kaum zu umgehen, da etwa 14...♗c6?, wegen 15 ♗xf6 ♗xf6 16 ♗xh7+ ♔xh7 17 ♕h5+ ♔g8 18 ♖h3 verliert.

15 ♖g3 ♗c6

Nach 15...♘c6 16 ♗h6 gewinnt Weiß die Qualität, da auf 16...♖e8? ein Opferdurchbruch auf g6 folgt.

16 ♗h6 ♖e8

Weiß hat nun die Chance, den Nachziehenden mit einem doppelten Figurenopfer auf g6 zu vernichten. Es gibt viele Wege zur Ausführung dieser Kombination, aber nur einer ist absolut tödlich.

17 a3!

17 ♗xg6? hxg6 18 ♕b1 erlaubt 18...♘c2! 19 ♕xc2 ♗e4 20 ♕d1 ♗f5, wonach Schwarz auf Kosten eines Bauern der Katastrophe entronnen ist.

17...♘bd5

W

18 ♗xg6!

Weniger klar ist 18 ♘xg6? hxg6 19 ♗xg6; nach 19...♗d6 20 ♗xf7++ ♔xf7 21 ♖g7+ ♔f8 22 ♘xd5 (22 ♖d7+ ♔g8 23 ♖xd8 ♖exd8 24 ♕f3 ist immer noch günstig für Weiß, aber nicht schlüssig) 22...♗xd5 23 ♕d3 ♗e4 24 ♖g3+ ♔f7 einigte man sich in Filip-Pogats, Budapest 1961, auf Remis.

18...hxg6 19 ♘xg6 fxg6 20 ♕d3 1-0

Nach 20...♘f4 21 ♖xg6+ ♔h8 22 ♗xf4 ♖g8 23 ♕h3+ ♘h7 24 ♗e5+ kann Schwarz die Segel streichen.

W

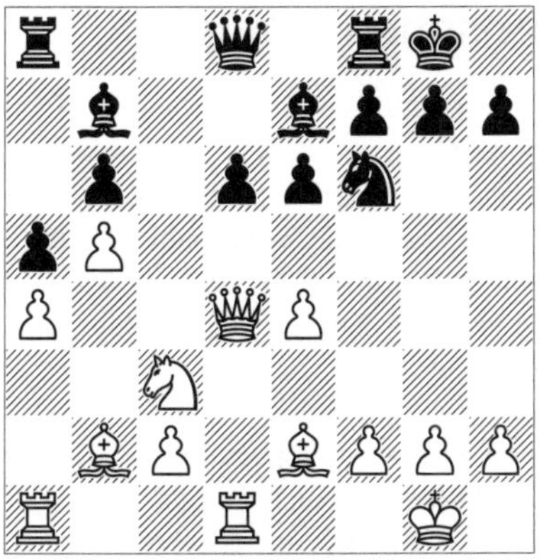

Radulski – Z. Almasi

Europameisterschaft, Plowdiw 2008

Es hat sich eine für die Sizilianische Eröffnung typische Bauernstruktur ergeben, aber mit dem bedeutsamen Unterschied, dass Weiß hier seine Damenflügelbauern vorgerückt hat. Dies kommt dem Schwarzen zugute, da der Bauer c2 nun rückständig ist und die Felder auf der c-Linie schwach sind. Weiß lässt sich durch die Dame-Läufer-Batterie auf der langen Diagonale dazu verleiten, durch Überführung eines Turms nach g3 auf Königsangriff zu spielen. Der Turm wird indes schlecht stehen, wenn Schwarz den Angriff abwehren kann.

15 ♖d3 ♖c8 16 ♖ad1 ♕c7

Schwarz marschiert auf der c-Linie auf.

17 ♖g3?!

Das ist die erste echte Verpflichtung, die Weiß mit seinem Turm auf sich nimmt, und bereits ein Fehler. Weiß sollte sich damit abfinden, dass er nicht auf Vorteil spielen kann, und mit einer ruhigen Fortsetzung wie etwa 17 ♗f3 abwarten.

17...♖fd8

Es wird oft gesagt, dass man auf einen Flügelangriff mit Spiel im Zentrum reagieren soll. Zwar hat jede Regel ihre Ausnahmen, aber diese trifft auf die Mehrzahl der Fälle zu. Nun droht 18...d5! 19 exd5 (19 e5 ♘e4 mit Gewinn für Schwarz) 19...♗xd5 20 ♘xd5 ♖xd5 21 ♕e3 ♖xd1+ 22 ♗xd1 ♖d8 mit starkem Druck. Man beachte, dass dieses Abspiel gerade wegen der Abseitsstellung des Turms g3 so unangenehm für Weiß ist.

18 ♕d2 ♔h8?!

Der Nachziehende verhindert durch Entfesselung des g-Bauern den Damenausflug ♕h6, gibt Weiß mit diesem passiven Zug aber die Chance, das Gleichgewicht zu wahren. Am einfachsten ist der weißen Drohung mit 18...g6! zu begegnen, wonach 19 ♕h6 ♗f8 20 ♕h4 ♗g7 den Königsflügel konsolidiert. Es mag merkwürdig aussehen, mit ...g6 scheinbar die lange Diagonale zu schwächen, aber diese kann stets mit ...e5 geschlossen werden, und es ist wichtiger, die Aktivität des weißen Turms auf der g-Linie einzudämmen.

19 ♗d3

Möglich ist auch 19 ♕g5 ♖g8 20 ♖h3 mit ungefähr gleichem Spiel, da das offensichtliche 20...♕c5?! 21 ♕xc5 ♖xc5?! wegen der Antwort 22 ♗a3 schlecht ist.

19...♕c5!

W

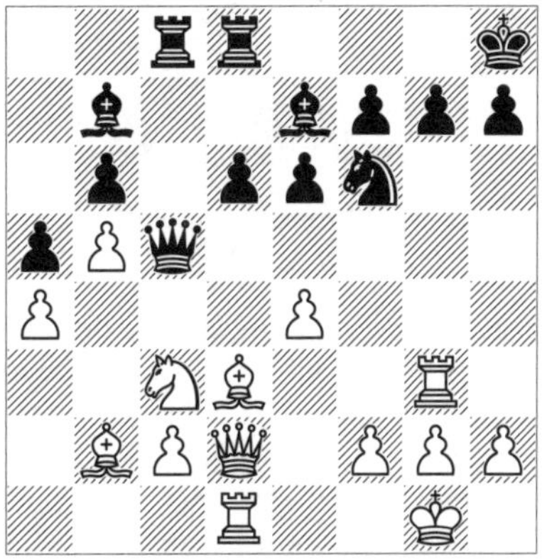

Ein ausgezeichneter Zug, der ♕g5 verhindert. Das Problem des Weißen besteht darin, dass er sich auf einen Angriff festgelegt hat und nicht untätig bleiben darf, da Schwarz sonst seine Stellung stetig verbessert, etwa mit ...♖d7 c7, und die Initiative übernimmt.

20 ♘d5!

Dies ist die beste Chance, da Weiß etwas unternehmen muss.

20...exd5 21 ♕g5?

Das ist die falsche Fortsetzung. Weiß sollte durch 21 exd5! ♕xd5 (21...♗xd5 22 ♕g5 ♖g8 23 ♗xf6 ♗xf6 24 ♕f5 ♗e4 25 ♗xe4 ♕xf5 26 ♗xf5 ist ungefähr ausgeglichen) 22 c4 ♖xc4 23 ♖g5 ♕e6 24 ♗f5 ♕d5 25 ♗d3 mit Zugwiederholung das Remis forcieren.

21...♖g8 22 e5 ♘e4 23 ♕f5 dxe5 24 ♗xe4 dxe4 25 ♖h3

Weiß hat noch einige Drohungen, die aber durch genaues Spiel abgewehrt werden.

25...h6 26 ♗xe5 f6 27 ♕g6 ♖gd8!

Der einzige Zug, aber ein guter. Der weiße Angriff bricht zusammen, da als Konsequenz des obigen Turmschwenks nun Matt auf der Grundreihe droht.

28 ♖xh6+ ♔g8 29 ♕h7+ ♔f8 30 ♖f1 gxh6 31 ♗f4 ♕d5 32 ♗xh6+ ♔e8 0-1

49 Bauernsturm auf den gegnerischen König

W

Van Oosterom – Bang
Fernpartie 2002-04

Bauernvorstöße zur Schwächung des gegnerischen Königsflügels können in überraschenden Situationen vorkommen. Hier sieht 19 d4 natürlich aus, aber nach 19...♘d7 20 ♘f5 ♗f8 ist nicht viel zu holen, da die schwarze Stellung keine echten Schwächen aufweist. Um eine Schwäche zu erzeugen, muss Weiß seine Bauern bemühen.

19 h4!

Dieser Vorstoß ist eben durch die relativ ruhige Lage im Zentrum gerechtfertigt, wegen der Schwarz dort nur schwer Gegenspiel entwickeln kann (so ist beispielsweise ...d5 wegen des weißen Drucks auf e5 schwer durchzusetzen). Dem Bauernvorstoß ist nicht so leicht zu begegnen, da nach h5 die Reaktion ...h6 dem weißen Springer einen schönen Vorposten auf f5 gibt.

19...♗f8 20 h5 b4 21 d4!

Nicht 21 h6 g6 22 d4? wegen 22...exd4 23 cxd4 ♘xe4 24 d5 f5 mit Befestigung des Springers.

21...exd4 22 cxd4 ♘d7

Nun ist 22...♘xe4 23 d5 f5 24 ♘xf5 klar besser für Weiß.

23 d5

Dieser Zug schließt den Springer d8 aus dem Spiel aus. Es ist falsch, zu früh h6 zu spielen, da Schwarz dann nach ...g6 mit ...f5 und ...♘f7 den Springer aktivieren und den Bauern h6 angreifen kann.

23...c6 24 ♗e3 cxd5 25 exd5 ♕b5 26 ♕d4

„Die Drohung ist stärker als ihre Ausführung." Es ist sehr lästig für den Nachziehenden, sich bei jedem Zug über h6 Gedanken machen zu müssen.

26...♘c5?!

Schwarz sollte sich wahrscheinlich zu 26...h6 durchringen, obwohl Weiß nach 27 ♖d1 aufgrund seines Raumvorteils und der Möglichkeit, das Feld f5 mit einem Springer zu besetzen, besser steht.

27 h6

Endlich ist dieser Zug effektiv, da die Schwächung des Feldes f6 nun konkrete Ergebnisse liefert. Die Ausnutzung der Schwäche erfordert jedoch genaues Spiel.

27...g6 28 ♕f6 ♘d7

W

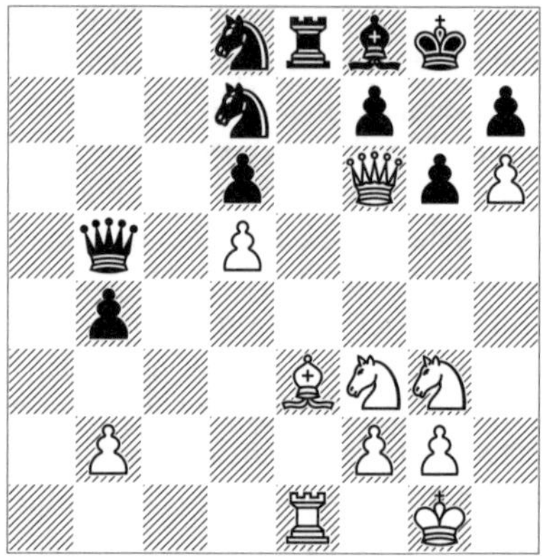

29 ♘e4! ♖e7

29...♘xf6 30 ♘xf6+ ♔h8 31 ♘xe8 ♘e6 32 dxe6 ♕xe8 33 e7! ♗xe7 34 ♗d4+ ♔g8 35 ♗f6 ist für Weiß gewonnen, und 29...♖xe4 30 ♕xd8 ♖e7 31 ♖c1 ist ebenfalls sehr unangenehm für Schwarz.

30 ♖a1!!

Eine spektakuläre Methode zur Ausnutzung des Feldes f6.

30...♕b7

30...♘xf6 31 ♘xf6+ ♔h8 32 ♖a8 ♖e8 (die Fortsetzung 32...♗xh6 33 ♖xd8+ ♔g7 34 ♗d4 ist ebenfalls hoffnungslos für Schwarz) 33 ♗d4 gibt Weiß entscheidenden Angriff.

31 ♕d4

Nun, da ♖a8 nicht mehr geht, muss die Dame den Rückzug antreten, aber das Kind ist bereits in den Brunnen gefallen. Schwarz hat ernsthafte Schwächen am Königsflügel und kann mit den zahlreichen Drohungen wie 32 ♘xd6, 32 ♖a7 und 32 ♗g5 nicht fertigwerden.

31...f5 32 ♘xd6 ♕b8 33 ♗f4 ♕b6 34 ♘c8 1-0

B. Sawtschenko – Nikolenko

Moskauer Meisterschaft 2008

1 e4 e6 2 d4 d5 3 ♘c3 ♘f6 4 e5 ♘fd7 5 f4 c5 6 ♘f3 ♘c6 7 ♗e3 cxd4 8 ♘xd4 ♗c5 9 ♕d3 0-0 10 0-0-0 a6 11 ♔b1

S

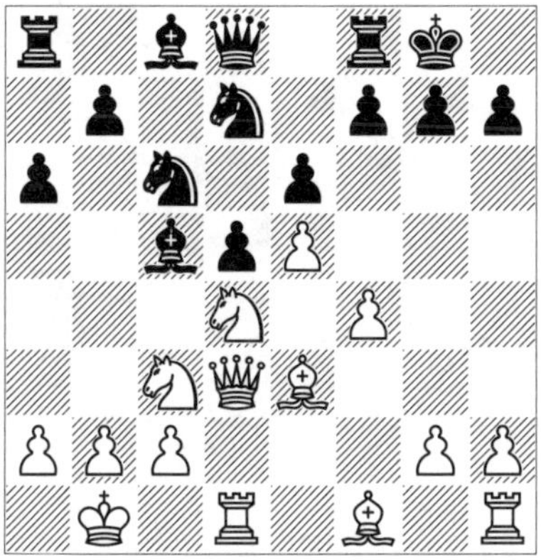

In dieser Stellung mit entgegengesetzten Rochaden wird Weiß am Königsflügel und Schwarz am Damenflügel angreifen. Dem schwarzen Königsflügel mangelt es zwar an Figurendeckung, aber die weißen Figuren stehen für einen Königsangriff auch nicht besonders gut, so dass die Hauptlast des Angriffs den weißen Königsflügelbauern zufallen wird, die zunächst durch ihr Vorrücken Schwächen erzeugen müssen. Hier basiert der Angriff auf dem Vorrücken mehrerer Bauern.

11...♕c7?!

Ein zweifelhafter Zug, da es überhaupt nicht klar ist, dass dies das beste Feld für die Dame ist. Flexibler ist 11...♘xd4 12 ♗xd4 b5, was der Dame noch alle Möglichkeiten offenhält.

12 h4

Der h-Bauer setzt sich zuerst in Marsch.

12...b5 13 ♘xc6 ♕xc6 14 ♗xc5 ♘xc5 15 ♕e3

Der Abtausch der schwarzfeldrigen Läufer ist positionell günstig für Weiß, da er so seinen schlechten Läufer loswird. In Situationen mit direkten Angriffen sind solche Faktoren jedoch weniger wichtig als die Stärke der jeweiligen Angriffe.

15...b4 16 ♘e2 ♗d7?!

Schwarz verbraucht ein Tempo, um seinen Läufer auf ein nicht sonderlich aktives Feld zu stellen. Richtig ist 16...a5, um so schnell wie möglich mit den Bauern vorzurücken und die Möglichkeit ...♗a6 zu eröffnen, wonach der Läufer viel besser stünde.

17 h5 ♖fc8 18 ♘d4 ♕b6 19 g4!?

Eine interessante Entscheidung. Weiß beeilt sich nicht mit h6, da er vielleicht lieber g5-g6 spielen will. Die Möglichkeit h6 wird er behalten, denn wenn Schwarz diesen Zug mit ...h6 verhindert, kann Weiß mit g5 schnell eine Linie öffnen.

19...♘e4

Droht mit 20...♘c3+ zu gewinnen, was aber leicht pariert wird.

20 ♔a1 a5

Nun kann der Nachziehende seinen Angriff nur durch das Vorrücken des a-Bauern vorantreiben.

21 ♗d3 ♘c5?

Der Rückzug des Springers kommt dem Eingeständnis der Niederlage gleich. Die einzige Chance bestand in 21...a4, wonach Weiß mit 22 ♗xe4 dxe4 23 ♕xe4 a3 24 b3 ♕c5 klaren Vorteil erhält, aber Schwarz wenigstens etwas Gegenspiel hat. Bei der Verteidigung schlechter Stellungen ist es unerlässlich, nicht zu resignieren und dem Gegner einige Probleme zu bereiten.

22 f5!

S

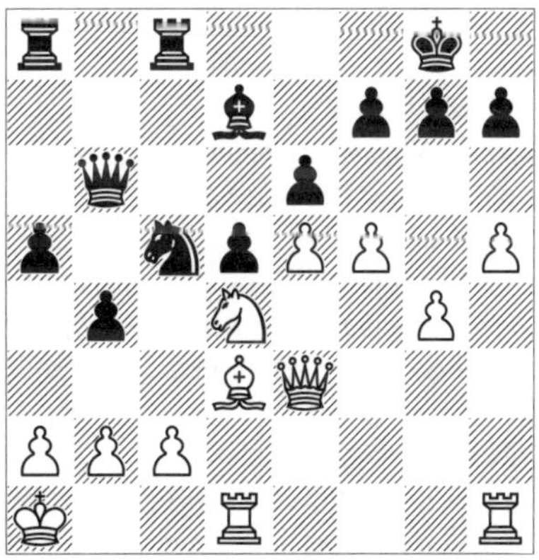

Das ist noch unangenehmer als h6, da f6 nun Löcher in den schwarzen Königsflügel reißen wird.

22...a4 23 f6 ♕d8

Um ♕g5 mit ...♕f8 zu beantworten.

24 g5

Der weiße Bauernsturm nimmt Orkanstärke an.

24...a3 25 g6 axb2+ 26 ♔b1 ♘xd3 27 gxh7+ ♔h8 28 fxg7+ ♔xg7 29 ♖dg1+ ♔xh7

29...♔h8 30 ♕h6 mit Matt.

30 ♕g3 1-0

Nach 30...♕f8 31 h6 gefolgt von ♕g7+ fällt der Vorhang.

Vescovi – Radjabow

Mannschaftsweltmeisterschaft, Bursa 2010

1 d4 ♘f6 2 c4 g6 3 ♘c3 ♗g7 4 e4 d6 5 ♘f3 0-0 6 h3 e5 7 d5 ♘h5 8 g3 a5 9 ♗g2 ♘a6 10 0-0 ♘c5 11 ♗e3 ♗d7 12 ♘e1 b6 13 ♔h2 ♕e8 14 ♗f3

S

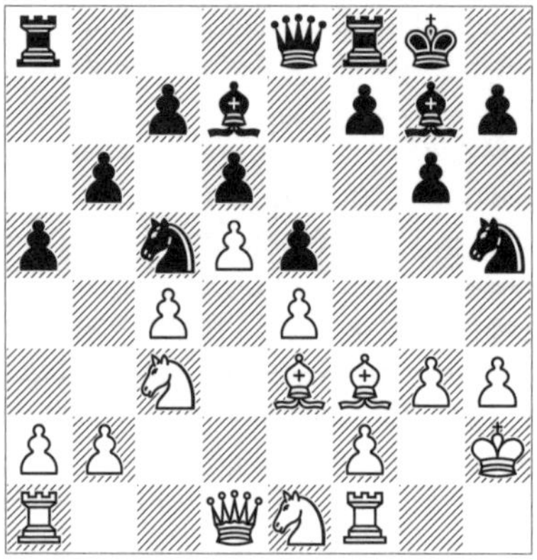

14...f5!?

Dieser Zug läutet große taktische Verwicklungen ein.

15 exf5 e4 16 ♗e2

16 ♗xh5 gxh5 ist angesichts der Schwäche von d3 in Ordnung für Schwarz.

16...♗xf5 17 g4

Dies wird letztendlich Material gewinnen, aber auf Kosten einer Exponierung des weißen Königs. Allerdings kann Weiß nach anderen Zügen nicht auf Vorteil hoffen.

17...♕e5+ 18 ♔g1

18 ♔g2? ♘f4+ 19 ♗xf4 ♕xf4 20 gxf5? ♗e5 21 ♖h1 ♖xf5 mit Gewinn für Schwarz.

18...♘f4!

Schwarz spielt mutig auf Angriff, statt mit 18...♘g3 19 gxf5 ♘xf1 20 ♗xf1 ♕xf5 21 ♕d2 etwas Material zurückzugewinnen. Da Weiß hier risikolos geringfügigen Vorteil hat, ist der Partiezug in der Praxis viel besser.

19 ♗xf4 ♕xf4 20 ♘g2

Da 20 gxf5? wegen 20...♗e5 verliert, muss die Dame zuerst zurückgetrieben werden.

20...♕h6 21 gxf5 gxf5 22 f4?

Danach wird der schwarze Angriff sehr stark. Richtig ist 22 ♕c1! mit der Hauptvariante 22...f4 23 ♗g4 ♔h8 24 f3 ♗d4+ 25 ♔h2 ♖g8, wonach Weiß vielleicht etwas besser steht, Schwarz aber immer noch gefährliche Angriffschancen hat.

22...♕xh3 23 ♕d2

S

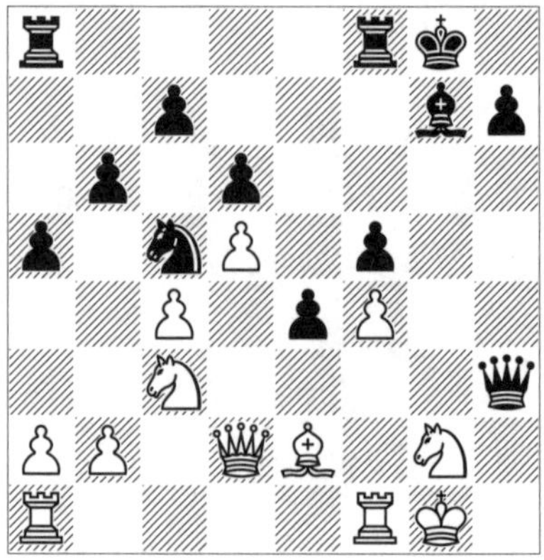

Die Schlüsselstellung. Um seinen Angriff erfolgreich abzuschließen, muss Schwarz seine Reserven ins Spiel bringen. Momentan ist die Dame die einzige Angriffsfigur, wenngleich die Leichtfiguren sich leicht einschalten können. Insbesondere muss Schwarz seine Türme auf die g-Linie bringen. Hierzu könnte er mit ...♖f6-g6 fortsetzen, was aber dem Turm a8 nicht behilflich wäre. Besser ist es, mit ...♔f7 beiden Türmen Zugang zur g-Linie zu verschaffen, selbst wenn die Linie momentan durch den Läufer verstellt ist. In der Hauptvariante (siehe 24 ♕e3 unten) muss Schwarz zum Opfer seines Läufers bereit sein, um die Türme schnell in den Angriff zu bringen.

23...♔f7! 24 ♖fe1

Die Hauptverteidigung 24 ♕e3 verliert wegen 24...♗d4!! 25 ♕xd4 ♖g8 26 ♖f2 (auch nach 26 ♕f2 ♖g6 27 ♖fe1 ♖ag8 28 ♗f1 ♖h6 gewinnt Schwarz) 26...♖g3! 27 ♖e1 (auch 27 ♗f1 ♖ag8 28 ♖c2 ♖8g6 29 ♖e1 ♘d3 nebst ...♖h6 ist entscheidend) 27...♖ag8 28 ♗f1 ♖8g6 mit forciertem Gewinn für Schwarz.

24...♖g8 25 ♗f1 ♘d3

Nun, da die gesamte schwarze Streitmacht am Angriff teilnimmt, ist die weiße Stellung hoffnungslos.

26 ♘b5 ♗h6 27 ♖e3 ♘xf4!

Ein spektakuläres Finale.

28 ♖xh3 ♘xh3+ 29 ♔h2 ♗xd2 30 ♔xh3 ♖g5!

Schwarz hat nicht nur Material mehr, sondern behält auch einen starken Angriff.

31 ♖d1 ♖ag8 32 ♖xd2 ♖h5+ 33 ♘h4 ♖g4 34 ♔h2 ♖gxh4+ 35 ♔g1 ♖h1+ 0-1

36 ♔f2 ♖5h2+ 37 ♗g2 f4 ist tödlich.

S

Semerow – Kriwko
Russischer Pokal, Omsk 1996

Weiß steht dank seiner aktiven Figuren und besseren Bauernstruktur am Damenflügel etwas besser. Der nächste Zug von Schwarz spielt mit dem Feuer.

19...h6?!

Wenn Weiß seinen Läufer zurückziehen müsste, wäre dies eine gute Idee, aber in Anbetracht der Abwesenheit von schwarzen Verteidigungsfiguren am Königsflügel überrascht es nicht, dass Weiß opfern kann. Da die weißen Figuren auch nicht ideal für Kampfhandlungen am Königsflügel stehen, kann der Angriff nur mit sehr gutem Spiel erfolgreich abgeschlossen werden.

20 ♗xh6!

Die richtige Entscheidung; 20 ♗f6!? ist ebenfalls gut, aber nicht so zwingend, da Schwarz den Läufer nicht zu schlagen braucht.

20...gxh6 21 ♕g4+ ♔h7

Da 21...♔h8?! 22 ♕f4 ♔g8 23 ♕xh6 und 21...♔f8?! 22 ♕f4 ♖d8 23 ♕xh6+ ♔e7 24 ♕f6+ ♔e8 25 ♘g5 ♖d7 26 ♕g7 für Schwarz glatt verloren sind, ist dieser Zug erzwungen.

22 ♘g5+?

Weiß wirft eine weitere Figur in die Schlacht, aber Schwarz kann sich verteidigen, da nicht genug weiße Figuren am Angriff teilnehmen. Hätte Weiß mehr über die Heranführung der Reserven nachgedacht, so hätte er wahrscheinlich die Gewinnfortsetzung 22 ♖a4! (nach der Einbeziehung des am weitesten abseits stehenden Turms a1 wirken alle weißen Figuren am Angriff mit) 22...♖g8 (22...♘e7 verliert wegen 23 ♕h5 ♔g7 24 ♘g5! hxg5 25 ♕xg5+ ♔h7 26 ♖g4 ♘g6 27 h5) 23 ♕h5 ♖g6 (23...♖xg3 24 ♘g5+ ♖xg5 25 hxg5 ♘xe5 26 ♖f4 ♗xg2 27 g6+ fxg6 28 ♕xe5 ♕e8 29 ♔xg2 ist für Weiß gewonnen, da er starken Angriff behält) 24 ♘g5+ ♔g7 25 ♘xf7! ♔xf7 (auch 25...♘d4 26 ♗xb7 ♕xb7 27 ♖dxd4 ♗xd4 28 ♖xd4 ♕c6 29 ♘d8 ♕e8 30 ♕d1 ist vorzüglich für Weiß) 26 ♖f4+ ♔g7 27 ♗e4 ♖xg3+ 28 ♔h2 ♕e8 29 ♕xe8 ♖xe8 30 ♔xg3 ♖e7 (bei ungefährem materiellen Gleichstand hat Weiß überwältigenden Positionsvorteil) 31 h5 a5 32 ♔h3 ♖f7 33 ♖xf7+ ♔xf7 34 ♖d7+ ♔g8 35 f4 gefunden, wonach Schwarz völlig hilflos ist.

22...hxg5 23 ♗e4+ ♔g7 24 ♕xg5+ ♔f8 25 ♕h6+ ♔e7 26 ♕f6+ ♔f8 27 ♗g6

Der Schlüsselmoment. Schwarz hat zwei Figuren mehr und kann sich durch Rückgabe eines Teils des Materials verteidigen.

27...♘xe5! 28 ♕xe5

S

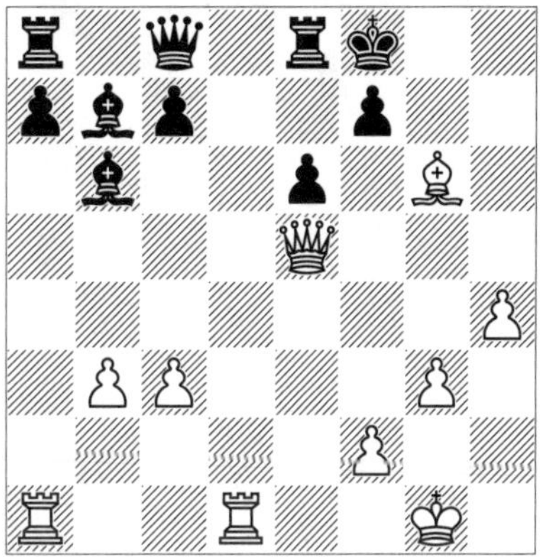

28...♔e7?

Dieser schwere Fehler verliert sofort. Der Königszug verbessert die schwarze Stellung nicht, weil Weiß einfach wieder Schach bieten kann. Der Nachziehende sollte daher das Tempo mit 28...♖d8! konstruktiver nutzen, was zum Remis führt; zum Beispiel 29 ♕f6 (29 ♗xf7 ♖xd1+ 30 ♖xd1 ♔xf7 31 ♕h5+ ♔g7 ist ebenfalls Remis) 29...♖d7 30 ♖e1 ♕d8 31 ♕h8+ ♔e7 32 ♕g7 ♕e8 33 ♖xe6+ ♔xe6 34 ♗f5+ (34 ♖e1+ ♔d6 35 ♕f6+ ♔c5 36 b4+ ♔b5 37 ♕f5+ c5 38 c4+ ♔xc4 39 ♕c2+ ♔b5 40 ♗d3+ ♔c6 41 ♖xe8 ♖xe8 ist günstig für Schwarz) 34...♔xf5 35 ♕g5+ ♔e6 36 ♖e1+ ♔d6 37 ♕f4+ ♔c6 38 ♕a4+ mit Dauerschach.

Zum Remis führt auch 28...c5! (räumt c7 für die Dame) 29 ♕f6 ♕c7 30 h5 ♔g8 31 ♗c2 ♕e7 32 ♕h6 f6 33 ♕g6+ ♔f8 mit Dauerschach.

29 ♕g5+ f6

Nach 29...♔f8 30 ♕f6 setzt Weiß in wenigen Zügen matt.

30 ♕h6 ♗d5 31 ♖xd5 exd5 32 ♖e1+ ♔d6 33 ♗xe8 c6 34 ♕f4+ 1-0

Ein Angriff kann an Stärke gewinnen, wenn man wichtige Verteidigungsfiguren vom Hauptkampfschauplatz ausschließen kann. Hierzu kann man auf einem anderen Teil des Bretts Drohungen aufstellen, aber im vorliegenden Abschnitt beschäftigen wir uns mit zwei direkteren Methoden. Die erste besteht darin, der Verteidigungsfigur mechanisch den Weg zu verlegen.

W

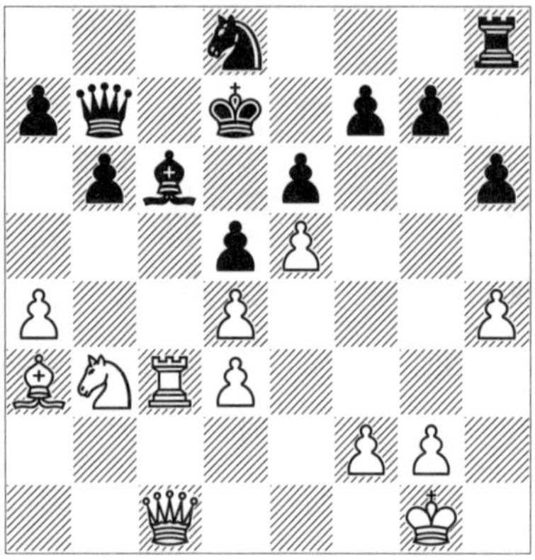

Nunn – S. Williams
London (King's Head) 1995

Weiß steht besser, weil der weiße Läufer auf der Diagonale a3-f8 den schwarzen König in der Mitte festhält. Ein direkter Durchbruch ist aber nicht in Sicht, da die schwarze Stellung recht solide ist. Zunächst muss Weiß seinen Vorteil durch Manövrieren vergrößern.

27 a5

Ein guter Zug, mit dem Weiß weitere Linien am Damenflügel öffnet und sich des permanent deckungsbedürftigen Bauern a4 entledigt. Nachteilig ist dabei nur, dass Schwarz vielleicht später auf der a-Linie seinen Turm aktivieren können wird. Der Rest der Partie dreht sich in der Tat um den schwarzen Turm und die Versuche des Weißen, seine Einschaltung ins Spiel zu verhindern.

27...♖g8

Momentan kann Schwarz nichts Aktives unternehmen.

28 axb6 axb6 29 ♗d6

Da Weiß sich nicht zu beeilen braucht, ist zunächst 29 h5! etwas genauer.

29...f5

Wenn Schwarz nun Zeit zu ...♘f7 nebst ...♖a8 hätte, wäre er all seiner Probleme ledig. Daher muss Weiß unbedingt etwas gegen die Aktivierung des Turms unternehmen.

30 ♕a3 ♘f7?!

Hartnäckiger ist 30...♔e8, wenngleich der Anziehende auch dann beträchtlichen Druck behält.

W

31 ♗f8!

Dies ist der Schlüsselzug, der dem Turm direkt den Weg auf der ersten Reihe verlegt. Da außerdem 32 ♕e7+ droht, hat Schwarz keine Zeit, durch Postierung seiner Dame auf der Grundreihe den Läufer zu vertreiben.

Aussichtsreich ist auch 31 ♖xc6! ♔xc6 32 ♕a4+ b5 33 ♕a3, aber ich konnte nach 33...♕b6 nichts Klares entdecken und entschied mich daher gegen das mit dem Materialopfer verbundene Risiko. Nach Meinung des Computers ist hier indes 34 ♗f8! mit der gleichen Grundidee wie in der Partie sehr effektiv.

31...♔c8?!

Das verliert sofort, aber selbst nach der besten Verteidigung 31...♘d8 32 ♕e7+ ♔c8 33 ♕b4 g5 34 ♗e7 ♘f7 35 h5 ist Schwarz an Händen und Füßen gebunden. Der Versuch, mit 35...♔d7? den Turm zu befreien, scheitert wiederum an 36 ♗f8!, wonach 36...♔c8 wegen 37 ♗xh6 ♘xh6 38 ♕d6 verliert.

32 ♘a1!

Ebenso wirkungsvoll ist 32 ♘c1!. In beiden Fällen besteht die Idee darin, durch Überführung des Springers nach b4 den Druck auf den Läufer c6 entscheidend zu verstärken.

32...g5 33 ♘c2 ♘d8

Dieser Versuch zur Deckung des Läufers c6 scheitert daran, dass dieser Springer leicht mit ♗e7 beseitigt werden kann.

34 ♗e7 gxh4 35 ♗xd8 ♔xd8 36 ♕d6+ ♗d7 37 ♘b4 ♖g7 38 ♕f8+ 1-0

W

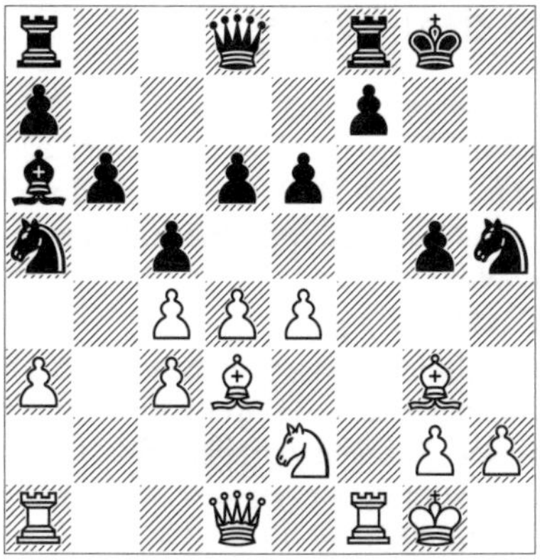

Zhao Jun – Xiu Deshun
Chinesische Meisterschaft, Xinghua Jiangsu 2011

Manchmal sind drastische Maßnahmen erforderlich, um Verteidigungskräfte am Eintreffen in der Gefahrenzone zu hindern. Hier hat Schwarz seinen Königsflügel durch Bauernvorstöße geschwächt, aber die Verteidigung ist nicht so leicht zu durchbrechen. Weiß muss sich beeilen, da Schwarz sonst auf c4 schlagen und seine Angriffspläne stören wird.

16 ♗xd6!!

Eine außerordentlich fantasievolle, ja geniale Angriffsidee: Weiß ist zu einem doppelten Figurenopfer bereit, um die schwarzen Figuren vom Königsflügel fernzuhalten. Das weniger spektakuläre 16 ♘f4! ♘xg3 (16...♘xf4 17 ♗xf4 f6 18 ♕h5 ♕e8 19 ♕h6 gibt Weiß gewinnbringenden Angriff) 17 hxg3 ♗xc4 18 ♘h5 ist ebenfalls sehr gefährlich, aber weniger zwingend als der Partiezug.

16...♕xd6 17 e5 ♕e7 18 ♘g3! ♘xg3

18...♘f4 19 ♖xf4 gxf4 20 ♕g4+ wird Matt, während 18...♘g7 19 ♘e4 Weiß entscheidenden Angriff gibt. Daher muss Schwarz schlagen.

W

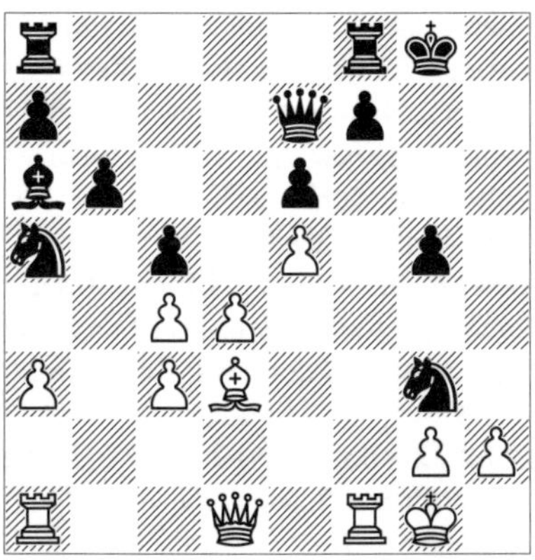

19 ♖f6!!

Die brillante Pointe des weißen Angriffs. Das Zurücknehmen des Springers ist weniger wichtig als die Verhinderung des Zuges ...f5, nach dem die schwarze Dame an der Verteidigung teilnehmen könnte. Mit dem Turm auf f6 können die schwarzen Figuren ihrem König nicht zu Hilfe kommen.

19...♔g7

Der offensichtlichste Verteidigungsversuch ist 19...♗xc4, aber nach 20 hxg3 ♗xd3 21 ♕xd3 ♔g7 22 ♕e3 ♖g8 23 ♖af1 ♘c6 (23...♔f8 24 ♕f3 mit Doppelangriff auf a8 und f7) 24 ♕xg5+ ♔f8 25 ♕h5 ♘d8 26 d5! exd5 27 e6 schlägt der weiße Angriff durch. Dieses Abspiel ist interessant, da es zeigt, dass Weiß die Partie vielleicht nicht allein durch Spiel am Königsflügel gewinnen kann, da der schwarze König wegrennen kann. Zur Sicherung des Sieges muss Weiß Drohungen am Königsflügel mit einem Durchbruch im Zentrum kombinieren. Dies ist ein weiteres Beispiel dafür, dass im Mittelspiel alle Elemente miteinander verbunden sind: Durch den allerersten Zug der Kombination wurde der Bauer d6 beseitigt, was Weiß eine 2:1-Zentrumsmehrheit bescherte, die er zur Krönung seines Angriffs verwenden konnte.

20 ♕g4! ♖g8 21 hxg3

Der Moment zum Rückgewinn einer der geopferten Figuren ist gekommen. Gegenwärtig hat Weiß nur einen Bauern für die andere fehlende Figur, aber alle seine Figuren können leicht am Angriff teilnehmen. Schwarz hat einen Turm in die Verteidigung einschalten können, aber der Turm f6 schneidet seine Stellung entzwei, und seine Leichtfiguren stehen zu weit weg, um helfen können.

21...♘b7

Will von d8 aus den Bauern f7 verteidigen, was Schwarz aber nur eine kleine Verschnaufpause gibt.

22 ♖af1 ♘d8 23 ♕e4

Am einfachsten gewinnt der Zentrumsdurchbruch 23 d5! exd5 24 ♕h5 ♔f8 25 e6, aber der Textzug reicht auch.

23...♕b7 24 d5 ♖h8 25 ♕g6+!

Ein spektakuläres Finale einer erstaunlichen Partie.

25...fxg6

Nach 25...♔f8 26 dxe6 gibt es keine Verteidigung gegen die Drohung 27 ♖xf7+.

26 ♖xg6+

Nun kann Weiß das Matt forcieren.

26...♔h7 27 ♖xg5+ ♔h6 28 ♖g6+ ♔h7 29 ♖g4+ ♔h6 30 ♖f6+ ♔h5 31 ♖h4+ 1-0

Weiß setzt im nächsten Zug matt.

Linien gegen den feindlichen König können durch Bauerntausch geöffnet werden, aber auch durch ein Opfer. Am einfachsten liegt der Fall, wenn der Verteidiger einen Bauern frisst und die Linie selbst öffnet.

Aleksandrow – Sandipan
Kalkutta 2004

1 d4 d5 2 c4 e6 3 ♘c3 c6 4 e3 ♘f6 5 ♘f3 ♘bd7 6 ♕c2 ♗d6 7 g4 dxc4 8 ♗xc4 e5 9 ♗d2!?

Der kämpferischste Zug, der den g-Bauern im Tausch für eine offene Linie gegen den schwarzen Königsflügel anbietet.

9...exd4 10 ♘xd4 ♘e5 11 ♗e2 ♘fxg4?!

Alle drei Schlagmöglichkeiten sind spielbar, aber 11...♘exg4 ist wohl am genauesten, da Schwarz mit den Springern auf e5 und g4 gegenüber dem Vorstoß f4 anfällig ist.

12 ♘e4 ♗e7 13 0-0-0 0-0

W

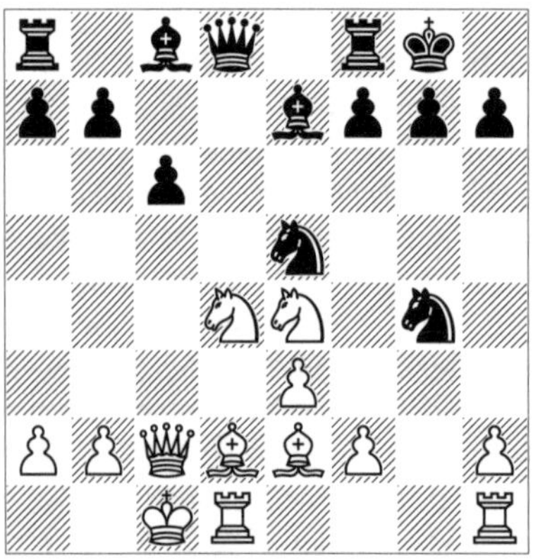

Die Rochade in die offene g-Linie hinein ist offensichtlich gefährlich, aber Schwarz hat kaum eine Wahl, da die lange Rochade zu viel Zeit beanspruchen würde und wegen der weißen Kontrolle über die d-Linie ohnehin schwer zu bewerkstelligen wäre.

14 f4 ♘g6

Schwarz verliert Zeit, da er auf g4 mit dem falschen Springer geschlagen hat.

15 ♖hg1 ♘f6 16 ♘g3?!

Der Plan, mit ♗c3 und ♘df5 das Feld g7 aufs Korn zu nehmen, ist verlockend, aber kompliziert. Am einfachsten ist 16 f5! ♘f4 17 exf4 ♕xd4 18 ♗c3 ♕e3+ 19 ♔b1 ♔h8 20 ♘xf6 ♗xf6 21 ♗xf6 gxf6 22 ♗d3 (droht ♕c3), wonach Schwarz seinen Damenflügel nicht entwickeln können wird. Die Hauptvariante lautet 22...♖g8 23 ♖xg8+ ♔xg8 24 ♕g2+ ♔f8 25 ♗c2 a5 26 a4! ♖b8 27 ♕g4 gefolgt von ♕h5 mit Gewinnstellung für Weiß.

16...♘xf4

Verständlicherweise schnappt sich Schwarz den zweiten Bauern, da Weiß sonst mit f5 die Öffnung der g-Linie erzwingen wird. Gefährlich ist dabei die Öffnung einer weiteren Linie gegen den schwarzen König.

17 ♗c4 ♘h3?

Hier hat der Springer nichts zu suchen, da er keinen Beitrag zur Blockierung der g-Linie leistet. In einer derartigen Stellung ist Material weniger wichtig als die Zuverlässigkeit der schwarzen Verteidigungskonstruktion. Mit 17...♗g4! 18 ♘gf5 ♘g6 konnte Schwarz möglichst viele Hindernisse auf der g-Linie aufstellen und ordentliche Verteidigungschancen behalten.

18 ♖g2 ♗g4 19 ♖f1

S

19...c5?

Treibt den Springer auf sein Wunschfeld. Nach dem besseren 19...♘d5 behält Weiß mit 20 ♘gf5 h5 21 ♗e2 c5 22 ♗xg4 hxg4 23 ♖xg4 ♗g5 24 ♘f3 ♘b4 25 ♗xb4 cxb4 26 ♘xg5 ♘xg5 27 ♔b1 großen Vorteil, da sein Angriff viel mehr wert ist als der schwarze Mehrbauer.

20 ♘df5 ♘g5 21 ♗c3

Mit den auf der f- und g-Linie aufmarschierten Türmen und allen anderen weißen Figuren in Angriffspositionen kann das Ende nicht weit sein.

21...♗h3 22 ♘xg7! ♗xg2 23 ♕xg2 ♔xg7 24 h4 h6 25 hxg5 hxg5 26 ♘f5+ ♔g6 27 ♘xe7+ ♕xe7 28 ♗d3+ 1-0

Nach 28...♘e4 29 ♗f6! ♕xf6 30 ♕xe4+ setzt Weiß in zwei Zügen matt.

Manchmal ist die Öffnung einer wichtigen Linie sogar eine Figur wert.

Gonzalez Zamora – Zapata
Merida 2008

1 d4 ♘f6 2 c4 g6 3 ♘c3 ♗g7 4 e4 d6 5 ♗d3 0-0 6 ♘ge2 e5 7 d5 c5 8 h3 ♘e8 9 g4 ♘a6?!

Der Zug ...♘e8 scheint nicht viel Sinn zu machen, wenn Schwarz nun nicht mit 9...♕h4 10 ♘g3 (interessant ist 10 ♘g1!?, was ...♗h6 verhindert) 10...♗h6 fortsetzt, womit er zumindest seinen schlechten Läufer loswird. In diesem Fall stünde Weiß nur etwas besser.

10 ♗e3 ♗d7 11 ♘g3 ♗f6 12 ♕d2 ♗h4 13 ♖g1 f6 14 0-0-0 ♖b8 15 f4 exf4 16 ♗xf4 ♘ac7

W

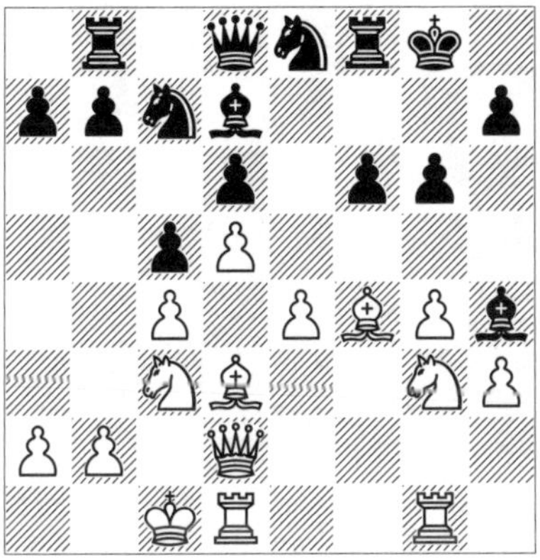

Der Anziehende ist auf dem Königsflügel aufmarschiert, kann aber nicht so leicht durchbrechen, weil Schwarz das Feld g5 kontrolliert. Wenn Weiß nun zögert, wird Schwarz sich mit ...b5 Gegenspiel verschaffen. Die Lösung besteht darin, ein Figurenopfer zur Öffnung der g-Linie anzubieten. Danach ist zwar kein sofortiger Gewinn ersichtlich, aber Weiß kann mit seinen Drohungen den Gegner in die Defensive drängen und Zeit zur Verstärkung seines Angriffs gewinnen.

17 ♘f5! gxf5

Die Annahme ist erzwungen, da 17...♗g5 18 ♗xg5 fxg5 19 h4 gxh4 (auch nach 19...gxf5 20 gxf5 gewinnt Weiß) 20 e5 dxe5 21 d6 Weiß entscheidenden Angriff gibt.

18 gxf5+ ♔h8 19 ♖g4 ♗g5 20 ♖dg1

In Anbetracht der Langsamkeit der weißen Drohungen ist Schwarz überraschend hilflos, aber er kann wegen seiner gedrückten Stellung seine Figuren nicht auf den bedrohten Königsflügel überführen.

20...b5

Da Schwarz seine Verteidigung nicht verstärken kann, strebt er nach Gegenspiel.

21 h4 ♗xf4 22 ♕xf4

Wegen der unmittelbaren Drohung 23 ♕g3 gefolgt von 24 ♖g8+ ist die Antwort erzwungen.

22...♕e7 23 ♕h6

S

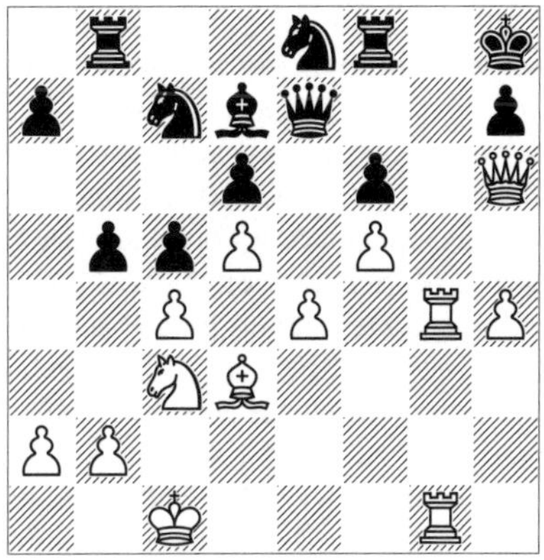

Da Schwarz wegen der Drohungen auf der offenen g-Linie am Königsflügel völlig gebunden ist, braucht Weiß nur noch seinen Springer nach g6 zu bringen (über e2 und f4), um die Partie zu beenden.

23...bxc4 24 ♗c2

Man sollte nicht zu überheblich werden und denken, dass man nach Belieben gewinnen kann. Hier ist 24 ♘e2? cxd3 25 ♘f4 falsch, da Schwarz mit 25...♗xf5! 26 exf5 ♕e3+ 27 ♔b1 ♖xb2+! 28 ♔xb2 ♕d2+ Dauerschach erzwingen kann. Nach dem vorsichtigen Läuferrückzug hat Schwarz indes gegen das Springermanöver keine Verteidigung mehr.

24...♘b5 25 ♘e2 c3 26 bxc3

Am einfachsten; 26 ♘f4?! ♗xf5 27 exf5?? (27 b3! gewinnt immer noch für Weiß) wirft nach 27...♕e3+ 28 ♔b1 ♘a3+ mit Matt im nächsten Zug die Partie weg.

26...♖b7

26...♘xc3 27 ♘xc3 ♗b5 verlegt dem weißen Springer den Weg nach g6, verliert aber nach dem Durchbruch 28 e5 dxe5 (oder 28...fxe5 29 ♘e4 gefolgt von f6) 29 d6 ♕f7 30 ♘xb5 ♖xb5 31 d7.

27 ♖4g3

27 ♘f4 ♗xf5 28 ♖4g3! (28 exf5?? verliert wegen 28...♕e3+) gewinnt auch, ist aber unnötig kompliziert. Durch Deckung von e3 verhindert Weiß den Trick mit ...♗xf5, wonach die Drohung ♘f4 nicht mehr zu parieren ist.

27...♘xc3 28 ♘f4 ♗xf5 29 exf5 1-0

Angriff gegen ein Fianchetto

In vielen Stellungen steht vor einem der Könige ein fianchettierter Läufer. Nehmen wir einmal an, Schwarz hat einen Läufer auf g7, Bauern auf f7, g6 und h7 und einen Springer auf f6. Im Vergleich zu einer normalen Rochadestellung mit Bauern auf f7, g7 und h7 hat die Fianchettostellung mehrere Vorteile. Vor allem ist bereits ein Verteidigungsläufer an Ort und Stelle, der einen direkten Angriff auf g7 verhindert. Außerdem ist auch h7 normalerweise sicher, da die Diagonale b1-h7 durch den Bauern g6 blockiert ist. Es gibt aber auch eine Schattenseite. Im Allgemeinen hat Weiß es leichter, gegen eine Fianchettostellung eine Linie zu öffnen, da h4-h5 in der Regel zu einem Bauerntausch auf g6 führen wird. Diese Angriffsidee ist besonders wirkungsvoll, wenn ein weißer Turm auf h1 steht. Außerdem sind die schwarzen Felder am schwarzen Königsflügel normalerweise ziemlich sicher, solange der Läufer auf g7 steht, aber im Fall seines Abtauschs (beispielsweise durch ♗h6) können Felder wie h6 und g7 zu Zielen für den weißen Angriff werden. In der folgenden Stellung sind alle Voraussetzungen für einen Angriff mit h4-h5 gegeben.

W

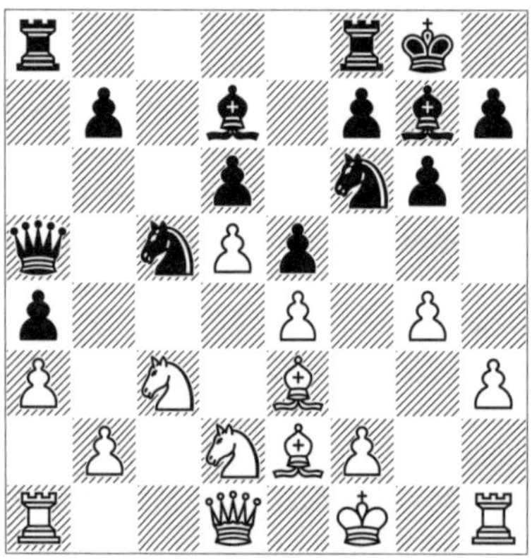

Riasantsew – Kokarew
Ulan Ude 2009

15 h4 b5 16 h5 ♖fb8

Schwarz bereitet ...b4 vor, da das sofortige 16...b4 17 ♘c4 ♕d8 18 axb4 ♘cxe4 19 ♘xe4 ♘xe4 20 ♘b6 ♖b8 21 ♘xd7 ♕xd7 22 ♖xa4 für Weiß günstig ist.

17 g5 ♘e8 18 hxg6 hxg6

18...fxg6 verhindert die vollständige Öffnung der h-Linie, aber nach 19 ♗g4 nebst ♕f3-h3 gerät der schwarze Königsflügel auch dann unter Beschuss.

19 ♘a2!

Da der weiße Angriff in den nächsten paar Zügen noch nicht zu ernsthaften Drohungen führen wird, ist es wichtig, das schwarze Spiel am Damenflügel aufzuhalten. Der Zug ♘a2 zwingt Schwarz zur Aufwendung zweier Züge (...♘c7 und ...♘7a6), um ...b4 durchzusetzen. Dies gewinnt nicht nur ein Tempo, sondern lockt auch den Springer e8 von etwaigen Verteidigungsaufgaben am Königsflügel weg.

19...♘c7 20 ♔g2 ♘7a6 21 ♖h4

S

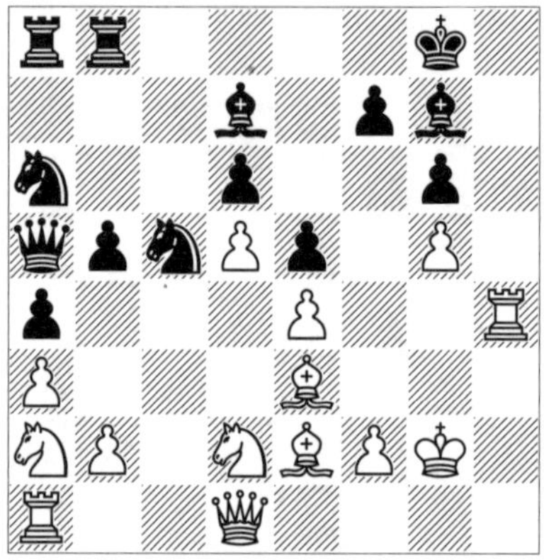

Bereitet die Überführung der Dame nach h1 vor.

21...f5

Verzweiflung, aber andere Varianten verlieren forciert; zum Beispiel 21...b4 22 ♕h1! bxa3 23 ♖h7 mit der unparierbaren Drohung 24 ♖xg7+ ♔xg7 25 ♕h6+ ♔g8 26 ♖h1, oder 21...♕d8 22 ♕h1 ♘b3 23 ♘xb3 axb3 24 ♖h7 ♕f8 25 ♕h4! bxa2 26 ♖h1 mit entscheidendem Angriff für Weiß.

22 gxf6 ♗xf6 23 ♕h1!

Der Fianchettoläufer hält häufig den Königsflügel ganz alleine zusammen und ist oft mehr wert als ein Turm.

23...♕d8

23...♗xh4 verliert wegen 24 ♕xh4 ♕d8 25 ♗g5 ♕f8 26 ♗f6 ♔f7 27 ♖h1 ♘b3 28 ♘f3 nebst ♘g5+.

24 ♖h7 ♖b7 25 ♕h2 ♗e8 26 ♖h1 ♖g7 27 ♖xg7+ ♗xg7 28 ♕h7+ ♔f8 29 ♗h6 ♗xh6

Oder 29...♕f6 30 ♕h8+ ♔f7 31 ♗xg7 ♕xg7 32 ♖h7, und Weiß gewinnt.

30 ♕xh6+ ♔e7 31 ♗g4 1-0

Schneidet dem König die Fluchtroute ab, wonach ♕g5+ die Partie beendet.

W

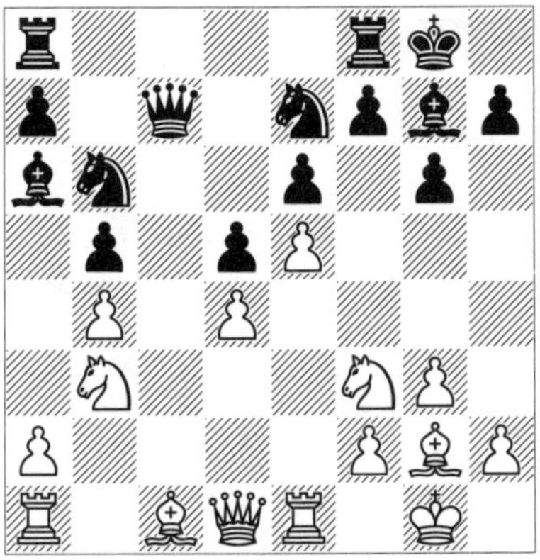

Sablotski – Khismatullin
Woronesch 2008

Auch hier wird der schwarze Königsflügel durch einen Fianchettoläufer verteidigt. Die weiße Strategie beinhaltet im Allgemeinen zwei Grundelemente: Aufweichung des Königsflügels mit h4-h5, was selbst ohne einen Turm auf h1 hilfreich ist, und Abtausch des Verteidigungsläufers auf g7. Im vorliegenden Fall kommt Weiß sein erheblicher Stellungsvorteil zugute, der auf dem Vorposten c5 und dem passiven Läufer a6 basiert und die Gegenspielmöglichkeiten des Schwarzen einschränkt.

16 h4 ♘c6 17 h5 ♖fe8

Weil 17...♘xb4 wegen des Qualitätsverlust nach 18 h6 ♗h8 19 ♗a3 schlecht ist, entfernt Schwarz seinen Turm von der anfälligen Diagonale a3-f8.

18 ♘c5 ♗b7 19 ♘h2!

Ein Schlüsselzug. Weiß kann den Bauern b4 mit 19 a3 verteidigen, aber nach 19...a5 20 ♖b1 axb4 21 axb4 ♘c4 nebst ...♖a2 hat Schwarz beträchtliches Gegenspiel. Durch das Opfer seines b-Bauern verhindert Weiß zumindest einstweilen Linienöffnung am Damenflügel, was ihm Zeit gibt, am Königsflügel Dampf zu machen.

19...♘xb4 20 ♘g4

Bereitet ♗h6 zwecks Abtausch des schwarzfeldrigen Läufers vor und zielt auf das dadurch geschwächte Feld f6.

20...♘a6 21 ♗h6?

Das ist überschlau. Mit 21 h6 ♗h8 22 ♕f3 f5 23 exf6 ♘xc5 24 ♗f4 ♕f7 25 dxc5 ♘d7 26 ♘e5 ♘xe5 27 ♗xe5 ♖f8 28 ♕e2 ♗xf6 29 ♗xf6 ♕xf6 30 ♕xe6+ ♕xe6 31 ♖xe6 erhält Weiß wegen seines besseren Läufers und des gefährlichen Freibauern auf der c-Linie großen Positionsvorteil. Der Partiezug strebt einen direkten Königsangriff an, dessen Erfolg aber keineswegs garantiert ist.

21...♘xc5 22 ♗xg7 ♔xg7 23 ♖c1 ♘c4 24 dxc5

S

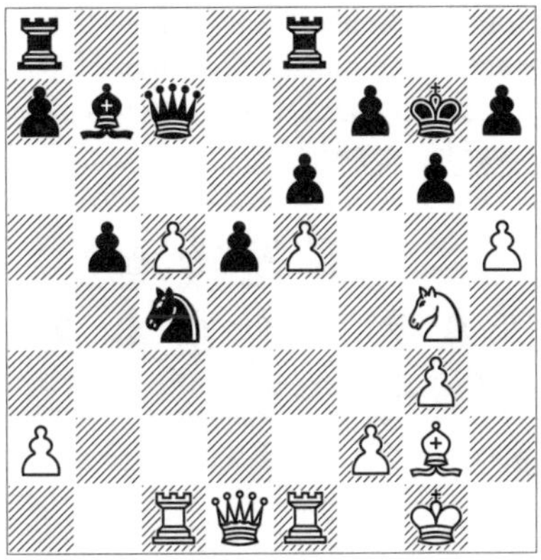

24...h6?!

Schwarz versucht seine wackligen schwarzen Felder zu sichern, schwächt aber mit diesem Zug den Bauern g6. Angezeigt war einfach 24...♕xc5, wonach Weiß für die beiden Bauern Angriffschancen hat (etwa nach 25 ♘f6), aber noch nicht genug Figuren in den Angriff eingeschaltet hat, um die schwarze Verteidigung durchbrechen zu können.

25 ♕d4

Weiß deckt den nützlichen Bauern c5 und stellt zugleich die Drohung ♕f4 auf.

25...♕e7 26 ♖c3

Dieser Turm strebt auf das geschwächte Feld f6, um Druck auf f7 und g6 auszuüben.

26...♖ec8 27 ♖f3 ♕g5?

Schlecht ist auch 27...♖xc5?, da Schwarz nach 28 ♖f6 ♖c7 29 hxg6 fxg6 30 ♗f1 nebst ♗d3 große Probleme hat. Am besten ist 27...♖c7!, wonach Weiß für den Bauern Kompensation hat, aber wahrscheinlich nicht mehr.

28 hxg6 fxg6 29 ♖f6 ♖c6 30 ♖e4!

Nun ist das Spiel auf Matt vollkommen gerechtfertigt. Mit vier weißen Figuren im Angriff hat der Nachziehende keinerlei Verteidigungschancen.

30...♖c7

30...dxe4 verliert wegen 31 ♕d7+ ♔h8 32 ♖f7 nebst ♖h7+ und Matt, während Weiß nach 30...♕c1+ 31 ♔h2 ♖c7 32 c6! ♗xc6 (32...♖xc6 33 ♖ef4 ♖c7 34 ♕d3 ist ebenfalls entscheidend) 33 ♖xe6 dxe4 34 ♖xc6! ♖xc6 35 e6+ vernichtenden Angriff hat.

31 ♖ef4 h5 32 ♗f1! hxg4 33 ♖xg4 ♕h5 34 ♗d3 ♕xe5 35 ♖gxg6+ ♔h8 36 ♕h4+ 1-0

Weiß setzt forciert matt: 36...♖h7 37 ♖g8+ ♖xg8 38 ♕xh7#.

Die zum gegnerischen König führende lange Diagonale stellt eine potenzielle Angriffsstraße dar, die häufig durch eine Dame-Läufer-Batterie ausgenutzt werden kann.

W

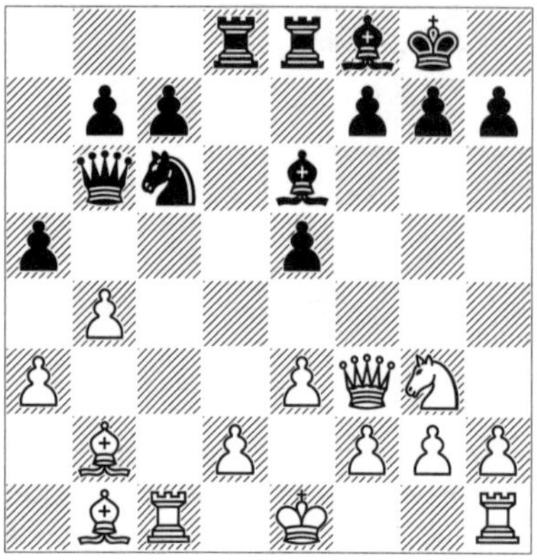

Tschatalbaschew – Sarić
Zadar 2008

Auf den ersten Blick sieht die Stellung recht aussichtsreich für Schwarz aus. Weiß hat noch nicht rochiert, während Schwarz bereits alle Figuren entwickelt und insbesondere seine Türme auf den Mittellinien aktiv aufgestellt hat. Außerdem greift Schwarz den anfälligen Bauern b4 an. Der einzige Vorzug der weißen Stellung besteht in der aggressiven Postierung seiner Läufer, die auf den verhältnismäßig schlecht verteidigten gegnerischen Königsflügel gerichtet sind und in Kombination mit Dame und Springer gefährliches Angriffspotenzial bergen.

16 ♕e4

Weiß will ...g6 erzwingen, was die lange Diagonale schwächt.

16...g6?!

Schwarz bricht zusammen und lässt Weiß relativ leicht gewinnen. Die sich nach der besten schwarzen Verteidigung ergebende Hauptvariante ist eine lehrreiche Illustration der Kraft eines Angriffs auf zwei nebeneinanderliegenden Diagonalen: 16...f5 17 ♘xf5 g6 18 ♖xc6! (nicht 18 ♘g3? ♕b5, wonach Schwarz mindestens gleiches Spiel hat, da er die Idee mit ♖xc6 und ♕xe5 verhindert hat und zugleich die weiße Rochade vereitelt) 18...♕xc6 (nach 18...bxc6 19 ♕xe5 ♗xf5 20 ♗a2+ ♖d5 21 ♕xe8 gewinnt Weiß sofort) 19 ♕xe5 ♗xf5 20 ♗a2+ ♖e6 (Schwarz muss das Feld e8 freimachen, da 20...♗e6 21 ♕h8+ ♔f7 22 ♕xh7+ zum Matt führt) 21 e4!!.

S

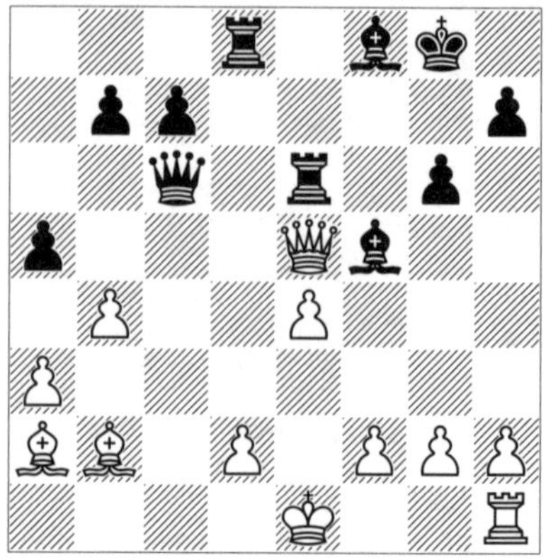

Dieser Zug ist ausgesprochen schwer zu sehen, da es wie Selbstmord aussieht, mit einem schwarzen Turm auf e6 die e-Linie zu schwächen. Es stellt sich jedoch heraus, dass Schwarz seinen Turm nicht so leicht entfesseln kann. Nach 21...♕d7 22 ♕h8+ ♔f7 23 0-0 ♗g4 (23...♗xe4 24 ♕f6+ ♔e8 25 ♗xe6 mit Gewinn für Weiß) 24 h3 ♔e8 25 hxg4 ♖xe4 26 ♗f6 ♖a8 27 b5! ist Schwarz vollkommen erledigt, da er praktisch gelähmt ist. Weiß wird letztendlich mit tödlichen Konsequenzen den Turm von der e-Linie vertreiben.

17 ♖xc6!

Dies ist eine viel einfachere Version der gleichen Idee. Durch die Eliminierung des Springers kann Weiß Dame und Läufer auf der langen Diagonale in Stellung bringen.

17...♕xc6 18 ♕xe5 f6

Schwarz ist bereits zu Verzweiflungsmaßnahmen gezwungen, um dem Matt zu entgehen.

19 ♕xf6 ♖e7 20 ♕h8+ ♔f7 21 ♕xh7+ ♔e8 22 ♕xg6+ ♖f7

Nach 22...♗f7 23 ♕xc6+ bxc6 24 ♗f6 gewinnt Weiß die Qualität zurück und verbleibt mit einer Handvoll Mehrbauern.

23 ♘e4

Mit vier Bauern und starkem Angriff für die Qualität ist der weiße Vorteil überwältigend.

23...♗e7 24 0-0 axb4 25 axb4 ♔d7 26 ♖c1 ♕d5 27 ♘c3 ♕e5 28 d4 ♕g7 29 d5 ♗g4 30 ♘b5

Mit Doppelangriff auf c7 und g7.

30...♕xb2

30...♕xg6 31 ♗xg6 ist auch nicht besser.

31 ♖xc7+ ♔e8 32 ♕g8+ 1-0

Das Matt folgt auf dem Fuße: 32...♗f8 33 ♕xf7# oder 32...♖f8 33 ♗g6#.

In der folgenden Partie entspinnt sich eine kuriose Schlacht auf den langen Diagonalen.

W

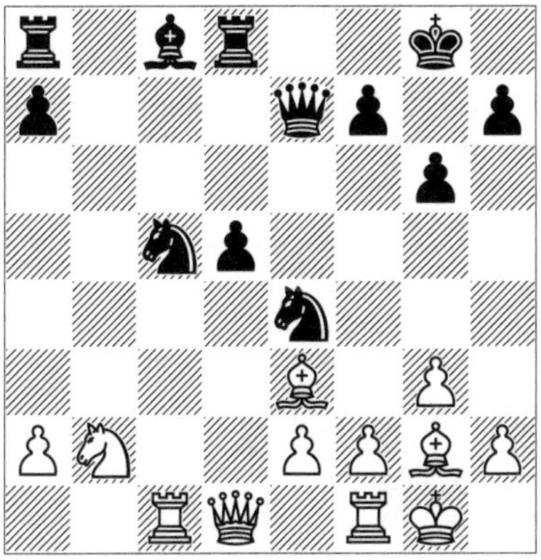

Nikolić – Baramidze
Niederländische Mannschaftsmeisterschaft 2006/07

Weiß hat erheblichen positionellen Vorteil, da er das Läuferpaar besitzt und Schwarz an einem isolierten d-Bauern laboriert. Besonders auffällig ist jedoch die Anfälligkeit der schwarzen Felder auf dem Königsflügel des Nachziehenden, die wegen des Fehlens seines schwarzfeldrigen Läufers eine permanente Schwäche darstellt.

17 ♗xe4?

Einfacher ist 17 ♘d3 ♘e6 18 ♘f4 ♘xf4 19 ♗xf4, womit Weiß nicht nur alle seine Vorteile behält, sondern auch noch die c-Linie für eine mögliche Turminvasion öffnet.

17...♘xe4 18 ♕d4

Wenn Weiß nun noch seinen Läufer auf die lange Diagonale stellen könnte, wäre Schwarz in ernsthaften Schwierigkeiten.

18...♘d6!

Die Überführung des Springers nach f5 stört den weißen Aufmarsch und hindert den Weißen insbesondere an der Aufstellung von Drohungen auf der langen Diagonale; so gibt z. B. 19 ♗f4 ♘f5 20 ♕d2 ♗a6 Schwarz ordentliches Gegenspiel. Daher ist Weiß im Vorteilssinne mehr oder weniger zur Annahme des Bauernopfers gezwungen, was aber die auf den weißen Königsflügel zeigende lange Diagonale öffnet, die durch den unklugen Abtausch im 17. Zug geschwächt wurde.

19 ♕xd5 ♗b7 20 ♕g5

Auf 20 ♕b3 folgt 20...♘f5 21 ♗c5 ♕e4 22 f3 ♕xe2 23 ♕xb7 ♖ab8 24 ♕c7 ♕xb2 mit fast todsicherem Remis.

20...♕e4 21 f3 ♕e6 22 ♗d4?

Weiß bekommt endlich seinen Läufer auf die lange Diagonale, wird aber an diesem Erfolg keine Freude haben. Am besten ist 22 ♖fe1!, was den wichtigen e-Bauern verteidigt und Weiß immer noch etwas Vorteil gibt.

22...♘f5 23 ♗c3 ♕xe2 24 ♖ce1

Oder 24 ♕f6 ♕e3+ 25 ♖f2 (25 ♔g2? verliert wegen 25...♖d2+) 25...♘d4 26 ♗xd4 ♕xd4 27 ♕xd4 ♖xd4 mit etwas Vorteil für Schwarz.

24...♕b5

W

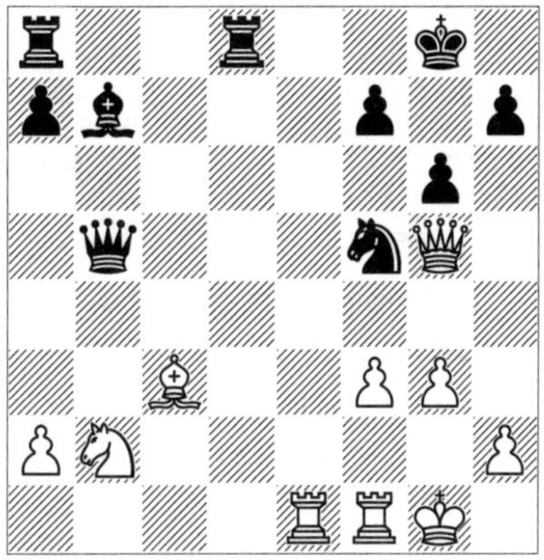

25 ♔g2?

25 ♕f6? ♕b6+ 26 ♕xb6 axb6 27 ♘c4 ♗a6 ist ebenfalls günstig für Schwarz. Am besten ist 25 ♘a4!, wonach 25...♕xa4 26 ♕f6 ♖d4 27 ♖d1 zu gleichem Spiel führt.

25...♖d6!

Schiebt ♕f6 einen Riegel vor. Schwarz hat wegen des schlecht stehenden weißen Springers und der exponierten weißen Königsstellung klaren Vorteil.

26 g4 ♖c8 27 ♘d1 ♖xd1?

Der falsche Augenblick für diesen Zug. Die Fortsetzung 27...h6! 28 ♕f4 ♖xd1! 29 gxf5 (29 ♖xd1 ♕e2+ 30 ♔h3 ♘e3 gewinnt für Schwarz) 29...♖xe1 30 ♗xe1 g5 31 ♕b4 ♕d5 gibt Schwarz eine Gewinnstellung, weil der weiße König exponiert, die weiße Bauernstruktur zerrüttet und vor allem der Druck auf der langen Diagonale unerträglich ist.

28 ♖xd1 ♖xc3?

28...♗xf3+ 29 ♖xf3 ♕e2+ 30 ♖f2 ♕xd1 gibt Schwarz geringfügige Gewinnchancen.

29 gxf5?

29 ♖d8+ ♔g7 30 gxf5 ♖c2+ 31 ♖f2 ♗xf3+ 32 ♔g3! ist günstig für Weiß.

29...♗xf3+! 30 ♖xf3 ♕e2+ 31 ♖f2 ♕xd1 32 fxg6?! hxg6 33 ♕f4 ♕d5+ 34 ♔g1 ♖c4 35 ♖d2? ♕c5+ 36 ♕f2 ♖c1+ 37 ♔g2 ♕g5+ 38 ♔f3 ♖c3+ 39 ♔e4 ♕g4+ 40 ♔e5 ♕e6+ 0-1

W

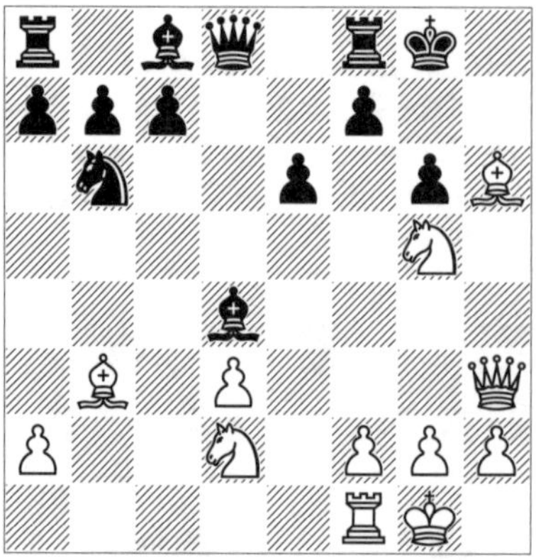

Nisipeanu – Reinderman
Europameisterschaft, Rijeka 2010

Weiß hat eine Qualität und einen Bauern geopfert, aber es ist keineswegs klar, ob seine Kompensation ausreicht. In solchen Fällen kann ein kleiner Ausrutscher einer Partei leicht den Ausschlag geben.

17 ♘de4!

Weiß stellt durch Überdeckung des Feldes f6 die Drohung 18 ♗g7! auf. Bei fast jedem Angriff ist es wichtig, den Gegner durch Aufstellung direkter Drohungen nicht zur Ruhe kommen zu lassen.

17...♖e8 18 ♘xf7?

In einer derart komplizierten Stellung ist es manchmal besser, die konkrete Analyse mit allgemeinen Argumenten zu kombinieren. Die Hauptverteidigungsfigur des Schwarzen ist der Läufer d4, und das Schlüsselfeld ist f6. Wenn Weiß f6 unter Kontrolle nehmen und dort einen Läufer oder Springer postieren könnte, würde die schwarze Stellung zusammenbrechen. Demzufolge drängt sich 18 ♘h7! (mit der Drohung 19 ♗g5) auf, was tatsächlich forciert gewinnt:

1) 18...♘d5 19 ♗g5 f6 20 ♕h6 fxg5 21 ♗xd5 ♖e7 (21...exd5 verliert wegen 22 ♕xg6+ ♔h8 23 ♘hf6 ♗xf6 24 ♘xf6) 22 ♕xg6+ ♖g7 23 ♘ef6+ ♗xf6 24 ♘xf6+ ♔f8 25 ♕h6 ♔f7 26 ♘h5 ♕f8 27 f4 g4 28 f5 exd5 29 f6 ♖g6 30 ♕h7+ ♔e6 31 ♕xg6 mit Vernichtung.

2) 18...f6 19 ♗e3! (nach 19 ♗c1? ♕e7 hält die schwarze Stellung) 19...♔f7 (19...♗xe3 20 ♘hxf6+) 20 ♘eg5+ fxg5 21 ♘xg5+ ♔f8 22 ♕h6+ ♗g7 23 ♗c5+ ♖e7 24 ♕xg6 mit Gewinn für Weiß.

3) 18...♘d7 19 ♗g5 f6 20 ♕h6 (das Eindringen auf h6 mit der Dame ist eine weitere wichtige Idee) 20...fxg5 21 ♕xg6+ ♗g7 (21...♔h8 verliert wegen 22 ♘hxg5) 22 f4! (da Schwarz durch die gegnerischen Drohungen gelähmt ist, erweist sich der langsame Vormarsch des f-Bauern als entscheidend) 22...♕e7 (auch nach 22...g4 23 f5 gewinnt Weiß) 23 fxg5 ♖f8 24 ♗xe6+ ♔h8 25 ♘xf8 ♘xf8 26 ♕h5+ ♘h7 27 ♗xc8 ♖xc8 28 g6 nebst ♖f7 macht der Partie ein Ende.

S

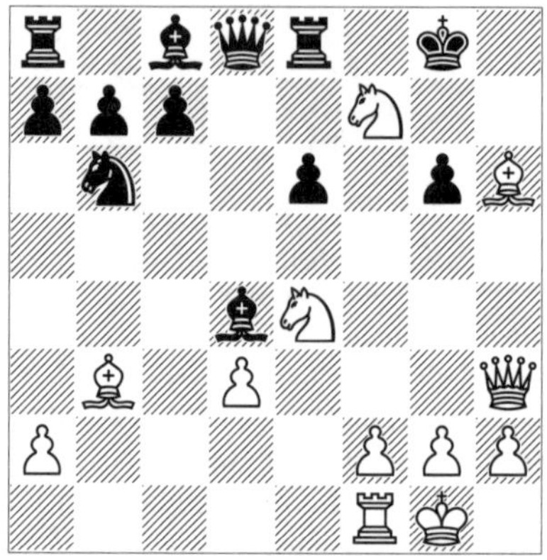

Der Partiezug ist spektakulär, sollte aber nur zu unklarem Spiel führen.

18...♕d7?

Da es im Allgemeinen schwieriger ist, sich zu verteidigen als anzugreifen, gelingt es dem Verteidiger häufig nicht, die rettende Variante zu finden. Nach 18...♔xf7 19 ♕f3+ ♔g8! (19...♗f6? 20 ♖e1 ist nach 20...♘d5 21 ♘g5+ ♔g8 22 ♕e4 ♘f4 23 ♕xf4 ♗xg5 24 ♗xg5 ♕xd3 25 ♗f6 oder 20...♕d4 21 g4 ♖h8 22 ♗g5 ♘d7 23 ♗d2! sehr gut für Weiß) 20 ♕g3 ♔f7 21 ♕f4+ ♗f6 (auch 21...♔g8 22 ♕g4 ♔f7 23 ♘g5+ ♔g8 24 ♘f3 ist unklar) 22 ♖e1 ♕d4 hat Weiß genug Kompensation für den Turm, aber vielleicht nicht mehr.

19 ♗e3!

Durch den Angriff auf den Läufer d4 wird ...♕xf7 verhindert.

19...♔xf7

Nach 19...♗g7 20 ♘eg5 und 19...♖e7 20 ♘c5! ♗xc5 21 ♕h8+ ♔xf7 22 ♗h6 gewinnt Weiß.

20 ♕h7+ ♗g7 21 ♘g5+ ♔f6 22 ♘e4+ ♔f7 23 ♘g5+ ♔f6 24 ♘f3!

Die Schlüsselidee. Es gibt keine gute Verteidigung gegen die Drohung 25 ♗g5+ ♔f7 26 ♘e5+.

24...♕d6 25 ♗g5+ ♔f7 26 ♗h6 ♕f8

26...♖g8 verliert wegen 27 ♘g5+ ♔f8 28 ♕xg6.

27 ♘e5+ ♔f6 28 ♕xg6+ ♔e7 29 ♗xg7 ♕f5 30 ♕h6 ♘d5 31 g4 1-0

W

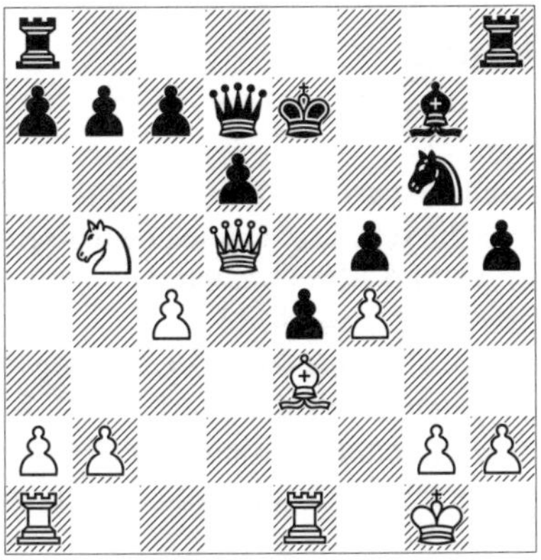

Sutovsky – Kramnik
Dortmund 2005

Der Anziehende hat einen Bauern geopfert, um den schwarzen König in der Mitte festzuhalten, und muss sich nun entscheiden, wie er den Angriff fortsetzen will.

22 c5?!

Der Weiße will durch ein Figurenopfer Linien öffnen. Objektiv ist dies wahrscheinlich keine gute Idee, da er mit dem einfachen 22 ♖ad1! ohne weitere Materialinvestition gutes Spiel erhält. Die Partiefortsetzung ist jedoch ein Lehrbeispiel dafür, wie selbst sehr starke Spieler an den Anforderungen einer schwierigen Verteidigung scheitern können.

22...c6 23 cxd6+

23 ♕xd6+ ♕xd6 24 ♘xd6 ♔e6 ergibt nur gleiches Spiel.

23...♔f8 24 ♕b3 cxb5 25 ♖ac1

Das ist die Idee. Der schwarze König steht einstweilen unbehaglich, und es droht unmittelbar 26 ♖c7.

25...♕f7

Erzwungen, um eine mögliche Fluchtroute über g8 und h7 freizukämpfen. 25...♕xd6? verliert sofort wegen 26 ♖ed1 ♕f6 27 ♖c7 mit überwältigenden Drohungen.

26 ♕xb5 a6?!

Schwarz verliert diese Partie wegen eines häufig vorkommenden Fehlers. Kramnik will seinen König um jeden Preis nach h7 bringen, vergeudet damit aber Zeit, ohne die schwarze Stellung sehr zu verbessern. Er sollte stattdessen versuchen, seine Figuren zu aktivieren und zu sehen, was Weiß unternimmt, bevor er sich für die Königsflucht entscheidet. In der Verteidigung muss man flexibel bleiben und darf sich nicht so sehr auf eine spezielle Aufgabe konzentrieren, dass man alle anderen Faktoren außer Acht lässt. Ein gesünderer Verteidigungsplan besteht in 26...♖d8! 27 ♖c7 ♕e6 28 ♕xb7 ♗f6 29 ♖d1 ♖g8. Hier hat Schwarz zwar seine Königsstellung nicht verbessert, aber mit seiner flexiblen Reaktion ...♖g7 oder potenzielles Gegenspiel mit ...♘h4 vorbereitet. In diesem Fall steht Schwarz zumindest nicht schlechter.

27 ♕b6 ♔g8

Auch 27...♗f6 28 ♖c7 ♕e6 29 ♖ec1 ♖d8 ist ungefähr ausgeglichen.

28 ♖ed1

S

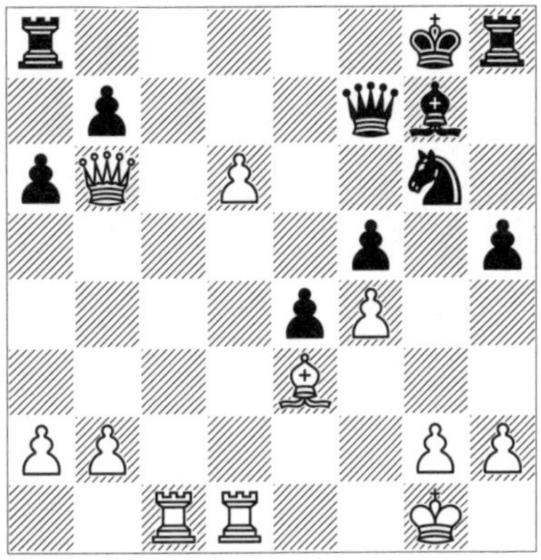

28...♔h7?

Schwarz verfolgt seinen Plan, gerät aber nun in eine Verluststellung. Mit 28...♗f6! 29 ♖c7 ♕e6 30 ♕xb7 ♖d8 war die Partie immer noch zu halten; z. B. 31 d7 ♘f8 32 ♖c6 ♖xd7 33 ♖xd7 ♕xd7 34 ♕b3+ ♔g7 35 ♖xf6 ♔xf6 36 ♕c3+ ♔f7 37 ♕xh8 ♕d1+ 38 ♔f2 ♕c2+ mit Dauerschach.

29 ♖c7 ♕f8 30 ♗d4 ♖g8 31 ♕xb7

Droht u. a. 32 ♖f7.

31...e3

Oder 31...♖b8 32 ♗xg7 ♖xb7 33 ♗xf8+ ♖xc7 34 dxc7 ♖xf8 35 ♖d8, und Weiß wandelt seinen Bauern um.

32 ♖f7!

Nicht 32 ♗xg7? ♖xg7 33 ♖xg7+? ♕xg7 34 ♕xa8 e2 35 ♖e1 ♕d4+ 36 ♔h1 ♕f2, wonach Schwarz gewinnt.

32...♖b8 33 ♕d7 ♖d8 34 ♕xf5 ♕xf7 35 ♕xf7 ♖xd6 36 ♔f1

Hält den e-Bauern auf. Schneller ist 36 f5, aber der Partiezug reicht auch zum Sieg.

36...♘xf4 37 ♕f5+ ♖g6 38 ♕xf4

Gibt die Dame, um ein Endspiel mit zwei Mehrbauern zu erreichen.

38...♖f8 39 ♕xf8 ♗xf8 40 ♗xe3 ♖e6 41 ♔f2 ♔g6 42 ♖d5 ♗e7 43 ♗c5 ♗f6 44 b3 ♗e5 45 g3 h4 46 gxh4 ♗xh2 47 h5+ ♔h7 48 ♔f3 ♗e5 49 ♖d7+ ♔h6 50 ♔g4 ♗g7 51 ♖d6 1-0

56 Durchbruch zum König

Um zum gegnerischen König durchzubrechen, bedarf es möglicherweise einer Reihe von Opfern und einer gehörigen Portion Mut. Man sollte sich sicher nicht zu offensichtlich inkorrekten Opfern hinreißen lassen, aber in Grenzfällen hat der Angriff auch dann häufig Erfolg, wenn er objektiv nicht ganz korrekt ist.

W

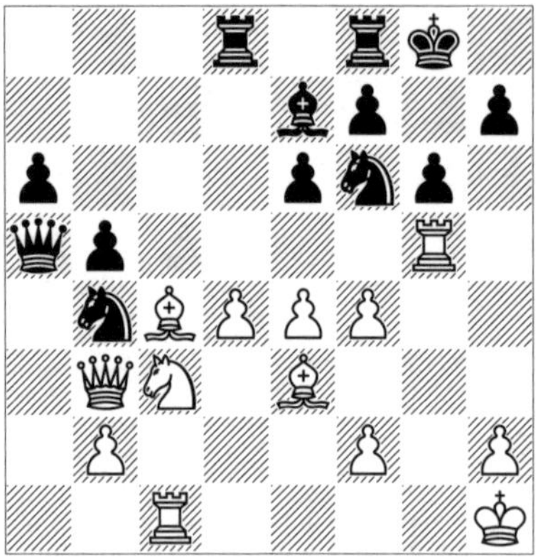

Rapport – Rogić
Österreichische Mannschaftsmeisterschaft 2010/11

18 ♗xe6! fxe6 19 f5!?

Dies zeigt, dass der Anziehende ein waschechter Angriffsspieler ist. Nach 19 ♕xe6+ ♖f7 20 f5 ♖d6 21 ♕b3 hat er gute positionelle Kompensation für die Figur, aber er geht lieber volles Risiko.

19...♘fd5! 20 exd5 exd5?

In einer so komplizierten Stellung kann man leicht fehlgreifen. Die zweitbeste Verteidigung ist 20...♗xg5?! 21 ♗xg5 ♘d3; nach 22 dxe6 ♘xc1 23 ♗xc1 ♖de8 24 e7+ ♖f7 25 ♗g5 ♕a1+ 26 ♔g2 ♕e1 27 ♕e6 ♕xe6 28 fxe6 ♖fxe7 29 ♗xe7 ♖xe7 30 d5 ♔f8 31 ♔f3 b4 geht die Partie wahrscheinlich remis aus. Der beste Zug ist paradoxerweise 20...♘d3!, wonach Schwarz in allen Varianten Übergewicht behält; beispielsweise 21 ♖f1 (21 dxe6 ♘xc1 22 ♗xc1 ♔g7 ist günstig für Schwarz) 21...♗xg5 22 ♗xg5 ♖xf5 23 dxe6 ♔g7 24 f4 ♕b6 25 ♗xd8 ♕xd8, und Weiß hat zwar vorübergehend einen Bauern mehr, aber die schwarzen Figuren stehen sehr aktiv, und mittlerweile sieht die weiße Königsstellung exponierter aus. Diese Verteidigung ist schwer zu finden, da man in einer Stellung, in der verschiedene Schlagfälle möglich sind, nicht sofort an einen Zug denkt, der nichts schlägt.

21 fxg6

Der weiße Angriff ist brandgefährlich, insbesondere da die schwarze Dame und der schwarze Springer weit im Abseits stehen.

21...♗xg5 22 ♗xg5 ♘d3

22...hxg6 23 ♗xd8 ♖xd8 24 ♖g1 ♔g7 (nach 24...♖d6 gewinnt Weiß mit 25 ♘e4! ♖c6 26 ♘g5) 25 ♘e2 mit der Drohung 26 ♘f4 oder 26 ♕e3 gibt dem Anziehenden entscheidenden Vorteil.

W

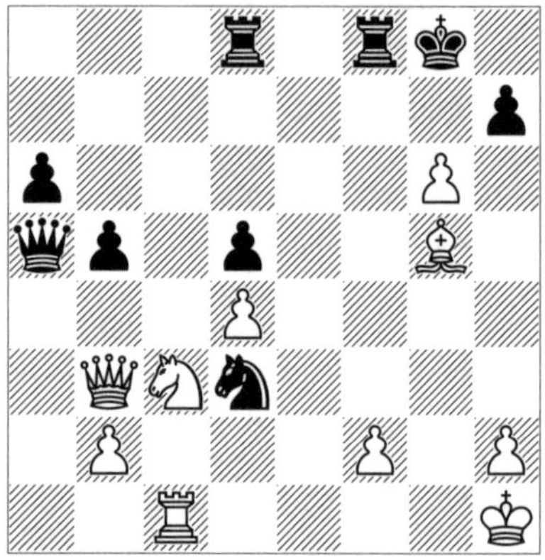

23 ♘xd5!

Nachdem Weiß seine Chance bekommen hat, führt er den Angriff mit großer Energie.

23...♘xc1 24 ♘e7++ ♔g7 25 ♕e6

Droht 26 ♕e5+ und Matt im nächsten Zug.

25...b4?!

Am zähesten ist 25...♕c7, aber nach 26 ♕h3! h5 27 ♕e3 (droht 28 ♗h6+) 27...♘d3 28 ♗h6+ ♔f6 29 ♗xf8 ♕b7+ 30 d5 ♖xf8 31 ♕d4+ ♔g5 32 g7 ♕xe7 33 gxf8♕ ♕xf8 34 ♕xd3 ♕f5 (34...♕xf2 verliert wegen 35 d6) 35 ♕d4 ♕f6 36 ♕d2+ ♔f5 37 f4 sollte Weiß das Damenendspiel gewinnen.

26 d5!

Droht wieder ♕e5+, wogegen diesmal kein Kraut gewachsen ist.

26...♘d3

Oder 26...♕c7 27 ♕h3 h5 28 ♕e3 mit den entscheidenden Drohungen ♗h6+ und ♕d4+.

27 ♗h6+! ♔xh6 28 gxh7+ ♔g5

Oder 28...♔g7 29 h8♕+! ♖xh8 (29...♔xh8 30 ♕h6#) 30 ♘f5+ ♔f8 31 ♕e7+ ♔g8 32 ♕g7#.

29 ♕g6+ 1-0

Weiß setzt matt: 29...♔f4 30 ♕g3+ ♔e4 31 ♕e3# oder 29...♔h4 30 h8♕+ ♖xh8 31 ♘f5+ ♔h3 32 ♕g3#.

Swidler – Vallejo Pons

Amber-Turnier, Schnellpartie,
Monte Carlo 2004

1 e4 c5 2 ♘f3 d6 3 d4 cxd4 4 ♘xd4 ♘f6 5 ♘c3 a6 6 f3 e5 7 ♘b3 ♗e6 8 ♗e3 ♗e7 9 ♕d2 0-0 10 0-0-0 ♘bd7 11 g4 b5 12 g5 b4 13 ♘e2 ♘e8 14 ♔b1?! a5 15 ♘bc1 a4 16 f4 exf4 17 ♗xf4 ♘c5 18 ♗g2

Trotz seiner weit vorgerückten Damenflügelbauern kann Schwarz nur schwer Angriffsfortschritte machen, da einige seiner Figuren nicht so leicht auf den weißen Damenflügel zu richten sind.

18...b3 19 cxb3 axb3 20 a3

S

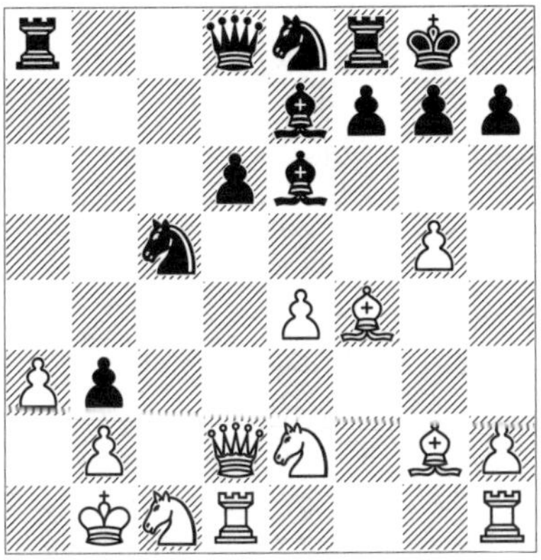

Wenn der Anziehende seine Stellung konsolidieren kann, wird er vielleicht nachweisen können, dass Schwarz sich auf dem Damenflügel zu weit vorgewagt hat. Daher darf der Schwarze den Angriffsschwung nicht verlieren und muss insbesondere passive Figuren wie den Springer e8 ins Spiel bringen.

20...d5!?

Wie im vorigen Beispiel kommt ein Moment, in dem der Angriff nur durch eine mutige Entscheidung vorangetrieben werden kann. 20...♕d7 ist ungefähr ausgeglichen, aber Schwarz verschärft den Kampf, indem er ein Bauernopfer anbietet, um den Springer e8 ins Spiel einschalten zu können.

21 ♘d4 ♘d6 22 exd5

Nun ist Schwarz zum Angreifen verdammt, da er nicht nur einen Bauern aufgegeben, sondern auch dem weißen Springer einen Vorposten auf c6 geschenkt hat.

22...♗g4 23 ♖de1?

Das verlockende 23 ♘c6?! ♕d7 24 ♖de1? scheitert an 24...♗xg5! 25 ♗xg5 ♗f5+ 26 ♔a1 ♘c4 27 ♕d4 ♖xa3+ 28 bxa3 b2+ 29 ♕xb2 ♘xb2 30 ♔xb2 ♕b7+ mit Gewinnstellung für Schwarz. In der vorliegenden Stellung ist Zeit wichtiger als Material; Weiß sollte kein Tempo für die Rettung seines Turms aufwenden. Mit dem korrekten 23 ♕b4! ergreift Weiß die Initiative; danach muss Schwarz um Ausgleich kämpfen.

23...♕d7?!

Vorteil ist mit der folgenden schwierigen Variante zu erzielen: 23...♘c4! 24 ♕c3 ♖xa3 25 bxa3 (25 ♕xc4 ♖a4 26 ♕xa4 ♘xa4 27 ♘c6 ♕b6 28 ♘xe7+ ♔h8 ist aussichtsreich für Schwarz) 25...♘xa3+ 26 ♔a1 ♕b6! 27 ♘cxb3 (27 ♖xe7 ♖a8! ist entscheidend, während Schwarz nach 27 ♘dxb3 ♗f5! 28 d6 ♗f6! 29 gxf6 ♘c2+ 30 ♔b1 ♘xe1+ 31 ♔a2 ♘xb3 32 ♘xb3 ♘xg2 das geopferte Material zurückgewinnt und der weiße König hoffnungslos exponiert ist) 27...♘xb3+ 28 ♘xb3 ♗b4! 29 ♕d3 (auch nach 29 ♕c7 ♕a6 30 ♕c6 ♕a7 32 ♔b2 ♘b5! steht Schwarz auf Gewinn) 29...♘b5!, und die schwarzen Drohungen sind zu stark.

24 ♕b4?

Nach diesem Fehler kann der Nachziehende mit einer Opferkaskade durchbrechen. Es gab zwei annehmbare Varianten: 24 ♕c3 ♗f5+ 25 ♔a1 ♘de4 26 ♗xe4 ♗xe4 27 ♘c6 ♖fe8 28 ♘xe7+ ♕xe7 29 ♘xb3 ♘a4 und 24 ♖xe7 ♕xe7 25 ♕b4 ♘de4 26 ♘cxb3 ♖a4 27 ♕b5 ♕e8 28 ♘xc5 ♕xb5 29 ♘xb5 ♘xc5, jeweils mit unklarem Spiel.

24...♗f5+ 25 ♔a1

25 ♘xf5 ♕xf5+ 26 ♔a1 ♖fb8 27 ♕xc5 ♘c4 28 ♕xe7 ♕c2 29 ♖e2 ♘xa3 führt zum Matt.

S

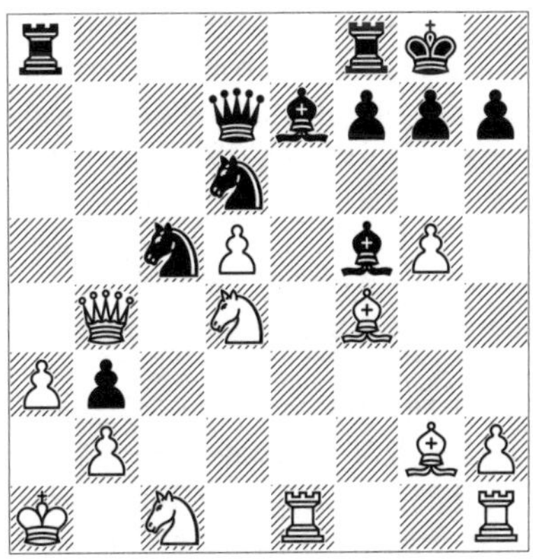

25...♖fb8! 26 ♕xc5 ♘c4 27 d6

Sowohl 27 ♖xe7 ♘xa3 28 ♘dxb3 ♘c4+ 29 ♘a2 ♖xa2+ 30 ♔xa2 ♕a4+ als auch 27 ♕xc4 ♖xa3+ 28 bxa3 b2+ sind für Schwarz gewonnen.

27...♖xa3+! 28 ♕xa3 ♘xa3 29 dxe7 ♘c2+ 30 ♘xc2 ♕a4+ 0-1

31 ♘a3 ♕xa3+ 32 bxa3 b2+ 33 ♔a2 b1♕#.

Manchmal legt man sich so sehr auf einen Angriff fest und macht dabei so viele Zugeständnisse (materiell und/oder positionell), dass der Angriff gelingen **muss** oder die Partie verloren ist. Solche bedingungslosen Angriffe erfordern einen absolut eisernen Willen, da man nach einer anfänglichen materiellen Investition möglicherweise weitere Opfer folgen lassen muss. Der Lohn für das Risiko kann jedoch groß sein. Selbst wenn der Angriff objektiv nicht zum Sieg ausreicht, kann der anhaltende Druck auf den Verteidiger selbst sehr starke Spieler ins Straucheln bringen.

S

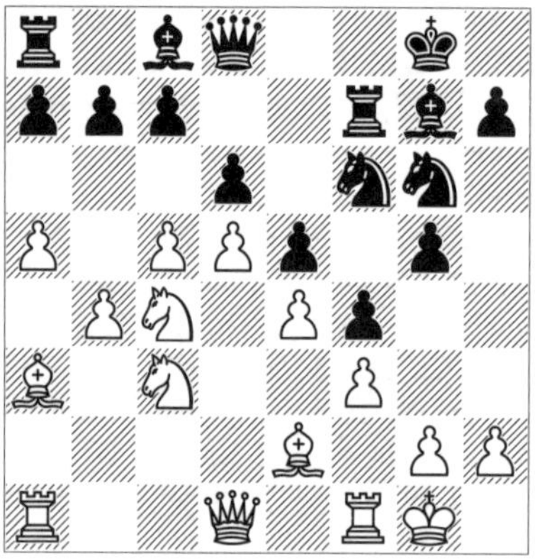

Beljawski – Nakamura
Amsterdam 2009

16...h5 17 b5 dxc5!?

Die gleiche interessante Strategie wie in Gelfand-Nakamura (Seite 189); Schwarz bricht seine Bauernkette auf, um durch dieses positionelle Zugeständnis Zeit für den Königsangriff zu gewinnen.

18 b6 g4 19 bxc7!

Beljawski bringt eine Verbesserung gegenüber 19 ♗xc5 mit Übergang zur Partie Gelfand-Nakamura.

19...♖xc7 20 ♘b5

Da nun 20...♖f7 21 ♘bd6 sehr gut für Weiß ist, entscheidet sich Schwarz für einen bedingungslosen Angriff. Objektiv behält Weiß Vorteil, aber selbst ein so starker Großmeister wie Beljawski hat Schwierigkeiten, sich seinen Weg durch die Verwicklungen zu bahnen.

20...g3 21 ♘xc7 ♘xe4!

Das nenne ich bedingungslos! Schwarz ist zu großen Materialopfern bereitet, um zum weißen König durchzudringen.

22 ♘e6?

Danach hat der Nachziehende mindestens Remis, aber es war nicht leicht, unter vielen Möglichkeiten die beste zu finden. Korrekt ist 22 fxe4!; die Hauptvariante lautet dann 22...♕h4 23 h3 ♗xh3 24 gxh3 ♕xh3 25 ♖f2! gxf2+ 26 ♔xf2 ♕g3+ 27 ♔f1 ♕h3+ 28 ♔e1 ♕c3+ 29 ♕d2 ♕xa1+ 30 ♗d1 ♖b8 31 d6, wonach Weiß sicherlich besser steht, wenngleich die Stellung kompliziert bleibt. Dieses Abspiel demonstriert, dass man zur Abwehr eines bedingungslosen Angriffs möglicherweise das geopferte Material zurückgeben muss.

22...♗xe6 23 dxe6 gxh2+ 24 ♔xh2 ♕h4+ 25 ♔g1 ♘g3

Droht mit 26...e4 nebst ...e3 oder ...♗d4+ zu gewinnen.

26 ♗xc5 e4 27 ♖a4

Eine einfallsreiche und völlig ausreichende Verteidigung, die 27...e3 wegen 28 ♘xe3 verhindert.

27...♖c8 28 ♗xa7?

Das verliert nach der erstaunlichen Erwiderung. Am besten ist 28 e7! ♘xe7 29 ♘d6 exf3 30 ♗c4+ ♔h8 31 ♘f7+ ♔g8 (31...♔h7 32 ♕xf3 ♖xc5 33 ♗d3+ ist sogar etwas besser für Weiß) 32 ♘e5+ ♔h8 33 ♘f7+ mit Remis durch Zugwiederholung.

S

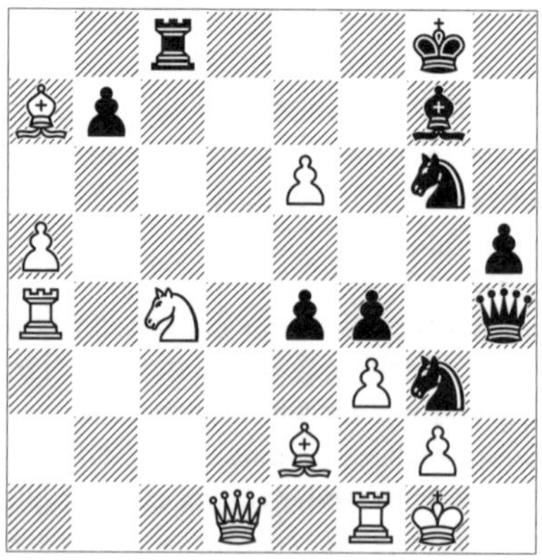

28...b5!!

Ein problemartiger Zug, der Turm und Springer aufgabelt. 29 axb6?? verbietet sich wegen 29...♗d4+ 30 ♕xd4 ♘xe2#.

29 ♖b4

Es gibt keine Verteidigung, da 29 ♖a3 bxc4 30 fxe4 ♖d8 31 ♕c2 c3! Schwarz entscheidenden Angriff gibt.

29...bxc4 30 ♗xc4 ♕h1+ 31 ♔f2 e3+ 32 ♗xe3 fxe3+ 33 ♔xe3 ♘xf1+ 34 ♗xf1 ♕g1+ 0-1

Manchmal beginnt der bedingungslose Angriff schon in der Eröffnung.

Motyljow – Radjabow

Olympiade, Chanty-Mansijsk 2010

1 e4 e5 2 ♘f3 ♘c6 3 ♘c3 ♘f6 4 ♗b5 ♘d4 5 ♗c4 ♗c5

Die energischste Fortsetzung, die einen Bauern für anhaltende Initiative anbietet.

6 ♘xe5 ♕e7 7 ♘f3 d5

Wenn man einmal etwas geopfert hat, muss man oft weiteres Material ins Geschäft stecken, um das Feuer zu schüren. Hier bietet Schwarz einen zweiten Bauern an, um seine Entwicklung zu beschleunigen und den Springer f3 zu fesseln.

8 ♗xd5 ♗g4 9 d3 0-0-0 10 ♗e3 ♘xd5 11 ♘xd5

S

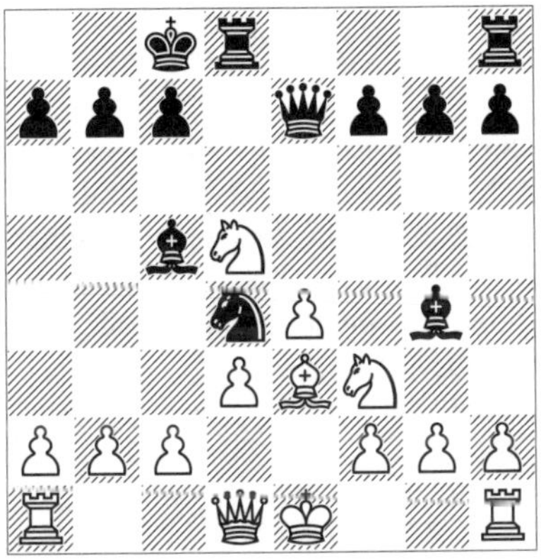

11...♖xd5!

Ohne dieses weitere Opfer würde der schwarze Angriff zum Erliegen kommen, aber das materielle Defizit wächst.

12 exd5 ♖e8 13 0-0?!

Spielt auf Vorteil, was aber riskant ist. Das sicherere 13 c3 führt nach 13...♘xf3+ 14 gxf3 ♕h4 15 ♔d2 ♖xe3! 16 fxe3 ♕f2+ 17 ♔c1 ♗xf3 18 ♕e1 ♗xe3+ 19 ♔b1 ♗xh1 20 ♕xh1 ♕e2! 21 a4 ♕xd3+ 22 ♔a2 ♕c4+ 23 ♔b1 ♕d3+ forciert zum Remis, wie in Vallejo Pons-L. Dominguez, Cuernavaca 2006.

13...♗xf3

Nach 13...♘xf3+?! 14 gxf3 ♗h3 15 ♔h1 ♗xf1 16 ♕xf1 ♗xe3 17 ♖e1 kann Weiß etwas Übergewicht behalten.

14 gxf3 ♗d6

Wegen der Drohung 15...♕h4 16 f4 ♕h3 blockiert Weiß nun die Diagonale b8-h2.

15 f4 ♕h4

Der schwarze Angriff reicht mindestens zum Remis; außerdem lastet auf Weiß der Druck, wieder und wieder den richtigen Verteidigungszug finden zu müssen.

16 ♔h1 ♕h3 17 ♖g1

Nur so ist der Drohung ...♘f3 zu begegnen.

17...♘f3 18 ♖g2 g5

Die nächste Angriffswelle rollt heran; es droht einfach 19...gxf4.

19 c4

19 c3? ♖g8! gefolgt von ...♖g6 ist sehr gut für Schwarz.

19...gxf4 20 ♕a4 ♔d8?!

Mit 20...c6 21 dxc6 fxe3 22 cxb7+ ♔d8 23 c5 (23 ♕c6? verliert wegen 23...♔e7) 23...♗xh2 24 ♕g4 ♕xg4 25 ♖xg4 e2 26 ♔g2 e1♕ 27 ♖xe1 ♘xe1+ 28 ♔xh2 ♔c7 29 d4 ♔xb7 kann sich Schwarz leichten Vorteil sichern, wenngleich ein Remis wahrscheinlich ist.

21 c5 ♘h4 22 ♖ag1 ♗e5 23 ♗xf4 ♘xg2 24 ♖xg2 ♕f3

W

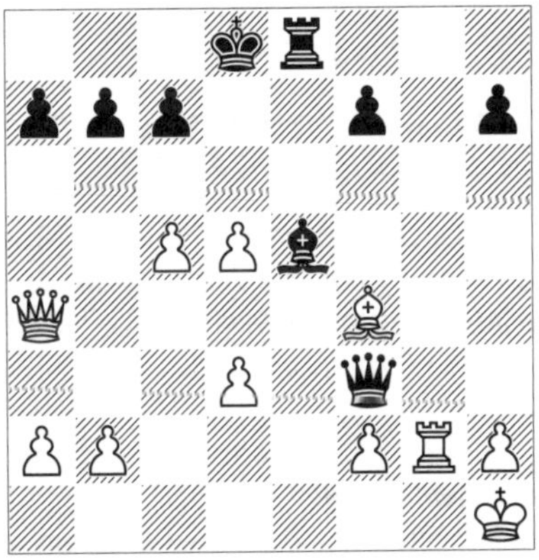

25 ♗xe5?

Der unablässige Druck fordert schließlich seinen Tribut. 25 ♗g3! hält das Gleichgewicht; danach führt die Fortsetzung 25...♗xg3 26 hxg3 ♕xd5 27 ♕c4 ♕f3 28 ♕f4 zu einem ausgeglichenen Endspiel.

25...♖xe5

Es gibt keine zufriedenstellende Antwort auf die Doppeldrohung 26...♖e1# und 26...♖g5.

26 ♕h4+ f6 27 h3 ♖g5 28 ♕e4 ♕xh3+ 29 ♔g1 f5!

Die Dame kann die Kontrolle über g2 nicht behalten, daher muss Weiß Material aufgeben.

30 ♖xg5 fxe4 31 dxe4 ♕h6 32 ♖g8+ ♔e7 33 b4 ♕f4 34 ♖g3 ♔f6 35 ♖e3 ♔e5 36 a3 h5 37 ♔g2 ♕g4+ 38 ♔h1 a6 39 ♔h2 h4 40 a4 ♕d1 41 ♖h3 ♔xe4 42 ♖xh4+ ♔e5 0-1

Manchmal braucht man viel Fantasie, um die richtige Angriffsfortsetzung zu finden. In Fällen, in denen der Gegner offenbar anfällig ist, aber offensichtliche Fortsetzungen nicht funktionieren, kann es sich lohnen, etwas Zeit auf die Betrachtung weniger konventioneller Möglichkeiten zu verwenden.

W

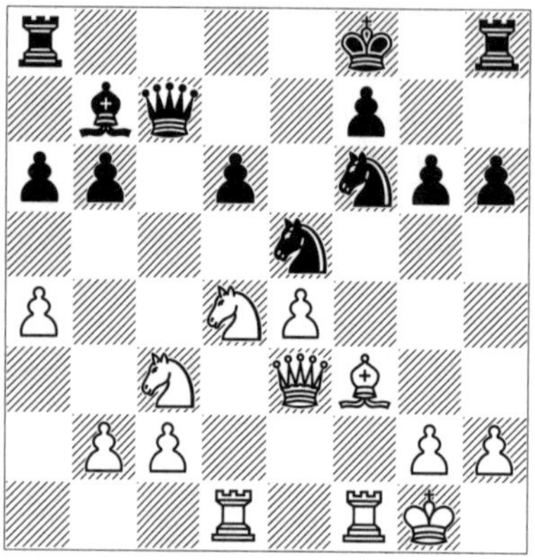

Akopjan – Vachier-Lagrave
Olympiade, Dresden 2008

Der ungedeckte Springer f6 und die Möglichkeit ♘e6+ sind taktische Schwächen, die aber nicht so leicht auszubeuten sind, da etwa 18 ♗e2 mit 18...♔g7 beantwortet wird.

18 ♗h5!!

Dies ist eine echte Überraschung. Es ist klar, dass 18...♘xh5?? 19 ♘e6+ und 18...gxh5? 19 ♖xf6 nicht angehen, aber es ist weniger offensichtlich, was passiert, wenn Schwarz einfach den Springer f6 deckt.

18...♕e7

In der anderen Hauptvariante 18...♔g7 19 ♗xg6! ♘xg6 (auch 19...♔xg6 20 ♘f5! ♘eg4 21 ♕g3 ♕c5+ 22 ♔h1 ♕e5 23 ♖f4 ♔h7 24 ♖xd6 ♗xe4 25 ♖xf6 ♕xf6 26 ♘e3 gibt Weiß großen Vorteil) 20 ♘f5+ ♔g8 21 ♘xd6 ♘g4 22 ♕g3 h5 23 ♖xf7 ♕c5+ 24 ♔h1 ♗c6 25 ♖f5 ♕e3 26 ♖f3 ♕c5 27 ♘f5 verbleibt Weiß mit drei Bauern und anhaltendem Angriff für die Figur.

19 ♗xg6!

Der Sinn des Läuferausflugs nach h5 besteht wie in der vorigen Anmerkung darin, den schwarzen Königsflügel durch ein Figurenopfer zu öffnen.

19...♘xg6

19...fxg6 20 ♖xf6+ ♕xf6 21 ♖f1 ♕xf1+ 22 ♔xf1 ist zwar materiell ausgeglichen, sieht Weiß aber beträchtlich im Vorteil, da der schwarze König exponiert ist und die schwarzen Bauern (insbesondere der auf b6) schwach sind.

20 ♘f5 ♕e5 21 ♕xb6

S

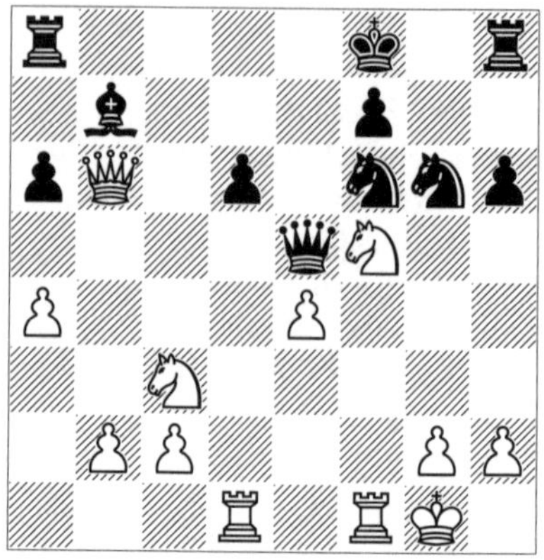

Für die Figur hat Weiß zwei Bauern, einen schönen Springer auf f5 und starke Initiative. Darüber hinaus ist nicht zu leicht zu sehen, wie Schwarz das Problem seiner schlechten Königsstellung und des nicht am Spiel teilnehmenden Turms h8 lösen kann.

21...♗xe4?

Das verliert auf sehr überraschende Weise. 21...♕c5+? 22 ♕xc5 dxc5 23 ♘d6 und 21...♗c8? 22 ♕d8+ ♘e8 23 ♘xd6 ♖h7 24 ♘xe8 ♕xe8 25 ♕d6+ ♔g8 26 ♘d5 sind ebenfalls hoffnungslos für Schwarz, aber mit 21...♘g4 kann er noch kämpfen. Selbst dann erhält Weiß indes mit 22 g3 (22 ♘g3 ♕c5+ 23 ♕xc5 dxc5 24 ♖d7 ♗c8 25 ♖dxf7+ ♔g8 26 ♖c7 ♖h7 27 ♖xc5 ist ebenfalls günstig für Weiß) 22...♕c5+ 23 ♕xc5 dxc5 24 ♘d6 ♘6e5 25 ♘xb7 ♘e3 26 ♘xc5 ♘xd1 27 ♖xd1 mit drei Bauern für die Qualität klaren Vorteil.

22 ♕xd6+!

Unerwarteterweise führt der Weg zum krönenden Abschluss des Angriffs über den Damentausch.

22...♕xd6 23 ♘xd6 ♗xc2

Das ist wegen des Doppelangriffs auf e4 und f6 erzwungen.

24 ♖xf6! ♖a7

Da 24...♗xd1 25 ♖xf7+ ♔g8 26 ♘d5 zum Matt führt, behält Weiß sein Material.

25 ♖d2 ♔g7 26 ♖f3 1-0

Nach 26...♗b3 27 ♘f5+ ♔h7 28 ♘e4 greift Weiß den Läufer b3 an und droht Matt auf f6.

S

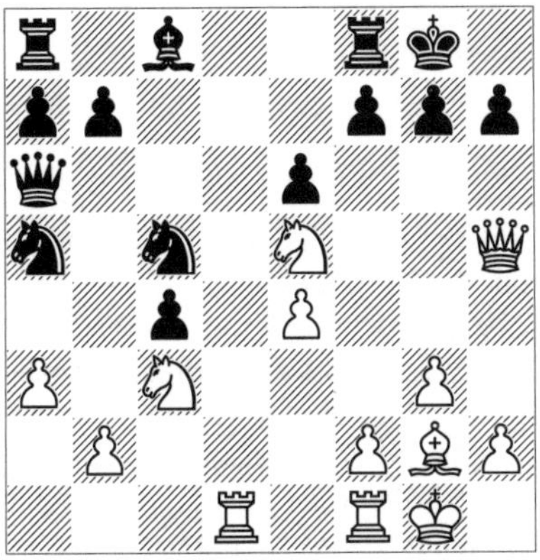

Korobow – Vocaturo
Moskau 2011

Weiß hat einen Bauern geopfert, um Angriffschancen gegen den schlecht verteidigten schwarzen Königsflügel zu erhalten. Schwarz kann ungeachtet der Abseitsstellung seiner Figuren am Damenflügel mit ...♘d3 die d-Linie blockieren und dann mit ...♗d7 seinen Damenflügel entwickeln. Da 17...♘d3 18 ♘xd3 cxd3 19 e5 gefolgt von ♗e4 günstig für Weiß ist, will Vocaturo zuerst den Springer e5 verjagen.

17...f6?

Es sieht so aus, als ob Weiß den Springer ziehen muss, aber nach 18 ♘g6 hxg6 19 ♕xc5 b6 oder 18 ♘g4 ♘d3 hat Schwarz nichts zu befürchten. In Situationen wie dieser, in der die Fantasie eine Schlüsselrolle spielt, muss man zusätzliche Anstrengungen bei der Suche nach einer taktischen Idee unternehmen, selbst wenn nichts auf der Hand liegt. Man sollte keine Zeit damit verschwenden, in Stellungen nach taktischen Schlägen zu suchen, in denen die Erfolgschancen gleich Null sind, aber hier gibt es einigen Grund, auf eine Überraschung zu hoffen, da zwei weiße Figuren in der Nähe des gegnerischen Königs stehen und alle schwarzen Figuren außer dem Turm f8 weit vom Königsflügel entfernt sind.

Korrekt ist 17...♕b6 mit Deckung von d8 und Angriff auf b2 und unklarer Stellung.

18 ♖d8!!

Und hier ist die Überraschung. Statt seinen Springer zu bewegen, stellt Weiß auch noch einen Turm en prise und sichert sich dadurch starken Angriff.

18...fxe5

Nicht 18...♖xd8? 19 ♕f7+ ♔h8 20 ♕e7 mit Rückgewinn des Turms bei gewinnbringendem Angriff; nach etwa 20...♗d7 21 ♘f7+ ♔g8 22 ♘xd8 h6 23 e5! f5 24 ♖d1 hat Weiß überwältigende Drohungen.

19 ♖xf8+ ♔xf8 20 f4

Die Pointe. Weiß öffnet die f-Linie und schaltet seinen Turm in den Angriff ein.

20...♔e7

20...♘d7? verliert wegen 21 fxe5+ ♔e7 22 ♘d5+! exd5 23 exd5 ♕h6 24 d6+ ♔d8 25 ♕f7 ♕e3+ 26 ♔h1 ♕xe5 27 ♕g8+ ♕e8 28 ♕xg7.

W

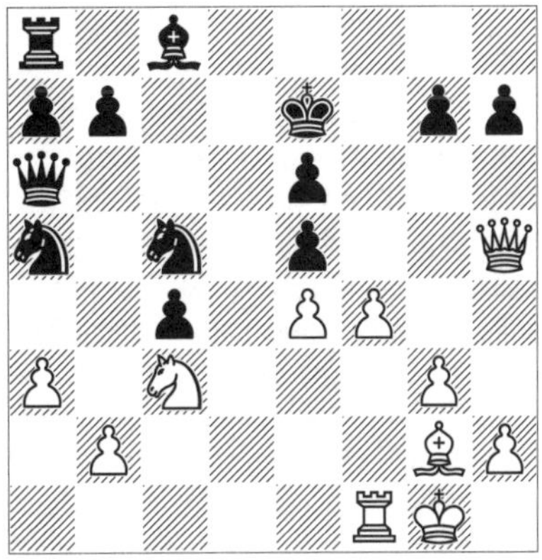

21 fxe5?

Schade. Der Anziehende verpasst 21 ♕xe5! ♘d3 (21...♔e8 22 ♕xg7 ♕b6 23 ♔h1 ♘d3 24 h3 nebst f5 ist für Weiß gewonnen) 22 ♕xg7+ ♔d8 23 ♔h1 ♕b6 24 h3 nebst f5 mit großem Vorteil.

21...♔d8 22 ♕g5+ ♔c7 23 ♕e7+ ♘d7 24 ♔h1

Die Stellung ist nun ungefähr ausgeglichen, aber unter dem anhaltenden weißen Druck greift Schwarz schließlich doch fehl.

24...♔b8 25 ♗h3 ♕c6

Auch 25...♕b6 26 ♗xe6 ♘c6 27 ♕d6+ ♕c7 28 ♘d5 ♕xd6 29 exd6 ♘c5 30 ♗xc8 ♔xc8 31 ♖f7 ♖b8 32 e5 ♘e6 ist ausgeglichen.

26 ♗xe6 a6 27 ♖f7 ♘b6 28 ♗d5 ♘xd5?

28...♕h6! hält das Gleichgewicht.

29 exd5 ♕b6 30 e6 ♔a7 31 ♕b4! ♕xb4 32 axb4 ♘b3 33 ♖xg7?!

Sehr stark ist 33 ♘e4!, aber der Textzug erweist sich letztendlich auch als ausreichend:

33...♘d4 34 ♖xh7 ♘xe6 35 dxe6 ♗xe6 36 ♔g1 ♖d8 37 ♖e7 ♗h3 38 ♔f2 ♖d6 39 ♖e4 ♖d2+ 40 ♖e2 ♖d6 41 ♔e3

Im Moment blockiert Schwarz die weißen Königsflügelbauern. Nun muss Weiß lavieren, um seinen Springer nach f4 zu überführen, damit die Bauern vorrücken können.

41...♖e6+ 42 ♔f4 ♖f6+ 43 ♔e5 ♖e6+ 44 ♔d4 ♖d6+ 45 ♘d5 ♗e6 46 ♖e5 b6 47 h4 ♔b7 48 ♔e4 ♔c6 49 ♘f4 ♗g4 50 ♖d5 ♖f6 51 h5 b5 52 ♖g5 ♗d1 53 ♖g6 ♗c2+ 54 ♔e5 ♖xg6 55 hxg6 1-0

Verteidigungsspiel

In Publikationen sieht man häufig Glanzpartien, in denen der Angreifer mit einem spektakulären Opfer durchbricht und das Matt erzwingt. Dadurch gewinnt man den Eindruck, dass der Angreifer die weit besseren Chancen besitzt. Darin steckt ein Körnchen Wahrheit, da Angreifen normalerweise leichter ist als Verteidigen. Der Angreifer braucht sich nur einen Weg zu bahnen, wohingegen der Verteidiger im Allgemeinen verschiedene Angriffsideen seines Gegners ins Kalkül ziehen muss. Das soll aber nicht heißen, dass der Angreifer ohne Risiko spielen kann; in der Tat sind die meisten Angriffe mit einem gewissen Risiko verbunden, z. B. in Form eines materiellen oder positionellen Nachteils. Wenn der Angriff von der Überführung der Dame nach h4 und eines Turms nach h3 abhängt, können diese Figuren ganz schlecht stehen, wenn der Angriff misslingt. Bei vielen Angriffen werden die Bauern vorgestoßen, in deren Rücken dann Schwächen zurückbleiben. Wenn der Angriff gelingt, werden diese Schwächen irrelevant sein, aber wenn der Verteidiger den Angriff abschlagen kann, können die Schwächen zu stellungsbeherrschenden Faktoren werden.

Eine gute Illustration dieser Ideen liefert die Partie Danielsen-Nielsen (Seite 148). Weiß ist wegen seines festsitzenden Läufers zu einem Angriff verpflichtet und muss gegebenenfalls zu weiteren Materialopfern bereit sein. Er verliert jedoch angesichts der großen Palette von Angriffsmöglichkeiten offenbar den Kopf, obwohl sein Angriff objektiv zumindest zum Ausgleich ausreicht. Er wählt nämlich eine verlockende, aber inkorrekte Fortsetzung, nach der Schwarz sich das angebotene Material schnappen und mit seinem König weglaufen kann. Wenn es nicht offensichtlich ist, wie der Angriff durchschlagen soll, kommt es recht häufig vor, dass der Angreifer die Orientierung verliert. Ein Beispiel für ein positionelles Risiko ist die Partie Lecuyer-Manouck (Seite 149). Weiß spielt ♖f3-h3 und ♕h5, um den Bauern h7 anzugreifen, was aber von Schwarz mit der Überführung eines Springers nach f8 beantwortet wird, wonach Weiß in Verwirrung gerät. Da sein Angriff nicht mehr durchsetzbar ist, muss er auf positionelles Spiel umschalten, wählt dafür aber den falschen Weg, so dass Schwarz seine Entwicklung beenden und selbst starke Initiative am Königsflügel erhalten kann. Diese Beispiele sollten den Verteidiger mit Zuversicht erfüllen, dass er oft automatisch in Vorteil kommt, wenn er den Angriff abschlagen kann.

Eine der Standardmethoden zur Abwehr eines Angriffs besteht darin, die gefährlichsten Figuren des Angreifers abzutauschen, da viele Angriffe ohne ihre Schlüsselakteure zusammenbrechen. In Külaots-G.Hernandez (Seite 150) entledigt sich Schwarz zunächst des starken Springers d5 und erzwingt dann Damentausch. Dies entschärft eine potenziell sehr gefährliche Situation und steuert die Partie sicher in ein remisträchtiges Endspiel. Da derartige Abwicklungen oft von taktischen Pointen abhängen, sollte der Verteidiger immer nach taktischen Möglichkeiten Ausschau halten, durch die er einem Angriff die Spitze nehmen kann. Man sollte meinen, dass der Angreifer über die meisten taktischen Wendungen verfügt, aber es ist überraschend, wie oft sich der Verteidiger einen Faktor wie eine schwache Grundreihe zur Abwehr der Drohungen zunutze machen kann. Ein gutes Beispiel für einen derartigen Umschwung ist Witjugow-Ni Hua (Seite 151). Der weiße Angriff sieht sehr gefährlich aus, aber Schwarz kann mit einer überraschenden taktischen Wendung mit vorübergehendem Damenopfer in ein Endspiel abwickeln, in dem sich sein Materialvorteil letztendlich als entscheidend erweist.

Eine der althergebrachten Regeln für die Verteidigung gegen einen Königsangriff besagt, dass man auf der Seite, auf der man angegriffen wird, keine Schwächen erzeugen sollte. Diese Regel ist meist gerechtfertigt. Das Vorziehen eines Bauern vor dem König erzeugt schwache Felder und kann dem Angreifer die Öffnung einer Linie erleichtern. Daher sollte man die Bauern vor dem König im Allgemeinen nur dann anfassen, wenn man keine andere Wahl hat. Smirnow-Romanow (Seite 152) ist ein gutes Beispiel für sorgfältige Verteidigung. Der einzige Bauernzug von Schwarz am Königsflügel ist das einfache ...f6, was weißes f6 verhindert und die schwarzen Türme über die zweite Reihe in die Verteidigung einbezieht. Die übrigen Felder am Königsflügel werden durch schwarze Springer auf e8 und f8 gedeckt. Aufgrund dieses soliden Aufbaus kann Weiß mit Figuren alleine nicht durchbrechen und muss daher seine Bauern vorrücken, was aber Zeit in Anspruch nimmt und Schwächen erzeugt. Das schwarze Gegenspiel am Damenflügel bricht durch, bevor Weiß ernsthafte Drohungen am Königsflügel aufstellen kann, wonach sich die Waagschale schnell zugunsten von Schwarz neigt. Eine der wenigen Ausnahmen von dieser Regel kann in den frühen Stadien eines Angriffs vorkommen, wenn ein Präventivschlag des

Verteidigers den Angriff manchmal neutralisieren kann, noch bevor er überhaupt begonnen hat. In Hou Yifan-Kostenjuk (Seite 153) ist diese Idee in Vollendung zu sehen. Durch ...h5 kann Schwarz am Königsflügel für eine komplette Wende sorgen und dort bald selbst angreifen.

Ebenso wie der Angreifer kann der Verteidiger nicht nur taktische Verwicklungen heraufbeschwören, sondern auch Opfer bringen. Der Angreifer muss häufig zur Durchführung seines Angriffs ernsthafte positionelle Zugeständnisse machen, und wenn der Verteidiger den Angriff auf Kosten einer bescheidenen Materialmenge neutralisieren kann, wird er vielleicht die Schwächen in der Stellung des Angreifers ausnutzen können. Ein gutes Beispiel ist die Partie Illescas-Andersson (Seite 154), in der Schwarz den Angriff auf Kosten eines Bauern abwehrt, indem er einfach mit seinem König wegläuft. Es stellt sich heraus, dass die deplatzierten weißen Figuren im Verein mit dem schwarzen Läuferpaar reichlich Kompensation für den Bauern bieten. Hat der Angreifer schon Material geopfert, so hat der Verteidiger noch mehr Möglichkeiten für ein Gegenopfer. In Miladinović-Lajthajm (Seite 155) hat Weiß schon zwei Bauern geopfert, als wir uns in die Partie einschalten. Der Angriff sieht gefährlich und mindestens zum Remis ausreichend aus, aber durch Aufgabe seiner Dame gegen Turm und Leichtfigur kann Schwarz die Partie in ein Endspiel lenken, in dem nur er Gewinnchancen besitzt.

Der Verteidiger muss generell einen klaren Kopf behalten und darf unter Druck nicht nervös werden. In Schirow – Vachier-Lagrave (Seite 156) sieht sich Schwarz einem gefährlichen Königsangriff in der Hand eines der besten Taktiker der Welt gegenüber. Er verteidigt sich jedoch kaltblütig und findet die besten Züge, was Schirow schließlich zu einem Fehler verleitet, der ihn die Partie kostet. Interessanterweise reicht der weiße Angriff selbst bei bestem Spiel nur zum Remis. Noch dramatischer ist die Partie Lupulescu-Nanu (Seite 157). Schwarz verliert das Rochaderecht und schwebt in offensichtlicher Gefahr, spielt aber nach einem Ausrutscher von Weiß ganz ruhig, befreit seinen König und entkommt mit Hilfe von taktischen Tricks aus seinen Schwierigkeiten. Wenig später steht Schwarz schon besser.

Wenn der König auf einer Brettseite unter Beschuss steht, kann man ihn einfach aus der Gefahrenzone evakuieren. Dies geht nur in bestimmten Situationen (ein weiteres Beispiel liefert die obige Partie Illescas-Andersson), kann sich aber als sehr effektiv erweisen. In Kortschnoj-Sakajew (Seite 158) verkennt der altgediente Großmeister seine Angriffschancen. Das Eindringen mit der Dame auf h7 erbringt nicht die von ihm erhofften Resultate, und nach der Flucht des schwarzen Königs nach e7 stellt sich heraus, dass er durch die Aufgabe seines schwarzfeldrigen Läufers nur seine Stellung kompromittiert hat. Einen noch längeren Königsmarsch gibt es in Fressinet-Lopez Martinez (Seite 159) zu sehen.

Der Verteidiger kann auch einen Gegenangriff starten, selbst wenn der gegnerische Angriff noch läuft. Damit sollen genug Drohungen aufgestellt werden, um den Angreifer von seinen eigenen Plänen abzulenken. Derartige Situationen mit Angriff und Gegenangriff sind häufig sehr zweischneidig mit einem nur sehr schmalen Grat zwischen Sieg und Niederlage. In Iwantschuk-Topalow (Seite 160) startet Weiß schon in der Eröffnung einen gefährlichen Angriff. Zunächst ist Schwarz in der Defensive und muss sich auf die Abwehr weißer Drohungen beschränken, kann dann aber nach einem natürlichen, aber verfehlten Zug von Weiß die durch die frühen weißen Bauernvorstöße erzeugten Schwächen zum Beginn eines Gegenangriffs nutzen. Es ist nicht leicht, sich verteidigen zu müssen, wenn man ein paar Züge vorher noch der Angreifer war, und Iwantschuk begeht bald einen weiteren Fehler, der sein Schicksal besiegelt. Etwas anders gelagert ist die Partie Marin-Ljubojević (Seite 161), da Schwarz sich lange auf die Abschlagung weißer Drohungen konzentrieren muss, aber als der weiße Angriff an Schwung zu verlieren beginnt, nutzt er seine Chance zu einem unerwartet starken Gegenangriff.

Für den letzten Verteidigungstipp bediene ich mich des berühmten Slogans aus dem Buch *Per Anhalter durch die Galaxis* von Douglas Adams: KEINE PANIK. Das ist zwar im Schach generell ein guter Rat, gilt aber besonders für zwei Verteidigungssituationen. Erstens muss man dann, wenn der Gegner ein völlig unerwartetes Opfer bringt, unbedingt ruhig bleiben. Man sollte versuchen, die Situation im vorigen Zug zu vergessen und sich nur auf die gegenwärtige Lage auf dem Brett zu konzentrieren. Kann man das Opfer ablehnen? Ist man bei seiner Annahme klar verloren? In Adianto-Sharavdorj (Seite 162) erlaubt ein schwerer Fehler des Weißen ein schockierendes Opfer, das aber gegen genaue Verteidigung nur zum Remis reicht. In der ziemlich chaotischen Folge konnte Weiß am Ende sogar die Partie gewinnen. Die zweite Situation ergibt sich, wenn der Gegner anscheinend sehr starken Angriff hat und man über kein offensichtliches Gegenspiel verfügt. So steht Weiß in Topalow-Adams (Seite 163) unter schwerem Druck und kann sich nicht mit einem Materialvorteil trösten. Topalow verteidigt sich jedoch einfallsreich und gibt Adams keinen einfachen Sieg. Als Adams fehlgreift, ergreift Topalow die Gelegenheit beim Schopf, am Damenflügel Gegenspiel zu erhalten und die Partie zu drehen.

59 Die Risiken beim Angriff

Viele Angriffe sind mit einem gewissen Risiko verbunden. Der Angreifer muss entweder materiell oder positionell Verpflichtungen eingehen, um seinen Angriff zu starten. Das ist schön und gut, wenn der Angriff durchschlägt, aber der Verteidiger kann sich damit trösten, dass sich das Blatt zu seinen Gunsten wenden wird, wenn er die Drohungen abwehren kann.

W

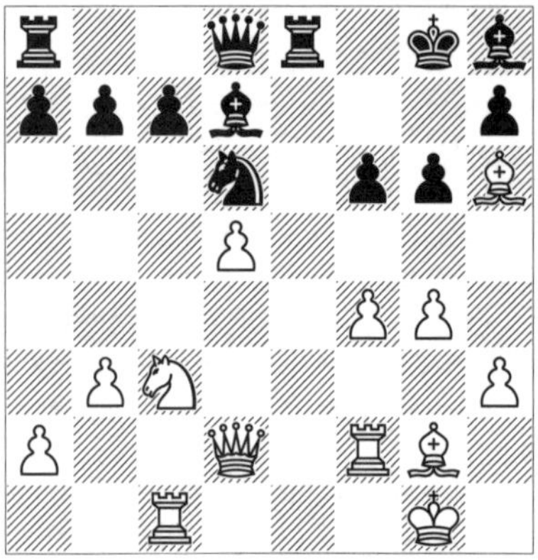

Danielsen – P.H. Nielsen
Dänische Meisterschaft, Playoff (2), Kopenhagen 1996

Da sein Läufer auf h6 festsitzt, ist Weiß zum Angreifen verpflichtet. Der Angriff ist aufgrund der etwas aufgelockerten schwarzen Königsstellung insofern korrekt, als er mindestens zu gleichem Spiel reicht, muss aber genau geführt werden.

24 f5 g5 25 h4 ♘f7 26 hxg5 fxg5 27 f6!

Da der Läufer zu fallen droht, ist dieses Bauernopfer notwendig, um die f-Linie für den weißen Angriff zu öffnen.

27...♗xf6

27...♘xh6?? ist ein Fehler und wird mit 28 ♕xg5+ bestraft.

28 ♖cf1?

Hier kann Weiß leicht fehlgreifen; mit diesem verlockenden Zug bietet er das falsche Figurenopfer an. Richtig ist 28 d6 c6 29 ♗d5!, und nach 29...cxd5 30 ♘xd5 ♖e6 31 ♖cf1 ♗b5 hat Weiß die Wahl zwischen 32 ♖xf6 ♕xd6 33 ♕c3 ♘xh6 34 ♖xe6 ♕xe6 35 ♘f6+ ♔f8 36 ♕c5+ ♔g7 37 ♘h5+ ♔g8 38 ♕xg5+ ♕g6 39 ♕d5+ ♘f7 40 ♘f6+ ♔h8 41 ♕xb5 und 32 ♘xf6+ ♖xf6 33 ♖xf6 ♗xf1 34 ♖f5 ♗b5 35 ♕d5 ♕b6+ 36 ♖f2 ♗e8 37 d7 ♕c6 38 dxe8♕+ ♕xe8 39 ♗xg5, jeweils mit leichtem Vorteil. Es ist seltsam, dass in dem zweiten dieser Abspiele der scheinbar todgeweihte weiße Läufer die Verwicklungen unbeschadet übersteht.

28...♗xc3 29 ♕xc3 ♘xh6

W

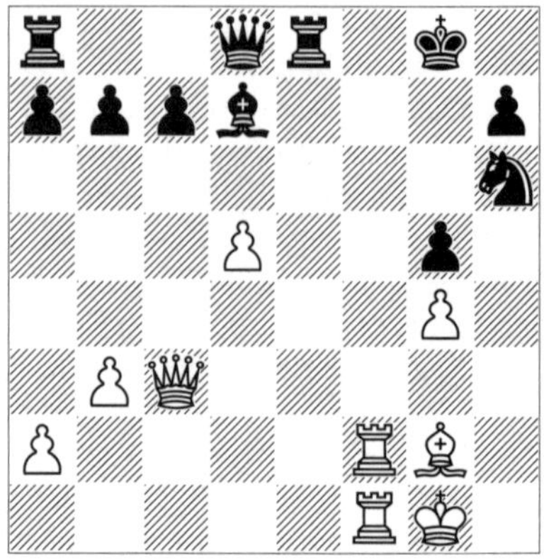

Nun, da Weiß eine unwiderrufliche materielle Verpflichtung eingegangen ist, muss sein Angriff gelingen.

30 ♖f6 ♘xg4!

Das sieht riskant aus, aber der Springer strebt nach e5, um die lange Diagonale zu blockieren. Falsch ist 30...♗b5? wegen 31 d6 c6 32 ♖xh6 ♗xf1?! 33 ♗xf1 mit Gewinn für Weiß.

31 ♖f7 ♘e5

31...♖e5? blockiert die Diagonale mit der falschen Figur: 32 ♕c2! ♗f5 33 ♖1xf5 ♖e1+ 34 ♗f1 ♘h6 35 ♖f8+ ♕xf8 36 ♖xg5+ ♔f7 37 ♕f2+ ♔e7 38 ♕xe1+ ♔d8 39 ♕e6, und Weiß gewinnt.

32 ♗e4

Wenn ein Angriff ins Stocken gerät, muss der Angreifer häufig weiteres Material opfern, um ihn in Gang zu halten.

32...♘xf7

Schwarz kassiert alles ein, da er berechnet hat, dass sein König entkommen kann.

33 ♗xh7+ ♔xh7 34 ♖xf7+ ♔g6 35 ♕g7+ ♔h5

Das sieht gefährlich aus, aber wegen der Abwesenheit weißer Königsflügelbauern kann der schwarze König weglaufen.

36 ♔f2

Auch 36 ♖xd7 ♖e1+ 37 ♔f2 ♕e8 38 ♕h7+ ♔g4 ist für Schwarz gewonnen.

36...♗f5 37 ♕a1

37 ♖xf5 verliert wegen 37...♕e7.

37...♕xd5 0-1

Verhindert das drohende Schach auf h1 und gibt Schwarz entscheidenden Angriff.

W

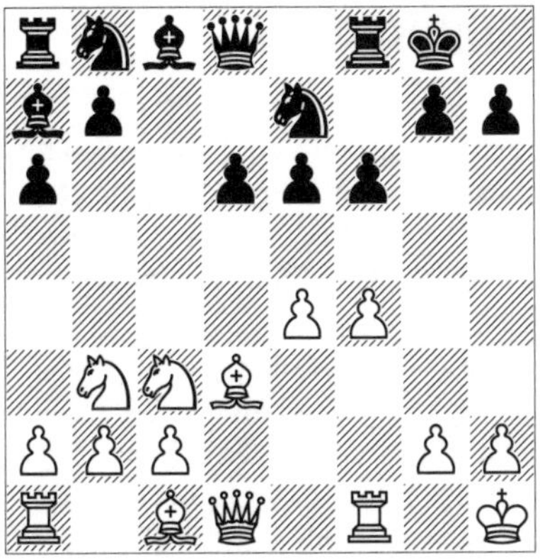

Lecuyer – Manouck

Französische Meisterschaft, Schiltigheim 1982

11 ♖f3!?

Die ziemlich passive schwarze Eröffnungsbehandlung ermutigt den Weißen zu einem Angriff am Königsflügel. Dieser Angriff ist zwar nicht mit materiellen Opfern verbunden, birgt aber trotzdem ein gewisses Risiko. Weiß verbraucht drei Tempi (♖f3, ♖h3 und ♕h5), um h7 anzugreifen, was nicht nur Zeit kostet, sondern auch Gefahr läuft, dass der Turm und die Dame schlecht stehen werden, wenn der Angriff scheitert. Ein solider Entwicklungsplan wie 11 ♕f3 gefolgt von ♗e3 ist weniger riskant, aber bei richtiger Fortsetzung ist die Idee des Weißen nicht schlecht.

11...♖e8 12 ♖h3 ♘g6 13 ♕h5 ♘f8

Schwarz hat die Bedrohung von h7 abwehren können, ohne seinen Königsflügel zu schwächen. Da Schwarz ebenfalls drei Tempi für sein Verteidigungsmanöver verbraucht hat, halten sich Angriff und Verteidigung bisher die Waage.

14 e5

Nur so macht der Aufmarsch auf der h-Linie Sinn.

14...f5 15 exd6 ♘bd7

Schwarz plant ...♘f6 nebst ...♕xd6 mit Rückgewinn des Bauern und aussichtsreicher Stellung dank der deplatzierten weißen Figuren.

16 ♗e3?

Danach kann Schwarz seinen Plan ohne Kampf in die Tat umsetzen. Gut ist einzig und allein 16 ♕d1! ♘f6 17 ♗e2, was den Bauern d6 zumindest vorübergehend behauptet und die Rückkehr des Turms nach d3 ermöglicht. Danach führt 17...♘g6 18 ♗h5 e5 19 fxe5 ♖xe5 20 ♗xg6 hxg6 21 ♗f4 ♖e6 zu einer unklaren Stellung, in der das schwarze Läuferpaar und Ideen mit ...♘g4 den weißen Mehrbauern kompensieren.

16...♘f6 17 ♕e2 ♕xd6 18 ♗xa7 ♖xa7

Schwarz steht bereits besser. Nach ...b6 (oder ...b5) nebst ...♖ae7 und ...♘g6 werden alle seine Figuren aktiv stehen. Weiß leidet dagegen an dem schwachen Bauern f4 und dem deplatzierten Turm auf h3, dessen Zurückführung ins Spiel mindestens ein Tempo kosten wird.

19 ♕f2 b6 20 ♗e2

Das Feld g4 muss gedeckt werden, da ♖e3 sonst mit ...♘g4 beantwortet werden kann, was aber weitere Zeit kostet.

20...♖ae7 21 ♖d1 ♕c7 22 ♖e3 ♘g6

W

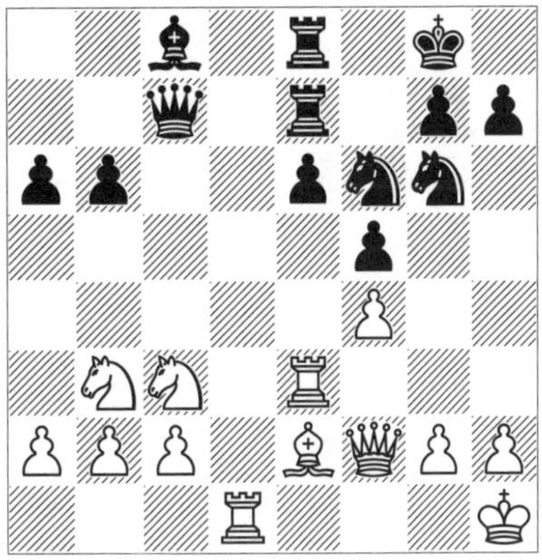

Greift den Bauern f4 an und bereitet ...e5 vor. Vom weißen Angriff ist keine Spur mehr zu sehen.

23 g3?

Schwächt in selbstmörderischer Weise die lange Diagonale, aber auch nach 23 ♖d4 ♗b7 24 ♔g1 e5 25 fxe5 f4 26 ♖ed3 ♖xe5 hat Schwarz großen Vorteil.

23...♗b7+ 24 ♔g1 e5

Das Blatt hat sich gewendet. Nun ist es der Schwarze, der auf dem Königsflügel angreift.

25 fxe5 ♘xe5 26 ♘d4 g6?!

Viel einfacher ist 26...♘fg4 27 ♗xg4 fxg4 mit Kontrolle über die lange Diagonale und das Feld f3.

27 ♕f4 b5 28 a3 ♗a8 29 ♖f1 ♕b7 30 ♘f3 ♘fg4 31 ♖xe5 ♘xe5 32 h3 ♕b6+ 33 ♔h2 ♘xf3+?!

Hübscher ist 33...♘g4+ 34 hxg4 ♖xe2+ 35 ♘xe2 ♖xe2+ gefolgt von ...♖e4.

34 ♗xf3 ♕e3??

Mit einer ganzen Qualität mehr gewinnt fast jeder Zug, aber nicht dieser.

35 ♗d5+??

35 ♗xa8 ♖xa8 (35...♕xf4? 36 ♗d5+ ist günstig für Weiß) 36 ♘d5 gewinnt die Qualität zurück und macht Remis.

35...♔g7 36 ♕d6 ♕d2+ 37 ♔g1 ♖e1 0-1

Eine standardmäßige Verteidigungsmethode besteht darin, die gefährlichsten Figuren des Angreifers abzutauschen. Insbesondere können die meisten Angriffe durch Damentausch stark abgeschwächt werden. Der Verteidiger sollte stets nach Abtauschmöglichkeiten Ausschau halten, auch wenn er dazu die Taktik zu Hilfe nehmen muss.

S

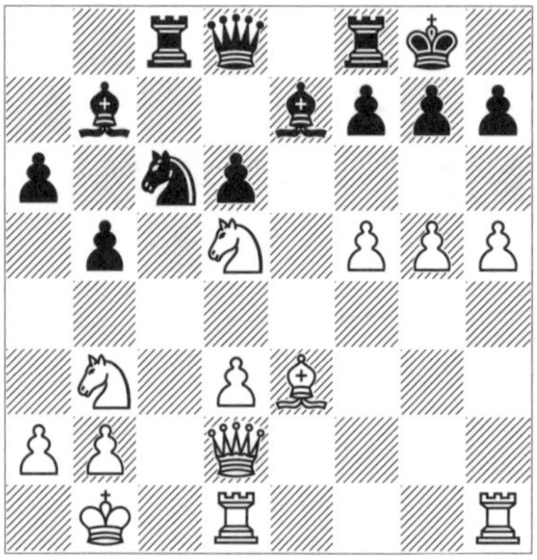

Külaots – G. Hernandez
Olympiade, Calvia 2004

Diese Stellung sieht entsetzlich für Schwarz aus. Ohne Opfer hat Weiß alle seine Königsflügelbauern auf die fünfte Reihe vorgerückt, während das schwarze Spiel am Damenflügel noch in den Kinderschuhen steckt. Zweifellos hat Weiß gefährlichen Angriff, aber mit dem richtigen Verteidigungsplan kann Schwarz die Partie retten.

22...♘e5!

Der einzige vernünftige Zug. Der Monsterspringer auf d5 ist das Herzstück des weißen Angriffs und muss sofort abgetauscht werden. Zu langsam ist etwa 22...♖e8?; nach 23 f6 ♗f8 24 fxg7 ♗xg7 25 ♗b6 ♕d7 26 ♘f6+ ♗xf6 27 gxf6 wird Schwarz an der offenen g-Linie zugrunde gehen.

23 ♘xe7+

Die Alternative ist 23 ♕g2, damit die weiße Dame nach einem Tausch auf d5 eine aktive Position einnehmen kann. Nach 23...♗xd5 24 ♕xd5 ♗xg5 25 ♗xg5 ♕xg5 26 h6 g6 27 fxg6 hxg6 28 ♘d2 gefolgt von ♘e4 hat Weiß genug Spiel für den Bauern, aber nicht mehr.

23...♕xe7

Der Tausch auf e7 hat nicht nur eine gefährliche Angriffsfigur beseitigt, sondern auch den schwarzen Läufer zum uneingeschränkten Herrscher über die lange Diagonale gemacht.

24 f6

24 ♖hf1? ♗f3 25 f6 ♕b7 26 fxg7 ♖fe8 ist günstig für Schwarz.

24...♕e6

Diese Verteidigung basiert auf einer hübschen taktischen Pointe. 24...♕d7!? ist ehrgeiziger, aber auch riskanter, da Weiß nach 25 fxg7 ♖fe8 26 ♖hf1 ♗f3 27 ♘d4 ♗xh5 28 ♘f5 ♗g6 29 ♘h6+ ♔xg7 30 ♗d4 genug Spiel für den Bauern hat.

25 ♘d4

25 fxg7?! ♖fe8 26 ♘d4 ♘f3 27 ♘xe6 ♘xd2+ 28 ♗xd2 ♗xh1 ist etwas besser für Schwarz.

S

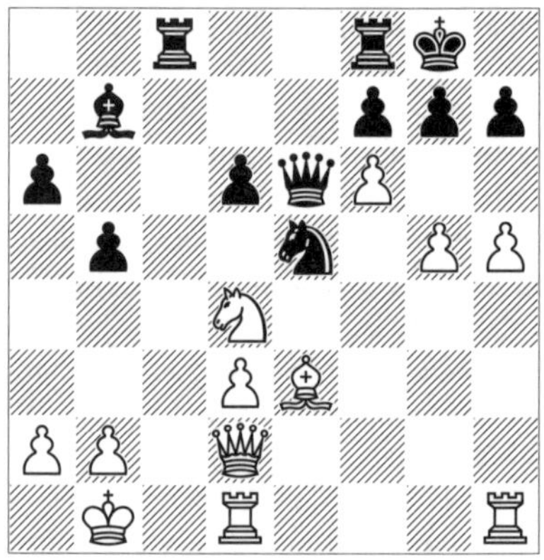

25...♘f3!

Schwarz erzwingt auf taktischem Wege den Damentausch. Stattdessen wäre 25...♕d7?! 26 ♖h4 günstig für Weiß.

26 ♘xe6

Weiß hat keine Wahl, da 26 ♕f2 ♘xd4 27 ♗xd4 ♗xh1 28 fxg7 ♖fe8 29 ♖xh1 ♕e2 gut für Schwarz ist.

26...♘xd2+ 27 ♗xd2 fxe6 28 ♖hf1

Nach der Abtauschserie ist ein ausgeglichenes Endspiel mit ungleichfarbigen Läufern entstanden.

28...♗g2 29 ♖f2 ♗h3

Der Nachziehende will den Läufer nach f5 überführen.

30 ♗c3 ♗g4 31 ♖e1 e5!?

Auch 31...♗f5 ist sicher für Schwarz.

32 ♗b4 ♖c6 33 ♖c1 ♖xc1+ 34 ♔xc1 gxf6 35 gxf6 ♗xh5 36 ♗xd6 ♖d8 37 ♗xe5 ♖xd3 38 ♖d2 ½-½

Witjugow – Ni Hua
Schnellschachmatch China-Russland,
Sotschi 2009

1 c4 c6 2 d4 d5 3 ♘c3 ♘f6 4 cxd5 cxd5 5 ♗f4 ♘c6 6 e3 a6 7 ♖c1 ♗f5 8 ♘f3 ♖c8 9 ♘e5 ♘xe5 10 dxe5 ♘e4 11 ♘xe4 ♖xc1 12 ♕xc1 ♗xe4 13 e6

Wenn Weiß aus dieser ziemlich öden Stellung etwas herausholen will, ist er praktisch zu diesem Bauernopfer gezwungen.

13...fxe6

Spielbar ist auch 13...♕a5+ 14 ♔e2 fxe6 15 f3 ♗f5.

14 f3 ♗f5 15 ♕c3

S

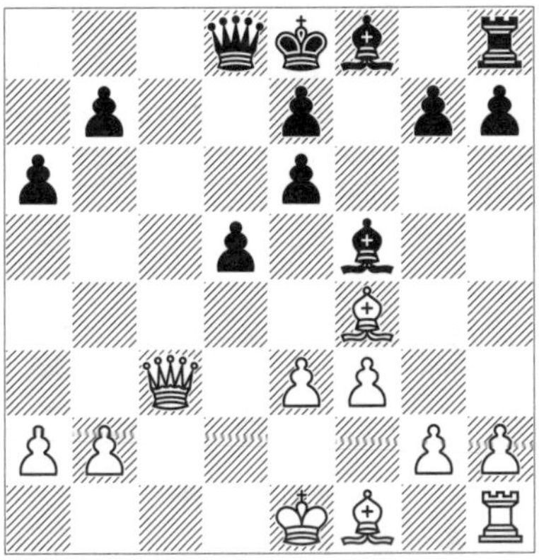

Der Anziehende hat genug Kompensation, da er die schwarzen Bauern geschwächt und die Entwicklung des schwarzen Königsflügels erschwert hat.

15...h5!

Schwarz plant ...♖g8 nebst ...g6 (oder ...g5) mit Befreiung des Läufers f8, aber nach dem sofortigen 15...♖g8? treibt 16 g4 den Läufer nach g6 zurück, wonach Schwarz seinen Königsflügel noch immer nicht entwickeln kann.

16 ♗e2 ♖g8 17 0-0 g5 18 ♗e5

Da dies ...♗g7 verhindert, rückt Schwarz auf der Suche nach Gegenspiel den g-Bauern vor, was auch die Stärke des Zuges ...♗h6 erhöht.

18...g4 19 e4!?

Ein interessanter Versuch, Linien zu öffnen und die Partie zu verschärfen. 19 f4 ♔f7 nebst ...♗g7 ist in Ordnung für Schwarz, aber am sichersten ist 19 ♖c1 ♔f7 20 ♕d4 mit genug Spiel für den Bauern.

19...dxe4 20 fxe4?

Das sieht richtig aus, da es die f-Linie öffnet, aber Schwarz hat einige überraschende Verteidigungsressourcen. Am besten ist 20 ♖d1!, was nach 20...♕b6+ 21 ♗d4 ♕c6 22 ♕xc6+ bxc6 23 f4 zu einem unklaren Endspiel führt, in dem Schwarz zwei Mehrbauern hat, aber seine Bauernstruktur stark lädiert ist.

20...♗xe4 21 ♕e3

Der weiße Angriff sieht sehr stark aus, aber Schwarz kann sich durch Abtausch der aggressiv postierten weißen Figuren verteidigen.

21...♕d5

Schwarz muss unbedingt aktiv spielen, da sich die weiße Initiative leicht als entscheidend erweisen könnte, wenn er in eine passive Stellung gerät.

22 ♕f4

S

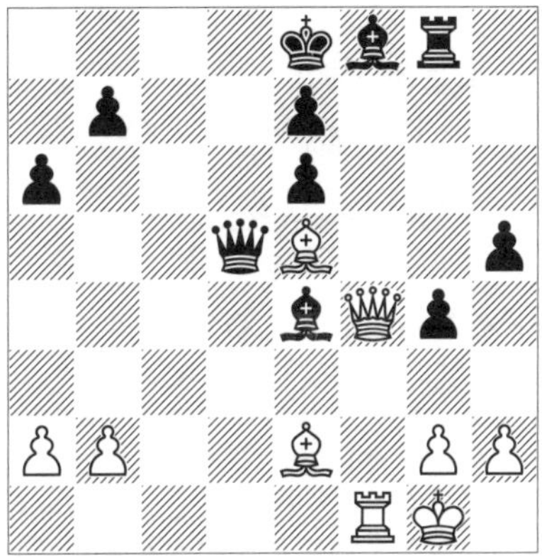

22...♗h6!!

Der Schlüsselzug. Weiß hat die Wahl zwischen dem Nehmen des Läufers h6, dem Schlagen des Turms mit ♕f7+ und ♕xg8 oder Damengewinn mit ♕f7+ und ♖d1, aber alles schlägt fehl. Letztendlich erzwingt der Textzug mit taktischen Mitteln Figurentausch. Neben konventionelleren Methoden zu diesem Zweck sollte der Verteidiger auch nach solchen taktischen Abwicklungen Ausschau halten.

23 ♕f7+

23 ♕xh6 ♕xe5 24 ♕e3 ♖g5 ist sehr gut für Schwarz, da der Abtausch der schwarzfeldrigen Läufer eine der gefährlichsten weißen Angriffsfiguren beseitigt hat.

23...♔d7 24 ♖d1

Da 24 ♕xg8? ♗e3+ 25 ♖f2 ♕d2 zu schnellem Matt führt, holt sich Weiß die Dame.

24...♕xd1+! 25 ♗xd1 ♖f8

Das ist die Pointe. Weiß muss die Dame zurückgeben, da er sonst mit ...♗e3+ und ...♖f1# matt gesetzt wird.

26 ♕xf8 ♗xf8

Schwarz hat alle Schwerfiguren abgetauscht und ein Endspiel mit zwei Mehrbauern erreicht. Er muss wegen der verdoppelten isolierten e-Bauern zwar noch etwas arbeiten, konnte aber am Ende gewinnen (0-1, 74).

61 Vermeidung von Schwächen

S

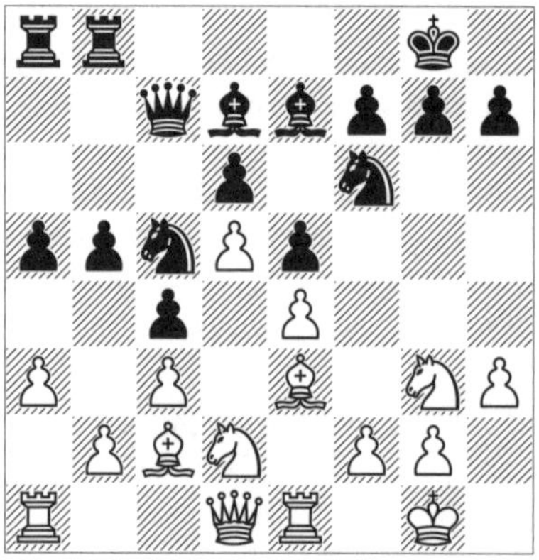

Smirnow – Romanow
Moskau 2008

Weiß will mit f4 und ♖f1 einen Angriff am Königsflügel starten. Danach könnte er ♘f5 oder f5 nebst g4-g5 spielen. Im Moment ist das schwarze Gegenspiel am Damenflügel ins Stocken geraten, da ...b4 mit axb4 nebst ♖xa8 und cxb4 beantwortet wird. Schwarz muss zuallererst eine Verteidigung am Königsflügel aufbauen, sollte aber auch ein späteres Spiel am Damenflügel im Auge behalten. Weiß steht objektiv etwas besser, darf aber seinen Angriff nicht überschätzen.

18...♘e8

Man beachte, dass Schwarz seine Königsflügelbauern nicht anrührt, außer wenn es wirklich notwendig ist. Ein Zug wie ...h6 schwächt nicht nur g6 (insbesondere wenn Schwarz später ...f6 spielen muss), sondern bringt auch ein eventuelles Opfer auf h6 auf die Tagesordnung.

19 f4 ♗d8!

Der Rückzug nach f8 ist zu passiv. Von d8 aus kann der Läufer auf b6 aktiviert werden.

20 ♔h2 ♕c8 21 ♕e2 ♗b6 22 ♖f1 f6

Dieser schlichte Bauernzug hilft der schwarzen Verteidigung durch Befestigung von e5 und Öffnung der zweiten Reihe für eine seitliche Verteidigung mit den Türmen.

23 ♘h5

In Anbetracht der Ideen ♖f3-g3 und ♘f3-h4 sieht die Lage brenzlig für den Schwarzen aus, der offenbar mehr Verteidigungsfiguren auf dem Königsflügel braucht.

23...♕d8 24 ♖f3 ♗c8!

Bereitet ...♘d7-f8 zur Verstärkung des Königsflügels vor und räumt die zweite Reihe.

25 ♖g3?!

Es war besser, den Angriff mit f5 nebst g4-g5 fortzusetzen.

25...♔h8 26 f5 ♖a7 27 ♘f3 ♘d7 28 ♗d2 ♘f8

Nun deckt der Springer den Bauern h7, wirkt aber auch einem möglichen Opfer auf g6 nach ♘h4 entgegen.

29 ♘h4 ♕e7

Der Höhepunkt des schwarzen Verteidigungsplans. Die Springer decken einige wichtige Felder auf dem Königsflügel, während Dame und Turm auf der zweiten Reihe operieren. Weiß erkennt nun, dass ein reiner Figurenangriff nicht funktionieren wird, und geht mit dem Turm nach f3 zurück, um den Weg für g4-g5 freizumachen. Nun beginnt jedoch das zuvor irrelevant erscheinende schwarze Spiel am Damenflügel eine wichtigere Rolle zu spielen.

30 ♖f3 ♗c5

W

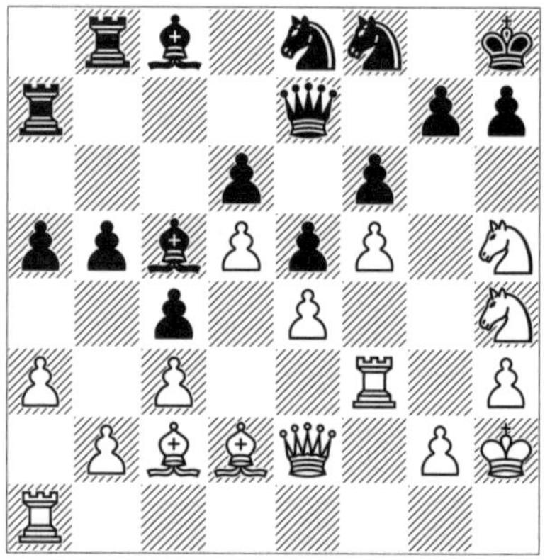

31 g4?!

Besser ist 31 ♖af1 b4 32 ♗c1, was den Damenflügel erst einmal intakt hält.

31...b4 32 axb4 axb4 33 ♖xa7 ♕xa7

Da Schwarz nun am Damenflügel mit Turm und Dame einzudringen droht, unternimmt der Anziehende einen letzten verzweifelten Durchbruchsversuch.

34 g5 bxc3 35 ♗xc3?

Auch 35 bxc3 ♕f7 36 ♖f1 ♖b2 ist günstig für Schwarz, gibt Weiß aber noch einige Verteidigungschancen.

35...fxg5 36 f6 g6 37 f7 ♘g7 38 ♘xg7 ♔xg7 39 ♘g2 g4 40 ♖f1 gxh3 41 ♘f4 ♖b7 42 ♕xc4 ♖xf7 43 b4 ♗e3 44 ♘xh3 0-1

44...♗xh3 45 ♖xf7+ ♕xf7 46 ♔xh3 ♕f3+ 47 ♔h2 ♕f2+ 48 ♔h3 ♗f4 führt zu schnellem Matt.

S

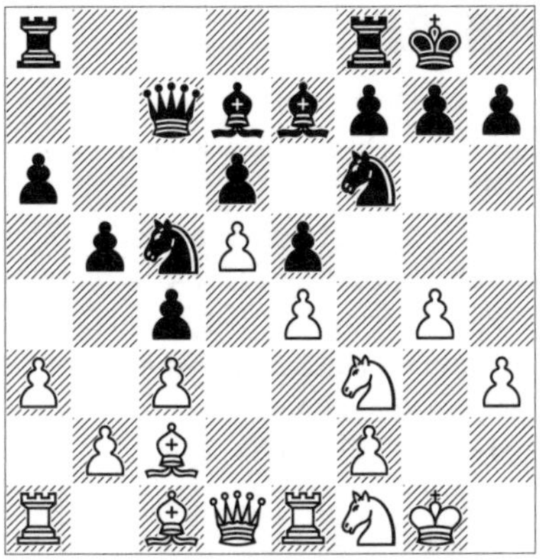

Hou Yifan – Kostenjuk
Damen-WM (1), Naltschik 2008

In der gleichen generellen Struktur des Geschlossenen Spaniers wie im vorigen Beispiel hat Weiß wiederum Angriffschancen am Königsflügel auf der Basis von ♘g3, ♔h2, ♖g1 und schließlich ♘f5, aber diesmal reagiert Schwarz ganz anders auf die Gefahr.

17...h5!

Wie ist das zu rechtfertigen? Verstößt der Nachziehende nicht gegen die Grundregel, auf der Seite, auf der man angegriffen wird, keine schwächenden Bauernzüge zu machen? Wenn Weiß noch ein paar Züge bekäme, um am Königsflügel aufzumarschieren, käme ein solcher Vorstoß tatsächlich dem Selbstmord gleich. In der vorliegenden Stellung stehen die weißen Figuren aber noch nicht in Angriffspositionen, während der Bauer g4 unzulänglich gedeckt ist. Dies gibt Schwarz Gelegenheit, mit einem Präventivschlag am Königsflügel um Raum und Aktivität zu kämpfen. Es sei nachdrücklich darauf hingewiesen, dass ein derartiger Plan früh verwirklicht werden muss, bevor der Angreifer sich auf dem betreffenden Brettabschnitt ein Figurenübergewicht verschafft.

18 ♘3h2

Noch schlechter ist 18 gxh5 ♗xh3 19 ♘g3 ♗g4, da Weiß in eine unangenehme Fesselung gerät und der Bauer h5 sehr schwach ist.

18...hxg4 19 hxg4 ♕c8 20 f3

Das ist ziemlich passiv, aber 20 g5 ♘h7 21 ♕h5 g6 22 ♕h4 f6 23 gxf6 ♘xf6 24 ♘f3 ♖f7 ist ebenfalls günstig für Schwarz, da die Drohungen 25...♘fxe4 und 25...♖h7 sehr unangenehm sind. Diese Variante liefert ein weiteres Beispiel dafür, wie Schwarz am Königsflügel die Initiative ergreifen kann, bevor Weiß seine Figuren wirkungsvoll in Stellung gebracht hat.

20...♘h7

Bereitet den Abtausch des schlechten Läufers mit ...♗g5 ohne das langwierige Manöver über d8 wie im vorigen Beispiel vor. Man beachte, wie wirkungslos der Springer auf h2 ist.

21 ♘g3 ♗g5 22 ♘f5!? ♕d8 23 ♔g2

23 ♘xd6? verliert wegen 23...♕b6.

23...g6 24 ♘g3?

Dieser passive Rückzug besiegelt das Schicksal des Weißen. Nach dem aggressiven Zug ♘f5 sollte Weiß konsequent sein und das Figurenopfer 24 ♘xd6! ♗xc1 25 ♕xc1 ♕f6 26 ♘f5 gxf5 27 gxf5 bringen, wonach er zwar nur zwei Bauern für die Figur hat, aber der Läufer d7 völlig aus dem Spiel ausgeschlossen ist und der schwarze Materialvorteil nur sehr schwer zu verwerten ist.

24...♔g7

W

Nun ist bei Schwarz alles in bester Ordnung. Die weißen Springer sind schlecht postiert, und Schwarz schickt sich an, die Herrschaft über die schwarzen Felder am Königsflügel zu übernehmen.

25 ♖h1 ♖h8 26 ♘hf1 ♕f6 27 ♗e3 ♗xe3 28 ♘xe3 ♘g5 29 ♕e2 ♖ag8 30 ♖af1 ♕f4 31 ♖xh8?!

Mehr Widerstand leistet 31 ♕f2, aber Schwarz steht so oder so viel besser.

31...♖xh8 32 ♖h1 ♖xh1 33 ♘xh1 ♘d3

Die Drohung 34...♘xf3 35 ♕xf3 ♘e1+ ist nicht vernünftig abzuwehren.

34 ♗xd3 cxd3 35 ♕f2 d2 36 ♘g3 ♘xf3! 37 ♕xf3 ♗xg4 38 ♕f2 d1♕ 39 ♘xd1 ♗xd1

Schwarz hat einen Bauern mehr und großen Positionsvorteil.

40 ♕e1 ♗f3+ 41 ♔g1 f5 42 exf5 gxf5 43 ♕f2 ♔g6 44 b3 e4 45 c4 bxc4 46 bxc4 ♕g5 47 c5 f4 48 cxd6 fxg3 0-1

S

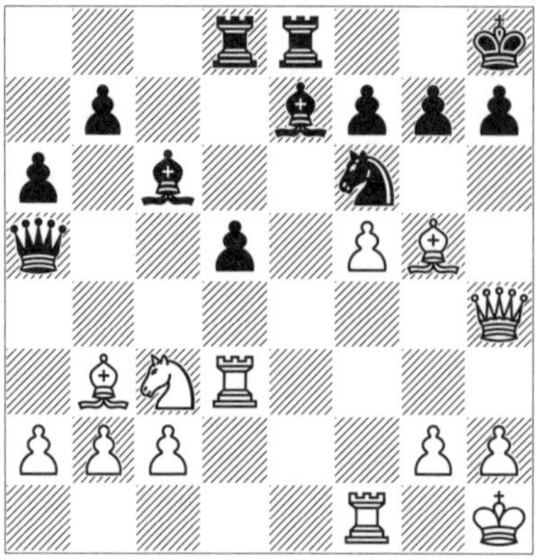

Illescas – Andersson
Ubeda 1997

Weiß hat offensichtlich gefährlichen Königsangriff, wobei unmittelbar 20 ♖h3 droht. Angesichts der Mattdrohung auf h7 könnte man leicht in Panik geraten, aber Andersson reagiert mit außerordentlicher Kaltblütigkeit.

19...♕c5!

Schwarz ist bereit, zur Neutralisierung des weißen Angriffs seinen h-Bauern zu geben, und verwendet das gesparte Tempo zur Zentralisierung seiner Dame.

20 ♖h3 ♔g8

Das ist erzwungen, da 20...h6?? wegen 21 ♗xh6 sofort verliert, aber die Idee ist trotzdem bemerkenswert.

21 ♗xf6?!

Die logische Konsequenz des weißen Spiels. Weiß sollte aber mit 21 ♖g3 ♔h8 22 ♖h3 Remis forcieren oder 21 a3 versuchen, wenn er denn unbedingt weiterspielen will.

21...♗xf6 22 ♕xh7+ ♔f8

Der weiße Angriff ist vorüber, da der schwarze König leicht nach e7 und d7 laufen kann, während die weißen Schwerfiguren auf der h-Linie auf dem Abstellgleis stehen. Schwarz hat dagegen zwei gute Läufer und eine gut zentralisierte Stellung. Weiß muss auch aufpassen, da seine Grundreihe nur durch einen Turm verteidigt wird.

23 ♕h8+

Dieses vorbereitende Schach soll die e-Linie blockieren, da Schwarz nach 23 ♕h5 ♖e5 ohne Mühe die Türme auf der e-Linie verdoppeln kann.

23...♔e7 24 ♕h5

24 ♖e1+?? verliert sofort wegen 24...♔d7.

24...♖d7!

24...♔d7?! erlaubt ziemlich unnötig 25 ♗xd5, obwohl selbst dies nach 25...♔c8 nicht so klar ist. Der Partiezug macht jedoch mehr Sinn, da der König nun im Rücken des Turms auf den Damenflügel gelangen kann.

25 ♖e1+ ♔d8 26 ♖xe8+ ♔xe8

W

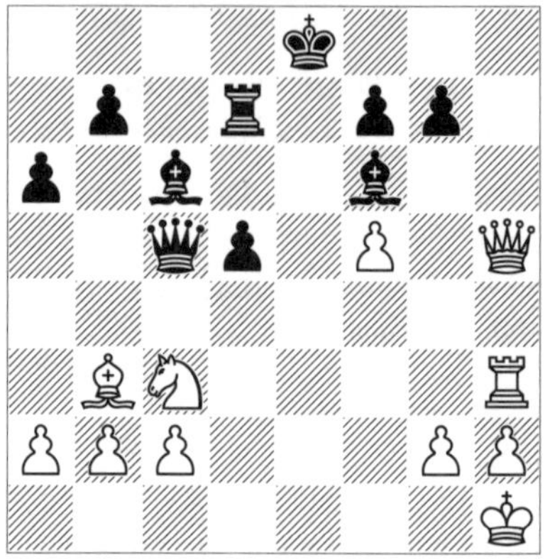

27 ♕h8+?!

Geht in die falsche Richtung, da die Dame zur Verteidigung der Grundreihe gebraucht wird. Relativ am besten ist 27 ♕d1, obgleich Schwarz nach 27...d4 28 ♘e2 (28 ♖h8+ ♔e7 29 ♕e2+ ♕e5 30 ♕xe5+ ♗xe5 31 ♘d1 d3 32 c3 ♔f6 ist sehr gut für Schwarz) 28...♕xf5 den Bauern zurückgewinnt und dank seiner aktiven Läufer deutlich besser steht.

27...♔e7 28 ♘d1?

Nun ist die Partie gelaufen. Nur mit 28 ♕h5 war noch Widerstand zu leisten, aber selbst hier hat Schwarz nach 28...♔d8 29 ♕d1 d4 30 ♘e2 ♕xf5 gegenüber der vorigen Anmerkung ein Tempo mehr.

28...d4

Droht ...♕e5 nebst Grundreihenmatt.

29 ♕g8 ♕e5

29...♕xf5! 30 ♔g1 (oder 30 ♕xf7+ ♔d8 31 ♕f8+ ♔c7) 30...♕g4 gewinnt sofort.

30 ♕xf7+ ♔d8 31 ♖h8+ ♔c7 32 ♕e8 ♕xf5 33 ♕e1

Auch nach 33 ♔g1 ♕g4 gewinnt Schwarz.

33...♖e7 34 ♕g3+ ♔b6 35 ♗c4 ♕xc2 36 ♗b3 0-1

Der Nachziehende setzt in zwei Zügen matt: 36...♕xg2+ 37 ♕xg2 ♖e1# oder 36...♖e1+ 37 ♕xe1 ♕xg2#.

Im vorigen Beispiel bestand das Verteidigungsopfer nur aus einem Bauern, aber manchmal kann man zur Abwehr eines Angriffs eine größere Investition tätigen. Die Wahrscheinlichkeit größerer Verteidigungsopfer nimmt zu, wenn der Angreifer bereits etwas Material ins Geschäft gesteckt hat.

W

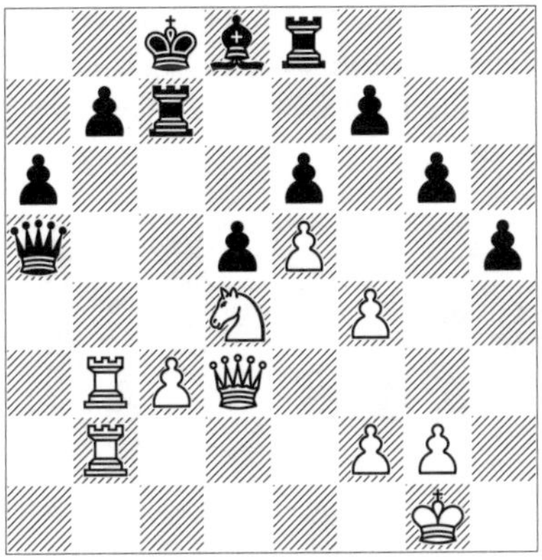

Miladinović – Lajthajm
Montenegrinische Mannschaftsmeisterschaft, Herceg Novi 2008

Weiß hat zwei Bauern weniger, aber gefährlichen Angriff auf der b-Linie.

27 ♕b1

Ein entscheidender Moment. Schwarz kann mit 27...♔d7 28 ♖xb7 ♕xc3 29 ♕d1 ♖xb7 30 ♖xb7+ ♗c7 31 ♕a4+ ♔c8 32 ♖a7 ♕c1+ 33 ♔h2 ♕xf4+ 34 ♔g1 Remis forcieren, aber kann er auf Gewinn spielen? Durch ein Damenopfer beseitigt Schwarz die Gefahr für seinen König und steuert die Partie in ein Endspiel, in dem er risikolos auf Gewinn spielen kann.

27...♖ee7!

Ein hervorragender Zug. Schlecht ist 27...b5? 28 ♖a2 ♕b6 29 ♕a1, und die schwarze Stellung bricht zusammen.

28 ♘b5

Es gibt nichts Besseres, als auf Damengewinn zu spielen, da Schwarz sonst seinen materiellen Mehrbesitz durch ...♕c5 konsolidiert.

28...axb5 29 ♖a2 ♖xc3

Erzwungen, da 29...♕b6? wegen 30 ♖xb5 ♕c6 31 ♖b6 ♕c5? 32 ♖a8+ ♔d7 33 ♖d6+ verliert.

30 ♖xa5 ♗xa5 31 ♖xc3+ ♗xc3 32 ♕xb5

Das schwarze Opfer hat das materielle Gleichgewicht mehr oder weniger wiederhergestellt, aber Weiß hat nur noch seine Dame übrig und daher keinen Angriff mehr. Er wird höchstens auf Dauerschach hoffen können, was jedoch nicht so einfach zu bewerkstelligen ist.

32...d4 33 ♕c5+ ♔d8

W

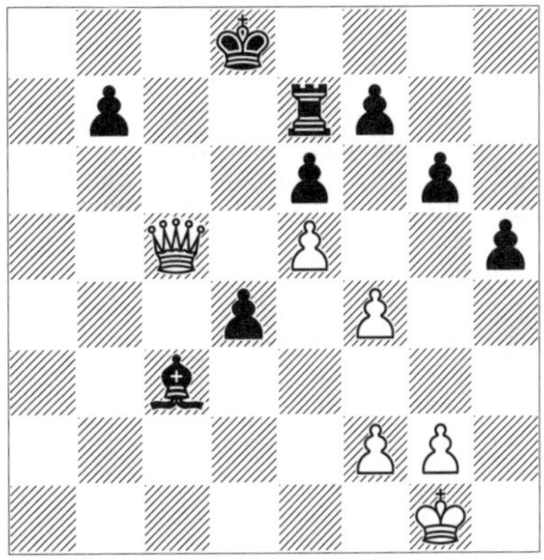

34 ♔f1

Weitere Schachgebote bringen den Anziehenden in Schwierigkeiten: 34 ♕d6+ ♖d7 35 ♕f8+ ♔c7 36 ♕c5+ ♔b8 37 ♕f8+ (auch 37 ♔f1 ♖d5 38 ♕f8+ ♔a7 39 ♕xf7?! d3 40 ♕xe6 ♖a5 gewinnt für Schwarz) 37...♔a7 38 ♕c5+ ♔a6 39 ♕c8 (nach 39 ♕c4+ ♔b6 40 ♕b3+ ♔c5 41 ♕a3+ ♗b4 gehen die Schachgebote zur Neige) 39...♖d5 40 ♕c7 d3! 41 ♕xc3 d2 42 ♕a1+ ♔b5 43 ♕b1+ ♔c6 44 ♕c2+ ♔d7 45 ♕a4+ ♔d8 46 ♕d1 b5 47 ♔f1 b4 48 ♔e2 ♔e7 (nun kann Weiß nur noch seine Bauern bewegen, da ein Königszug mit ...b3 beantwortet wird) 49 g3 ♖d7 50 f3 ♖d5 (Weiß befindet sich in tödlichem Zugzwang) 51 g4 h4 mit Gewinn für Schwarz.

34...♖d7 35 ♕f8+ ♔c7 36 ♕c5+ ♔b8 37 ♕f8+ ♔a7 38 ♔e2

Oder 38 ♕c5+ ♔a6 39 ♕c8 ♖d5 40 ♕c7 (40 ♕c7 ♔a7 ist auch nicht besser) 40...d3 41 ♕c4+ ♔b6 42 ♕xc3 d2 43 ♕b3+ ♔c7 44 ♕d1 b5 45 ♔e2 ♔d7!, und Schwarz gewinnt wie in der vorigen Anmerkung.

38...d3+ 39 ♔d1 ♖d5

Nun steht der schwarze König sicher, und Weiß kann ...d2 nebst Überführung des Turms auf die erste Reihe nicht verhindern.

40 ♕c8 ♗a5 41 ♕c4 d2 42 g3 ♔b6 43 ♕b3+

Nach der Fortsetzung 43 ♕a4 g5! 44 fxg5 ♖c5 45 ♕d4 ♔b5 46 ♕d7+ ♔a6 47 ♕d3+ ♔a7 48 ♕d4 b6 49 ♕d7+ ♔a6 gewinnt Schwarz, da 50 ♔e2 nun mit 50...♖xe5+ beantwortet werden kann.

43...♖b5 44 ♕d3 ♖d5 45 ♕b3+ ♔c6 46 ♕a4+ 0-1

Schwarz gewinnt nach 46...♔c7 47 ♕e8 ♔b6 48 ♕e7 (48 ♕a4 g5! leitet zur vorigen Anmerkung über) 48...♖d4 49 ♕e8 ♗b4 gefolgt von ...♖c4.

S

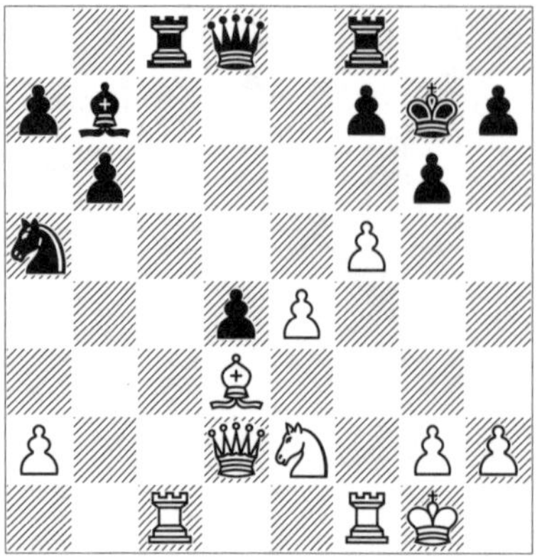

Schirow – Vachier-Lagrave
Wijk aan Zee 2011

Diese Stellung sieht sehr prekär für Schwarz aus. Weiß droht f6+ nebst ♕h6 mit typischen Mattideen auf g7 oder h7. Schwarz kann das Vorrücken des Bauern auch nicht verhindern, da 18...f6? nach 19 ♘f4 Material verliert. Wenn er einen kühlen Kopf bewahrt, kann er sich aber nicht nur trotzdem verteidigen, sondern Weiß sogar unter Druck setzen.

18...♖xc1

In der Verteidigung ist Figurentausch oft eine gute Idee, auch wenn man keine konkrete Variante sehen kann, in der sich dies auszahlt. Hier hilft der Turmtausch dem Nachziehenden, da er später durch ein Damenschach auf c5 oder auf der ersten Reihe Gegenspiel erhalten kann.

19 ♕xc1 ♘c6

Der Springer ist für die Verteidigung erforderlich.

20 f6+ ♔h8 21 ♕g5

Weiß kann nicht sofort auf Matt spielen; z. B. 21 ♖f3 ♘e5 22 ♖h3 ♕xf6 oder 21 ♕h6 ♖g8 22 ♖f3 ♕f8 23 ♕g5 ♕c5 24 ♕h6 ♕h5, jeweils mit Zurückschlagung des Angriffs. Der Damenzug nach g5 deckt den Bauern f6 und droht daher ♖f3-h3 (oder ♖f4-h4). Außerdem kann Weiß in vielen Varianten mit e5 den Läufer d3 in den Angriff einbeziehen.

21...♕d6!

Der einzige Zug, der nicht forciert verliert. Passive Verteidigung ist hoffnungslos; beispielsweise 21...♖g8? 22 ♖f4 ♕f8 23 ♖h4 ♘b4 (23...♗c8 verliert wegen 24 g4 nebst ♖h3 und ♕h4) 24 ♘f4 ♘xd3 25 ♘xd3 ♗c8 26 ♘e5 (droht 27 ♕h6) 26...♗e6 27 ♘f3, und es gibt keine Verteidigung gegen 28 ♖xh7+ ♔xh7 29 ♕h4+ ♕h6 30 ♘g5+. In der Verteidigung ist wichtig, einen so passiven Zug wie ...♖g8 nicht freiwillig zu spielen; man sollte warten, bis er erzwungen ist. Der Partiezug verhindert weißes e5 und stellt die Dame auf ein Feld, von dem aus sie sich nötigenfalls nach f8 zurückziehen oder durch einen Ausflug nach b4 oder a3 Gegenspiel entwickeln kann.

W

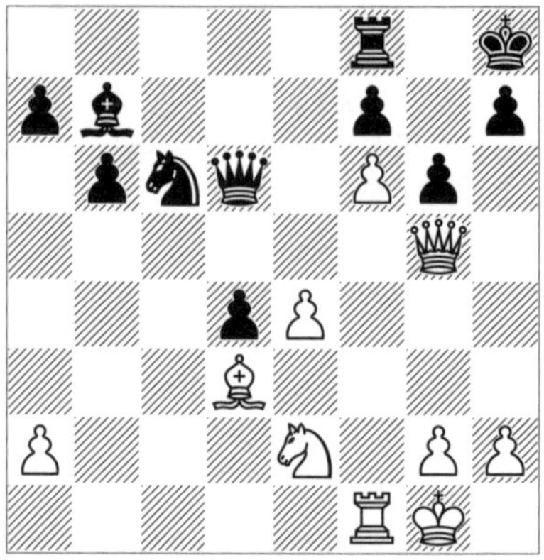

22 ♘g3?

Die Drohung 23 ♘f5 kann leicht pariert werden, wonach der Springer auf g3 schlecht steht. Am besten ist 22 ♖f4! ♖e8! (nimmt das Feld e5 noch zuverlässiger unter Kontrolle) 23 ♖h4 ♕f8! (23...♔g8? 24 ♘g3 ♗c8 25 ♘h5 ♕b4 26 h3 gibt Weiß gewinnbringenden Angriff) 24 ♘f4 ♘e5 25 ♘h3 (25 ♗b5?! d3 26 ♘xd3 ♘xd3 27 ♗xd3 ♔g8 28 h3 ♖e6! 29 ♔h1 ♕d8 30 ♕h6 ♕xf6 31 ♕xh7+ ♔f8 32 ♕h6+ ♔e7 33 ♖f4 ♕e5 ist wegen des schwachen weißen e-Bauern für Schwarz günstig – diese Variante ist ein Beispiel für die Entschärfung des Angriffs durch Rückgabe von Material) 25...♘d7 26 ♕f4 ♔g8 27 ♘g5 h5 28 ♖xh5! (28 g4? ♘e5 29 ♗b5 ♖c8! 30 ♕xe5 ♖c5 ist gut für Schwarz) 28...gxh5 29 ♘h7! ♔xh7 30 ♕f5+ ♔h6 31 ♕f4+ mit Dauerschach.

22...♖g8!

Plötzlich bricht der Angriff zusammen. Der einzige aggressive Zug ist 23 ♖f4, aber dann gewinnt Schwarz mit 23...♕c5! 24 ♕h6 ♕c1+ 25 ♗f1 d3 nebst ...♕e3+ und ...d2. Der weiße Angriff wird durch die Fesselung auf der Diagonale c1-h6 völlig gelähmt.

23 ♗c4 ♘e5 24 ♗b3 d3 25 h3 ♗a6 26 ♖f4 d2 27 ♔h2 ♕c5 28 h4 ♘d3 29 e5 ♘xf4 30 ♘e4 ♘e6 31 ♗xe6 ♕c6 32 ♗xf7 d1♕ 0-1

W

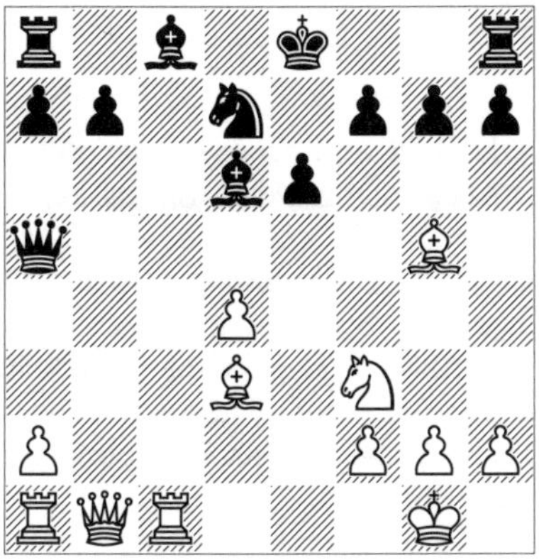

Lupulescu – Nanu
Galati 2007

Weiß hat ein korrektes Bauernopfer gebracht und ist durch seinen großen Entwicklungsvorsprung mehr als ausreichend dafür entschädigt. Er sollte indes schnell handeln, da Schwarz sonst mit ...h6 und ...0-0 die unmittelbaren weißen Angriffschancen verringern wird.

16 d5!

Öffnet die Stellung, während der schwarze König noch in der Mitte steht. Nun könnte Schwarz schnell verlieren, aber er bleibt ruhig und lässt keinen forcierten Gewinn zu.

16...♘e5

Nicht 16...♕xd5?, was wegen 17 ♗e4 ♕a5 18 ♗xb7 ♗xb7 19 ♕xb7 ♖b8 20 ♖c8+ verliert. Möglich ist jedoch 16...exd5 17 ♗f5 ♘b6 18 ♗d2 ♕a4, wonach Weiß die Wahl zwischen 19 ♗xc8 ♖xc8 20 ♖xc8+ ♘xc8 21 ♕xb7 0-0 22 ♕xd5 mit positionellem Übergewicht und 19 ♗c2 ♕a6 20 ♘g5 ♗e6 21 ♗xh7 ♘c4 22 ♗c3 0-0-0 23 ♗xg7 mit leichtem Vorteil in komplizierter Stellung hat.

17 ♗b5+ ♔f8

Erzwungen, da 17...♗d7? wegen 18 ♗xd7+ ♘xd7 19 ♕xb7 verliert.

18 ♘d4 exd5

Schlecht ist 18...a6? wegen 19 dxe6 axb5 20 ♕f5 (nun droht 21 e7+) 20...♗xe6 21 ♘xe6+ ♔g8 22 ♘xg7, und der Angriff schlägt durch.

19 a4?

Der Plan, den Turm über a2 entwickeln, ist zu langsam. Richtig ist 19 ♕b3! ♗e6 20 ♖e1 ♕b6 21 ♗e3 ♕d8 22 ♘xe6+ fxe6 23 ♗d4, wonach die weißen Drohungen gegen den anfälligen schwarzen König wichtiger sind als die beiden Mehrbauern. Nach dem Partiezug hat Schwarz Zeit, seine Verteidigung zu organisieren.

19...h6 20 ♗h4 ♕b4 21 ♕c2

S

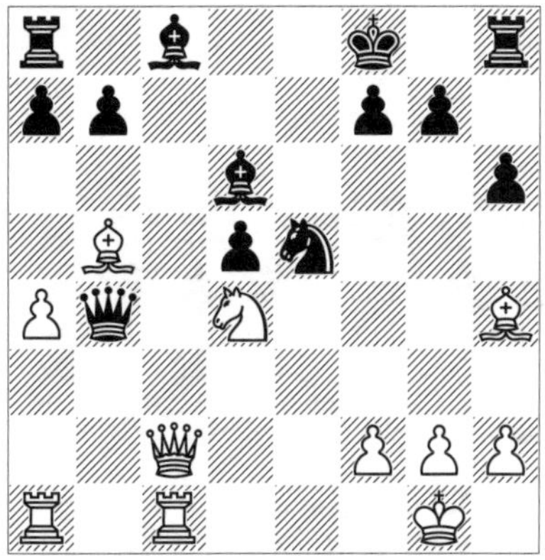

Das war die Idee des Weißen: 21...♕xd4?? verliert wegen 22 ♕xc8+ ♖xc8 23 ♖xc8#. Man muss aber nicht alle Opfer annehmen.

21...g5!

Gibt dem schwarzen König unter Tempogewinn etwas Luft. Sehr stark ist auch 21...♗g4!.

22 ♗g3 ♕xd4 23 ♖d1

Die Gefahr ist noch nicht vorbei. Wenn der Nachziehende sich beispielsweise mit 23...♕b6? 24 ♖xd5 f6 passiv verteidigt, erhält Weiß mit 25 a5 ♕c7 26 ♕d2 ♔e7 27 ♖c1 ♕b8 28 ♖d1 zumindest genug Kompensation für die Figur.

23...♘f3+!

Durch Rückgabe der Figur unter seinen eigenen Bedingungen sichert sich Schwarz jedoch klaren Vorteil. Nun kann sich seine Dame in Richtung des bedrohten Königsflügels zurückziehen, und Weiß kann wegen des hängenden Turms auf a1 nicht auf d5 schlagen.

24 gxf3 ♕f6 25 ♖ab1

25 ♗xd6+ ♕xd6 26 ♗c4 ♗e6 27 ♕b2 ♔g8 28 ♕xb7 ♖b8 29 ♕xa7 gewinnt den Bauern zurück, aber nach der Fortsetzung 29...♖b4 30 ♕a6 ♕c5 31 ♗e2 ♕c7 32 ♖ac1 ♕e5 hat Schwarz wegen des geschwächten weißen Königsflügels großen Vorteil; die unmittelbare Drohung lautet 33...♖h4.

25...♗xg3 26 fxg3 ♗e6 27 ♗e2 ♖c8 28 ♕d3 b6 29 ♕a6 ♖c7 30 a5 ♔g7 31 axb6 axb6 32 ♖xb6 ♖d8

Schwarz hat seine Stellung konsolidiert und besitzt bei aktiverer Figurenstellung einen Mehrbauern. Er führt die Partie mit leichter Hand zum Sieg.

33 ♖b4 d4 34 ♕d3 ♖c3 35 ♕b1 d3

Diese einfache Kombination erzwingt entscheidenden Materialgewinn.

36 ♖xd3 ♗f5 37 ♖b6 ♗xd3 38 ♗xd3 ♖cxd3 0-1

W

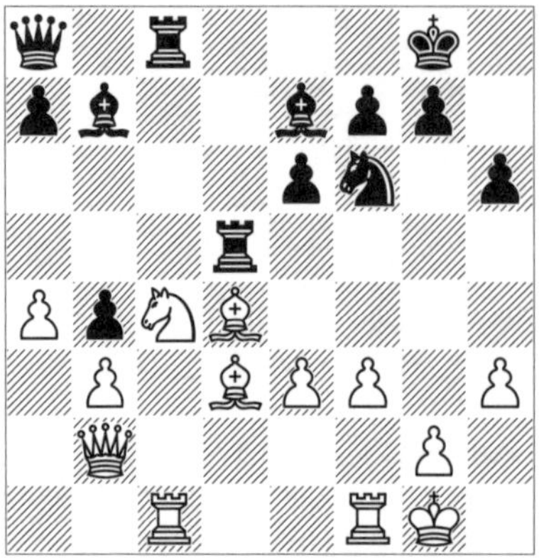

Kortschnoj – Sakajew
Russische Mannschaftsmeisterschaft, Dagomys 2008

Weiß hat leichten Vorteil. Er verfügt über gut postierte und zentralisierte Figuren und den sicheren Vorposten auf c4 als nützliches Sprungbrett für seine Kräfte. Im Gegensatz dazu ist der schwarze Aufmarsch auf der langen Diagonale wegen der Bauern auf g2 und f3 nicht sehr effektiv. Mit einem einfachen Zug wie 27 ♖fd1 würde Weiß Übergewicht bewahren, aber er verfällt stattdessen auf den Plan, mit der Dame auf h7 einzudringen.

27 ♗b1 ♖cd8 28 ♕c2 ♔f8

Schwarz reagiert auf den weißen Plan, indem er den König vorsorglich dem drohenden Schach auf h7 entzieht. Bis zu diesem Punkt hat Weiß noch keinen Fehler begangen; der Aufbau der Dame-Läufer-Batterie hat zwar etwas Zeit gekostet, bedeutet aber noch keine unwiderrufliche Verpflichtung.

29 ♗xf6?

Das ist indes völlig falsch. Weiß bekommt zwar seine Dame nach h7, was aber keine ernsthafte Drohung aufstellt. Andererseits macht Weiß mit diesem Zug große Zugeständnisse: Er öffnet die d-Linie für die schwarzen Türme, gibt das Läuferpaar auf und macht das bisher irrelevante Feld c3 zu einem vorzüglichen Vorposten für den schwarzfeldrigen schwarzen Läufer. Viel besser ist 29 ♘e5, wonach Weiß immer noch Vorteil beanspruchen kann.

29...♗xf6 30 ♕h7

Dies stellt verschiedene Drohungen auf, wie 31 ♗e4 ♖5d7 32 ♘d6! ♖xd6 33 ♖c7 ♖6d7 34 ♗xb7 ♕b8 35 ♖xd7 ♖xd7 36 ♕h8+. Zu Kortschnojs Unglück können die Drohungen alle durch eine einfache Antwort abgewehrt werden.

30...♔e7!

Der schwarze König bewegt sich aus der Gefahrenzone und verhindert gleichzeitig 31 ♗e4 wegen 31...♖h8 mit Damenfang. Plötzlich wird klar, dass die Dame auf h7 nichts ausrichtet. Daher bringt Kortschnoj sie nach c2 zurück.

31 ♕c2

S

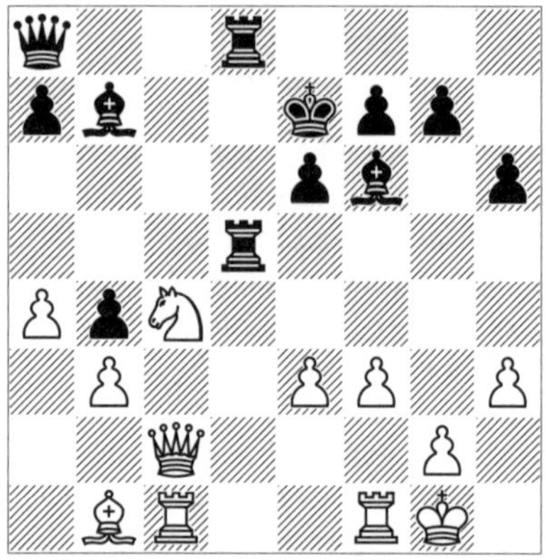

Weiß hat mit seinem Plan dem Nachziehenden keine echten Unannehmlichkeiten bereiten können, dafür aber seine eigene Stellung gravierend geschwächt.

31...♖c5?!

Noch stärker ist 31...♗a6! mit der Drohung ...♗c3 nebst ...♗xc4 und ...♖d2.

32 ♖fd1 ♗d5 33 ♕e2 ♗xc4 34 ♖xc4 ♖xd1+ 35 ♕xd1 ♖xc4 36 bxc4 ♕c6

Nach der Abwicklung verkehrt der Anziehende in großen Schwierigkeiten. Seine Damenflügelbauern sind schwach und sein Läufer steht passiv, während Schwarz einen gefährlichen Freibauern hat.

37 ♕b3 ♕d6 38 ♗d3 a5 39 f4 g5

Schwarz will eine zweite Schwäche erzeugen, indem er auf Exponierung des weißen Königs spielt.

40 g3 h5 41 ♕c2 ♕c5 42 ♔f2 h4

Unterminiert die Bauernkette.

43 ♕d2 b3 44 fxg5 hxg3+ 45 ♔xg3 ♕xg5+ 46 ♔f3 b2 47 ♕h2 ♕h5+ 48 ♔g2 ♕c5 49 ♕g1 ♕d6 50 ♗e4 ♕d2+ 51 ♕f2 ♕c1 52 ♕c2 ♕xe3 53 c5 ♗d4 54 c6 f5 0-1

Es folgt 55 c7 ♕g1+ 56 ♔f3 b1♕ 57 ♕xb1 ♕f2# oder 55 ♗d3 ♕g1+ 56 ♔f3 b1♕ 57 ♕xb1 ♕f2#.

Manchmal sind noch größer angelegte Königsmärsche möglich, die in der Regel prophylaktischer Natur sind; mit anderen Worten werden die Angriffschancen des Gegners im Voraus neutralisiert.

W

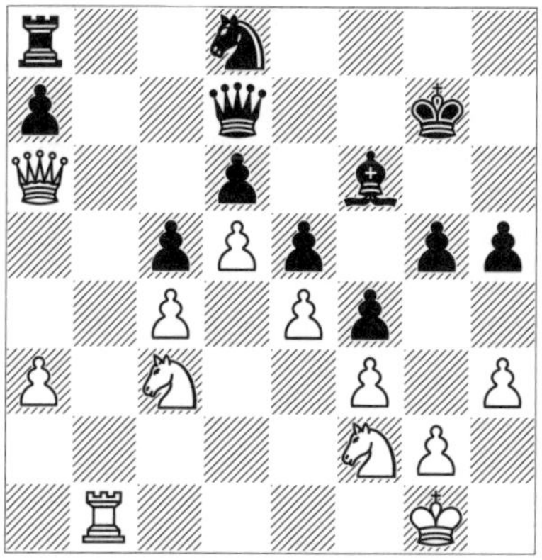

Fressinet – Lopez Martinez
Pamplona 2010

Weiß steht wegen der aktiveren Figurenstellung und der Kontrolle über die b-Linie klar besser, während Schwarz einen schlechten Läufer hat und das einzige mögliche Gegenspiel mit ...g4 verhindert worden ist. Momentan hält Schwarz aber die Stellung, und Weiß kann keine direkten Fortschritte machen, da er die schwarze Verteidigung nicht durchbrechen kann, solange er nicht seinen Springer einsetzt, z. B. mittels ♘b5 nebst ♘d3-b2-a4-b6 oder ♘d3-c1-b3-a5-c6. Problematisch ist dabei, dass Schwarz mit ...g4 aktives Spiel gegen den schlecht verteidigten Königsflügel einleiten und seinem Läufer das Feld h4 eröffnen wird, sobald der Springer das Feld f2 verlässt. Die Lösung ist einfach: Weiß muss zuerst den König vom verwundbaren Königsflügel evakuieren und erst dann den Springer f2 aktivieren.

35 ♔f1

Der Marsch beginnt.

35...♗e7 36 ♔e2 ♔f7 37 ♔d2 ♖c8 38 ♔c2 ♖a8

Solange der Springer auf f2 steht, kann der Nachziehende nichts Positives unternehmen und wartet daher ab.

39 ♖b5

39 ♔b2? ist falsch, da Schwarz dann seine Stellung durch Turmtausch befreien kann. Daher muss der Turm zuerst auf der b-Linie nach vorne gehen, damit der König sie in seinem Rücken überqueren kann.

39...♖c8 40 ♕a4

Das bringt nichts ein, schadet der weißen Stellung aber auch nicht. Da Schwarz nur abwarten kann, spielt es keine Rolle, wenn Weiß etwas Zeit verliert.

40...♖a8 41 ♕a6 ♔f8 42 ♖b3 ♔f7 43 ♔b2

Auf a2 wird der König bombensicher stehen.

43...♔f8 44 ♔a2 ♔f7 45 ♘b5 ♔f8

Nun kann der Springer f2 sich endlich zum Rest der weißen Kräfte am Damenflügel gesellen.

46 ♘d3 ♔f7 47 ♖b1 ♔f8

Nun, da der weiße König auf dem Damenflügel sicher steht, hilft die Linienöffnung mit ...g4 nur dem Weißen; hier verliert 47...g4? wegen 48 hxg4 hxg4 49 ♖h1.

48 ♖b2 ♘f7

W

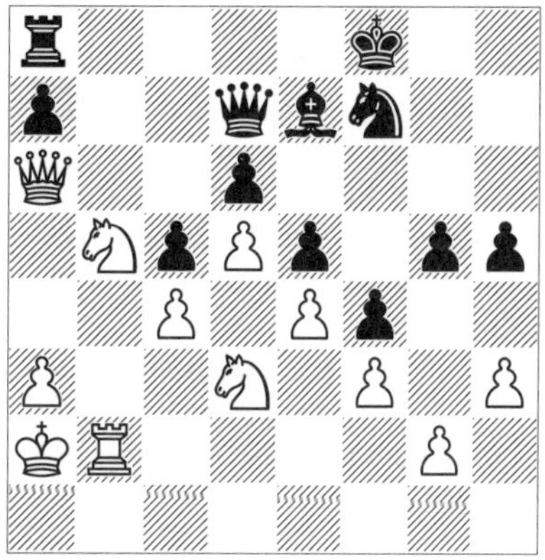

49 ♘c3 ♘d8 50 ♖b1 ♖c8 51 ♘b5 ♖a8 52 ♘b2?

Dieser Fehler gibt Schwarz eine Verteidigungschance. Korrekt ist 52 ♘c1 mit Ansteuerung von c6; nach 52...♘f7 (52...g4 53 hxg4 hxg4 54 ♘b3 gxf3 55 gxf3 ♕b7 56 ♘xc5 ♕c8 57 ♕xc8 ♖xc8 58 ♘a6 ♖xc4 59 ♔b3 ♖c8 60 ♖h1 ♔g8 61 ♔b2 nebst ♖c1 ist äußerst unangenehm für Schwarz) 53 ♘b3 ♗d8 54 ♘a5 ♗xa5 55 ♕xa5 ♘d8 56 ♕a6 steht Schwarz unter schwerem Druck, obgleich noch kein forcierter Gewinn für Weiß zu sehen ist.

52...♘f7?

Zu passiv. Mit 52...♕b7! kann Schwarz unter Ausnutzung der vorübergehenden Verstellung der b-Linie einen großen Teil des Drucks auf seine Stellung aufheben.

53 ♘a4 ♗d8?! 54 ♘bc3?!

Verpasst den sofortigen Gewinn mit 54 ♘xd6! ♘xd6 (54...♕xd6 55 ♕b7) 55 ♘xc5 ♕e7 56 ♘e6+ nebst c5, aber der Partiezug ist ebenfalls ausreichend, da Schwarz ♖b7 nicht verhindern kann.

54...g4 55 hxg4 hxg4 56 ♖b7 ♕c8 57 ♘b5 ♗b6 58 ♘xb6 axb6 59 ♕xb6 gxf3 60 gxf3 ♔g8 61 ♘c7 1-0

Iwantschuk – Topalow
Las Palmas 1996

1 e4 c5 2 ♘f3 d6 3 d4 cxd4 4 ♘xd4 ♘f6 5 ♘c3 a6 6 ♗e3 e6 7 g4 h6 8 f4 b5 9 ♗g2 ♗b7 10 g5

Weiß hat eine scharfe Variante gewählt, in der es darauf ankommt, mit schnellem g5-g6 die schwarze Königsstellung aufzureißen. Dies ist ein sehr gefährlicher Plan und objektiv die richtige Wahl, aber nicht ohne Risiko, da der Bauernvorstoß nicht nur Zeit erfordert, sondern auch einige der normalerweise den weißen König verteidigenden Bauern abzieht. Solange Weiß seine Initiative behalten kann, wird sein Kontrahent diesen Faktor nicht ausnutzen können, aber wenn die Initiative ins Stocken gerät, wird Schwarz dank des durch das Vorrücken der Bauern zurückgelassenen leeren Raums einen heftigen Gegenangriff starten können.

10...hxg5 11 fxg5 b4 12 ♘a4 ♘h5

Nicht 12...♘xe4? 13 ♕g4 d5 14 ♗xe4 dxe4 15 0-0-0 mit brandgefährlichem Angriff.

13 0-0 ♘d7 14 g6

S

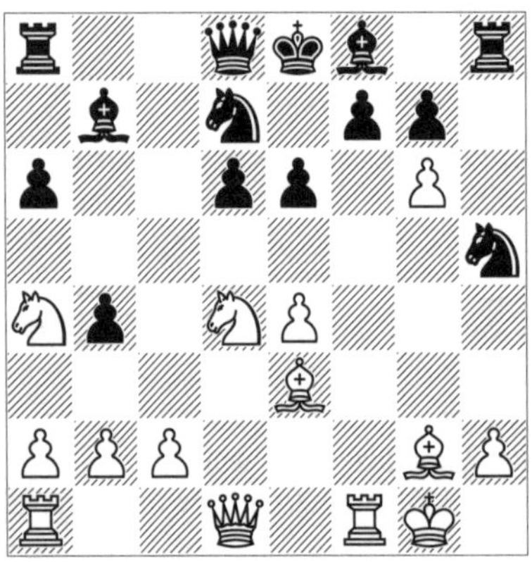

14...♘hf6

Das ist erzwungen, weil der Nachziehende den weißen Springer nicht auf e6 landen lassen kann.

15 c3 ♘e5

15...bxc3? verliert wegen 16 gxf7+ ♔xf7 17 ♕b3 mit Doppelangriff auf b7 und e6.

16 gxf7+ ♔xf7 17 cxb4

Da Weiß einen Bauern gewonnen hat und der schwarze König weiterhin exponiert steht, ist die Partie bis hierher zugunsten von Weiß verlaufen. Bei genauer Fortsetzung könnte er seinen Vorteil konsolidieren, aber Iwantschuk unterschätzt die Gefahr eines Gegenangriffs.

17...♖h4 18 ♕b3

Einfacher war dem Angriff auf e4 mit 18 ♗f4! zu begegnen, wonach Schwarz es schwer hat.

18...♕e8 19 ♖ac1?

Die Drohung ♖c7+ ist nicht so gefährlich wie sie aussieht. 19 ♖f4 oder 19 ♗f4 hält einigen Vorteil fest.

19...♗xe4 20 ♖c7+?!

Konsequent, aber am besten ist 20 ♖f4 ♖xf4 21 ♗xf4 ♗xg2 22 ♔xg2 ♘d5 23 ♗g3 mit nur geringfügigem Vorteil für Schwarz.

20...♔g8 21 ♘xe6

Alles sieht prima aus für Weiß, der schließlich das Feld e6 erobert hat und ein Abzugsschach mit dem Springer droht.

21...♖g4!

W

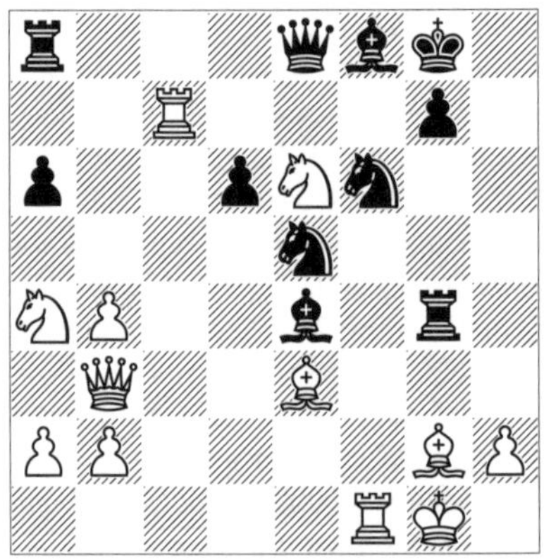

Ein fürchterlicher Schock für Weiß. Es stellt sich heraus, dass seine Abzugsschachs harmlos sind und stattdessen der schwarze Gegenangriff tödlich ist. Dies ist ein Paradebeispiel für eine Situation, die sehr häufig vorkommt: Aggressives zweischneidiges Spiel ist schön und gut, solange man die Initiative behalten kann, aber wenn der Gegner eine Verschnaufpause bekommt, wird sein Gegenangriff wahrscheinlich mit tödlicher Kraft zuschlagen.

22 ♖xf6

Es gibt keine Verteidigung; so verliert z. B. 22 ♘f4+ wegen 22...d5! 23 ♘c3 ♘f3+ 24 ♔f2 ♖xg2+ 25 ♘xg2 ♘g4+ 26 ♔g3 ♘xe3 27 ♘xe3 ♕e5+.

22...♖xg2+ 23 ♔f1 ♕b5+ 0-1

Nach 24 ♖c4 gewinnt fast jeder Zug, z. B. 24...gxf6 oder 24...♕xc4+.

S

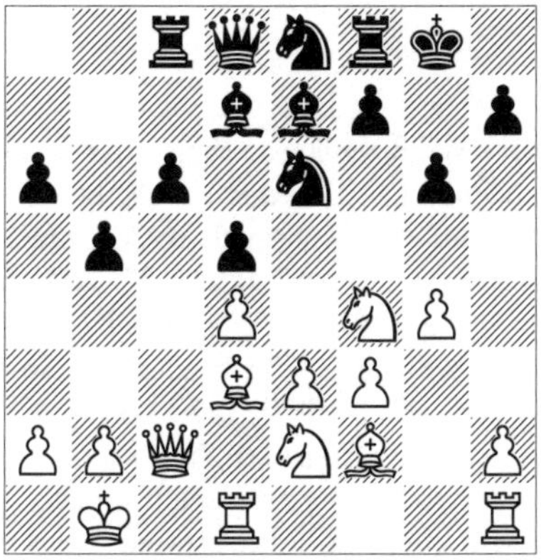

Marin – Ljubojević
Interzonenturnier, Szirak 1987

In dieser ungefähr ausgeglichenen Stellung hat Weiß Angriffschancen am Königsflügel, während Schwarz durch Vorbereitung von ...c5 Gegenspiel am Damenflügel anstreben kann. Unmittelbar droht Weiß h4-h5, wogegen Schwarz nun etwas unternimmt.

17...♗h4 18 ♗g3 ♘8g7

Da Weiß momentan keine realen Drohungen hat, nutzt Schwarz die Zeit zur Verbesserung seiner Figurenstellung. Von g7 aus kann der Springer nach e6 gehen, falls der andere Springer abgetauscht wird. Außerdem kann nun der Turm nach e8 gehen. Es ist nicht leicht für Schwarz, sein Gegenspiel in Gang zu bringen, da ...c5 den d-Bauern verliert, aber die Verbesserung der Stellung seiner Figuren wird seinem Gegenspiel förderlich sein, wenn es schließlich beginnt.

19 ♕d2 ♖e8 20 ♕e1

Weiß vertreibt den Läufer von h4, um den Weg für den h-Bauern zu räumen.

20...♗f6

Der Läufer wird auf der langen Diagonale gut stehen, wenn Schwarz zu guter Letzt zu ...c5 kommt.

21 ♕f2 ♕e7 22 h4

Der weiße Angriff beginnt. Wenn man sich einem Königsangriff ausgesetzt sieht, ist es wichtig, die durch den Angriff drohende Gefahr objektiv einzuschätzen; vor allem sollte man nicht in Panik verfallen. Hier plant Weiß h5 nebst hxg6 und ♕h2, und außerdem droht sofort g5 mit Läuferfang. Zunächst muss der Springer von g7 entfernt werden, um dem Läufer etwas Luft zu geben.

22...♘xf4 23 ♗xf4?!

Das sieht natürlich aus, aber besser ist wahrscheinlich ein Richtungswechsel mit 23 exf4 c5 (23...♘e6?! 24 f5 ist unangenehm) 24 dxc5 ♕xc5 25 ♕xc5 ♖xc5 26 ♗f2, wonach Weiß aufgrund seiner Kontrolle über d4 etwas Endspielvorteil hat.

23...♘e6

Nun steht Weiß vor einer schwierigen Wahl, da 24 ♗g3 c5 Schwarz ordentliches Gegenspiel gibt. Daher lässt Weiß lieber den Abtausch des Läufers f4 zu.

24 g5 ♘xf4 25 ♘xf4 ♗g7 26 ♖de1

S

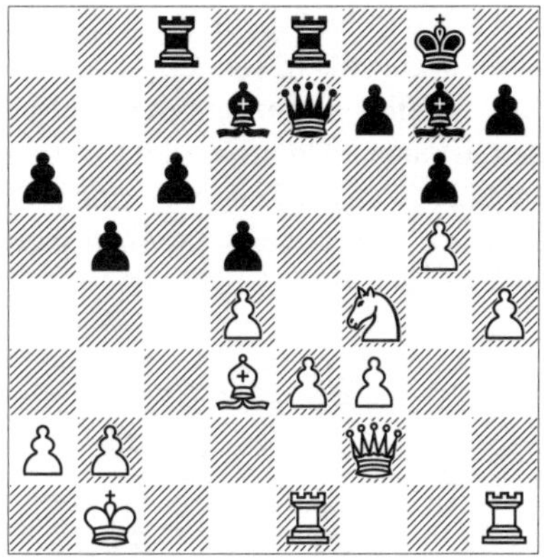

Seit der letzten Diagrammstellung hat sich die Situation zugunsten des Nachziehenden verändert, selbst wenn sein Gegenangriff noch gar nicht begonnen hat. Der gute Verteidigungsläufer g7 garantiert, dass selbst das Auftauchen der weißen Dame auf h7 nicht zum Matt führt.

26...♕d6

Bereitet durch Deckung von d5 den Zug ...c5 vor und überdeckt auch g6, um ein Opfer auf diesem Feld zu verhindern.

27 h5 c5

Dank sorgfältiger Vorbereitung ist der schwarze Gegenangriff nun recht stark.

28 hxg6 hxg6 29 ♕h4 cxd4 30 exd4?

Weiß muss mit 30 e4 die lange Diagonale blockieren, damit der schwarzfeldrige Läufer nicht an einem Angriff auf b2 teilnehmen kann. In diesem Fall wäre die Stellung ungefähr ausgeglichen.

30...♖xe1+

Nun läuft alles schief für Weiß. Eine seiner Angriffsfiguren wird von der h-Linie abgelenkt, während Schwarz den Bauern b2 aufs Korn nehmen kann.

31 ♖xe1 ♗xd4 32 ♘xg6

Auch 32 ♖h1 ♗g7 33 ♕h7+ ♔f8 gewinnt für Schwarz.

32...♕b4!

Deckt den Läufer und droht gleichzeitig Matt. Die weiße Stellung bricht zusammen.

33 ♖e2 fxg6 34 ♕h6 ♗xb2 0-1

Von Zeit zu Zeit sieht man sich gänzlich unerwarteten Zügen gegenüber; so kann der Gegner etwa ein Opfer bringen, das man übersehen hat. Nach einer Überraschung geraten viele Spieler in Panik und begehen Fehler, durch die Stellungen, die noch gerettet oder sogar gewonnen werden könnten, verloren werden. Wenn man zuvor auf Gewinn stand, darf man nicht über verpasste Gelegenheiten nachdenken, sondern muss sich auf die aktuelle Stellung konzentrieren und sie neu beurteilen. Ist man noch im Vorteil? Wenn nicht, wäre es vielleicht an der Zeit, nach einem Remisweg zu suchen. Vor allem sollte man nicht den Kopf verlieren und Ruhe bewahren.

W

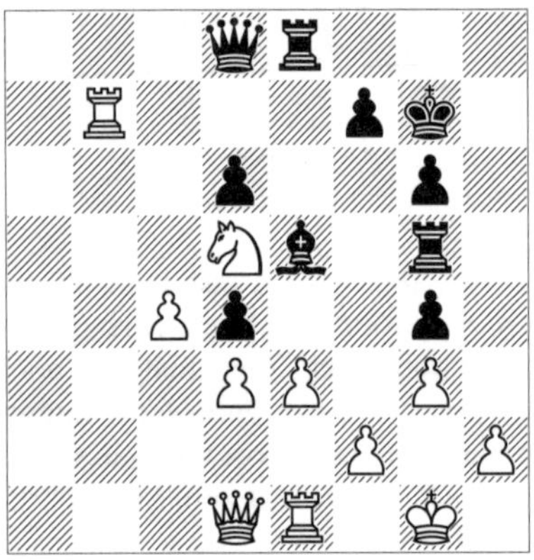

Adianto – Sharavdorj
Zonenturnier, Yangon 1998

Weiß steht mit einem Mehrbauern, einem vortrefflichen Springer auf d5 und einem aktiven Turm auf der siebten Reihe auf Gewinn. Er muss lediglich auf potenzielles schwarzes Gegenspiel auf der h-Linie achten.

27 e4

Bei richtiger Fortsetzung ist dies der einfachste Gewinnweg.

27...♖h8

Weiß muss Vorsicht walten lassen, da Schwarz mit 28...♖xh2! 29 ♔xh2 ♕h8+ 30 ♔g1 ♕h3 in Vorteil zu kommen droht.

28 f4??

Ein Patzer, nach dem Schwarz ein überraschendes Opfer bringen kann. Es gewinnt 28 h4! gxh3 29 ♕f3 mit völliger Neutralisierung des schwarzen Gegenspiels. Nach 29...♕f8 30 ♖a1 nebst ♖aa7 bricht die schwarze Stellung zusammen.

28...♖xh2!

Das muss ein ziemlicher Schock für Weiß gewesen sein. Da auf einen Fehler leicht ein zweiter folgt, sollte Weiß zunächst sehen, ob er zumindest Remis machen kann. In der Tat ergibt sich nach 29 ♔xh2 ♕h8+ 30 ♔g1 (auch 30 ♔g2 macht Remis: 30...♕h3+ 31 ♔f2 ♕h2+ 32 ♔f1 ♕xg3) 30...♖h5 31 ♖f1 ♖h1+ 32 ♔f2 ♕h2+ 33 ♔e1 ♕xg3+ 34 ♔d2 ♕g2+ 35 ♕e2 ♕xf1 36 ♕xf1 ♖xf1 37 ♔e2 (37 fxe5?? g3) 37...♖xf4 38 ♘xf4 ♗xf4 ein remises Endspiel. Als Nächstes sollte Weiß nach einem Weg zu Vorteil suchen. Wenn das nicht funktioniert, sollte er wenigstens versuchen, Schwarz zu genauem Spiel zu zwingen.

29 ♖e2!?

Objektiv hat Weiß keinen Vorteil, zwingt den Schwarzen aber mit diesem Zug, die richtige Antwort zu finden.

29...♖h3 30 ♖g2 ♖gh5!

W

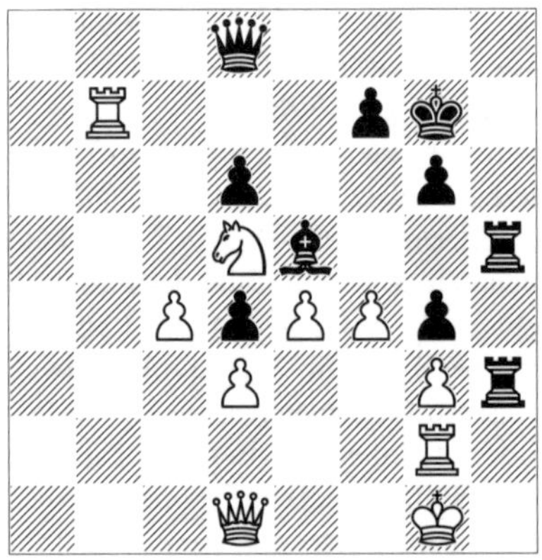

Nach dieser genauen Fortsetzung sollte Weiß sich mit 31 ♕xg4 ♕a5 32 ♕e2 ♕a1+ 33 ♔f2 ♖h2 34 ♔f3 ♖xg2 35 ♕xg2 ♕d1+ 36 ♕e2 ♕h1+ 37 ♕g2 ins Remis fügen.

31 ♔f2? ♖h1?

Übersieht den Gewinn durch 31...♕a8! 32 ♖b2 ♖h2 33 fxe5 dxe5, wonach Weiß keine Verteidigung gegen ...♕h8 mit tödlichem Angriff auf der h-Linie hat.

32 ♕xg4

Nachdem er den Gewinn verpasst hat, darf nun der Schwarze nicht in Panik geraten, scheitert aber kläglich.

32...♕a8?

Durch 32...♕a5! 33 ♕e2 ♗f6 34 ♘c7 ♕a4 35 ♘e6+ ♔g8 36 ♖b8+ ♔h7 37 ♖b7 ♔g8 mit Zugwiederholung hätte Schwarz immer noch Remis machen können.

33 ♕d7 1-0

Schwarz ist hilflos; z. B. 33...♕a2+ 34 ♔f3 ♖f1+ 35 ♔g4 ♕xg2 36 ♕xf7+ nebst Matt.

S

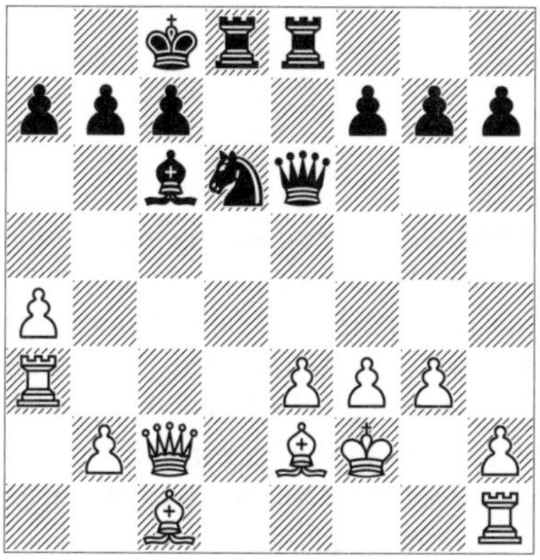

Topalow – Adams
Linares 2005

Die weiße Stellung sieht erbärmlich aus. Bei materiellem Gleichstand sind die schwarzen Figuren ideal zentralisiert, während die weißen Kräfte versprengt sind und der weiße König exponiert steht. Angesichts der offensichtlichen schwarzen Initiative könnte man leicht in Panik geraten, aber Topalow erkennt, dass seine Verteidigung im Moment noch nicht durchbrochen werden kann. Merkwürdigerweise kann Schwarz sich selbst mit bestem Spiel nur bescheidenen Vorteil sichern.

20...g5!

Ein starker Zug, da der Nachziehende nach ...g4 die lange Diagonale für seinen Läufer öffnen und sich das Feld e4 für seinen Springer sichern wird.

21 ♖f1

Da Weiß ...g4 nicht verhindern kann, bringt er wenigstens seinen Turm ins Spiel und ermöglicht den Rückzug seines Königs auf das relativ sichere Feld g1.

21...g4 22 fxg4 ♕h6?

Das verschenkt den ganzen Vorteil. Nach dem natürlichen 22...♕d5 gibt 23 ♔e1! Weiß gute Verteidigungschancen, und auch nach der Fortsetzung 22...♘e4+ 23 ♔g1 ♘g5 24 h4 ♘e4 25 ♔h2 ist die weiße Stellung widerstandsfähiger als erwartet.

Richtig ist 22...h5! 23 gxh5 ♕h3 24 ♔e1 f5, obwohl auch hier der Erfolg des schwarzen Angriffs keineswegs garantiert ist.

23 ♔g1 ♕h3 24 ♗d3 ♘e4

Auch 24...♕xg4 25 ♖c3 ist zufriedenstellend für Weiß. Der Partiezug, der ein sofortiges Opfer auf g3 droht, sieht sehr stark aus. Es ist schwer vorstellbar, dass der Anziehende mit seinen nicht am Spiel teilnehmenden Damenflügelfiguren überleben kann. Er bewahrt jedoch kühlen Kopf und findet einen hervorragenden Verteidigungsplan.

25 ♖f4! ♘xg3 26 ♖c3!

Natürlich nicht 26 hxg3?? ♖xd3 27 ♖xd3 ♕h1+ 28 ♔f2 ♕g2+ mit sofortigem Gewinn für Schwarz.

S

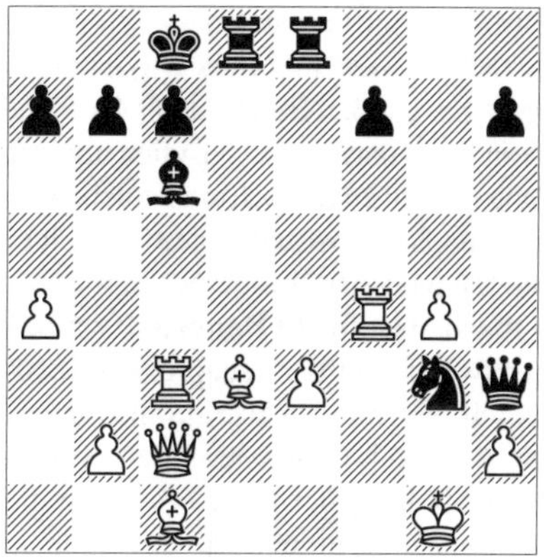

Der Partiezug ist bemerkenswert, da Schwarz trotz der Ansammlung seiner Figuren auf dem Königsflügel über keine größere Drohung verfügt, wobei insbesondere der Springer kein gutes Abzugsfeld hat. Weiß dagegen droht nun, den gefährlichen Läufer c6 mit ♖xc6 zu beseitigen und dann mit ♗a6+ einen gewinnbringenden Gegenangriff zu starten.

26...♖e6?

Von der einfallsreichen weißen Verteidigung überrascht, gerät Schwarz in Panik und wirft die Partie mit einem groben Fehler weg. Korrekt ist 26...♖xd3! 27 ♖xd3 ♖g8 28 e4! ♗xe4 29 ♖xg3 ♕xg3+ 30 hxg3 ♗xc2 31 ♖xf7 mit remisem Endspiel.

27 e4!

Das war die andere Idee des Weißen. Er blockiert die lange Diagonale und kann nun seine Damenflügelfiguren ins Spiel bringen. Die unmittelbare Drohung lautet 28 ♗f1 gefolgt von ♖xg3.

27...♘h5

Es gibt keine gute Antwort. 27...♖xe4 28 ♗f1 gewinnt immer noch für Weiß.

28 ♗c4

Nun erleidet Schwarz entscheidenden Materialverlust. Er kämpft noch eine Weile weiter, aber Weiß lässt sich die Butter nicht mehr vom Brot nehmen.

28...♕h4 29 ♗xe6+ fxe6 30 gxh5 ♕xh5 31 ♖d3 ♖g8+ 32 ♖g3 ♖d8 33 ♗e3 e5 34 ♖f1 h6 35 b4 a6 36 b5 axb5 37 axb5 ♗xb5 38 ♖g7 c6 39 ♕a2 ♗a6 40 ♕e6+ ♔b8 41 ♕d6+! 1-0

Bauernstruktur

Damen, Türme, Läufer und Springer sind recht beweglich und können von Zug zu Zug ihre Stellung ändern. Nicht so die Bauern. Sie können sich nur langsam bewegen und leicht blockiert werden, so dass die Bauernstruktur häufig über einen beträchtlichen Teil der Partie gleich bleibt. Da die Bauernformation ein langfristiges Merkmal darstellt, ist sie bei der Planfassung häufig der Hauptfaktor. So besteht beispielsweise bei weißen Bauern auf c4, d5 und e4 und schwarzen Bauern auf c7, d6 und e5 der natürlichste Plan von Weiß darin, mit c5 Linien am Damenflügel zu öffnen, während Schwarz in der Regel ...f5 anstrebt. Wie immer im Schach sind solche Prinzipien nicht absolut, aber beim Nachdenken über mögliche Pläne gibt die Bauernstruktur gewöhnlich einen Hinweis auf die richtige Idee.

Die ersten paar Abschnitte beschäftigen sich mit verschiedenen Arten von Bauernschwächen. Den Anfang machen **isolierte Bauern**. Es stimmt zwar, dass unter sonst gleichen Umständen jede Art von Bauernschwäche ein Handicap darstellt, aber in der Praxis sind die Umstände im Allgemeinen nicht sonst gleich. Normalerweise nimmt man nur dann Bauernschwächen auf sich, wenn man dafür irgendeine Art von kompensierendem Vorteil erhält, und dann ist die Frage nicht so sehr, wie schwach die Bauern sind, sondern wie erheblich die Kompensation ist. Der Einfachheit halber findet man in Lehrbüchern häufig eindeutige Beispiele, in denen die Bauernschwäche das einzige signifikante Stellungsmerkmal darstellt, aber im richtigen Leben sind die Dinge in der Regel nicht so einfach. Bu Xiangzhi-Gusseinow (Seite 166) ähnelt den Standardlehrbuchbeispielen. Schwarz erhält einen isolierten f-Bauern, der an sich nicht schwach ist, aber Weiß auch ein hervorragendes Feld für seinen Springer vor dem Bauern gibt. Dies ist für isolierte Bauern typisch, da das Feld vor einem solchen Bauern nicht durch benachbarte Bauern angegriffen werden kann und dem Gegner somit einen nützlichen Vorposten an die Hand gibt. Dagegen ist A. Kowaljow-Nakamura (Seite 167) ein Fall, in dem die schwarze Figurenaktivität so weit anschwoll, dass sie viel wichtiger war als der isolierte Bauer.

Der isolierte Damenbauer ist ein wichtiger Spezialfall, da er aus vielen verschiedenen Eröffnungen entstehen kann. In diesem Fall ist der Isolani eine potenzielle Schwäche, die aber oft durch Figurenaktivität und Angriffschancen aufgewogen wird. Rodshtein-Zifroni (Seite 168) zeigt den isolierten Damenbauern von seiner besten Seite, da der weiße Angriff durchschlägt, aber Rodshtein-Jakowenko (Seite 169) illustriert, wie ein isolierter Damenbauer sich als schweres Handicap erweisen kann, wenn die kompensierende Figurenaktivität versiegt.

Wenn Weiß Bauern auf c4 und d4, aber keine Bauern auf der b- und e-Linie und Schwarz keinen c- und d-Bauern hat, werden die weißen Bauern als **hängende Bauern** bezeichnet. Sie haben einige Ähnlichkeit mit isolierten Bauern, da sie nicht durch eigene Bauern auf benachbarten Linien unterstützt werden können, aber im Gegensatz zum Isolani gibt es vor ihnen keine sicheren Felder für die gegnerischen Figuren. Dadurch haben die Bauern mehr dynamisches Potenzial, aber sie können immer noch schwach werden. Insbesondere kann im Fall eines Bauerntauschs, der zum Verschwinden eines der hängenden Bauern führt, der andere Bauer isoliert werden. Mamedow-Andreikin (Seite 170) zeigt die Schattenseite der hängenden Bauern, während Schwarz in Kramnik-Gelfand (Seite 171) seine hängenden Bauern als Sprungbrett für eine schnell anwachsende Initiative verwendet.

Verdoppelte Bauern sind häufig echte Schwächen, aber selbst hier kann die Situation unklar sein. In Iwantschuk-Topalow (Seite 172) haben die verdoppelten schwarzen Bauern ihre Vor- und Nachteile. Schwarz hätte ausgleichen können, aber nach einem Fehler geraten seine Zentrumsbauern unter Druck, der sich letztendlich als tödlich erweist. In Perunović-Brkić (Seite 173) nimmt Weiß verdoppelte und isolierte Bauern auf sich, was angeblich am ungünstigsten ist, erhält dafür aber aktives Spiel, so dass die schwachen Bauern sich nie zu einem Problem auswachsen.

In vielen Eröffnungen gibt eine Seite das Läuferpaar auf, um die gegnerischen Bauern zu verdoppeln. Wiederum gibt es keine allgemeine Regel, aus der man ersehen kann, ob das eine gute Idee ist. In Miyasaki-Torre (Seite 174) ist der Abtausch auf a6 eindeutig eine schlechte Idee für Weiß, da Schwarz sich bequem und schnell entwickeln kann. Rosentalis-M. Přibyl (Seite 175) ist ein Beispiel für die Abtauschvariante der Spanischen Eröffnung. Nach althergebrachter Meinung liegen die Chancen des Weißen hier hauptsächlich im Endspiel, aber Rosentalis zeigt, dass der weiße Mehrbauer im Zentrum auch die Voraussetzungen für einen Angriff im Mittelspiel schaffen kann.

Rückständige Bauern sind Bauern, die hinter ihren benachbarten Artgenossen zurückgeblieben sind. So verbleibt Schwarz in der Französischen Verteidigung häufig mit Bauern auf d5 und e6 ohne den f-Bauern, während Weiß einen Bauern auf d4 und keinen e-Bauern hat. Dann ist der Bauer e6 rückständig, da er nicht vorrücken kann und nicht durch einen eigenen Bauern verteidigt werden kann. Rückständige Bauern sind nur dann wirklich ein Problem, wenn sie auf einer halboffenen Linie stehen, so dass der Gegner sie über diese Linie unter Druck setzen kann. In Adams-Conquest (Seite 176) zwingt der rückständige Bauer den Schwarzen in eine rein defensive Stellung, und Adams verstärkt allmählich den Druck, bis Schwarz zusammenbricht. Vallejo Pons-G. Jones (Seite 177) ist ein Grenzfall. Für den rückständigen Bauern erhält Schwarz Druck auf den weißen Bauern e4 und gute Felder für seinen Springer. Erst nach einem Fehler kann Weiß die Initiative ergreifen und die Bauernschwäche ausnutzen.

Wenn Schwarz Bauern auf der a-, c-, d-, f-, g- und h-Linie hat, so hat er drei **Bauerninseln**, also Gruppen von Bauern auf benachbarten Linien, die von Linien ohne Bauern (oder dem Brettrand) umgeben sind. Im vorliegenden Beispiel besteht eine Insel nur aus dem a-Bauern, während der c- und d-Bauer eine zweite Insel bilden. Die drei Königsflügelbauern stellen die dritte Insel dar. Im Allgemeinen ist es besser, so wenige Bauerninseln wie möglich zu haben. Potkin-Kolotilin (Seite 178) zeigt, wie zu viele Bauerninseln zu Problemen führen können. Geringfügige Defekte in der Bauernstruktur sind jedoch häufig nicht sehr gravierend, und die Partie Van der Sterren-Glek (Seite 179) zeigt, wie diese Art von Schwäche leicht durch Figurenaktivität kompensiert werden kann.

Wenn mehrere Bauern auf Feldern der gleichen Farbe stehen, sind häufig die Felder der entgegengesetzten Farbe schwach. Dies wird als **schwacher Farbkomplex** bezeichnet. Ein solcher Komplex kann eine sehr schwerwiegende Schwäche darstellen, insbesondere wenn er dem Gegner Angriffschancen gibt. Schirow-Tiwjakow (Seite 180) ist ein hervorragendes Beispiel für die eiserne Umklammerung, die der Angreifer durch Verwendung eines Läufers zur Kontrolle eines schwachen Farbkomplexes erhalten kann. In Fedortschuk-Schirow (Seite 181) beutet Weiß die schwachen Felder nicht mit einem Läufer, sondern mit seinen Springern aus, aber das Endergebnis ist weitgehend das gleiche.

Ein **Freibauer** in der Brettmitte kann sich im Mittelspiel als sehr effektiv erweisen, da er nicht nur vorzurücken droht, sondern auch die gegnerischen Figuren von wichtigen Feldern fernhält. Dies scheint eines der Lieblingsthemen von Magnus Carlsen zu sein, da der junge Norweger in den Beispielen Carlsen-Grischuk (Seite 182) und Carlsen-Wang Yue (Seite 183) einen Freibauern auf der d-Linie mit großer Energie verwertet.

In vielen Partien hat ein Spieler eine **Bauernmehrheit** am Damenflügel und der andere eine Mehrheit am Königsflügel oder im Zentrum. Die Damenflügelmehrheit ist im Endspiel (unter der Annahme, dass die Könige auf dem Königsflügel stehen) häufig ein Vorteil, was aber im Mittelspiel normalerweise nicht der Fall ist, außer wenn sie mit einem anderen Vorteil gekoppelt ist. Movsesian-Schirow (Seite 184) zeigt die Kraft einer Königsflügelmehrheit bei einem in Aussicht stehenden Angriff, während Schwarz in Jakubowski-Stoček (Seite 185) mit seiner Zentrumsmehrheit besser stehen sollte, aber dann die Initiative verliert, wonach die Damenflügelmehrheit zum dominanten Faktor wird.

Bei einem **Bauerndurchbruch** werden ein oder mehrere Bauern vorgerückt und geopfert. Das passiert häufig im Endspiel, ist aber auch im Mittelspiel möglich. Der Sinn kann darin bestehen, sich zum gegnerischen König vorzukämpfen, wie in Šolak-Lupulescu (Seite 186), oder sich einen oder mehrere gefährliche Freibauern zu verschaffen, wie in Sakajew-A. Fjodorow (Seite 187).

Die übrigen Abschnitte in diesem Teil des Buchs beschäftigen sich mit **Bauernketten**, diagonalen Linien von Bauern, in denen jeder Bauer das nächste Glied in der Kette verteidigt (z. B. Bauern auf b2, c3, d4 und e5). Beim Spiel mit Bauernketten versucht man im Allgemeinen, seine eigene zu sichern und die gegnerische zu unterminieren. In Wang Hao-Kornew (Seite 188) führen beide Seiten Unterminierungsoperationen durch, aber nur die weiße zeitigt Erfolg. In Gelfand-Nakamura (Seite 189) wendet Schwarz angesichts eines Unterminierungsangriffs auf seine Bauernkette eine neue Strategie an. Eine vorgeschobene Bauernkette führt häufig zu Raumvorteil, der sich als entscheidend erweisen kann, wenn noch viele Figuren auf dem Brett sind, wie in Aleksejew-Riasantsew (Seite 190). Problematisch kann es werden, wenn die gegnerischen Figuren hinter den vorgerückten Bauern eindringen können, wie in Adams-Caruana (Seite 191), wo der weiße Plan nach einem Fehler nach hinten losging. Schließlich können Bauernketten manchmal nicht durch allmähliche Unterminierung, sondern durch ein explosives Opfer zerstört werden. In Predojević-Morosewitsch (Seite 192) bricht Schwarz mit einem Figurenopfer die weiße Zentrumsbauernkette auf und erhält dadurch sehr starken Angriff, während Weiß in Eljanow-Tscheparinow (Seite 193) zu einem noch größeren Materialopfer bereit ist, um die Stellung zu öffnen.

Ein Bauer ist **isoliert**, wenn keine eigenen Bauern auf benachbarten Linien stehen. Ein isolierter Bauer stellt im Allgemeinen aus zwei Gründen eine Schwäche dar: Erstens kann der Bauer nicht durch andere Bauern verteidigt werden, so dass diese Aufgabe von Figuren übernommen werden muss, und zweitens kann eine gegnerische Figur auf dem Feld vor dem Bauern nie von einem Bauern vertrieben werden.

W

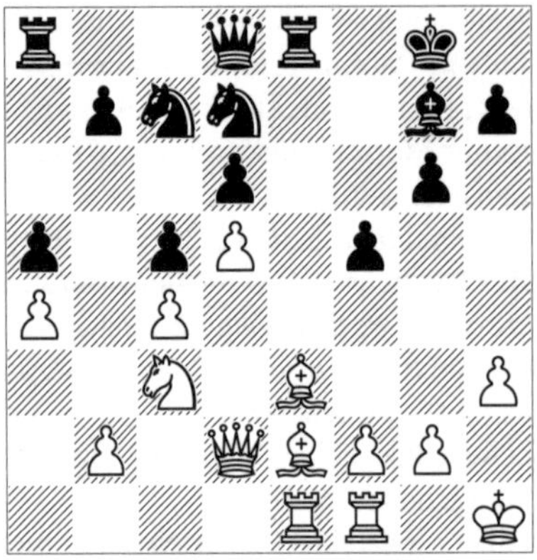

Bu Xiangzhi – Gusseinow
Europapokal für Vereinsmannschaften, Ohrid 2009

Weiß hat wegen seines Läuferpaars leichten Vorteil, aber die schwarze Stellung ist fest. Um seinen Vorteil zu vergrößern, muss Weiß seinen weißfeldrigen Läufer aktivieren, der gegenwärtig durch seine eigenen Bauern im Zentrum und den schwarzen Bauern f5 am Königsflügel eingeschränkt wird.

18 g4!

Ein guter Zug, da jeder Bauerntausch den Wirkungsbereich des Läufers e2 erweitern wird.

18...♘e5

18...fxg4 19 hxg4 ♘e5 20 ♔g2 ♕d7 21 ♕d1 ist günstig für Weiß, da er schließlich mit f4, g5 und ♗g4 den Läufer aktivieren wird.

19 ♗g5

Nicht 19 gxf5? wegen 19...♕h4.

19...♗f6 20 f4!

Eine überraschende, aber gute Entscheidung. Der Tausch auf g5 wird dem schwarzen Springer das Feld e5 überlassen, aber auch die f-Linie öffnen. Wenn Schwarz dann auf g4 tauscht, wird Weiß gefährlichen Königsangriff erhalten, aber wenn er gxf5 zulässt, wird er am Ende mit einem isolierten f-Bauern dastehen.

20...♗xg5 21 fxg5 ♕d7

21...fxg4 22 ♘e4 gxh3 23 ♘f6+ ♔h8 24 ♘xe8 ♕xe8 25 ♖f6 ♕e7 26 ♗g4 ist sehr gut für Weiß.

22 gxf5 gxf5

Der isolierte Bauer betritt die Bühne.

23 ♖f2 ♖e7 24 ♖ef1 ♖f8 25 ♕c2

S

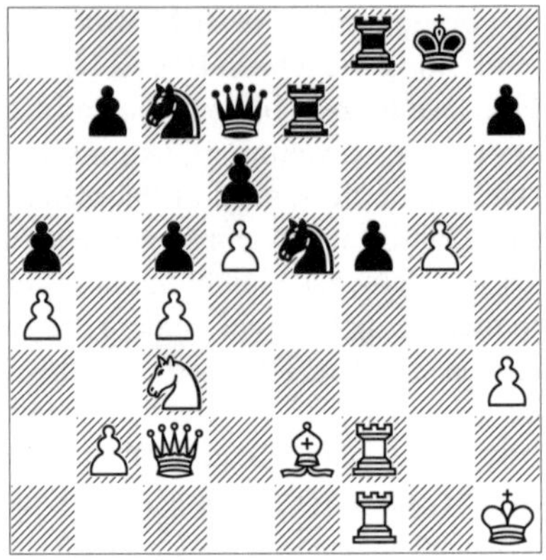

Durch Verstärkung des Drucks auf f5 werden die schwarzen Figuren gebunden.

25...♖ef7 26 ♗h5 ♘g6 27 ♘e2

Der Nachziehende ist praktisch in Zugzwang und sieht mit der Springerüberführung nach g3 oder f4 weitere Probleme auf sich zukommen. Er gibt daher den schwachen f-Bauern sofort her in der Hoffnung, etwas Gegenspiel zu entwickeln.

27...♕e7 28 ♖xf5?!

Weiß braucht den Bauern nicht sofort zu nehmen, sondern kann zunächst seine Stellung mit 28 h4 und eventuell ♔h2 verstärken.

28...♖xf5 29 ♖xf5 ♘h4 30 ♖xf8+ ♕xf8

Schwarz hat einige Gegenchancen, da Weiß das Eindringen der schwarzen Dame nicht verhindern kann.

31 ♕e4 ♕f2 32 ♕g4 ♘f5?

Bessere Chancen bietet 32...♕f1+ 33 ♘g1 ♘f5 34 ♕f3 ♕xf3+ 35 ♗xf3 ♔g7 36 ♗g4 ♘e3, wenngleich Weiß am Ende gewinnen sollte.

33 ♕g1!

Nun tauscht Weiß die Damen unter viel günstigeren Umständen und gewinnt problemlos.

33...♕xg1+

33...♕h4 verliert wegen 34 ♗g4 ♘e7 35 ♕g3.

34 ♔xg1 ♘e3 35 b3 ♘c2 36 ♘g3 ♔f8 37 ♘f5 ♘d4 38 ♘xd6 b6 39 ♘c8 ♘xb3 40 ♘xb6 ♔e7 41 ♘c8+ ♔d8 42 ♘d6 1-0

In bestimmten Fällen stellt ein isolierter Bauer keine Schwäche dar. Das ist der Fall, wenn er nicht leicht zu blockieren ist und vorrücken kann. Durch Vorrücken und Abtausch eines isolierten Bauern kann der Angreifer beträchtliche Initiative erhalten, da er dann über drei offene oder halboffene Linien verfügt.

A. Kowaljow – Nakamura
Montreal 2008

1 c4 f5 2 ♘f3 ♘f6 3 b3 d6 4 d4 g6 5 ♗b2 ♗g7 6 g3 0-0 7 ♗g2 c6 8 0-0 ♕c7 9 ♘bd2 ♖e8 10 ♖e1 e5 11 dxe5 dxe5 12 e4 fxe4!?

W

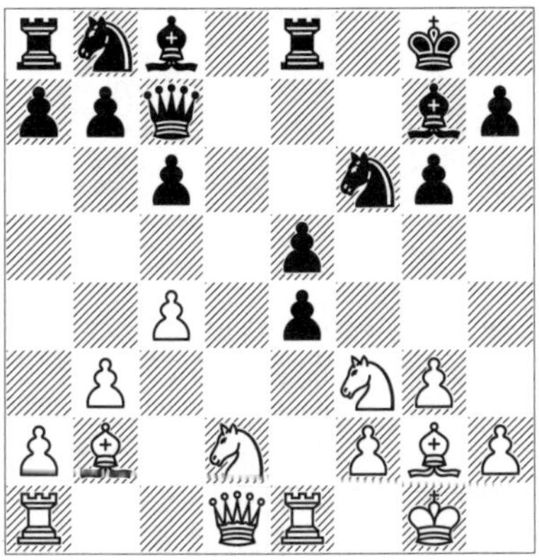

Eine interessante Wahl, nach der Schwarz mit einem isolierten Bauern verbleibt. In Vorgängerpartien hatte Schwarz exf5 zugelassen, aber dann unter der Schwäche des Bauernduos auf e5 und f5 gelitten.

13 ♘xe4

Sicherer ist 13 ♘g5!, da dann am Ende statt eines Turms ein weißer Springer auf e4 zu stehen kommt, wonach Weiß das Blockadefeld vor dem Isolani besser unter Kontrolle bekommt.

13...♘xe4 14 ♖xe4 ♗f5 15 ♖e1?!

15 ♖e3 deckt das Feld d3, das nach einer Kombination von ...♘a6, ...♖ad8 und ...♘c5 (oder ...♘b4) schwach sein wird.

15...♘a6 16 ♘h4?!

Danach wird die weiße Stellung kritisch. Flexibler ist 16 ♕e2!, da Weiß sich momentan mit dem Springer noch nicht auf h4 oder g5 festlegen muss. Nach 16...♘c5 (16...e4 17 ♘g5 mit Druck auf den Bauern e4) 17 ♘h4 e4 (17...♗d3 18 ♕e3 gewinnt durch Angriff auf c5 ein wichtiges Tempo) 18 ♗xg7 ♕xg7 19 ♖ad1 ♘d3 20 ♖f1 hat Schwarz einen aktiven Springer, Weiß aber gute Verteidigungschancen.

16...♖ad8 17 ♕e2 ♗d3

Diese Version ist viel günstiger für Schwarz. Sein Läufer gelangt nach d3, so dass er auch nach dem Vorstoß ...e4 aktiv bleibt.

18 ♕g4 ♘b4 19 ♖ed1?

Nun wird die schwarze Initiative wirklich gefährlich. Die letzte Chance war 19 ♗e4!; nach 19...♗xe4 20 ♖xe4 ♘d3 21 ♗c3 ♘c5 22 ♖e2 e4 23 ♗xg7 ♕xg7 hat Schwarz wegen seiner aktiven Figuren und des Vorpostens d3 Vorteil, aber Weiß ist noch nicht verloren.

19...e4!

W

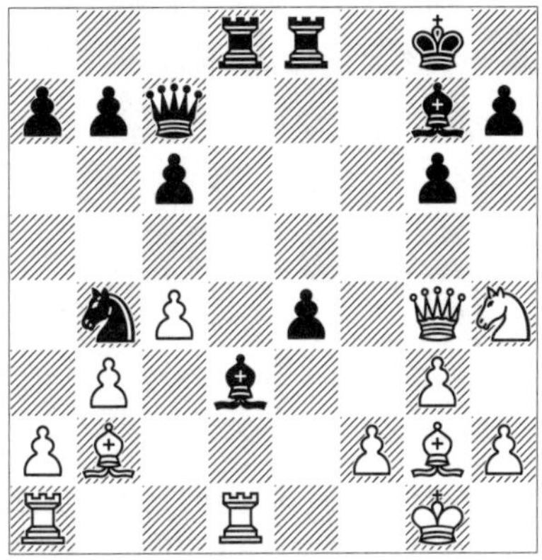

Durch sein Vorrücken sichert der Isolani den Vorposten d3 und hält die weißen Figuren von f3 fern.

20 ♗xg7 ♕xg7 21 ♗f1 e3?

Zu ungestüm. Sehr stark ist 21...♕f6!, um einfach ...♖f8 zu spielen, und falls 22 ♘g2, so 22...♘c2 23 ♖ac1 ♘d4 mit Kurs auf f3, das andere durch den e-Bauern gesicherte Feld.

22 ♗xd3?

Nun ist es vorbei. 22 fxe3 ♖xe3 23 c5 a5 24 ♖ac1 lässt Weiß noch hoffen, da nun der Läufer unangenehm gefesselt ist.

22...exf2+ 23 ♔xf2 ♘xd3+ 24 ♔g1

Schwarz hat vernichtenden Angriff; der isolierte Bauer ist verschwunden, aber nach seinem Abtausch sind die Mittellinien sperrangelweit offen und der weiße König steht exponiert.

24...♕b2 25 ♖f1 ♘f2 26 ♖xf2

Da 26 ♕f3 ♖f8 27 ♕g2 ♖d2 für Weiß hoffnungslos ist, gibt er die Qualität.

26...♕xa1+ 27 ♔g2 ♕e5 28 ♔h3 ♕e6 29 ♘f5 ♔h8

Dieser einfache Zug entkräftet das schwache weiße Gegenspiel und erzwingt Damentausch.

30 ♘h6 ♕xg4+ 31 ♘xg4 ♔g7 32 ♖c2 ♖e4 33 ♘f2 ♖ed4 0-1

Rodshtein – Zifroni
Israelische Mannschaftsmeisterschaft 2007

1 d4 d5 2 c4 dxc4 3 ♘f3 ♘f6 4 e3 e6 5 ♗xc4 c5 6 0-0 a6 7 ♗b3 cxd4 8 exd4 ♘c6 9 ♘c3 ♗e7 10 ♗g5 0-0 11 ♖e1 b5 12 a3 ♗b7 13 ♕d3

S

In Stellungen mit isoliertem Damenbauern wie dieser liegen die weißen Angriffschancen hauptsächlich auf den Diagonalen b1-h7 und a2-g8. Hier hat Weiß seine Dame und seinen weißfeldrigen Läufer gut aufgestellt, um solche Gelegenheiten wahrzunehmen.

13...b4?!

Dieser Zug ist riskant, da er den Springer nach a4 treibt, von wo aus er nach c5 gehen kann. Sicherer ist 13...♘a5 14 ♗c2 g6 15 ♘e5 ♖c8 oder einfach 13...♖c8.

14 ♘a4 bxa3 15 bxa3 ♖c8 16 ♖ad1 ♕c7

Hier ist 16...♗xa3 schlecht wegen der Replik 17 ♗xe6.

17 ♖c1 ♖fd8?

Bei der Verteidigung gegen die Angriffschancen, die ein isolierter Damenbauer bietet, darf man sich keine Unaufmerksamkeit leisten. Angezeigt war 17...♗xa3! (dies sieht wie Selbstmord aus, ist aber in Wirklichkeit am besten) 18 ♗xf6 (18 ♗xe6 ♗xc1 19 ♗xc8 ♗xg5 20 ♗xb7 ♕xb7 21 ♘xg5 ♕b5 ist günstig für Schwarz) 18...♘b4! (18...gxf6?? verliert wegen 19 ♗c2) 19 ♖xc7 ♘xd3 20 ♖xb7 ♘xe1 21 ♘xe1 ♖b8 22 ♖xb8 ♖xb8 23 ♗c2 gxf6, wonach Schwarz im Endspiel keine Probleme hat.

18 ♘c5

Droht mit 19 ♘xe6 fxe6 20 ♗xe6+ ♔h8 21 ♗xc8 ♗xc8 22 ♕c4 zu gewinnen.

18...♘d5 19 ♘xe6! fxe6 20 ♖xe6 ♕d7

Der einzige Zug, der direkten Materialverlust vermeidet.

21 ♖ce1!

S

21...♗f8

Andere Züge verlieren auch:

1) 21...♗xg5 22 ♘xg5 g6 23 ♖xg6+! (auch 23 ♗xd5 gewinnt) 23...hxg6 24 ♕xg6+ ♕g7 25 ♖e8+! ♖xe8 26 ♗xd5+ ♔f8 27 ♕f5+ ♔e7 28 ♕e6+ ♔f8 (28...♔d8 29 ♕d6+ ♕d7 30 ♘f7#) 29 ♘h7+ ♕xh7 30 ♕f6+ ♕f7 31 ♕xf7#.

2) 21...♗f6 22 ♗c2 g6 23 ♗xf6 ♘xf6 24 ♖xf6 ♘xd4 25 ♘xd4 ♕g4 (nach 25...♕xd4 26 ♗b3+ ♔h8 27 ♖e8+! ♖xe8 28 ♖f8+! gewinnt Weiß die Dame mit Schach) 26 g3 ♖xd4 27 ♕e3 mit Mehrbauer und starkem Angriff.

Diese Varianten demonstrieren die Kraft des weißen Angriffs auf den beiden parallelen weißfeldrigen Diagonalen, die zum schwarzen König führen.

22 ♗xd8?!

Verpasst den einfacheren Gewinnweg 22 ♗c2 g6 23 ♖xg6+! hxg6 24 ♕xg6+ ♗g7 (oder 24...♕g7 25 ♕e6+ ♔h8 26 ♖e4) 25 ♗f5 ♕xf5 26 ♕xf5 mit Materialvorteil und anhaltendem Angriff.

22...♘xd8 23 ♘g5 g6 24 ♖e8 ♔g7 25 ♕e2 ♗d6 26 ♖xd8! ♖xd8 27 ♘e6+ ♔h8?

Ein Patzer, der sofort verliert. Besser ist stattdessen 27...♔g8, obwohl nach 28 ♘xd8 ♕xd8 29 ♕e8+ ♕xe8 30 ♖xe8+ ♔f7 31 ♖h8 ♔e6 32 ♖xh7 ♗e7 33 g3 der weiße Materialvorteil auf lange Sicht zum Sieg ausreichen sollte.

28 ♘xd8 ♕xd8 29 ♕e8+ ♕xe8 30 ♖xe8+ ♔g7 31 ♗xd5 1-0

Nach 31...♗xd5 32 ♖d8 gewinnt Weiß einen der Läufer.

Rodshtein – Jakowenko

Europäische Mannschaftsmeisterschaft, Khersonissos 2007

1 d4 ♘f6 2 c4 e6 3 ♘f3 d5 4 ♗g5 h6 5 ♗xf6 ♕xf6 6 ♘bd2 dxc4 7 e3 c5 8 ♗xc4 cxd4 9 exd4?!

Eine zweifelhafte Entscheidung. Weiß hat das Läuferpaar hergegeben, sich aber dafür Entwicklungsvorsprung gesichert. Seine Hoffnungen auf Vorteil liegen in der Ausnutzung seiner besseren Entwicklung, um früh Druck zu machen und die schwarzen Figuren nicht ins Spiel kommen zu lassen. Besser war 9 ♘xd4 mit anschließender Rochade und Besetzung der offenen Linien mit den Türmen. Die Inkaufnahme eines isolierten Damenbauern erzeugt nicht nur eine potenzielle Schwäche, sondern blockiert auch eine offene Linie, die sich für Weiß als nützlich erweisen könnte.

S

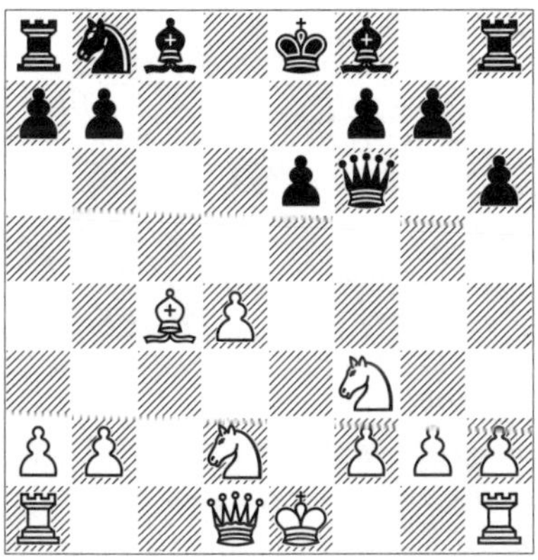

9...♗b4 10 0-0 0-0 11 ♘e4 ♕f4 12 ♕d3 ♗d7

Ein isolierter Damenbauer ist eine erhebliche Schwäche, insbesondere im Endspiel, gibt aber im Mittelspiel Angriffschancen. Weiß muss diese Chancen wahrnehmen, da Schwarz sonst einen automatischen positionellen Vorteil haben wird.

13 g3

Die Schwächung der langen Diagonale sieht riskant aus und wird dem Weißen in der Partie noch leidtun, ist aber bei richtiger Fortsetzung nicht schlecht. Nach 13 a3 ♗c6 14 d5 exd5 15 ♗xd5 ♖e8 steht Schwarz vollkommen zufriedenstellend.

13...♕f5 14 ♕e3?

Das ist nicht energisch genug. Weiß sollte 14 ♘e5 spielen, um den Läufer beseitigen zu können, wenn dieser nach c6 geht. Nach 14...♗c6 15 ♘c5 ♕xd3 16 ♘cxd3 ist die Stellung ungefähr ausgeglichen.

14...♗c6 15 ♗d3 ♘d7!

Weiß hatte seine Dame gezogen, um seinen Läufer nach d3 stellen zu können, aber es stellt sich heraus, dass die Abzugsangriffe durch den Springer harmlos sind und Schwarz einfach seine Entwicklung fortsetzen kann.

16 a3 ♗e7 17 ♖ac1 ♕d5

Auf der langen Diagonale braut sich schon etwas zusammen.

18 ♖fe1 ♖ac8 19 h4 ♖fd8

Schwarz bringt seine letzte Figur ins Spiel und steht nun offenbar deutlich besser. Weiß leidet nicht nur an dem isolierten Bauern, sondern auch an der Schwäche seiner Königsstellung. Insbesondere beherrscht die auf dem sicheren Feld vor dem Isolani stehende schwarze Dame das Brett.

20 b4

Die Dame kann nicht durch 20 ♗c4? vertrieben werden wegen 20...♕xe4 21 ♕xe4 ♗xe4 22 ♖xe4 b5.

20...a6 21 ♕f4?

Bessere Chancen bietet 21 ♖c2, um die Türme auf der c-Linie zu verdoppeln.

21...b5!

W

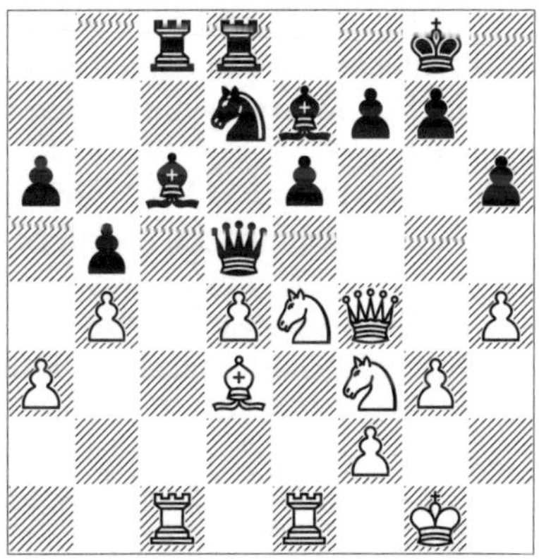

Schwarz bereitet ...♗a8 vor, um die Türme zu tauschen, wonach die weiße Stellung zusammenbrechen wird.

22 ♖e3 ♗a8 23 ♖xc8 ♖xc8 24 ♘e5?! ♘xe5

Schneller gewinnt 24...♖c1+! 25 ♗f1 f5 26 ♘xd7 ♕xd7 27 ♘c5 ♕d5 28 f3 ♗d6, was aber schon keine Rolle mehr spielt.

25 ♕xe5 f5 26 ♕xd5 ♖c1+ 27 ♗f1 ♗xd5 28 ♘d2

Nach 28 ♘c3 ♗c4 29 ♘e2 ♖a1 30 ♔g2 g5 ist Weiß durch die Fesselung seines Springers gelähmt.

28...f4 29 ♖d3 h5 30 gxf4 ♗xh4 31 ♘b3 ♖e1 32 ♖e3 0-1

Wenn ein Spieler Bauern auf der c- und d-Linie hat, aber keine Bauern auf der b- und e-Linie, und der Gegner keinen c- und d-Bauern hat, werden diese Bauern als **hängende Bauern** bezeichnet (die gleiche Situation kann sich auf anderen Linien ergeben, aber der Fall mit der c-und d-Linie kommt am häufigsten vor). Sie können auf den halboffenen Linien angegriffen werden, aber im Gegensatz zum isolierten Bauern gibt es direkt vor ihnen keine schwachen Felder. Hängende Bauern stellen eine leichte Schwäche dar, geben aber oft Raumvorteil und Chancen auf Initiative.

Mamedow – Andreikin

Lubbock (Schnellpartie) 2009

1 e4 c5 2 ♘f3 e6 3 c3 ♘f6 4 e5 ♘d5 5 d4 cxd4 6 cxd4 b6 7 ♘c3 ♗b7 8 ♗d3 ♘a6!?

Diese Variante ist noch nicht oft gespielt worden, hat dem Schwarzen aber soweit gute Resultate gebracht.

9 0-0

Die Idee des Nachziehenden wird nach der Folge 9 ♘xd5 ♗xd5 10 ♗xa6 b5 11 0-0 ♕b6 12 ♗xb5 ♕xb5 ersichtlich. Auf Kosten eines Bauern hat er die Kontrolle über die weißen Felder übernommen.

9...♘ab4 10 ♗b1 ♘xc3 11 bxc3 ♘d5 12 c4?!

Weiß sollte den Abtausch des wichtigen weißfeldrigen Läufers nicht zulassen. Kritisch ist 12 ♕b3, was jeglichen Abtausch vermeidet.

12...♘c3 13 ♕d3 ♘xb1 14 ♖xb1 ♖c8 15 ♗g5 ♗e7 16 ♗xe7 ♕xe7 17 ♘d2 0-0 18 ♖bc1 d6 19 exd6

Die einzige echte Alternative ist 19 f4, aber nach 19...♕d7 nebst ...♖fd8 wird Schwarz unangenehmen Druck auf der d-Linie ausüben.

W

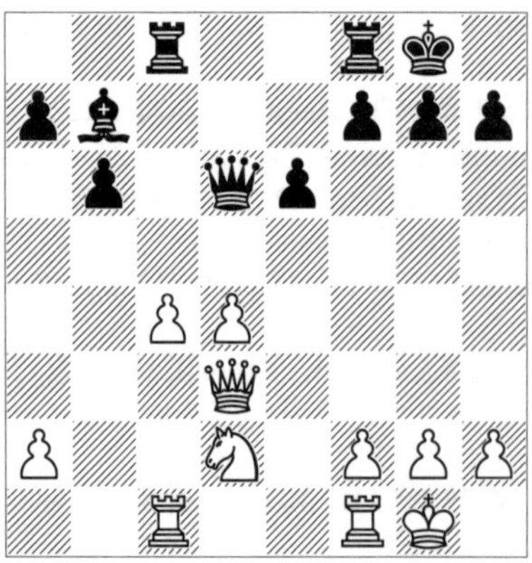

19...♕xd6

Nun hat Weiß hängende Bauern, aber in sehr ungünstiger Form. Mit nur einem Leichtfigurenpaar auf dem Brett hat Weiß keinerlei Angriffschancen, die die Schwäche solcher Bauern häufig kompensieren. Außerdem stehen die schwarzen Figuren gut, um die Bauern unter Druck zu setzen, etwa mit ...♖fd8 und ...♗a6.

20 ♘b3?!

Besser ist 20 ♖fd1 ♖fd8 21 ♘f1 nebst ♘e3, obwohl Schwarz Vorteil behält.

20...♖fd8 21 ♕e3

S

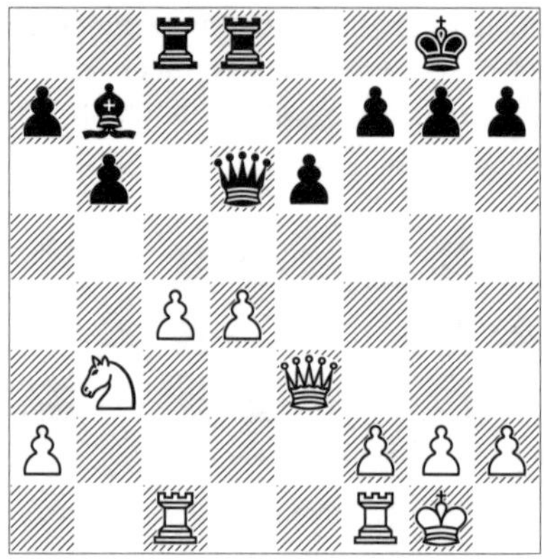

21...♗a6?!

Verpasst 21...♕c6! 22 f3 ♗a6 23 ♘d2 ♕d6 mit sofortigem Gewinn eines der hängenden Bauern.

22 c5

Nur so verliert Weiß nicht sofort einen Bauern, aber wenn einer der hängenden Bauern ohne Provokation durch schwarzes ...b5 oder ...e5 vorrücken muss, wird der andere rückständig und das Feld davor sehr schwach.

22...♕d5 23 ♖fe1 ♗c4 24 ♖ed1?

Das verliert einen Bauern. Nach der Fortsetzung 24 h3 h6 (24...♗xb3? 25 axb3 ♕xd4?? geht nicht wegen 26 ♕xd4 ♖xd4 27 cxb6) 25 ♘d2 ♗b5 hat Schwarz klaren Vorteil, aber Weiß kann noch Widerstand leisten.

24...bxc5 25 ♕c3

Da 25 ♘xc5? angesichts 25...♖xc5 26 dxc5 ♕xd1+ verliert, kann Weiß nicht zurückschlagen.

25...♗xb3 26 axb3 e5 27 ♕a5 exd4 28 ♕xa7 ♕xb3

Schwarz hat einfach zwei Bauern mehr.

29 h3 d3 30 ♖b1 ♕e6 31 ♖e1 ♕d7 32 ♖b7 d2 33 ♖d1 ♕e6 34 ♖c7 ♕e1+ 0-1

W

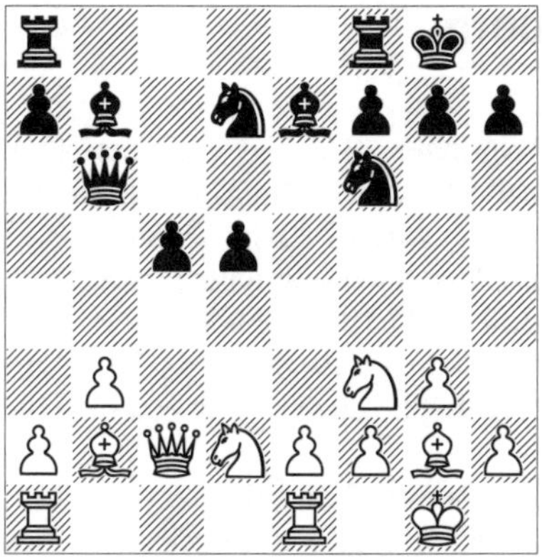

Kramnik – Gelfand

Amber-Turnier, Schnellpartie, Nizza 2010

In dieser Stellung ist die Situation ausgeglichener. Alle Leichtfiguren sind noch auf dem Brett, was Schwarz einiges Angriffspotenzial gibt. Außerdem kontrolliert der Inhaber der hängenden Bauern normalerweise mehr Raum, und Weiß hat es nicht leicht, in der auf die ersten drei Reihen beschränkten Enge mit allen seinen Figuren frei zu manövrieren. Objektiv steht Weiß immer noch etwas besser, da seine Stellung gegenwärtig keine Schwächen aufweist, aber er muss sich vor dem dynamischen Potenzial der schwarzen Bauern hüten.

16 ♖ad1 ♖ad8

16...♖fd8 sieht natürlicher aus, damit der andere Turm nach c8 ziehen kann, ist aber nicht so günstig, wie es aussieht, da der Turm auf c8 einem Angriff durch ♗h3 ausgesetzt sein würde.

17 ♗h3 ♕c6?!

Dies ist ein taktischer Fehler, den Weiß hätte ausbeuten können. Korrekt ist 17...♕c7!, wonach 18 e4 sicher mit 18...♘xe4 beantwortet werden kann. Es sieht merkwürdig aus, die Dame auf ein ungedecktes Feld zu stellen, aber es ist wichtig, dass sie keinem Angriff durch den Springer f3 ausgesetzt ist.

18 ♖c1?!

18 e4! ist gut für Weiß. Danach verbietet sich 18...♘xe4? angesichts 19 ♘xe4 dxe4 20 ♖xd7! ♖xd7 21 ♘e5, während 18...d4 19 ♖c1 ♕b6 20 e5 ♘d5 21 e6 Weiß großen Vorteil gibt. Daher muss Schwarz 18...dxe4 spielen, wenngleich 19 ♗g2! ♘b6 20 ♘e5 ♕e6 21 ♘xe4 wegen der zersplitterten schwarzen Damenflügelbauern für den Anziehenden günstig ist. Der Besitzer der hängenden Bauern muss immer auf Bauernvorstöße achten, durch die die Bauern aufgebrochen werden.

18...♘e4!?

Eine kämpferische Alternative zu der sicheren Fortsetzung 18...♖fe8, die zu ungefähr gleichem Spiel führt.

19 ♗g2?!

Zu passiv. Besser ist 19 ♘xe4 dxe4 20 ♘d4 ♕h6 21 ♘f5 ♕xh3 22 ♘xe7+ ♔h8 mit unklarer Stellung.

19...f5!

W

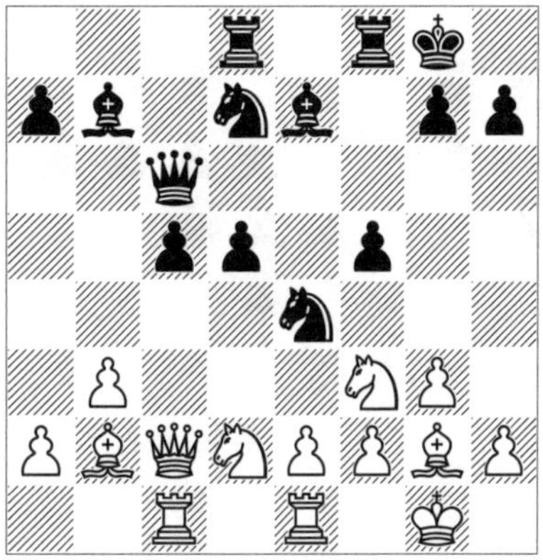

Nun, da Schwarz seinen Springer auf e4 befestigt hat, steht er gut.

20 b4

Damit gewinnt Weiß das Feld d4 für seine Figuren, aber Schwarz bleibt wegen seines Raumvorteils und seiner Figurenaktivität im Vorteil.

20...c4 21 a3 ♗f6

Schwarz will dem Anziehenden das Feld d4 streitig machen und ihn letztendlich zu e3 zwingen, wonach das Feld d3 zu einem Vorposten für Schwarz wird.

22 ♘d4 ♕b6 23 ♘2f3 g5! 24 e3?!

Tut Schwarz den Gefallen. Mehr Widerstand bietet 24 ♖ed1, da das Spiel auf Figurengewinn durch 24...c3 25 ♗xc3 ♖c8 26 ♕d3 g4 nach 27 ♗a1! ♖xc1 28 ♖xc1 gxf3 29 exf3 ♘d6 30 ♘xf5 zu unklarem Spiel führt.

24...g4 25 ♘d2 ♘e5

Nun müssen die weißen Türme sich schleunigst aus dem Staub machen.

26 ♖e2 ♗g7 27 ♖d1 ♖c8 28 ♘f1 ♘d3 29 ♗a1

Weiß kann noch nicht einmal mit 29 ♖xd3 cxd3 30 ♕xd3 die Qualität geben im Hinblick auf 30...♗a6.

29...♕a6 30 ♕a2 ♕a4 31 ♖c2?!

Ein grober Fehler, aber die Stellung ist so oder so verloren; z. B. 31 ♖b1 ♖f7 32 ♘d2 ♘d6 33 ♘f1 ♗xd4 34 ♗xd4 ♘b5 35 ♖a1 ♘xd4 36 exd4 f4, und Weiß bricht zusammen.

31...♘dxf2! 32 ♗xe4 fxe4 33 ♘e6 ♘xd1 34 ♗xg7 ♖xf1+ 0-1

Iwantschuk – Topalow
Morelia/Linares 2007

1 e4 c5 2 ♘f3 d6 3 d4 cxd4 4 ♘xd4 ♘f6 5 ♘c3 a6 6 ♗e3 e5 7 ♘f3 ♗e7 8 ♗c4 0-0 9 0-0 ♗e6

W

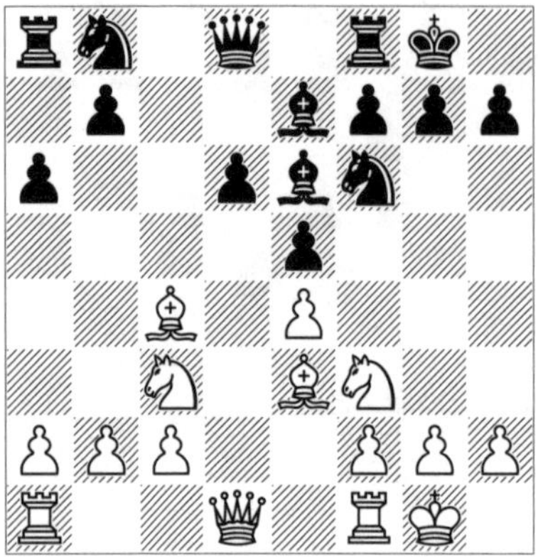

10 ♗xe6!?

Dieser Zug verdoppelt die schwarzen Bauern, öffnet aber die f-Linie für den schwarzen Turm und verstärkt die schwarze Zentrumskontrolle, da nun das Feld d5 gedeckt ist. Normalerweise wären diese Vor- und Nachteile in der Summe günstig für Schwarz, aber Weiß schwebt eine spezielle Idee vor, um seinem Kontrahenten Unannehmlichkeiten zu bereiten.

10...fxe6 11 ♘a4

Nur dies verursacht dem Nachziehenden Probleme, da 11...♘bd7? wegen 12 ♘g5 schlecht ist.

11...♘g4?!

Dies löst zwar die sofortigen Probleme des Schwarzen, führt aber zum Abtausch von Leichtfiguren. In einer vereinfachten Stellung werden die schwachen schwarzen Bauern wichtiger sein als seine dynamischen Möglichkeiten. Ein besserer Weg zur Verhinderung von ♘b6 ist 11...♘fd7, was nach 12 c4 ♘c6 13 ♖c1 ♖c8 zum Ausgleich führt.

12 ♕d3 ♘xe3 13 ♕xe3 b5 14 ♘b6 ♖a7 15 ♘d5 ♖b7

15...♖d7 wird mit 16 ♘xe7+ ♕xe7 17 a4 mit Druck auf den schwarzen Damenflügel beantwortet. Daher stellt Schwarz seinen Turm nach b7, um am Ende dieser Variante vielleicht 17...bxa4 spielen zu können.

16 ♕d2 ♘c6?!

Der Springer steht hier exponiert und muss bald nach b8 zurückkehren. Die beste Verteidigung ist 16...♗h4 17 ♘xh4 ♕xh4 18 ♘e3 ♖d8, was dem Ausgleich sehr nahe kommt.

17 ♖ad1 ♖d7 18 ♕c3! ♘b8

Nach 18...exd5 19 ♕xc6 d4 20 c3 dxc3 21 ♕xc3 verbleibt Schwarz mit einem schlechten Läufer.

19 ♘xe7+ ♕xe7 20 ♖d3

Da Schwarz wegen des Drucks auf e5 kaum zu ...d5 kommen wird, nimmt der verdoppelte Bauer den schwarzen Zentrumsbauern jegliches dynamische Potenzial. Mit einem f-Bauern könnte er wenigstens ...f5 anstreben.

20...h6 21 ♖fd1 ♖fd8 22 h4 ♔h7 23 ♖1d2

S

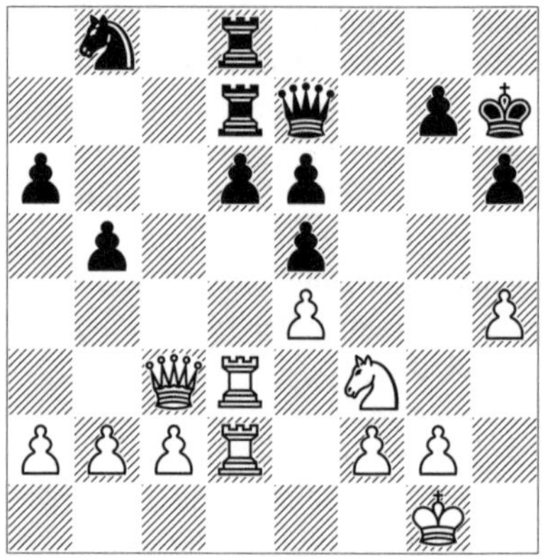

Weiß kann nach Belieben manövrieren, muss aber aufpassen, dass Schwarz nicht seinen Springer aktiviert.

23...♕f8 24 ♕b3 ♕e8 25 a4 ♕g6

Topalow entschließt sich zu einem Bauernopfer, um etwas Gegenspiel zu bekommen. Nach 25...bxa4 26 ♕xa4 sind die schwarzen Figuren vollkommen an die Verteidigung der schwachen Bauern gebunden.

26 axb5 axb5 27 ♖e3 ♘a6 28 ♕xb5 ♘c5 29 ♕c4 ♖a7 30 ♖e1 ♕e8 31 b4 ♘a4 32 ♕b3 ♘b6 33 ♖ed1 ♖ad7 34 ♕d3?!

Nach 34 ♖d3 gefolgt von b5 und c4 sollte der Sieg nur noch eine Frage der Technik sein.

34...♖c8 35 c3 ♖a7 36 ♕e3 ♖a6 37 ♕e2 ♘c4 38 ♖a2 ♖ac6?!

Mit 38...♖xa2 39 ♕xa2 ♕c6 konnte Schwarz immer noch Widerstand leisten.

39 ♖a7 ♖6c7 40 ♖da1 ♕f7?? 41 ♕xc4 1-0

Nach 41...♖xa7 42 ♖xa7 behält Weiß eine Figur mehr.

Meistens stellt ein verdoppelter Bauer eine Schwäche dar, die aber in einigen Situationen einfach irrelevant ist. Die Bildung eines verdoppelten Bauern führt im Allgemeinen zur Öffnung einer Linie, und die durch diese Linie gebotenen Angriffsmöglichkeiten können mehr wiegen als die Schwäche der Bauern.

S

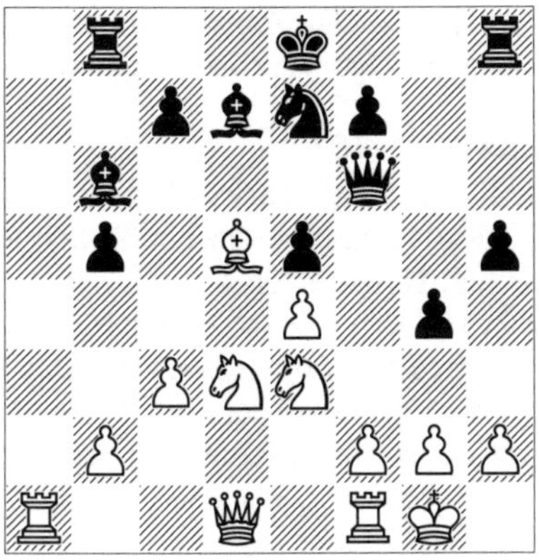

Perunović – Brkić
Bosnische Mannschaftsmeisterschaft, Bihac 2010

19...♕g5

Schwarz kann nicht sofort auf e3 tauschen, da er dann den Bauern f7 verlieren würde, aber nach dem Partiezug scheint das Schlagen des Springers zu drohen.

20 c4!?

Durch die Drohung 21 c5 zwingt Weiß den Gegner zu einer sofortigen Entscheidung über die Zukunft des Läufers b6.

20...♗xe3?!

Es ist sehr verlockend, dem Gegner einen isolierten Doppelbauern zu verpassen, aber dieser Zug ist ein Fehler. Durch das Vorrücken des schwarzen g-Bauern sind die Felder f5 und f6 geschwächt worden, und der Bauer f7 wird bereits von dem weißen Läufer angegriffen. Die Angriffsmöglichkeiten auf der f-Linie fallen schwerer ins Gewicht als die Schwäche der e-Bauern; nach dem Schlagen auf e3 beginnt der Nachziehende Schwierigkeiten zu bekommen. Am besten ist 20...♗d4! mit Besetzung des durch das Vorrücken des c-Bauern zugänglich gemachten Felds und Zentralisierung des Läufers, wonach die Stellung ungefähr ausgeglichen ist.

21 fxe3 0-0

Sehr riskant ist 21...♕xe3+, da Weiß nach 22 ♔h1 ♘xd5 (22...0-0? verliert wegen 23 ♘xe5) 23 cxd5 h4 24 ♕c1! ♕xd3 (nach 24...♕xc1 25 ♖axc1 gewinnt Weiß den Bauern zurück, und die schwarze Stellung ist mit Schwächen übersät) 25 ♕xc7 0-0 26 ♕xd7 ♕xe4 27 ♖ae1 ♕g6 28 ♖xe5 wegen des exponierten schwarzen Königs klar besser steht.

22 ♔h1

Nun, da der Bauer e3 nicht mehr mit Schach hängt, droht 23 ♘c5.

22...♗e8 23 ♘c5 c6

W

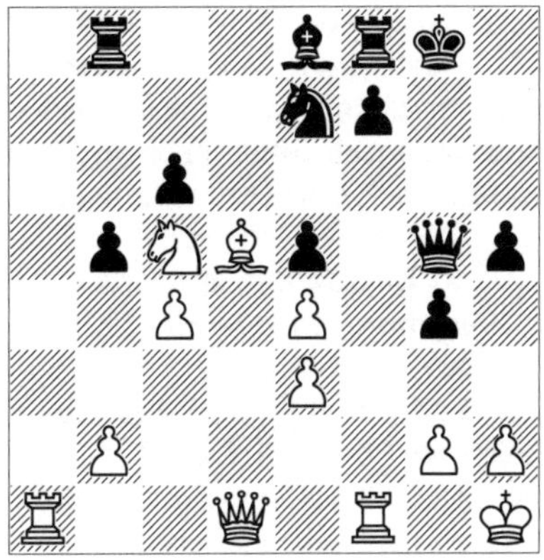

24 ♗e6!

Der einzige Zug, aber ein guter. Natürlich verliert 24...fxe6? wegen 25 ♖xf8+ ♔xf8 26 ♘xe6+ mit Damengewinn.

24...bxc4?

Nun kann der weiße Läufer auf der Diagonale a2-g8 bleiben, wonach sich der Druck auf f7 bald als entscheidend erweist. Die einzige echte Chance ist 24...♘g6!; nach 25 ♕d6! ♖d8 26 ♗d7 ♕xe3 27 cxb5 cxb5 28 ♕c7 ♗xd7 29 ♘xd7 ist Weiß dann im Vorteil, aber Schwarz kann noch kämpfen.

25 ♗xc4

Die weißen Bauernschwächen spielen keine Rolle, während der Druck auf der f-Linie dem Nachziehenden schwer zu schaffen macht.

25...♕xe3?!

Das verliert sofort, aber auch 25...♘g6 26 ♖f5 ♕e7 27 ♘d3 bietet keine echten Rettungschancen, da Weiß den h-Bauern gewinnt, ohne irgendwelche Zugeständnisse zu machen.

26 ♕d6

Die kombinierte Angriffskraft von vier weißen Figuren ist unwiderstehlich und führt bald zu entscheidendem Materialgewinn.

26...♖b4 27 ♕xe7 ♖xc4 28 ♘e6

Der Anziehende nutzt die Fesselung auf der f-Linie, um entscheidenden Materialgewinn zu erzwingen.

28...♕h6 29 ♘xf8 ♕xf8 30 ♕g5+ ♔h7 31 ♕xh5+ ♕h6 32 ♖xf7+ 1-0

71 Läuferpaar gegen verdoppelte Bauern

In vielen Eröffnungsvarianten gibt eine Seite das Läuferpaar auf, um dem Gegner verdoppelte Bauern zuzufügen. Beispiele hierfür sind die Abtauschvariante der Spanischen Eröffnung (1 e4 e5 2 ♘f3 ♘c6 3 ♗b5 a6 4 ♗xc6 dxc6) und die Winawer-Variante der Französischen Verteidigung (1 e4 e6 2 d4 d5 3 ♘c3 ♗b4 4 e5 c5 5 a3 ♗xc3+ 6 bxc3). Die Vorzüge dieser beiden Eröffnungsvarianten werden immer noch diskutiert, aber es gibt viele Situationen, in denen dieses Tauschgeschäft eine Seite klar begünstigt.

Miyasaki – Torre
Zonenturnier, Hongkong 1972

1 e4 d6 2 d4 ♘f6 3 ♘c3 g6 4 f4 ♗g7 5 ♘f3 0-0 6 ♗e2 ♘a6 7 0-0 c5 8 ♗xa6?

Das ist falsch. Wenn Schwarz 8...bxa6 spielen müsste, wäre 9 dxc5 sehr aussichtsreich für Weiß, aber Schwarz kann zuerst auf d4 tauschen.

8...cxd4 9 ♘xd4 bxa6

W

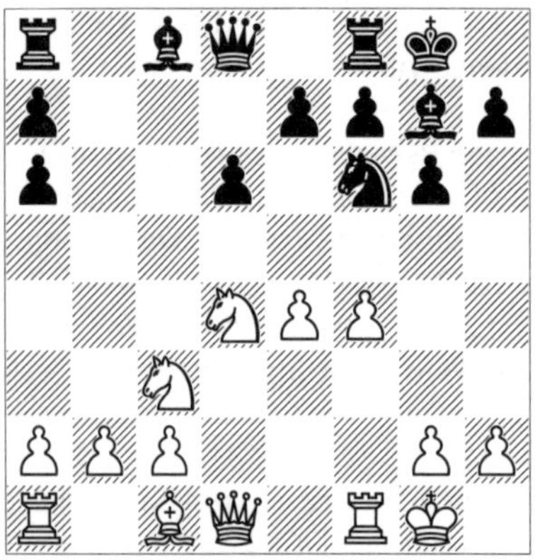

Weiß hat seinem Gegner einen isolierten Doppelbauern verpasst, ihm aber auch viele Vorteile gegeben. Die schwarzen Figuren können mit ...♗b7 und ...♖c8 leicht ins Spiel kommen und Druck auf den geschwächten Bauern e4 ausüben, und in einer offenen Stellung ist das Läuferpaar ein wesentlicher Vorteil.

10 ♔h1 ♗b7 11 ♕d3 ♖c8 12 ♗e3 ♖c7!

Schwarz findet einen harmonischen Plan zur Entwicklung seiner übrigen Figuren. Seine Dame wird nach a8 gehen, um den Druck auf den Bauern e4 zu verstärken und den Weg für den Turm f8 nach c8 freizumachen. Dann werden alle seine Figuren aktiv stehen, während die weißen Figuren sich auf Verteidigungsaufgaben beschränken müssen.

13 ♖ae1 ♕a8 14 ♗g1 ♖fc8

Nun steht ein Qualitätsopfer auf c3 definitiv auf der Tagesordnung.

15 ♘f3 ♘h5

Zwingt den Springer durch den Angriff auf f4 und c3 zur Umkehr. Die schwarzen Läufer haben auf den langen Diagonalen bemerkenswerte Kraft entwickelt.

16 ♘d4 f5 17 ♕h3

Auch 17 ♘d5 fxe4 18 ♘xc7 exd3 19 ♘xa8 ♗xd4 20 ♗xd4 ♖xc2 ist sehr gut für Schwarz.

17...♖xc3! 18 bxc3 ♗xe4

Weiß ist verloren. Die schwarzen Figuren, insbesondere der Läufer e4, beherrschen das Brett, und es ist nur eine Frage der Zeit, bis der Anziehende am Damenflügel Bauern zu verlieren beginnt.

19 ♖e2 ♕d5 20 a3

S

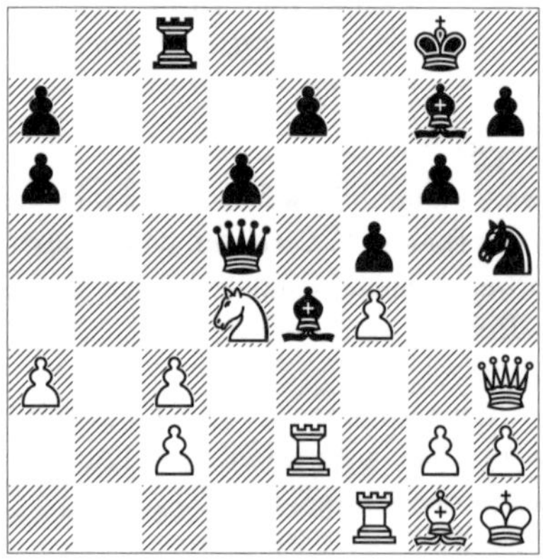

20...e5??

Bis hierher hat Schwarz eine Musterpartie gespielt und hätte nun mit 20...♕c4! mit der Drohung 21...♗xd4 den Bauern c3 gewinnen können. Nach 21 ♖ee1 ♕xc3 22 ♕xc3 ♖xc3 23 ♘e6 ♖xc2 hat Schwarz drei Bauern für die Qualität und sollte problemlos gewinnen. Der Zug ...e5 macht nur Sinn, wenn Schwarz mit dem Bauern d6 zurückschlagen kann, was aber nicht möglich ist. In der Partie folgte **21 fxe5 ♕xe5** (21...dxe5 wird mit 22 ♘xf5 ♗xf5 23 ♖xf5 gxf5 24 ♕xf5! beantwortet, wonach Weiß entkommt) **22 ♘f3?** (übersieht 22 ♖xe4! ♕xe4 23 ♘xf5 gxf5 24 ♖xf5, wonach Weiß wegen des ungedeckten Turms c8 die Figur mit leichtem Vorteil zurückgewinnt) **22...♘f4 23 ♘xe5 ♘xh3 24 ♘f3 ♘xg1 25 ♔xg1 ♖xc3** mit etwas Vorteil für Schwarz, der die Partie schließlich gewinnen konnte (0-1, 50).

Rosentalis – M. Přibyl
Liechtenstein 1995

1 e4 e5 2 ♘f3 ♘c6 3 ♗b5 a6 4 ♗xc6 dxc6

Die Abtauschvariante der Spanischen Eröffnung ist eines der klassischen Schlachtfelder für die Situation mit Läuferpaar gegen verdoppelte Bauern. Weiß spielt in der Regel irgendwann d4, was nach Tausch der Bauern d4 und e5 beiden Seiten eine Bauernmehrheit auf einem Flügel überlässt. Gemäß der herrschenden Lehrmeinung liegen die Chancen des Anziehenden hauptsächlich im Endspiel, in dem er einen Freibauern am Königsflügel bilden kann, während die verkrüppelte schwarze Damenflügelmehrheit dazu nicht in der Lage ist. Dies ist jedoch eine allzu starke Vereinfachung, da der zusätzliche Zentrumsbauer dem Weißen auch einige dynamische Möglichkeiten im Mittelspiel gibt.

5 0-0 f6 6 d4

S

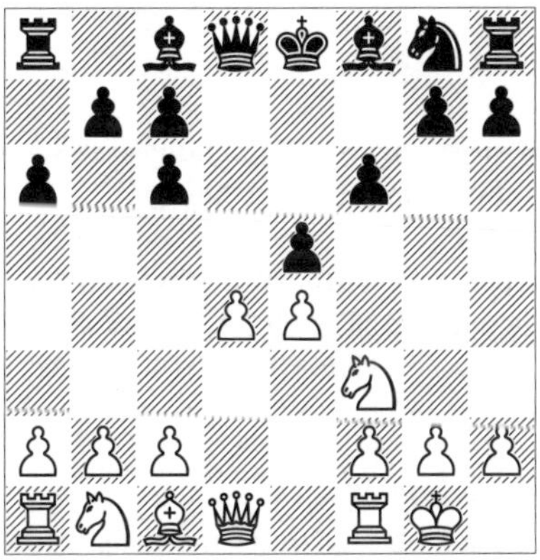

6...♗g4

Die Hauptalternative ist 6...exd4 7 ♘xd4 c5 nebst Damentausch. Der den Damentausch vermeidende Textzug mag insofern logischer erscheinen, als das dynamische Potenzial des Läuferpaars im Mittelspiel eher zur Geltung kommt. Das Problem des Schwarzen ist seine schlechte Zentrumskontrolle, durch die Weiß vielleicht die Initiative ergreifen kann. Wenn der Anziehende einen Angriff beginnen kann, wird das Läuferpaar nicht ins Gewicht fallen.

7 c3 ♗d6 8 ♗e3 ♘e7 9 ♘bd2 ♘g6 10 ♕b3 ♕c8

Deckt den Bauern b7 und bereitet ...♗e6 vor, um rochieren zu können.

11 dxe5 ♗e6 12 c4 ♘xe5?

Gesünder ist 12...fxe5, um den Halt im Zentrum nicht zu verlieren. Danach kann Weiß weder mit 13 ♘g5 ♗g8 noch mit 13 ♕c3 (droht 14 c5) 13...c5 Vorteil erzielen. Durch das Schlagen mit einer Figur ergibt sich eine Bauernstruktur, in der Schwarz keine Bauern im Zentrum hat.

13 ♘xe5 ♗xe5

13...fxe5 14 ♕c3 ist nun unangenehm, da nicht nur 15 c5 droht, sondern auch 15 ♘f3.

14 f4 ♗d6 15 e5

Weiß nutzt seinen zusätzlichen Zentrumsbauern zur Öffnung von Linien, während Schwarz die Entwicklung noch nicht abgeschlossen hat.

15...♗e7 16 exf6 gxf6?!

Durch die Vereinzelung der Königsflügelbauern wird nicht nur der Läufer e7 eingeschränkt, sondern auch der schwarze König exponiert. Die Alternative ist indes ebenfalls unangenehm für Schwarz, da 16...♗xf6 17 f5! ♗xf5 18 ♗c5 ♔f7 19 ♖ae1 b6 (19...♖e8 20 ♖xe8 ♔xe8 21 ♘f3 ist noch gefährlicher) 20 ♗e7! ♗xe7 21 c5+ ♔e8 22 cxb6 ♕d7 23 b7 ♖b8 24 ♘f3 Weiß gute Kompensation für die Figur gibt.

17 ♘e4 0-0 18 ♗d4

S

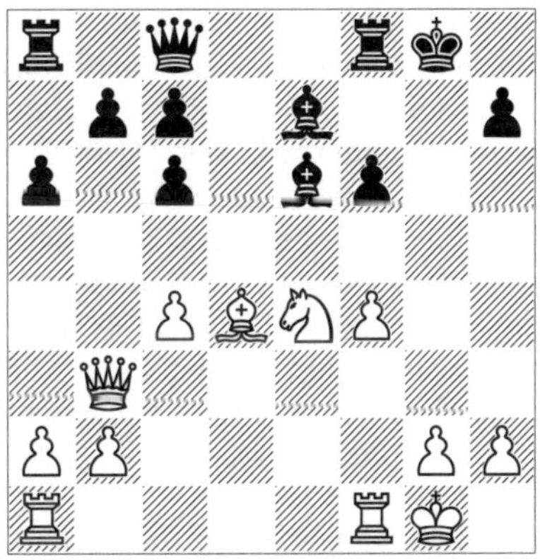

Schwarz hat rochieren können, aber Weiß hat starken Druck auf dem Königsflügel, der nicht einfach aufzuheben ist. Das liegt an den verdoppelten Bauern, die Schwarz am Damenflügel einen Bauern mehr, aber am Königsflügel, auf den es hier ankommt, einen Bauern weniger geben.

18...♗f5 19 ♖fe1 ♖f7 20 c5 ♗e6 21 ♕g3+ ♔f8 22 ♕h4 ♕d8 23 ♖ad1 ♗d5 24 ♖d3?!

24 ♗c3! gewinnt, da Schwarz dann den Druck nicht durch Schlagen auf e4 abschwächen kann.

24...♔g8?

24...♗xe4 25 ♖xe4 ♕d5 26 ♕h6+ ♔e8 ist immer noch besser für Weiß, aber die aktive Damenstellung gibt dem Schwarzen Rettungschancen.

25 ♖g3+ ♔h8 26 ♘xf6 ♗xf6 27 ♖e8+! ♖f8 28 ♕xf6+ 1-0

W
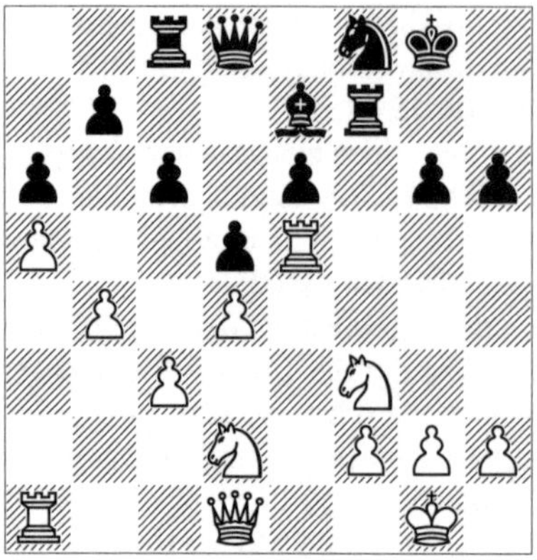

Adams – Conquest
Britische Meisterschaft, Canterbury 2010

Der schwarze Bauer e6 ist ein **rückständiger Bauer**, d. h. ein Bauer, der hinter seinen auf benachbarten Linien stehenden Artgenossen zurückgeblieben ist. Er kann weder durch Nachbarbauern verteidigt werden noch mit Unterstützung anderer Bauern vorrücken. Da der Bauer in der Regel nicht mehr rückständig ist, wenn er vorrücken kann, ist er besonders schwach, wenn der Gegner das Feld vor dem Bauern fest unter Kontrolle hat, wie es hier der Fall ist. Ein rückständiger Bauer an und für sich ist gewöhnlich noch keine Katastrophe. Es ist interessant, wie Adams seinen Vorteil vergrößert.

20 ♖e3

Da ein rückständiger Bauer am besten durch einen Springer blockiert wird, bringt Weiß den Springer f3 schleunigst nach e5.

20...♗d6 21 ♘e5 ♖f4?!

Danach kann Weiß seine Kontrolle über e5 festigen, die Schwarz eher mittels 21...♗xe5 22 ♖xe5 ♕f6 mit der Idee ...g5 und ...♘g6 bestreiten konnte.

22 ♕e2 ♖c7 23 ♘df3 ♖f5 24 ♖e1

Nun zielen alle weißen Figuren auf das Feld e5.

24...♖g7 25 g3 ♗e7 26 ♔g2 ♕c8 27 ♕d2

Der Anziehende will ...h5 erzwingen, um seinen Springern das Feld g5 zugänglich zu machen.

27...♔h7 28 ♖3e2 ♕d8 29 h4 h5

Das war nicht zu vermeiden, da Weiß diesen Zug ohnehin mit ♘g4 erzwingen kann. Nun ist ein zweiter rückständiger Bauer auf g6 entstanden.

30 ♘d3 ♖gf7 31 ♘fe5 ♖g7 32 ♘f4

Stellt die unmittelbare Drohung ♘ed3 mit Angriff auf e6 auf, bereitet aber auch das Manöver ♘h3-g5 vor.

32...♕c8 33 ♘h3 ♔g8 34 ♖e3 ♕c7 35 ♘f3 ♖gf7 36 ♖1e2

S
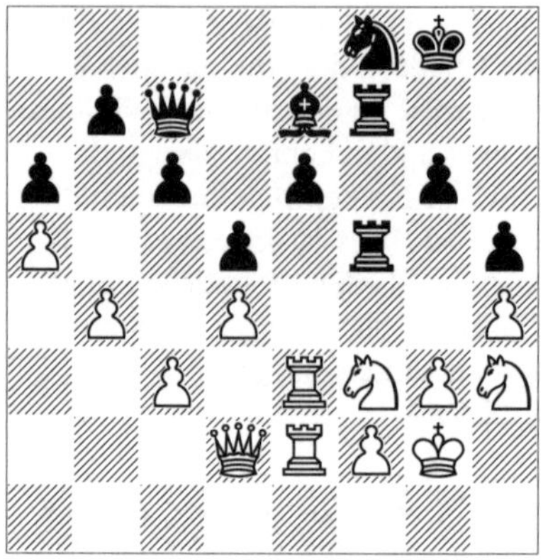

Weiß steht zur Verdreifachung der Schwerfiguren mit der Dame auf e1 bereit.

36...♖7f6

Hartnäckiger ist 36...♕c8, obgleich der Nachziehende auch dann nach 37 ♕e1 ♕e8 38 ♘hg5 ♗xg5 39 ♘xg5 ♖7f6 40 ♔g1 (40 ♘xe6? ♘xe6 41 ♖xe6 ♖xf2+! macht Remis) seinen e-Bauern verliert.

37 ♘fg5 ♕d7 38 ♕e1

Nun ist der e-Bauer zum Untergang verdammt.

38...♗d6 39 ♘xe6 ♘xe6 40 ♖xe6 ♖xe6 41 ♖xe6 ♔f7 42 ♖e3 ♗e7 43 ♕e2 ♗d8

Weiß steht auf Gewinn, muss aber noch arbeiten.

44 ♕d3 ♗e7 45 ♖e2 ♗f6?!

Mehr Widerstand leistet 45...♔g7 46 ♕e3 ♖f7.

46 ♕e3 ♕e7 47 ♕d2 ♕f8 48 ♘f4 ♕c8 49 ♘h3?!

Verpasst den sofortigen Gewinn durch 49 ♕e3 ♕d7 50 ♘e6 ♗g7 (sonst folgt ♕h6) 51 ♘c5 mit Eindringen der Dame. Weiß setzt in der Folge nicht sehr genau fort, gewinnt aber am Ende doch.

49...♔g7 50 ♕e3 ♕d7 51 ♕e8 ♕c7

Nach 51...♕xe8 52 ♖xe8 nebst ♖b8 gewinnt Weiß leicht.

52 ♖e6 ♕f7 53 ♕c8 g5 54 ♖e2 ♔g6 55 hxg5 ♗xg5 56 ♘xg5 ♖xg5 57 ♕e6+ ♔g7 58 ♕xf7+ ♔xf7 59 ♖e5 1-0

S

Vallejo Pons – G. Jones
Europäische Mannschaftsmeisterschaft, Khersonissos 2007

Ein rückständiger Bauer ist keine besonders schwerwiegende Schwäche, wenn der Verteidiger das Feld davor kontrollieren kann, damit es nicht von gegnerischen Figuren besetzt wird. Hier beschließt Schwarz, als Gegengewicht zum weißen Raumvorteil selbst auf Kosten eines rückständigen Bauern einen Teil des Zentrums in Anspruch zu nehmen.

16...e5! 17 ♕e3 ♘d7

Vor fünfzig Jahren wäre eine derartige Stellung als sehr schlecht für Schwarz eingeschätzt worden, aber heutzutage ist bekannt, dass die potenzielle Schwäche des rückständigen d-Bauern durch die Passivität des weißen Läufers kompensiert wird. Es ist wichtig, dass Schwarz das Feld d5 decken kann und Chancen auf Aktivierung seines Springers mit ...♘c5-e6-d4 hat. Die Stellung ist ungefähr ausgeglichen, schon weil Weiß es schwer hat, einen vernünftigen Plan zu finden.

18 ♖ad1 ♘c5 19 ♖d2 ♕e7 20 ♗d1

Strebt nach c2. Nach zuverlässiger Deckung des Bauern e4 durch den Läufer wird Weiß mit seinem Springer manövrieren können. Man beachte, dass eine Variante wie 20 ♘d5 ♗xd5 21 ♖xd5 ♖fc8 22 ♖ed1 ♖c6 für Schwarz nie gefährlich ist, da sein Springer dem weißen Läufer überlegen ist.

20...a4 21 ♗c2 ♖fd8 22 ♖ed1 ♘e6 23 ♘e2

Deckt das empfindliche Feld d4.

23...♕c7?!

Ein Ausrutscher, da die Dame auf e7 gut steht und dieses Feld nicht hätte verlassen sollen. Nach 23...♖a5 (auch 23...♘c5 führt zu gleichem Spiel) bleibt die Stellung völlig ausgeglichen, da 24 f4 ♘xf4 25 ♘xf4 exf4 26 ♕xf4 mit 26...♖e5 beantwortet werden kann.

24 f4!

S

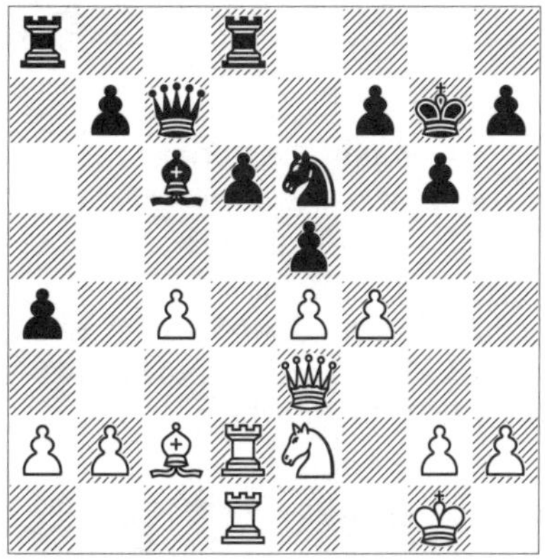

Durch Öffnung der Stellung kann Weiß versuchen, den Bauern d6 in eine echte Schwäche zu verwandeln.

24...♕a5?!

Danach kann Weiß mehr Raum am Königsflügel gewinnen und den Springer von e6 vertreiben. Richtig ist 24...exf4 25 ♘xf4 ♘xf4 26 ♕xf4 ♕b6+ 27 ♖f2 ♖d7. Das sieht zwar riskant aus, aber Weiß kann die vorübergehend exponierte Stellung des schwarzen Königs nicht ausnutzen, da 28 e5 mit 28...♖e8! 29 exd6 ♖e2 30 ♕d4+ ♕xd4 31 ♖xd4 ♖e1+ 32 ♖f1 ♖e2 mit Remis durch Zugwiederholung beantwortet werden kann. Diese schwierige Variante hätte Schwarz nicht finden müssen, wenn er im vorigen Zug etwas besser aufgepasst hätte.

25 f5 ♕c5 26 ♔f2!

Der König wird auf e3 gut stehen, da er von dort aus den Bauern e4 verteidigt.

26...♕xe3+ 27 ♔xe3

Nach dem Damentausch hat Schwarz große Probleme mit der Verteidigung seines rückständigen Bauern.

27...gxf5

Auch 27...♘c5 28 ♖xd6 ♖xd6 29 ♖xd6 gxf5 30 exf5 ♗xg2 31 ♘g3 ist günstig für Weiß.

28 exf5 ♘c7 29 ♘c3!?

Einfach und stark ist 29 ♖xd6 ♖xd6 30 ♖xd6 ♗xg2 31 f6+ ♔f8 32 ♗e4, aber der Textzug ist auch gut.

29...♔f8

29...♘e8 30 c5 gewinnt den d-Bauern.

30 ♖xd6 ♖xd6 31 ♖xd6 a3 32 b4 ♗xg2 33 ♔f2 ♗h1

33...♗c6 34 b5 ♗e8 35 ♗e4 ist für Schwarz verloren.

34 b5!

Da nun ♖d1 mit Läuferfang droht, muss der Nachziehende damit beginnen, Bauern zu geben.

34...b6 35 ♖xb6 ♖d8 36 ♔e3 ♖d4 37 f6! ♖xc4 38 ♖b8+ ♘e8 39 ♘e4 1-0

Potkin – Kolotilin

Russische Mannschaftsmeisterschaft, Togliatti 2003

1 e4 c5 2 ♘f3 ♘c6 3 ♗b5 g6 4 ♗xc6 bxc6 5 0-0 ♗g7 6 c3 e5 7 d4 cxd4 8 cxd4 exd4 9 ♘xd4 ♘e7 10 ♘c3 0-0 11 ♖e1 d6

W

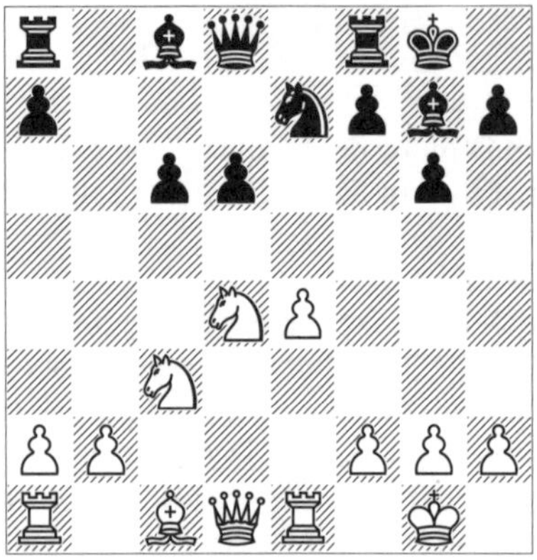

Ausgangs der Eröffnung hat der Nachziehende die schlechtere Bauernstruktur, da seine Bauern auf drei Inseln verteilt sind, die weißen dagegen auf zwei. Ob dieser Faktor ins Gewicht fällt, hängt von den genauen Einzelheiten der Stellung ab. Hier ist das Bauernduo auf c6 und d6 unbeweglich, da ...c5 den Bauern d6 rückständig macht, während ...d5 zu einem isolierten Bauern führt. Als Kompensation hat Schwarz das Läuferpaar, aber der weißfeldrige Läufer ist schwer zu aktivieren, so dass unter dem Strich Weiß besser steht.

12 ♗g5 ♗d7 13 ♕d2

Weiß würde gerne die schwarzfeldrigen Läufer tauschen, da der Läufer g7 die beste schwarze Figur ist.

13...♖e8

Nun kann 14 ♗h6 mit 14...♗h8 beantwortet werden.

14 ♖ad1 ♕b6 15 ♘b3 ♘c8 16 ♗e3! ♕c7 17 ♗d4

Erzwingt entweder den Läufertausch oder das Zugeständnis ...f6 mit Verstellung des Läufers g7.

17...f6 18 ♗e3 ♗e6 19 ♘d4 ♗f7 20 ♗h6 ♖b8

Schwarz willigt in den Läufertausch ein, da sein Läufer keine große Aktivität mehr entfaltet.

21 ♗xg7 ♔xg7 22 ♖e3

Weiß ist deutlich im Vorteil, da Schwarz gegen den weißen Druck auf den Bauern d6 wenig unternehmen kann, aber die Stellung ist noch lange nicht gewonnen. Durch den Turmschwenk auf die dritte Reihe kann Weiß eventuelle Drohungen gegen den Königsflügel durch ♖h3 mit der Verdreifachung der Schwerfiguren auf der d-Linie kombinieren.

22...♘e7

Schwarz überführt den Springer nach g8, da sonst ♖h3 mit ...h5 beantwortet werden müsste, was den Königsflügel weiter schwächt. Auf g8 kann der Springer jedoch den Bauern d6 nicht verteidigen. Wie so oft wird die Verteidigung durch Drohungen auf verschiedenen Teilen des Bretts überstrapaziert.

23 ♖h3 ♘g8 24 ♖g3 ♔h8 25 b3 ♖bd8 26 ♖d3

Schwarz hat das Problem seiner Bauerninseln nie lösen können und sieht sich nun stetig anwachsendem Druck auf der d-Linie ausgesetzt.

26...♕b6?! 27 h3 ♔g7 28 ♘c2

S

Der d-Bauer wird das Zeitliche segnen.

28...d5 29 ♘e3 ♘e7 30 ♘g4!

Gewinnt den d-Bauern und behält dabei ein Springerpaar auf dem Brett. Dies vereinfacht den Gewinn, da der weiße Springer aktiver ist als der schwarze.

30...♘g8 31 exd5 cxd5 32 ♘xd5 ♗xd5 33 ♖xd5 ♖xd5 34 ♕xd5 h5 35 ♘e3 ♕a6 36 a4 ♖e7 37 ♕c5 ♕b7 38 ♖d8 ♘h6 39 ♘d5 ♖f7 40 b4 ♕a6 41 a5 ♘f5 42 ♘f4 h4 43 ♕d5 ♕b7 44 b5

44 ♘e6+ ♔h7 45 ♕c4! gewinnt sofort.

44...♕e7

44...♕xd5 45 ♘xd5 ♖b7 dauert länger, aber auch dann gewinnt Weiß nach 46 b6 axb6 47 ♘xb6 ♘e7 48 ♖d7 ♖xd7 49 ♘xd7 ♘c6 50 a6 usw.

45 ♘e6+ ♔h7 46 b6 axb6 47 axb6 ♘g7 48 ♖d7 1-0

Van der Sterren – Glek

Bundesliga 1994/95

1 ♘f3 ♘f6 2 c4 g6 3 ♘c3 ♗g7 4 e4 d6 5 d4 0-0 6 ♗e2 e5 7 0-0 exd4 8 ♘xd4 ♖e8 9 f3 ♘c6 10 ♗e3 ♘h5 11 f4 ♘f6 12 ♗f3 ♗g4!?

W

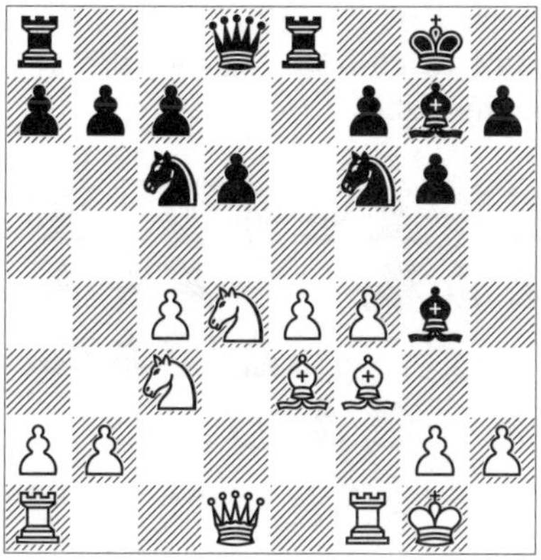

Da Weiß mehr Raum kontrolliert, erzwingt Schwarz selbst auf Kosten einiger Bauernschwächen mit taktischen Mitteln Figurentausch.

13 ♘xc6 ♗xf3 14 ♕xf3 bxc6

Schwarz hat nun drei Bauerninseln und Weiß nur zwei, aber im Mittelspiel spielen sowohl statische als auch dynamische Faktoren eine Rolle. Weiß steht zwar nach rein statischen Gesichtspunkten gut, aber es ist wichtig, die Figurenaktivität beider Seiten zu betrachten. Der verdoppelte Bauer c6 ist eigentlich recht nützlich, da er das Feld d5 deckt, während die offene b-Linie und die lange Diagonale Möglichkeiten zu einem Angriff auf b2 eröffnen. Die Bauern c4 und e4 sind etwas schwach; es droht bereits 15...♘xe4! 16 ♘xe4 ♕e7 mit Bauerngewinn. Da die Möglichkeiten des Schwarzen zu aktivem Spiel die leichten Mängel seiner Bauernstruktur mehr oder weniger aufwiegen, ist die Stellung ungefähr ausgeglichen. Dies steht in krassem Gegensatz zum vorhergehenden Beispiel, in dem Schwarz nie aktives Figurenspiel entwickeln konnte.

15 ♗d2?!

Natürlicher ist 15 ♖ae1, da das offensichtliche 15...♕b8?! 16 ♖e2 ♕b4? nach 17 e5 taktisch scheitert. Stattdessen führt 15...♘d7 zu etwa gleichem Spiel.

15...♕b8 16 b3 ♕b6+ 17 ♔h1 ♘xe4!

Schwarz erzwingt dank seiner Figurenaktivität eine Abwicklung in eine klar ausgeglichene Stellung. Falsch ist 17...♕d4?, da 18 ♖ad1 ♘xe4?? 19 ♗e1! Schwarz eine Figur kostet.

18 ♘xe4 ♕d4!

Nicht 18...♗xa1? in der Hoffnung auf 19 ♖xa1? ♕d4, da 19 c5! gewinnt.

19 ♘xd6

Auch die Fortsetzung 9 ♖ae1 d5! 20 cxd5 cxd5 21 ♘g5 ♕xd2 22 ♖d1 ♕e2 23 ♕xd5 ♕e7 führt zu ausgeglichenem Spiel, da der aktive schwarze Läufer die zersplitterten Damenflügelbauern kompensiert.

19...cxd6 20 ♖ad1 ♕e4

W

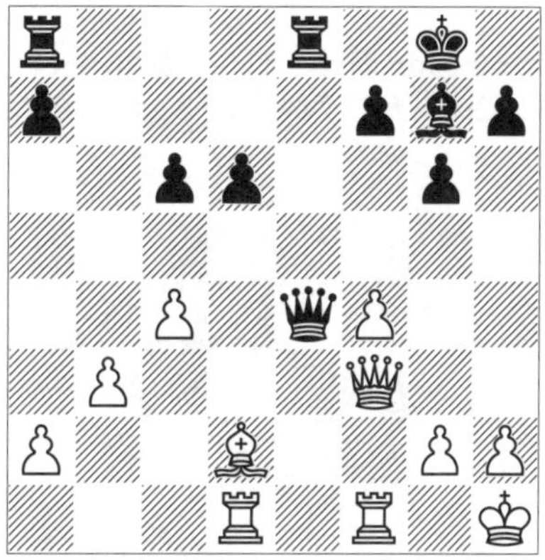

21 ♖de1?

Weiß sollte 21 ♗c3 ♕xf3 22 ♖xf3 ♖e2 23 ♗xg7 ♔xg7 mit wahrscheinlichem Remis spielen. Selbst in dieser vereinfachten Stellung wiegt der aktive Turm die etwas schwächeren Bauern auf.

21...♕xf3 22 ♖xf3 ♖xe1+ 23 ♗xe1 ♖e8 24 ♗d2 ♖e2 25 ♖d3 c5!

Sichert dem Läufer das Feld d4, wonach Weiß wegen der Passivität seiner Figuren die schwarzen Bauern nicht angreifen können wird.

26 h3

26 ♖xd6?? verliert sofort wegen 26...♗d4 27 ♗a5 ♖xa2.

26...♗d4 27 b4?

Das macht die Lage nur noch schlimmer. 27 a4 ♔f8 28 ♗c3 ♗xc3 29 ♖xc3 h5 ist günstig für Schwarz, gibt dem Anziehenden aber noch Remischancen.

27...♔f8 28 b5 ♔e7 29 f5

29 a4 wird mit 29...d5! 30 cxd5 ♔d6 31 a5 ♔xd5 32 b6 (sonst gewinnt ...♔c4) 32...axb6 33 axb6 ♔c6 mit Gewinn des b-Bauern beantwortet.

29...d5! 30 fxg6 hxg6 31 ♗f4

Auch nach 31 cxd5 ♔d6 ist die weiße Stellung hoffnungslos.

31...dxc4 32 ♖a3 ♖b2 33 ♖xa7+ ♔f6 34 h4 ♖xb5 35 ♗g5+ ♔g7 36 a4 ♖b1+ 37 ♔h2 c3 0-1

Wenn mehrere Felder der gleichen Farbe schwach sind, redet man von einem **schwachen Farbkomplex**. Solche Komplexe lassen sich am besten mit einem Läufer ausnutzen, wie im folgenden Beispiel.

Schirow – Tiwjakow
Hoogeveen 2010

1 e4 d5 2 exd5 ♕xd5 3 ♘c3 ♕d6 4 d4 ♘f6 5 ♘f3 c6 6 ♘e5 ♘bd7 7 f4 ♘b6 8 g4 ♘bd5 9 ♗g2 g6

W

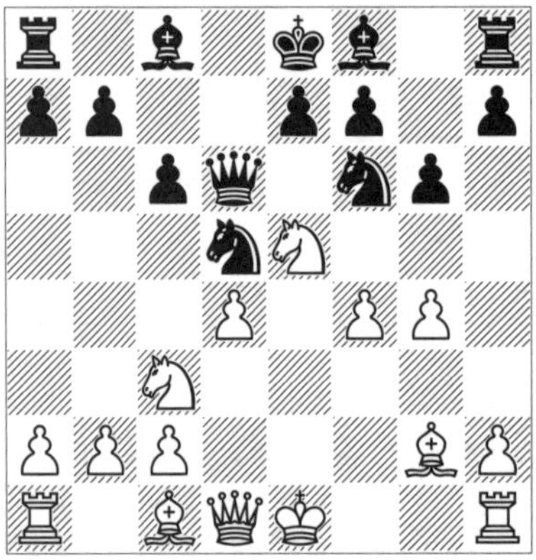

10 g5

Man sieht bei Weiß bereits den Ansatz einer Kontrolle der schwarzen Felder, die aber erst nach etwas Mithilfe von Schwarz wirklich effektiv wird.

10...♘xc3 11 bxc3 ♘d5?

Danach kann Weiß unter Zeitgewinn weitere Bauern vorrücken. Korrekt ist 11...♘d7, um den starken Springer e5 abzutauschen.

12 c4 ♘c7 13 c5 ♕d8

Es mag so aussehen, als ob Weiß zu ungestüm vorgeprescht ist (9 von 13 Zügen waren Bauernzüge!), aber der folgende überraschende Schlag macht deutlich, dass Schwarz in Schwierigkeiten verkehrt.

14 d5!! cxd5

14...♘xd5 15 c4 f6 (15...♘b4 16 ♕xd8+ ♔xd8 17 ♖b1 mit Materialgewinn) 16 cxd5 fxe5 17 ♕a4 ist noch unangenehmer für Schwarz.

15 c4

Da sowohl 15...dxc4?? als auch 15...d4?? an 16 ♕a4+ ♗d7 17 c6 bxc6 18 ♗xc6 scheitern, hat Schwarz die Wahl, einfach cxd5 zuzulassen, wonach Weiß offensichtlich ausgezeichnet steht, oder den Bauern d5 mit ...e6 zu stützen, was aber den Läufer c8 einsperrt und die schwarzen Felder schwächt.

15...e6 16 ♗b2 ♗g7

Auch nach 16...♗xc5? 17 ♘d3, 16...♗e7 17 ♕a4+ ♔f8 18 c6 oder 16...♖g8 17 ♘g4 steht Schwarz miserabel.

W

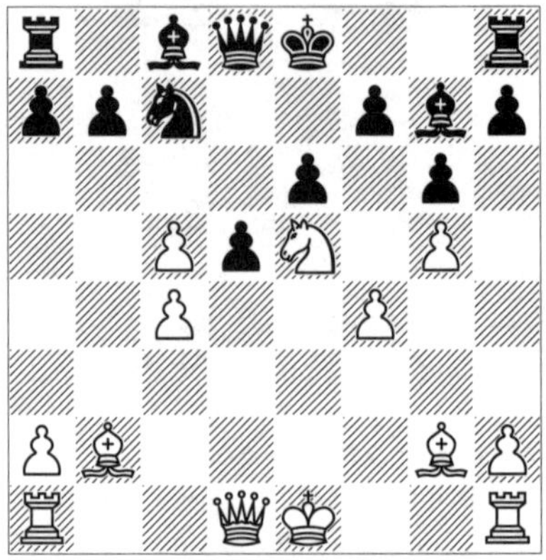

17 ♘c6!

Eine gute Wahl, da Weiß durch das Schlagen des Läufers g7 seine Kontrolle über die schwarzen Felder verstärkt.

17...bxc6 18 ♗xg7 ♖g8 19 ♗e5

Der schwarzfeldrige weiße Läufer beherrscht das Brett, da die Felder e5, d6 und f6 alle schwach sind, während die schwarzen Leichtfiguren völlig wirkungslos sind. Diese Stellung ist ein gutes Beispiel für einen schwachen Farbkomplex. Der schwarze Mehrbauer spielt in einer solchen Stellung überhaupt keine Rolle.

19...♗d7

Schwarz kann noch nicht einmal mit 19...♗a6 seinen Läufer befreien wegen 20 ♕a4.

20 0-0 ♖b8 21 ♕a4

Die Partie ist gelaufen. Weiß hat die schwarzen Felder vollkommen unter Kontrolle, und Schwarz hat gar kein Spiel.

21...♖b7 22 ♖ab1 ♕c8 23 ♖xb7 ♕xb7 24 ♖f2

Dieser Turm ist auf dem Weg nach b2, um auf der b-Linie einzudringen.

24...d4 25 ♕a5 ♔d8 26 ♗e4 1-0

Schirow hätte mit 26 ♖b2 sofort gewinnen können, aber es macht natürlich keinen Unterschied, wenn er den letzten Schlag etwas verzögert, da Schwarz nicht aus dem Netz entkommen kann.

Schwache Farbkomplexe können auch von anderen Figuren als einem Läufer ausgenutzt werden. Im folgenden Beispiel kommen praktisch alle weißen Figuren in den Genuss der weißfeldrigen Schwächen im schwarzen Lager.

W

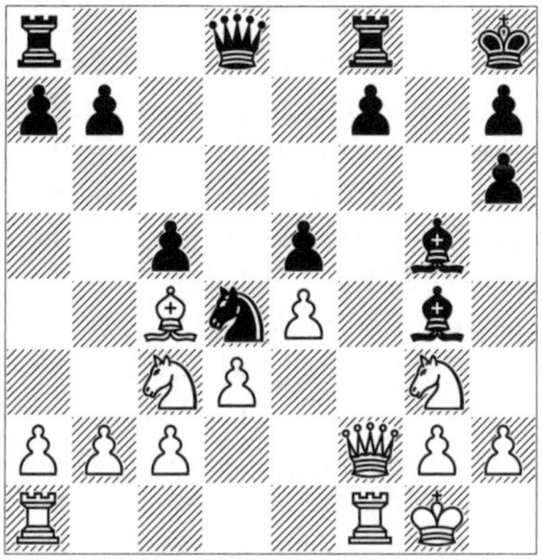

Fedortschuk – Schirow
Bundesliga 2008/09

Schwarz leidet an der offensichtlichen Schwäche d5, aber wegen seiner zersplitterten Königsflügelbauern ist auch das Feld f5 schwach. Da die weiße Stellung keine echten Schwächen aufweist, ist zu konstatieren, dass Weiß wesentlich besser steht. Schwarz hat zwar das Läuferpaar, aber sein schwarzfeldriger Läufer ist nicht sehr aktiv; jedenfalls kann man kaum behaupten, dass ein Springer auf d5 einem Läufer unterlegen sein wird.

16 ♘f5

Besetzt sofort eines der schwachen Felder und verhindert zudem jegliche potenzielle Aktivität auf der Basis von ...f5.

16...♖c8 17 a4

Die Strategie des Weißen beruht auf der Verstärkung seiner Kontrolle über die weißen Felder, ohne unnötiges Gegenspiel zuzulassen. Er will ♘d5 spielen, verhindert aber zuerst die Antwort ...b5.

17...♖c6 18 ♘d5 ♗xf5

Eine unwillkommene Notwendigkeit, da der Schwarze nach dem Abtausch seines weißfeldrigen Läufers noch nicht einmal mehr symbolischen Widerstand auf den weißen Feldern leisten kann. Das Springerpaar auf d5 und f5 war jedoch so stark, dass einer von ihnen abgetauscht werden musste. 18...♘xf5 kommt nicht Frage, da nach 19 exf5 der Läufer g4 gefangen zu werden droht.

19 exf5 ♖d6

Wenn der Nachziehende den Springer von d5 vertreiben könnte, dann könnte er sich mit ...♖f6 mindestens gleiches Spiel sichern, aber er kommt einen Zug zu spät.

20 c3

S

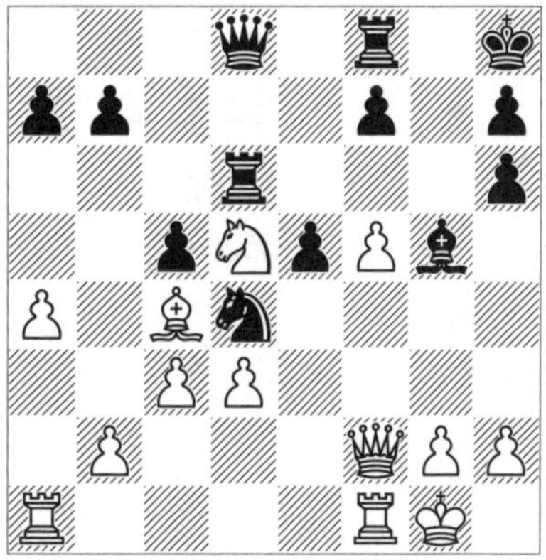

20...♘c6?!

20...♖xd5 21 ♗xd5 ♕xd5 22 cxd4 cxd4 leistet mehr Widerstand, ist aber auf lange Sicht ebenfalls hoffnungslos. Der Vorposten auf e3 bietet zwar etwas Kompensation, aber Weiß wird letztendlich seinen materiellen Mehrbesitz verwerten können.

21 ♕xc5

Weiß gewinnt unter Bewahrung seines positionellen Vorteils einen Bauern.

21...b6 22 ♕a3

Schwarz kann nicht auf d5 zugreifen, da sein Turm f8 hängt, was Weiß Zeit gibt, den Springer d5 zu befestigen.

22...♖g8 23 ♕a2 h5 24 ♖ae1 f6 25 b4 ♖g7 26 ♖e4

Natürlich werden die weißen Figuren von den schwachen weißen Feldern magisch angezogen.

26...♖gd7 27 ♗b5

Da das Schlagen auf d5 nun eine Qualität verliert, kann Weiß durch diesen kleinen Trick seinen Springer mit c4 unterstützen. Dieser Springer war Dreh- und Angelpunkt der weißen Strategie und wird dem Schwarzen auch den Todesstoß versetzen.

27...h4 28 c4 ♖g7 29 ♗xc6 ♖xc6 30 ♕e2 ♖c8 31 d4

Durch den Abtausch des Bauern e5 erhält Weiß Zugang zu einem weiteren schwachen weißen Feld: e6.

31...exd4 32 ♖xd4 ♕e8 33 ♕e6 ♖d8 34 ♖e1 ♕xa4

Das verliert Material, aber die Stellung war ohnehin hoffnungslos.

35 ♘xb6 1-0

75 Freibauer im Zentrum

W

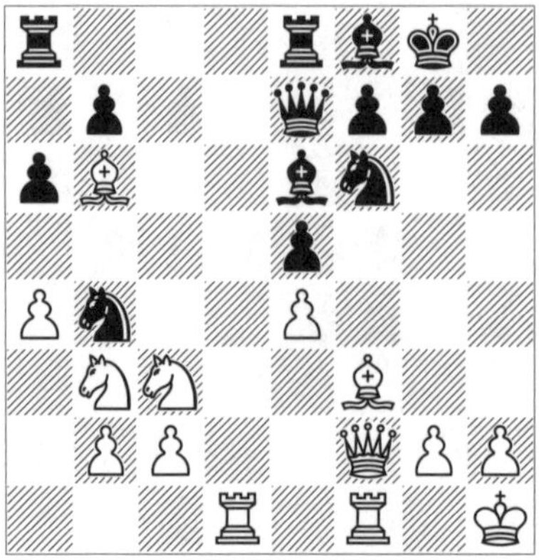

Carlsen – Grischuk
Linares 2009

20 ♘d5!

Damit verschafft sich Weiß einen mächtigen Freibauern auf der d-Linie. Ein Freibauer im Zentrum ist im Mittelspiel häufig sehr stark, da er wichtige Felder kontrolliert und dadurch die gegnerische Figurenkoordination stört. Unter günstigen Umständen kann er unter Tempogewinn durch Angriff auf gegnerische Figuren vorrücken. Im Endspiel ist ein Freibauer im Zentrum häufig nicht so stark, da er durch den gegnerischen König blockiert werden kann.

20...♗xd5 21 exd5 e4

Auch Schwarz hat einen Freibauern im Zentrum, aber der weiße ist wirkungsvoller, da er durch den Läufer b6 unterstützt werden kann.

22 d6 ♕e6?

Schwarz sollte den Springer nicht unter Tempogewinn nach c5 kommen lassen. Stärker ist 22...♕e5; nach 23 d7 ♘xd7 24 ♖xd7 exf3 25 ♕xf3 f6 (25...♖e7 26 ♕xb7 ist ebenfalls etwas besser für Weiß) 26 ♘d4 ♕e4 27 ♕xe4 ♖xe4 28 ♖xb7 ♖c8 hat Weiß nur leichtes Übergewicht. In dieser Variante verschwinden die Freibauern, was für Schwarz günstig ist, da der weiße definitiv gefährlicher ist.

23 ♘c5 ♕f5 24 ♗e2 ♕xf2 25 ♖xf2

Nach dem Damentausch wird der schwarze Bauer nun durch den Läufer e2 blockiert, während der weiße bereits vorzurücken droht.

25...♘bd5

Auch 25...♘fd5 26 d7 ♘xb6 27 dxe8♕ ♖xe8 28 ♘d7 ist sehr aussichtsreich für Weiß.

26 a5?

Selbst Carlsen macht ab und zu einen Fehler. Richtig ist laut Anish Giri 26 ♖xf6!, da Schwarz nach 26...♘xf6 (auch 26...♘xb6 27 ♖ff1 ♖ec8 28 b4 ist sehr schlecht für Schwarz) 27 a5 praktisch gelähmt ist und Weiß seine Stellung allmählich mit b4, c4, ♔g1 usw. verbessern und schließlich mit dem d-Bauern Kasse machen kann. Diese Variante zeigt, dass die Kraft des Freibauern nicht nur in der Umwandlungsdrohung liegt, sondern auch in der Zusammenarbeit mit anderen Figuren, um den gegnerischen Kräften nützliche Felder zu nehmen.

26...♘xb6 27 axb6 ♖ab8?

Nach diesem Fehler entscheidet der d-Bauer die Partie. 27...♖ec8! gibt Schwarz einige Rettungschancen, obwohl Weiß auch hier mit 28 b4! ♖c6 29 d7 ♗xc5 30 d8♕+ ♖xd8 31 ♖xd8+ ♗f8 32 ♗xa6 ♖xb6 33 ♗c4 ♖xb4 34 ♗b3 etwas Vorteil behält.

28 ♖xf6!

Diese Abwicklung vergrößert den weißen Vorteil.

28...gxf6 29 ♘d7 f5 30 c4

Da der d-Bauer für sich alleine nicht entscheidend sein wird, weil er auf d8 blockiert werden kann, mobilisiert Weiß seine anderen Bauern.

30...a5 31 c5 ♗g7 32 ♘xb8 ♖xb8

W

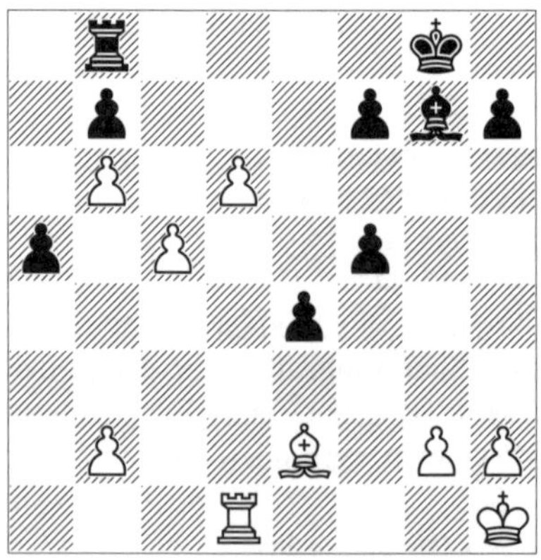

33 ♗a6!!

Ein schönes Schlussspiel, das den Bauern auf b7 beseitigt und dem Weißen drei verbundene Freibauern sichert.

33...♗f6 34 ♗xb7 ♖xb7 35 c6

35 ♖c1 und dann c6 war eine alternative Gewinnvariante.

35...♖xb6 36 ♖c1

Der einzige Zug, aber nun hat Schwarz keine Verteidigung mehr.

36...♗xb2 37 d7 1-0

S

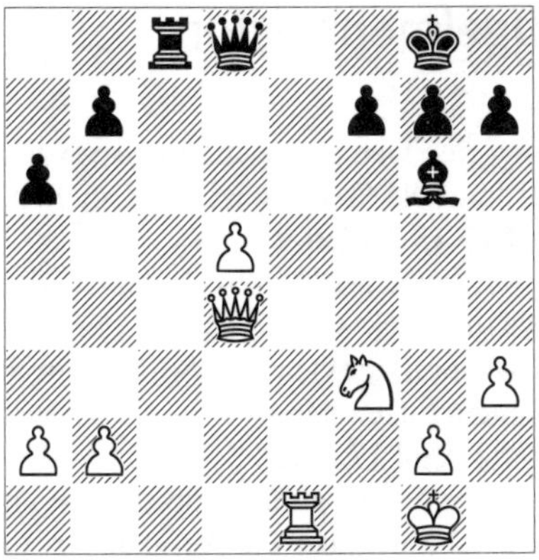

Carlsen – Wang Yue
Medias 2010

Diese Stellung ist ausgeglichener. Weiß hat einen Freibauern im Zentrum, der aber von Schwarz zumindest vorübergehend blockiert werden kann. Wenn der Bauer steckenbleibt, kann er sich sogar als Schwäche entpuppen. Es ist interessant, wie es Carlsen durch Ausnutzung der Ungenauigkeiten seines Gegners gelingt, den Bauern langsam vorzurücken.

24...♕d6

Ein guter Zug, der das sofortige Vorrücken des Bauern verhindert.

25 ♘e5

Will später ♘c4 folgen lassen. Wenn Schwarz irgendwann ...b5 spielt, wird das Feld c6 geschwächt.

25...♖e8

Normalerweise ist es besser für den Verteidiger, die Situation nach Möglichkeit zu klären. Ein guter Plan ist hier 25...f6 26 ♘xg6 (26 ♘c4? verliert wegen 26...♕b4 27 ♖c1 b5) 26...hxg6 27 ♖e6 ♖c1+ 28 ♔f2 ♖c2+ 29 ♔f3 ♕d7. Nach 30 ♔g3 g5 31 ♔h2 ♔f7 kann Weiß seinen Bauern nicht vorrücken, solange der Turm auf e6 steht, aber wenn er sich zurückzieht, wird ...♕d6+ möglich, und nach 32 ♖b6 ♖c6! 33 ♖xc6 bxc6 34 d6 a5 nebst ...♔e6 ergibt sich ein einfaches Remis.

26 ♖e3

Droht wieder ♘c4, was sich diesmal als unangenehmer erweist.

26...♖d8

Am besten, da 26...b5?! 27 ♘c4! ♕d8 28 ♖xe8+ ♕xe8 29 ♘e5 nebst d6 sehr unerfreulich für Schwarz ist.

27 ♘c4 ♕f6 28 ♖e5 h6?

Ein dicker Fehler, nach dem der Bauer vorrücken kann. Nach 28...b5 29 ♘a5 h6 kann Schwarz die Partie immer noch halten.

29 d6 ♗f5

29...b5 30 d7! ♔h7 31 ♘b6 ist klar besser für Weiß.

30 ♘b6!

S

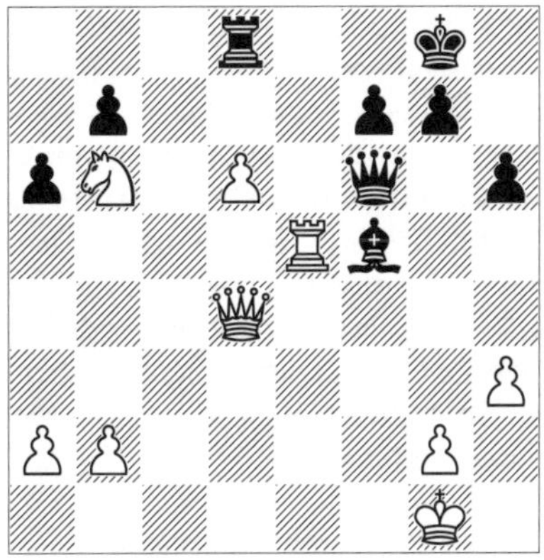

30...♗e6

30...♕xd6?? verliert sofort wegen 31 ♖d5, während 30...♖xd6? 31 ♘d5 Schwarz die Qualität kostet, weil 31...♕g5 wegen 32 ♖xf5 verliert.

31 d7

Der Bauer ist nur noch einen Schritt von seinem Ziel entfernt. Er kann zwar nicht forciert umgewandelt werden, schränkt aber die Beweglichkeit der schwarzen Figuren erheblich ein.

31...♔h8 32 a4 g6 33 ♕c3 ♔g7 34 a5 h5 35 h4 ♖xd7

Nicht 35...♗xd7? 36 ♖d5, wonach Schwarz seinen Läufer verliert. Wenn er mit 35...♔g8 abwartet, sollte 36 ♕d4 ♔g7 37 ♔h2 ♗g4 38 ♔g3 ♗f5 39 ♕c3 ♗e6 40 ♖c5 ♕xc3+ 41 ♖xc3 nebst ♖c7 für Weiß gewonnen sein.

36 ♘xd7 ♗xd7

Diese Stellung ist vielleicht nicht forciert gewonnen, aber auf jeden Fall sehr schwierig für Schwarz.

37 ♕d4 ♗c6 38 b4 ♗b5 39 ♔h2 ♗a4 40 ♖d5 ♗c6 41 ♕xf6+ ♔xf6 42 ♖c5 ♔e6 43 ♔g3 f6 44 ♔f2 ♗d5 45 g3 g5?

Es ist besser, mit 45...♗c6 abzuwarten. Weiß kann wahrscheinlich gewinnen, muss aber noch hart für den Punkt arbeiten.

46 g4!

Der Freibauer auf der h-Linie bringt die Entscheidung.

46...hxg4 47 h5 ♗e4 48 ♖c7 f5 49 h6 f4 50 h7 g3+ 51 ♔e1 f3 52 h8♕ f2+ 53 ♔e2 ♗d3+ 54 ♔e3 1-0

Nach 54...f1♕ 55 ♕e8+ ♔f5 56 ♕d7+ setzt Weiß schnell matt.

Wie am Anfang des Buchs unter „Mythen des Mittelspiels" ausgeführt, wird kein Thema so sehr verkannt wie die Damenflügelmehrheit. Eine solche Mehrheit soll gemäß vielen Büchern einen automatischen Vorteil ergeben. Das stimmt aber nicht; im Mittelspiel **verbürgt eine nicht durch einen anderen Vorteil unterstützte Damenflügelmehrheit keinen Vorteil**. Der springende Punkt ist, dass eine Damenflügelmehrheit für eine Seite durch eine Zentrums- oder Königsflügelmehrheit der anderen Seite ausgeglichen wird, und im Mittelspiel ist eine solche Mehrheit oft wirkungsvoller.

Movsesian – Schirow

Europapokal für Vereinsmannschaften, Plowdiw 2010

1 e4 e6 2 d4 d5 3 ♘d2 c5 4 exd5 ♕xd5 5 ♘gf3 cxd4 6 ♗c4 ♕d6 7 0-0 ♘f6 8 ♘b3 ♘c6 9 ♘bxd4 ♘xd4 10 ♘xd4 a6 11 b3

S

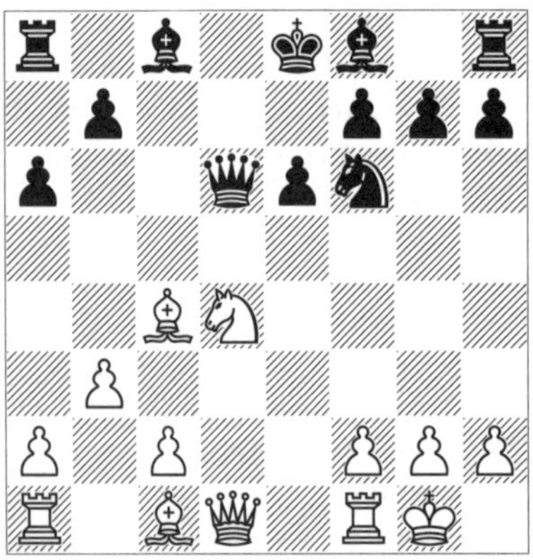

Diese Eröffnung gibt Weiß eine Damenflügelmehrheit, aber damit keinen automatischen Vorteil. Wenn Schwarz die Initiative übernimmt, kann sich die durch den e-Bauern gelieferte zusätzliche Zentrumskontrolle als wichtiger erweisen.

11...e5!?

Eine interessante Neuerung statt des gängigeren 11...♕c7. Schwarz will seinen zusätzlichen Zentrumsbauern sofort in die Waagschale werfen.

12 ♘f3?!

Einen besseren Eindruck macht 12 ♖e1 ♗e7 13 ♘f3 ♕xd1 14 ♖xd1 b5 15 ♗e2 e4 16 ♘d4, obwohl Weiß auch dann höchstens auf geringfügigen Vorteil hoffen kann.

12...b5 13 ♗e2 e4 14 ♘d4?!

Sicherer ist Damentausch mit 14 ♕xd6 ♗xd6 15 ♘d4, und die Stellung ist ausgeglichen.

14...♗e7 15 ♗b2 0-0

Die weiße Damenflügelmehrheit wird nur im Endspiel nützlich sein, während der schwarze Bauer e4 einen direkten Angriff auf den weißen König unterstützen kann.

16 ♕d2 ♘g4 17 ♗xg4

Nach 17 g3 ♗f6 gerät Weiß in eine unangenehme Fesselung, aber die Aufgabe des Läuferpaars ist ebenfalls unschön.

17...♗xg4 18 ♕e3 f5!

Die Königsflügelmehrheit rückt vor.

19 f3 exf3 20 ♘xf3 f4

W

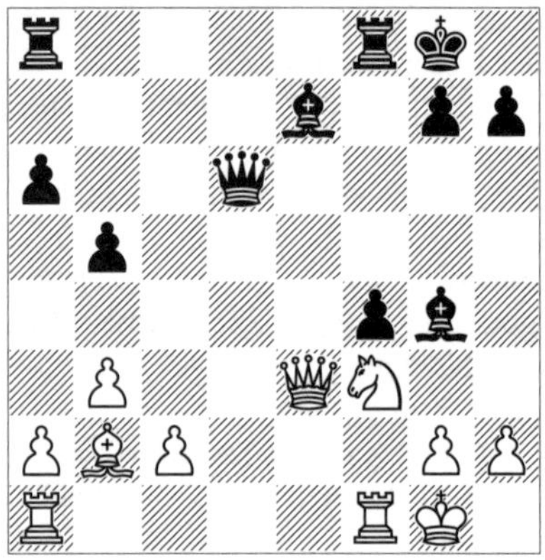

21 ♕f2?!

Besser ist 21 ♕d4, um durch Übergang ins Endspiel die Notbremse zu ziehen, bevor die weiße Stellung noch schlechter wird.

21...♖ac8

Ironischerweise erweist sich die weiße Damenflügelmehrheit sogar als Handicap, da der Bauer c2 rückständig ist und auf der offenen c-Linie angegriffen werden kann.

22 ♔h1 ♕c5 23 ♘d4

In dieser Stellung hilft Damentausch nicht; nach etwa 23 ♕xc5 ♗xc5 24 ♘e5 ♗e6 25 ♖ad1 ♗e3 26 c4 bxc4 27 ♘xc4 ♗xc4 28 bxc4 h6! kann Weiß den c-Bauern nicht retten.

23...♕h5

Spielt auf direkten Angriff; die unmittelbare Drohung lautet ...♗h4-g3.

24 ♕d2 ♖cd8 25 ♔g1 f3 26 g3 ♗c5 27 b4 ♗xb4! 28 ♕f2

28 ♕xb4 f2+ 29 ♖xf2 ♖xf2 30 ♔xf2 ♕xh2+ führt schnell zum Matt.

28...♗c5 29 c3 ♖de8 30 ♖fe1 ♖e2! 31 ♖xe2 fxe2 32 ♕e3 ♕h3 0-1

Auch in der nächsten Stellung entspinnt sich ein Kampf zwischen Damenflügelmehrheit und zusätzlichem e-Bauern (ein weiteres Beispiel hierfür ist die Partie Anand-Swidler auf Seite 55). Sie zeigt, wie in Grenzfällen ein scheinbar kleiner Fehler schwerwiegende Folgen nach sich ziehen kann.

W

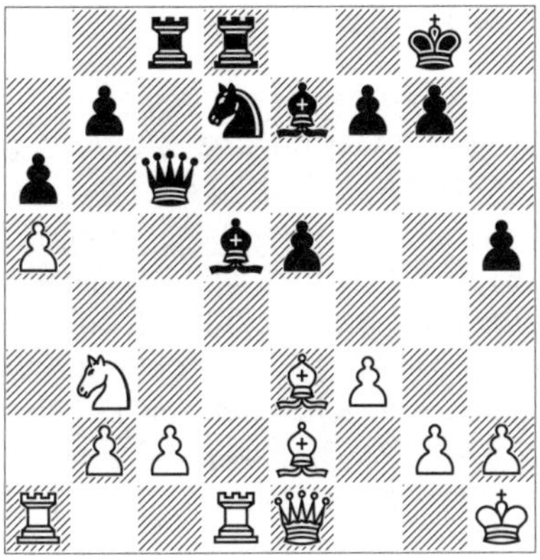

Jakubowski – Stoček
Pardubice 2006

Weiß besitzt eine Damenflügelmehrheit, aber Schwarz steht trotzdem besser. Der zusätzliche Zentrumsbauer auf e5 kontrolliert wichtige Felder, und die Königsflügelmehrheit könnte die Grundlage für einen Angriff bilden, wenn der Nachziehende seinen h-Bauern weiter vorrücken kann. In den nächsten Zügen dreht sich der Kampf darum, ob Weiß seine Damenflügelmehrheit aktivieren kann. Wenn ihm dies gelingt, könnte sich das Blatt leicht wenden.

19 ♗d3

Verteidigt den Bauern c2 und bereitet ♘d2 nebst c4 vor. Sofort 19 c4? verbietet sich wegen 19...♗xc4 20 ♖ac1 ♕b5.

19...♕e6 20 ♘d2 ♘c5 21 ♗f1

Nun will Weiß b4 nebst c4 spielen.

21...♕c6?

Ein schwerer Fehler, nach dem Weiß seine Damenflügelbauern mit Tempo vorrücken kann. Korrekt ist 21...♗c6!, damit c4 nicht mit Tempo kommt. Da dann sowohl 22 c4 ♘a4 23 ♖ab1 ♕g6 als auch 22 b4 ♘a4 sehr gut für Schwarz sind, kann Weiß seine Bauern nicht sofort vorrücken. Dies gibt Schwarz Zeit zur Verbesserung seiner Stellung, z. B. mit ...♕f5 und unangenehmem Angriff auf den Bauern c2. Diese Variante zeigt erneut, wie der zusätzliche Damenflügelbauer sogar ein Handicap darstellen kann, wenn die Bauern unbeweglich sind, da er auf einer halboffenen Linie steht und daher leicht angegriffen werden kann.

22 b4 ♘d7

Nach 22...♘a4? 23 c4 ♗e6 24 b5 axb5 25 cxb5 ♕c2 26 ♖dc1 ♕b2 27 ♖xc8 ♖xc8 28 a6 bxa6 29 bxa6 hat die Damenflügelmehrheit einen tödlichen Freibauern produziert.

23 c4 ♗e6 24 ♘e4 ♘f6?

Nach diesem zweiten Fehler kann Weiß seine Damenflügelbauern weiter vorrücken. Schlecht ist auch 24...♗xc4? angesichts von 25 ♖ac1 ♕b5 26 ♗xc4 ♖xc4 27 ♘d6 ♗xd6 28 ♖xc4 ♕xc4 29 ♖xd6, wonach die Fesselung auf der d-Linie Schwarz Material kosten wird. Richtig ist 24...♗f5! (macht den Weg für die Dame frei) 25 ♗d3 ♕g6, wonach die weißen Bauern nicht mit Tempo vorrücken können und die Stellung ungefähr ausgeglichen ist.

25 b5

S

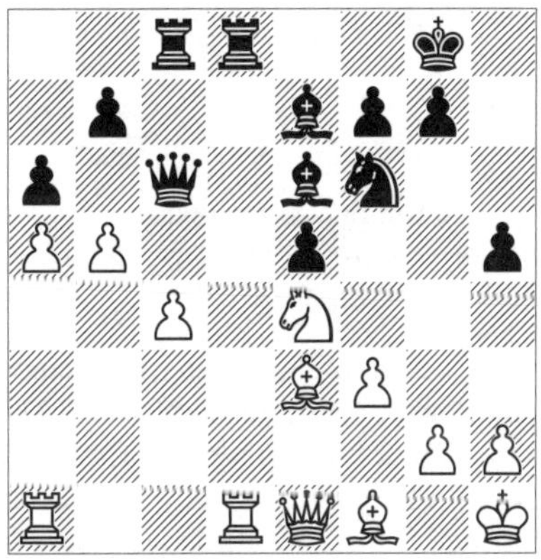

25...♕e8

Das ist leider das einzige Feld für die schwarze Dame.

26 ♖xd8 ♕xd8 27 ♗b6 ♕d7 28 ♖d1 ♕e8 29 ♘xf6+ ♗xf6 30 bxa6 bxa6 31 c5

Die weiße Mehrheit ist in einen gefährlichen Freibauern umgewandelt worden; überdies ist der Bauer a6 schwach. Die Partie ist entschieden.

31...♖a8 32 ♕e4 g6

32...♗d7 verliert wegen 33 ♖xd7.

33 ♗c4

Schneller geht es mit 33 c6, aber der von Weiß gewählte Weg ist ebenso effektiv.

33...♗f5 34 ♕b7 ♗e7 35 ♗xa6 e4 36 fxe4 ♗g4 37 ♖f1 ♗e6 38 c6 ♗d6 39 c7 h4 40 ♖c1 ♖c8 41 ♕c6 ♕e7 42 ♖d1 ♗e5 43 ♗xc8 ♗xc8 44 ♖d8+ ♔h7 45 ♖xc8 h3 46 ♖h8+ ♗xh8 47 c8♕ hxg2+ 48 ♔xg2 ♕g5+ 49 ♔f3 1-0

77 Bauerndurchbruch

Bei einem Bauerndurchbruch rückt ein Bauer vor und opfert sich für einen höheren Zweck, wie die Öffnung von Linien oder die Einschaltung einer bisher passiven Figur ins Spiel. Ein Bauerndurchbruch ist zwar ein positionelles Konzept, das aber in der Praxis häufig mit einem Angriff auf den gegnerischen König verbunden ist.

S

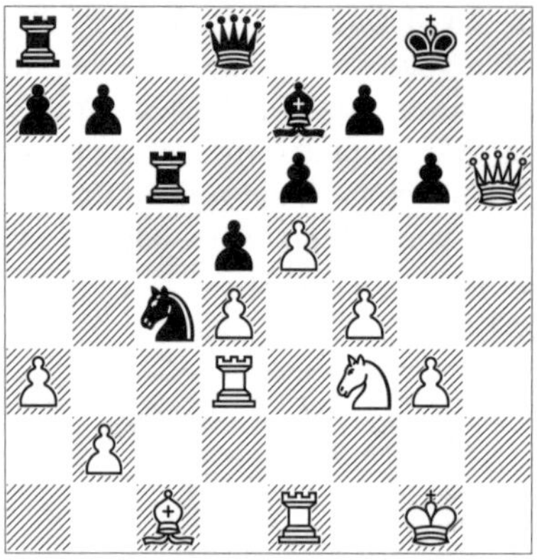

Šolak – Lupulescu
Europäische Mannschaftsmeisterschaft, Göteborg 2005

Weiß hat offenbar einige Angriffschancen auf der h-Linie, aber keine unmittelbaren Drohungen; seine Türme können nicht sofort auf die h-Linie gehen, und seine anderen Figuren arbeiten nicht mit der Dame zusammen. Außerdem hat Weiß einige positionelle Probleme: Sein durch die schwarzfeldrige Bauernkette eingeengter Läufer ist schlecht, und Schwarz steht bereit, auf der c-Linie die Türme zu verdoppeln und ins weiße Lager einzudringen. Schwarz steht objektiv besser, darf aber die weißen Angriffsmöglichkeiten nicht unterschätzen.

25...♖ac8?

Dieser fahrlässige Zug gibt Weiß eine taktische Möglichkeit. Besser ist 25...♕f8 26 ♕h3 ♕g7 mit Sicherung des Königsflügels, um erst dann ...♖ac8 zu spielen.

26 f5!

Weiß nutzt seine Chance zu einem Angriff, der jedenfalls zum Remis ausreicht. Der Bauerndurchbruch bringt mehrere Vorteile mit sich: Erstens kann sich der bisher untätige weiße Läufer in den Angriff einschalten, und zweitens lockert er die solide schwarze Bauernstruktur auf, was weitere zukünftige Angriffsmöglichkeiten auftut.

26...♗f8?

Die falsche Reaktion, da die weißen Figuren nun ohne weiteres nach g5 gehen können. Die Alternativen sind:

1) 26...exf5?! 27 ♘g5 ♗xg5 28 ♗xg5 ♕f8 29 ♕h4 ♕g7 30 ♖e2 ♕h7 31 ♕f4 f6 32 exf6 ♕h5 33 ♖h2 ♕g4 34 ♖h6 mit günstigem Endspiel für Weiß.

2) 26...gxf5?! 27 ♘g5 ♗xg5 28 ♗xg5 ♕f8 29 ♕h4 ♕g7 30 g4 ♕h7 31 ♕xh7+ ♔xh7 32 gxf5 exf5 33 ♖h3+ ♔g7 34 ♔f2 ♖g6 35 ♖h5! nebst ♖eh1 mit sehr gefährlichem Angriff.

3) 26...♕f8 27 ♕h3 ♘xe5! 28 ♗h6 ♘xd3 29 ♗xf8 ♘xe1 30 ♗xe7 ♘xf3+ 31 ♔f2 ♘d2 32 fxg6 ♘e4+ 33 ♔f3 fxg6 34 ♕h6 ♔f7, und die Partie endet wahrscheinlich mit Dauerschach; z. B. 35 ♕h7+ ♔e8 36 ♗h4 g5 37 ♕g8+ ♔e7 38 ♕g7+ ♔d6 39 ♕e5+ usw.

27 ♕h3

S

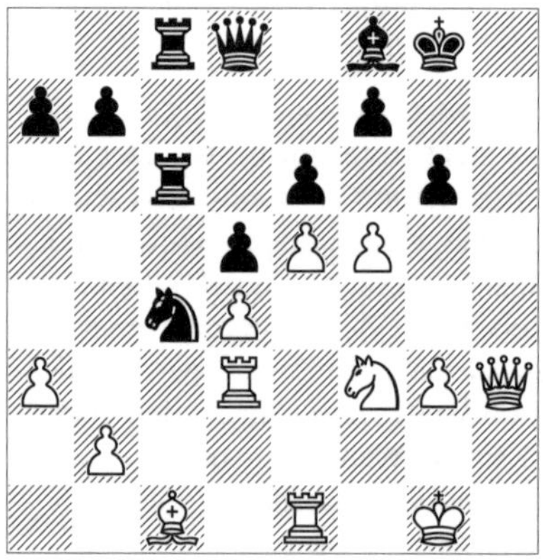

27...exf5?!

Das verliert sofort, aber auch 27...gxf5 28 ♗g5! ♗e7 29 ♕h4 ♗xg5 30 ♘xg5 ♔f8 31 ♕h5 ♖8c7 (31...♖6c7 32 g4 fxg4 33 ♖f1 gibt Weiß gewinnbringenden Angriff) 32 g4 ist äußerst unangenehm für Schwarz. Man beachte, wie der Durchbruch mit f5 dem Weißen die Möglichkeit gibt, durch späteres g4 weitere Linien zu öffnen.

28 ♘g5 ♗g7 29 e6!

Durch die auflockernde Wirkung seines Bauerndurchbruchs erhält Weiß wiederum Gelegenheit zur Öffnung von weiteren Linien. Schwarz ist wehrlos.

29...fxe6 30 ♕h7+ ♔f8 31 ♘xe6+ ♖xe6 32 ♖xe6 ♕d7

Auch nach 32...♖c6 33 ♕xg6 gewinnt Weiß leicht.

33 ♖f6+! 1-0

W

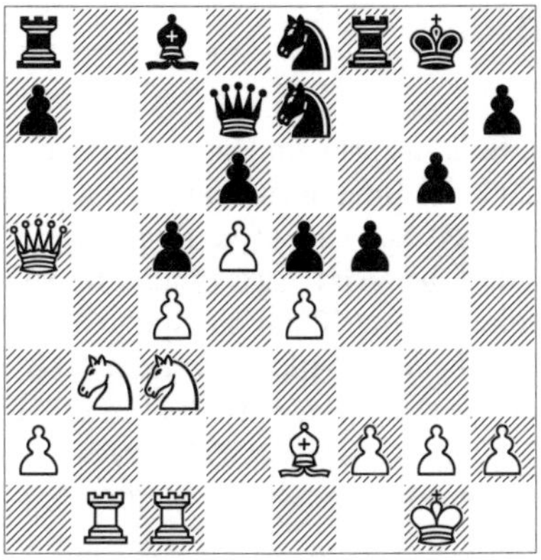

Sakajew – A. Fjodorow

Europameisterschaft, Warschau 2005

In dieser Königsindisch-Stellung hat der Nachziehende den im Allgemeinen wünschenswerten Abtausch der schwarzfeldrigen Läufer vornehmen können, was aber seine Stellung etwas wacklig gemacht hat, da schlechte Läufer häufig gute Verteidigungsfiguren sind. Dies kann Weiß mit Hilfe eines Bauerndurchbruchs ausnutzen.

17 f4!

Ein spektakulärer Zug, der die schwarze Zentrumsbauernstruktur zerfetzt.

17...exf4 18 e5!

Unterminiert den Schlüsselbauern c5, nach dessen Fall Weiß zwei Freibauern im Zentrum erhält.

18...dxe5 19 ♘xc5 ♕d6 20 ♘b3 e4

Schwarz versucht seine eigenen Bauern einzusetzen, die aber keine große Gefahr darstellen, weil sie nicht von Figuren unterstützt werden. Schlecht ist auch passiveres Spiel mit 20...♘f6 21 c5 ♕d8 angesichts von 22 ♗c4!, da dann 22...♘fxd5? wegen 23 ♘xd5 ♘xd5 24 ♖d1 ♗e6 25 ♕b5! nebst 26 ♕c6 oder 26 c6 Material verliert.

21 c5 ♕e5 22 ♕a4

Verhindert ...♘c6 als Antwort auf d6 und droht auch einfach 23 ♕d4, da die verbundenen Freibauern im Endspiel vernichtend wären.

22...♘f6?

Schwarz muss drastische Maßnahmen ergreifen, um nicht von den Bauern überrollt zu werden. Angezeigt war 22...f3!? 23 gxf3 exf3 24 ♗xf3 ♕e3+ 25 ♔g2 f4. Dann steht Weiß nach 26 ♕e4 immer noch besser, aber wenigstens gibt darauf 26...♘f5 dem Nachziehenden Chancen auf Gegenspiel am Königsflügel.

23 ♕d4!

Nun ist Schwarz verloren, da er den Damentausch nicht gut vermeiden kann.

S

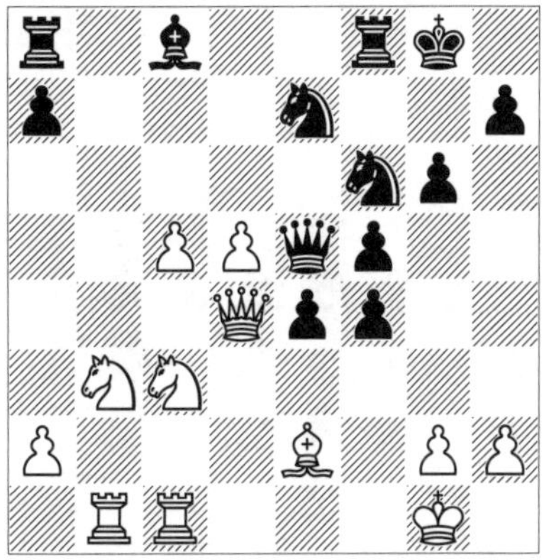

23...♘d7

Auch 23...♘g4 24 h3 ♕xd4+ 25 ♘xd4 ♘e5 26 d6 ♘7c6 27 ♘xc6 ♘xc6 28 ♗c4+ ♔h8 29 ♘d5 ♗d7 30 ♘xf4 ist für Weiß gewonnen.

24 c6?

Verpasst einen forcierten Gewinn durch 24 ♗b5! mit der Doppeldrohung 25 d6 und 25 ♗xd7, wonach Schwarz die Katastrophe nicht abwenden kann.

24...♕xd4+ 25 ♘xd4 ♘e5 26 c7

Weiß steht immer noch auf Gewinn, muss aber nun noch etwas arbeiten.

26...♗d7 27 ♗b5

Systematisch gespielt, um die Figuren abzutauschen, die die gefährlichen Freibauern aufhalten. Auch wenn Schwarz die Stellung im Moment noch halten kann, gibt es auf lange Sicht keine Verteidigung.

27...♗xb5 28 ♖xb5 a6 29 ♖b6 ♘c8

Weiß gewinnt auch nach 29...♔f7 30 ♘e6 ♖fc8 31 ♘g5+ ♔e8 32 d6 ♘d7 33 ♖bb1 ♘g8 34 ♘d5.

30 ♖e6 ♘d3 31 ♖b1!

Wegen der Doppeldrohung 32 ♖b8 und 32 d6 muss Schwarz nun eine Figur geben. Es ist interessant, wie die weißen Bauern ohne großen Widerstand vorgerückt sind, während die schwarzen Bauern immer noch da stehen, wo sie 10 Züge zuvor waren.

31...♖a7 32 d6 ♘xd6 33 ♖xd6 ♖xc7 34 ♘d5

Schwarz hat zwar drei Bauern für die Figur, aber Weiß kann dank seiner aktiven Figuren problemlos gewinnen.

34...♖c4?!

Ein Patzer, aber selbst die beste Verteidigung 34...♖a7 35 h4! ♘e5 36 ♘f6+ ♔h8 37 ♘e6 ♖c8 38 ♖db6 ist hoffnungslos.

35 ♘e6 ♖a8 36 ♖d7 1-0

Droht 37 ♘f6+ und erzwingt Matt in wenigen Zügen.

W

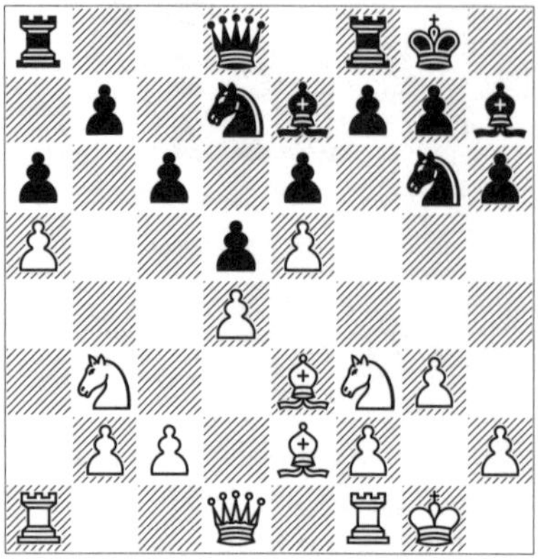

Wang Hao – Kornew
Russische Mannschaftsmeisterschaft, Dagomys 2008

Dies ist eine typische Stellung mit Bauernketten im Zentrum. Die weiße Kette besteht aus den Bauern auf d4 und e5, die schwarze aus den Bauern d5, e6 und f7. Weiß kontrolliert mehr Raum, da seine Bauern weiter vorgerückt sind. Die Seite mit der weiter vorgeschobenen Bauernkette hat im Allgemeinen aufgrund des Raumvorteils einen automatischen Vorteil, zumindest wenn noch viele Figuren auf dem Brett sind. Dies gilt jedoch nur dann, wenn die Bauernkette gesichert ist; wenn sie durch gegnerische Bauernvorstöße unterminiert werden kann, ist es gut möglich, dass sich jeglicher latente Vorteil verflüchtigt. Gemäß der traditionellen Theorie sollten Bauernketten nicht an der Spitze, sondern an der Basis angegriffen werden, aber diese „Regel" hat so viele Ausnahmen, dass sie außer Acht gelassen werden kann. Im vorliegenden Fall besagt die traditionelle Theorie, dass Weiß mit f4, g4 und f5 den Bauern e6 angreifen sollte, aber nur ein sehr mutiger Spieler würde so viele Bauern vor seinem eigenen König vorrücken. Stattdessen ignoriert Weiß mit Erfolg die traditionelle Bauernkettentheorie und spielt auf Ausnutzung seines Raumvorteils.

13 ♘e1

Will nach ...f6 durch die Antwort f4 die Bauernkette behaupten.

13...c5

Schwarz greift die Basis der weißen Bauernkette an, aber Weiß kann den Punkt d4 leicht stützen.

14 c3 c4

Es ist klar, dass ein Angriff auf den gut gedeckten Bauern d4 Schwarz nicht helfen wird, und ein Bauernsturm am Damenflügel mit ...b5-b4 ist dank des Bauern auf a5 nicht möglich. Daher verlängert Schwarz seine Bauernkette.

15 ♘d2 ♘b8 16 h4! ♘c6 17 h5 ♘h8 18 ♕a4?!

Der direkte Angriff auf die Spitze der schwarzen Bauernkette ist wirkungsvoller: 18 b3! ♘xa5 19 bxc4 ♘xc4 20 ♘xc4 dxc4 21 ♗xc4 ♖c8 22 ♗d3 ♖xc3 23 ♗xh7+ ♔xh7 24 ♕b1+ ♔g8 25 ♕xb7 mit großem Vorteil für Weiß.

18...f6

Dieser Angriff auf die Spitze der weißen Bauernkette ist die einzige Möglichkeit, den Springer h8 wiederzubeleben.

19 f4 ♕d7?

19...♘f7 nach der Maxime „Verbessere die Stellung der am schlechtesten stehenden Figur" bietet mehr Verteidigungschancen.

20 b3!

S

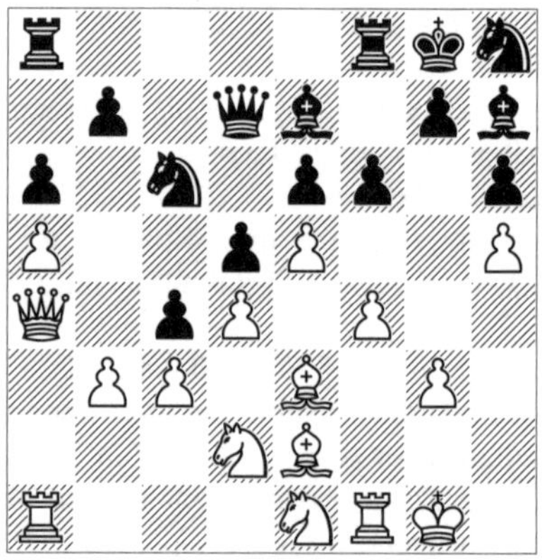

Warum ist der Angriff auf die Spitze der schwarzen Bauernkette so effektiv? Erstens gelangt dadurch der Springer nach b3, von wo aus er auf das verlockende Feld c5 gehen kann, und zweitens eröffnet er die Möglichkeit c4 mit Freilegung der schwarzen Schwächen auf der Diagonale a2-g8 (die von dem „thematischen" Vorstoß ...f6 herrühren).

20...cxb3 21 ♘xb3 ♖ac8 22 ♘d3

Diesen Springer muss Schwarz nehmen, da er sonst nach c5 geht, aber nun werden die weißen Felder sehr schwach.

22...♗xd3 23 ♗xd3 ♘b8 24 c4! ♕xa4 25 ♖xa4 ♖fd8 26 cxd5 ♖c3 27 ♘c1 exd5 28 e6

Setzt den Springer h8 außer Gefecht.

28...f5 29 ♗d2 ♖c6 30 ♗xf5 ♖c4 31 ♖xc4 dxc4 32 ♘e2 ♘c6 33 ♖b1 ♗f6 34 ♗c3 ♘e7 35 ♗e4 ♘d5 36 ♗xd5 ♖xd5 37 ♖xb7 ♖xh5 38 d5 1-0

S

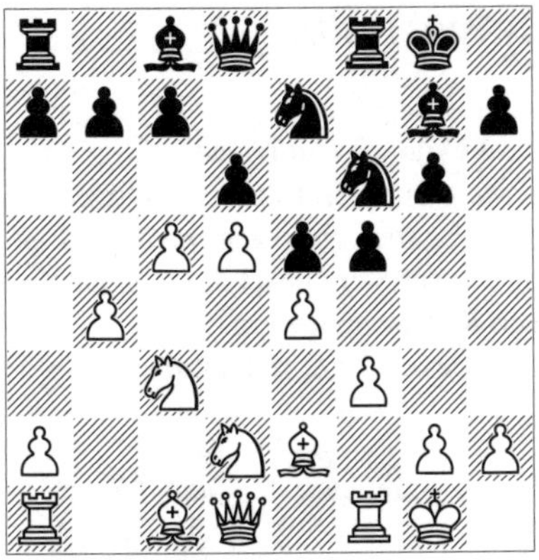

Gelfand – Nakamura

Mannschaftsweltmeisterschaft, Bursa 2010

Dieses Beispiel steht eher im Einklang mit traditionellen Theorien, aber auch hier gibt es eine Überraschung (siehe den 16. Zug von Schwarz). Die weiße Bauernkette erstreckt sich von g2 bis d5, während die schwarze aus den Bauern c7, d6 und e5 besteht. Weiß drückt bereits auf den Bauern d6, der sich in der Nähe der Basis der schwarzen Bauernkette befindet, während Schwarz auf e4 drückt. Der schwarze Druck ist jedoch nicht sonderlich effektiv, da der Bauer e4 zuverlässig gedeckt ist. Schwarz bedient sich daher der typischen Strategie, das Angriffsziel näher an die Basis der Kette zu verlegen.

12...f4

Schwarz will mit ...g5, ...h5 und ...g4 sowohl auf f3 drücken als auch Drohungen gegen den weißen König aufstellen.

13 ♘c4 g5 14 a4 ♘g6 15 ♗a3 ♖f7 16 b5

Bezüglich 16 a5 siehe Beljawski-Nakamura (Seite 142).

16...dxc5!?

Eine innovative Strategie. Nach der traditionellen Fortsetzung 16...♗f8 vollendet Weiß mit 17 b6 die Strategie des Angriffs auf die Basis der schwarzen Bauernkette. Der Partiezug zeigt eine andere Behandlungsweise derartiger Stellungen. Schwarz gibt die Schlacht um d6 auf und bricht seine Bauernkette freiwillig auf. Dies mag wie ein großes Zugeständnis aussehen, gewinnt aber Zeit, die Schwarz zur Förderung seines Gegenspiels am Königsflügel nutzen kann.

17 ♗xc5 h5 18 a5

Weiß prescht mit seinen anderen Damenflügelbauern vor, um Linien zu öffnen.

18...g4 19 b6 g3

Erneut geht Schwarz am gegenwärtigen Angriffspunkt (hier f3) vorbei und richtet seine Aufmerksamkeit auf den Bauern g2, die Basis der weißen Bauernkette. Dieses Feld wird nun nicht durch Bauern, sondern durch Figuren angegriffen werden (etwa mit irgendeiner Kombination von ...♘h4, ...♖g7 und ...♗h3), aber die Grundstrategie ist die gleiche.

20 ♔h1

Diese Sicherheitsmaßnahme ist notwendig, um den Verteidigungszug ♗g1 zu ermöglichen. Nach 20 h3? ♗xh3 21 gxh3 ♕d7 oder 20 ♘b5? ♘d7 21 ♗b4 ♘xb6 22 axb6 ♕h4 hat Schwarz gefährlichen Angriff.

20...♗f8 21 d6

Der beste Zug. 21 ♗xf8?? verliert sofort wegen 21...♘xe4!, während 21 ♗g1? ♘h4 22 ♖e1 ♘xg2! 23 ♔xg2 ♖g7 Schwarz in der Partie Roussel Roozmon-Charbonneau, Montreal 2008, entscheidenden Angriff gab.

21...axb6 22 ♗g1

Schlecht ist 22 axb6? ♖xa1 23 ♕xa1 cxd6 24 ♖d1 wegen 24...♘g4! 25 fxg4 ♕h4 26 ♗g1 hxg4 mit gewaltigem Angriff.

22...♘h4?!

Dieser ehrgeizige Zug ist vielleicht nicht gerechtfertigt. 22...gxh2 bietet gute Aussichten auf gleiches Spiel.

23 ♖e1?!

23 hxg3! fxg3 24 ♗e3 gibt dem Nachziehenden einige Probleme, da 24...♗h3 25 ♖g1 ♗xg2+ (oder 25...♕d7 26 ♗f1) 26 ♖xg2 ♖g7 27 dxc7 ♕c8 28 ♗f1 ♕h3+ 29 ♔g1 für Weiß gut aussieht.

23...♘xg2! 24 dxc7?

Weiß kann immer noch mit 24 ♔xg2 ♖g7 25 dxc7 gxh2+ 26 ♔h1 hxg1♕+ 27 ♖xg1 ♕xc7 28 axb6 ♖xa1 29 bxc7 ♖xd1 30 ♗xd1 ♖xg1+ 31 ♔xg1 ♗b4 mit ausgeglichenem Endspiel Remis machen.

24...♘xe1 25 ♕xe1 g2+! 26 ♔xg2 ♖g7+ 27 ♔h1 ♗h3 28 ♗f1 ♕d3!!

W

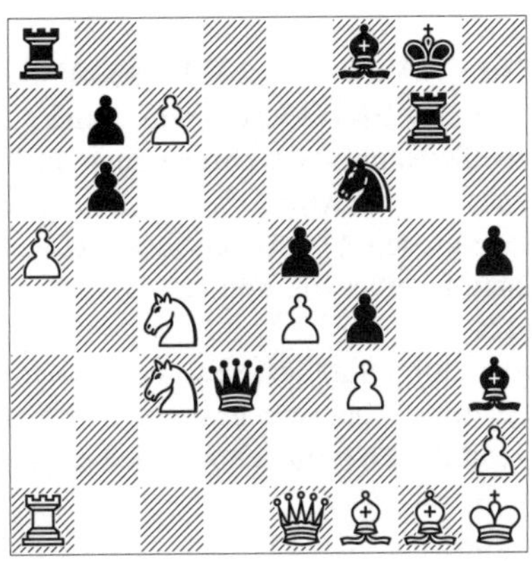

29 ♘xe5 ♗xf1 30 ♕xf1 ♕xc3 31 ♖c1 ♕xe5 32 c8♕ ♖xc8 33 ♖xc8 ♕e6 0-1

S

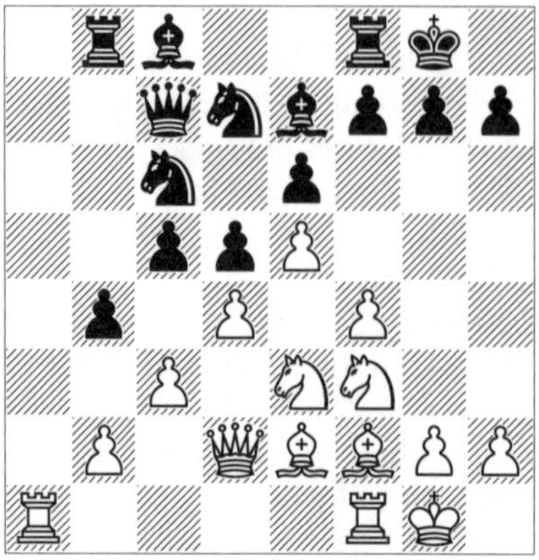

Aleksejew – Riasantsew
Russische Meisterschaft, Moskau 2008

Schwarz hat sein Bestes getan, um die weiße Bauernkette b2-e5 zu unterminieren, was ihm aber nur wenig Gegenspiel eingebracht hat, da einige seiner Figuren, insbesondere der Läufer c8 und der Turm f8, seinem Spiel am Damenflügel nicht zuträglich sind. Die weißen Figuren stehen dagegen alle gut zur Unterstützung des Vorstoßes f5, der zu einem Angriff auf den König führen könnte. Weiß hat dank seiner Bauernkette mehr Raum im Zentrum, was ihm Vorteil gibt, solange noch viele Figuren auf dem Brett sind.

16...♘a5 17 ♕d1

Verhindert ...♘b3.

17...bxc3 18 bxc3 ♘b3?

Zeitverlust. 18...g6? ist auch nicht besser, da Weiß nach 19 g4 so oder so f5 durchsetzen wird. Besser ist 18...♖b2! 19 ♖b1 ♖a2 20 f5 ♘c6, da der aktive schwarze Turm den Weißen bei der Aufstellung von Drohungen am Königsflügel stört.

19 ♖b1 ♘a5 20 f5 ♖xb1 21 ♕xb1 ♕b6 22 ♕a2! ♘c6 23 ♖b1 ♕a5 24 ♕xa5 ♘xa5

Der weiße Raumvorteil bleibt auch nach dem Damentausch bestehen; Schwarz hat es wegen seines begrenzten Manövrierraums schwer, die Koordination seiner Figuren zu verbessern.

25 g4?!

Zu vorsichtig. Stattdessen sollte Weiß die Gelegenheit zum Abtausch des guten schwarzen Läufers mit 25 ♗h4! nutzen, wonach er klar besser steht.

25...♗d8

Damit kann der Schwarze den Abtausch der schwarzfeldrigen Läufer vermeiden.

26 ♗d3 cxd4 27 cxd4 ♘c4?

Schwarz gibt einen Bauern, um seine Figuren zu aktivieren, aber diese Panikreaktion ist nicht nötig, da er nach dem bescheidenen 27...♘b6 28 ♘d2 ♘c6 Remischancen hat.

28 ♘xc4 dxc4 29 ♗xc4 ♘b6

W

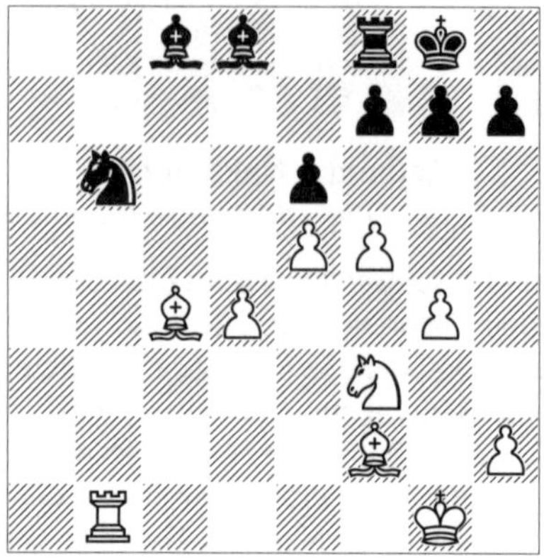

30 ♗a2!

Das Spiel auf Initiative ist korrekt; Weiß ist zu materiellen Opfern bereit, um seine Zentrumsbauern in Bewegung zu setzen. Nach 30 ♗d3 h5 31 gxh5 exf5 32 ♗e1 ♘d5 33 ♗d2 ♗e6 hat Schwarz mehr Verteidigungschancen.

30...exf5 31 d5

Die weiße Bauernkette ist verschwunden, aber an ihre Stelle sind zwei vorgerückte, durch aktive Figuren unterstützte Zentrumsbauern getreten. Als Nachwirkung des weißen Raumvorteils sind die schwarzen Figuren auf der Grundreihe schlecht postiert.

31...♘a4

Auch 31...fxg4 32 ♘d4 mit der tödlichen Drohung 33 e6 fxe6 34 ♘xe6 ist hoffnungslos für Schwarz.

32 ♖c1 ♗a5 33 ♘d4 ♘c3 34 ♗c4 ♗b7

34...♘e4 35 ♘xf5 ♗xf5 36 gxf5 ♘xf2 37 ♔xf2 ♗d2 38 ♖c2 ♗f4 39 ♖e2 ♖c8 40 ♖e4 ist für Weiß gewonnen.

35 ♘xf5

Weiß hat bei guter Stellung einen Bauern mehr. Er wählt nicht den saubersten Gewinnweg, zieht aber am Ende doch den vollen Punkt an Land.

35...♘e4 36 d6 ♘g5 37 ♘e7+ ♔h8 38 ♗e2 ♘h3+ 39 ♔f1 ♘xf2 40 ♔xf2 ♗b6+ 41 ♔f1 ♗d8 42 ♖b1 ♗a8 43 ♔f2 g6 44 ♗f3 ♔g7 45 ♗xa8 ♗xe7 46 dxe7 ♖xa8 47 g5 1-0

Ein räumliches Übergewicht stellt zwar gewöhnlich einen Vorteil dar, aber weiter vorgerückte Bauern sind auch mit einem bestimmten Risiko verbunden, da hinter ihnen ein großer leerer Raum zurückbleibt. Wenn die gegnerischen Figuren in diesen Raum eindringen können, so können sie verheerenden Schaden anrichten. Solange noch viele Figuren auf dem Brett sind, kann die Seite mit dem Raumvorteil dies normalerweise verhindern, was aber nach dem Verschwinden einiger Figuren womöglich nicht mehr der Fall ist, da die weit verstreuten Kräfte des Angreifers dann vielleicht nicht mehr alle Einfallspunkte decken können. Dies erklärt eine Grundregel für Raumvorteil: Die beste Strategie des Verteidigers besteht gewöhnlich darin, nach Möglichkeit Figuren zu tauschen.

W

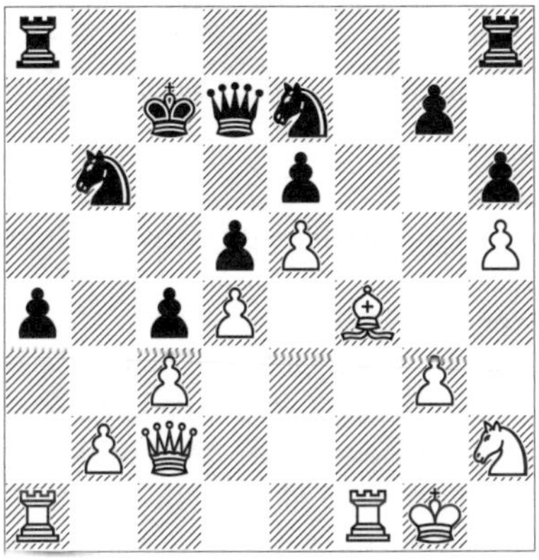

Adams – Caruana
Olympiade, Dresden 2008

Die Bauernstruktur hat eine gewisse Symmetrie, aber die weiße Bauernkette im Zentrum ist weiter vorgerückt, was normalerweise wichtiger ist als ein ähnlicher Vorteil auf einem Flügel.

29 ♖f2 ♖af8 30 ♖af1 ♕e8 31 ♕e2 ♖f5 32 g4 ♖f7 33 ♗c1 ♖hf8 34 ♘f3 ♘d7 35 ♕c2 ♘b6

Da Schwarz nichts Aktives unternehmen kann, wartet er ab. Das Problem des Weißen besteht darin, dass er keine Fortschritte machen kann, ohne den Abtausch aller Türme zuzulassen. Ein solcher Abtausch muss im richtigen Moment vorgenommen werden, damit die gegnerischen Figuren nicht eindringen können.

36 ♔g2?!

Dies ist ein guter Moment für 36 ♘h4 ♖xf2 37 ♖xf2 ♖xf2 38 ♔xf2, da Schwarz sich über die Möglichkeit ♕h7 Gedanken machen muss.

36...♕b5 37 ♘h4?

Dies ist ein gravierenderer Fehler, der Weiß in Gefahr bringt. Er sollte 37 ♔g3 spielen, wonach 37...♕b3? wegen 38 ♕xb3 cxb3 39 ♘g5! verliert.

37...♕b3!

Nun kann Weiß nach dem Tausch der Türme das Eindringen der schwarzen Figuren nicht verhindern.

W

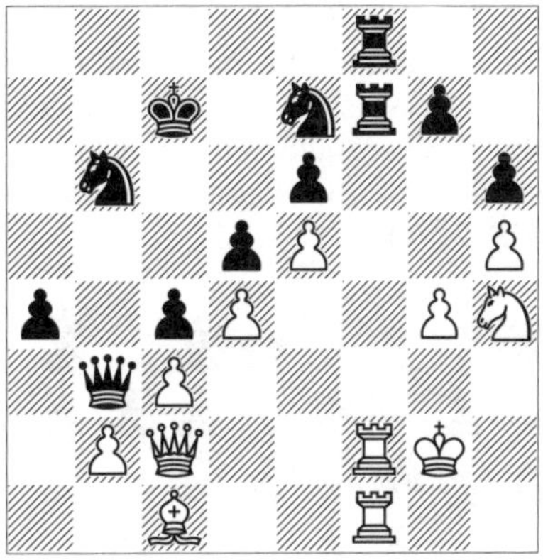

38 ♕h7?!

Danach ist Weiß verloren. Hoffnungslos ist auch 38 ♕xb3? ♖xf2+ 39 ♖xf2 ♖xf2+ 40 ♔xf2 cxb3, da Weiß durch die Möglichkeit ...a3 gelähmt ist. Relativ am besten ist 38 ♕d2! ♖xf2+ 39 ♖xf2 ♖xf2+ 40 ♕xf2 a3 41 bxa3 ♕xc3 42 ♗e3, wonach Schwarz besser steht, Weiß aber noch mitmischt.

38...♖xf2+ 39 ♖xf2 ♖xf2+ 40 ♔xf2 ♔d7!

Dies verteidigt den Bauern g7 indirekt wegen der Möglichkeit ...♕c2+.

41 ♘f3 a3 42 bxa3 ♘a4!

Es ist viel besser, auf c3 mit dem Springer zu schlagen, der dann nach e4 gehen kann, um einen Angriff auf den weißen König einzuleiten.

43 ♗d2

Auch 43 ♕xg7 ♕c2+ 44 ♗d2 ♘xc3 45 ♕xh6 ♘e4+ 46 ♔e1 c3 ist hoffnungslos für Weiß.

43...♘xc3 44 ♗xc3 ♕xc3

Der c-Bauer ist zu stark, auch wenn Schwarz noch genau spielen muss.

45 ♕b1 ♔c7 46 a4 ♘c6 47 ♕g6 ♕b2+! 48 ♔g3 c3 49 ♘e1 ♕e2 50 ♘c2 ♔b6

Weiß kann sich nicht rühren.

51 a5+ ♔xa5 52 ♕xe6 ♕d3+! 53 ♔f4 ♕e4+ 54 ♔g3 ♕d3+ 55 ♔f4 ♕xc2

Aufgrund des vorbereitenden Schachs auf d3 droht Schwarz jetzt Matt auf f2.

56 ♕xd5+ ♔b4 57 ♕c5+

Nach 57 ♕xc6 ♕f2+ 58 ♔e4 ♕g2+ geht die weiße Dame verloren.

57...♔b3 58 ♕d5+ ♔b2 59 ♕b5+ ♕b3 60 ♕xc6 c2 61 ♕g2 ♕b4 62 ♔f5 ♕xd4 63 ♕e2 ♔c3 64 ♕e1+ ♕d2 65 ♕a1+ ♔b3 0-1

Predojević – Morosewitsch
Sarajewo 2008

1 e4 e6 2 d4 d5 3 ♘c3 ♘f6 4 e5 ♘fd7 5 f4 c5 6 ♘f3 ♘c6 7 ♗e3 a6 8 ♘e2?!

Die Hauptvariante ist 8 ♕d2. Der Textzug ist ein ehrgeiziger Versuch, das weiße Bauernzentrum mit c3 zu konsolidieren, der aber mit einer Verzögerung der Entwicklung verbunden ist.

8...♕b6 9 ♕c1

S

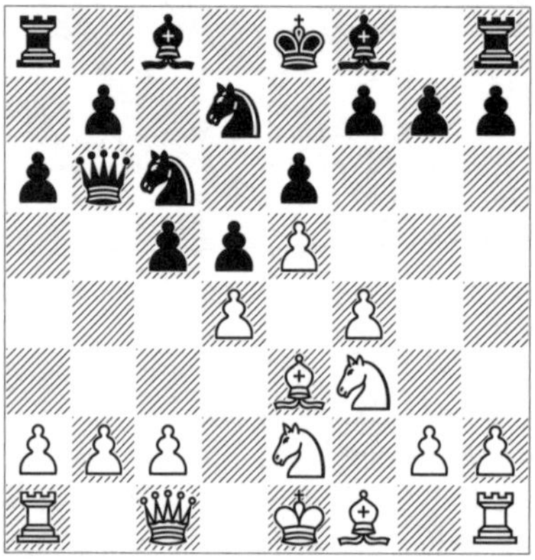

9...g5

Beim Angriff auf ein ausgedehntes Bauernzentrum (hier d4-e5-f4 und bald c3) muss man sich unbedingt beeilen. Wenn Weiß sein Bauernzentrum behalten kann, wird er schließlich seine Entwicklung abschließen und seinen Raumvorteil konsolidieren. Da der Aufbau eines derartigen Zentrums Zeit kostet, gerät sein Inhaber häufig in Entwicklungsrückstand, und der Gegner muss zuschlagen, bevor diese Situation behoben werden kann. Daher ist Morosewitschs energisches Spiel völlig gerechtfertigt.

10 c3

Nach 10 fxg5 cxd4 11 ♘exd4 ♘cxe5 12 ♘xe5 ♘xe5 13 ♗e2 hat Schwarz das weiße Zentrum zerstört und steht bequem. Der Partiezug versucht das Zentrum zu stützen.

10...cxd4 11 cxd4 ♗b4+!

Da 12 ♗d2 stark mit 12...g4 beantwortet wird, muss Weiß den König ziehen.

12 ♔f2 f6 13 g3 g4!

In der zuvor gespielten Partie Topalow-Morosewitsch, Morelia/Linares 2007, hatte Morosewitsch mit 13...♖f8 fortgesetzt, musste aber nach 14 ♔g2 g4 15 ♘h4 ♖g8 16 h3 h5 17 hxg4 hxg4 18 ♘c3 mit recht solidem weißem Zentrum schließlich eine Niederlage einstecken. In der Zwischenzeit hatte Morosewitsch erkannt, dass das weiße Zentrum ohne Rücksicht auf Verluste zerstört werden muss.

14 ♘h4 fxe5 15 fxe5

S

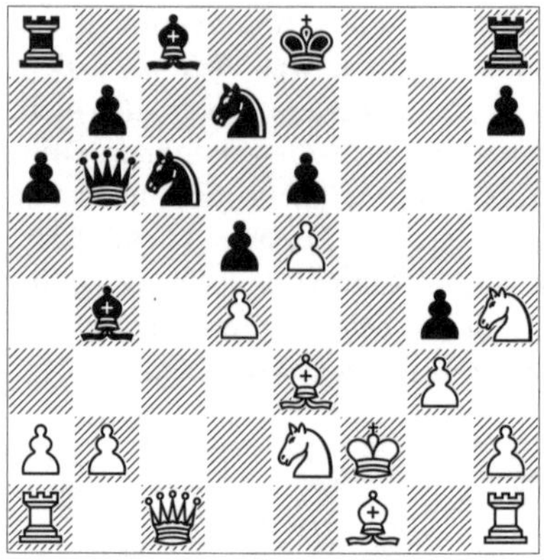

15...♘dxe5!

Dieses Figurenopfer gibt Schwarz starke Initiative.

16 dxe5 d4 17 ♗f4

Im Fall der Rückgabe des Materials mit 17 ♘xd4 ♘xd4 18 ♗e2 ♖f8+ 19 ♔g2 ♘xe2 20 ♗xb6 ♘xc1 21 ♖axc1 ♗d7 22 ♖hd1 ist Schwarz dank des Läuferpaars im Vorteil.

17...♖f8! 18 ♔g2 ♗d7!

Die zahlreichen Drohungen wie 19...♘xe5 gefolgt von 20...♗c6+, 19...d3 oder einfach 19...♖c8 sind zu viel für die desorganisierten weißen Kräfte.

19 h3 d3 20 hxg4

Weiß muss die Figur also doch zurückgeben.

20...dxe2 21 ♗xe2 ♘d4 22 ♕e3?

Nach diesem weiteren Fehler ist Weiß verloren. Besser ist 22 ♗f3 mit nur leichtem Vorteil für Schwarz.

22...♗c5 23 b4 ♕xb4 24 ♖hb1

Etwas besser ist 24 ♖ab1, aber nach 24...♗c6+ 25 ♔h3 ♘xe2 26 ♕xe2 ♕e4 steht Weiß auch dann grässlich.

24...♕a5 25 ♔h3 ♘xe2 26 ♕xe2 ♗d4

Nun gewinnt der Nachziehende die Qualität und bringt den vollen Punkt sicher unter Dach und Fach.

27 ♗h6 ♖f2 28 ♕e4 ♗xa1 29 ♖xa1 0-0-0

Schwarz hat die Qualität mehr und sehr aktive Figuren, was dem Weißen keine Hoffnung lässt, die Partie zu retten.

30 ♗g5 ♗c6 31 ♖c1 ♕d5 32 ♕xh7 ♕xa2 33 ♖xc6+ bxc6 34 ♘f3 ♖xf3 35 ♗xd8 ♔xd8 0-1

W

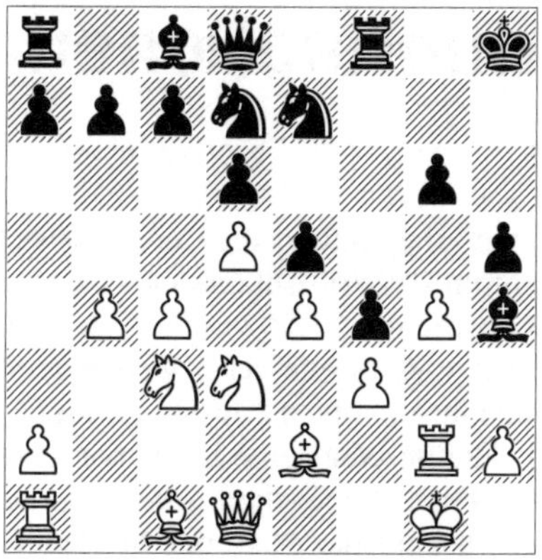

Eljanow – Tscheparinow
Jermuk 2009

In dieser für die Königsindische Eröffnung typischen Stellung verfällt Weiß auf den sehr interessanten Plan, durch ein Bauernopfer am Königsflügel Zeit für seinen Angriff am Damenflügel zu gewinnen.

16 g5!?

Dieser vorgeschobene Bauer ist dem Untergang geweiht, aber Schwarz muss einige Klimmzüge machen, um ihn zu erobern, was dem Weißen Zeit gibt, auf dem entgegengesetzten Flügel Fortschritte zu machen.

16...♘g8 17 ♔h1 ♖f7

Das Schlagen des Bauern g5 bedarf weiterer Vorbereitungen, da Weiß nach sofort 17...♗xg5 mit 18 ♕g1 den Bauern zurückgewinnt.

18 c5 ♘f8 19 ♘b5 ♗h3

Der natürlichste Zug, da 19...a6 20 ♘xc7 ♕xc7 21 ♗b2 ♘d7 22 ♖c1 Weiß starken Druck für die Figur gibt – diese Variante ist ein Beispiel für die Unterminierung einer Bauernkette durch ein Opfer.

20 ♖g1 a6 21 ♘a3

Da das Figurenopfer nun nicht mehr so klar ist, entscheidet sich Weiß für eine langsamere Spielweise.

21...♗xg5

Der Bauer ist weg, aber der weiße Druck am Damenflügel beginnt ernsthafte Ausmaße anzunehmen.

22 ♘c4 ♗f6 23 ♗f1 ♗c8

Schwarz hat keine große Wahl, da nach dem Abtausch seines guten Läufers Felder wie e6 potenziell sehr schwach wären.

24 ♗b2 g5?

Danach kann Weiß die schwarze Bauernkette durch ein Opfer zerstören. Besser ist 24...♖g7, wenngleich Weiß nach 25 a4 g5 26 b5 axb5 (26...g4 27 b6 ist noch schlechter für Schwarz) 27 axb5 ♖xa1 28 ♕xa1 ♘g6 29 b6 dxc5 30 ♘dxe5 ebenfalls klar besser steht. In dieser Variante erwies sich das traditionelle Spiel auf Unterminierung der Basis der Bauernkette als effektiv.

25 cxd6 cxd6

W

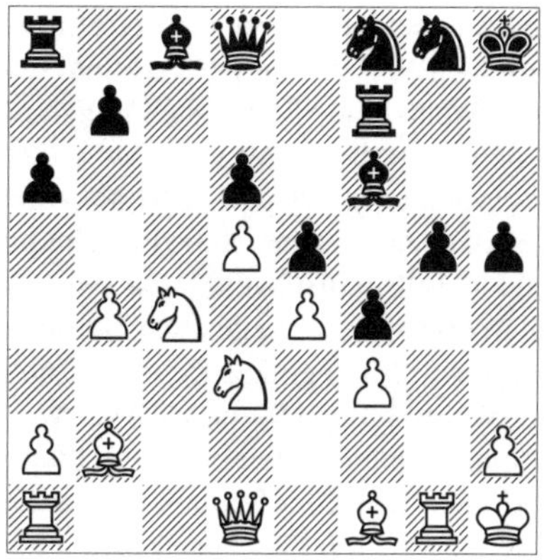

26 ♖xg5!

Durch das Opfer eines Turms und einer Leichtfigur bricht der Anziehende zum gegnerischen König durch.

26...♗xg5?! 27 ♘cxe5?!

Das gibt Weiß Vorteil, aber nach Angaben von Eljanow ist 27 ♘xd6! völlig vernichtend; nach etwa 27...♘h6 28 ♘xe5 ♔g8 29 ♘exf7 ♘xf7 30 ♘xc8 ♘d7 (30...♖xc8 verliert wegen 31 ♕d4) 31 ♕d4! ♗f6 32 ♕g1+! ♔f8 33 ♗xf6 ♕xf6 (33...♘xf6 34 ♘b6) 34 ♗h3 ♖xc8 35 ♗xd7 hat Weiß bei besserer Stellung zwei Bauern mehr.

27...dxe5 28 ♘xe5 ♔g7

Nach 28...♕e7 29 ♘xf7++ ♔h7 30 ♘xg5+ ♕xg5 31 ♕d4 gewinnt Weiß.

29 ♘c6+ ♕f6 30 ♗xf6+ ♗xf6 31 e5 bxc6 32 exf6+ ♘xf6?

Der letzte Fehler. Nach 32...♖xf6! 33 dxc6 ♖xc6 34 b5 axb5 35 ♗xb5 ♖g6 behält Weiß angesichts des exponierten schwarzen Königs und der schlechten Koordination der schwarzen Figuren Vorteil, aber es ist kein klarer Gewinn zu sehen.

33 dxc6 ♗e6 34 ♖c1 ♖aa7 35 a4

Die weißen Damenflügelbauern sind zu stark. Schwarz muss schon bald Material geben, um sie aufzuhalten.

35...♖ae7 36 b5 axb5 37 axb5 ♘8d7 38 ♗c4 ♗xc4 39 ♖xc4 ♘e5 40 ♖xf4 ♖e6 41 ♕g1+ ♔h8 42 ♕c1 ♘xc6 43 bxc6 ♖c7 44 ♖c4 ♔g7 45 f4 ♔f7 46 f5 ♖d6 47 h3 ♘g8 48 ♖c2 ♘e7 49 ♕g5 ♖cxc6 50 ♕xh5+ ♔f8 51 ♕h8+ ♔f7 52 ♖g2 ♘xf5 53 ♕h7+ 1-0

Typische Zentrumsbauernformationen

Dieser Teil des Buchs enthält eine Reihe von Fallstudien mit typischen Bauernstrukturen, die sich aus speziellen Eröffnungen ergeben, und soll zeigen, wie die Zentrumsbauernstruktur den Charakter der Partie und die beiden Seiten zur Verfügung stehenden Pläne bestimmt.

Das einfachste Zentrum ist dasjenige ohne Bauern auf der d- und e-Linie, das sogenannte **offene Zentrum**. Wenn beide Seiten sich ungehindert entwickeln und ihre Türme auf die Mittellinien bringen können, wird dies häufig zu Massenabtausch und Remis führen. Wenn eine Seite aber über Entwicklungsvorsprung verfügt, wird die offene Stellung ihr reichlich Gelegenheit geben, Drohungen aufzustellen und die gegnerische Entwicklung zu stören. Dadurch kann der Angreifer womöglich seinen Druck in selbstaufschaukelnder Weise verstärken. Ein Beispiel für dieses Phänomen ist die Partie Mamedjarow-Topalow (Seite 196). Schwarz öffnet das Zentrum, muss aber schon bald das Rochaderecht aufgeben. Nach einem weiteren Fehlgriff nimmt die weiße Initiative entscheidende Ausmaße an. In Karjakin-Gelfand (Seite 197) hat Weiß das Läuferpaar, was in einer offenen Stellung das Potenzial zu einem echten Vorteil bietet. Gelfand kann jedoch durch sorgfältige Verteidigung auf der Basis einiger kleiner taktischer Pointen die weiße Initiative neutralisieren und die Partie halten.

Ein weiteres recht einfaches Zentrum ist dasjenige mit offener e-Linie und sich gegenüberstehenden Bauern auf d4 und d5, das **Zentrum mit offener e-Linie**. Die offene Linie und die symmetrische Struktur deuten wieder auf mangelnde Spannung hin, aber hier gibt es mehr strategische Möglichkeiten als mit einem offenen Zentrum. Wiederum ist die Initiative wichtig, und in Topalow-Gelfand (Seite 198) kann Weiß seinen Druck in einen dauerhafteren Vorteil umwandeln, wonach Schwarz sich schwer tut. Im Gegensatz zum offenen Zentrum, in dem Schwarz normalerweise nur auf Remis spielt, kann er beim Zentrum mit offener e-Linie auch auf Vorteil spielen, insbesondere wenn Weiß zu ehrgeizig agiert. In Naiditsch-Kramnik (Seite 199) spielt Weiß auf einen Bauernsturm am Damenflügel, ignoriert aber unklugerweise die wachsende Gefahr für seinen König.

Komplizierter ist das Zentrum, in dem weiße Bauern auf c3, d4 und e4 und schwarze Bauern auf d6 und e5 stehen. Diese Situation ergibt sich oft aus der **Geschlossenen Variante der Spanischen Eröffnung**. Ein Schlüsselmerkmal dieser Bauernstruktur ist das weiße Bauernduo auf d4 und e4, das Weiß bessere Zentrumskontrolle geben sollte, solange es intakt bleibt. Im Spanier versucht Schwarz diese Bauern gewöhnlich zu stören, entweder durch Druck gegen e4 oder mittels ...c5. Weiß kann die Bauern häufig auf ihrem Platz behaupten, muss aber dafür seine Figuren ungelenk postieren und aktives schwarzes Spiel an anderer Stelle zulassen. Wenn Weiß sein Bauernzentrum ohne größere Zugeständnisse intakt halten kann, erhält er im Allgemeinen Vorteil. So geschieht es in der Partie Nunn-Pinter (Seite 200), in der Weiß dank seines soliden Zentrums sowohl in der Brettmitte als auch am Königsflügel spielen kann. Die Partie Adams-Humpy (Seite 201) nimmt einen anderen Verlauf, aber die grundlegende Logik ist dieselbe. Weiß kann sein Bauernzentrum einige Züge lang intakt halten und spielt erst dann d5, als er bereits klaren Vorteil am Damenflügel hat. Letztendlich wird Schwarz von Drohungen auf beiden Seiten des Bretts übermannt.

Viele populäre Eröffnungen führen zu sehr asymmetrischen Bauernstrukturen. In der **Winawer-**Variante der Französischen Verteidigung entsteht nach den Zügen 1 e4 e6 2 d4 d5 3 ♘c3 ♗b4 4 e5 c5 5 a3 ♗xc3+ 6 bxc3 eine Stellung, in der Schwarz seinen wichtigen schwarzfeldrigen Läufer aufgegeben hat, um die weißen Damenflügelbauern ernsthaft zu schwächen. Das Spiel in dieser Variante ist sehr zweischneidig. Weiß versucht die Schwäche der schwarzen Felder auszunutzen und Spiel am Königsflügel aufzuziehen, während Schwarz die verdoppelten Bauern aufs Korn nimmt. Der schwarzfeldrige weiße Läufer ist in dieser Bauernstruktur häufig die Schlüsselfigur; wenn er aktiv werden und sich außerhalb der Bauernkette postieren kann, wird Schwarz häufig in Schwierigkeiten sein, aber wenn er passiv bleibt, wird Weiß mit Herannahen des Endspiels unter seinem schlechten Läufer leiden. Nakamura-Shulman (Seite 202) ist ein gutes Beispiel für die Schlacht zur Aktivierung des Läufers. Der Kampf bleibt lange Zeit ausgeglichen, aber als Weiß zu ehrgeizig wird, kann Schwarz einen unerwartet heftigen Angriff starten. In Sutovsky-Djatschkow (Seite 203) öffnet Schwarz in der Hoffnung auf Figurengewinn fälschlich die Diagonale a3-f8. Dies gewinnt aber kein Material und macht überdies den schwarzfeldrigen weißen Läufer zu einem Monster.

In der sich aus dem Offenen Sizilianer ergebenden **Scheveninger-Struktur** stehen schwarze Bauern auf d6 und e6, während Weiß einen Bauern auf e4 und keinen d-Bauern hat. Dieses Zentrum ist interessant, da Schwarz wie in anderen Varianten des Offenen Sizilianers über eine zahlenmäßige Überlegenheit im Zentrum verfügt. Dies gibt der Stellung automatisch einen unausgewogenen Charakter und ist für den bevorstehenden Kampf richtungweisend. Das bescheidene schwarze Zentrum ist solide, bietet keine unmittelbaren Ansatzpunkte für einen weißen Angriff und gibt Schwarz im Endspiel oft eine gute Stellung, da er auf der halboffenen c-Linie Druck auf den gegnerischen Damenflügel ausüben kann. Die Chancen von Weiß liegen eher im Mittelspiel, da er Raumvorteil hat und durch Vorrücken seines f-Bauern und eventuell auch seines g-Bauern Drohungen gegen den schwarzen Königsflügel aufstellen kann. Sagrebelnij-Ulibin (Seite 204) zeigt eine perfekte Realisierung der weißen Pläne mit einem brandgefährlichen Königsangriff nach einem Ausrutscher von Schwarz. In Kamsky-Mamedjarow (Seite 205) fährt Schwarz besser, da er durch eine günstige Zugreihenfolge in der Eröffnung ein zusätzliches Tempo bekommt, um sein Spiel am Damenflügel schneller in Gang zu bringen.

Die **Najdorf-Struktur** mit einem weißen Bauern auf e4 und keinem d-Bauern gegen schwarze Bauern auf d6 und e5 ergibt sich nicht nur in der Najdorf-Variante, sondern auch in einigen anderen Abspielen des Sizilianers. Sie ist durch den rückständigen schwarzen Bauern auf d6 und die entsprechende Schwäche auf d5 gekennzeichnet. In Adams-Swidler (Seite 206) kann Weiß die Kontrolle über d5 behalten, während er Spiel am Damenflügel entwickelt. In einer Stellung, in der Weiß bereits über positionellen Vorteil verfügt, versucht Schwarz aktiv zu werden, was aber nur seinen Untergang beschleunigt. Dwojris-Wang Yue (Seite 207) zeigt, warum viele Spieler diese Bauernstruktur trotz des rückständigen Bauern mögen. Weiß kann wegen des Angriffs auf seinen Bauern e4 seine Figuren nicht auf gute Felder entwickeln. Schwarz erhält bald Entwicklungsvorsprung und steht nach ...d5, was den rückständigen Bauern liquidiert und die Stellung öffnet, schon fast auf Gewinn.

Die Bauernstruktur mit weißem Bauern auf d4 und ohne e-Bauer gegen Bauern auf c6 und e6 wird als **Caro-Kann-Struktur** bezeichnet, wenngleich sie sich auch aus einigen anderen Eröffnungen ergeben kann. Die schwarze Stellung zeichnet sich durch ihre große Festigkeit aus; Weiß hat zwar bescheidenen Raumvorteil, tut sich aber oft schwer, dies auszunutzen. Diese Bauernstruktur kann im Fall von ♘e5 und Figurentausch auf e5 transformiert werden. In der resultierenden Stellung hat Weiß immer noch Raumvorteil, aber die offene d-Linie gibt Schwarz Gegenspielmöglichkeiten. Die Partie Kobalija-Loncar (Seite 208) zeigt den Plan von Weiß, durch Vorrücken seiner Königsflügelbauern Raum zu gewinnen und den weißfeldrigen schwarzen Läufer zu belästigen. Leko-Iwantschuk (Seite 209) zeigt die andere Seite der Geschichte; hier übernimmt Schwarz die Kontrolle über die offene d-Linie und dringt unter Ausnutzung der durch die früheren weißen Bauernvorstöße gebildeten Schwächen ins weiße Lager ein.

In einigen Eröffnungen lässt Schwarz seinen Kontrahenten ein breites Bauernzentrum aufbauen, um es später anzugreifen. **Königsindisch** ist eine solche Eröffnung, die häufig zu sehr zweischneidigen Stellungen führt. Eines der ehrgeizigsten Abspiele für Weiß ist die **Sämisch-Variante**, in der Weiß ein massives Zentrum mit Bauern auf c4, d4, e4 und f3 errichtet. Dies gibt Weiß schon früh Raumvorteil, der je nach dem gewählten Abspiel für weitere Aktionen auf beiden Brettseiten verwendet werden kann. In Bu Xiangzhi-Swjagintsew (Seite 210) nutzt Weiß seine Zentrumskontrolle als Plattform für einen Angriff am Königsflügel, während Schwarz nach Gegenspiel im Zentrum und am Damenflügel strebt. In einer solchen Stellung kann sich schon der kleinste Ausrutscher als fatal erweisen, und hier greift Schwarz zuerst fehl. S. Kasparow-Botscharow (Seite 211) zeigt einen anderen Spielverlauf. Schwarz bricht das ausgedehnte weiße Bauernzentrum auf und hat nach dem 21. Zug alle vier weißen Zentrumsbauern vernichtet, obschon auf Kosten einiger ernsthafter Bauernschwächen. Diesmal begeht jedoch Weiß einen Fehler, indem er durch das Schlagen eines irrelevanten Bauern Zeit verliert.

Die **Benoni-Struktur** mit weißen Bauern auf e4 und d5, schwarzen Bauern auf d6 und c5 und ohne schwarzen e-Bauern und weißen c-Bauern kann sich in verschiedenen Varianten des Benoni und des Königsinders ergeben. Auch in dieser Struktur herrscht ein Bauernungleichgewicht im Zentrum, da Weiß einen zusätzlichen Zentrumsbauern hat, der durch die schwarze 3:2-Bauernmehrheit am Damenflügel aufgewogen wird. Dieses Ungleichgewicht bestimmt unmittelbar die Hauptpläne für beide Seiten, wobei Weiß auf den Zentrumsvorstoß e5 spielt, während Schwarz seine Bauernmehrheit am Damenflügel vorzurücken hofft. In Jakowenko-Gaschimow (Seite 212) dominiert der Plan des Weißen, da er den Gegner am Damenflügel zurückhalten und zugleich seinen Zentrumsvorstoß vorbereiten kann. Das Gegenteil ist in L.B. Hansen-Gelfand (Seite 213) der Fall. Hier kommt das weiße Spiel im Zentrum nicht zum Tragen, während Schwarz am Damenflügel stetig den Druck erhöht.

81 Das offene Zentrum

Wenn auf den beiden Mittellinien gar keine Bauern mehr stehen, redet man vom **offenen Zentrum**. Wenn beide Seiten ihre Entwicklung ohne Probleme beenden können, führen die offenen Linien in der Regel zu Figurentausch und gleichem Spiel. Daher ist die Initiative sehr wichtig, denn wenn eine Seite Druck ausüben kann, der die gegnerische Entwicklung stört, kann sich daraus ein gefährlicher Angriff ergeben, der durch die offenen Linien, die bequeme Einfallstraßen in die gegnerische Stellung bieten, nur noch stärker wird.

Mamedjarow – Topalow
Sofia 2007

1 d4 ♘f6 2 c4 e6 3 ♘f3 d5 4 ♘c3 c6 5 ♗g5 h6 6 ♗xf6 ♕xf6 7 ♕b3 ♘d7 8 e4 dxe4 9 ♘xe4 ♕f4

Solider ist 9...♕f5 10 ♗d3 ♕a5+ 11 ♘c3 ♗e7.

10 ♗d3 e5

Versucht den Läufer c8 zu befreien, aber mit dem König noch in der Mitte ist Linienöffnung riskant.

11 0-0 exd4?!

Auch die Fortsetzung 11...f5? 12 ♖fe1! fxe4 13 ♖xe4 ♕f7 14 ♖xe5+! ♔d8 15 ♖f5 ist sehr gefährlich für Schwarz, aber das solidere 11...♗e7! 12 ♖fe1 exd4 bietet gute Ausgleichschancen.

12 ♘xd4

S

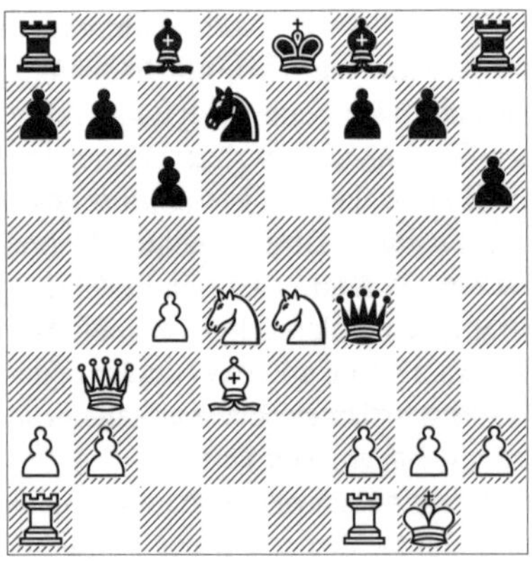

Nun hat sich ein offenes Zentrum mit ominösem Entwicklungsvorsprung für Weiß ergeben. Schwarz ist bereits zu unnatürlichen Zügen gezwungen, da 12...♗e7? wegen 13 ♘f5! schlecht ist.

12...♘c5 13 ♘xc5 ♗xc5 14 ♖ae1+ ♔f8

Die schwarze Stellung sieht zwar prekär aus, weist aber keine echten Schwächen auf, und wenn Schwarz das Problem seiner Königsstellung lösen könnte, wäre sein Läuferpaar auf lange Sicht ein nützlicher Vorteil. Er kann mit dem König auch in die andere Richtung laufen in der Hoffnung, ihn auf c7 zu verstecken, aber nach 14...♔d8 15 ♘e2 ♕h4 16 ♘g3 ♔c7 17 ♗f5 behält Weiß auch dann etwas Vorteil.

15 ♖e4 ♕f6 16 ♕c3 a5

Verhindert b4, was den Tausch auf d4 mehr oder weniger erzwingen würde.

17 ♖fe1 ♗d7 18 ♖1e3

S

18...♗b4?

Dieser Zug ist falsch, da er die unbequemen Fesselungen des Springers aufhebt. Besser ist 18...h5, was die Entwicklung des Turms über h6 vorbereitet und den weißen Springer weiterhin festnagelt. In diesem Fall behält Weiß Angriffschancen, aber es ist nichts Klares zu sehen.

19 ♕c2 ♕d6 20 ♖f3 h5 21 c5!

Durch dieses Bauernopfer öffnet Weiß die Diagonale a2-g8, um den Druck auf f7 zu verstärken.

21...♗xc5 22 ♗c4 f6 23 ♘e6+ ♗xe6 24 ♖xe6

Der Anziehende hat entscheidenden Angriff gegen den schrecklich exponierten schwarzen König.

24...♕d7 25 ♕f5 ♕d4 26 ♖e4

Räumt e6 für die Dame.

26...♕d1+ 27 ♗f1 ♗d6

Nach 27...♗b6 entscheidet 28 ♕e6.

28 ♖d3 ♗xh2+ 29 ♔xh2 ♕xf1 30 ♖d7 1-0

Schwarz wird in wenigen Zügen matt gesetzt, da die Drohungen ♕e6 und ♕g6 nicht zu parieren sind.

Karjakin – Gelfand

Jermuk 2009

1 e4 e5 2 ♘f3 ♘f6 3 d4 ♘xe4 4 ♗d3 d5 5 dxe5 ♗e7 6 0-0 ♘c5 7 ♗e2 0-0 8 ♗e3 ♘c6 9 ♘c3 ♗e6 10 ♗b5 ♘d7

Weiß hat gegen die Russische Verteidigung eine ziemlich harmlose Variante gewählt und sieht sich nun wegen des Drucks auf e5 praktisch zur Liquidierung der verbliebenen Zentrumsbauern gezwungen. Die resultierende Stellung gibt Weiß etwas Übergewicht, aber Gelfand demonstriert, wie dies durch sorgfältiges Spiel neutralisiert werden kann.

11 ♘xd5 ♘dxe5 12 ♘xe7+ ♕xe7

W

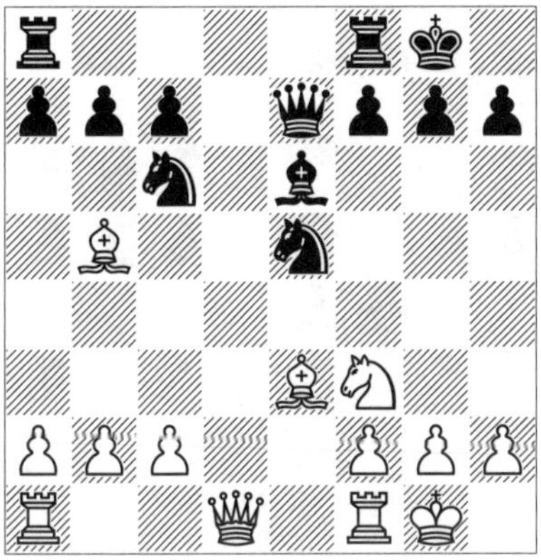

Wiederum liegt ein offenes Zentrum vor, aber im Gegensatz zum vorigen Beispiel ist Schwarz nicht in Entwicklungsrückstand. Das bedeutet aber nicht, dass er sich auf seinen Lorbeeren ausruhen darf. Weiß hat das Läuferpaar, das in einer derart offenen Stellung große Kraft entwickeln könnte. Außerdem ist Weiß am Zug, und er verwendet das Tempo dazu, seine Dame unter Zeitgewinn zu entwickeln.

13 ♘xe5 ♘xe5 14 ♕d4 ♖fd8!

In der Verteidigung ist taktische Aufmerksamkeit genauso wichtig wie im Angriff. Hier bedient sich Schwarz einer taktischen Pointe, um keinen passiven Rückzug antreten zu müssen. Nach einem zaghaften Zug wie 14...♗d7 steht Weiß viel besser; z. B. 15 ♗xd7 ♘xd7 16 ♕c3 c5 17 ♖fe1 b6 18 ♖ad1 mit viel konkreterem Vorteil.

15 ♕xe5

Weiß kann ruhig zugreifen, wenngleich er damit das Läuferpaar aufgibt, denn wenn er mit einem Damenzug Zeit verschwendet, hat Schwarz überhaupt keine Probleme.

15...♖d5 16 ♕e4 ♖xb5 17 b3

Schwarz muss immer noch aufpassen, da der Turm wegen der Bedrohung des Bauern b7 nicht sofort von b5 zurückkehren kann. Man beachte, dass 17...♖d5? wegen 18 c4 mit Bauerngewinn fehlerhaft ist.

17...c6 18 c4

Verhindert die Rückkehr des Turms nach d5.

18...♖h5

In Anbetracht der ungleichfarbigen Läufer werden die weißen Gewinnchancen minimal sein, wenn Schwarz nur das Problem seines auf Abwege geratenen Turms lösen kann.

19 h3 ♕f6 20 ♖fd1?!

Etwas mehr Chancen bietet 20 ♖ad1, da Weiß dann leichter die Türme auf der d-Linie verdoppeln kann, aber Schwarz schwebt nicht in echter Gefahr.

20...h6

W

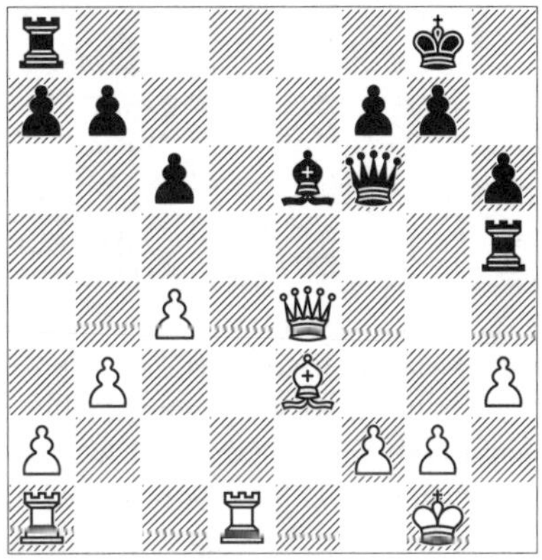

21 ♗d4

Da ♖d2 wegen des Angriffs auf a1 nicht angeht, versucht Weiß etwas Anderes.

21...♕f5 22 ♕xf5 ♖xf5 23 g4 ♖f4 24 ♖d3 h5

Das Spiel auf Bauerntausch ist eine typische Verteidigungsstrategie.

25 f3 hxg4 26 fxg4 b5

Die stetige Reduzierung des Materials gibt den schwarzen Figuren mehr Spielraum und verringert die weißen Gewinnchancen auf null.

27 cxb5 cxb5 28 ♖ad1 a5 29 ♗e3 ♖e4 30 ♔f2 a4

Tauscht systematisch einen Bauern nach dem anderen ab.

31 ♔f3 ♖e5 32 ♖d8+ ♖xd8 33 ♖xd8+ ♔h7 34 bxa4 bxa4 35 ♖d4 ♗xa2 36 ♖xa4 ½-½

An diesem Beispiel ist zwar überhaupt nichts Spektakuläres, aber durch eingehende Beschäftigung mit Gelfands Spiel in dieser Partie sind viel mehr halbe Punkte zu gewinnen als durch das Studium von unzähligen Glanzkombinationen.

Topalow – Gelfand
Wijk aan Zee 2008

1 e4 e5 2 ♘f3 ♘f6 3 ♘xe5 d6 4 ♘f3 ♘xe4 5 d4 d5 6 ♗d3 ♘c6 7 0-0 ♗e7 8 ♘c3 ♘xc3?!

Besser ist 8...♗f5 9 ♖e1 ♘xc3 10 bxc3 ♗xd3 11 ♕xd3 0-0, da der Abtausch der weißfeldrigen Läufer Schwarz mehr Freiheit gibt.

9 bxc3 ♗g4 10 ♖e1 0-0

W

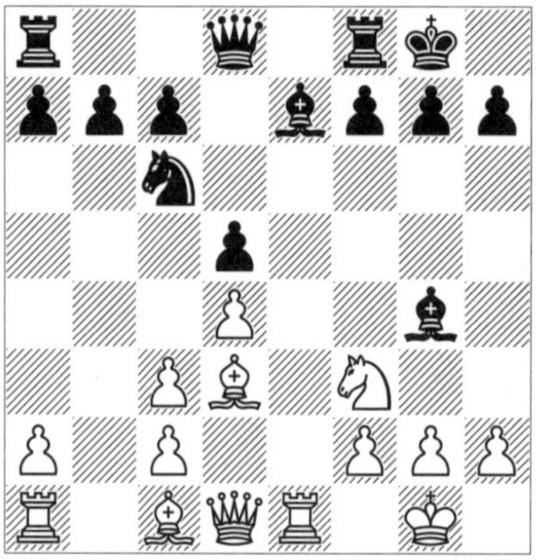

Eine typische Stellung mit dem Zentrum mit offener e-Linie, die sich aus verschiedenen Eröffnungen ergeben kann, aber am häufigsten in der Russischen Verteidigung vorkommt. Auf den ersten Blick sieht die Stellung remislich aus, da Weiß keine aussichtsreichen Bauernhebel hat (der Zug c4 würde den Bauern d4 stark schwächen) und die offene Linie anscheinend zu einem schnellen Abtausch der Türme führen wird. Die Aussichten des Weißen sind jedoch nicht zu unterschätzen, da er über Entwicklungsvorsprung und etwas aktivere Figuren verfügt. Außerdem basiert die schwarze Verteidigungsstrategie völlig auf der Neutralisierung der aktiveren weißen Figuren und nicht auf eigenem aktivem Gegenspiel. Wenn alles gut läuft für Schwarz, wird die weiße Initiative versiegen und die Partie Remis ausgehen, aber wenn ihm eine Ungenauigkeit unterläuft, kann der weiße Druck leicht gefährliche Ausmaße annehmen.

11 ♗f4 ♗d6

Wie wir sehen werden, kommt Schwarz nach diesem Zug nicht um ein gewisses Zugeständnis umhin. Solider ist 11...♗h5 12 ♖b1 ♖b8, um mit ...♗g6 den aktiven Läufer d3 zu neutralisieren.

12 ♗xd6 cxd6?!

Das natürliche 12...♕xd6? scheitert an 13 ♗xh7+! ♔xh7 14 ♘g5+ ♔g6 15 ♕xg4 f5 16 ♕h4 ♖h8 17 ♖e6+ ♕xe6 18 ♕xh8!, wonach Weiß ein Endspiel mit einem klaren Mehrbauern erreicht.

Möglich ist auch 12...♗xf3, aber nach 13 ♕xf3 ♕xd6 14 ♖e3 ♖ae8 15 ♖ae1 ♖xe3 16 ♖xe3 g6 17 h4 behält Weiß leichten Vorteil. Dies ist jedoch wahrscheinlich besser als die Verdopplung der Bauern in der Partie.

13 ♖e3 ♕d7

Schwarz kann die Türme nicht tauschen, da 13...♖e8? wegen 14 ♖xe8+ ♕xe8 15 ♗xh7+ ♔xh7 16 ♘g5+ verliert.

14 h3 ♗h5 15 ♕d2 ♖ae8 16 ♘h4!

S

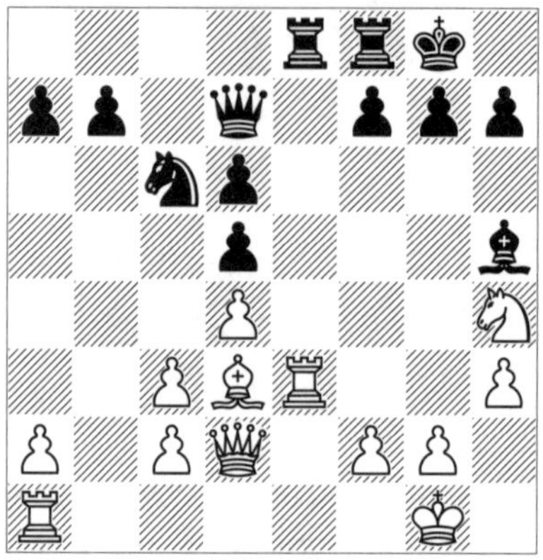

Eine ausgezeichnete Idee. Der Springer wird auf f5 gut stehen und kann sich später nach e3 zurückfallen lassen, um den schwachen Bauern d5 aufs Korn zu nehmen.

16...♖xe3 17 ♕xe3 ♕e6

Nach 17...♗g6 18 ♘xg6 hxg6 19 ♖e1 hat Weiß die e-Linie völlig unter Kontrolle.

18 ♘f5 ♖d8

18...♕xe3? verliert nach 19 ♘xe3 ♘e7 20 ♖b1 b6 21 ♖b5 einen Bauern.

19 ♕g5 ♗g6 20 ♘e3 ♗e4 21 ♖e1 h6 22 ♕h4 ♕g6 23 ♗e2! ♗xc2 24 ♗h5?!

Richtig ist 24 ♗f3 ♗f5 25 ♘xd5 mit großem Vorteil dank des dominanten Springers. Die unmittelbare Drohung ist 26 ♕xd8+.

24...♕e4 25 ♕g3 ♗d3 26 f3 ♕e7??

Verliert sofort. Die Fortsetzung 26...♕h7 27 ♕f4 ♗g6 28 ♗xg6 ♕xg6 29 ♘xd5 ist günstig für Weiß, aber Schwarz hat noch Verteidigungschancen.

27 ♘g4 ♕g5 28 f4 1-0

Naiditsch – Kramnik
Dortmund 2009

1 e4 e5 2 ♘f3 ♘f6 3 ♘xe5 d6 4 ♘f3 ♘xe4 5 d4 d5 6 ♗d3 ♗d6 7 0-0 0-0 8 c4 c6 9 ♖e1 ♗f5

W

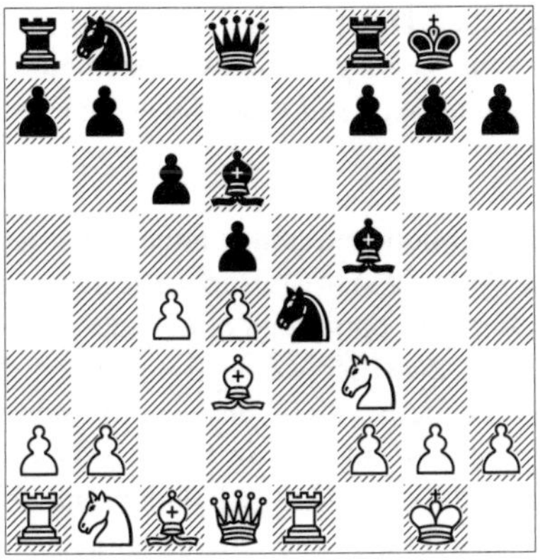

10 c5?

Nach der Aufhebung der Spannung ergibt sich eine typische Stellung mit offener e-Linie, aber mit einem entscheidenden Unterschied: Dank der von Weiß auf das Vorrücken seines c-Bauern verwendeten Tempi kann Schwarz seinen Springer auf e4 behaupten und muss ihn nicht abtauschen. Dadurch gewinnt Schwarz Zeit und erschwert die Entwicklung des schwarzfeldrigen weißen Läufers. Angezeigt war 10 ♕b3 oder 10 ♘c3 ♘xc3 11 bxc3 ♗xd3 12 ♕xd3 dxc4 13 ♕xc4, wenngleich keine dieser Varianten dem Weißen viel verspricht.

10...♗c7 11 ♘c3 ♘d7 12 ♕c2

Da Schwarz nach 12 ♘xe4 dxe4 13 ♗xe4 ♗xe4 14 ♖xe4 ♘xc5 etwas besser steht, verstärkt Weiß den Druck auf e4 in der Hoffnung, den Springer zum Abtausch zu zwingen.

12...♖e8

Wiederum kann Schwarz seinen Springer auf e4 behaupten.

13 ♗e3?!

Das ist zu langsam. Am besten ist 13 ♗g5 ♘xg5 14 ♖xe8+ ♕xe8 15 ♘xg5 ♗xd3 16 ♕xd3 ♘f6 mit nur winzigem Vorteil für Schwarz.

13...h6?!

13...♕f6! stellt Weiß mehr Probleme, da der Springer e4 nun gegebenenfalls durch ...♕g6 gestützt werden kann.

14 b4?!

Weiß verpasst seine Chance; nach diesem weiteren Zeitverlust schwillt die schwarze Initiative gefährlich an. Besser ist 14 ♘d2 ♕f6 15 ♗xe4 dxe4 16 d5 mit unklarer Stellung.

14...♘df6

Nun ist der Springer e4 definitiv gesichert, und der Aufmarsch der schwarzen Figuren gegen den schlecht verteidigten weißen Königsflügel verheißt nichts Gutes.

15 h3

Um ...♘g4 zu verhindern, aber nun wird der vorstehende Bauer zu einem Angriffsziel.

15...♕d7 16 ♘e2?!

16 ♘e5?! wird mit 16...♖xe5! 17 dxe5 ♗xe5 beantwortet, wonach Schwarz letztendlich einen Bauern mehr behalten wird. Die letzte Chance bestand in 16 ♘d2.

16...♗xh3!

W

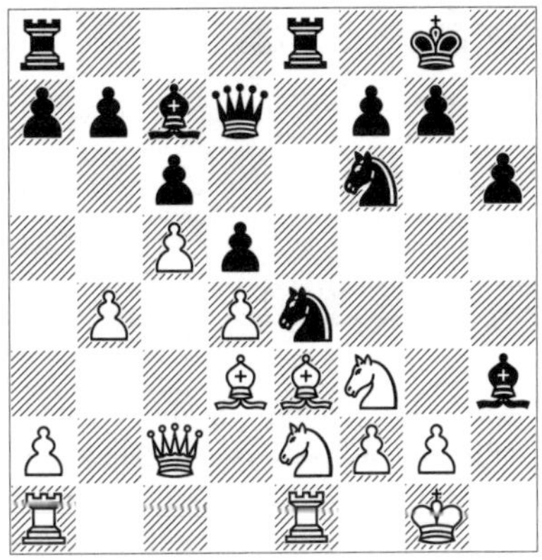

17 ♘e5

Nach 17 gxh3 ♕xh3 18 ♘g3 ♘xg3 19 fxg3 ♗xg3 20 ♕g2 ♕xg2+ 21 ♔xg2 ♗xe1 22 ♖xe1 ♘g4 23 ♗d2 ♖xe1 24 ♗xe1 ♖e8 entscheiden die drei verbundenen schwarzen Freibauern die Partie.

17...♗xe5 18 dxe5 ♖xe5 19 f3 ♖ae8! 20 ♗f4

Oder 20 fxe4 dxe4 21 ♗c4 ♗xg2 22 ♔xg2 ♖h5 23 ♘g3 ♕h3+ 24 ♔g1 ♕xg3+ 25 ♕g2 ♕xg2+ 26 ♔xg2 ♘d5, wonach Weiß mit den vier schwarzen Freibauern nicht fertig werden kann.

20...♖h5 21 fxe4

Nach 21 ♘d4 gibt 21...♖h4 22 ♗h2 ♘g4! 23 fxg4 ♗xg2 24 ♗e2 ♖xh2 25 ♔xh2 ♕c7+ 26 ♔g1 ♕g3 27 ♗f1 ♗xf1+ 28 ♔xf1 ♖e5 Schwarz gewinnbringenden Angriff.

21...dxe4 22 ♗c4 ♗xg2!

Nach diesem Opfer wird der weiße König auf verhängnisvolle Weise exponiert.

23 ♘g3

23 ♔xg2 ♕h3+ 24 ♔g1 ♕h1+ 25 ♔f2 ♘g4+ 26 ♔g3 ♕h3#.

23...♗f3 24 ♕b3 ♖h4 25 ♗d6 ♕h3 26 ♗xf7+ ♔h7 27 ♕b2 ♘g4 0-1

83 Geschlossenes Spanisch-Zentrum

Nunn – Pinter

Europäische Mannschaftsmeisterschaft, Haifa 1989

1 e4 e5 2 ♘f3 ♘c6 3 ♗b5 a6 4 ♗a4 ♘f6 5 0-0 ♗e7 6 ♖e1 b5 7 ♗b3 0-0 8 c3 d6 9 h3

S

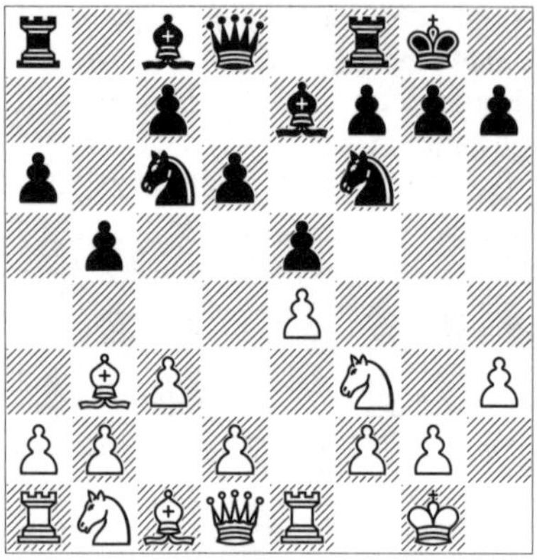

Die Ausgangsstellung für die Hauptvariante des Geschlossenen Spaniers. Weiß hat mehr Zentrumskontrolle als Schwarz und wird bald seine beiden Bauern nebeneinander auf d4 und e4 etablieren. Schwarz verfügt hier über mehrere Pläne, von denen die meisten auf einem Angriff auf das weiße Zentrum mit ...c5 beruhen, obgleich dies auch um einige Züge verzögert werden kann. Die hier von Schwarz gewählte Strategie gilt als ziemlich altmodisch, ist aber durchaus spielbar.

9...h6 10 d4 ♖e8 11 ♘bd2 ♗f8 12 ♘f1 ♗d7 13 ♘g3 ♘a5 14 ♗c2 ♘c4

Eine gängige Idee im Geschlossenen Spanier. Da der Springer auf a5 häufig schlecht steht, lohnt sich der Zeitaufwand für seine Überführung nach b6. Die Hauptalternative 14...c5 15 b3 ist etwas besser für Weiß, da der Springer im Abseits bleibt.

15 b3 ♘b6 16 a4!?

Die Grundregel in diesem Stellungstyp besagt, dass Weiß dann, wenn er sein Bauernduo auf d4 und e4 auch nach schwarzem ...c5 behaupten kann, gewöhnlich etwas Vorteil behält, vorausgesetzt, dass er dabei nicht zu viel Zeit vergeudet hat.

16...c5?

Schwarz begeht einen ernsten positionellen Fehler, nach dem Weiß seine Bauern problemlos auf d4 und e4 halten kann. Er sollte mit 16...bxa4 17 bxa4 a5 den schwachen Bauern auf a4 festlegen. Danach wäre ...c5 viel effektiver, da Weiß es wegen des Drucks auf a4 und der Möglichkeit ...♘c4 als Reaktion auf einen Zug des Läufers c1 viel schwerer hätte, die Zentrumsbauern mit seinen Figuren zu unterstützen.

17 a5 ♘c8 18 b4!

Der Schlüsselzug, da Schwarz sich nun wegen der Drohung bxc5 mit dem Bauern c5 festlegen muss.

18...c4

Oberflächlich betrachtet ähnelt die Bauernstruktur derjenigen in Smirnow-Romanow (Seite 152), aber der entscheidende Unterschied besteht darin, dass der weiße Bauer noch auf d4 steht. Das bedeutet nicht nur, dass die schwarzen Figuren keinen Zutritt zum Feld c5 haben, sondern auch, dass Schwarz sich andauernd über die Möglichkeit dxe5 Sorgen machen muss.

19 ♗e3

S

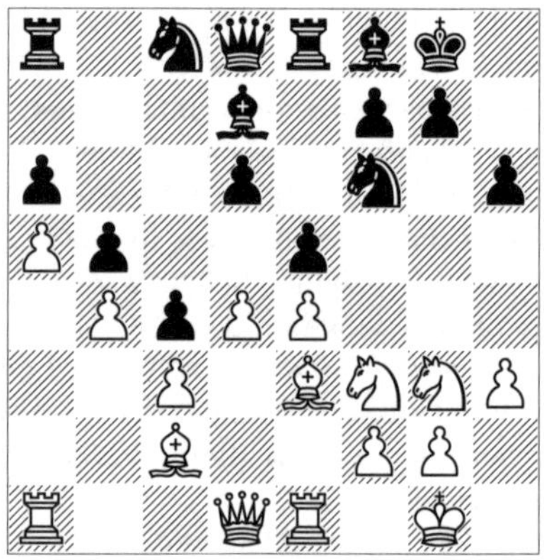

19...♕c7 20 ♘h4 ♘e7

Der Springer eilt auf den Königsflügel, aber Schwarz steckt in ernsthaften Schwierigkeiten.

21 ♕f3

Droht dxe5 nebst ♗xh6.

21...♘h7 22 ♘hf5 ♘g6?!

Besser ist 22...♕c6, um zu versuchen, Weiß zum Vorrücken des d-Bauern zu bewegen.

23 ♘h5 ♗e6 24 ♖ad1

Die Vorteile der Stellung des Bauern auf d4 werden immer deutlicher, da Schwarz in jedem Zug die Möglichkeit dxe5 berücksichtigen muss.

24...f6?!

Die Entwurzelung des Springers g6 führt zur sofortigen Katastrophe, aber sonst kann Schwarz nur abwarten, während Weiß seine Stellung verbessert.

25 ♕g3 ♕f7 26 dxe5 dxe5 27 ♘hxg7! ♗xg7 28 ♘d6 1-0

Im nächsten Zug wird ♕xg6 tödlich sein.

Adams – Humpy Koneru

Merida 2008

1 e4 e5 2 ♘f3 ♘c6 3 ♗b5 a6 4 ♗a4 ♘f6 5 0-0 ♗e7 6 ♖e1 b5 7 ♗b3 d6 8 c3 0-0 9 h3 ♘a5 10 ♗c2 c5 11 d4 ♕c7 12 ♘bd2

S

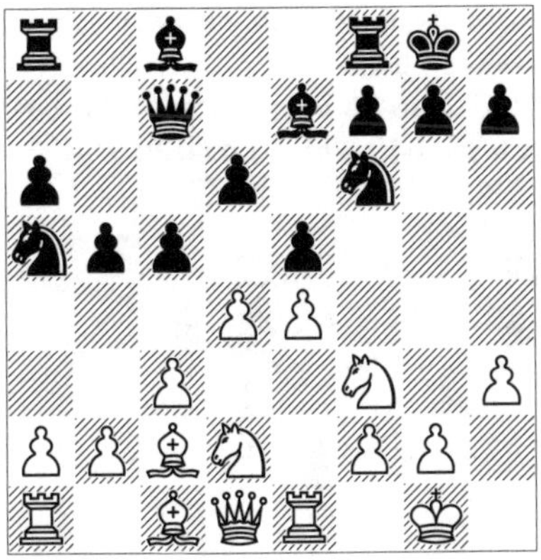

Dies ist der Hauptausgangspunkt der Tschigorin-Variante des Geschlossenen Spaniers. Der allgemeine Kommentar aus dem vorigen Beispiel gilt auch hier: Weiß sollte versuchen, sein Bauernduo auf d4 und e4 zu behalten.

12...♖d8 13 b3

Da der schwarze Läufer noch auf c8 steht, gibt es keine unmittelbaren Drohungen auf der c-Linie, so dass Weiß seinen Damenläufer entwickeln kann, ohne zuerst den Springer d2 nach f1 zu ziehen.

13...cxd4?!

Das ist inkonsequent. Der Hauptmangel des weißen Plans besteht darin, dass der Läufer auf b2 mit ...c4 aus dem Spiel ausgeschlossen werden kann. Nach der Aufgabe dieser Möglichkeit kann Weiß seine Entwicklung abschließen und sein Zentrum unter günstigen Umständen stützen.

14 cxd4 ♘c6 15 ♗b2 ♗b7 16 a3

Adams schiebt ...♘b4 lieber einen Riegel vor.

16...♗f8 17 b4!

Ein ausgezeichneter Mehrzweckzug. Erstens ist nun 17...exd4 18 ♘xd4 ♘xd4 19 ♗xd4 d5 schlecht wegen 20 e5 ♘e4 21 ♖c1, da der Bauer a3 nicht mehr hängt. Zweitens eröffnen sich durch die Räumung von b3 Möglichkeiten wie ♘b3 oder ♗b3.

17...♖ac8 18 ♖c1 ♕b8 19 d5

Der Augenblick für d5 ist gekommen, da Weiß sofort ♘b3-a5 folgen lassen kann. Schlechter ist das zögerliche 19 ♘b3, da Schwarz nach 19...exd4 20 ♘bxd4 ♘e5 das schwache Feld c4 aufs Korn nehmen kann.

19...♘e7 20 ♘b3 ♘d7 21 ♘a5 ♘b6 22 ♗b3

In der Folge realisiert Weiß seinen Vorteil durch ein Spiel an zwei Fronten. Zunächst stellt er Drohungen am Königsflügel auf, was den Schwarzen zur Überführung einiger Figuren in den bedrohten Sektor veranlasst, und beutet dann das schwache Feld c6 aus.

22...h6 23 ♕d3 ♖e8 24 ♘h4 ♖xc1 25 ♗xc1 ♗c8 26 ♕g3 ♔h7 27 ♗e3 ♘d7

W

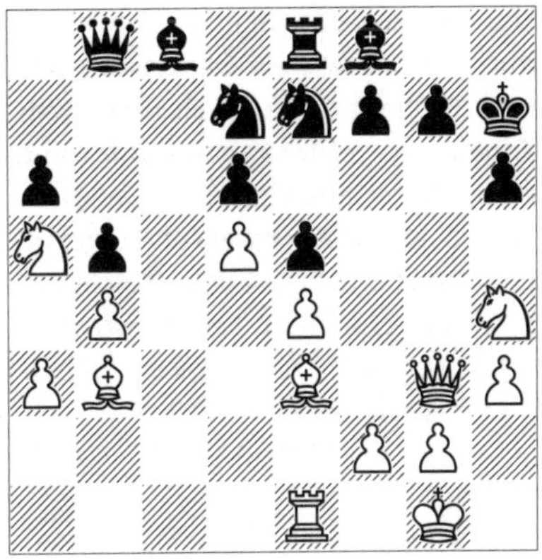

28 ♘c6

Der Vorposten c6 ist besonders effektiv, da jeder Tausch auf diesem Feld den Läufer b3 aktiviert.

28...♕c7?

Dies setzt die Dame einem Angriff auf der c-Linie aus und gibt Weiß ein wichtiges Tempo. Besser ist 28...♕b7, obgleich Weiß klaren Vorteil behält.

29 ♘xe7 ♗xe7 30 ♘f5 ♗f8 31 ♖c1 ♕b8 32 ♕f3!

Droht 33 ♘xh6 gxh6 34 ♕xf7+.

32...♔g8 33 ♖c3?!

Verpasst den sofortigen Gewinn mit 33 ♗xh6! gxh6 34 ♕g4+ ♔h8 35 ♕h5 ♘f6 (35...♔g8 36 ♖c3 ist vernichtend) 36 ♕xf7 ♗xf5 37 ♕xf6+.

33...♘b6 34 ♗xh6?!

34 ♘xh6+! gxh6 35 ♕h5 gewinnt sofort.

34...♗xf5

34...gxh6? wird mit 35 ♕g4+ gefolgt von ♖g3 nebst Matt beantwortet.

35 ♕xf5 g6?

Nach 35...♖c8! hat Weiß „nur" einen Bauern mehr.

36 ♕g5 ♖c8 37 ♖c6

Der Vorposten auf c6 erweist sich wieder als nützlich.

37...♗xh6 38 ♕xh6 ♘c4 39 ♕c1 ♘b6 40 ♕e3 ♖xc6 41 dxc6 ♕c7 42 ♗d5 ♔g7 43 h4 ♘a8 44 ♕g5 1-0

Nakamura – Shulman

Meisterschaft der USA, Saint Louis 2010

1 e4 e6 2 d4 d5 3 ♘c3 ♗b4 4 e5 c5 5 a3 ♗xc3+ 6 bxc3

Die Bauernstruktur der Winawer-Variante der Französischen Verteidigung ist durch den Leichtfigurentausch auf c3 gekennzeichnet. Für die Kompromittierung seiner Bauernstruktur erhält Weiß das Läuferpaar. Häufig ist entscheidend, ob Weiß seinen schwarzfeldrigen Läufer aktivieren kann. Wenn ja, können sich die schwarzfeldrigen Felderschwächen im schwarzen Lager als fatal erweisen, wenn nein, bleibt er vielleicht auf einem wirkungslosen schlechten Läufer sitzen, der ihm für den Rest der Partie zu schaffen machen wird.

6...♕a5 7 ♗d2 ♕a4

W

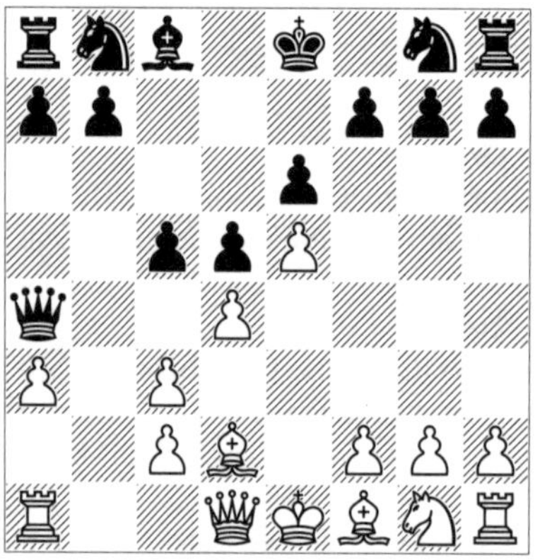

Dieser Plan ist am direktesten und hat in letzter Zeit an Beliebtheit gewonnen. Schwarz übt lästigen Druck auf den Bauern c2 aus und verhindert zugleich das Vorrücken des weißen a-Bauern nach a4, was später ♗c1-a3 mit Besetzung der schwachen Diagonale a3-f8 ermöglichen würde.

8 ♘f3 ♘c6 9 h4

Ein ehrgeiziger Plan, bei dem Weiß den Bauern d4 anbietet, aber Zeit für Fortschritte auf dem Königsflügel gewinnt.

9...cxd4 10 cxd4 ♘ge7 11 h5 ♘xd4 12 ♗d3 h6!

Die mehrmals gespielte Alternative 12...♘ec6 hat Schwarz keine guten Ergebnisse eingebracht, aber es ist flexibler, den Springer auf e7 zu belassen, von wo aus er auch Einfluss auf den Königsflügel ausüben kann. Die Aufwendung eines Tempos auf ...h6 lohnt sich, da Weiß nun keine weiteren schwarzfeldrigen Schwächen erzwingen kann, indem er selbst h6 spielt.

13 ♔f1 ♘xf3 14 ♕xf3 b6!

Ein typischer Zug in der Winawer-Variante, der auf den Abtausch des aktiveren weißen Läufers durch ...♗a6 abzielt. Hier gibt er Schwarz gleichwertiges Spiel, auch wenn danach der Bauer g7 verloren geht.

15 ♕g3 ♗a6 16 ♕xg7 ♗xd3+ 17 cxd3 ♖g8 18 ♕xh6 ♕d4 19 ♖e1 ♕xd3+ 20 ♔g1

S

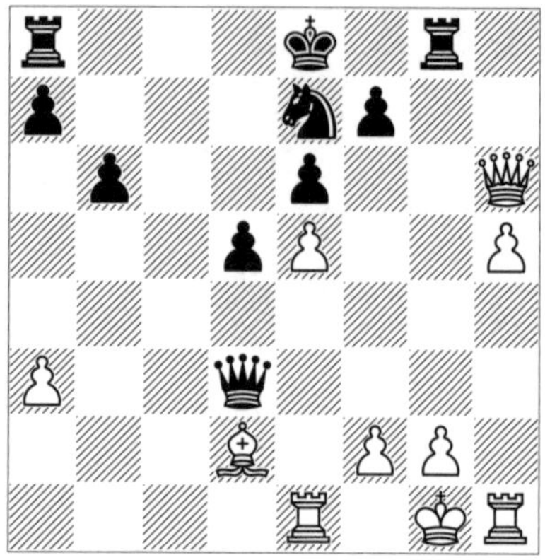

Auf den ersten Blick scheint Weiß angesichts des Freibauern auf der h-Linie und der schwachen schwarzen Felder im schwarzen Lager gut zu stehen, aber wegen der aktiven schwarzen Figurenstellung und der Einschränkung des weißen Läufers durch den Bauern e5 sind die Chancen etwa ausgeglichen. Kurioserweise hat Schwarz im Mittelspiel mehr Chancen, da dann die etwas unangenehme Stellung des weißen Königs eine Rolle spielt, während Weiß ein Endspiel bevorzugen würde, in dem der Freibauer auf der h-Linie einen wichtigen Vorteil darstellt.

20...♖c8?!

Das Zulassen des Damentauschs ist ein Fehler; genauer ist 20...♘f5 21 ♕f4 ♘d4 22 ♔h2 ♖c8.

21 ♗g5?

Zu ehrgeizig. Man kann sich leicht von der potenziellen Angriffskraft des Läufers verleiten lassen, aber richtig ist 21 ♕e3 mit leichtem Vorteil nach 21...♕xe3 22 ♖xe3 ♖c2 23 ♖d3.

21...♕f5 22 f4 ♖c2 23 ♖h2?

Die einzige Chance ist 23 ♕f6 ♕xf6 24 exf6 ♘f5, wonach Schwarz nur etwas besser steht.

23...♕d3! 24 ♕f6 ♖xg5! 25 ♕xg5

Nach 25 fxg5 ♘f5 mit der tödlichen Drohung 26...♕d4+ hat Weiß keine Verteidigung.

25...♕d4+ 26 ♔h1 ♕e3 0-1

27 ♖f1 und 27 ♕h4 werden beide vernichtend mit 27...♖c1 beantwortet.

Sutovsky – Djatschkow
Moskau 2007

1 e4 e6 2 d4 d5 3 ♘c3 ♗b4 4 e5 c5 5 a3 ♗xc3+ 6 bxc3 ♕c7

In dieser Partie entwickelt der Nachziehende seine Dame auf das bescheidenere Feld c7, wonach Weiß den Bauern g7 belästigen kann.

7 ♕g4 f6?!

Gesünder und beliebter ist 7...f5.

W

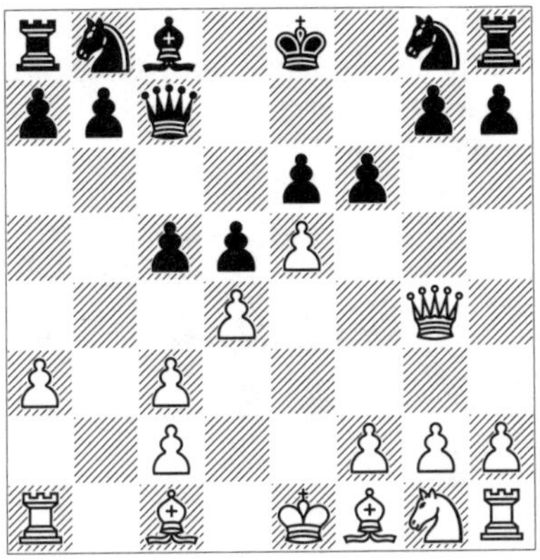

Es mag natürlich aussehen, die weiße Bauernkette durch Angriff auf e5 anzuknabbern, aber es besteht die Gefahr, dass die Stellung sich zugunsten von Weiß, der das Läuferpaar besitzt, öffnen wird.

8 ♗b5+

Dieses Schach ist unangenehm für Schwarz, da er wegen ♕xe6+ keine Figur nach d7 stellen kann. 8...♘c6 verstellt die d-Linie und beseitigt die Drohung ...cxd4 gefolgt von ...♕c3+, mit der Schwarz Zeit gewinnen wollte. Also bleibt nur der Textzug.

8...♔f8 9 ♘f3 c4?

Schwarz schneidet dem Läufer b5 den Rückzug ab und hofft ihn mit ...a6 zu fangen, aber dieser Zug ist zu ehrgeizig und schwächt die Diagonale a3-f8 in fataler Weise. Besser ist 9...♕a5, aber nach 10 ♖b1 a6 (10...♕xc3+ 11 ♔d1 gibt Weiß brandgefährliche Initiative) 11 ♗e2! (11 ♗e8 g6 12 ♗xg6 hxg6 13 ♕xg6 ♕d8 ist unklar) 11...♕xc3+ 12 ♗d2 ♕xc2 13 ♖c1 ♕e4 14 ♕g3 hat Weiß für die beiden Bauern starke Initiative.

10 a4!

Dieser unscheinbare Zug ist tödlich, da die Ankunft des schwarzfeldrigen Läufers auf der Diagonale a3-f8 die schwarze Stellung über die Grenze der Belastbarkeit hinaus beansprucht. In der Winawer-Variante ist die Aktivierung des schwarzfeldrigen Läufers für Weiß so wichtig, dass er häufig bereit ist, dafür einen oder zwei Bauern zu opfern, aber im vorliegenden Fall erreicht er ohne jedes Opfer sein Ziel. Bemerkenswerterweise sind schon sage und schreibe 23 Spieler in diese Falle gegangen (in 24 Partien, da ein Spieler gleich zweimal darauf hereinfiel!).

10...a6 11 ♗a3+ ♘e7

W

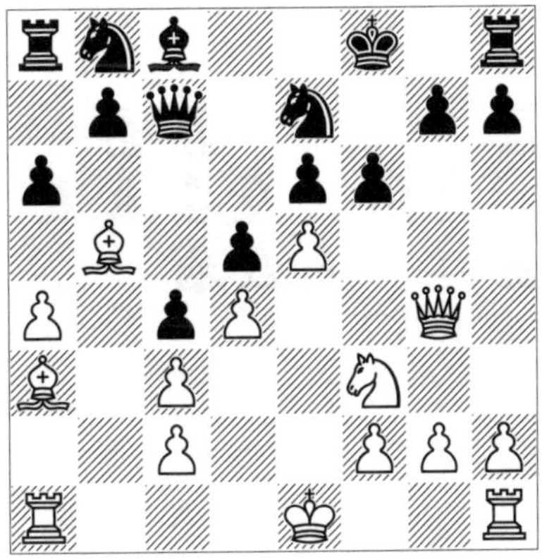

12 ♗e8!

Der Schlüsselzug, der den schon dem Tode geweihten Läufer rettet.

12...♕d8?!

Nun ist die Partie vorbei, aber Schwarz hat selbst nach der besten Fortsetzung kaum Rettungschancen: 12...♔xe8 (12...fxe5 13 ♕h5 g6 14 ♗xg6 ♔g7 15 ♗e8 ♘g6 16 ♗xg6 hxg6 17 ♕xe5+ gibt Weiß einen Mehrbauern und großen positionellen Vorteil) 13 ♕xg7 ♖f8 (13...♖g8 14 ♕xh7 f5 15 ♗d6 ♕d7 16 h4 nebst ♘g5 ist ebenfalls ausgezeichnet für Weiß) 14 exf6 ♖f7 15 ♕h8+ ♖f8 16 ♕xh7 ♖xf6 17 ♕h5+ ♘g6 18 ♘e5 ♕g7 19 g4 gefolgt von g5, und Weiß gewinnt die Figur mit riesigem Vorteil zurück.

13 ♗h5

Weiß hat Materialverlust vermeiden können und verfügt nun neben seinem Druck auf der Diagonale a3-f8 über erdrückenden Entwicklungsvorsprung.

13...♘bc6 14 exf6 gxf6 15 ♘g5!

Es gewinnt auch 15 ♘e5!.

15...♕a5

Nach 15...fxg5 16 ♕xg5 setzt Weiß in wenigen Zügen matt, da Schwarz ♕f6+ nicht verhindern kann.

16 0-0 f5 17 ♕h4 1-0

Praktisch jeder Zug des Springers ist eine tödliche Drohung, da die weiße Dame dann auf f6 eindringt. Es gibt keine Verteidigung.

Sagrebelnij – Ulibin
Abu Dhabi 2001

1 e4 c5 2 ♘f3 e6 3 d4 cxd4 4 ♘xd4 ♘f6 5 ♘c3 d6 6 ♗e2 ♗e7 7 0-0 0-0 8 f4 ♘c6 9 ♗e3 a6 10 ♔h1 ♕c7 11 ♕e1 ♘xd4 12 ♗xd4 b5 13 a3 ♗b7

W

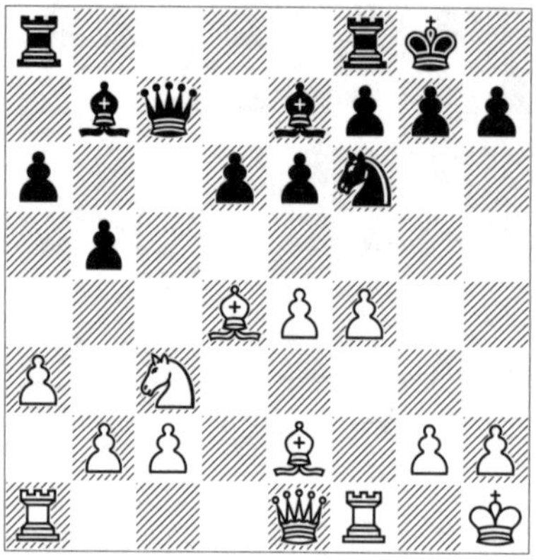

Die Strategie für beide Seiten wird durch die für die Scheveninger Variante des Sizilianers charakteristische Zentrumsbauernstruktur bestimmt. Weiß hat mehr Raum und dank der Möglichkeiten e5 und f5 Aussicht auf einen Angriff am Königsflügel. Schwarz kann auf drei Vorteile verweisen: seinen Druck auf e4, seinen Mehrbauern im Zentrum, der ihm die Möglichkeit zu ...d5 oder ...e5 gibt, und seine Chancen auf einen Angriff am Damenflügel mit ...a5 und ...b4. Generell liegen die Chancen von Weiß eher in der näheren Zukunft, während Schwarz dank seiner Zentrumskontrolle und seines Minoritätsangriffs langfristig gute Chancen haben wird, wenn er den weißen Druck am Königsflügel überstehen kann.

14 ♕g3 ♖ae8?!

Dieser Zug ist spielbar, aber die Einsperrung des Turms auf f8 sieht ziemlich gekünstelt aus. Schwarz hat hier eine Reihe sicherer Fortsetzungen, darunter 14...♗c6 15 ♖ae1 ♕b7 mit Verstärkung des Drucks auf e4, 14...g6 zur Beseitigung der potenziellen Mattdrohung auf g7, und das flexible 14...♖ad8.

15 ♖ae1 ♗c6 16 ♗f3

Schlechter ist 16 ♗d3?! wegen 16...e5! 17 fxe5 ♘h5 18 ♕h3 dxe5.

16...g6

Am häufigsten wurde hier 16...♖d8 gespielt, aber danach fanden einige Spieler die starke Antwort 17 ♘d5! exd5 18 exd5 ♗a8 19 ♖xe7! ♕xe7 20 ♖e1 ♕xe1+ 21 ♕xe1 ♘xd5 22 ♕g3 f6 23 h4, nach der die aktiven Läufer und die Angriffschancen von Weiß schwerer wiegen als der geringfügige Materialvorteil von Schwarz.

17 f5

Das ist unangenehm für Schwarz, da das offensichtliche 17...e5 mit 18 ♗e3 (mit der Drohung 19 ♗h6) 18...♔h8 19 ♗g5 gefolgt von ♕h4 mit gefährlicher Initiative am Königsflügel beantwortet wird.

17...♘d7 18 ♗h5!

S

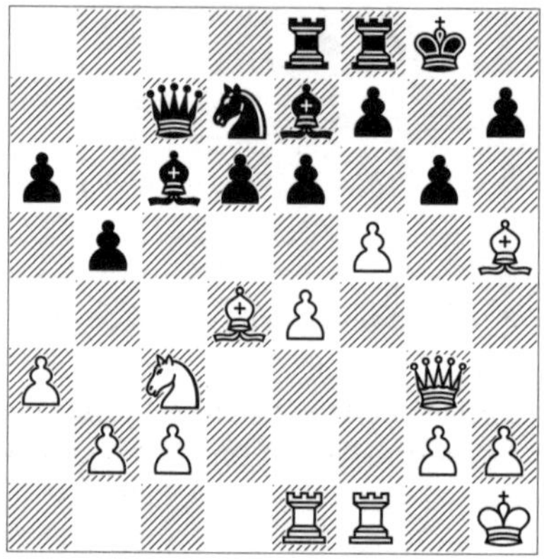

Die Opferdrohung auf g6 mag primitiv aussehen, ist aber schwer zu parieren.

18...e5?

Die einzige Chance ist 18...exf5! 19 exf5 ♘e5, wonach Weiß kaum mehr als leichten Vorteil nachweisen kann.

19 fxg6 fxg6 20 ♗xg6 hxg6 21 ♕xg6+ ♔h8 22 ♖f3! ♖xf3 23 ♕h5+

Nicht 23 gxf3?? ♘f6 mit Widerlegung des Angriffs.

23...♔g8 24 gxf3

Wegen der Doppeldrohung ♖g1+ und ♕xe8+ muss Schwarz Material geben.

24...♗f6 25 ♕xe8+ ♘f8 26 ♖g1+ ♗g7 27 ♗b6! ♕b7

Da 27...♕xb6 wegen 28 ♕e7 verliert, rettet der Anziehende seinen angegriffenen Läufer mit Tempo.

28 ♕d8 ♕f7 29 ♖g3 ♕e6 30 ♕g5 ♕f7 31 ♘d5 ♘e6 32 ♕h4 ♔f8 33 ♗e3 ♔e8 34 ♕h7 ♗f8 35 ♕h8 ♗xd5 36 exd5 ♘g7 37 ♖xg7 ♕xg7 38 ♕xg7 ♗xg7 39 ♔g2 ♔f7 40 ♔g3 ♔g6 41 ♔g4 e4 42 b3 exf3 43 ♔xf3 ♗b2 44 a4 bxa4 45 bxa4 ♔f5 46 ♗f4 ♗a3 47 h4 1-0

Kamsky – Mamedjarow
Moskau 2008

1 e4 c5 2 ♘f3 e6 3 d4 cxd4 4 ♘xd4 ♘c6 5 ♘c3 a6 6 ♗e2 d6 7 0-0 ♘f6 8 ♗e3 ♗e7 9 f4 0-0 10 ♕e1?! ♘xd4 11 ♗xd4 b5 12 a3 ♗b7 13 ♕g3

S

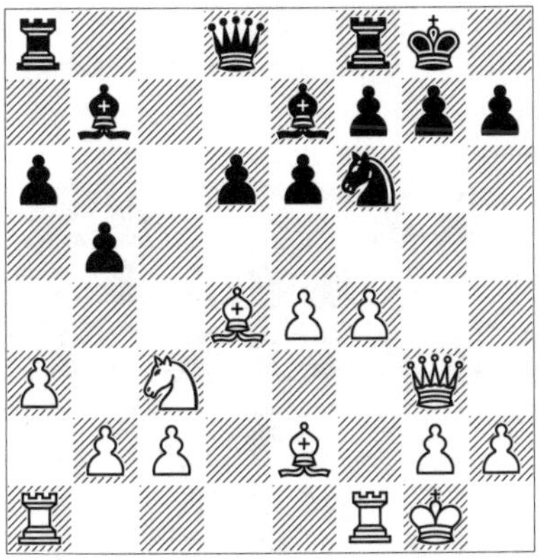

Die Stellung ist mit derjenigen nach 14 ♕g3 im vorigen Beispiel identisch, außer dass die Züge ...♕c7 und ♔h1 fehlen. Dieser Unterschied kommt Schwarz zugute, da er ohne Aufwendung eines Tempos für ...♕c7 sein Spiel am Damenflügel schneller in Gang bringen kann, während die Auslassung von ♔h1 einen gravierenderen Mangel darstellt und Weiß diesen Zug in der Tat in wenigen Zügen nachholt. Aus diesem Grund bevorzugt die moderne Theorie 10 a4 oder 10 ♔h1 gegenüber dem altmodischen Zug 10 ♕e1.

13...g6!

Dieser Zug ist am unangenehmsten, da Weiß sich nun sofort entscheiden muss, wie er den Bauern e4 decken will.

14 ♗f3

Auf 14 ♗d3 folgt ebenfalls 14...a5.

14...a5!

Weiß hat seine Entwicklung noch nicht abgeschlossen, aber Schwarz droht schon ...b4. In vielen Abspielen profitiert Schwarz sogar von der Auslassung von ...♕c7, da ♘xb5 dann nicht die Dame angreift.

15 b4

Weiß hat keinen aussichtsreichen Zug und sollte daher schon auf Ausgleich bedacht sein. Das ist jedoch nicht so einfach, da Schwarz nach 15 ♘xb5 ♘xe4 16 ♕e1 d5 und 15 ♖ad1 b4 16 e5 ♗xf3 17 exf6 ♗xf6 18 ♗xf6 ♕xf6 19 ♖xf3 bxc3 20 ♖xc3 d5 jeweils dank seiner Zentrumsmehrheit etwas besser steht. Der Partiezug verhindert ...b4, schwächt aber den Damenflügel und insbesondere das Feld c4.

15...♖c8 16 ♖ad1 axb4 17 axb4 ♖c4 18 ♔h1

Da nichts Unmittelbares droht, entfernt Weiß den König von der exponierten Diagonale g1-a7.

18...♘d7

18...♖xb4?! 19 e5 ♘d5 20 ♘xd5 exd5 21 e6 gibt dem Anziehenden unnötigerweise Angriffschancen.

19 ♗e2

Weiß entscheidet sich für eine taktische Lösung und zwingt Schwarz zum Schlagen des Bauern b4.

19...♖xb4 20 ♘xb5?!

20 ♕e1 ♗h4 21 ♕d2 ♗c6 22 f5 gibt Weiß mehr Chancen, im Trüben zu fischen.

20...♗xe4

W

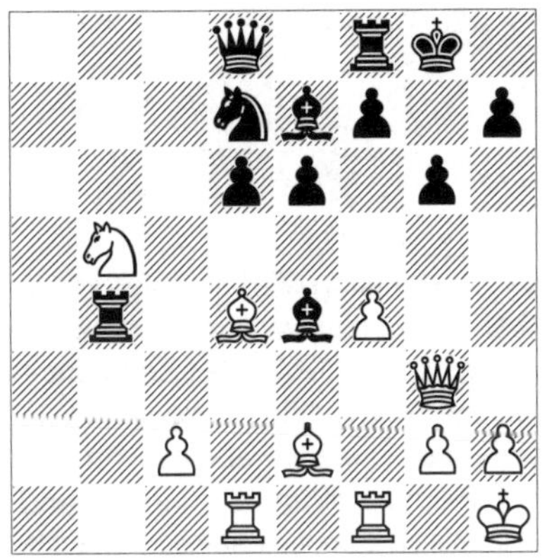

21 ♗g7

Raffiniert, aber unzureichend. Nach 21 ♗c3 ♖a4 22 ♘xd6 ♗xd6 23 ♖xd6 ♕c7 24 ♖d4 ♖xd4 25 ♗xd4 ♕xc2 hat Weiß jedoch nur wenig Kompensation für den Bauern.

21...♗xc2! 22 ♗xf8 ♕xf8

Schwarz hat einen Läufer und zwei Zentrumsbauern für den Turm; außerdem bilden seine Bauern eine kompakte Masse. Weiß verkehrt in Schwierigkeiten.

23 ♖d4 d5

Noch stärker ist 23...♖b3!.

24 ♖xb4 ♗xb4 25 ♖c1 ♗e4 26 ♖c7 ♕d8 27 ♕e3 ♕h4 28 ♕g3 ♕f6 29 ♕e3?

Mehr Widerstand leistet 29 h3.

29...♕a1+ 30 ♕c1 ♕a2

Zusätzlich zu den günstigen materiellen und positionellen Faktoren hat Schwarz jetzt auch noch eine starke Initiative.

31 ♖c8+ ♔g7 32 ♕d1 ♘f6 33 h3 ♗d2 34 ♕f1 ♗xf4 35 ♘c7 ♕d2 36 ♘e8+ ♘xe8 37 ♖xe8 ♕e3 38 ♗f3 ♗xf3 39 gxf3 ♕d2 40 ♕g1 ♕e2 0-1

Adams – Swidler

Baku 2008

1 e4 c5 2 ♘f3 d6 3 d4 cxd4 4 ♘xd4 ♘f6 5 ♘c3 a6 6 ♗e2 e5 7 ♘b3 ♗e7 8 0-0 0-0 9 ♗e3

S

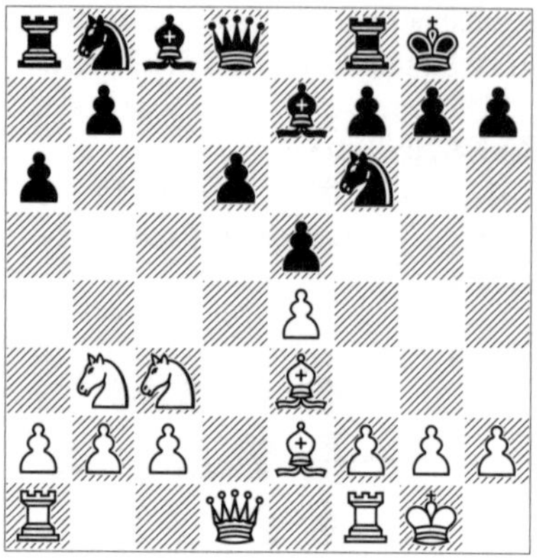

Dieser Zentrumstyp wird als Najdorf-Struktur bezeichnet, wenngleich sich die gleiche Struktur auch in anderen Abspielen des Sizilianers ergeben kann. Ins Auge sticht hier der rückständige schwarze d-Bauer, aber vorerst hat Weiß das Feld vor dem Bauern nicht unter Kontrolle und kann die potenzielle Schwäche daher nicht ausbeuten. Stattdessen ist die weiße Strategie auf ein langsames Vorgehen ausgelegt, wobei zunächst jegliches schwarze Gegenspiel ausgeschaltet werden soll. Erst dann wird Weiß durch Manövrieren das Feld d5 auszunutzen versuchen.

9...♗e6 10 ♕d2 ♘bd7 11 a4 ♕c7 12 ♖fd1 ♖ac8 13 a5 ♖fe8

Schwarz lässt es langsam angehen. Er hat keinen aktiven Plan, da sowohl ...d5 als auch ...b5 nicht möglich sind, und wartet daher ab, um zu sehen, was Weiß im Schilde führt.

14 h3 h6 15 ♕e1 ♕b8?!

Schwarz will seinen Turm auf der c-Linie einsetzen, aber diese Aktivität ist eine Illusion. Besser ist das flexible 15...♗f8.

16 ♗f3 ♖c4

Ein Schlüsselmoment. Weiß findet nun einen exzellenten Plan zur Verstärkung seiner Kontrolle über d5, indem er den Springer von b3 nach e3 überführt.

17 ♘d2 ♖c6 18 ♘f1! ♖ec8 19 ♗d2

Angesichts der sich schnell konsolidierenden weißen Herrschaft über d5 versucht Schwarz Gegenspiel zu bekommen.

19...b6

Im Fall von 19...b5 hätte Weiß mit 20 axb6 ♘xb6 21 ♗c1 aufgrund des Feldes d5 und des schwachen Bauern a6 klaren Vorteil erhalten. Der Partiezug gibt Weiß eine zweite aussichtsreiche Möglichkeit, für die sich Adams entscheidet.

W

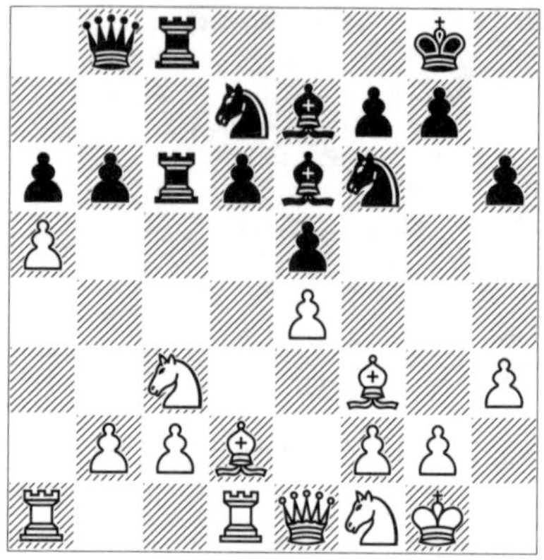

20 ♘e3 bxa5 21 ♘cd5

Weiß besetzt das Feld d5 sofort, weil der Bauer a5 nicht davonläuft.

21...♗xd5

Auch 21...♗d8 22 ♗xa5 ♗xa5 23 ♖xa5 ♗xd5 24 exd5 ♖b6 25 b3 ist sehr gut für Weiß.

22 exd5 ♖c5 23 ♗xa5

Nun ist das Feld d5 durch einen Bauern blockiert, aber durch das Verschwinden des weißfeldrigen schwarzen Läufers sind neue Schwächen auf f5 und letztendlich c6 entstanden.

23...e4 24 ♗e2 ♕xb2

Angesichts des Verlusts des Bauern a6 versucht Schwarz das materielle Gleichgewicht zu wahren, aber nun gerät seine Dame in Schwierigkeiten.

25 ♗xa6 ♖b8 26 c3! ♖xa5

Da Schwarz nach 26...♘e5 27 ♗b4 ♖c7 28 ♖db1 Material verliert, gibt er aus lauter Verzweiflung die Qualität.

27 ♖xa5 ♕b6 28 ♖da1

Adams hat keine Probleme, seinen Materialvorteil zu verwerten:

28...♘c5 29 ♗f1 ♕d8 30 ♖b5 ♖c8 31 ♖a7 ♘fd7 32 ♘f5 ♗f8 33 ♕e3 ♕f6 34 ♘g3 ♕e5 35 ♘xe4 ♘xe4 36 ♖xd7 ♖xc3 37 ♕e2 ♕d4 38 ♖d8! ♖c1 39 ♔h2 1-0

Nach 39...♘d2 40 ♖xf8+ ♔xf8 41 ♖b8+ setzt Weiß im nächsten Zug matt.

Dwojris – Wang Yue
Cappelle la Grande 2007

1 e4 c5 2 ♘f3 d6 3 d4 cxd4 4 ♘xd4 ♘f6 5 ♘c3 a6 6 ♗e2 e5 7 ♘b3 ♗e7 8 0-0 0-0

Wiederum hat sich die Najdorf-Struktur ergeben, aber Weiß behandelt die Stellung nicht positionell wie im vorigen Beispiel, sondern wählt einen aggressiveren Plan, bei dem er die Möglichkeit zu f4 behält. Damit setzt er den Nachziehenden zwar unter mehr unmittelbaren Druck, läuft aber auch Gefahr, seine Stellung zu überreizen.

9 ♔h1 b6

Schwarz will mit seinem Läufer von b7 aus Druck auf e4 ausüben, aber nach 9...b5 ist 10 a4 b4 11 ♘d5 etwas unangenehm für ihn, was den bescheideneren Partiezug erklärt.

W

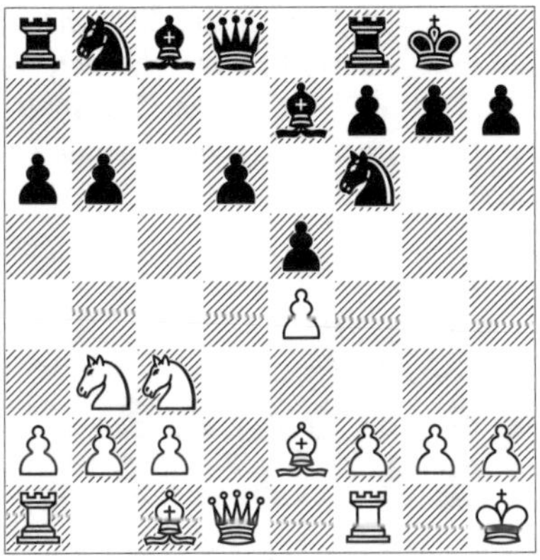

10 f4?

Das ist einfach zu ehrgeizig, da Schwarz durch die Schwächung des Bauern e4 zu viel Gegenspiel bekommt. Besser ist 10 f3 oder 10 ♗e3 mit Rückkehr zu der in Adams-Swidler gesehenen positionellen Behandlung.

10...♗b7 11 ♗f3 ♘bd7

Nun, da Schwarz einige Figuren entwickelt hat, steht er zu ...b5 bereit. Weiß verhindert dies, muss aber dafür einen weiteren Zug machen, der nichts zu seiner Entwicklung beiträgt.

12 a4 ♖c8

Daran ist nichts auszusetzen, aber es geht auch 12...b5, da nach 13 axb5 axb5 14 ♖xa8 ♕xa8 der Bauer e4 angegriffen ist und Schwarz gut steht.

13 ♕e1 ♖e8

Schwarz entwickelt seine letzte Figur, während im weißen Lager nicht nur zwei Figuren am Damenflügel noch schlafen, sondern auch der Springer b3 passiv steht. Unmittelbar droht 14...d5! 15 exd5 ♗b4 mit fürchterlichem Druck auf die weiße Stellung.

14 f5

Weiß hat nichts Besseres. Die Gegenüberstellung seiner Dame und des schwarzen Turms gibt Anlass zur Sorge, aber 14 ♕g3 trifft auf das typische Qualitätsopfer 14...♖xc3! 15 bxc3 ♘xe4 mit ausgezeichneter Kompensation. Weiß verhindert daher durch Vorrücken seines f-Bauern die Öffnung der e-Linie mit ...exf4, aber Schwarz kann die Stellung trotzdem öffnen.

14...d5!

W

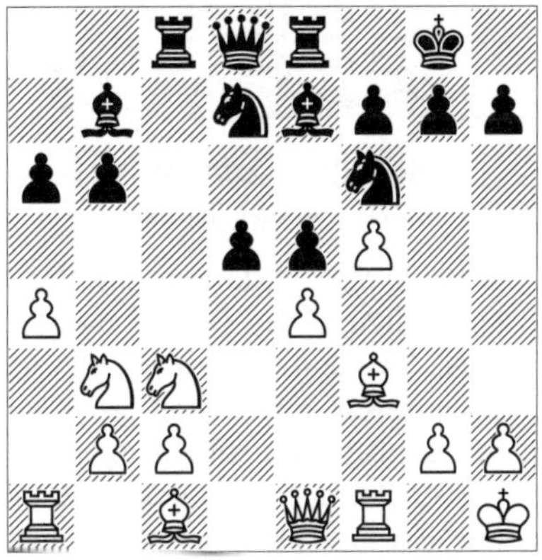

Wenn Schwarz in der Najdorf-Struktur die Initiative übernimmt, kann er häufig mit diesem Befreiungszug seine Figuren zum Leben erwecken.

15 exd5 e4! 16 ♘xe4

Nach 16 ♗xe4 ♗b4 gewinnt Schwarz Material, und nach 16 ♗e2 ♗b4 17 ♕g3 e3 18 ♗xe3 ♗xc3 19 bxc3 ♖xc3 20 ♗d3 ♘e5 erhält Schwarz wegen seiner starken Initiative entscheidenden Vorteil.

16...♗xd5 17 ♘c3 ♗c4 18 ♖g1

Auch die Fortsetzung 18 ♗e2 ♗b4 19 ♕d1 ♗xc3 20 ♗xc4 ♖xc4 21 bxc3 ♕c7 ist sehr gut für Schwarz.

18...♗xb3 19 cxb3 ♗c5

Diese forcierte taktische Zugfolge bringt dem Schwarzen die Qualität für einen Bauern ein, was in einer Stellung mit vielen aktiven Möglichkeiten für die Türme einen entscheidenden Vorteil darstellt.

20 ♕g3 ♗xg1 21 ♗h6 ♘h5 22 ♗xh5 ♗d4 23 ♖d1 ♗e5 24 ♗f4 ♗xf4 25 ♕xf4 ♕e7 26 h3 ♘f6 27 ♗f3 ♖cd8 28 ♖f1 ♕e5 29 ♕b4 ♖d6 30 ♗e2 a5 31 ♕h4 ♖d4 32 ♕g5 h6 33 ♕c1 ♘e4 0-1

W

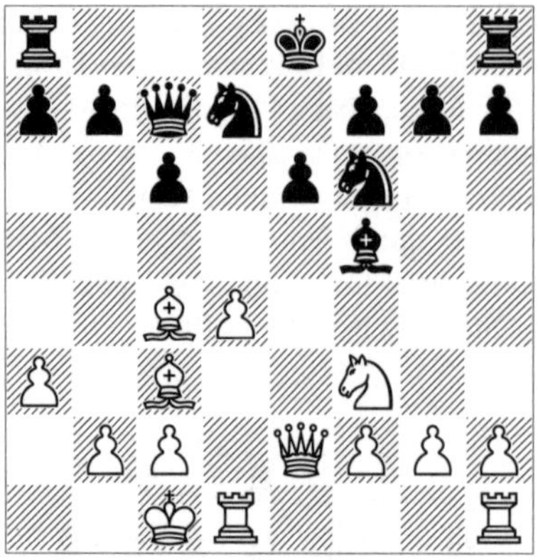

Kobalija – Loncar
Europameisterschaft, Rijeka 2010

Dies ist eine typische Stellung mit der Caro-Kann-Struktur, die aus den Bauern d4 gegen c6 und e6 besteht. Sie kann sich aus einer Reihe von Eröffnungen ergeben, von denen Caro-Kann und Skandinavisch am gebräuchlichsten sind. Hier hat Weiß das Läuferpaar und leichten Raumvorteil, aber die schwarze Stellung ist sehr fest, und Weiß hat es wegen des Fehlens von sich anbietenden Bauernhebeln schwer, Fortschritte zu machen. Eine Schlüsselidee in solchen Stellungen ist der Zug ♘e5, nach dem Weiß durch Vorrücken seiner Königsflügelbauern mehr Raum gewinnen kann.

12 ♘e5 h5?!

Eine Ungenauigkeit, die Weiß unnötigerweise die in der folgenden Anmerkung erwähnte Zusatzmöglichkeit gibt. Die korrekte Zugreihenfolge ist 12...♘xe5 13 dxe5 ♘d5 14 ♗d2 0-0-0, was nach 15 g4 ♗g6 16 f4 h5 17 h3 wieder in die Partie überleitet.

13 h3?!

Sehr unangenehm ist 13 ♘xd7!; zum Beispiel 13...♔xd7 (13...♕xd7? 14 d5! ist katastrophal für Schwarz, während sich nach 13...♘xd7 14 d5 cxd5 15 ♗xd5 die Stellung zugunsten der weißen Läufer öffnet) 14 d5! cxd5 15 ♗xf6 ♕f4+ 16 ♔b1 gxf6 17 ♗xd5! exd5 18 ♖xd5+ ♔c7 19 ♕e7+ ♔b8 20 g3 mit sehr gutem Spiel für Weiß, D. Howell-Kogan, Port Erin 2005.

13...♘xe5 14 dxe5 ♘d5 15 ♗d2 0-0-0 16 g4 ♗g6 17 f4

Auf den ersten Blick steht Weiß klar besser, da er das Läuferpaar besitzt und am Königsflügel nützlichen Raum zu gewinnen scheint. Die schwarzen Figuren stehen jedoch gut, und der Läufer auf d2 ist nicht besonders wirkungsvoll. Schwarz muss seine Figuren auf aktiven Feldern halten, da sonst die latenten Vorzüge der weißen Stellung zum beherrschenden Faktor werden.

17...♘b6?

Das ist falsch. Schwarz zieht den Springer freiwillig von seinem vorgeschobenen Posten ab und verstellt dabei auch noch seine Dame. Korrekt ist 17...♕b6!, was den Springer auf d5 hält und die Dame in eine bessere Position bringt. Nach 18 ♖df1 (18 ♖hf1 hxg4 19 hxg4 ♕c5 20 ♗b3 ♖h3 ist in Ordnung für Schwarz) 18...hxg4 19 hxg4 ♖xh1 20 ♖xh1 ♕d4 hat Weiß nicht mehr als einen mikroskopischen Vorteil.

18 ♗a2 hxg4 19 hxg4 ♖xh1 20 ♖xh1 ♕d7?

Erlaubt einen taktischen Durchbruch. Besser ist 20...♘d5 21 ♖f1 ♘e7, was f5 aufhält, aber dank der von Schwarz verschwendeten Zeit behält Weiß deutlichen Vorteil.

21 f5!

S

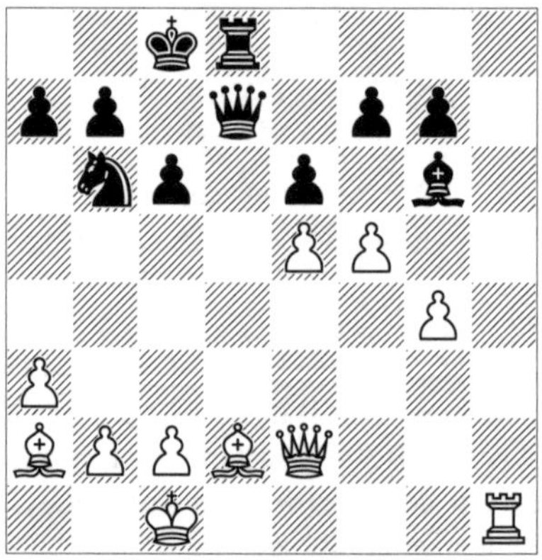

21...exf5 22 e6 ♕e7

Nach 22...♕c7 23 gxf5 ♗xf5 24 exf7 bringt der vorgeschobene f-Bauer die Entscheidung.

23 gxf5 ♗xf5 24 ♕e5!

Plötzlich wird die exponierte Stellung des schwarzen Königs zum wichtigsten Faktor.

24...fxe6

Nach 24...♖xd2 25 ♕xf5 g6 26 ♕f4 ♖d6 27 exf7 steht Weiß auf Gewinn.

25 ♗f4

Gegen die Drohung 26 ♕b8+ ♔d7 27 ♕c7+ ♔e8 28 ♖h8+ ist kein Kraut gewachsen.

25...♘d5 26 ♗xd5 cxd5 27 ♕b8+ ♔d7 28 ♕c7+ 1-0

Der Plan mit ♘e5 und Vorrücken der Königsflügelbauern bringt Weiß nicht immer Vorteil ein, sondern hat in einigen Fällen sogar genau den entgegengesetzten Effekt.

W

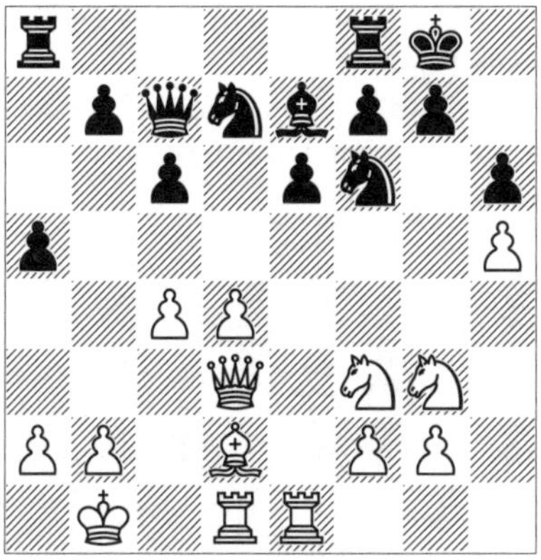

Leko – Iwantschuk
Morelia/Linares 2008

Wiederum liegt die Caro-Kann-Struktur vor, aber mit etwas anderer Leichtfigurenverteilung. Weiß hat nicht das Läuferpaar, aber bei Schwarz fehlt der aktive weißfeldrige Läufer, den er im vorigen Beispiel hatte. Wiederum ist ♘e5 die einzige realistische Möglichkeit, Fortschritte zu machen.

18 ♗c1?!

Er sollte sofort 18 ♘e5 versuchen, obwohl es keineswegs klar ist, dass dies zu Vorteil führt.

18...♖fd8 19 ♕c2 a4 20 ♘e5?!

Nun kommt dies zu spät, aber auch nach 20 a3 ♗d6 21 ♘e4 ♘xe4 22 ♖xe4 b5!? steht Schwarz bequem.

20...♘xe5 21 dxe5 ♖xd1 22 ♕xd1 ♘d7 23 f4 ♘c5

Schwarz hat leichten Vorteil. Das Vorrücken der Königsflügelbauern hat die weiße Stellung nicht gestärkt, sondern klaffende Löcher hinterlassen. Im Gegensatz zum vorigen Beispiel stehen die schwarzen Figuren aktiver, und mit jedem Figurentausch wächst die Wahrscheinlichkeit des Eindringens der schwarzen Dame in die weiße Stellung.

24 ♘e4

Weiß beeilt sich, den gut postierten Springer abzutauschen, der sonst irgendwann nach d3 gehen könnte.

24...♖d8 25 ♕c2 ♘xe4 26 ♖xe4 ♕b6!?

Eine interessante Idee. Iwantschuk opfert einen Bauern, um mit der Dame einzudringen und die Zerklüftung der weißen Königsflügelbauern auszubeuten.

27 ♕xa4?

Nun nimmt der schwarze Vorteil bedenkliche Ausmaße an. Besser ist 27 ♖e1; nach 27...a3 28 b3 ♗b4 ist Schwarz im Vorteil, aber Weiß behält Remischancen.

27...♕g1 28 ♕c2 ♖d1

W

Die eiserne Stellungskontrolle des Schwarzen ist viel mehr wert als ein Bauer.

29 ♖e2 ♖f1 30 a3 ♗c5?!

Zu subtil. 30...♖xf4 gefolgt von der Rückkehr nach f1 gewinnt den Bauern unter Beibehaltung des Drucks zurück.

31 ♕d2

Nach 31 ♖d2 ♗d4! 32 g3 c5 33 ♖d3 ♖e1 nebst ...♕f1 steht Schwarz auf Gewinn.

31...♖d1 32 ♕c2 ♗d4 33 c5

Oder 33 ♖d2 ♖f1, wonach der Bauer f4 fällt und der Bauer e5 ebenfalls bald ins Gras beißen wird.

33...♖f1 34 ♖d2 ♖xf4 35 ♔a2?

Weiß bricht zusammen. Mit 35 ♕c4 ♗xe5 36 ♖d8+ ♔h7 37 ♕d3+ ♖f5 38 ♖d7 konnte er noch kämpfen.

35...♖f2

Weiß steht vor einer hoffnungslosen Aufgabe, da alle seine Bauern heillos schwach sind.

36 ♖xf2 ♗xf2 37 g4?!

Exponiert die Bauern nur noch mehr, aber die Stellung ist so oder so verloren.

37...♗xc5 38 ♗f4 ♕d4 39 ♕d2 ♕e4

Der Gewinn ist einfacher, wenn Schwarz dem Damentausch aus dem Weg geht, da seine Dame das Zentrum beherrscht. Insbesondere begrenzt der Angriff auf den Läufer f4 die Beweglichkeit der weißen Figuren.

40 ♔a1 ♗d4 41 ♕h2 c5 42 ♔a2 b5 43 ♕d2 ♕d5+ 44 ♔b1 b4

Die Partie wird durch eine direkte Attacke auf den weißen König entschieden.

45 a4 b3 46 ♕d3 c4 47 ♕e2 ♕h1+ 48 ♗c1 ♕a8 0-1

Bu Xiangzhi – Swjagintsew

Russische Mannschaftsmeisterschaft, Dagomys 2008

1 d4 ♘f6 2 c4 g6 3 ♘c3 ♗g7 4 e4 d6 5 f3

S

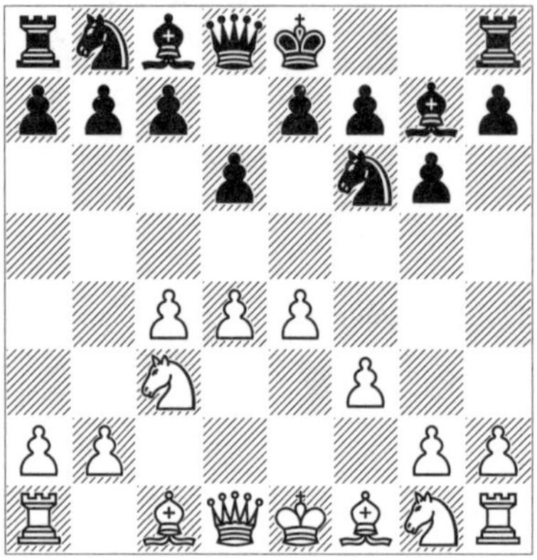

Weiß will ein breites, aber solides Zentrum aufbauen, das durch den Bauern f3 gestützt wird. Danach hat er zwei mögliche Pläne: Er kann entweder positionell fortsetzen und versuchen, seinen Raumvorteil bis ins Mittelspiel zu behalten, oder er kann seine Zentrumskontrolle als Basis für einen Angriff am Königsflügel verwenden. Schwarz muss nach Gegenspiel streben, indem er das weiße Zentrum aufzubrechen und den sich aus den vielen weißen Bauernzügen ergebenden leichten Entwicklungsrückstand auszunutzen versucht.

5...0-0 6 ♘ge2 a6

Schwarz wird versuchen, mit einer Kombination von ...b5 und ...e5 Löcher in das weiße Zentrum zu reißen.

7 ♗e3 ♘c6 8 ♕d2 ♗d7 9 h4

Weiß entscheidet sich für den Angriff am Königsflügel.

9...h5

Eine typische Reaktion auf den weißen Angriff auf die Fianchettostellung. Wenn Weiß nun am Königsflügel durchbrechen will, muss er mit g4 einen Bauern opfern.

10 ♗h6 e5 11 0-0-0 b5 12 ♘d5

Droht 13 ♘xf6+, da sich 13...♕xf6 wegen 14 ♗g5 verbietet.

12...♖e8 13 g4?!

Weiß verfolgt konsequent seinen Angriff, aber dieser ultra-aggressive Zug hätte auch ins Auge gehen können. Sicherer ist 13 dxe5 mit ungefähr gleichem Spiel.

13...hxg4 14 h5 gxf3

14...♘xh5? wird stark mit 15 ♘g3! beantwortet, da 15...♘xg3? wegen 16 ♗xg7 verliert.

15 hxg6 fxg6

Nach 15...fxe2? 16 gxf7+ ♔xf7 17 ♗xe2 hat Weiß gewinnbringenden Angriff.

16 ♘ec3

S

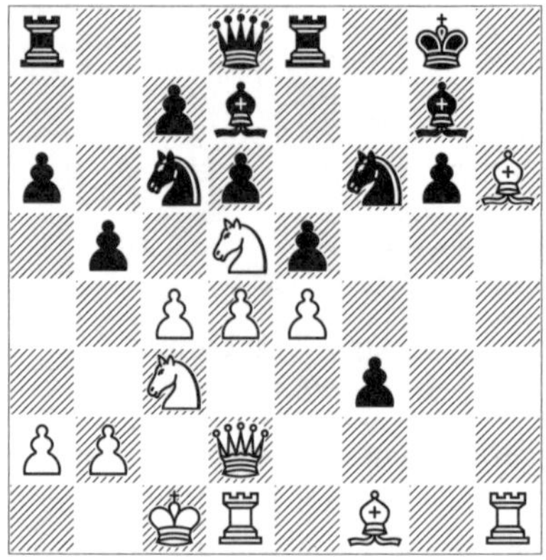

16...♘xd4?

Natürlich, aber falsch. In einer solchen Position kann sich schon der kleinste Fehler als tödlich erweisen; nun hat Weiß einen langen, aber mehr oder weniger forcierten Gewinnweg. Schwarz hatte zwei bessere Möglichkeiten:

1) 16...exd4 17 ♗xg7 ♔xg7 18 ♘xf6 ♕xf6 19 ♘d5 ♕e5 20 ♕h6+ ♔f7 21 ♕h7+ ♕g7 22 ♖h4 ♘e5 23 ♖f4+ ♗f5 24 ♕xg7+ ♔xg7 25 exf5 c5, und die drei schwarzen Bauern wiegen die weiße Mehrfigur nicht ganz auf.

2) Die beste Verteidigung ist 16...♘g4!; nach 17 ♗g5 ♕c8! (17...♕b8? 18 ♗h3! b4 19 ♗xg4 bxc3 20 bxc3 ♗xg4 21 ♘f6+ ♔f7 22 ♘xg4 gibt Weiß gefährlichen Angriff) 18 cxb5 axb5 19 ♘xb5 ♗e6 20 ♘bxc7 ♘xd4 sind die Verwicklungen günstig für Schwarz.

17 ♗xg7 ♔xg7 18 ♘xf6 ♕xf6 19 ♘d5 ♕f8 20 ♕h6+ ♔f7 21 ♕g5 ♕g7

Bis hierher waren alle schwarzen Züge erzwungen. Nun schlägt Weiß mit einem tödlichen Qualitätsopfer zu.

22 ♖xd4! exd4 23 ♕f4+ ♗f5

Auch 23...♔g8 24 ♘f6+ ♔f8 25 ♘g4+ ♔e7 26 ♖h7! gewinnt für Weiß.

24 exf5 g5 25 ♕g4 ♖e1+ 26 ♔d2 ♖ae8

26...♖xf1 27 f6 ♖xh1 28 ♕d7+ ist tödlich.

27 ♕h5+ 1-0

Nach 27...♔f8 28 f6 ♕g8 29 f7 ♕xf7 30 ♕h8+ ♕g8 31 ♕f6+ setzt Weiß matt.

S. Kasparow – Boscharow

Bhubaneswar 2010

1 e4 d6 2 d4 ♘f6 3 f3 g6 4 c4 ♗g7 5 ♘c3 0-0 6 ♗e3 ♘c6 7 ♘ge2 a6 8 h4

Normalerweise wartet Weiß lieber mit 8 ♕d2 die schwarze Antwort ab, bevor er sich für einen Plan entscheidet.

8...h5 9 ♕d2 ♖e8!?

Das ist eine interessante Alternative zu der gängigeren Fortsetzung 9...♖b8.

W

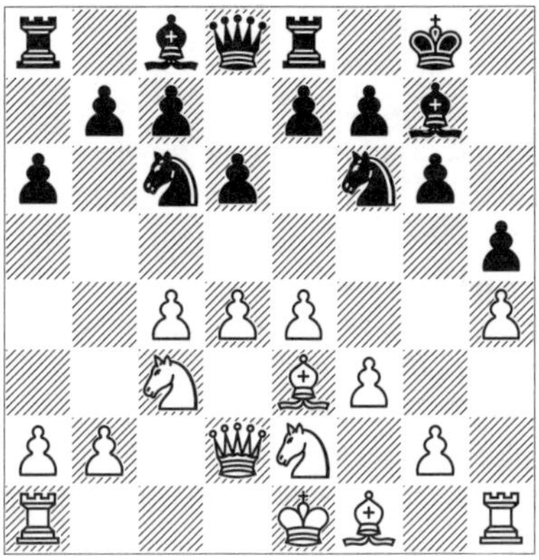

10 ♘c1

10 0-0-0 kann ohne den Vorbereitungszug ...♖b8 mit 10...b5 beantwortet werden, da die Annahme des Bauernopfers Linien gegen den weißen König öffnen würde. Da 10 ♗h6 mit 10...♗h8 beantwortet werden kann (was durch 9...♖e8 ermöglicht wurde), ist der Partiezug am natürlichsten.

10...e5 11 d5 ♘d4 12 ♘b3 c5

Schwarz ist zu dieser Zentrumsaktion verpflichtet, selbst wenn sie einen Bauern kostet. Nach Springertausch auf b3 hat Schwarz keinerlei Gegenspiel.

13 dxc6 bxc6

Da Schwarz nach 13...♘xc6 14 0-0-0 fürchterlich steht, muss er einen Bauern geben.

14 ♘xd4 exd4 15 ♗xd4 d5

Schwarz hat einen Bauern geopfert und hofft nun durch Ausnutzung des weißen Entwicklungsrückstands Kompensation zu bekommen. Das ist eine typische Idee, wenn eine Seite ein ambitioniertes Bauernzentrum aufbaut; im vorliegenden Fall hat Weiß vier Züge auf das Vorrücken seines c-, d-, e- und f-Bauern verwendet, die zu Lasten der Figurenentwicklung gehen. Schwarz muss schnell zuschlagen, da Weiß einen stabilen Raumvorteil haben wird, wenn er seine Entwicklung beenden und sein Bauernzentrum verstärken kann.

16 cxd5 cxd5 17 e5 ♘d7 18 f4 f6 19 e6!?

Nach 19 ♗f2 ♗b7 20 0-0-0 fxe5 21 ♘xd5 ♘f6 hat Schwarz ausgezeichnetes Spiel für den Bauern.

19...♘f8

Nach 19...♖xe6+ 20 ♗e2 stehen die schwarzen Figuren sehr ungelenk.

20 f5

Da 20 ♗e2? ♘xe6 eindeutig gut für Schwarz ist, hat Weiß kaum eine Wahl.

20...gxf5 21 ♗e2 ♘xe6

W

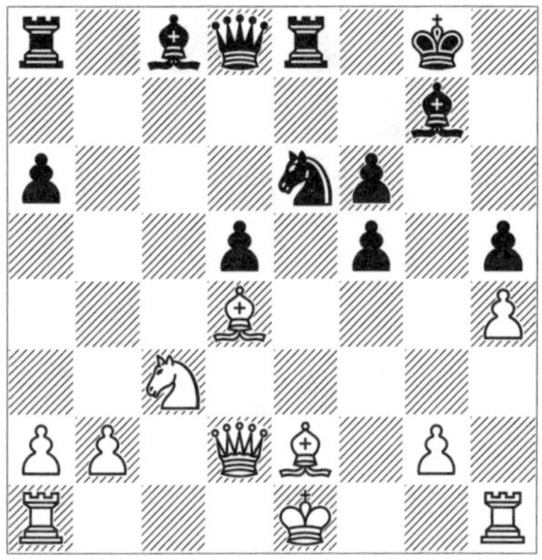

Durch sein aktives Spiel hat Schwarz das weiße Zentrum völlig zerstört, aber die Partie ist noch lange nicht vorbei.

22 0-0?

Gibt jegliche Hoffnung auf Vorteil auf. Korrekt ist 22 0-0-0!, nach 22...♘xd4 23 ♕xd4 ♖e5 24 ♗f3 wird Weiß den Bauern auf d5 zurückgewinnen und etwas Positionsvorteil behalten.

22...♘xd4 23 ♕xd4 ♗h6

Es stellt sich heraus, dass der weiße König auf g1 nicht gut steht und Schwarz seinen Läufer auch über eine alternative Route aktivieren kann.

24 ♔h1 ♖e5 25 ♗xh5?

Angezeigt war 25 ♗f3 ♗e6 26 ♖fe1 mit gleichen Chancen. Das Spiel im Zentrum ist wichtiger als das Schlagen des unwichtigen Bauern h5.

25...♗e3 26 ♕d3 ♖a7!

Der Turm ist auf dem Weg nach h7, wonach Weiß noch mehr Grund haben wird, das Schlagen auf h5 zu bedauern.

27 ♗f3 ♖h7 28 g3 d4

Nun hat zur Abwechslung Schwarz die Zentrumshoheit.

29 ♘e2 f4 30 ♘xf4 ♗xf4 31 gxf4 ♖e3 32 ♕g6+?! ♖g7 33 ♕h5 ♖xf3 0-1

Nach 34 ♕xf3 ♗b7 oder 34 ♖xf3 ♗g4 ist es vorbei.

Jakowenko – Gaschimow
Sotschi 2008

1 d4 ♘f6 2 c4 e6 3 ♘f3 c5 4 d5 d6 5 ♘c3 exd5 6 cxd5 g6 7 h3 ♗g7 8 e4 0-0

W

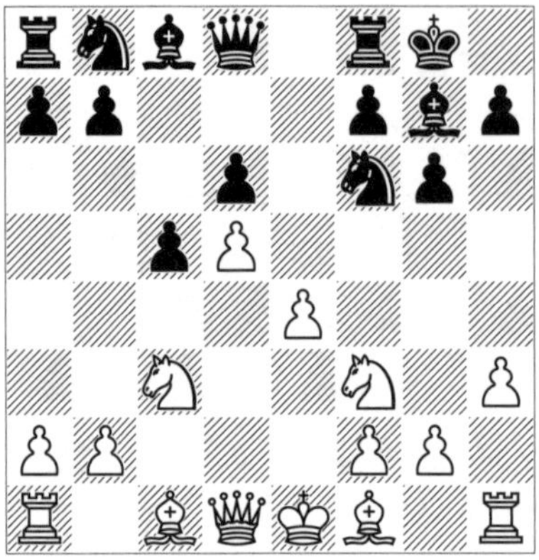

In dieser typischen Benoni-Struktur fällt sofort ins Auge, dass Weiß eine Bauernmehrheit im Zentrum hat, Schwarz dagegen am Damenflügel. Der Anziehende verfolgt zwei strategische Ziele: Er muss versuchen, die schwarzen Damenflügelbauern aufzuhalten (etwa indem er auf ...a6 mit a4 antwortet) und ein Vorrücken im Zentrum vorzubereiten (in der Regel durch f4 und e5). Nicht so offensichtlich ist, dass der Springer f3 häufig nach c4 überführt wird; dies räumt den Weg für das Vorrücken des f-Bauern und übt Druck auf den Bauern d6 aus, der in manchen Abspielen durch ♗f4 verstärkt werden kann. Die langfristigen Aussichten liegen im Allgemeinen eher bei Weiß, während Schwarz eine Gegenspielquelle finden muss.

9 ♗d3 a6 10 a4 ♖e8 11 0-0 ♘bd7 12 ♖e1 b6?!

Ein ungewöhnlicher Zug. Gebräuchlicher sind 12...♘h5 oder die Damenzüge nach c7 oder e7. Durch die Entwicklung des Läufers nach b7 bremst Schwarz den weißen Bauernvorstoß e5 (da dann d5 angegriffen sein wird), aber der Läufer steht auf b7 passiv. Außerdem trägt dieser Plan wenig zur Entwicklung von Aktivität am Damenflügel bei.

13 ♗f4 ♕c7 14 ♕d2 ♗b7 15 ♗c4!

Die Blockierung des c-Bauern verhindert alle schwarzen Bauernzüge am Damenflügel und neutralisiert somit jegliches mögliche Gegenspiel.

15...♘h5 16 ♗h2 h6

Dieser Zug sagt eigentlich schon alles, aber aktives Spiel mit 16...♘e5 erlaubt einen typischen Zentrumsdurchbruch mit 17 ♘xe5 ♗xe5 18 ♗xe5 ♖xe5 19 f4 ♖ee8 20 e5, wonach der Nachziehende in großen Schwierigkeiten steckt.

17 ♖ad1 ♔h7 18 ♕c2!

Weiß muss sich entscheiden, wie er Fortschritte machen will. Dieser Zug räumt d2 für die Überführung des Springers nach c4. Danach wird Schwarz den Bauern d6 mit einer weiteren Figur verteidigen müssen.

18...♖e7 19 ♗e2

Droht mit 20 e5! sofort zu gewinnen, da nach 20...♘xe5 21 ♘xe5 ♗xe5 der Springer h5 hängt. Daher hat Schwarz keine Zeit zu 19...c4.

19...♔g8 20 ♘d2

20 e5! ist bereits sehr stark, aber weitere Vorbereitungen können nicht schaden.

20...♘hf6 21 ♘c4 ♘e8

Nach der Zurücktreibung des schwarzen Springers nach e8 steht Weiß zum Vorrücken im Zentrum bereit.

22 f4 ♗d4+ 23 ♔h1 ♖d8

23...♘ef6 24 ♗f3 ♖ae8 ist eine andere Variante, die in 25 e5! läuft.

24 ♗f3 ♕b8

W

Bis hierher hat Weiß kraftvoll gespielt und hätte nun die Partie mit dem thematischen Durchbruch 25 e5! dxe5 26 fxe5 ♘xe5 27 ♖e2! (nicht 27 ♖xd4? wegen 27...♘xf3!) mit der tödlichen Drohung 28 ♖xd4 cxd4 29 ♖xe5 unter Dach und Fach bringen können. Schwarz ist so sehr gebunden, dass Weiß sogar seine Stellung verbessern kann, bevor er auf d4 schlägt.

In der Partie spielte Weiß **25 ♘e2?** und konnte am Ende gewinnen (1-0, 52), obwohl der Weg zum Sieg sehr holprig war.

L.B. Hansen – Gelfand

Olympiade, Dresden 2008

1 d4 ♘f6 2 c4 c5 3 d5 e6 4 ♘c3 exd5 5 cxd5 d6 6 ♘f3 g6 7 e4 a6 8 a4 ♗g4 9 ♗e2 ♗g7 10 0-0 0-0

W

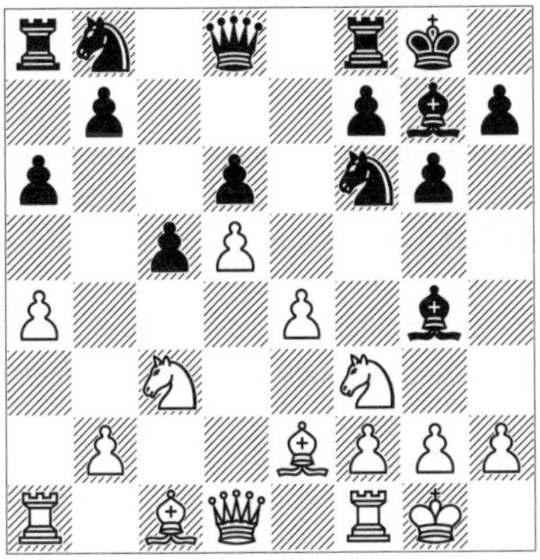

Diese Variante unterscheidet sich geringfügig von der vorigen Partie. Hier hat Weiß nicht h3 gespielt, so dass Schwarz seinen weißfeldrigen Läufer auf ein natürliches Feld entwickeln konnte. Wie die oben erwähnte Partie belegt, kann diese Figur zu einem echten Problem für Schwarz werden, wenn sie keinen zufriedenstellenden Posten finden kann.

11 ♖e1

Ein ungewöhnlicher Zug (gängigere Alternativen sind 11 ♗f4, 11 ♘d2 und 11 h3). Weiß will mit dem Läufer nach f1 zurückgehen, damit er auf f3 mit der Dame schlagen kann. Dadurch bleibt der Läufer auf der Diagonale f1-a6, auf der er die schwarzen Damenflügelbauern zurückhalten kann. Der Haken an diesem Plan ist, dass er sehr langsam ist und schwarze Aktivitäten am Damenflügel nicht völlig verhindert.

11...♖e8 12 ♗f1 ♘bd7 13 h3 ♗xf3 14 ♕xf3 ♖c8

Schwarz kann ...c4 nicht gut verhindern, da nach 15 ♗c4 ♘e5 16 ♕e2 ♘xc4 17 ♕xc4 ♘d7 (droht 18...♘e5) 18 f4 ♕a5 nebst ...♕b4 der schwarze Entwicklungsvorsprung den wichtigsten Faktor darstellt.

15 ♕d1 c4

Öffnet eine Route für den Springer d7 nach b3.

16 ♖a3?!

Will den Turm dem kommenden Angriff durch ...♘b3 entziehen, aber dieser gekünstelte Zug stellt den Turm ins Abseits.

16...♘c5 17 ♕c2 ♘b3

Noch wirkungsvoller ist 17...♕a5! mit der Drohung 18...♘xd5, da 18 ♗xc4 auf die starke Erwiderung 18...♘fxe4 trifft, während 18 ♗d2 ♘b3 ebenfalls für Weiß unangenehm ist.

18 ♗e3 ♘a5

Dieser Rückzug ist wegen der Drohung 19 ♗xc4 mehr oder weniger erzwungen.

19 ♖aa1 ♘d7 20 ♖ad1 ♘c5

W

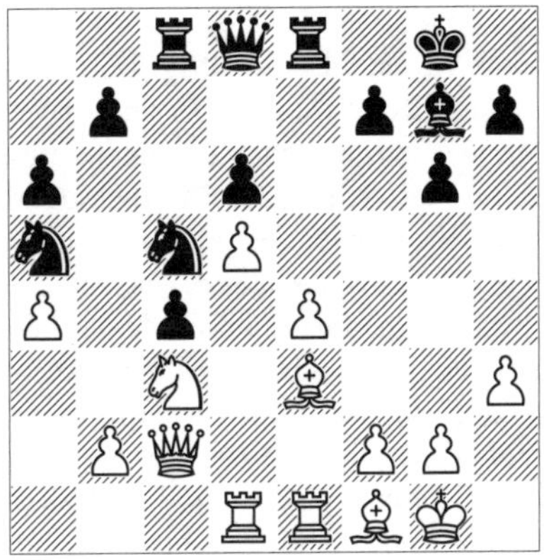

Nun setzt auch der andere schwarze Springer den weißen Damenflügel unter Druck.

21 g3 ♕d7!

Eine gute praktische Entscheidung. Schwarz kann mit 21...♗xc3 22 bxc3 ♖xe4 einen Bauern gewinnen, was aber den schwarzen Königsflügel schwächen und Weiß langfristige Kompensation bieten würde. Der Partiezug ist besser, da er den Druck aufrechterhält und weitere Fortschritte am Damenflügel durch ...b5 vorbereitet.

22 ♔h2 b5 23 axb5 axb5 24 ♗xc5?

Nun hat Weiß der Kraft des gegnerischen Läufers auf der langen Diagonale nichts mehr entgegenzusetzen. Viel besser ist 24 h4, um mit ♗h3 den ansonsten toten Läufer f1 zu aktivieren.

24...♖xc5 25 ♘a2

Weiß verhindert fürs Erste ...b4, aber Schwarz hat dank seines Drucks am Damenflügel und der Aktivität seiner Figuren großen Vorteil.

25...♖cc8 26 ♘b4 ♕a7 27 f4

Dies hilft dem Weißen nicht mehr und trägt nur dazu bei, den weißen König zu exponieren.

27...♕c5 28 ♘a6 ♕b6 29 ♘b4 c3!

Hier kommt der Durchbruch am Damenflügel.

30 e5 cxb2 31 ♕xb2 ♘c4 32 ♗xc4 bxc4 33 ♘d3 ♕a5 34 ♘f2 dxe5 35 fxe5 c3

Danach hat Schwarz einen Bauern mehr und eine ganze Reihe positioneller Vorteile.

36 ♕c2 ♖xe5 37 ♖xe5 ♗xe5 38 d6 ♖d8 39 ♘e4 ♕b4 40 ♖e1 ♕d4 41 ♕b3 ♖xd6 42 ♖f1 ♖d7 0-1

Typische Fehler

Im letzten Teil des Buchs betrachten wir einige typische Mittelspielfehler. Einige davon sind Übersehen oder Fehlberechnungen, andere basieren auf Fehlurteilen, während wieder andere rein psychologischer Natur sind. Sie sind alle wichtig, da es im Schach nicht nur auf Technik, Strategie und Berechnung ankommt. Selbst das feinste Positionsverständnis hilft nicht, wenn man dann in Gewinnstellung einen elementaren Fehler begeht.

Der erste Abschnitt beschäftigt sich mit der Psychologie von Fallen. Ein typisches Beispiel ist die Partie Gosling-Rudd (Seite 216), in der Weiß in Gewinnstellung eine scheinbar entscheidende Mattkombination vom Stapel lässt und dann selbst matt gesetzt wird. Li Chao-Bu Xiangzhi (Seite 217) ist ein komplexerer Fall. Schwarz stellt scheinbar durch eine einfache Verrechnung eine Figur ein. Der Weiße ist jedenfalls dieser Meinung, da er sich die angebotene Figur schnappt, aber in ein forciertes Matt läuft. Man sollte unbedingt verstehen, warum Fehler wie diese so leicht passieren, und sich der „Gefahrensignale" bewusst sein, die darauf hindeuten, dass man besonders vorsichtig sein muss.

Angriffe können leicht falsch beurteilt werden. Mitte des 19. Jahrhunderts herrschte die Meinung, dass ein gut gespielter Angriff fast immer Erfolg haben würde, aber Verbesserungen der Verteidigungstechnik führten schließlich zu einer realistischeren Beurteilung. Es ist jedoch auch möglich, zu weit in die andere Richtung zu gehen und zu denken, dass ein Angriff keinen Erfolg haben kann, wenn er nicht mit überwältigender Kraft geführt wird. Bezeichnend ist die Partie Kanarek-Swiercz (Seite 218). Um seine strategischen Ziele zu verwirklichen, zieht Weiß eine Verteidigungsfigur vom Königsflügel ab, der somit gänzlich ungeschützt bleibt. Schwarz reagiert mit einem geradlinigen, aber effektiven Angriff, der zu entscheidendem Materialgewinn führt. Ein besonderes Problem ergibt sich, wenn der Gegner einen primitiven Angriff startet und einfach seine Figuren in Richtung des feindlichen König schickt, statt „ordentlich" zu spielen. Es ist gut und schön zu wissen, dass ein Angriff ungerechtfertigt ist, aber es ist eine ganz andere Sache, ihm am Brett zu begegnen. Manche primitiven Angriffe sind nicht so zweifelhaft, wie sie aussehen, und können eine Menge Gift beinhalten. In Hamdouchi-Schigalko (Seite 219) reagiert Schwarz auf den dreisten weißen Angriff schlecht und gerät schon bald in Schwierigkeiten.

Im nächsten Abschnitt geht es um die entgegengesetzte Art von Fehlbeurteilung. Einige Spieler lieben Angriffe und Opfer und verlieren ihre Objektivität, wenn sie eine glanzpartieverdächtige Fortsetzung erspähen. Diese Spieler machen in der Regel drei Arten von Fehlern. Die erste tritt auf, wenn sie einen starken Angriff haben, den sie mit normalen Mitteln unter Dach und Fach bringen könnten. Nur gewinnen ist aber nicht gut genug; es muss schon brillant sein. Selbst sehr starke Spieler können diesem Denkfehler zum Opfer fallen, wie die Partie Spielmann-Nimzowitsch (Seite 220) belegt. Der zweite Fehlertyp besteht darin, einen Angriff zu starten, den die Stellung nicht rechtfertigt. In Vidmar-Marshall (Seite 221) steht Weiß besser, beginnt aber statt einer ruhigen Fortsetzung seine Königsflügelbauern in Richtung des gegnerischen Königs vorzurücken. Dies hat angesichts der Fluidität der Stellung kaum Aussichten auf Erfolg. In der Tat übernimmt Schwarz alsbald die Initiative. Der dritte typische Fehler besteht im Übersehen einer taktischen Verteidigung. Angriffsspieler erkennen in der Regel ihre eigenen taktischen Möglichkeiten sehr gut, ähnliche Ideen für den Gegner aber nicht. In Stefansson-Carlsen (Seite 222) opfert Weiß eine Figur für einen Angriff, der für ungefähr gleiches Spiel auszureichen scheint, was aber durch Carlsens schlaue taktische Riposte widerlegt wird. Noch dramatischer geht es in Tiwjakow-Le Quang (Seite 223) zu. Weiß startet einen einfallsreichen Angriff auf der Basis eines Figurenopfers, aber im entscheidenden Moment, als mehrere Figuren hängen und Weiß einzügig Matt droht, landet Schwarz einen tödlichen taktischen Schlag.

Fehleinschätzungen anderer Faktoren sind ebenfalls möglich. Einige Spieler legen zu viel Wert auf Material und zu wenig Wert auf Faktoren wie Entwicklungsvorsprung oder Königssicherheit. Diese Spieler haben eine Neigung zum Schlagen von „heißen" Bauern, selbst in sehr riskanten Situationen. So verleibt sich Schwarz in Najdorf-Portisch (Seite 224) zwei Bauern ein, nur um dann einem heftigen Angriff zum Opfer zu fallen. Tomaschewski-Morosewitsch (Seite 225) ist ein Grenzfall und zeigt, dass es beim Bauernrauben keine klare Linie zwischen „riskant" und „sicher" gibt.

Auch die Fehleinschätzung von positionellen Faktoren kommt recht häufig vor. Vor fünfzig Jahren wurde das Läuferpaar sehr hoch eingeschätzt. Seine Vorzüge wurden in vielen Lehrbüchern geschildert, und Spieler wie Gligorić und Portisch gewannen gegen den Nimzoinder eine Partie nach der anderen. Heutzutage ist die Sichtweise ausgewogener. In den meisten Positionen stellt das Läuferpaar in der Tat einen Vorteil dar, aber es gibt viele Ausnahmen. In der Uraltpartie Vidmar-Nimzowitsch (Seite 226) aus dem Jahre 1927 will Weiß unbedingt seine Läufer behalten, auch wenn sie nicht viele aktive Möglichkeiten haben. Nimzowitsch, einer der größten Springerliebhaber aller Zeiten, kann indes zeigen, dass das dynamische Potenzial seiner Stellung das Läuferpaar mehr als aufwiegt. Die Partie Portisch-Browne (Seite 227) zeigt, wie man im Nimzoinder das Läuferpaar bändigen kann.

Viele Spieler reagieren auf ein Opfer, indem sie es ohne großes Nachdenken annehmen. Ihrer Logik zufolge hat es dann, wenn der Gegner beispielsweise einen Bauern geschlagen hat, keinen Sinn, einfach mit einem Bauern weniger weiterzuspielen. Also kann man das Opfer auch annehmen und sehen, was passiert. Es gibt Stellungen, in denen diese Logik vertretbar ist, aber in vielen Fällen gibt es eine Alternative zum sofortigen Schlagen. Ein Zwischenzug könnte die Situation verändern, oder man kann das Opfer ablehnen und das Tempo anderswo verwenden. Und wenn man nach Ablehnung des Opfers auch mit einem Bauern weniger weiterspielen muss, so ist das allemal besser als ein forciertes Matt. In Galljamowa-Morosewitsch (Seite 228) bietet Weiß einen Läufer an, den Schwarz annimmt, obwohl dies forciert zum Verlust führt. Stattdessen hätte er sich durch Ablehnung des Opfers und Verwendung des Tempos für Gegenspiel ins Remis retten können. Besser fährt Schwarz in der Partie Plenca-Prohaszka (Seite 229), in der das weiße Standardläuferopfer auf h7 unerwarteterweise abgelehnt wird.

Selbst sehr starke Spieler lassen es zuweilen an Wachsamkeit fehlen. Es gibt nicht viele Partien, in denen ein Spieler unaufhaltsam in die Niederlage schlittert, ohne irgendwann eine Rettungschance zu bekommen. Die Schwierigkeit liegt im Erspähen der Gelegenheit, die vielleicht nur einen flüchtigen Augenblick lang winkt. Gratschew-A. Kovačević (Seite 230) sieht wie ein typischer weißer Sieg gegen Benoni aus, da das schwarze Gegenspiel die strategischen Vorteile des Weißen nicht aufwiegt. Es gibt jedoch einen Moment, in dem Schwarz mit Hilfe eines überraschenden Opfers das Gleichgewicht hätte halten können. In Anand-Schirow (Seite 231) gibt ein Fehler von Weiß dem Nachziehenden die Gelegenheit, die Partie mit einer ungewöhnlichen Kombination zu gewinnen, aber Schirow sieht sie nicht und geht unter.

Der nächste Abschnitt mit dem Titel „Zulassen eines Schwindels“ unterscheidet sich erheblich von dem obigen Abschnitt über das Hineintappen in Fallen. Eine Falle ist in der Regel ein einzügiger Trick, während ein Schwindel sich über mehrere Züge hinziehen kann. Es gibt viele Gründe dafür, eine Gewinnstellung zu verderben, aber einer der häufigsten ist, dass man sich nicht an die Regel hält, das Spiel so einfach wie möglich zu halten. Die Partie Hebden-Nunn (Seite 232) ist typisch; Weiß hat die Wahl zwischen verschiedenen Abspielen, die alle ziemlich bequem gewinnen, wählt aber am Ende eines, das den Gewinn nur erschwert. Nach weiteren Fehlern kann Schwarz schließlich sogar gewinnen. Ein anderer Fehlertyp ist in Giri-Aronjan (Seite 233) zu sehen. Schwarz opfert in schlechter Stellung eine Figur für etwas Gegenspiel, aber Weiß scheint die Möglichkeiten des Nachziehenden nicht ernst zu nehmen und lässt unnötiges Gegenspiel zu, statt sich einfach zu entwickeln und seine Figuren aktiv zu halten.

„Verlieren des Fadens“ bezieht sich auf die Situation, wenn alles wie am Schnürchen läuft und man dann plötzlich keine Idee hat, wie man weiter vorgehen soll. Kein verfügbarer Plan sieht aussichtsreich aus, was zu einer Reihe planloser Züge und einer schnellen Verschlechterung der Stellung führt. Ljubojević-Nakamura (Seite 234) ist insofern typisch, als Weiß, der anfangs recht gut steht, plötzlich den Faden verliert und bald in einem verlorenen Endspiel landet. Das Verlieren des Fadens ist üblicherweise darauf zurückzuführen, dass man die Schlüsselpunkte der Stellung nicht erfasst hat. In Asarow-Movsesian (Seite 235) erkennen beide Spieler nicht, wie wichtig die Aktivierung des Läufers h3 ist.

Schließlich sollte man nie resignieren. Es ist viel wert, wenn man die Willenskraft hat, dem Gegner stets größtmögliche Schwierigkeiten zu bereiten, egal wie schlecht die Stellung ist. Sehr einfallsreiche und resolute Spieler scheinen oft viel „Glück“ zu haben, verbessern aber in Wirklichkeit ihre Chancen, indem sie unermüdlich Gegenspiel suchen, Fallen stellen und keine klaren Gewinnwege zulassen. Selbst der einfallsreichste Spieler kann eine verlorene Stellung nicht gewinnen, wenn der Gegner gut spielt, aber wenn man zur Ausnutzung der kleinsten Ungenauigkeit bereit ist, wird man aus scheinbar hoffnungslosen Stellungen den einen oder anderen halben oder gar ganzen Punkt ergattern. In Ganguly-Schirow (Seite 236) verliert Schwarz praktisch ersatzlos die Qualität, kann aber letztendlich mit einer sehenswerten Kampfleistung die Partie für sich entscheiden. Short-Nunn (Seite 237) sieht ebenfalls sehr schlecht für Schwarz aus. Als Weiß sich jedoch fehlerhaft einen zweiten Bauern einverleibt, bekommt Schwarz plötzlich Chancen, die ihm letztlich einen Sieg einbringen.

Jeder ist schon einmal in eine Falle getappt. Man stürmt nach vorne, weil man einen vernichtend aussehenden Zug gesehen hat, nur um dann durch die Antwort geschockt zu werden. Grund der Niederlage ist hier nicht eine schwierige taktische Wendung, die über das normale taktische Sehvermögen hinausreicht, sondern das Übersehen eines Zuges, den man normalerweise problemlos finden würde. Wenn die Stellung in einer Zeitschrift unter der Rubrik „Finde den nächsten Zug" gestanden hätte, so hätte man die Idee auch gesehen. Woran liegt es also, dass man einfache taktische Wendungen übersieht?

Es gibt mehrere Gründe, die sich aber am besten an einem Beispiel erläutern lassen.

S

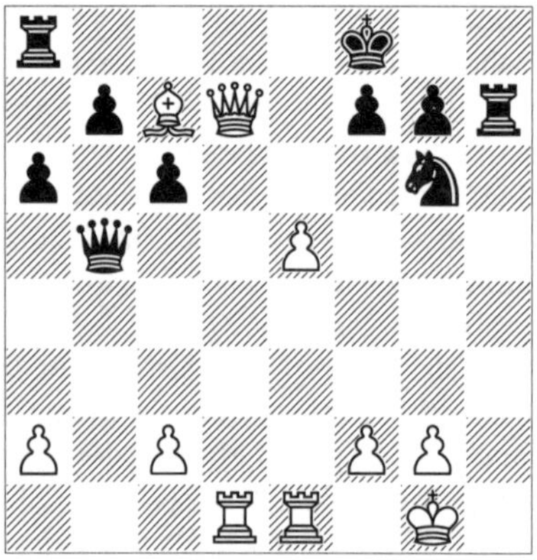

Gosling – Rudd
Frome 1994

Schwarz ist am Zug. Es ist auf den ersten Blick zu erkennen, dass er sehr schlecht steht. Materiell steht es gleich, aber der schwarze König ist schrecklich exponiert, sein Turm auf a8 spielt nicht mit, und Weiß hat u. a. die vernichtende Drohung e6. Schwarz hat zwar einen Turm auf der offenen h-Linie, kann seine Dame aber nicht schnell genug auf die h-Linie bringen, da die weißen Drohungen viel schneller sind. Weiß steht hier einfach auf Gewinn, aber die Ereignisse nehmen einen unerwarteten Verlauf.

21...♘f4

Dies sieht wie ein völlig plausibler Zug aus. Der Springer deckt e6, was das Vorrücken des e-Bauern verhindert, und kann vielleicht irgendwann einmal auf e2 Schach bieten.

Der Anziehende sieht, dass ein Schach auf d6 den schwarzen König nach e8 zwingt, da er aufgrund des Grundreihenmatts nach ♕d8+ nicht nach g8 gehen kann. Danach drängt sich sofort die von Weiß gespielte Fortsetzung auf, die die Tatsache ausnutzt, dass der schwarze Springer nicht mehr das Feld e7 bewacht.

22 ♕d6+ ♔e8 23 ♗d8??

S

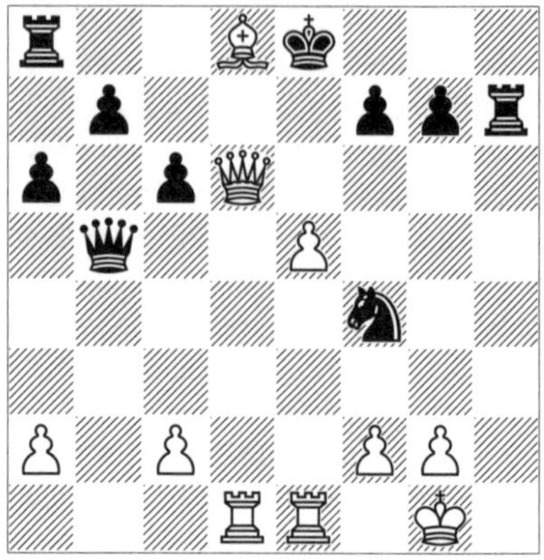

Droht einzügig Matt. Es sieht so aus, als ob Schwarz 23...♘g6 spielen müsste, wonach 24 e6 zu schnellem Matt führt.

23...♕f1+! 0-1

Eine kalte Dusche für Weiß, der plötzlich feststellen muss, dass er selbst matt gesetzt wird: 24 ♖xf1 ♘e2# oder 24 ♔xf1 ♖h1#.

Warum war 21...♘f4 eine so wirkungsvolle Falle? Der erste Grund ist Plausibilität; Weiß hatte die vernichtende Drohung e6, und der Zug ...♘f4 sieht wie ein typischer allerletzter Verteidigungsversuch aus, was die Tatsache verschleiert, dass er einen zweiten, versteckten Zweck hatte. Zweitens parieren die meisten weißen Züge die schwarze Drohung nicht, so dass Weiß das Damenopfer wahrscheinlich nicht neutralisieren wird, außer wenn er es tatsächlich sieht. Drittens ist es gar nicht so leicht, nach 21...♘f4 einen klaren Gewinn zu finden. Es gibt einen, der aber schwer zu sehen ist: 22 ♕d6+ ♔e8 (so weit wie in der Partie) 23 ♖e3! ♘e2+ 24 ♖xe2 ♕xe2 25 ♕d7+ ♔f8 26 ♗b8!! mit Mattdrohung auf d8 und Beantwortung von 26...♖xb8 mit 27 ♕d6+ und 28 ♕xb8+. Durch das Fehlen einer offensichtlichen Alternative wird Weiß dazu verleitet, auf einen schnellen und einfachen Totschlag zu spielen, der aber nur zur Selbstzerstörung führt. Schließlich verliert Schwarz durch das Aufstellen der Falle nichts, da seine Stellung so oder so hoffnungslos ist.

Wenden wir uns nun einer tieferen Falle zu.

S

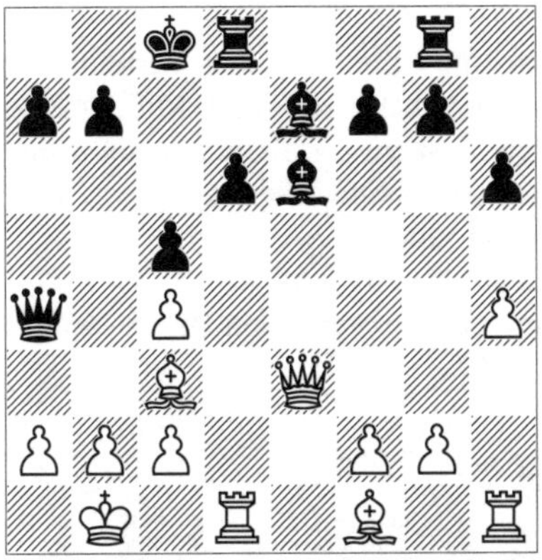

Li Chao – Bu Xiangzhi
Chinesische Meisterschaft, Xinghua Jiangsu 2009

Die Stellung ist etwas besser für Weiß. Wegen des Angriffs auf den Bauern g7 kann Schwarz seinen Königsturm nicht nach e8 ziehen. Außerdem verbietet sich 16...g6 wegen des hängenden Bauern h6, während nach 16...g5 17 hxg5 hxg5 18 ♗d3 der Turm h1 ins Spiel kommt. 16...♗xc4? kommt natürlich wegen 17 b3 nicht in Betracht.

Es sieht also ganz danach aus, als ob der Nachziehende nichts Besseres als einen ruhigen Zug wie 16...♔b8 hat, aber nach 17 ♗d3 steht Weiß wiederum aussichtsreich. Er wird mit b3 den Bauern c4 unter Tempogewinn verteidigen und dann ♗h7 nebst ♗e4 folgen lassen, wonach Schwarz ein Tempo zur Verteidigung des Bauern g7 aufwenden muss, während Weiß mit dem Läufer seine Kontrolle über das Feld d5 verstärkt.

Schwarz spielte hier aber

16...d5!?

Ein sehr überraschender Zug, da nach dem Tausch auf d5 der Läufer e7 hängen wird. Jedenfalls kommt Weiß um das Schlagen auf d5 kaum herum.

17 cxd5 ♗xd5

Dies ist der Augenblick der Wahrheit für Weiß. Kann er den Läufer schlagen? Bei derartigen Entscheidungen ist es wichtig, nicht nur die Schlüsselvariante sorgfältig zu analysieren, sondern sich auch etwaige andere Möglichkeiten anzusehen. Betrachten wir zunächst 18 ♕xe7. Danach verspricht das Schlagen auf a2 mit dem Läufer nicht viel, da Schwarz nach 18...♗xa2+ 19 ♔c1 ♖xd1+ 20 ♔xd1 ♖d8+ 21 ♔c1 die Schachgebote ausgehen (21...♕f4+ kann mit 22 ♕e3 beantwortet werden). Man beachte, dass Schwarz mit Schachs arbeiten muss, da Weiß sonst auf c5 mit Schach schlägt, was sehr unangenehm ist. Wie sieht es aber mit dem Schlagen des Bauern mit der Dame aus? 18...♕xa2+ 19 ♔c1 ♕a1+ 20 ♔d2, und nun hat Schwarz ein Abzugsschach, das aber überraschenderweise wenig Unheil anrichtet, da seine Dame hängt. Am besten wäre vielleicht noch 20...♗f3+ 21 ♗d3 ♗xd1 22 ♖xd1, aber dann muss die Dame ziehen, wonach Weiß durch Schlagen auf c5 offensichtlich eine Gewinnstellung erhält. Die Sache ist also etwas rätselhaft, da Schwarz nach 18 ♕xe7 keine vernünftige Fortsetzung zu haben scheint.

Dies hätte für Weiß eigentlich Warnung genug sein müssen, dass mit der obigen Analyse etwas nicht stimmt. Schwarz musste nicht 16...d5 spielen, tat es aber trotzdem, was nahelegt, dass er irgendetwas gesehen hat. Natürlich ist es möglich, dass Schwarz sich irgendwie verrechnet hat, aber verdächtig ist die Sache ganz bestimmt, was Weiß dazu ermuntert haben sollte, sich seine Analyse noch einmal anzusehen.

Statt des Schlagens des Läufers hat Weiß die aussichtsreiche positionelle Fortsetzung 18 b3 ♕c6 19 ♗d3 ♖ge8 20 ♗f5+ ♔b8 21 ♗xg7, wonach Schwarz Schwierigkeiten hat, da 21...♗xg2 22 ♖he1 großen weißen Vorteil ergibt – zuallermindestens wird er den Bauern h6 verlieren.

In der Partie konnte Weiß der Verlockung nicht widerstehen:

18 ♕xe7?? ♕xa2+ 19 ♔c1 ♕a1+ 20 ♔d2

S

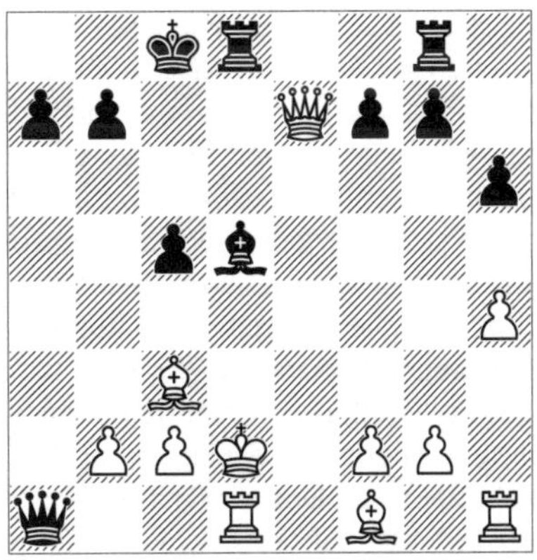

Nun erhielt Weiß einen Schock.

20...♕xd1+! 0-1

Nach 21 ♔xd1 ♗f3++ und 22...♖d1# ist es aus. Dies ist ein Lehrbeispiel dafür, dass man sorgfältig analysieren muss, besonders wenn der Gegner einen groben Fehler gemacht zu haben scheint.

91 Unterschätzung eines Angriffs

W

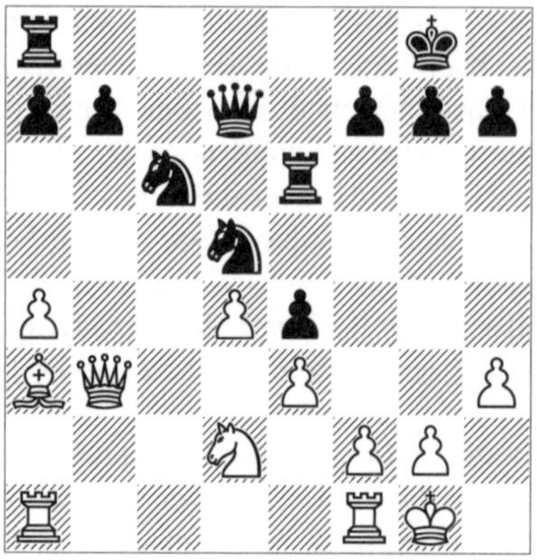

Kanarek – Swiercz
Polnische Meisterschaft, Warschau 2011

Die Stellung ist ungefähr ausgeglichen. Der Schwarze hat einige Angriffschancen gegen den etwas exponierten weißen Königsflügel, aber solange er nur mit Dame und Turm angreift, sollte Weiß keine allzu großen Sorgen haben. Weiß steht am Damenflügel besser und kann mit seinen Türmen Druck auf der b- und c-Linie ausüben. Die verschiedenen Vor- und Nachteile halten sich ungefähr die Waage.

Es ist jedoch leicht, die schwarzen Angriffschancen zu unterschätzen. Durch die Weiterentwicklung der Verteidigungstechnik erhält man manchmal den Eindruck, dass gar kein primitiver Angriff Erfolg haben kann, was aber überhaupt nicht stimmt. Dass es einem Angriff an Raffinesse mangelt, bedeutet nicht, dass er nicht durchschlagen wird, und man darf sich der möglichen Gefahr nicht verschließen. Starke Verteidigungsspieler sind sich des gegnerischen Angriffspotenzials sehr wohl bewusst und planen die Neutralisierung jeglicher Drohungen schon lange im Voraus. Weniger bewanderte Spieler befolgen häufig die zweifelhafte Strategie, einfach den gegnerischen Angriff zu ignorieren, bis die Drohungen Aufmerksamkeit verlangen, aber dann kann es bereits zu spät sein.

19 ♘b1?

Der Abtausch des Blockadespringers auf d5 ist ein lohnenswertes strategisches Ziel, aber dieser Plan ist nicht nur sehr langsam, sondern zieht auch den Springer von jeglichen Verteidigungsdiensten am Königsflügel ab. Logisch ist 19 ♖ab1 b6 20 ♖fc1 gefolgt von ♕b5, was den weißen Druck am Damenflügel erhöht, sich dabei aber die Möglichkeit offenhält, den Springer gegebenenfalls mit ♘f1 zur Verteidigung des Königsflügels heranzuziehen. Mit dem Textzug unterschätzt Weiß sträflich das schwarze Angriffspotenzial am Königsflügel, was ihn teuer zu stehen kommt.

19...♖g6 20 ♔h1 ♖h6

Nimmt den vorstehenden Bauern auf h3 aufs Korn.

W

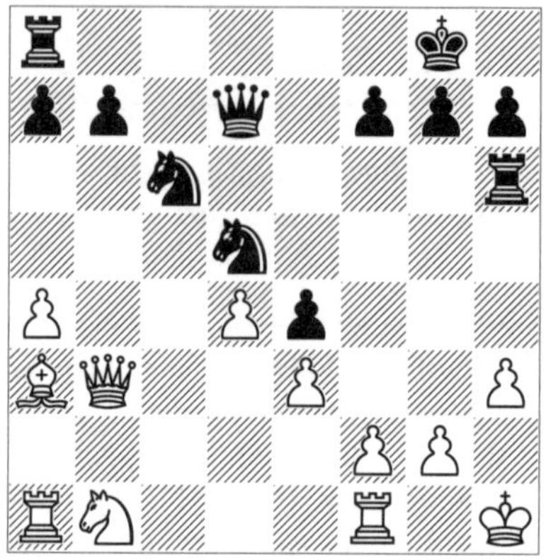

21 ♘c3?

Weiß nimmt die Gefahr immer noch nicht wahr. Dieser Zug ist konsequent, aber Konsequenz nutzt nichts, wenn der Gegner dann einen forcierten Gewinn hat. Am besten war noch, mit 21 ♘d2 den letzten Zug zurückzunehmen, aber der Zeitverlust sieht Schwarz in der Vorhand. Er kann mit 21...♖e8 22 ♖fc1 ♖ee6 23 ♘f1 ♖eg6 24 ♘g3 ♖xh3+! 25 ♔g1 (25 gxh3 ♕xh3+ 26 ♔g1 ♘xd4 27 exd4 ♘f4 28 ♖c8+ ♕xc8 gibt Schwarz drei Bauern und starken Angriff für die Figur) 25...♖hxg3! 26 fxg3 h5 27 ♖c5 ♘f6 28 ♖ac1 ♕g4 hervorragende Kompensation für die Qualität erhalten.

21...♘xd4!

Durch dieses Opfer kann Schwarz einen Springer in den Angriff einschalten, wonach der weiße König keinerlei Überlebenschancen hat. Ebenso gut ist 21...♖xh3+!, da 22 gxh3 aufgrund von 22...♕xh3+ 23 ♔g1 ♘xd4 verliert.

22 exd4

Oder 22 ♕xd5 ♖xh3+ 23 ♔g1 ♕xd5 24 ♘xd5 ♘e2#.

22...♖xh3+ 23 ♔g1

Nach 23 gxh3 ♕xh3+ 24 ♔g1 ♘f4 setzt Schwarz matt.

23...♖xc3 24 ♕b5 ♕xb5 25 axb5 ♖b3 26 ♖fb1 ♖xb1+ 27 ♖xb1 f6 28 ♖c1 ♔f7 29 f3 exf3 0-1

Hamdouchi – Schigalko

Spanische Mannschaftsmeisterschaft 2010

1 e4 c5 2 ♘f3 d6 3 d4 cxd4 4 ♘xd4 ♘f6 5 ♘c3 a6 6 ♗c4 e6 7 0-0 ♗e7 8 ♖e1 0-0 9 ♗b3 ♘c6 10 ♖e3!?

S

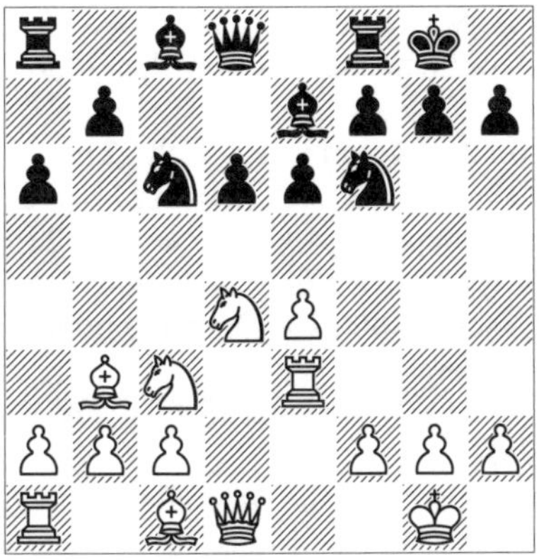

Die Überführung des Turms nach g3 sieht wie eine Anfängeridee aus. Wenn man sich einem Zug wie diesem gegenübersieht, besteht eines der Probleme darin, ihn überhaupt ernst zu nehmen. In allen Büchern steht, dass ein Angriff ohne ordentliche Vorbereitung keinen Erfolg haben kann, und dies scheint ein perfektes Beispiel für einen übereilten Angriff zu sein, da der weiße Damenflügel größtenteils noch schläft, während Schwarz seinen Königsflügel nicht in irgendeiner Weise geschwächt hat, die das Spiel des Weißen rechtfertigen könnte. Der Plan mit ♖e3-g3 sollte Weiß zwar keinen Vorteil eintragen, darf aber nicht völlig abgetan werden. Positiv für Weiß schlägt zu Buche, dass er seinen Läufer vielleicht direkt auf das aggressive Feld h6 entwickeln kann und sich trotz des mit dem Turmmanöver verbundenen Zeitverlusts noch nicht unwiderruflich auf einen Angriff festgelegt hat. Man kann leicht den Fehler begehen, im Bestreben nach Bestrafung eines Zugs wie ♖e3 zu sehr auf Vorteil zu spielen.

10...♗d7 11 ♖g3 ♘xd4?!

Das ist bereits ein kleiner Fehler, da Weiß nun seinen Läufer nach h6 entwickeln kann. Besser ist 11...♖e8 12 ♗h6 g6 oder einfach 11...♔h8.

12 ♗h6!

Weiß ist wachsam und beutet die Ungenauigkeit aus.

12...♘e8

Eine etwas unglückliche Notwendigkeit. Der Springerrückzug ist erzwungen, da 12...♘xb3?? wegen 13 ♗xg7 verliert und 12...g6? nach 13 ♗xf8 die Qualität verschenkt.

13 ♕xd4 ♗f6 14 ♕d2 ♖c8 15 ♖d1 ♗e5?!

Der Beginn eines unangebrachten Plans, der den Abtausch des wichtigen schwarzen Verteidigungsläufers beinhaltet. Da Weiß momentan keine ernsthaften Drohungen hat, kann Schwarz einen natürlichen Zug am Damenflügel machen, etwa 15...b5 oder 15...♗c6.

16 f4 ♗xc3 17 bxc3

Schwarz hat die weißen Bauern verdoppelt, aber nun erfüllt der Springer e8 eine Doppelfunktion, indem er sowohl d6 als auch g7 bewacht.

17...♔h8??

Dieser schreckliche Fehler eines Spielers mit einer Wertungszahl von fast 2600 lässt sich nur durch den beunruhigenden Effekt des frechen Spiels des Weißen erklären. Schwarz kann den gegnerischen Plan nicht widerlegen und will wenigstens den Läufer von h6 verjagen, wählt aber für die Entfesselung des g-Bauern den schlechtestmöglichen Zeitpunkt. 17...♕b6+ 18 ♔h1 f5 sieht sehr riskant aus, ist aber die beste Chance. Schwarz schwächt zwar die Diagonale a2-g8, verhindert aber das weitere Vorrücken des weißen f-Bauern. Nach 19 exf5 ♖xf5 20 ♕e1 behält Weiß etwas Vorteil, aber Schwarz hat Verteidigungschancen.

W

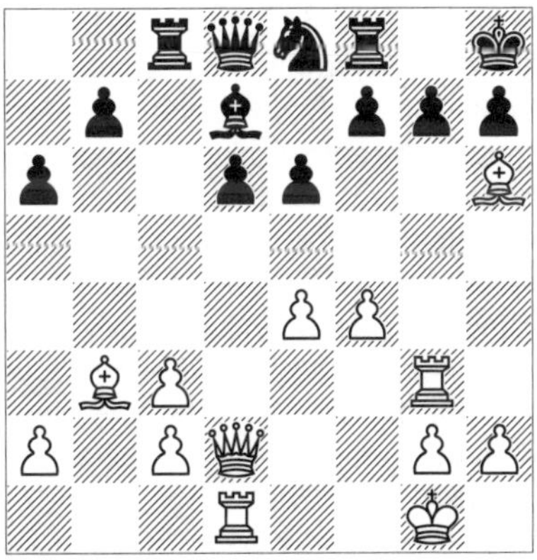

18 ♕xd6!

Da Schwarz nach dem Schlagen der Dame zweizügig matt gesetzt wird, verliert er einen Bauern und muss sich seine Stellung ruinieren lassen.

18...♖g8 19 ♕xd7 ♕xd7 20 ♖xd7 gxh6 21 e5?!

Einfacher ist das offensichtliche 21 ♖xf7.

21...♖xg3 22 hxg3 ♖c7 23 ♖d8 ♖e7 24 c4 ♔g7 25 c5 ♘c7 26 c4 a5 27 ♖d6?

27 c6 bxc6 28 ♖d6 gewinnt bequem.

27...♘a6 28 c6 ♘c5 29 ♔f2 ♘xb3?

29...bxc6 30 ♖xc6 ♘xb3 31 axb3 ♖b7 bietet Remischancen.

30 ♖d7! ♖e8 31 c7 ♖c8 32 axb3 1-0

Die Überschätzung eines Angriffs kann sich auf verschiedene Weise äußern. So kommt es häufig vor, dass ein Spieler in einer aussichtsreichen Angriffsstellung vor lauter Aufregung plötzlich Material zu opfern beginnt, ohne die Konsequenzen zu berechnen.

W

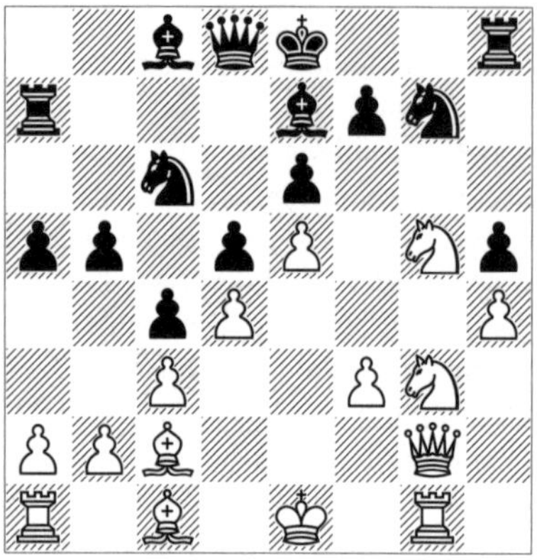

Spielmann – Nimzowitsch
New York 1927

Diese Stellung ist für Schwarz verloren. Seine Figuren stehen verstreut, sein König ist exponiert, und die weißen Schwerfiguren beherrschen die g-Linie. Schwarz ist dagegen noch mehrere Züge davon entfernt, am Damenflügel eine Drohung aufzustellen. Spielmann bringt ein doppeltes Figurenopfer mit ♘xf7 nebst ♘xh5, was aber schon ohne jegliche Berechnungen zweifelhaft aussieht, da Schwarz durch das Schlagen des Bauern h4 mit Schach unter Tempogewinn den Turm a7 in die Verteidigung einschalten kann.

19 ♘xf7?

Die Mängel der schwarzen Stellung sind so gravierend, dass ein einziger Zug sie nicht beheben kann. Am einfachsten ist daher Aljechins Empfehlung 19 ♔e2!. Da nun das Schlagen auf h4 nicht mit Schach erfolgt, droht wirklich 20 ♘xf7 ♔xf7 21 ♘f5 (21 ♘xh5 gewinnt auch) 21...♘xf5 22 ♕g6+ ♔f8 23 ♗xf5 exf5 24 ♗h6+ ♖xh6 25 ♕g8#. Dagegen kann Schwarz nicht viel tun; z. B. 19...♗f8 20 ♘h7 mit Zielrichtung f6, während Weiß nach 19...♖g8 20 ♘h7 ♘f5 21 ♗xf5 exf5 22 ♗g5 die Läufer tauscht und wiederum seinen Springer auf f6 aufpflanzt. In beiden Fällen steht Weiß auf Gewinn.

19...♔xf7 20 ♘xh5?

Die weiße Stellung ist so gut, dass er sich selbst hier noch mit der korrekten Fortsetzung 20 ♘e4! großen Vorteil sichern kann:

1) 20...♘f5 21 ♕g6+ ♔f8 22 ♘g5 ♗xg5 23 ♗xg5 ♖g7 24 ♗xd8 ♖xg6 25 ♖xg6 ♘xd8 26 ♗xf5 exf5 27 ♖d6 führt zu einem für Weiß sehr günstigen Endspiel. Eine Variante lautet 27...♔e7 28 ♔f2 ♖g8 29 a4 bxa4 30 ♖xd5 ♗d7 31 ♖xa5 mit materiellem und positionellem Vorteil für Weiß.

2) 20...♗xh4+ 21 ♔e2 ♘e8 (21...♔g8 22 ♘d6 ♕f8 23 ♕h3 ♗e7 24 ♖xg7+ ♕xg7 25 ♘xc8 mit Doppelangriff auf a7 und e6) 22 ♘d6+ ♔e7 23 ♕h3 ♘xd6 24 ♕xh4+ ♔d7 25 ♖g7+ ♘e7 26 exd6 ♔xd6 27 ♗g5 mit enormem Druck für den Bauern.

20...♗xh4+ 21 ♔e2 ♘xh5 22 ♗g6+ ♔e7 23 ♗xh5 ♔d7

Jetzt ist klar, dass für Weiß alles schiefgegangen ist. Der schwarze König ist aus der Gefahrenzone geflüchtet, während Weiß mit einer Figur weniger dasteht.

24 ♕g7+ ♗e7 25 ♗f7 ♖h2+ 26 ♔d1 ♔c7 27 ♗f4 ♖xb2 28 ♕h7 ♔b6

W

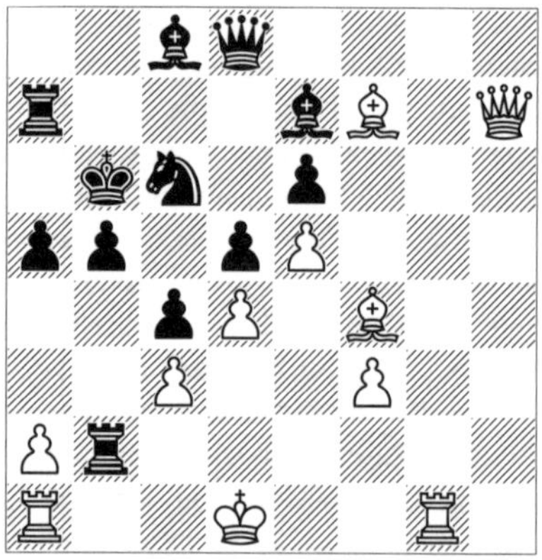

Die Odyssee des schwarzen Königs ist vorüber.

29 ♖g8 ♕c7 30 ♕h8 ♘d8 31 ♗g6 ♖g2

Schneller gewinnt 31...b4, aber der schwarze Vorteil ist so groß, dass Ungenauigkeiten nicht weiter ins Gewicht fallen.

32 ♕h1 ♖xg6 33 ♖xg6 b4 34 ♖g7 ♕c6 35 ♕h8 ♕a4+ 36 ♔e1 ♘c6 37 ♕xc8 ♗h4+ 38 ♗g3 ♖xg7 39 ♗xh4

Materiell steht es gleich, aber Weiß ist verloren.

39...♕c2 40 ♗d8+ ♘xd8 41 ♕b8+

Nach 41 ♕xd8+ ♔b7 haben sich die Schachgebote erschöpft.

41...♘b7 0-1

Es ist Matt in drei Zügen.

Ein Spieler, der seine Angriffsaussichten überschätzt, lässt sich häufig zu aggressiven, aber ungerechtfertigten Bauernvorstößen in Richtung des gegnerischen Königs hinreißen. In dem wahrscheinlichen Fall, dass sein Angriff zusammenbricht, werden die vorgerückten Bauern schwach, und wenn sein König auf dieser Brettseite steht, kann es gut sein, dass er selbst in einen Angriff gerät.

W

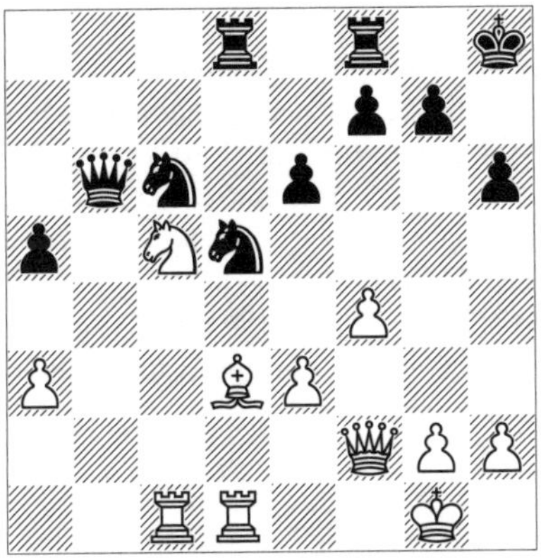

Vidmar – Marshall
New York 1927

Weiß hat deutlichen positionellen Vorteil. Seine Figuren stehen aktiver, da der Springer c5 sich auf einem guten Feld in der gegnerischen Bretthälfte etabliert hat und der Turm f8 im Moment nicht mitspielt.

30 g4?!

Eine natürliche Fortsetzung ist 30 ♖d2 mit der Absicht ♖b2 und vielleicht ♖b7; nach 30...e5 31 ♗e4 ♘f6 32 ♖b2 ♕c7 33 ♗f3 ♖c8 34 ♘e4 behält Weiß seinen Vorteil. Stattdessen stürmt Weiß mit seinen Königsflügelbauern vorwärts in der Hoffnung, direkte Drohungen gegen den schwarzen König aufzustellen, was aber angesichts der ungeklärten Lage im Zentrum kaum gelingen wird. Die Bauernvorstöße verlieren nicht nur Zeit, die Schwarz zur Verbesserung seiner Stellung verwenden kann, sondern führen auch zu einer ernsthaften Schwächung des weißen Königsflügels.

30...♘de7

Räumt die d-Linie und bereitet ...♖d5 vor.

31 h4?!

Nicht die einzelnen Züge von Weiß sind falsch, sondern sein ganzer Plan. Er hätte immer noch mit 31 ♖d2 mit leichtem Vorteil einen Rückzieher machen können.

31...♖d5! 32 e4 ♖d4

Der Turm steht ausgezeichnet, um aus der Anfälligkeit der Bauern auf der vierten Reihe Profit zu ziehen.

33 f5?!

Damit geht der Vorteil definitiv auf Schwarz über. Mit 33 ♘d7! ♕d8 34 ♘xf8 ♖xd3 35 ♖xd3 ♕xd3 36 g5 hxg5 37 fxg5 ♘e5 38 g6 ♔g8 39 ♘h7 ♘f3+ 40 ♔h1 ♘xg6 41 ♘g5 ♘xg5 42 hxg5 ♕xe4+ 43 ♕g2 konnte Weiß eine Stellung erreichen, die wahrscheinlich Remis enden wird.

33...exf5 34 gxf5 ♘e5 35 ♗e2 ♖xd1+ 36 ♖xd1 ♖d8 37 ♖xd8+ ♕xd8 38 f6 ♘7c6 39 fxg7+ ♔xg7

Das einzige sichtbare Überbleibsel des weißen Bauernsturms am Königsflügel ist der exponierte Bauer h4. Da außerdem der weiße Läufer dem Springer e5 unterlegen ist, kämpft Weiß nun offenbar um das Remis.

40 ♔g2?

Hier steht der König schlecht. 40 ♔f1! gibt Weiß ordentliche Remischancen.

40...♘g6! 41 ♔h3

Nun läuft 41 h5 in 41...♕g5+.

41...♕d6!

W

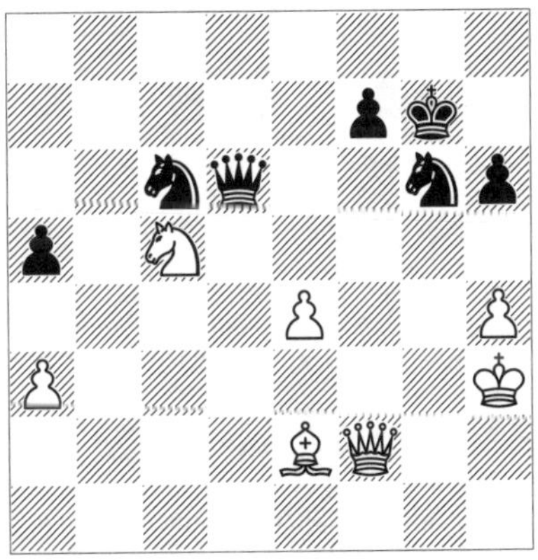

Die Drohung 42...♘f4+ zwingt den weißen König zurück.

42 ♔g2

Auch nach 42 ♘d3 ♘d4 ist Weiß nicht zu retten.

42...♘d4 43 ♘b7 ♕e5 44 ♔f1 ♘f4

Vermeidet die geschickte Falle 44...♕xe4? 45 ♕xf7+!, wonach der Anziehende Remischancen hat.

45 ♕g3+ ♔h7 46 ♗d3 ♘de6 47 ♗a6

Die weißen Figuren sind hoffnungslos ins Abseits getrieben worden.

47...♕a1+ 48 ♕e1 ♕b2 49 ♕e3 ♕g2+ 50 ♔e1 ♕c2 51 ♕f3 ♘g2+

Schwarz kann mit 51...♕c1+ 52 ♔f2 ♕c6 eine Figur gewinnen, aber die von ihm gewählte Methode genügt auch.

52 ♔f1 ♘ef4 53 ♔g1 ♘xh4 54 ♕f1 ♕xe4 55 ♘c5 ♕e3+ 56 ♔h1 ♕xc5 57 ♗d3+ f5 0-1

93 Übersehen einer taktischen Verteidigung

Ein gängiger Fehler plagt insbesondere Spieler, die gerne angreifen. Sie sehen häufig alle möglichen wundersamen taktischen Möglichkeiten für sich selbst, sind aber blind für selbst relativ einfache taktische Wendungen ihres Gegners. Daher beginnen sie oft einen Angriff, der häufig mit Opfern verbunden ist, nur um zu spät zu entdecken, dass er wegen einer taktischen Ressource inkorrekt ist. Für diese Art von Übersehen gibt es verschiedene Gründe. Viele Spieler sehen ganz allgemein und nicht nur in taktischen Situationen mehr Ideen für sich selbst als für den Gegner. Andere Spieler, die sehr gerne opfern, wollen im Unterbewusstsein keine Widerlegung ihres Angriffs finden und suchen daher auch nicht sonderlich beharrlich danach.

W

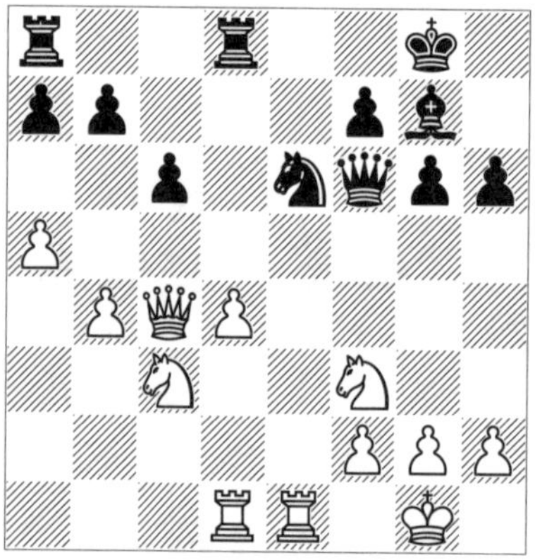

Stefansson – Carlsen
Europäische Mannschaftsmeisterschaft, Khersonissos 2007

Schwarz steht bequem. Weiß hat einen isolierten d-Bauern, der von vier schwarzen Figuren angegriffen ist, aber trotzdem kann Schwarz nicht mehr als leichtes Übergewicht beanspruchen. Weiß hat alle seine Figuren auf aktive Felder entwickelt und kann mit 19 ♘e4 ♕f5 20 ♘c5 seinen Nachteil minimal halten. Er spielt jedoch stattdessen auf Angriff.

19 ♘e5?!

Mit der starken Drohung 20 a6 bxa6 (auch 20...b5 21 ♕xc6 ♖ac8 22 ♘d5! gewinnt für Weiß) 21 ♘e4 nebst Materialgewinn, da 21...♕f5 22 ♘xc6 gefolgt von d5 vernichtend ist.

19...♕f5!

Praktisch der einzige Zug, aber ein guter. Nun scheitert 20 a6, da Weiß nach 20...b5! 21 ♕xc6? ♖ac8 nicht über den Trick mit ♘d5 verfügt und daher eine Figur verliert. Der Springerzug nach e5 hat auch die weißen Figuren anfällig gemacht; in der Tat droht bereits 20...♘xd4!. Hier kommt der psychologische Aspekt ins Spiel: Weiß hat einen aggressiven, aber unangebrachten Plan gewählt und sollte hier wohl am besten mit 20 ♘f3 eingestehen, dass sein voriger Zug ein Fehler war, aber einen solchen Zug macht man gar nicht gerne. Stattdessen setzt Weiß seinen Angriff fort, da dies die einzig logische Fortsetzung darstellt, und sucht wahrscheinlich nicht lange nach einer Widerlegung.

20 ♘xf7? ♔xf7!

Nach 20...♕xf7?! 21 ♕xe6 ♖xd4 22 ♖xd4 ♗xd4 steht Schwarz nur geringfügig besser.

21 ♖e3

S

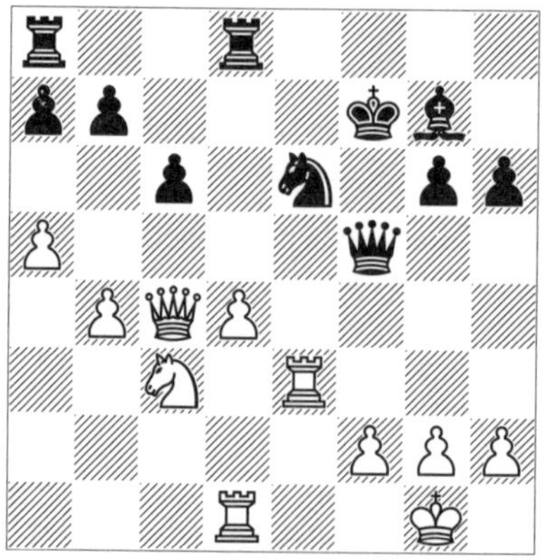

Das ist die Idee des Weißen; es droht 22 ♖f3 mit Fesselung der Dame.

21...♗xd4!

Durch diesen unerwarteten taktischen Schlag wird der weiße Angriff widerlegt. Andere Züge sind schlechter: 21...♔e7?? 22 ♖de1 ♖d6 23 ♖f3 ♕g4 24 ♖e4 ♕h5 25 g4! ♕g5 26 h4 ♕xh4 27 ♘b5! cxb5 28 ♖xe6+ ♖xe6 29 ♕c7+ ♔e8 30 ♕f7+ ♔d8 31 ♕xe6 ist für Weiß gewonnen, während 21...♗f6? mit 22 ♖f3 und ewigem Angriff auf die Dame beantwortet wird.

22 ♖f3 ♕xf3 23 gxf3 ♗xc3 24 ♖xd8 ♖xd8

Da 25 ♕xc3 wegen 25...♖d1+ 26 ♔g2 ♘f4+ 27 ♔g3 ♘e2+ die Dame verliert, behält Schwarz entscheidenden Materialvorteil.

25 f4 ♖d4 0-1

Nun wird 26 ♕xc3 mit 26...♖d1+ 27 ♔g2 ♘xf4+ nebst ...♖d3+ beantwortet.

Taktische Verteidigungen hängen häufig von der Grundreihenschwäche des Angreifers ab. Da der Angreifer zur Förderung seines Angriffs häufig seine Dame und einen Turm in Richtung des gegnerischen Königs schicken muss, bleibt die Grundreihe schlecht verteidigt. Bei vielen Angriffen wird ein Turm nach g3 oder h3 überführt, was es schwieriger macht, dem König durch einen Zug wie h3 ein Luftloch zu verschaffen, wenngleich dies im folgenden Beispiel nicht der Fall ist.

W

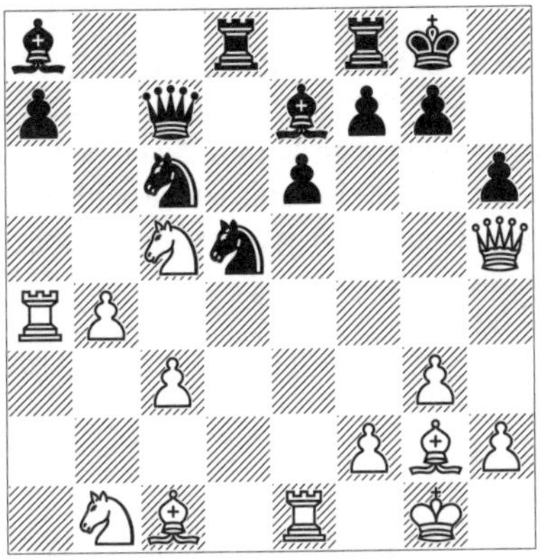

Tiwjakow – Le Quang
Moskau 2008

19 ♗xh6?

Ein verlockender Zug, weil die schwarzen Leichtfiguren momentan für die Verteidigung des Königsflügels nicht gut stehen, während Weiß seinen Turm mit b5 nebst ♖g4 oder ♖h4 in den Angriff einschalten kann. Im Moment greift Weiß jedoch nur mit der Dame an, was einige Zweifel an der Korrektheit des Opfers weckt. Objektiv sollte Weiß einen ruhigen Zug wie 19 ♗d2 wählen, da das Opfer nicht völlig korrekt ist, wenngleich dies nur durch gute Verteidigung nachzuweisen ist.

19...♘f6

Bringt den Springer unter Tempogewinn in die Verteidigung zurück. Nach 19...gxh6? kann Weiß zumindest mit 20 ♘xe6 fxe6 21 ♕g6+ Remis forcieren.

20 ♕h3

Dies ist offenbar die kritische Variante, die aber auf eine verblüffende Widerlegung trifft. Die Alternative ist 20 ♕g5 ♘e8 21 ♕h5 gxh6 22 ♕xh6, aber dann gibt 22...♘e5 23 ♘xe6 ♕b6! 24 ♖xe5 ♖d1+ 25 ♗f1 fxe6 26 ♕xe6+ ♕xe6 27 ♖xe6 ♗f6 28 ♘a3 ♘c7! dem Nachziehenden großen Vorteil, obwohl Weiß vier Bauern für die Figur hat. Die schwarzen Figuren sind außerordentlich aktiv, während Weiß die Fesselung auf der Grundreihe nicht abschütteln kann.

20...gxh6 21 ♕xh6

Droht mit 22 b5 zu gewinnen.

21...♘g4 22 ♘xe6

S

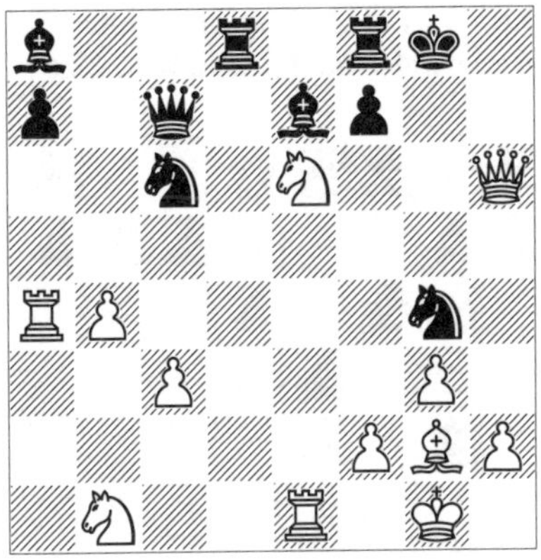

Auf diese Stellung hatte Weiß gespielt. Sie sieht auf den ersten Blick auch sehr aussichtsreich aus, da Matt auf g7 droht und 22...fxe6? wegen 23 ♕g6+ ♔h8 24 ♕h5+ ♔g7 25 ♕xg4+ ♔h8 26 b5 forciert verliert, während Weiß nach 22...♘xh6? 23 ♘xc7 ♗b7 (sonst kann Weiß wegen der Bedrohung von a8 und c6 die Figur auf noch vorteilhaftere Weise zurückgewinnen; z. B. 23...♖d6 24 ♘xa8 ♖xa8 25 b5) 24 b5 ♖d7 25 bxc6 ♗xc6 26 ♗xc6 ♖xc7 27 ♗d5 im Endspiel zwei klare Mehrbauern hat.

22...♕e5!!

Die verblüffende Widerlegung des weißen Spiels. Das Matt auf g7 ist gedeckt, und bei Weiß hängen sowohl die Dame als auch ein Turm. Obwohl der Turm auf a4 den Angriff des Weißen verstärkt hat, erweist sich nun die Tatsache, dass er nur einen Turm auf der Grundreihe hat, als sein Verderben.

23 ♕c1

Nach 23 ♖xe5 ♖d1+ 24 ♗f1 ♘xh6 gewinnt Schwarz.

23...♕h8!

Präzise gespielt. Nach 23...♕h5?! 24 h3 fxe6 25 hxg4 kann Weiß noch kämpfen.

24 h3 fxe6 25 ♖xe6

Nun kann 25 hxg4 mit 25...♘e5 26 ♗xa8 ♘xg4 nebst Matt beantwortet werden.

25...♖xf2

Schwarz hat nicht nur zwei Figuren mehr, sondern auch heftigen Angriff.

26 ♖g6+

Oder 26 hxg4 ♖xg2+ 27 ♔xg2 ♘e5+ mit forciertem Matt.

26...♔f7 27 ♖xg4 ♖xg2+ 28 ♔f1 ♔e8 0-1

Najdorf – Portisch
Olympiade, Warna 1962

1 d4 d5 2 c4 e6 3 ♘c3 ♘f6 4 ♘f3 c5 5 cxd5 ♘xd5 6 e3 cxd4 7 exd4 ♗b4 8 ♕c2 ♘c6 9 ♗d3

S
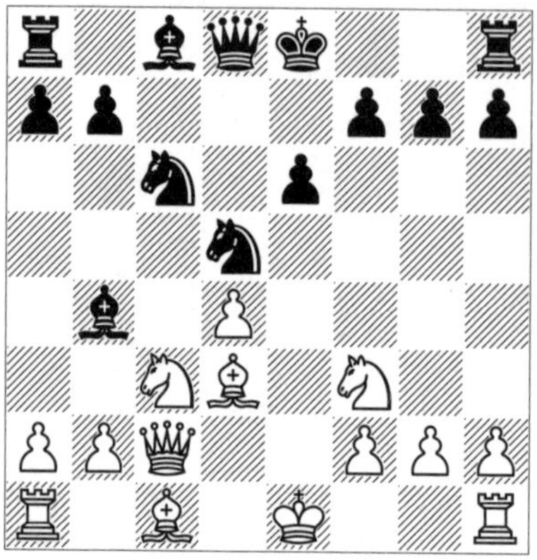

9...♘xc3?

Schwarz spielt unklugerweise auf Bauerngewinn, auch wenn er dabei das Rochaderecht verliert. Diese Fortsetzung scheint merkwürdig verlockend zu sein, da sie trotz der schrecklichen Punktausbeute von Schwarz immer wieder einmal versucht wird, im Allgemeinen mit dem gleichen Ergebnis. Zwei vernünftige Fortsetzungen sind 9...♗a5 und 9...h6.

10 bxc3 ♘xd4 11 ♘xd4 ♕xd4 12 ♗b5+ ♔e7

12...♔f8 13 0-0 ♕xc3 ist auch nicht besser, da 14 ♕a4 oder 14 ♕d1 Weiß starken Angriff gibt.

13 0-0!

Weiß steckt nur zu gern einen zweiten Bauern ins Geschäft, um seine wachsende Initiative zu schüren.

13...♕xc3 14 ♕e2

Es ist an der Zeit für eine Stellungsbeurteilung. Schwarz hat zwei Bauern mehr, aber er kann nicht mehr rochieren und hat großen Entwicklungsrückstand; der Anziehende droht sogar schon, mit 15 ♗b2 oder 15 ♗g5+ f6 16 ♖ac1 sofort zu gewinnen. Um diese Drohungen zu parieren, ist Schwarz zu weiterem Zeitverlust mit seiner Dame und seinem schwarzfeldrigen Läufer gezwungen. Trotzdem hat Weiß keinen sofortigen Gewinn, was wohl der Grund dafür ist, dass sich einige Spieler auf diese Variante einlassen; sie sehen, dass sie Material gewinnen können und der Gegner keinen klaren Gewinn hat, und schnappen sich einfach die Bauern. Die Kompensation muss aber nicht nur kurzfristig sein; hier gibt es viele Faktoren, die auf die extreme Gefahr hindeuten, in der sich Schwarz befindet. Bei der Betrachtung von Materialgewinn ist es wichtig, nicht nur über eine sofortige Widerlegung nachzudenken, sondern auch über die langfristigen Konsequenzen.

14...♗d6

Die beste praktische Chance ist 14...♕xa1, aber nach 15 ♗g5+ ♕f6 16 ♗xf6+ gxf6 17 ♖d1 a6 18 ♕c4 ♗d6 19 ♖xd6! ♔xd6 20 ♕d4+ ♔c7 21 ♕c3+ ♔b6 22 ♕xf6 ♖g8 23 ♕xf7 ♖d8 24 ♗a4 hat Weiß großen Vorteil. Nach dem Fall des Bauern h7 wird Weiß dank seiner beiden verbundenen Freibauern am Königsflügel nahezu entscheidenden Vorteil haben.

15 ♗b2 ♕a5

Auch 15...♕b4 16 ♖ab1 ♖d8 17 ♖fd1 ist sehr schlecht für Schwarz.

16 ♖fd1

S
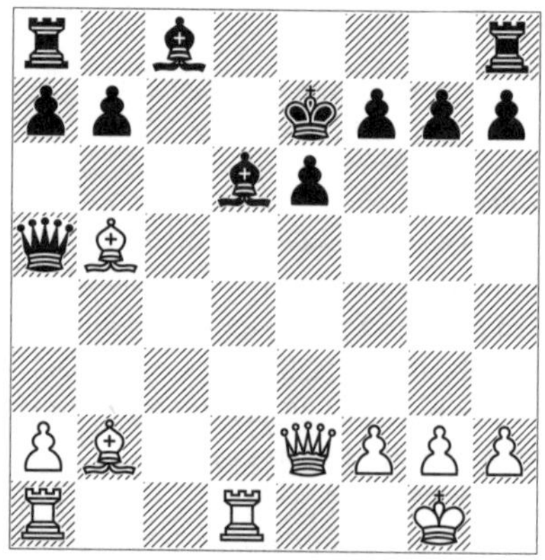

Wegen der Drohung 17 ♖xd6 ♔xd6 18 ♕e5+ ♔e7 19 ♕c5+ ♔d8 20 ♕d6+ ist die Antwort erzwungen.

16...♖d8 17 ♕h5 f6

17...h6 18 ♗xg7 ♗d7 19 ♕h4+ ♔e8 20 ♗xd7+ ♔xd7 (auch 20...♖xd7 21 ♕xh6 ist für Weiß gewonnen) 21 ♗f6 führt zu entscheidendem Materialgewinn.

18 ♕xh7 ♔f7 19 ♗e2

Der Läuferschwenk nach h5 ist tödlich.

19...♕g5

Deckt g7, um 20 ♗h5+ mit 20...♔e7 beantworten zu können (obwohl Weiß auch dann gewinnt), aber der nächste Zug von Weiß treibt die Dame weg.

20 ♗c1 ♗xh2+ 21 ♔xh2 ♕e5+ 22 f4 1-0

W

Tomaschewski – Morosewitsch
Russische Meisterschaft, Moskau 2007

In dieser unklaren Stellung hat Weiß etwas vorübergehenden Druck am Königsflügel, aber Schwarz hat eine Bauernmehrheit im Zentrum.

16 ♗e4 f5 17 ♗xc6?!

Weiß spielt auf Bauerngewinn, überschätzt aber seinen Materialvorteil und unterschätzt das Ausmaß der positionellen Kompensation des Schwarzen. Nach 17 ♗d5+ ♔g7 18 ♘df3 steht Weiß zufriedenstellend.

17...bxc6 18 ♘hf3 ♘f7 19 ♘xe5 ♘xe5 20 ♖xe5 ♗d6 21 ♖e1 c5

Schwarz hat mehr Raum und zwei aktive, auf den gegnerischen Königsflügel zielende Läufer. Dafür hat Weiß einen Mehrbauern auf der b-Linie, der in naher Zukunft kaum eine Rolle spielen wird. Dieser Fall ist jedoch nicht so klar wie das vorige Beispiel. Trotz des der schwarzen Stellung innewohnenden Potenzials wird Weiß einen großen Teil des Drucks abschütteln können, wenn er einen der bedrohlichen Läufer abtauschen kann. Vom praktischen Standpunkt aus war das Schlagen des Bauern dennoch keine gute Entscheidung, da Schwarz sicher nicht schlechter steht, und im Besitz der Initiative spielt es sich immer leichter.

22 ♘f3 ♔g7?

Das ist definitiv falsch. Schwarz sollte mit 22...f4 die Entwicklung des weißen Läufers behindern. Nach 23 ♘e5 (23 ♕e2 ♕f6 ist etwas besser für Schwarz) 23...fxg3 24 fxg3 ♕f6 25 ♗f4 ♖a7 hat Schwarz dann mindestens gleiches Spiel.

23 ♗g5?

Weiß revanchiert sich. Richtig ist es, mit 23 ♗f4! auf Figurentausch zu spielen. Nach der Folge 23...♗xf4 24 gxf4 kann der Bauer f4 nicht gut angegriffen werden, während Weiß das Feld e5 für seinen Turm und das Feld g5 für seinen Springer erhält.

23...♕c7

Nun kann ♗f4 nicht mit 24 ♕d2 vorbereitet werden, da Schwarz dann nach 24...♖h8 bereits mit 25...♗b7 zu gewinnen droht.

24 ♘h4 ♖f7

W

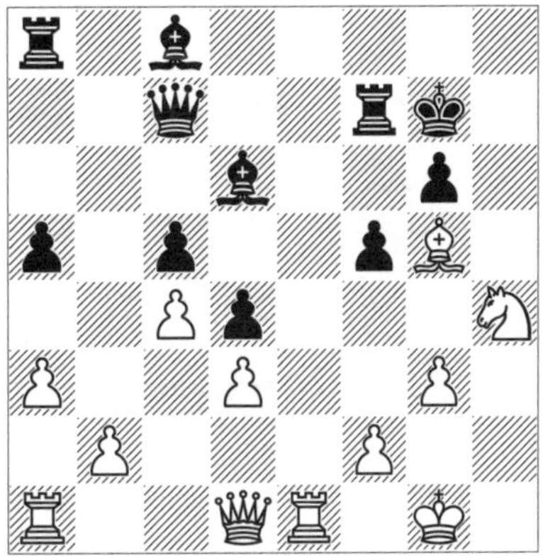

25 ♕e2

Es beginnt für Weiß ungemütlich zu werden. Verlockend ist 25 ♘g2, aber nach 25...♗b7 26 ♘f4 ♖h8 27 f3 ♕c8 nebst ...♕a8 hat Schwarz gutes Spiel für den Bauern.

25...♗d7

Nicht 25...♗b7?? wegen 26 ♕e6, aber Schwarz hat keine Eile. Nun will er ...♖h8-h5 spielen.

26 f4

Dies befestigt den Läufer g5, nimmt Weiß aber jede Möglichkeit zu aktivem Spiel und schwächt die lange Diagonale noch mehr.

26...♖h8 27 ♔f2 ♕b7 28 ♖ab1 ♖h5?

Droht auf g5 zu opfern, erlaubt Weiß aber fahrlässigerweise einen Ausbruchsversuch am Damenflügel. Korrekt ist 28...a4.

29 ♘f3?

Nach 29 b4! cxb4 30 c5! ♗c7 31 axb4 axb4 32 ♕b2 ♕d5 33 ♘f3 steht Weiß sogar etwas besser.

29...♗c6

Weiß hat seine letzte Chance verpasst.

30 ♖g1 ♖f8 31 ♘h4 ♖xg5! 32 fxg5 f4 33 g4 ♖e8 34 ♕d2 ♖e3

Es gibt keine Möglichkeit mehr für Weiß, der Aktivität der schwarzen Figuren etwas entgegenzusetzen.

35 b4 ♕e7 36 bxc5 ♕xg5 37 ♖h1 ♗xh1 38 ♖xh1 ♗xc5 39 ♕d1 ♕e7 40 a4 ♖g3 41 ♘g2 ♗b4 42 ♖h2 ♕e5 43 c5 f3 44 ♘h4 ♕f4 0-1

W

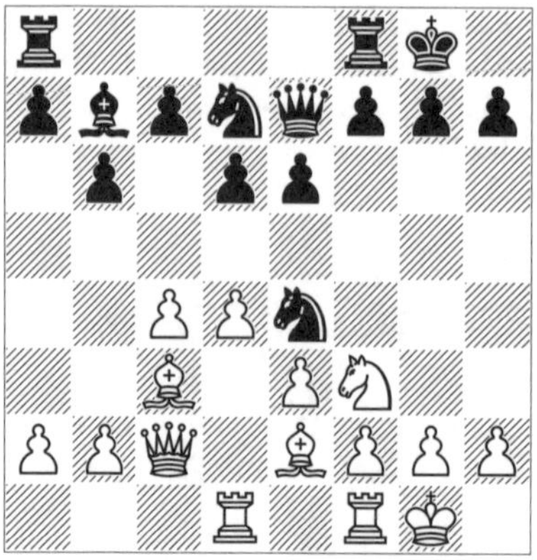

Vidmar – Nimzowitsch
New York 1927

Nach passiver Eröffnungsbehandlung des Anziehenden hat sich eine ungefähr ausgeglichene Stellung ergeben. Weiß hat zwei Läufer, die aber wegen des geschlossenen Stellungscharakters nicht sonderlich aktiv sind. Schwarz hat sich dagegen bequem entwickeln können und kontrolliert das Feld e4. Läufer sind schwächer, wenn viele Bauern auf dem Brett sind, werden aber mit jedem Bauerntausch stärker. Hier steht Weiß vor dem Problem, dass er wohl kaum viele Bauern tauschen kann.

12 ♗e1

Weiß will das Läuferpaar behalten, muss dafür aber den Turm f1 einsperren.

12...f5 13 ♕b3 c5 14 ♘d2 ♘xd2 15 ♖xd2 e5 16 dxe5 dxe5 17 f3

Weiß öffnet eine Linie für den Läufer e1, um 17...♘f6 mit 18 ♗h4 beantworten zu können. Diese Idee wird von Schwarz prompt neutralisiert.

17...g5! 18 ♗f2?!

Weiß verliert diese Partie, weil er sich nicht von seinen Läufern trennen kann. Er kann sie vor möglichem Abtausch bewahren, muss sie dafür aber auf passive Felder stellen. Besser ist hier 18 ♗g3 mit ungefähr gleichem Spiel nach 18...f4! 19 ♗f2 e4 20 exf4 gxf4 21 fxe4 ♘e5, da Schwarz genug Spiel für den Bauern hat.

18...♘f6 19 ♖fd1 ♖ae8

Ein lehrreicher Zug, da es natürlich erscheint, Weiß auf der d-Linie Paroli zu bieten. Die verdoppelten weißen Türme sind jedoch nicht besonders effektiv, da ♖d6 wenig einbringt. Schwarz konzentriert sich stattdessen auf sein eigenes Spiel und lässt den Anziehenden darüber im Unklaren, welchen Bauern er am Königsflügel vorrücken wird.

20 ♕a4 ♗a8 21 ♖d6 ♕g7

Es ist wichtig, die weißen Läufer nicht ins Spiel kommen zu lassen. Falsch ist daher 21...e4? aufgrund von 22 f4 gxf4 23 ♗h4! mit Problemen für Schwarz. Der Partiezug bereitet ...g4 vor, was dem Läufer a8 die lange Diagonale öffnen wird.

22 ♗f1?

Dieser Zug bereitet auf 22...g4?! die Antwort 23 ♗h4 vor, wonach 23...gxf3? nicht mehr Matt droht, ist aber hoffnungslos passiv. Weiß hätte mit 22 ♗e1 g4 23 fxg4 ♘xg4 24 ♗xg4 ♕xg4 25 ♕c2 einen seiner Läufer hergeben sollen, wonach Schwarz nur leicht besser steht.

22...e4

W

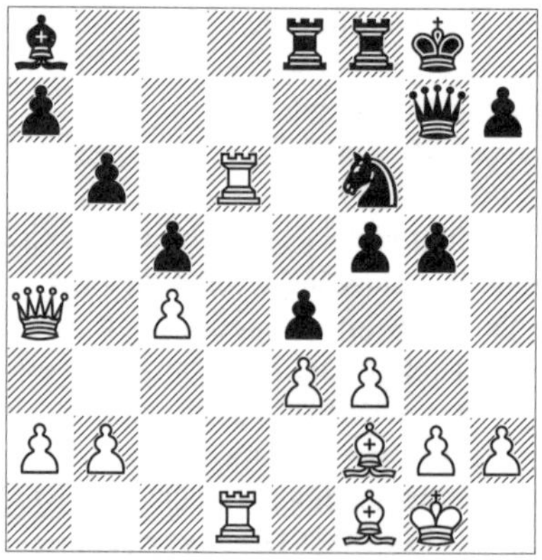

23 ♗e1?!

Danach ist Weiß verloren. Am besten war noch die Aufgabe eines Bauern mit 23 fxe4 (23 f4 gxf4 24 ♗h4 funktioniert nicht mehr wegen 24...♘g4) 23...♘xe4 24 ♖d7 ♕xb2 25 ♗e1, womit Weiß wenigstens seinen Turm in eine aktive Position bringt. Nach 25...f4 26 exf4 ♕f6 steht Schwarz jedoch nach wie vor klar besser.

23...exf3 24 ♗c3

Wenigstens einer der Läufer wird aktiv, aber zu einem sehr hohen Preis, da Weiß einen Bauern eingebüßt hat und sein Königsflügel ruiniert ist.

24...♕e7 25 ♖6d3

25 ♗xf6 wird mit 25...♕xe3+ 26 ♔h1 fxg2+ 27 ♗xg2 ♕e1+ 28 ♖xe1 ♖xe1# beantwortet.

25...fxg2 26 ♗xg2 ♗xg2 27 ♗xf6 ♕e4 28 ♖1d2 ♗h3 29 ♗c3 ♕g4+ 0-1

Es folgt Matt in zwei Zügen.

Portisch – Browne

Tilburg 1982

1 d4 ♘f6 2 c4 e6 3 ♘c3 ♗b4 4 e3 c5 5 ♗d3 ♘c6 6 ♘f3 ♗xc3+ 7 bxc3 d6 8 e4 e5

W

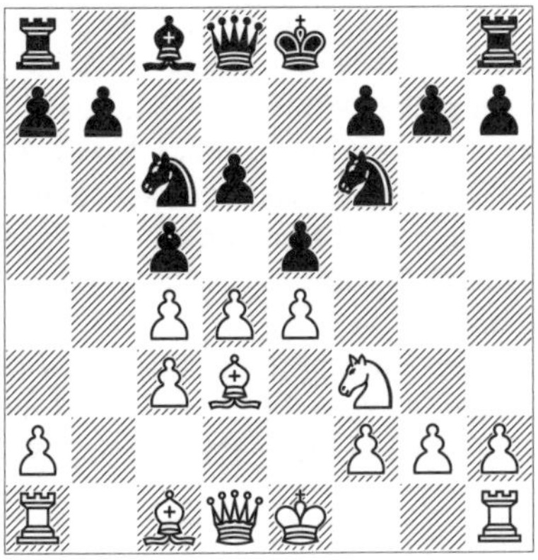

Dieses Abspiel, die Hübner-Variante des Nimzoinders, verursachte den Anhängern des Läuferpaars besonders große Kopfschmerzen. Portisch verlor im gleichen Jahr nicht nur diese Partie, sondern noch zwei andere gegen Timman und Seirawan. Später stieg Portisch gegen Nimzoindisch auf eine andere Variante um und war damit viel erfolgreicher.

9 h3 h6 10 ♗e3 b6

Schwarz will einfach alle seine Bauern auf schwarze Felder stellen und eine solide Bauernkette aufbauen, die den weißen Läufern wenig Spielraum lässt.

11 d5 ♘e7

Nach klassischer Sichtweise sollte Weiß mit seinem Läuferpaar und Raumvorteil gut stehen und nun durch allmähliches Vorrücken seiner Bauern die Springer mehr und mehr einschränken. Die Praxis hat aber gezeigt, dass diese Sichtweise zu simpel ist. Es ist schwer für Weiß, diese Strategie zu befolgen und zugleich schwarzes Gegenspiel mit ...f5 oder ...b5 zu verhindern.

12 ♘d2 ♘g6 13 g3

Lässt den Springer nicht nach f4, aber wegen des Angriffs auf den Bauern h3 kann Weiß nun nicht rochieren.

13...0-0 14 ♔f1

Der König strebt nach g2, was Schwarz aber Zeit gibt, sein Gegenspiel anzukurbeln.

14...♘e8 15 ♔g2 ♘e7

Es ist wichtig, dass der Springer auf f5 zurückschlagen kann, da das sofortige 15...f5 16 exf5 ♗xf5 17 ♗xf5 ♖xf5 18 ♕g4 für Weiß günstig ist.

16 f3 f5

Wegen der Drohung ...f4 muss Weiß schlagen.

17 exf5 ♗xf5 18 ♘e4?!

Weiß will das Läuferpaar behalten, sollte aber mit 18 ♗xf5 ♘xf5 19 ♗f2 nebst ♕e2 auf Ausgleich spielen.

18...♘f6 19 a4

Weiß schiebt ...b5 einen Riegel vor.

19...a5

Eine typische Idee in dieser Variante. Durch Beantwortung von a4 mit ...a5 verhindert Schwarz nachhaltig das weitere Vorrücken des weißen a-Bauern und stempelt diesen Bauern zu einem Angriffsobjekt (dem er zum Beispiel mit ...♗d7 und ...♕e8 zu Leibe rücken kann). Der Bauer b6 ist nun zwar rückständig, kann aber bei Bedarf leicht mit ...♘c8 gedeckt werden.

20 ♖b1 ♖b8 21 ♕c2 ♘xe4 22 fxe4?!

Weiß will sein Läuferpaar behalten, aber nun beginnt der Nachziehende Oberwasser zu bekommen. Nach 22 ♗xe4 steht Schwarz nur etwas besser.

22...♗d7 23 ♖a1 ♕e8 24 ♗e2 ♕g6 25 ♔h2 ♔h8!

Will mit ...♘g8-f6 den Druck auf e4 erhöhen.

26 ♖hf1 ♘g8 27 g4 ♖xf1 28 ♖xf1 ♘f6

W

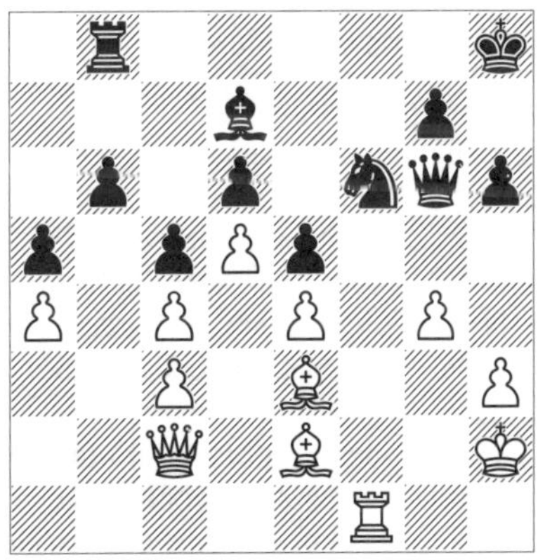

29 ♗f3 ♖f8 30 ♕b3?

Danach kann Schwarz einen entscheidenden Angriff starten. Am besten ist wahrscheinlich 30 ♕d1, aber dann steht Weiß nach 30...♔g8 mit der Idee ...♕e8 unbequem.

30...♘xg4+! 31 hxg4 ♗xg4 32 ♗g2

Nach der Fortsetzung 32 ♗xg4 ♖xf1 33 ♗e2 ♖e1! 34 ♕c2 ♕f6 ist Weiß an Händen und Füßen gebunden.

32...♖xf1 33 ♗xf1 ♕xe4 34 ♗f2 ♕f4+ 35 ♔g1 ♕c1 36 ♔g2 e4 37 ♕a2 ♗f3+ 0-1

Nach 38 ♔g1 ♕g5+ 39 ♔h2 ♕h5+ 40 ♗h3 ♗g4 fällt der Vorhang.

Wenn man sich einem unvorhergesehenen Opfer gegenübersieht, das nicht offensichtlich entscheidend ist, besteht die erste Reaktion darin, das Opfer anzunehmen. Es gibt sogar den Spruch: „Ein Opfer kann nur durch seine Annahme widerlegt werden“. Wie bei den meisten dieser Merksätze gibt es jedoch viele Ausnahmen, und man sollte sich unbedingt überlegen, ob es realistische Alternativen gibt, bevor man sich das angebotene Material schnappt.

W

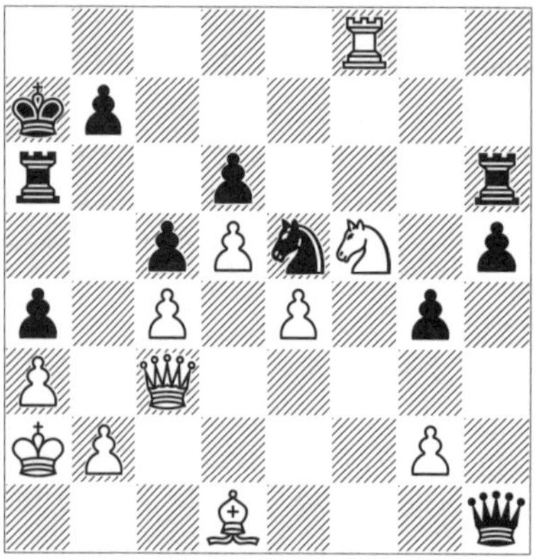

Galljamowa – Morosewitsch
Russischer Pokal, Nowgorod 1997

Weiß bringt ein unerwartetes Opfer:

37 ♗xa4!

Der beste Zug, da Schwarz nach 37 ♘xh6 ♕xd1 38 ♘f5 ♕e2 39 ♘xd6 ♖xd6 40 ♕xe5 ♕xc4+ leicht Remis macht, während 37 ♘e7 ♕xd1 38 ♘c8+ nur zu Dauerschach führt.

37...♖xa4?

Das Schlagen des Läufers ist ein fataler Fehler, da Weiß mit einer zugegebenermaßen nicht leicht zu sehenden Fortsetzung entscheidenden Angriff erhält. Schwarz hätte auch andere Möglichkeiten in Betracht ziehen sollen. Wenn die Ablehnung des Opfers klar katastrophal ist, kann man es auch annehmen und auf das Beste hoffen, aber überraschenderweise stellt sich oft heraus, dass es noch andere Möglichkeiten gibt, die vielleicht nicht günstig, aber zumindest nicht desaströs sind. Das gilt besonders dann, wenn der Angreifer bereits etwas geopfert hat (wie hier, wo Schwarz gegenwärtig eine Qualität mehr hat). Wenn der Verteidiger bereits materiell im Vorteil ist, kann dies auch nach Ablehnung des Opfers sehr wohl noch der Fall sein. In diesem Fall kann er das Tempo vielleicht besser zur Verteidigung oder zum Gegenangriff verwenden, statt weiteres Material zu fressen.

Hier hatte der Nachziehende die Rettungschance 37...♕f1! 38 ♗b5 (nur das bietet Gewinnchancen, da Schwarz nach 38 ♕b3?! ♖h7 mindestens gleiches Spiel hat) 38...♘d3 39 ♘xh6 ♕d1 40 ♗xa6 ♘c1+ 41 ♕xc1 ♕xc1 42 ♘f5 ♔xa6 43 ♘xd6 ♕h6, und Schwarz sollte Remis halten können, da er ziemlich schnell einen Freibauern auf der h-Linie bilden kann.

38 ♕b3!

Weiß spielt auf Angriff und lässt den Turm auf h6 links liegen. Nach 38 ♘xh6? ♕xg2 39 ♕b3 ♖a6 40 ♘f5 ♖b6 41 ♕a4+ ♖a6 erzwingt Schwarz das Remis.

38...♖a5

Es gibt nichts Besseres, da 38...♖xc4 und 38...♖a6 ebenfalls wegen 39 ♘e7 verlieren.

W

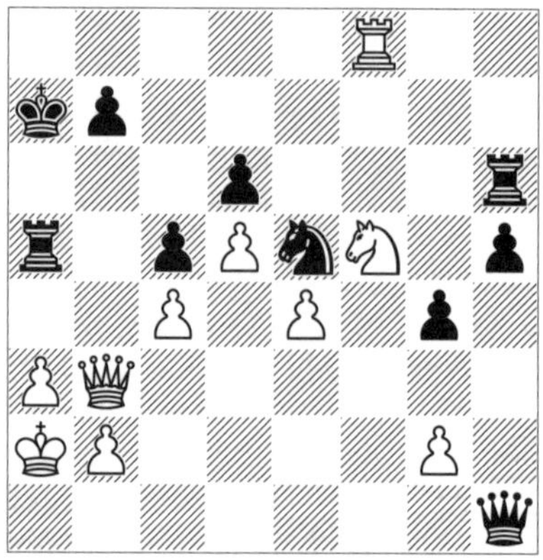

39 ♘e7!

Wiederum verschmäht Weiß den Turm, da 39 ♘xh6? ♕c1! 40 ♘f5 ♘xc4 41 ♘e7 ♖xa3+! 42 bxa3 ♕d2+ nur zum Remis führt.

39...b5

Es gibt keine Verteidigung, da 39...♘d7 wegen 40 ♘c6+! bxc6 41 ♖f7 ♖b5 42 cxb5 mit entscheidendem Angriff verliert.

40 cxb5 ♕e1

Auch nach 40...♔b6 41 ♖b8+ ♔c7 42 ♘c6! gewinnt Weiß.

41 ♘c6+ ♘xc6 42 b6+ ♔b7

Oder 42...♔a6 43 ♖a8+ ♔b7 44 dxc6+ ♔xa8 45 ♕g8#.

43 dxc6+ ♔xc6 44 ♖c8+ 1-0

Weiß erzwingt Matt durch 44...♔d7 45 ♕f7+ ♔xc8 46 ♕c7# oder 44...♔b7 45 ♖c7+ ♔a6 (oder sonst ♕g8#) 46 ♖a7#.

Plenca – Prohaszka

Europäische Mannschaftsmeisterschaft U18, Subotica 2007

1 e4 c6 2 d4 d5 3 exd5 cxd5 4 c4 ♘f6 5 ♘c3 e6 6 ♘f3 ♗e7 7 cxd5 ♘xd5 8 ♗d3 ♘c6 9 0-0 0-0 10 ♖e1 ♗f6 11 ♗e4 ♘de7?!

Diese Alternative zu der üblichen Fortsetzung 11...♘ce7 ist unüblich und ziemlich passiv, provoziert Weiß aber in dieser Partie zu einem spekulativen Opfer.

12 ♗g5?!

Am besten ist 12 ♗e3!, was einfach den d-Bauern deckt. Da dann 12...b6? wegen 13 ♘g5 g6 14 ♕f3 schlecht ist, muss Schwarz sich mit 12...♗d7 13 ♕d3 g6 14 a3 bescheiden, aber hier steht Weiß besser, da die schwarzen Figuren relativ passiv stehen.

12...♗xg5 13 ♗xh7+

Das bescheidene 13 ♘xg5 ♘f5 14 ♗xf5 ♕xg5 15 ♗e4 ♖d8 ist in Ordnung für Schwarz.

S

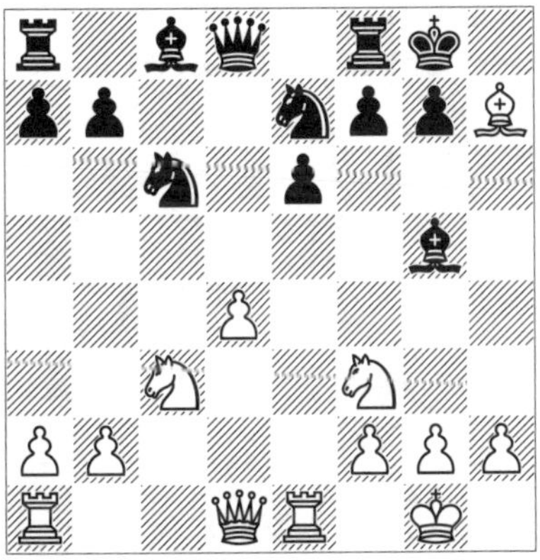

Das Opfer sieht auf den ersten Blick brandgefährlich aus; so ist z. B. 13...♔xh7? 14 ♘xg5+ ♔g6 (14...♔g8? 15 ♕h5 ♖e8 16 ♕xf7+ ♔h8 17 ♖e4 führt zu Matt, während 14...♔h6 15 ♕g4 f5 16 ♕h4+ ♔g6 17 ♖xe6+! ♗xe6 18 ♘xe6 ♕d6 19 ♖e1 ♔f7 20 ♘g5+ ♔e8 21 d5 Weiß gewaltigen Angriff gibt) 15 ♕g4 f5 16 ♕g3 ♔f6 17 ♘b5 ♘d5 18 ♘d6 g6 19 ♘xc8 f4 20 ♕g4 ♕xc8 21 ♖xe6+ ♔g7 22 ♖ae1 sehr gut für Weiß, der zwei Bauern und sehr starken Angriff für die Figur hat. Man sollte jedoch nicht vergessen, dass Opfer nicht angenommen zu werden brauchen. Besonders leicht passiert das bei Standardopfern wie ♗xh7+, da es meistens keine Alternative zum Schlagen des Läufers gibt.

13...♔h8! 14 ♘xg5 g6

Nun ist Schwarz einen Bauern im Hintertreffen, hat aber den Läufer auf h7 eingesperrt. Seine unmittelbaren Drohungen lauten 15...♕xd4 und 15...♔g7 nebst ...♖h8. Daher muss Weiß energisch spielen, um sein vorhergehendes aggressives Spiel zu rechtfertigen.

15 ♕f3

Das sofortige Läuferopfer 15 ♗xg6 fxg6 16 ♕g4 führt zu ungefähr ausgeglichenem Spiel. Nach 16...♔g7 17 ♖xe6 ♖f6 18 ♖ae1 ♗xe6 19 ♘xe6+ ♖xe6 20 ♖xe6 ♘xd4 21 ♖xe7+ ♕xe7 22 ♕xd4+ ♕f6 ist ein Remis wahrscheinlich.

15...♔g7

Schwarz muss aufpassen; so verliert zum Beispiel 15...♕xd4?? wegen 16 ♕h3 ♔g7 17 ♗g8!! ♘xg8 18 ♕h7+ ♔f6 19 ♘ge4+ ♔e7 20 ♖ad1 ♕e5 21 ♕h4+ f6 22 ♕h7+ ♖f7 23 ♕xg8 mit entscheidendem Angriff.

W

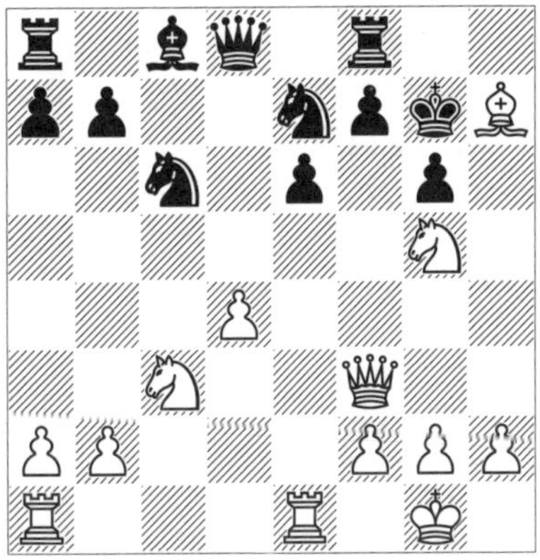

16 ♕h3?!

Droht mit 17 ♗g8 oder 17 ♗xg6 zu gewinnen, aber diese Drohungen sind leicht zu parieren. Am besten ist 16 ♖ad1 f6 17 ♘xe6+ ♗xe6 18 ♖xe6 ♔xh7 19 ♖xf6 ♔g7 20 ♖xf8 ♕xf8, wonach der Angriff sich verflüchtigt hat, Weiß aber drei Bauern für die Figur besitzt und auf ungefähr gleiches Spiel rechnen kann.

16...♖h8

Droht 17...e5.

17 ♘ce4 ♘f5

Nun droht 18...f6. Weiß hat es offensichtlich schwer, sich zu behaupten.

18 g4 ♘d6 19 d5?

Die letzte Chance bestand in der Fortsetzung 19 ♘xd6 ♕xg5 20 ♘xf7 ♔xf7 21 ♗xg6+, obwohl Schwarz nach 21...♔g7 22 ♗h5 ♗d7 großen Vorteil behält.

19...♘xe4 20 ♘xf7

Verzweiflung, da weiterer Materialverlust nun unausweichlich ist.

20...♔xf7 21 ♕h6 ♕g5 22 ♗xg6+ ♕xg6 23 ♕xh8 ♕xg4+ 0-1

W

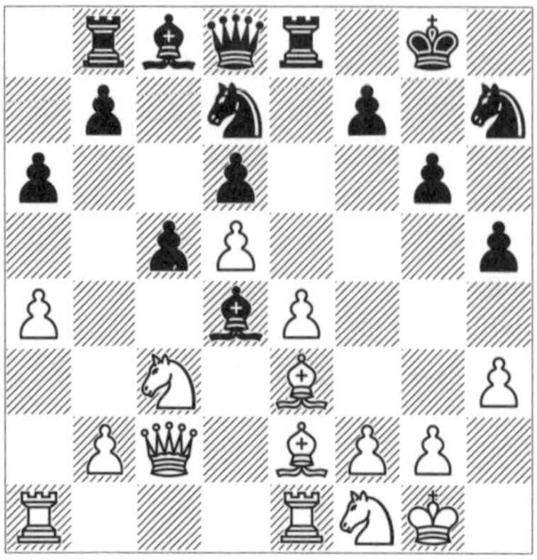

Gratschew – A. Kovačević
Europameisterschaft, Rijeka 2010

Diese aus dem Modernen Benoni entstandene Stellung ist günstig für Weiß. Seine Figuren sind gut koordiniert, während es dem Nachziehenden nicht gelungen ist, konkretes Gegenspiel aufzubauen.

19 ♖ad1?

Ein subtiler Fehlgriff. Richtig ist 19 ♖ed1! ♕f6 20 ♕d3, da Weiß nach 20...♘e5? 21 ♗xd4 ♘xd3 22 ♗xf6 einen Bauern gewinnt, weil nun kein Turm auf e1 angegriffen ist.

19...♕f6 20 ♕d3 ♗e5?

Wenn eine Partie schiefzulaufen scheint, ist der Weg in die Niederlage nicht unbedingt unaufhaltsam. Häufig gibt es aus irgendeinem Grund, wie einer Ungenauigkeit des Gegners, einen Moment, in dem man den Niedergang aufhalten und die Partie retten kann. Dieser Moment ist oft nur sehr kurz und kann nur einen Zug lang Bestand haben. Um eine Chance zu ergreifen, den Partieverlauf herumzureißen, muss man wachsam bleiben. Viele Spieler verpassen solche Chancen, da sie glauben, dass sie strategisch auf dem absteigenden Ast sind, und eine flüchtige taktische Chance zur Umkehr des Trends übersehen. In diesem Beispiel hat Schwarz dank des ungenauen 19. Zuges von Weiß eine einzige Chance, etwas Aktivität zu entwickeln, und sieht sie nicht. Korrekt ist 20...♘e5! 21 ♕d2 (mit dem Turm noch auf e1 ist die Variante 21 ♗xd4 ♘xd3 22 ♗xf6 ♘xe1 günstig für Schwarz) 21...♗xh3! (das ist die Schlüsselidee, die die leichte Schwäche des weißen Königsflügels ausnutzt) 22 ♗xd4 (22 gxh3 ♘g5 gibt Schwarz gefährlichen Angriff) 22...cxd4 23 ♕xd4 ♕g5, wonach Schwarz ausreichendes Gegenspiel hat, da er den weißen Königsflügel geschwächt hat und Weiß f4 nur sehr schwer durchsetzen können wird.

21 ♕d2

Die Chance ist vertan. Die Waagschale neigt sich nun unaufhaltsam zugunsten des Anziehenden.

21...b5?

Dieser verzweifelte Versuch, zu aktivem Spiel zu kommen, geht nach hinten los. Schwarz sollte 21...♗xc3 22 bxc3 ♖xe4 versuchen; es ist zwar riskant, sich von dem schwarzfeldrigen Läufer zu trennen, aber wenigstens bekommt er dafür einen Bauern.

22 axb5 axb5 23 ♘xb5 ♗xb2 24 ♖b1 ♖xb5

Da 24...♗e5 25 f4 einem Desaster gleich kommt, kann Schwarz nur so Materialverlust abwenden. Nun verschwindet jedoch der schwarzfeldrige schwarze Läufer ohne jede materielle Kompensation vom Brett.

25 ♗xb5 ♗c3 26 ♕c2 ♗xe1 27 ♖xe1

S

Weiß steht auf Gewinn, da sein Läuferpaar sehr stark ist, während Schwarz an einem schwachen Bauern auf d6 und schlechter Figurenkoordination laboriert.

27...♕d8 28 ♗f4 ♕f6 29 ♗h2

Gegen ♘d2-c4 mit Zusammenbruch von d6 kann Schwarz nicht viel unternehmen.

29...♖e7 30 ♘d2 ♘b6

Versucht ♘c4 zu verhindern, gestattet aber einen Durchbruch im Zentrum.

31 e5 ♗f5 32 ♘e4 ♗xe4?

Auch nach der Fortsetzung 32...♕g5 33 ♘xg5 ♗xc2 34 ♘xh7 ♔xh7 35 ♖c1 nebst exd6 steht Weiß auf Gewinn.

33 exf6 1-0

Das Übersehen flüchtiger Gelegenheiten kann viele Gründe haben. Wer von falschen Voraussetzungen ausgeht, wird nicht so leicht ungewöhnliche taktische Möglichkeiten sehen. Dieses Problem kann durch Zeitnot noch verschärft werden.

S

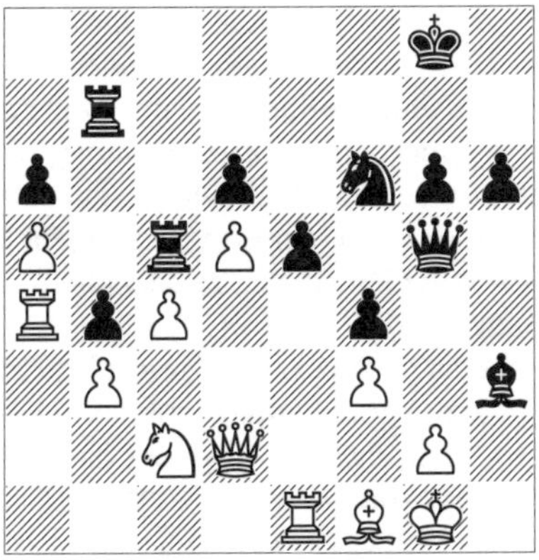

Anand – Schirow
Wijk aan Zee 2010

Diese komplizierte Stellung ist schwer zu beurteilen. Derzeit hat Schwarz einen Bauern mehr, aber der Bauer b4 wird bald fallen, wonach Weiß eine 4:2-Bauernmehrheit am Damenflügel haben wird, aus der sich leicht ein Freibauer bilden lässt. Schwarz hat offenbar einiges Gegenspiel am Königsflügel, das aber im Moment nicht von seinen Türmen unterstützt wird. Im Grunde genommen liegen die langfristigen Chancen bei Weiß und seinen Damenflügelbauern, so das Schwarz sein Möglichstes tun muss, um Drohungen am Königsflügel aufzustellen. Bei richtiger Fortsetzung wird Schwarz mindestens gleiches Spiel haben.

35...e4!

Das ist genauer als 35...♖e7 36 ♗d3, was die Wirkung von ...e4 nur verringert, da Weiß dann auf e4 mit dem Läufer nehmen kann.

36 fxe4 ♖e7 37 ♘d4

Da 37 ♗d3?? nun wegen 37...♕g3 gefolgt von ...♘g4 verliert, führt der Anziehende seinen Springer an den Königsflügel heran und nimmt das wichtige Feld f3 unter Kontrolle. Außerdem kann der Springer nun bei Gelegenheit nach e6 gehen.

37...♘xe4 38 ♕d3?

Weiß sollte die wachsende schwarze Initiative mit drastischen Maßnahmen beschneiden. Mit 38 ♖xe4! ♖xe4 39 ♖xb4 ♖c8 40 ♘f3 ♕g3 41 ♕f2 kann er den schwarzen Angriff neutralisieren, wonach sein Spiel mit den Damenflügelbauern den geringfügigen materiellen Nachteil kompensieren sollte.

38...♗f5 39 ♘e6?!

Danach kann Schwarz forciert gewinnen, aber auch die beste Fortsetzung 39 ♖xb4 ♖c8 40 ♘c6 ♖ee8 gibt Schwarz sehr gefährliche Initiative.

S

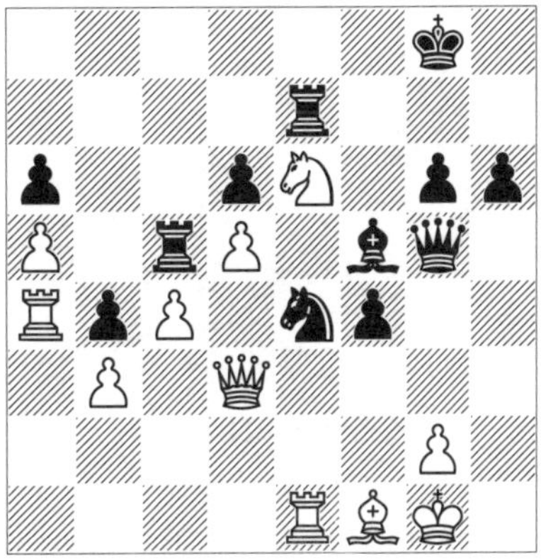

39...♖xe6??

Schwarz verpasst einen Gewinn und macht stattdessen einen Verlustzug. Wie kann ein Großmeister mit Schirows gewaltigem taktischem Sehvermögen so einen Fehler machen? Zeitknappheit spielte hier eine Rolle, aber es waren auch noch andere Faktoren im Spiel. Die schwarze Dame ist angegriffen, was die ganz natürliche Annahme nahelegt, dass die Dame ziehen oder die angreifende Figur geschlagen werden muss. Die Einschränkung des Sehvermögens durch ungerechtfertigte Annahmen kann jedoch leicht dazu führen, dass man eine taktische Chance übersieht. Wenn man einmal erkannt hat, dass die schwarze Dame nach 39...♘g3! wegen 40 ♘xg5 ♖xe1! 41 ♔f2 ♖xf1+ 42 ♕xf1 ♘xf1 unantastbar ist, sieht man sofort, dass dies der beste Zug ist. Nun ist auch die weiße Dame angegriffen, und außerdem droht ...♕h4 mit tödlichem Angriff auf den weißen König. Es gibt keine Verteidigung; so gewinnt Schwarz etwa sowohl nach 40 ♕d2 ♕h4 41 ♘xf4 ♖xe1 42 ♕xe1 ♖c7 als auch nach 40 ♕d4 ♗xe6 41 ♖xe6 ♖xe6 42 dxe6 ♕h5 43 ♕xf4 ♕h1+ 44 ♔f2 ♖f5.

40 dxe6 ♖e5 41 ♖xb4 ♕d8

Nach 41...♘g3 42 ♕xd6 kommt der weiße Angriff zuerst.

42 ♕d4 f3 43 gxf3 ♘g5 44 ♖xe5 ♘xf3+ 45 ♔f2 ♘xe5 46 ♖b6 ♗xe6 47 ♗e2 ♕f6+ 48 ♔e3 ♕g5+ 49 ♕f4 ♕g1+ 50 ♔d2 ♕a1 51 ♖xd6 ♕xa5+ 52 ♔d1 g5 53 ♕d4 ♔f7 54 ♖d5 ♗xd5 55 ♕xe5 1-0

98 Zulassen eines Schwindels

S

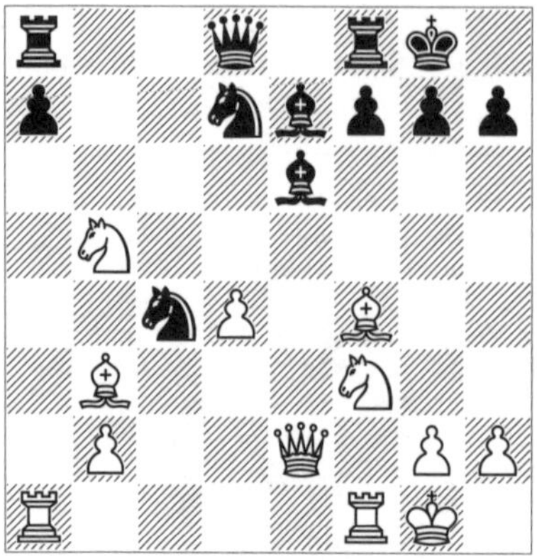

Hebden – Nunn
London (Evening Standard) 1979

Nach völlig missratener Eröffnung sieht sich Schwarz der Doppeldrohung ♗xc4 und ♘c7 ausgesetzt. Weiß steht zweifellos auf Gewinn und muss für den vollen Zähler nur noch daran denken, das Spiel so einfach wie möglich zu halten.

15...♘db6 16 ♘c7 ♕d7

Ein Schlüsselmoment, da Weiß über mehrere verlockende Optionen verfügt. Nicht schlecht ist 17 ♘xa8 ♖xa8 18 ♖ac1 ♖c8 19 ♖fd1, wonach sich das materielle Übergewicht am Ende bemerkbar machen muss. Am einfachsten ist jedoch 17 ♘xe6! fxe6 (nach 17...♕xe6 18 ♘e5 ♖ac8 19 ♖a6 kosten die Fesselungen Schwarz eine Figur) 18 ♗g3 ♖ac8 19 ♖ac1 ♕d5 20 ♖c2 ♖c6 21 ♖fc1 ♖fc8, wonach Weiß beispielsweise mit 22 ♔h1 nebst 23 ♘d2 eine Figur gewinnen kann. Entscheidend ist bei dieser Variante, dass die schwarzen Züge erzwungen sind; Weiß verzögert zwar den Materialgewinn um einige Züge, aber Schwarz wird durch die Fesselungen gelähmt und wird unweigerlich irgendwann zusammenbrechen. Dies ist ein gutes Beispiel dafür, das Spiel so einfach wie möglich zu halten; es gibt wenig zu berechnen, und Schwarz hat kein Gegenspiel.

17 ♖fc1?!

Dieser Zug sollte ebenfalls gewinnen, ist aber komplizierter als die anderen Möglichkeiten.

17...♖ac8 18 ♖xa7

Droht 19 ♘xe6 ♕xa7 20 ♘xf8.

18...♗d6 19 ♗xd6 ♘xd6 20 ♗xe6 fxe6 21 ♖c5

Zieht den Turm auf ein gedecktes Feld und stellt somit die neue Drohung 22 ♕xe6+ auf.

21...♔h8

Weiß steht immer noch auf Gewinn, aber die Sache ist nicht mehr so einfach wie im 17. Zug. Gewinnstellungen werden selten durch einen einzigen Zug weggeworfen; häufiger schlittert man aus einer leicht zu gewinnenden Stellung allmählich in eine Stellung, die mit Mühe zu gewinnen ist, und dann in eine Stellung, die gar nicht mehr zu gewinnen ist. Dies macht deutlich, wie wichtig es ist, schon früh nach einem leichten, effizienten Gewinnweg zu suchen.

22 ♕a6?

Greift b6 an und deckt den Turm a7, zieht aber eine wichtige Verteidigungsfigur vom Königsflügel ab. Angezeigt war entweder das einfache 22 b4 oder das kompliziertere 22 ♕xe6 ♖xc7 23 ♕xd7 ♖xd7 24 ♖xd7 ♘xd7 25 ♖d5 ♖f6 26 ♘e5 ♘xe5 27 dxe5 ♖f5 28 ♖xd6 ♔g8 29 e6 mit Abwicklung in ein gewonnenes Turmendspiel.

22...♘e4

W

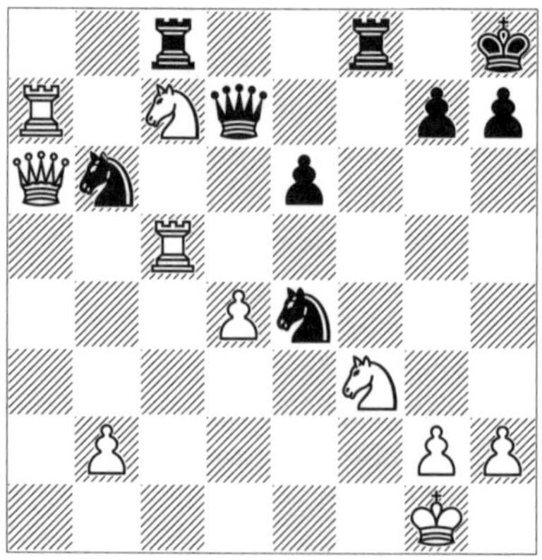

Der erste aktive Zug von Schwarz in der Partie zwingt Weiß zu genauem Spiel.

23 ♕xb6?

Nun hat Weiß keinen Vorteil mehr. 23 ♖c2! ♖xf3 24 gxf3 ♕xd4+ 25 ♔g2 ♘f6 26 ♖e2! wäre immer noch gut für ihn gewesen.

23...♖xf3!

Ein unliebsamer Schlag, da 24 gxf3? ♕xd4+ zu Matt führt. Es ist erstaunlich, wie oft ein Spieler, der einen leichten Gewinn aus der Hand gibt, am Ende sogar noch verliert. Weiß hätte die Partie durch 24 ♘xe6 ♘xc5 25 gxf3 ♕xe6 26 dxc5 ♕e1+ 27 ♔g2 ♕e2+ mit Dauerschach noch retten können.

24 ♖c1? ♖b3! 25 ♕xb3 ♕xd4+ 26 ♔h1 ♘f2+ 0-1

Mit ersticktem Matt.

S

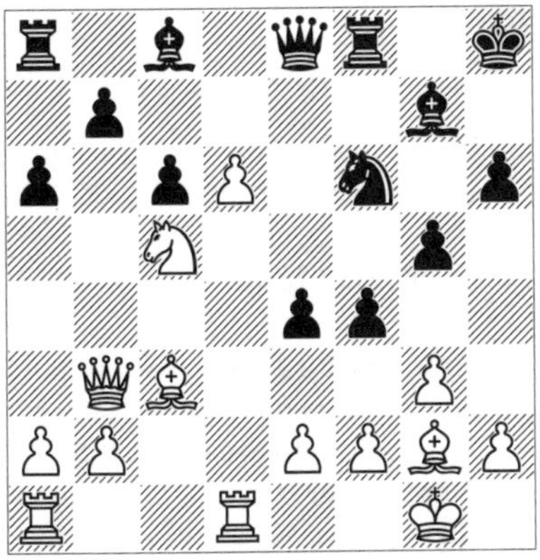

Giri – Aronjan

Amber-Turnier, Schnellpartie, Monaco 2011

Schwarz steht auf Verlust, da er die Drohung 20 ♗xf6 nebst 21 d7 nicht gut parieren kann. Aronjan gibt sich alle Mühe, etwas Verwirrung zu stiften.

19...e3 20 ♗xf6 ♖xf6 21 d7 exf2+ 22 ♔f1 ♗xd7 23 ♘xd7 ♖e6

Weiß hat eine Figur für zwei Bauern, aber die Kompensation des Schwarzen für seinen materiellen Nachteil ist kaum ersichtlich, da der weiße König relativ sicher steht und Weiß sich nur über die unmittelbare Drohung 24...♖xe2 Gedanken machen muss. In der Folge macht Weiß zwei Fehler: Er nimmt an, dass alles gewinnt, und er spielt unnötigerweise das Spiel forcierende Züge, statt einfach seine Stellung zu konsolidieren.

24 ♘b6?

Das ist bereits ein wesentlicher Fehler, der den Springer auf den Damenflügel und aus dem Bereich, in dem sich das Hauptgeschehen abspielt, bewegt. Einfach und stark ist 24 ♖d2 ♖e7 25 ♖ad1, da Weiß den Bauern e2 deckt, die Türme verdoppelt und seinen Springer auf dem aktiven Feld d7 hält. Nach 25...♕h5 (25...♖d8 verliert wegen 26 ♘f6) 26 h3 fxg3 27 ♕xg3 hat der Nachziehende dann für die Figur nichts vorzuweisen.

24...♖e3?!

Etwas genauer ist 24...♖b8, da Weiß immer noch ein Tempo zur Verteidigung von e2 aufwenden muss.

25 ♕c4

Etwas besser ist 25 ♕c2!, da dies sowohl b2 als auch e2 verteidigt und das Feld c4 für die Rückkehr des Springers ins Spiel frei lässt. Nach 25...♖b8 26 g4 h5 27 ♘c4 ♖e6 28 ♗f3 steht Weiß wiederum auf Gewinn.

25...♖b8 26 ♖d7?

Wirft den gesamten weißen Vorteil weg. Es ist nicht nötig, sich auf eine komplizierte Variante einzulassen, wenn einfach 26 g4 h5 27 ♗f3 genügt. Wir sehen hier den typischen Fehler, in Gewinnstellung zu kompliziert zu spielen, wenn solide, sichere Züge eher angebracht sind.

26...fxg3 27 hxg3 ♕h5!

W

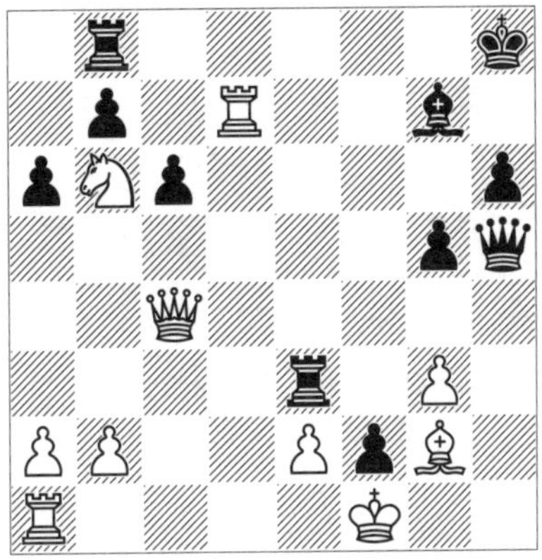

Schwarz ergreift die Chance zu aktivem Spiel und droht nun sogar mit 28...♕h2 29 ♔xf2 ♖be8 zu gewinnen.

28 ♔xf2

28 ♖f7 ♖d8 29 ♖xf2 ♖xg3 führt zu einer unklaren Stellung.

28...♖be8 29 ♖e1 ♕h2 30 ♕g4 ♖3e6

Schwarz kann auch mit 30...♖xg3 31 ♕xg3 ♖f8+ 32 ♕f3 g4 33 ♕xf8+ ♗xf8 34 e3 ♕e5 auf Gewinn spielen, wonach Weiß trotz seines leichten Materialvorteils wegen seines exponierten Königs und der gefährlichen schwarzen Königsflügelbauern ums Remis kämpfen muss.

31 ♖d3??

Wiederum wirft der Spieler, der den Gewinn vergeben hat, auch das Remis weg, das mit 31 ♖f7! h5 32 ♕f5 ♔g8 33 ♘d7 immer noch zu erreichen war, wonach Schwarz nichts Besseres als 33...♖xe2+ 34 ♖xe2 ♖xe2+ 35 ♔xe2 ♕xg2+ 36 ♔d3 ♕xg3+ 37 ♕f3 ♕d6+ 38 ♔c2 ♕e6 39 ♖f5 ♕xd7 40 ♖xg5 hat und Weiß nicht in Gefahr schwebt.

31...h5!

Entscheidend, da etwa 32 ♕c4 wegen 32...h4 33 gxh4 ♖e4 mit entscheidendem Angriff verliert.

32 ♕xg5 ♖f6+ 33 ♖f3 ♖xf3+ 34 ♔xf3

Nach 34 exf3 ♗d4+ gewinnt Schwarz.

34...♖f8+ 35 ♔e3 ♕xg2 36 ♔d3 ♕f2 37 ♖h1 ♕d4+ 38 ♔c2 ♕xb2+ 39 ♔d1 ♕b1+ 40 ♔d2 ♕xh1 0-1

W
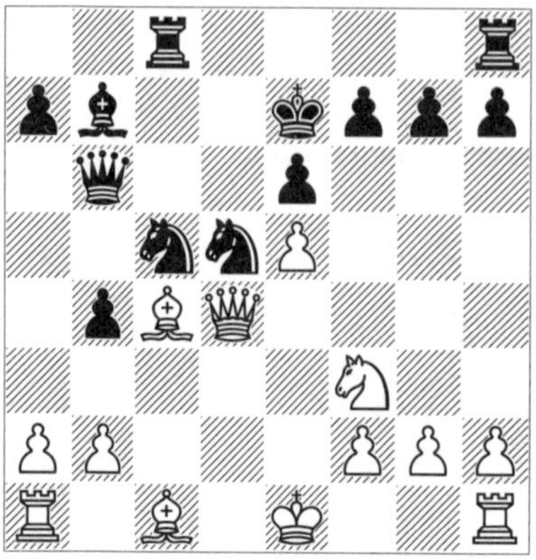

Ljubojević – Nakamura
Amsterdam 2010

17 ♗g5+ ♔e8

Dieser unschöne Zug, der den Turm h8 einsperrt, ist erzwungen, da Weiß nach 17...f6 18 exf6+ gxf6 19 ♗xd5 exd5 20 0-0! fxg5 21 ♖fe1+ ♔f7 22 ♘xg5+ ♔g6 23 ♕g4 für die Figur gewaltigen Angriff erhält.

18 0-0 ♘e7

Bis hierher ist die Partie zugunsten von Weiß verlaufen. Schwarz kann nicht rochieren, und Weiß braucht nur noch seine übrigen Figuren ins Spiel zu bringen, um dem Gegner echte Probleme zu bereiten. Weiß beginnt jedoch nun den Faden zu verlieren. Typische Symptome hierfür sind Planlosigkeit, Spielen von Zug zu Zug ohne generelle Strategie und zu langes Nachdenken. Dies führt häufig zu einer Reihe von kleinen (oder nicht so kleinen) Ungenauigkeiten, die die Stellung stetig verschlechtern. Dagegen hilft nur, sich auf die wichtigsten Stellungsfaktoren zu konzentrieren. Wenn man sich in einer Stellung nicht alle seine Wünsche erfüllen kann, muss man eben Prioritäten setzen. Hier sollte Weiß sich auf den Schlüsselfaktor konzentrieren, nämlich die Verhinderung der Schwächung seiner Bauernstruktur durch ...♗xf3, was die g-Bauern verdoppeln und dem schwarzen Springer ein bombensicheres Feld auf f5 sichern würde. Zwei sinnvolle Pläne wären 19 ♗xe7 ♔xe7 20 ♕h4+ ♔f8 21 ♗e2, was f3 deckt und die Postierung der Türme auf c1 und d1 vorbereitet, oder am allerbesten 19 ♕d1! h6 (19...♘f5 20 ♘d4 ♘xd4 21 ♕xd4 ist ebenfalls unangenehm) 20 ♗e3 ♘f5 21 ♘d4!, wonach 21...♘xe3 22 fxe3 die f-Linie öffnet und den weißen Angriff kräftigt.

19 ♖fd1?

Das sieht nach allgemeinen Prinzipien gut aus, geht aber an den Kernpunkten der Stellung vorbei.

19...♗xf3 20 gxf3 h6 21 ♗e3 ♘f5 22 ♕d2 ♘xe3 23 ♕xe3

Der doppelte Leichtfigurentausch hat die weißen Angriffschancen verringert und dem schwarzen König Zugang zum Feld e7 verschafft.

23...♘d7 24 ♕xb6?!

Der Schlüsselfaktor ist jetzt der in der Mitte stehende schwarze König, was im Endspiel schön und gut ist, im Mittelspiel aber ein Handicap darstellt. Daher sollte Weiß mit 24 ♖d4 ♔e7 25 ♖ad1 ♖hd8 26 ♕f4 Damentausch vermeiden, wonach er immer noch etwas besser steht.

24...♘xb6 25 ♗a6 ♖d8

W
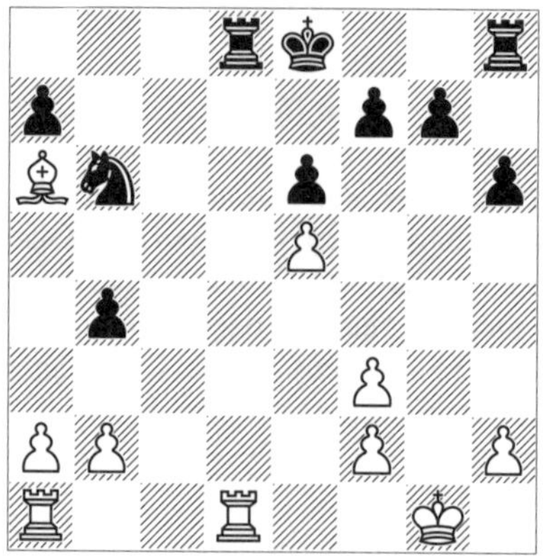

26 ♖ac1

Auch nach der Fortsetzung 26 ♖xd8+ ♔xd8 27 ♖c1 ♖e8 nebst ...♖e7 hat Schwarz nichts zu befürchten.

26...♖xd1+ 27 ♖xd1 ♔e7 28 ♖d4 ♘d5 29 ♗b7 a5 30 ♗xd5?

Wenn es bergab geht, stellen sich leicht weitere Fehler ein. Besser ist 30 f4.

30...♖d8!

Nun steht Weiß wegen seiner zersplitterten Königsflügelbauern schlechter. Er verlor bald einen Bauern und die Partie:

31 ♖c4 ♖xd5 32 ♖c7+ ♔e8 33 f4 g5 34 fxg5 hxg5 35 a3 bxa3 36 bxa3 ♖xe5 37 ♔g2 ♖d5 38 h3 ♔f8 39 ♖c4 ♔e7 40 h4 gxh4 41 ♖xh4 ♔d6 42 ♔f1 ♔c5 43 ♔e2 ♖d4 44 ♖h7 ♖e4+ 45 ♔d3 ♖f4 46 ♔e3 e5 47 ♖h8 ♔b5 48 ♖c8 f6 49 ♖c3 ♖c4 50 ♖b3+ ♔c5 51 ♔d2 ♖d4+ 52 ♔e2 f5 53 ♖b8 ♖a4 54 ♖c8+ ♔d5 55 ♖c3 ♖e4+ 56 ♔d2 ♖c4 57 ♖h3? ♖f4 58 ♔e2 ♔c4 59 ♖g3 a4 60 f3 ♔b3 61 ♖g8 ♔xa3 62 ♔e3 ♖b4 63 ♖e8 e4 0-1

Manchmal verlieren beide Spieler den Faden und erkennen das Schlüsselmerkmal der Stellung nicht. Das kann zu einer regelrechten Fehlerkomödie führen.

S

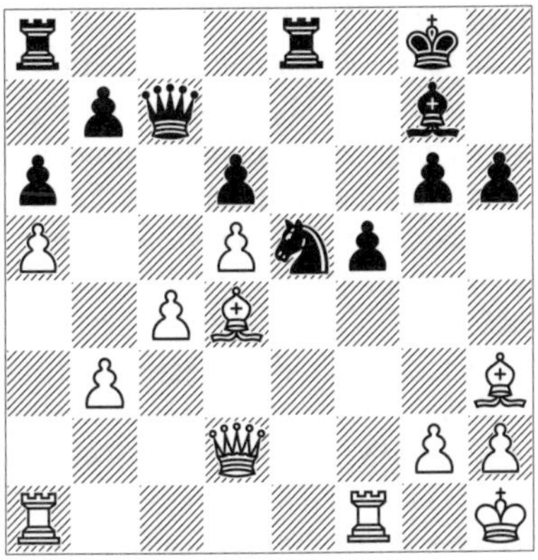

Asarow – Movsesian
Olympiade, Dresden 2008

Diese typische Sizilianisch-Stellung ist ungefähr ausgeglichen. Weiß hat das Läuferpaar und mehr Raum, aber der Läufer h3 nimmt nicht am Spiel teil. Schwarz würde gerne die schwarzfeldrigen Läufer tauschen, wonach er die bessere Leichtfigur behalten würde, aber nach dem sofortigen 26...♘f7 ergreift Weiß mit 27 g4 die Initiative. Durch Vorrücken des h-Bauern verhindert Schwarz g4 und erschwert die Aktivierung des Läufers h3.

26...h5! 27 ♖ac1

Weiß muss den Bauern c4 verteidigen, bevor er b4 und c5 spielen kann.

27...♘f7 28 ♗xg7 ♔xg7 29 b4

Der beste Zug, mit dem der Anziehende so schnell wie möglich Fortschritte am Damenflügel macht.

29...♖e4

Da Schwarz c5 nicht verhindern kann, verwendet er das Tempo zur Verdopplung der Türme und sichert sich so die Kontrolle über die offene Linie.

30 c5

Eine drastische Lösung des Läuferproblems ist 30 ♗xf5!? gxf5 31 ♖xf5, was nach 31...♕e7 32 ♖cf1 ♘h6 33 ♖g5+ ♔h7 34 ♖xh5 ♖e3 35 h3 zu gleichem Spiel führt. An dem gespielten Zug ist jedoch nichts auszusetzen.

30...dxc5 31 bxc5 ♕e5

Das wichtigste Stellungsmerkmal besteht in dem aus dem Spiel ausgeschlossenen Läufer h3, da Weiß im Moment effektiv mit einer Figur weniger spielt.

32 ♖fd1?!

Weiß verwendet ein Tempo darauf, ...♖d4 zu verhindern, aber dieser Zug ist nicht energisch genug. Korrekt ist 32 g3!, was das Hauptproblem löst. Danach führt 32...h4 (nach 32...♖d4 33 ♕c2 ♖xd5 34 ♗g2 ♖d7 35 ♖fe1 ♕f6 36 ♖b1 hat Weiß genug Spiel für den Bauern) 33 gxh4 ♖h8 34 ♕c3 ♖hxh4 35 c6 ♖e2 36 ♕xe5+ ♘xe5 37 ♗g2 ♖g4 38 ♗h3 ♖h4 zur Punkteteilung.

S

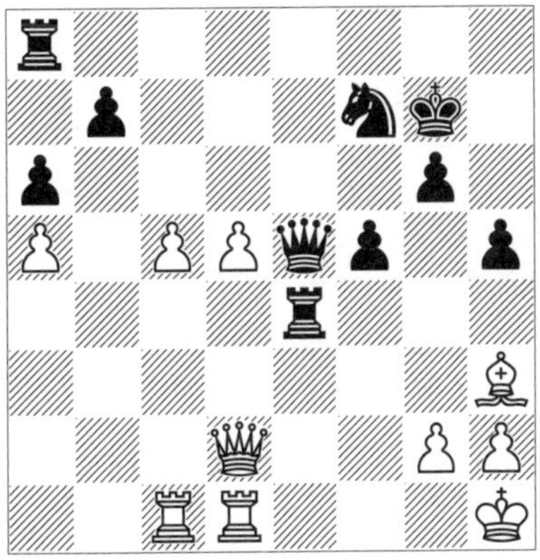

32...♖e8?!

32...h4! mauert den Läufer ein und ergibt klaren Vorteil.

33 d6?

Wiederum sieht Weiß den springenden Punkt nicht. Am besten ist immer noch 33 g3!, was nach 33...♖e2 34 ♕c3 ♕xc3 35 ♖xc3 ♘g5 36 ♗f1 ♘e4 ungefähr ausgeglichen ist.

33...♖e2 34 ♕b4

Weiß muss das Feld e1 unter Kontrolle behalten, da 34 ♕d3 nach 34...♖e1+ 35 ♖xe1 ♕xe1+ 36 ♕f1 ♕xf1+ 37 ♖xf1 ♖c8 38 ♖c1 ♘xd6 ein für Schwarz gewonnenes Endspiel ergibt.

34...♘g5

Nun sitzt der Läufer h3 nicht nur fest, sondern gibt auch noch das Hauptangriffsziel für den schwarzen Angriff ab.

35 d7 ♖d8 36 ♕h4

Nach 36 ♕c3 ♕xc3 37 ♖xc3 ♘e4 gewinnt Schwarz Material.

36...♔h6

Zwingender gewinnt 36...♘e4 37 ♕xd8 ♘f2+ 38 ♔g1 ♘xh3+ 39 ♔h1 ♘f2+ 40 ♔g1 ♘xd1, aber der Partiezug genügt auch.

37 ♕g3

Nach 37 ♖b1 ♖e4 38 ♕g3 ♕xc5 39 ♖xb7 ♖d4 gewinnt Schwarz den Bauern d7 und hat bei weit besserer Stellung einen Bauern mehr.

37...♕e4 38 ♕c3 ♘xh3 39 ♕xh3 ♖xd7 40 ♕g3 ♖xd1+ 0-1

W

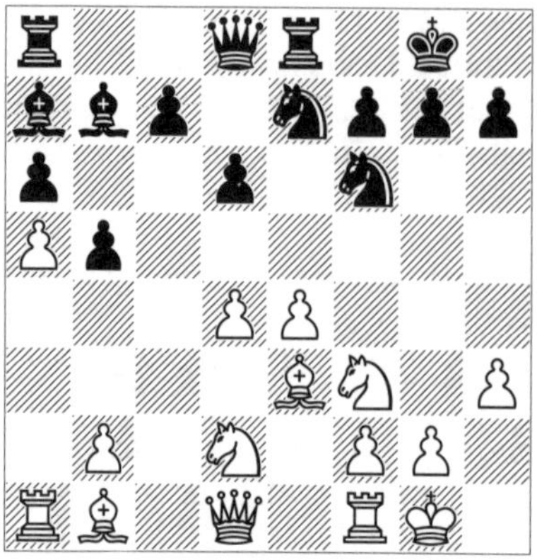

Ganguly – Schirow
Spanische Mannschaftsmeisterschaft 2009

17 e5 ♘fd5? 18 ♗xh7+! ♔xh7 19 ♘g5+ ♔g8

Auch 19...♔g6 20 ♘df3 ♘xe3 21 fxe3 ♗xf3 22 ♘xf3 ist unschön für Schwarz; z. B. 22...♔h6 23 ♘h2 dxe5 24 ♘g4+ ♔h7 25 ♖xf7 ♔g8 26 ♕f3 ♗xd4 (26...♘g6? verliert wegen 27 ♕f5!) 27 ♖f1! e4 28 ♕xe4 ♕d5 29 ♕xd5 ♘xd5 30 exd4 mit weißem Mehrbauern im Endspiel.

20 ♕h5 ♘g6 21 e6! ♖xe6 22 ♕h7+ ♔f8 23 ♘xe6+ fxe6 24 ♕xg6

Mit einer Qualität weniger könnte Schwarz leicht die Flinte ins Korn werfen, noch ein paar halbherzige Züge machen und dann aufgeben. Schirow kämpft jedoch mit spektakulären Ergebnissen weiter. Am bemerkenswertesten ist, wie er einfach weiterspielt, als ob gar nichts passiert ist, und nur versucht, aus den positiven Merkmalen seiner Stellung (Läuferpaar, solider Springer auf d5, passiver weißer Läufer) das Beste zu machen.

24...♕f6!

Damentausch ist bei materiellem Rückstand normalerweise nicht zu empfehlen, aber die weiße Dame steht so aktiv, dass sie vertrieben werden muss.

25 ♕g3

Es überrascht nicht, dass Weiß die Damen auf dem Brett behält, da 25 ♕xf6+ gxf6 die schwarze Bauernstellung verbessert und der Bauer g2 dann mit ...♔f7 und ...♖g8 angegriffen werden kann.

25...♔g8 26 ♘f3 ♖f8 27 ♖ac1 ♕f5 28 ♖fe1 ♖f7 29 ♘h4

Das verbessert die weiße Stellung nicht, ist aber noch kein Fehler. Besser ist 29 ♕g5! ♕f6 30 ♕g4, was die Dame aktiviert und auf den schwachen Bauern e6 drückt.

29...♕h5 30 ♘f3 e5!?

Schirow geht volles Risiko. Er hätte nach f5 zurückgehen können, aber dann hätte Weiß vielleicht die richtige Fortsetzung gefunden. Stattdessen öffnet er unerwarteterweise Linien. Objektiv ist das nicht gut, aber nun muss Weiß konkrete Probleme lösen.

31 dxe5?

Korrekt ist 31 ♘g5!, da die schwarze Stellung nach 31...♘xe3 (31...exd4 32 ♗xd4! ♗xd4 33 ♖e8+ ♖f8 34 ♖xf8+ ♔xf8 35 ♘e6+ gewinnt für Weiß) 32 ♘xf7 ♘f5 33 ♕b3 ♘xd4 34 ♘h6++ ♔h7 35 ♕g8+ ♔xh6 36 ♖xc7 zusammenbricht.

31...♘xe3 32 e6 ♖f6!?

Schirow ist in seinem Element. Objektiv besser ist 32...♖e7, wenngleich Weiß nach 33 fxe3 ♖xe6 34 ♘g5 ♖e7 35 ♕f4 Vorteil behält.

W

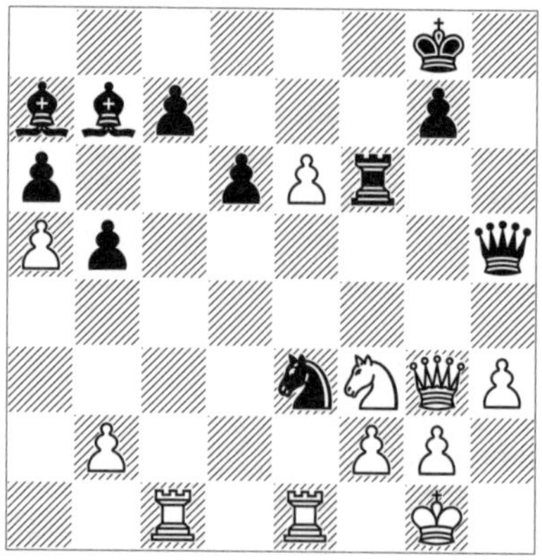

33 e7 ♕e8 34 fxe3?

Verpasst die schwierige Gewinnvariante 34 ♖xc7! ♘xg2 35 ♔xg2 ♗xf3+ 36 ♔f1 ♗xf2 37 ♔xf2 ♗h5+ 38 ♔e3, wonach Schwarz die exponierte Stellung des weißen Königs nicht ausnutzen kann.

34...♗xf3 35 ♖xc7 ♗b8!

Diesen Zug kann man leicht übersehen. Der Turm muss sich zurückziehen, wonach Schwarz sich eine Gewinnstellung sichert.

36 ♖c2 ♗e4 37 ♖f2 ♖xf2 38 ♕xf2 ♕xe7 39 ♕f4 ♗a7 40 ♔h1 ♗c5 41 ♕g4 d5 42 ♕h5 ♕f7

42...♕f6! 43 ♕e8+ ♗f8 gewinnt sofort.

43 ♕xf7+ ♔xf7 44 ♔g1 ♔e6 45 ♔f2 d4 46 exd4 ♗xd4+ 47 ♔g3 ♔d5 48 ♖e2 ♗d3 49 ♖d2 ♔e4 50 b3 b4 51 ♔h4 g5+ 52 ♔h5 ♔e3 53 ♖a2 ♗b1 54 ♖a4 ♗c3 0-1

Im vorigen Beispiel konnte Schwarz wenigstens auf einige Vorzüge seiner Stellung pochen, mit denen er dem Weißen das Leben schwer machen konnte. Etwas anders verhält es sich, wenn man hoffnungslos verloren ist und kein Gegenspiel in Sicht ist. In diesem Fall kann man die Partie nur durch einen Fehler (oder mehrere Fehler!) des Gegners retten. Das geschieht aber nur selten, wenn man sich zurücklehnt und nur auf ein Wunder wartet. Stattdessen sollte man dem Gegner die Realisierung seines Vorteils erschweren, indem man ihm möglichst viele Steine in den Weg legt. Man sollte nicht alles auf einen Schwindel setzen, außer wenn er besonders gut ist. Am erfolgversprechendsten ist ein Zermürbungskrieg mit allmählicher Verringerung des gegnerischen Vorteils.

S

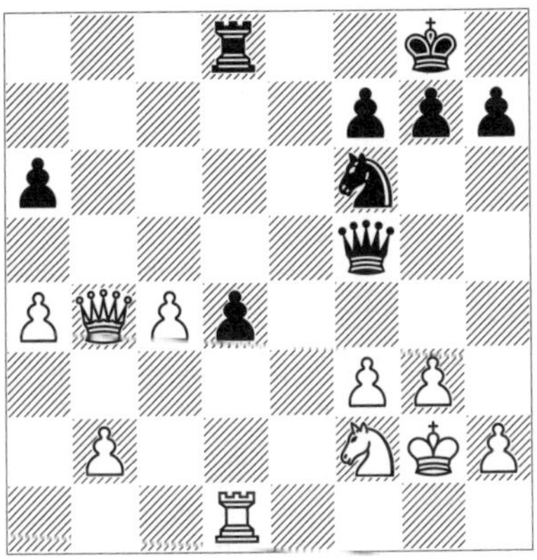

Short – Nunn
Brüssel 1986

Schwarz hat einen Bauer weniger, sein eigener Freibauer ist blockiert, und Weiß hat eine 3:1-Mehrheit am Damenflügel, die er leicht vorrücken kann. Am schlimmsten ist, dass überhaupt kein Gegenspiel in Sicht ist. Zunächst muss Schwarz die Drohung ♖xd4 parieren.

29...♕d7 30 ♕b6 h5

Eine willkürliche Geste gegen den feindlichen König ist häufig eine gute Idee. Selbst wenn sie objektiv nicht viel erreicht, kann sie den Gegner nervös machen. Man beachte, dass es keinen Sinn hat, Versuche zur Rettung des Bauern a6 zu unternehmen, da es auf Gegenspiel ankommt, nicht Bauern.

31 ♕xa6?

Der erste Hoffnungsschimmer für Schwarz. Weiß hätte vor dem Schlagen des Bauern 31 h4 spielen sollen, was das schwarze Gegenspiel am Königsflügel eingeschränkt hätte.

31...♖b8

Der schwarze Turm wird aktiv, während die weiße Dame vorübergehend außer Spiel ist.

32 ♖d2 h4 33 ♕a5

Da die Dame von a6 aus nicht direkt ins Zentrum zurückkehren kann, verbessert Weiß ihre Stellung und droht zugleich b4.

33...♖b3 34 ♕c5 ♕b7

34...h3+ 35 ♘xh3 ♖xf3 ist ein Schwindelversuch, da 36 ♔xf3? ♕g4+ 37 ♔g2 ♕e4+ 38 ♔f1 ♕b1+ nur Remis ist, aber wenn Weiß 36 ♖xd4! ♕b7 37 ♖d8+ ♔h7 38 ♘g5+ sieht, ist die Partie vorbei.

W

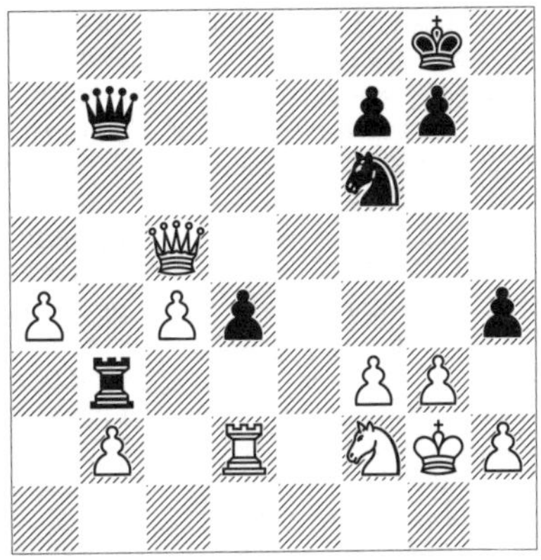

35 ♖d3?

Ein ernsthafter Fehler, nach dem Schwarz ausgezeichnete Remischancen hat. 35 ♘d3? tappt in eine andere Falle, da 35...♘e4! 36 fxe4 ♕xe4+ 37 ♔h3 ♕c6+ zum Remis führt. Korrekt ist 35 ♕f5!, da sich nach 35...♖xb2 36 ♖xd4 ♕b6 37 c5 ♖xf2+ 38 ♔xf2 ♕b2+ 39 ♔e3 ♕c3+ 40 ♕d3 ♕e1+ 41 ♕e2 ♕c3+ 42 ♖d3 ♕xc5+ 43 ♔d2 ♕b4+ 44 ♔c1 die Schachgebote erschöpfen. Selbst hier muss Weiß jedoch nach 44...♕xa4 45 ♖d8+ ♔h7 46 ♕c2+ ♕xc2+ 47 ♔xc2 hxg3 48 hxg3 ♘h5 49 g4 ♘f4 nebst ...g5, ...f6 und ...♔g6 mit zumindest vorübergehender Blockade noch für den Sieg arbeiten.

35...h3+! 36 ♔xh3?

Das verliert sogar. Richtig ist 36 ♔g1!, aber nach 36...♖xb2 37 ♕xd4 ♖b1+ 38 ♘d1 ♕b4 39 ♔f2 ♖c1 reicht das schwarze Gegenspiel zum Remis.

36...♖xd3 37 ♘xd3 ♕xf3 38 ♕xd4

Auch 38 ♘f4 verliert: 38...♘e4 39 ♕c8+ ♔h7 40 a5 (40 ♕f5+ ♔h6 gewinnt für Schwarz) 40...d3! 41 ♘xd3 f5 mit schnellem Matt.

38...♕f1+ 39 ♔h4 ♕f5 0-1

Nach 40 g4 g5+ 41 ♔g3 ♘e4+ 42 ♔g2 ♕xg4+ gefolgt von einem Springerschach geht die weiße Dame verloren.

Partienverzeichnis

Die Zahlen sind Seitenangaben. Bei **fett** gedrucktem Spielernamen hatte dieser Spieler Weiß. Sonst hatte der ERSTGENANNTE SPIELER Weiß.

Geheimnisse moderner Schacheröffnungen Band 2

John Watson

Der viel gepriesene Autor Watson präsentiert einen umfangreichen Überblick über die Art und Weise, wie hochklassige Spieler die Eröffnung wirklich behandeln, anstatt eines idealisierten und vereinfachten Modells. Band 2 konzentriert sich auf die Damenbauernerröffnungen, einschließlich Nimzoindisch, Königsindisch und dem gesamten Damengambit-Komplex und den aus diesen Eröffnungen entstehenden charakteristischen Strukturen.

352 Seiten, 248 mm x 172 mm

Jon Speelmans Buch der Schachaufgaben

Jon Speelman

Der britische Großmeister Jon Speelman ist für sein kreatives Spiel und seine bemerkenswerte Rechenfähigkeit bekannt. Seine persönliche Auswahl von Schachaufgaben wird Spieler jeder Spielstärke unterhalten, testen und unterrichten. Es gibt Abschnitte über die wichtigsten taktischen Ideen, wie überlastete Figuren und die Grundreihe, und außerdem ein Kapitel mit schwierigeren Aufgaben, das eine Herausforderung für sogar fortgeschrittenere Spieler darstellen wird.

160 Seiten, 210mm x 145mm

Geheimnisse moderner Schacheröffnungen Band 4

John Watson

In diesem abschließenden Band werden viele Themen in einer ausgiebigen Diskussion über allgemeine Eröffnungsthemen zusammengebracht. Watson untersucht vertraute Situationen aus einem neuen Blickwinkel und behandelt eine große Anzahl von Eröffnungsstrukturen und Varianten, die in den vorherigen Büchern nicht behandelt worden sind.

368 Seiten, 248 x 172 mm

Schach verstehen Zug um Zug

John Nunn

Der klassische Bestseller – John Nunn analysiert 30 hochklassige Partien und erklärt dabei jeden einzelnen Zug.

272 Seiten, 248mm x 172mm

Einführung in die Schachtaktik

John Nunn

Die Verbesserung der taktischen Fähigkeiten ist das wirksamste Mittel, um mehr Partien zu gewinnen. Die systematische Vorgehensweise in diesem Buch garantiert, dass jedes Konzept erklärt und überprüft wird, bevor das nächste vorgestellt wird.

160 Seiten, 248mm x 172mm

Geheimnisse moderner Schacheröffnungen Band 3

John Watson

In dieser hoch gepriesenen und beliebten Serie hilft John Watson Schachspielern eine holistischere und aufgeschlossenere Betrachtungsweise der Eröffnungen zu erlangen. Dieser dritte Band konzentriert sich auf die Englische Eröffnung, wobei viele Fäden von den ersten beiden Bänden in einer breitgefächerten Diskussion über Eröffnungsthemen zusammengeführt werden.

384 Seiten, 248 x 172 mm

1001 tödliche Schachmatts

John Nunn

Für alle Schachspieler besteht der größte Nervenkitzel des Schachspiels darin, schachmatt zu setzen. Die Fähigkeit, Schachmatts zu erkennen, ist eine grundlegende Fertigkeit, und dieses benutzerfreundliche Buch zeigt Ihnen, wie es gemacht wird. Die aufgeführten Schachmatts sind diejenigen, die im wirklichen Leben am häufigsten vorkommen, und John Nunn beleuchtet außerdem Themen und Ideen, die in der Praxis oft übersehen werden.

312 Seiten, 248mm x 172mm

Schacheröffnungen für Kids

John Watson und Graham Burgess

Für Schachspieler jedes Alters und jeder Spielstärke ist es äußerst wichtig, in der Partie einen guten Start zu erwischen. Mit diesem Buch macht das Lernen der Schacheröffnungen Spaß und es hilft dabei, besser zu verstehen, wie die Figuren zusammenarbeiten. Außerdem werden zahlreiche vernichtende Eröffnungsfallen besonders hervorgehoben.

128 Seiten, 230mm x 180mm
